여러분의 합격을 응원하는
해커스경찰의 특별 혜택!

FREE 실무종합 **특강**

KB141460

해커스경찰(police.Hackers.com) 접속 후 로그인 ▶ ⋯ → 경찰 무료강의] 클릭하여 이용

해커스경찰 온라인 단과강의 **20% 할인쿠폰**

CB437FDD8485LQ6C

해커스경찰(police.Hackers.com) 접속 후 로그인 ▶ 상단의 [내강의실] 클릭 ▶
[쿠폰/포인트] 클릭 ▶ 쿠폰번호 입력 후 이용

* 등록 후 7일간 사용 가능(ID당 1회에 한해 등록 가능)

쿠폰 이용 관련 문의 **1588-4055**

단기 합격을 위한
해커스경찰 커리큘럼

입문

탄탄한 기본기와 핵심 개념 완성!

누구나 이해하기 쉬운 개념 설명과 풍부한 예시로 부담없이 쌩기초 다지기

TIP 베이스가 있다면 **기본 단계**부터!

▼

기본+심화

필수 개념 학습으로 이론 완성!

반드시 알아야 할 기본 개념과 문제풀이 전략을 학습하고
심화 개념 학습으로 고득점을 위한 응용력 다지기

▼

기출+예상 문제풀이

문제풀이로 집중 학습하고 실력 업그레이드!

기출문제의 유형과 출제 의도를 이해하고 최신 출제 경향을 반영한
예상문제를 풀어보며 본인의 취약영역을 파악 및 보완하기

▼

동형문제풀이

동형모의고사로 실전력 강화!

실제 시험과 같은 형태의 실전모의고사를 풀어보며 실전감각 극대화

▼

최종 마무리

시험 직전 실전 시뮬레이션!

각 과목별 시험에 출제되는 내용들을 최종 점검하며 실전 완성

PASS

**단계별 교재 확인 및
수강신청은 여기서!**

police.Hackers.com

* 커리큘럼 및 세부 일정은 상이할 수 있으며,
자세한 사항은 해커스경찰 사이트에서 확인하세요.

해커스경찰

김재규
실무종합 이론서
효자손

CONTENTS 총론

CONTENTS

CONTENTS

Chapter 09 경찰과 윤리

CONTENTS 각론

PART 2 각론

Chapter 01 생활안전론

Chapter 02 범죄수사

CONTENTS

CONTENTS

Chapter 05 정보경찰활동

Chapter 06 안보경찰활동

CONTENTS

PART 1

총 론

경찰의 개념과 임무

THEME 01 ▶ 경찰의 개념

1 형식적 의미의 경찰과 실질적 의미의 경찰

구 분	형식적 의미의 경찰	실질적 의미의 경찰
개 념	① 실정법(실무상)·조직법상 **보통경찰기관**에 분배되어 있는 임무를 달성하기 위하여 행하여지는 경찰활동(국자법 제3조, 경직법 제2조 개념) ② 제도적·조직법 ③ 시대별·국가별로 차이가 나는 유동적·**상대적** 개념　~~절대적 X~~ ④ 사법경찰, 정보경찰, 경찰의 서비스적 활동 ⑤ **경찰작용의 성질과 관계없는 실무상 작용** 　~~권력 + 비권력적~~	① **독일**프로이센 경찰 행정법학에서 유래 　~~프랑스 X~~ 　→ **이론·학문상** 정립된 개념 　~~실무상 X~~ ② 소극목적(**사회공공의 안녕과 질서유지**) ③ **일반통치권**에 근거하여 국민에게 **명령·강제**하는 **권력적 작용** 　~~비권력 작용 X~~ ④ 작용·성질 중심 ⑤ 장래를 향한 질서유지만 작용 ⑥ 사회목적적 작용(Kreuzberg판결) → ~~국가목적 X~~ ⑦ 위생경찰, 보건경찰, 산업경찰, 철도경찰, 건축경찰, 경제경찰, 산림경찰, 공물경찰 등
양자의 관계	① 형식적 의미의 경찰 일부가 실질적 의미의 경찰이고, 실질적 의미의 경찰 일부가 형식적 의미의 경찰에 해당할 뿐이지 **양자는 어느 하나가 다른 하나를 포함하는 관계가 아니다.** ② 형식적 의미의 경찰이 위험방지라는 실질적 의미의 경찰작용을 하는 경우 양자가 일치한다. ③ **일반행정기관**이 **실질적 의미의 경찰작용**을 하는 경우는 있으나, 형식적 의미의 경찰작용을 하지는 않는다. 　→ 일반행정기관에서도 경찰기능을 담당한다고 할 때의 경찰기능은 명령·강제라는 **작용적** 측면　~~조직적 X~~ 　에서 바라본 **실질적 의미**의 경찰개념을 의미　~~형식적 의미 X~~ ④ 「경찰관 직무집행법」 제3조에 의한 **불심검문**은 경찰상 즉시강제(불심검문의 성격에 관해 학설의 다툼이 있음)의 권력작용이라는 면에서 실질적 의미의 경찰에 해당하고, 실정법에서 경찰행정기관에 그 권한을 맡기고 있으므로 형식적 의미의 경찰에 해당한다. ⑤ 경찰관이 극도의 혼잡사태가 발생한 장소에서 위험발생방지를 위하여 매우 긴급한 경우에 위해를 입을 우려가 있는 사람을 필요한 한도에서 **억류시키는 것**은 **경찰관직무집행법 제5조 제1항 제2호(실정법)**에 근거한 경찰행정기관의 임무로 규정하고 있으므로 **형식적 의미의 경찰**에 해당되고, 경찰관의 **억류조치**는 경찰상 **대인적 즉시강제에 해당하는 권력작용**이므로 **실질적 의미의 경찰**에도 해당한다. 　→ 경직법 제5조 제1항 제1호(경고)는 임의적 통지행위로서 강제조치가 아니므로 **형식적 의미의 경찰**에만 해당한다. ⑥ 특별경찰기관(의원경찰, 법정경찰)은 양자 어디에도 해당되지 않는다.

[참고] 「국가경찰과 자치경찰의 조직 및 운영에 관한 법률」을 '국자법'으로 명칭 통일합니다.

TIP 보충

① **크로이츠베르크(Kreuzberg) 판결** : 1882년 독일의 프로이센 고등행정법원이 베를린의 Kreuzberg 언덕에 있는 전승기념비 조망을 확보하기 위해 주변 토지에 대한 건축물의 높이를 제한한 베를린 경찰청장의 명령에 대하여 그러한 명령은 심미적 이유로 내려진 것으로 복지 증진을 목적으로 하는 것이므로 무효라고 함으로써 경찰의 임무는 위험방지에 한정된다고 하는 사상이 법해석상 확정되는 계기를 만든 판결로 유명하다.
② 경찰서장은 특별히 필요한 경우 경찰공무원에게 풍속영업소에 출입하여 풍속영업자와 대통령령으로 정하는 종사자가 동법 제3조의 준수 사항을 지키고 있는지를 검사하게 할 수 있다. → 출입이나 검사는 대가택적 즉시강제가 아니고 임의적인 행정조사이기 때문에 명령·강제를 요소로하는 실적적 의미의 경찰에는 해당하지 아니하고 보안경찰에도 해당되지 아니한다. 다만, 실정법상 보통경찰기관의 권한으로 인정하고 있으므로 형식적 의미의 경찰에는 해당한다.

2 경찰개념의 분류 기준과 내용

기 준	분 류	주요 내용
목적 또는 3권분립 사상	행정경찰	① 공공질서의 유지·범죄예방을 목적 ② **실질적 의미**의 경찰 ③ 행정법의 일반원칙과 각종 경찰법규에 의하여 작용 ④ 주로 **현재 또는 장래**의 상황에 대하여 발동 ⑤ 경찰청장(또는 주무부서의 장)이 지휘
	사법경찰	① 범죄의 수사·체포를 목적 ② **형식적 의미**의 경찰 ③ 형사소송법에 의하여 권한 행사 ④ 주로 **과거**의 상황에 대하여 발동 ※ 우리나라 보통경찰기관은 행정경찰 및 사법경찰업무를 모두 담당 ※ 행정경찰과 사법경찰의 구분은 원래 3권분립사상에 투철했던 프랑스에서 확립된 것으로 죄와형벌법전(1795년)(또는 "경죄처벌법전"이라고도 함) 제18조에서 "행정경찰은 공공질서유지·범죄예방을 목적으로 하고, 사법경찰은 범죄의 수사·체포를 목적으로 한다"라고 규정
업무의 독자성	보안경찰	① 사회공공의 안녕과 질서를 유지하기 위하여 **타 행정작용에 부수되지 않고** 그 자체로서 독립하여 행해지는 경찰작용 ② **풍속경찰, 교통경찰**, 경비경찰, 해양경찰, 생활안전경찰 등
	협의의 행정경찰	① 위생경찰, 보건경찰, 산업경찰, 철도경찰, 건축경찰, 경제경찰, 산림경찰, 공물경찰처럼 **타 행정작용에 부수**하여 특별한 사회적 이익의 보호를 목적으로 하면서 그 부수작용으로서 사회공공의 안녕과 질서를 유지하기 위한 경찰작용으로서 일반행정기관이 하는 실질적 의미의 경찰을 **협의의 행정경찰**이라고 한다. 이러한 협의의 행정경찰을 다른 행정관청의 사무로 이관하면서 보통경찰기관의 임무에서 제외시키는 것을 **비경찰화**라 함

업무의 독자성	협의의 행정경찰	예 「건축법」상 허가권자는 건축물의 높이 제한 명령 등을 위반한 건축물 등에 대하여 필요한 조치를 명할 수 있으며, 특히 재해가 발생할 위험이 절박한 경우에는 「행정대집행법」상의 계고 및 대집행영장 통지절차를 거치지 아니하고 대집행할 수 있는데, 이는 **건축경찰로서 협의의 행정경찰에 해당** 예 「풍속영업의 규제에 관한 법률」상 풍속영업에 해당하는 단란주점 및 유흥주점의 개별법인 「식품위생법」에서 일반행정기관의 명령·강제를 인정하고 있는데, 이는 **위생경찰로서 협의의 행정경찰에 해당**
경찰권 발동시점	예방경찰	① 사전에 위해나 범죄의 발생을 방지하기 위한 비권력적 작용 ② 위해를 미칠 **우려가 있는** 정신착란자 보호, 총포·화약류의 취급제한, 순찰활동 등
	진압경찰	① 이미 발생한 위해를 제거하거나 이미 발생한 범죄를 제지·진압·수사하는 권력작용 ② **위해를 주는** 정신착란자 보호, 범죄 진압, 수사, 사람을 공격하는 동물 사살 등
위해정도· 담당기관	평시경찰	평온한 상태에서 보통경찰기관이 행하는 경찰작용
	비상경찰	천재지변이나 전시·사변 또는 이에 준하는 국가비상사태에 있어서 계엄법에 의하여 군대가 병력으로 공공의 안녕·질서를 유지하는 작용
경찰활동 질·내용 (강제력 사용 유무)	질서경찰	강제력을 수단으로 법집행을 하는 경찰 예 경범죄처벌법 위반자에 대한 통고처분, 범죄수사
	봉사경찰	비권력적 수단으로 직무를 수행하는 경찰 예 청소년선도, 교통·지리정보의 제공 등
권한과 책임소재	국가경찰	국가가 설립하고 관리하는 경찰
	자치경찰	자치단체가 설립하고 관리하는 경찰

3 국가경찰과 자치경찰의 장·단점

구 분	국가경찰제도(관=대륙)	자치경찰제도(민=영미)
장 점	① 조직의 통일적 운영과 경찰활동의 능률성·기동성을 발휘 ② 타 행정부문과의 긴밀한 협조·조정이 원활 ③ 전국적인 통계자료의 정확성이 높음	① 각 지역의 특성에 적합한 경찰행정을 할 수 있음 ② 인권보장과 민주성이 보장되어 주민들의 지지를 받기 쉬움
단 점	① 관료화되어 주민과 멀어지고 국민을 위한 봉사가 저해 ② 각 지방의 특수성·창의성이 저해 ③ 정부의 특정정책의 수행에 이용되어 본연의 임무를 벗어날 우려가 있음	① 전국적·광역적 활동에 부적합 ② 타 경찰기관과의 협조·응원체제가 곤란

♣ 국가경찰의 장점은 자치경찰의 단점으로, 국가경찰의 단점은 자치경찰의 장점으로 상호 연동됨

1 경찰의 임무

국가경찰과 자치경찰의 조직 및 운영에 관한 법률 제3조(경찰의 임무)	경찰관 직무집행법 제2조(직무의 범위)
1. 국민의 생명·신체 및 재산의 보호 2. 범죄의 예방·진압 및 **수사** 3. 범죄**피해자** 보호 　　└ 피의자 X 4. 경비·요인경호 및 대간첩·대테러 작전 수행 5. **공공안녕에 대한 위험의 예방과 대응을 위한** 정보의 　　└ 치안 X 　 수집·작성 및 배포 6. 교통의 단속과 **위해**의 방지 　　└ 위험+장해 7. 외국 정부기관 및 국제기구와의 국제협력 8. 그 밖에 공공의 안녕과 질서유지	1. **국**민의 생명·신체 및 재산의 보호 2. **범**죄의 예방·진압 및 수사 2의2. 범죄피해자 보호 3. **경**비, 주요 인사 경호 및 대간첩·대테러 작전 수행 4. **공**공안녕에 대한 위험의 예방과 대응을 위한 정보의 　　　　　　　　　　　　　　　└ 치안 X 　 수집·작성 및 배포 5. **교**통 단속과 교통 위해의 방지 6. **외**국 정부기관 및 국제기구와의 국제협력 7. **그** 밖에 공공의 안녕과 질서 유지 → 1국 2범 3경 4공 5교 6외 7그

2 특징

① 작용법인 「경찰관 직무집행법」 제2조에서는 '경찰관의 직무'를 조직법인 「국가경찰과 자치경찰의 조직 및 운영에 관한 법률」 제3조의 '경찰의 임무'와 실질적으로 **동일하게 규율**하고 있다.
② 「경찰관 직무집행법」 제2조의 직무행위의 구체적 내용이나 방법 등은 경찰관의 전문적 판단에 기한 합리적인 재량에 위임되어 있다(대판 2000다57856). → 전문성과 재량성을 적시한 판례임
③ 공무원에 대하여 작위의무를 명하는 법령의 규정이 없다면 공무원의 부작위로 인하여 침해된 국민의 법익 또는 국민에게 발생한 손해가 어느 정도 심각하고 절박한 것인지, 관련 공무원이 그와 같은 결과를 예견하여 그 결과를 회피하기 위한 조치를 취할 수 있는 가능성이 있는지 등을 **종합적으로 고려하여 판단**하여야 한다(대판 2000다57856).
④ 국민의 생명, 신체, 재산 등에 대하여 절박하고 중대한 위험상태가 발생하였거나 발생할 우려가 있어서 국민의 생명, 신체, 재산 등을 보호하는 것을 본래적 사명으로 하는 국가가 일차적으로 그 위험 배제에 나서지 아니하면 국민의 생명, 신체, 재산 등을 보호할 수 없는 경우에는 **형식적 의미의 법령에 근거가 없더라도** 국가나 관련 공무원에 대하여 그러한 위험을 배제할 **작위의무를 인정할 수 있을 것이다**(대판 2000다57856).

③ 「국가경찰과 자치경찰의 조직 및 운영에 관한 법률」상 목적, 책무, 경찰의 사무

목적 (§1)	이 법은 경찰의 **민주적인** 관리·운영과 **효율적인** 임무수행을 위하여 경찰의 기본조직 및 직무 범위와 그 밖에 필요한 사항을 규정함을 목적
책무 (§2)	**국가와 지방자치단체**(공공단체 X)는 국민의 생명·신체 및 재산을 보호하고 공공의 안녕과 질서유지에 필요한 시책을 수립·시행
국가경찰사무 (§4)	제3조에서 정한 경찰의 임무를 수행하기 위한 사무. 다만, **자치경찰사무는 제외**
자치경찰사무 (§4)	① 제3조에서 정한 경찰의 임무 범위에서 관할 지역의 생활안전·교통·경비·수사 등에 관한 다음 사무 가. 지역 내 주민의 생활안전 활동에 관한 사무 나. 지역 내 교통활동에 관한 사무 다. 지역 내 다중운집 행사 관련 혼잡 교통 및 안전 관리 라. 다음의 어느 하나에 해당하는 수사사무 1) 학교폭력 등 소년범죄 2) 가정폭력, 아동학대 범죄 3) 교통사고 및 교통 관련 범죄 4) 「형법」 제245조에 따른 공연음란 및 「성폭력범죄의 처벌 등에 관한 특례법」 제12조에 따른 성적 목적을 위한 다중이용장소 침입행위에 관한 범죄(제11조 공중 밀집 장소에서의 추행 X, 제13조 통신매체를 이용한 음란행위 X) 5) 경범죄 및 기초질서 관련 범죄 6) 가출인 및 「실종아동등의 보호 및 지원에 관한 법률」 제2조 제2호에 따른 실종아동 등 관련 수색 및 범죄
	② ①의 가부터 다까지의 자치경찰사무에 관한 구체적인 사항 및 범위 등은 대통령령으로 정하는 기준에 따라 **시·도조례**로 정한다. ③ ①의 라의 자치경찰사무(**수사사무**)에 관한 구체적인 사항 및 범위 등은 **대통령령**으로 정한다. ↳ 시·도조례 X

4 수사 관련 자치경찰사무의 범위 등(자치경찰사무와 시·도자치경찰위원회의 조직 및 운영 등에 관한 규정 §3)

학교폭력 등 소년범죄(제1호)	학교폭력 등 소년범죄: 소년(19세 미만인 사람)이 한 다음 각 목의 범죄. 다만, 그 소년이 해당 사건에서 19세 이상인 사람과 「형법」 제30조부터 제32조까지의 규정에 따른 공범관계에 있는 경우는 **제외**한다. 〈다. ~ 거.목 생략〉 가. 「형법」 **제225조(공문서등의 위조·변조)**, 제229조(공문서등의 위조·변조)(제225조의 죄에 의하여 만들어진 문서 또는 도화의 행사죄로 한정한다), 제230조(공문서 등의 부정행사) 및 제235조(미수범)(제225조, 제229조 또는 제230조의 미수범으로 한정한다)의 범죄 나. 「형법」 제257조(상해, 존속상해), 제258조(중상해, 존속중상해), 제258조의2(특수상해) 및 **제260조(폭행, 존속폭행)**부터 제264조(상습범)까지(제262조는 같은 조의 죄를 범하여 사람을 상해에 이르게 한 경우로 한정한다)의 범죄 ※ 제207조(통화의 위조 등), 제250조(살인, 존속살해)의 범죄는 자치경찰의 수사범위에 포함되지 아니한다.
가정폭력 및 아동학대 범죄(제2호)	가. 「가정폭력범죄의 처벌 등에 관한 특례법」상 가정폭력범죄 나. 「아동학대범죄의 처벌 등에 관한 특례법」상 아동학대범죄
교통사고 및 교통 관련 범죄(제3호)	다음 각 목의 범죄. 다만, 「도로교통법」 제2조 제3호의 **고속도로에서 발생한 교통사고 및 교통 관련 범죄는 제외**한다. 〈가., 다., 라목 생략〉 나. 「도로교통법」 제148조(「특정범죄 가중처벌 등에 관한 법률」 **제5조의30**이 적용되는 **죄를 범한 경우는 제외**한다), 제148조의2, 제151조, 제151조의2제2호, 제152조 제1호, 제153조 제2항 제2호 및 제154조부터 제157조까지의 범죄
가출인 및 「실종아동등의 보호 및 지원에 관한 법률」 제2조 제2호에 따른 실종아동등 관련 수색 및 범죄(제6호)	가목의 수색 및 나목의 범죄 가. 가출인 또는 실종아동등의 조속한 발견을 위한 수색. 다만, 제1호부터 제5호까지 또는 나목의 범죄가 아닌 범죄로 인해 실종된 경우는 **제외**한다. 나. 「실종아동등의 보호 및 지원에 관한 법률」 **제17조 및 제18조**의 범죄 **[실종아동등의 보호 및 지원에 관한 법률]** **제17조** 제7조를 위반하여 정당한 사유없이 실종아동등을 보호한 자 및 제9조 제4항을 위반하여 개인위치정보등을 실종아동등을 찾기 위한 목적 외의 용도로 이용한 자는 5년 이하의 징역 또는 5천만원 이하의 벌금에 처한다. **제18조** 1의3. 제9조 제3항을 위반하여 경찰관서의 장의 요청을 거부한 자는 2년 이하의 징역 또는 2천만원 이하의 벌금에 처한다. **제9조** ② 경찰관서의 장은 실종아동등(범죄로 인한 경우를 제외한다.)의 조속한 발견을 위하여 필요한 때에는 개인위치정보사업자 등에게 실종아동등의 위치확인에 필요한 개인위치정보등의 제공을 요청할 수 있다. 이 경우 경찰관서의 장의 요청을 받은 자는 「통신비밀보호법」 제3조에도 불구하고 정당한 사유가 없으면 이에 따라야 한다. ③ ②의 요청을 받은 자는 그 **실종아동등의 동의 없이** 개인위치정보등을 수집할 수 있으며, 실종아동등의 동의가 없음을 이유로 경찰관서의 장의 요청을 거부하여서는 아니 된다.

1 공공의 안녕과 공공질서

공공의 안녕 (성문규범의 총체)	개념	① 공공의 안녕은 위험방지의 보호대상 ② 공공의 안녕 일부는 개인과 관련되고 일부는 국가 등 집단과 관련되는 **이중적 개념** ③ **공공의 안녕과 질서유지는 국민의 생명·신체 및 재산의 보호를 포함하는 상위개념**
	내용 법질서의 불가침성	① **공공의 안녕의 제1요소** ② **공법규범**(예 형법, 경찰행정법)**에 대한 위반** : 일반적으로 공공의 안녕에 대한 위험으로 취급, 경찰개입이 원칙적으로 허용 ③ **사법규범**(예 **민법**) **위반** : 원칙적으로 경찰개입을 허용하지 않지만, 예외적으로 **보충성의 원칙**이 적용되는 경우 개입이 가능 ↳ 법적 보호가 격시에 이루어지지 않고, 경찰의 원조없이 법을 실현시키는 것이 무효화되거나 사실상 어려워질 경우에만 경찰이 개입하는 것
	국가의 존립과 기능성	① 경찰활동은 형법적 **가벌성의 범위 내**(수사의 개시단계)**에 이르지 않았더라도** 국민의 자유와 권리를 침해하지 않는 범위 내에서 수사·정보·안보경찰의 첩보수집활동·외사활동이 가능 ② 국가조직에 대한 비판이 폭력성과 명예훼손 행위 없이 표출되는 경우에는 언론의 자유, 예술의 자유 및 집회의 자유가 헌법적으로 보장되고 있어 경찰이 개입할 문제가 아님 → 모든 비판에 개입 X
	개인의 권리와 법익의 불가침성	① 사유재산적 가치와 **무형의 권리**(지적재산권)도 보호의 대상 ② 경찰의 원조는 **잠정적** 보호에 국한되어야 하고, 최종적인 보호는 법원에 의해 구제 ↳ 최종적 X
공공질서		① 원만한 공동체 생활을 위한 불가결적 전제조건으로서 공공사회에서 각 개인의 행동에 대한 **불문규범의 총체** ② 시대에 따라 변화하는 **상대적·유동적** 개념이며, 엄격한 합헌성과 제한적 사용의 요구를 받는 개념 ↳ 고정적 X ③ 법적 안정성의 확보를 위해 불문규범이 성문화되어 가는 현상으로 공공질서의 사용가능 분야는 점점 **축소** ↳ 확대 X ④ 공공질서 개념에 근거하여 경찰권을 발동할 경우 그 발동여부에 대한 판단은 **경찰의 재량적 결정**에 맡겨지나, 이 경우에도 **경찰은 의무에 합당한 재량행사**에 따라야 한다(행정기본법 제21조(재량행사의 기준)). → 헌법상 과잉금지원칙(비례의 원칙) 준수

2 위험

개념	**위험**		① 가까운 장래에 공공의 안녕(또는 질서)에 손해가 나타날 수 있는 가능성이 개개의 경우에 충분히 존재하는 상태를 말함 └ 사후적 X ② 손해발생의 충분한 가능성에 대한 판단은 **사전적관점**(구체적인 상황하에서 경찰공무원이 현재의 인식상황에 따라 판단)에서 행해져야 함 ③ 위험의 예측과 관련하여 '손해의 정도와 손해발생의 개연성은 반비례한다는 원칙'이 적용될 수 있다. → 발생이 예상되는 손해의 정도가 매우 중대하면, 그 개연성의 정도가 낮아도 위험을 긍정할 수 있고, 반대로 손해의 정도가 중요하지 않은 경우라면 손해발생의 개연성이 클 경우라야 위험이 존재한다고 판단할 수 있음
	손해		보호받는 개인 및 공동의 법익에 관한 정상적 상태의 **객관적 감소**를 뜻하며, 보호법익에 대한 **현저한 침해행위가 있어야 인정 가능** → 단순 성가심, 불편함은 경찰개입대상 아님
위험 분류	**구체적 위험**		구체적 개개 사안에 있어 가까운 장래에 손해 발생의 충분한 가능성이 존재하는 경우
	추상적 위험		① 경찰법상 법규명령은 경험칙상 법익침해를 가져올 수 있는 상황의 발생을 방지하는 일반적 규정들로서 추상적 위험을 방지하기 위한 수단 ② 구체적 위험의 경우와 마찬가지로 추상적 위험의 경우에도 사실적 관점에서 위험에 대한 예측이 필요 → 단순히 안전하지 못하다라는 정도의 인식만으로는 충분하지 않음
	경찰개입		구체적 위험 내지 적어도 **추상적 위험**이 있을 때 가능 └ 추정적 X → 위험의 존재는 경찰개입의 최소요건
위험에 대한 인식	**외관적 위험** → 적법	**의의**	경찰이 의무에 합당한 사려 깊은 판단을 했음에도 불구하고 위험을 잘못 긍정한 경우(인식과 사실이 불일치) 예 심야에 경찰관이 사람을 살려달라는 외침소리를 듣고 출입문을 부수고 들어갔는데, 실제로는 노인이 크게 켜놓은 TV 형사극 소리였던 경우
		경찰 개입	개입 가능
		구제	① 경찰관 개인에게 민·형사상 책임을 물을 수 없음 ② 국가의 **손실보상** 책임 발생할 수 있음 └ 손해배상 X
	위험혐의	**의의**	경찰이 의무에 합당한 사려 깊은 판단을 할 때 실제로 위험의 가능성은 예측되나 **불확실한 경우**(인식과 사실이 불확실)
		경찰 개입	① **개입 가능** ② 위험의 존재여부가 명백해질 때까지 예비적으로 행하는 위험조사 차원(잠정적 조치)의 경찰개입은 정당화됨
	오상위험 (추정적(성) 위험 또는 상상위험) → 위법	**의의**	객관적으로 위험의 외관 또는 혐의가 정당화되지 아니함에도 불구하고 경찰이 위험의 존재를 잘못 추정한 경우(인식과 사실이 불일치)
		경찰 개입	개입 불가능
		구제	① 경찰관 개인에게 민·형사상 책임 ② 국가에게는 **손해배상책임**이 발생할 수 있음 └ 손실보상책임 X

3 독일 경찰법에서 논의되고 있는 위험의 유형

현재의 위험	손해를 발생시키는 **위험상황이 시작되었거나 바로 직전인 경우**를 말한다. 이 개념은 경찰상 비책임자인 제3자에게 경찰권을 발동하기 위한 전제조건이 된다.
직접적 위험	집회에 대한 조치와 관련하여 사용되는 개념으로서, **위험상황이 그대로 진행되면 보호법익에 대한 손해가 발생할 고도의 개연성이 있는 상태**를 말한다(직접적이고 명백한 위험).
중대한 위험	**중대한 법익에 대한 위험**으로서, 중대한 법익으로 국가의 존속·생명·중대한 재산적 가치등이 논의된다. [실정법상 관련규정 예] 「경찰관 직무집행법」 제10조의4(무기의 사용), 「위해성 경찰장비의 사용기준 등에 관한 규정」 제10조 제1항 단서
긴급한 위험	**중대한 법익에 대한 위험**으로, 이 경우 반드시 **위험발생이 목전에 급박할 필요는 없다.** 비교 임박한 위험 – 다른 국가기관의 임무인 경우로서, 경찰이 **즉시에 개입하지 않으면 손해가 발생할 수 있는 위험**

4 명백하고 현존하는 위험

연혁	① 미국의 솅크 판결(Schenck v. United States, 1919)에서 홈즈 대법관은 존 스튜어트 밀의 위해원칙(Harm principle)을 기초로 하여 **명백하고 현존하는 위험의 원칙**을 만들었다. ② **명백·현존한 위험의 원칙(rule of clear and present danger)**은 연혁적으로 언론과 출판이 국가기밀을 누설하거나 타인의 명예 또는 사생활의 비밀을 침해하려고 하는 경우에 법원이나 관계기관이 정지명령 등으로 이를 제지하고자 할 때 사용하는 기준에서 출발하였다.
관련 판례	① 우리 헌법재판소는 국가보안법 제7조 제1항 및 제5항의 규정은 각 소정의 행위가 국가의 존립·안전을 위태롭게 하거나 자유민주적 기본질서에 위해를 줄 **명확한 위험**이 있을 경우에만 축소적용 └ 현존성 X 되는 것으로 해석한다면 헌법에 위반되지 아니한다고 한정합헌결정을 하였다(헌재 89헌가113). ② 우리 대법원 판례는 미신고 집회에 대한 해산명령의 적법요건으로 '공공의 안녕질서에 대한 직접적인 위험이 **명백하게 초래된 경우**'일 것으로 요구하고 있다(대판 2010도6388). └ 현존성 X ③ 우리 대법원 판례는 위해성 경찰장비인 **살수차와 물포의 직사살수의 사용요건**으로 **명백하고 현존한 위험**의 원칙을 요구하고 있다(대판 2015다236196).

5 경찰개입청구권

의의	① 행정청의 위법한 **부작위**(작위 X) 등으로 권익을 침해당한 자가 해당 행정청에 대하여 **제3자에 대하여 일정한 법에 규정된 행정권의 발동을 청구할 수 있는 권리**이다. ② 오늘날 사회적 법치국가에서는 경찰개입청구권이 인정 범위가 **점점 확대**(축소 X)되어가고 있는 경향이다.
배경	1960년 독일의띠톱판결(Bandsäge-urteil)은 이를 인정한 최초의 판결이다.
내용	① **재량행위의 기속행위화** : 경찰개입 여부는 원칙적으로 재량이지만, 일정한 상황하에서는 '재량권이 영(0)으로 수축'되고, 이 때 개인은 경찰당국에 대해 해당 조치를 취할 것을 청구할 수 있는 권리를 가진다. ② **반사적 이익의 법률상 보호이익으로 전환** : 경찰관련 법에 근거한 경찰권 행사로 받는 이익이 **반사적 이익(사실상 이익)**인 경우에는 법률상 이익인 권리가 아니므로 **경찰개입청구권은 인정되지 아니한다.** 그러나 경찰권의 근거가 되는 경찰관련 법률의 목적이 공익의 보호뿐만 아니라 국민 개개인의 사익도 보호하는 것으로 명문상 또는 해석상(법원의 판례) 인정될 경우, 이는 **법에서 보호하는 이익(권리)이 되므로 경찰개입청구권이 인정**된다.
현대 사회적 법치국가와 경찰개입 청구권	① 제2차 세계대전 이후 제정된 독일연방공화국기본법(1949)은 **사회적 법치국가**를 추구한다. ② 개인의 자유보호를 위해 국가권력의 발동 범위를 제한하는데 초점을 둔 **형식적 법치주의**와 달리, 현대 사회적 법치국가의 **실질적 법치주의**는 국민의 자유와 권리를 실질적으로 보호하기 위한 **국가권력의 적극적인 개입을 인정**한다. ③ 오늘날 사회적 법치국가에서는 경찰개입청구권의 인정 범위가 **점점 확대**되어가고 있는 경향이다. [판례] 사회국가란 경제·사회·문화의 모든 영역에서 정의로운 사회질서의 형성을 위하여 사회현상에 관여하고 간섭하고 분배하고 조정하는 국가이다(2002헌마52, 2003헌가12 등).

6 범죄 수사

① **영미법계** 국가에서는 범죄수사를 경찰의 임무로 당연히 인정하고 있다.
② **비범죄화**(간통제 폐지)에 의하면 경찰수사 범위는 **축소**된다.
③ 오늘날 사회적 법치국가 아래서 **과범죄화, 신범죄화**에 따라 처벌되는 범죄유형이 증가하고 있고 이에 의하면 경찰의 수사 활동 분야가 **증가**하게 된다.

과범죄화	종래 가정이나 사회의 자율영역이었던 분야에 국가가 적극적으로 개입하여 처벌하는 경향이다. [예] 경범죄처벌법 위반 등
신범죄화	사회 변화에 따라 새로운 범죄로 규정되는 경향이다. [예] 환경범죄, 경제범죄, 보이스피싱 등

사물 관할		① 경찰이 처리할 수 있고 또 처리해야 하는 사무내용의 범위(발동범위의 설정기능)를 말함 ② 경찰의 임무를 규정한 국자법 제3조는 경찰의 사물관할을 의미함
인적 관할		① **광의**의 경찰권이 어떤 사람에게 적용되는가의 문제임 └ 협의 X ② 경찰권은 원칙적으로 모든 사람에게 적용되나, 국내법적으로는 대통령과 국회의원에 대해서, 국제법적으로는 외교사절과 주한 미군에 대해서 일정한 제한이 있음
지역 관할	원칙	대한민국의 영역 내에 모두 적용됨이 원칙이나, 국내법적·국제법적 일정한 한계 가 있음

	국회
	(국회법)
		① **의장**은 회기 중 국회의 질서를 유지하기 위하여 국회 안에서 경호권을 행사
		한다(§143).
		② 국회의 경호 : 의장은 필요할 때에는 **국회운영위원회**의 동의를 받아 일정한
		                         └ 국회소관상임위원회 X
		기간을 정하여 정부에 경찰공무원의 파견을 요구**할 수 있다**(§144 ②).
		③ 경호업무(§144 ③) ┌ 회의장 **건물 안** : 경위
		                       └ 회의장 **건물 밖** : 경찰공무원
		④ 회의장의 질서를 어지럽혔을 때에는 의장이나 위원장은 경고나 제지를 할 수
		있다(§145 ①).
		⑤ **국회 안**에 현행범인 : **체포한 후** 의장의 지시에 따름(§150)
		   회의장 안 현행범인 : **의장의 명령** 없이 의원을 체포할 수 없음(§150)

	법정
	내부
	(법원조직법)
		재판장은 법정의 질서유지를 위해 **개정 전후에 상관없이** 관할 경찰서장에게 경찰
		공무원의 파견을 요구할 수 있으며, 파견된 경찰공무원은 **법정 내외**의 질서유지에
		                                                └ 법정 내 X
		관하여 **재판장**의 지휘를 받는다(§60 ①②).
		      └ 경찰서장 X

	치외 법권	① 외교공관과 외교관의 개인주택은 국제법상 치외법권 지역임(**외교사절의 승용 차, 보트, 비행기 등 교통수단도 동일함**) ② 다만, 화재나 감염병의 발생 등과 같이 경찰상의 상태책임과 관련하여 긴급을 요하는 경우 외교사절의 **동의 없이**도 외교공관에 들어갈 수 있다는 것이 **국제 법상 규정은 없으나 국제관례상 인정**
	해양 (정부조직법)	해양에서의 경찰 및 오염방제에 관한 사무를 관장하기 위하여 해양수산부장관 소속으로 해양경찰청을 둔다(§44 ②).

보충 「외교관계에 관한 비엔나협약」과 「영사관계에 관한 비엔나협약」

외교관계에 관한 비엔나협약		① 공관지역은 불가침이다. 접수국의 관헌은 공관장의 동의없이는 공관지역에 들어가지 못한다 (§22 제1호). ② 접수국은 어떠한 침입이나 손해에 대하여도 공관지역을 보호하며, 공관의 안녕을 교란시키거나 품위의 손상을 방지하기 위하여 모든 적절한 조치를 취할 특별한 의무를 가진다(§22 제2호). ③ 외교신서사는 그의 신분 및 외교 행낭을 구성하는 포장물의 수를 표시하는 공문서를 소지하여야 하며, 그의 직무를 수행함에 있어서 접수국의 보호를 받는다. **외교신서사는 신체의 불가침을 향유하며 어떠한 형태의 체포나 구금도 당하지 아니한다**(§27 제5호). ④ 외교관의 신체는 불가침이다. **외교관은 어떠한 형태의 체포 또는 구금도 당하지 아니한다.** 접수국은 상당한 경의로서 외교관을 대우하여야 하며 또한 그의 신체, 자유 또는 품위에 대한 여하한 침해에 대하여도 이를 방지하기 위하여 모든 적절한 조치를 취하여야 한다(§29).
영사관계에 관한 비엔나협약	정의(§1)	**"영사관원"**이라 함은 영사기관장을 포함하여 그러한 자격으로 영사직무의 수행을 위임받은 자를 의미한다.
	영사관사의 불가침(§31)	1. 영사관사는 본조에 규정된 범위내에서 불가침이다. 2. 접수국의 당국은, 영사기관장 또는 그가 지정한 자 또는 파견국의 외교공관장의 동의를 받는 경우를 제외하고, 전적으로 영사기관의 활동을 위하여 사용되는 영사관사의 부분에 들어가서는 아니된다. 다만, **화재 또는 신속한 보호조치를 필요로 하는 기타 재난의 경우에는 영사기관장의 동의가 있은 것으로 추정될 수 있다.**
	통신의 자유 (§35)	5. **영사신서사**는 그 신분 및 영사행낭을 구성하는 포장용기의 수를 표시하는 공문서를 지참하여야 한다. 영사신서사는 접수국의 동의를 받는 경우를 제외하고, 접수국의 국민이어서는 아니되고 또한 그가 파견국의 국민이 아닌 경우에는 접수국의 영주자이어서는 아니된다. 영사신서사는 그 직무를 수행함에 있어서 접수국에 의하여 보호를 받는다. **영사신서사는 신체의 불가침을 향유하며 또한 어떠한 형태로도 체포 또는 구속되지 아니한다.**
	영사관원의 신체의 불가침 (§41)	1. **영사관원은, 중대한 범죄의 경우에 권한있는 사법당국에 의한 결정에 따르는 것을 제외**(체포구속가능)하고, 재판에 회부되기 전에 **체포되거나 또는 구속되지 아니한다.**

CHAPTER 02

한국경찰의 근·현대사

THEME 01 갑오개혁부터 일제강점기까지의 경찰

1 갑오개혁과 한국경찰의 창설

일본각의에 의한 한국경찰 창설 결정 (1894.6.27.)	① 일본각의의 결정에 따라 김홍집 내각은 '각아문관제'에서 처음으로 경찰이라는 용어를 사용하였다. ② 경찰을 **법무아문**하에 창설 → **내무아문 소속**으로 변경하였다. ↳ 외무아문 X ③ 1894년 7월 14일(음력) '**경무청관제직장**'과 '**행정경찰장정**' 제정하였다. ④ 외형상 근대국가적 경찰체제가 갖추어졌다.

한성부 경찰의 창설	① **경무청 신설** – 근거 : **경무청관제직장**(한국 경찰 최초의 조직법)
	↳ 일본 경시청관제 모방
	    – 좌우포도청을 합하여 신설(장으로 경무사) → 포도청은 폐지
	    – 내무아문 예속되어 한성부내 일체의 경찰사무 관장(수도경찰 성격에 그침)
	    – 각부(各府)·각아문(各衙門)·각군문(各軍門)의 **체포·구금**(직수(直囚 : 다른 기관을 거치지 아니하고 직접 범인을 잡아 가두는 것))에 관한 권한 폐지(**직수아문 폐지**)
	② 최초로 한성부 안에 경찰지서 설치(**경무관**을 서장) → 일본의 경찰제도를 모방·이식

행정경찰장정 제정	① 한국 경찰 **최초의 작용법** ② 일본의 **행정경찰규칙과 위경죄즉결례**를 혼합 ③ 광범위한 영역의 사무 담당(영업·시장·회사 및 소방·위생, 결사·집회, 신문잡지·도서 등)
내부관제와 경무청관제	① 1895년에 '내부관제(칙령제53호)'의 제정을 통해 내부대신의 경찰에 대한 지휘감독권이 정비되었다(제1조). ② 동년 4월에 반포된 '경무청관제(칙령제85호)' 제2조에서는 '경무사는 내부 대신의 지휘 감독을 받아 전적으로 한성부 5부의 경찰, 소방 및 감옥에 관한 일을 총괄한다'고 규정하여 위 내부관제 제1조의 내용을 구체적으로 규정하였다.

2 경부경찰제도와 일본헌병의 주둔

광무개혁에 따른 경부 경찰체제 (1900년)	① 중앙관청 : 경부(한성 및 개항시장의 경찰업무와 감옥사무) ⎫ 이원체제로 운영 ② 지방 : 총순(관찰사의 보조기관) ⎭ ③ 경부의 관장 하에 궁내경찰서와 한성부 내 5개 경찰서, 3개 분서 : 경무감독소가 지휘 ④ 경부경찰체제 실패로 인하여 **경무청**이 경부 업무 관리 ↳ 전국관할, 오늘날 경찰청 원형, 1902
일본헌병의 주둔	① 1896년 한성과 부산 간의 군용전신선 보호를 명목으로 주둔했다. ② 헌병의 임무 – 군사경찰, **사법경찰, 행정경찰을 겸하였다.** ↳ 사법경찰 업무 제외 X ③ 시찰이나 정탐, 항일인사의 체포, 일본관민의 보호 등 고등경찰업무도 수행했다.

3 한국경찰권의 상실과정

통감부 시기의 경찰 역사	① 1905년 '통감부 및 이사청관제'가 공포되어 통감부에 의한 통감정치가 시작되었고, 1905년 2월 '경무청관제개정건'을 반포함으로써 경무청을 <u>한성부내의 경찰로 축소</u>하였고, 이는 통감부가 설치된 다음해(1906년)에도 그대로 유지되었다. └→ 전국을 관할 X ② 1907년에는 통감부 소속의 경무부를 설치하여 일본인 경무고문을 통해 한국의 경찰권을 장악해 갔다. ③ 1907년 7월 통감부는 **보안법**을 제정하여 한국민의 행동까지 통제하였다. └→ 보안법은 결사의 해산, 정치적으로 불온하다고 인정되는 자의 주거지로부터의 퇴거 등을 규정하고 있어 기본적인 인권을 제한하는 악법으로 미군정기에 폐지됨 ④ 1907년 7월에 '경시청관제'를 통해 한성의 경무청이 경시청(장은 경시총독)으로 개칭되었고, 경시총독은 내부대신의 지휘·감독을 받아 경찰업무를 수행하였다.

구한말 일본의 한국경찰권 강탈 과정 취외냐 사위야 ~!	경찰사무에 관한 <mark>취</mark>극서 (1908)	재한국 일본인에 대한 경찰사무의 지휘감독권을 일본관헌의 지휘감독을 받도록 위양하였다.
	재한국 <mark>외</mark>국인민에 대한 경찰에 관한 한일협정(1909)	재한국 외국인에 대한 경찰사무의 지휘감독권을 일계(日係) 한국 경찰관이 행사하도록 하였다.
	한국 <mark>사</mark>법 및 감옥사무 위탁에 관한 각서(1909)	한국의 사법경찰권을 포함하는 사법과 감옥사무가 일본에 위탁되었다.
	한국경찰사무 <mark>위</mark>탁에 관한 각서(1910)	'통감부 경찰서 관제'를 공포하여 한국의 경찰사무를 일본국에 완전히 위탁하였다. └→ 1910년 '통감부경찰서관제'에 따라 통감부 직속으로 경찰통감부가 설치되었고, 각 도에 경찰부가 설치됨으로써 비로소 지방행정기관과 경찰기관이 분리

4 일제 강점기의 경찰

헌병경찰 시기	① 경술국치 전 1910년 경찰사무 　┌ 통감부(경술국치 이후 총독부로 변경)소속 : 경무총감부 　├ 서울과 황궁의 경찰사무 : 경무총감부의 직할 　└ 각 도 : 경무부를 설치하여 경찰사무를 관장 ② 전제주의적·제국주의적 경찰권 행사　┌ **총독** : 제령권 　　　　　　　　　　　　　　　　　　└ **경무총장·경무부장** : 경찰명령권 ③ 헌병 ┌ 헌병이 일반치안을 담당할 법적 근거 : 1910년 **조선주차헌병조령** 　　　　├ <u>**군사경찰상 필요한 지역 또는 의병활동 지역**</u> 등 헌병이 주로 배치 　　　　│ └→ 도시나 개항장은 일반경찰 　　　　└ 광범위한 임무 : 첩보수집, 의병토벌, 민사소송 조정, 집달리 업무, 국경세관 업무, 　　　　　　일본어의 보급, 부업 장려 등
보통경찰 시기	3·1운동을 계기로 ① 보통경찰제로 전환 → 기본적으로 **경찰의 직무와 권한에는 변화 없었음**(변화 있었음 X) ② 총독부 직속의 **경무총감부가 폐지**되고 경무국이 경찰사무와 위생사무를 감독함 ③ **정치범 처벌법**을 제정하여 단속체제를 강화, 　**일본에서 제정**된 <u>**치안유지법**</u>을 우리나라에 적용하여 탄압의 지배체제를 강화함 　　└→ 우리나라에서 제정 X

THEME 02 대한민국 임시정부 경찰

1 역사적 의의

① 1919년 3·1운동으로 태어난 대한민국임시정부는 임시헌장(헌법)에서 우리 민족 최초의 '민주공화제'를 선포하였다. 따라서 임시정부경찰은 우리 역사상 최초의 '민주공화제 경찰'로서 민주경찰의 효시라는 제도사적 의의를 가진다.

② 현행 헌법은 "임시정부의 법통을 계승한다."라고 하고 있는 만큼 임시정부경찰은 오늘날 한국경찰의 뿌리라고 할 수 있다.

2 상해시기(1919~1932) → 내무부 아래 경무국, 연통제(경무사), 대한교민단 산하 의경대가 경찰기구로서 운영

경무국	① 1919년 4월 25일 '대한민국 임시정부 장정' 공포 : 임시정부 경찰조직인 경무국 직제와 분장사무가 처음으로 규정됨 ② 초대 경무국장 : **백범 김구 선생**(1919년 8월 12일) ③ 경무국의 소관 사무 : 행정경찰에 관한 사항, 고등경찰에 관한 사항, 도서출판 및 저작권에 관한 사항, 일체 **위생**에 관한 사항 등을 대한민국 임시정부 장정에서 규정함 ④ 임시정부경찰 운영을 위해 **정식예산이 편성**되었고, 규정에 의해 소정의 **월급이 지급**됨
연통제 (경무사)	① 목적 : 지역적 한계를 극복하고 국내와 연계하여 연락·정보수집·선전활동 및 정부 재정 확보 등을 수행하기 위함임 ※ 연통제의 실질적 목적은 점령된 본국의 국민들에게 독립의식을 잊지 않게 하고, 또한 기밀탐지 활동과 군자금(독립운동 자금) 모집활동을 하며 **최종 목적으로는 일제 저항운동**을 일으키려는데 있었음 ② 국내 각 도 단위 지방행정기관으로 **독판부**를 설치 : 독판부 산하 경찰기구로 **경무사**를 두었음 ③ **부·군 단위** 지방행정기관으로는 부서·군청: 산하 경찰기구로 **경무과**를 두었음 사과 ④ 각 독판부·부서·군청 및 경무사·경무과 소속의 경감과 경호원이 경찰업무를 수행하였음
의경대	① 임시정부는 '임시 거류민단제'를 통해 교민들의 자치제도를 공인하였고, 교민단체는 '의경대 조례'를 통해 자치경찰조직인 의경대를 조직하였음 ② 김구 선생이 중심이 되어 1923년 12월 17일 대한교민단 산하에 별도의 경찰 조직인 의경대를 창설, 1932년에는 직접 의경대장을 맡기도 하였음 ③ 의경대는 교민사회에 침투한 일제의 **밀정을 색출**하고 친일파를 처단하는 역할을 맡았으며, 그 밖에 교민사회의 **질서유지, 호구조사**, 민단세 징수, 풍기단속 등의 업무를 수행하였음

3 **이동 시기** : 1932년 윤봉길 의사 의거 후 일제의 탄압이 극심해져 고난의 이동시기를 겪었음(1932~1940.9월).
이동 시기에는 행정기능이 제 역할을 다하지 못했고, 사실상 제대로 된 경찰조직을 유지할 수 없었음

4 **중경시기(1940~1945)** : 경무과와 경위대가 경찰기구로서 운영

경무과	① 1943년 제정된 「대한민국 잠행관제」에 따라 내무부 경무과가 만들어 짐 ② 경무과는 내무부 하부조직으로 일반 **경찰사무, 인구조사, 징병 및 징발, 국내 정보 및 적 정보 수집** 등의 업무를 수행하였음
경위대	① 1941년 내무부 직속으로 경찰 조직인 **경위대를 설치**하고, 그 규칙으로 「경위대 규정」을 따로 둠 ② 통상 경위대장은 경무과장이 겸임하였음 ③ 경위대의 주요 임무 : 임시정부 청사를 경비하고, 임시정부 요인을 보호하는 것으로서, 군사조직이 아닌 경찰조직임 → **임시정부 수호의 최일선을 담당** ④ 광복 후 1945년 11월 23일 **임시정부 요인들이 환국할 때 경위대는 김구 주석 등이 안전하게 귀국할 수 있도록 경호 업무를 수행함**

※ 임시정부 경찰의 평가 : 임시정부의 법령에 의하여 설치된 정식 치안조직, 임시정부 수호, 교민보호, 일제 밀정 처단

5 **임시정부경찰 주요 인물**

백범 김구 선생	① **초대 경무국장** 백범 김구 선생은 경찰을 지휘하며 임시정부 수호를 책임졌고, 그 결과 임시정부의 성공적 정착에 이바지함 ② 백범 김구 선생을 측근에서 보좌한 것은 임시정부경찰의 **경위대**임
나석주 의사	임시정부 경무국 경호원 및 의경대원으로 활동하면서 1926년 12월 식민수탈의 심장인 **식산은행과 동양척식회사**에 폭탄을 투척함
김석 선생	의경대원으로 활동하면서 윤봉길 의사를 배후 지원하였고, 이후 윤봉길의사는 1932년 4월 29일 상해 홍구 공원에서 열린 일왕의 생일축하 기념식장에 폭탄을 투척함
김용원 열사	1921년 김구 선생의 뒤를 이어 **제2대 경무국장**을 역임함
김철 선생	의경대 심판을 역임하였으며 1932년 11월 30일 상하이 프랑스조계에 잠입하였다가 일제경찰에 체포되어 감금당하였고, 이후 고문 후유증으로 생애를 마감함

THEME 03 미군정하(1945~1948)의 경찰 창설과 경찰개혁

구관리의 현직유지와 경찰개혁	① 미군정 초창기에는 '태평양미군총사령부포고 1호'를 통해 '군정의 실시'와 '구관리의 현직유지'를 포고함으로써, <u>일제시대 경찰을 그대로 유지</u>함 ↳ 인적청산 X ② 경찰제도와 인력은 개혁이 이루어지지 아니하였으며, 경찰은 민주적으로 개혁할 기회를 갖지 못하였고 이로 인해 독립 이후에도 국민의 경찰에 대한 부정적 태도는 유지 ③ 경찰의 표어인 '봉사와 질서'를 흉장으로 패용하고, 이를 기본이념으로 하는 개혁을 추진함
경무국 창설	① 1945년 10월 21일(경찰창설 기념일)에 미군정 아래 **경무국 창설**함 ② 경무국 창설 당시 일본인 경찰들을 모두 추방하고 비로소 **한국인들로만 구성된 경찰체계**가 출범함
경무부로 격상	① 1945년 '국립경찰 조직에 관한 건'이 공포되어 각 도 경찰기구를 시도지사에서 분리 ② **1946년** '경무국 경무부에 관한 건'에 의해 **경무국이 경무부로 격상** 운영 ↳ 격하 X ③ 미군정의 경무부는 대한민국 정부가 수립(1948년)되면서 내무부 소속의 치안국으로 격하 조정됨

비경찰화와
정보과 신설
	① 비경찰화 단행 : 위생사무의 위생국 이관, 경제경찰과 고등경찰 폐지 → 경찰의 활동영역 축소
	    경고폐지
	② 정보과(사찰과) <u>신설</u> : 미군정시기에 처음 설치
	    ↳ 폐지 X

강점기의 치안입법 폐지	① 1945년에 정치범처벌법·치안유지법·예비검속법이 폐지 정치예 ② 1948년에 **마지막으로 보안법을 폐지**
여자경찰 제도	① 여자경찰 제도는 1946년 7월 1일에 도입 ② 여자경찰관은 부녀자와 **14세** 미만 아동을 대상으로 하는 사건을 포함하여 주로 풍속, 소년, 여성보호 업무를 담당(서울·인천·대구·부산 총 4곳에 여자경찰서 설치)
중앙경찰 위원회	① 1947년 6인 위원으로 구성된 '중앙경찰위원회'가 설치 ② 조직 면에서 '**중앙경찰위원회**'를 통한 경찰통제 제도를 도입함으로써 민주적 요소가 강화 ↳ 중요한 경무정책의 수립·경찰관리의 소환·심문·임면·이동 등에 관한 사항을 심의
경찰의 독자적 수사권	① 광복 이후 미군정은 **영미식 형사제도**를 도입 ② **독자적 수사권 인정** : 1945년 미군정 '법무국 검사에 대한 훈령 제3호'가 발령되어 '**수사는 경찰-기소는 검사**' 체제가 도입
주요 특징	① 광복 이후 신규 경찰을 대거 채용하는 과정에서 전체의 20% 가량은 일제경찰 출신들이 재임용되기도 하였지만 상당히 많은 <u>독립운동가 출신들이 경찰에 채용</u>됨 ↳ 독립운동가 출신 배제 X

정부수립 이후 경찰

1 1948년 정부수립과 건국경찰의 조직

중앙경찰	1948년 제정된 법률 제1호인 「정부조직법」에서, 1946년 이후 중앙행정기관이었던 경무부를 내무부의 일국인 **치안국**에서 인수하도록 함으로써 경찰조직은 내무부 산하의 **국으로 격하**되었다. → 이는 「정부조직법」 제정에 참여한 구성원 대부분이 일제강점기의 관리로 **일제강점기의 경찰 조직을 모방했기 때문**이다.
지방경찰	① 지방경찰도 중앙과 마찬가지로 1991년 「경찰법」이 제정될 때까지 관청으로 지위를 얻지 못하고 시도지사의 보조기관에 머물렀다. ② 단, **경찰서장**은 1991년 이전에도 경찰 내 **유일한 행정관청**으로서 지위를 가졌다.
특징	① 독립국가로서 역사상 최초로 자주적인 입장에서 경찰을 운용한 시기이다. ② 「경찰관 직무집행법」은 **경찰작용**에 관한 기본법이며, 국민의 생명, 신체, 재산의 보호라는 **영미법적 사고**가 반영되었다. _{↳ 경찰조직 X} → 1953년에 제정된 「경찰관 직무집행법」은 엄밀한 의미에서는 기본적으로 경찰의 즉시강제에 관한 기본법으로서의 성격을 가진다. 따라서 다양한 경찰작용을 포함하지 못하는 한계가 있다. 또한 당시에는 경찰조직에 관한 기본법이 부재하여 조직법적인 체계는 갖추지 못하였다. 이러한 배경 하에 1991년 「경찰법」 제정을 보게 되었다. ③ 1960년 3.15 부정선거 개입 등 정치적 중립을 해치는 일탈과 과오를 겪게 되자 국민의 경찰에 대한 최대의 요구는 정치적 중립이었으며, 조직 내부적으로도 경찰의 기구독립이 하나의 숙원이었다.

2 보도연맹사건과 안종삼 서장

보도연맹 사건	① 1949년 4월 좌익 사범들을 전향시키기 위한 유화책으로 사상 전향자들로 '국민보도연맹'(보도연맹은 신분보장을 약속하고 좌익들을 전향시켜 '요시찰인'으로 관리하는 것임)이라는 관변단체를 조직하였다. ② 1950년 6·25전쟁이 발발하자 정부와 군·경은 보도연맹원들을 북한에 동조할 위험이 있는 인물들로 보고 구금하였고, 즉결처분 방식으로 수만 명(추정)을 사살하였다.
안종삼 서장	① 구례경찰서 안종삼 서장은 여순사건 이후 구례군에 국민훈련원 구례분원을 설치하여 보도연맹원에게 복권의 기회를 부여하였다. ② 1950년 7월 24일 전쟁발발로 예비검속 된 보도연맹원들에 대한 총살 명령이 내려오자 480명의 예비검속자 앞에서 **"내가 죽더라도 방면하겠으니 국가를 위해 충성해 달라."**라고 연설한 후 전원을 방면하여 구명하였다.

3 6·25전쟁 중 주요 전투

춘천 내평 전투	① 1950년 6월 25일 양구경찰서 내평지서장 **노종해 경감** 등은 불과 10여명의 인력으로 **춘천으로 가는 길목을 지키고 북한군 1만 명의 진격을 1시간 이상 지연시킨 후 전사**하였다. ② 6·25전쟁 최초 승전인 춘천지구 전투 승리의 결정적 역할을 하였다.
함안 전투	① 전남·북 및 경남 3개도 경찰관 6,800명과 미군 25사단 일부는 북한군 4개 사단을 격퇴하고 끝내 방어선을 지켜냈다. ② 당시 경남경찰 3,400여명을 지휘한 경남경찰국장은 독립운동가 출신 **최천 경무관**이다.
다부동 전투	① 경북 칠곡군 다부동은 낙동강 방어의 성패를 좌우하는 가장 중요한 전술적 요충지였는데, 55일간의 치열한 전투 끝에 낙동강 방어선을 사수할 수 있었다. ② 당시 불리한 전황에 정부와 군 지휘부가 부산으로 이동하자 대구는 일대 혼란이 가중됐는데, 경찰만은 끝까지 대구 사수를 결의하고 대구에 남아 대구 시민을 보호하였다.
장진호 전투	① 미 해병 1사단에 배속되어 있던 한국경찰 '화랑부대' 1개 소대 기관총 부대가 장진호 유담리 전투에서 뛰어난 전공을 거두고 미 해병의 극찬을 받았다. ② '화랑부대'는 미군으로부터 별도 정예훈련을 받고 부대단위로 편제된 경찰관 부대를 통칭하였다.

4 전투상황 관련 인물

김해수	① 1948년 간부후보생 3기로 입직 ② 1950년 7월 8일 영월화력발전소 탈환작전 도중 47명의 결사대와 함께 73명의 적을 사살하고 전사하였다.
라희봉	① 1949년 순경으로 입직하였으며, 1951년 순창서 쌍치지서장으로 재직하면서 다수의 공비를 토벌하였다. ② 1952년 11월 700명에 달하는 공비와 전투하던 중 24세 나이로 전사하였다.
권영도	① 경찰 입직 이전 경남경찰 산하 서하특공대에 입대, 산청군 일대에서 공비 소탕작전 선봉으로 나서 공비 23명을 사살하였다. ② 1951년 순경으로 특채되었으며, 1952년 7월 무장공비 소탕 중 26세의 나이로 전사하였다.

5 6·25전쟁이후 1991년 경찰법 제정까지의 주요 경찰 연혁

경찰관 직무집행법 제정	① 1953년 12월 「경찰관 직무집행법」 제정으로 경찰작용에 관한 기본법을 마련하였다. ② 동법 제정 당시 제1조 목적에 '국민의 생명, 신체, 재산의 보호'라는 **영미법**적 사고가 반영되었다.
제2공화국 헌법	① 1960년 6월 15일에 개정된 제2공화국 헌법 제75조에서 "행정각부의 조직과 직무범위는 법률로써 정하며, 이 때 법률에는 경찰의 중립을 보장하기에 필요한 기구에 관하여 규정을 두어야 한다."는 규정이 신설되었다. ② 4·19 이후 혁명 정신에 따라 제2공화국 헌법은 '**경찰중립화**'를 헌법에 신설하였다.
경찰공무원법 제정	① 1969년 「국가공무원법(1949)」의 특별법으로 「**경찰공무원법**」 제정되어 경찰공무원을 일반 공무원과 구별하여 규율하게 되었다. 이때 처음으로 치안국장에게 '치안총감'이라는 경찰 계급이 부여되었고, '**경정과 경장**' 계급이 신설되었으며, **치안감 이하 경감 이상에 계급정년제가 도입**되었다. 〔경정 X〕 ② 1979년 동법 개정시 치안정감 계급이 신설되었고, 1983년 시행된 동법에서는 경위계급의 계급정년이 도입되었다가, 1998년 경정 이상 계급정년으로 개정되어 현재까지 시행되었다.
치안본부	1974년 12월 24일 정부조직법 개정으로 종래 **치안국장은 치안본부장으로 격상**되었다.
소방업무의 이관	1975년 8월 치안본부 아래 있던 소방과를 내무부 소방국으로 이전함에 따라서 **소방업무가 경찰업무에서 배제**되었다.
경찰대학 설립	1979년 12월 경찰대학설치법 제정 공포(1981년 1기생 입학)
경찰관직무 집행법의 개정	경찰관직무집행법 제정 당시에는 직무 범위에 관한 규정이 없었는데, 1981년 '경찰의 직무(제2조)'규정이 처음 신설되어 경찰관의 직무의 범위를 구체적으로 정하였다.
정부수립(1948) 이후 1991년 이전의 경찰의 특징	① 독립국가(1948)로서 한국역사상 최초로 자주적인 입장에서 경찰이 운용되었다. ② 경찰작용에 관한 기본법으로서 경찰관 직무집행법(1953) 제정하였다. ③ **국가공무원법의 특별법인 경찰공무원법(1969)이 제정**되었다. ④ 종래 식민지배에 이용되거나 또는 군정통치로 주권이 없는 상태하에서 활동하던 경찰이 비로소 주권국가 **대한민국의 존립과 안녕, 대한민국 국민의 생명과 신체 및 재산의 보호라는 경찰 본연의 임무를 수행**하였다. ⑤ 해양경찰업무(1953), 전투경찰업무(1968)가 정식으로 경찰의 업무 범위에 추가되고, **소방업무(1975)가 경찰의 업무에서 배제**되는 등 경찰활동 영역의 변화가 있었다. 〔소방업무 추가 X〕 ⑥ 경찰의 부정선거 개입(1960.3.15) 등으로 정치적 중립이 경찰에 대한 국민의 요청이었던 바, 그 연장선상에서 경찰의 기구독립이 조직의 숙원이었다. ⑦ 1991년 경찰법 제정 이전에는 중앙 및 지방경찰은 내무부 및 시도지사의 보조기관으로 관청으로서의 지위를 갖지 못하였고, **경찰서장만 관청으로서의 지위**를 가졌다.

6 1991년 「경찰법」 제정과 2020년 전면 개정

경찰법 제정 (1991년)	① 1991년 5월 경찰법 제정으로 경찰청장과 지방경찰청장은 독립관청으로 승격되었다. ② 내무부(현 행안부)에 경찰위원회를 두어 민주적 통제시스템 구축하고, 시도지사 밑에 치안행정협의회를 두도록 하여 치안협력체제를 마련하였다.
국가경찰과 자치 경찰의 조직 및 운영에 관한 법률 제정(2020년)	① 경찰의 사무를 국가경찰사무와 자치경찰사무로 각각 구분하였다(§4). ② 경찰청에 국가수사본부를 두고, 국가수사본부장은 치안정감(治安正監)으로 보하며, 경찰청 외부를 대상으로 모집하여 임용할 필요가 있는 때에는 일정한 자격을 갖춘 사람 중에서 임용할 수 있도록 하였다. ③ 자치경찰사무를 관장하게 하기 위하여 특별시장·광역시장·특별자치시장·도지사·특별자치도지사(이하 "**시·도지사**"라 함) 소속으로 시·도자치경찰위원회를 합의제 행정 ↳ 시·도경찰청장 X 기관으로 두고, 그 권한에 속하는 업무를 독립적으로 수행한다(§18 ①③). ④ 시·도경찰청장의 임용 관련 사항을 정하고, 시·도경찰청장은 소관 사무에 따라 경찰청장, 시·도자치경찰위원회 및 국가수사본부장의 지휘·감독을 받게 하였다(§28).

TIP 경찰조직 총알정리

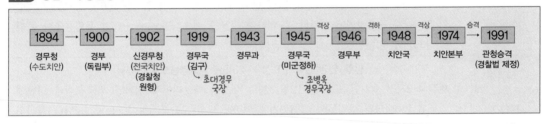

백범 김구 선생	**민족의 사표** ① 1919년 상하이에서 수립한 대한민국 임시정부의 **초대 경무국장** ② 1932년에는 직접 대한교민단 **의경대장** 취임하여 일제의 밀정 색출, 친일파 처단 및 상해 교민사회의 질서유지 등 임무 수행 ③ 1940년에는 대한민국 임시정부 주석으로 선출됨 ④ 광복 후 귀국한 김구 선생은 1947년 경무부 교육국에서 출간한 「민주경찰」 창간호에 '자주독립과 민주경찰'이라는 축사를 기고하였고 국립경찰 창설기념 특호에서는 "국민의 경종이 되소서"라는 휘호를 선물하는 등 경찰에 대한 남다른 애정을 보이기도 함
안맥결 총경	**독립운동가 출신 여성경찰관 → 2018년 독립유공자 등록(건국포장 수훈)** ① 1946년 5월 미군정하 **제1기 여자경찰간부**로 임용되며 국립경찰에 투신하였고 1952년부터 2년간 서울여자경찰서장을 역임하며 풍속·소년·여성보호 업무를 담당, 여자경찰제도는 당시 권위적인 사회 속에서 선진적이고 민주적인 제도임 ② 1957년 국립경찰전문학교 교수로 발령 받아 후배 경찰교육에 힘쓰다 1961년 5·16군사정변이 일어나자 군사정권에 협력할 수 없다며 사표를 제출하였으며 2018년 독립유공자 등록(건국포장 수훈)됨
문형순 경감	**민주·인권 경찰의 표상 → 2018년 경찰영웅으로 선정됨** ① **제주 4·3사건** 당시인 1948년 12월, 제주 대정읍 하모리에서 검거된 좌익총책의 명단에 연루된 100여명의 주민들이 처형위기에 처하자 당시 모슬포서장 문형순은 조남수 목사의 선처 청원을 받아들여 이들에게 자수토록 하고, 1949년 초에 자신의 결정으로 전원을 훈방함 ② 1950년 8월 30일 성산포경찰서장 재직 시 계엄군의 예비검속자 총살 명령에 '부당함으로 불이행'한다고 거부하고 278명 방면함

차일혁 경무관	**호국경찰·인권경찰·문화경찰의 표상**
	① **빨치산 토벌** 당시 이현상을 '**적장의 예'로써 화장**해주고, 생포한 공비들에 대하여 관용과 포용
	      └ 호국경찰 └ 인권경찰
	으로 귀순을 유도한 인본경찰·인권경찰의 표상이 됨
	② '절을 태우는 데는 한나절이면 족하지만, 세우는 데는 천년이상의 세월로도 부족하다.'며 **사찰과 문화재를 보호**하였고, 충주경찰서장 재직 당시 '충주직업소년학원'을 설립하여 불우아동
	               └ 문화경찰
	들에게 배움의 기회를 제공하는 등 문화경찰의 표본이 됨

최규식 경무관, 정종수 경사	**호국경찰의 표상** ① 1968년 1.21 무장공비침투사건 당시 최규식 총경(경무관특진) 등 경찰관 10명이 차단·격투 끝에 청와대 사수함 ② 군 방어선이 뚫린 상황에서 경찰관 최규식(태극무공훈장)·정종수(화랑무공훈장)의 순국으로 대한민국을 지켜내고 조국의 발전을 가능하게 한 영웅적인 사례임

안병하 치안감	**민주·인권 경찰의 표상 → 2017년 경찰영웅으로 선정됨** **5·18 광주 민주화운동** 당시 무장 강경진압 방침이 내려오자 안병하 국장은 전남경찰들에게 '분산되는 자는 너무 추적하지 말 것, 부상자가 발생하지 않도록 할 것' 등을 지시하고, '연행과정에서 학생의 피해가 없도록 유의하라'고 지시함 → **비례의 원칙**에 입각한 경찰권 행사 및 시위대 **인권보호**를 강조 ⌐ 질서유지 X
이준규 총경	**민주·인권 경찰의 표상** 1980년 5·18 당시 **목포경찰서장**으로 재임하면서 안병하 국장의 방침에 따라 경찰총기 대부분을 군부대 등으로 사전에 이동시켰으며, 자체 방호를 위해 가지고 있던 소량의 총기마저 격발할 수 없도록 방아쇠 뭉치를 모두 제거해 경찰관들과 함께 고하도 섬으로 이동시키는 등 원천적으로 시민들과의 유혈 충돌을 피하도록 조치하여 광주와 달리 목포에서는 사상자가 거의 나오지 않았음
최중락 총경	**대한민국 수사경찰의 표상 → 2019년 경찰영웅으로 선정됨** ① 최중락 총경은 1950. 11월 경찰에 입직(순경 공채), '63·'68·'69년 치안국 포도왕(검거왕)으로 선정되었고 재직 중 1,300여 명의 범인을 검거하는 등 **수사경찰의 상징적인 존재**임 ② 1970~80년대 MBC드라마 '수사반장'의 실제모델
김학재 경사	① 부천남부서 형사였던 김학재 경사(당시 경장)는 1998년 5월 강도강간 신고출동 현장에서 피의자로부터 좌측 흉부를 칼로 피습당한 가운데에서도 끝까지 격투를 벌여 범인 검거 후 순직 ② 2018년 문형순 서장과 함께 경찰영웅으로 선정

Chapter **02**

CHAPTER **03**

경찰조직법

경찰조직법(정부조직법, 국자법)

정부조직법 (§34)	① 행정조직법정주의 원칙에 따라 **경찰의 설치근거**가 된다. ② 치안에 관한 사무를 관장하기 위하여 **행정안전부장관 소속**으로 경찰청을 둔다(§35⑤). ③ 경찰청의 **조직·직무범위** 그 밖에 필요한 사항은 따로 <u>**법률**</u>로 정한다(§35⑥). 　　　　　　　　　　　　　　　　　　　　　　　　└ 국자법
권한남용의 금지 (국자법 §5)	경찰은 그 직무를 수행할 때 헌법과 법률에 따라 국민의 자유와 권리 및 모든 개인이 가지는 불가침의 **기본적 인권을 보호**하고, 국민 전체에 대한 봉사자로서 **공정·중립**을 지켜야 하며, 부여된 **권한을 남용**하여서는 아니 된다.
재정적 지원 (국자법 §34)	국가는 <u>**지방자치단체**</u>가 이관받은 사무를 원활히 수행할 수 있도록 인력, 장비 등에 소요되 　　　　　└ 공공단체 X 는 비용에 대하여 재정적 지원을 <u>**하여야 한다.**</u> 　　　　　　　　　　　　　　　　　└ 할 수 있다 X
예산 (국자법 §35)	① 자치경찰사무의 수행에 필요한 예산은 **시·도자치경찰위원회**의 심의·의결을 거쳐 **시·도지사**가 수립한다. 이 경우 시·도자치경찰위원회는 경찰청장의 의견을 들어야 한다. ② 시·도지사는 자치경찰사무 담당 공무원에게 조례에서 정하는 예산의 범위에서 재정적 지원 등을 <u>**할 수 있다.**</u> 　　　　　　　　　　　　└ 하여야 한다 X ③ 시·도의회는 관련 예산의 효율적인 관리를 위하여 의결로써 자치경찰사무에 대해 시·도자치경찰위원장의 출석 및 자료 제출을 요구할 수 있다.

🔖 국가경찰과 자치경찰 조직체계도

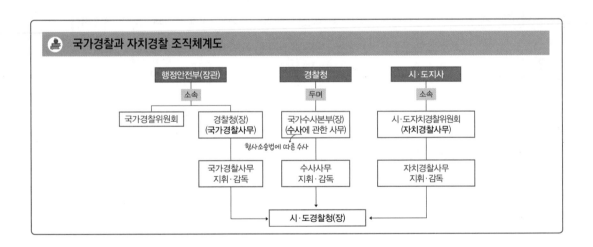

1 설치 및 위원

설치(§7)	행정안전부에 국가경찰위원회를 둔다.
법적성격(§7)	심의·의결기관
구성 (§7)	7인 ┌ 상임 : 1인 (정무직) └ 비상임 : 위원장 1인, 위원 5인
위원장 (국가경찰위원회 규정§2,9)	① 위원장은 위원회를 대표하며, 위원회의 사무를 총괄한다. ② 위원장은 비상임위원중에서 **호선**(임명X)**한다.** ③ 위원장이 사고가 있을 때에는 **상임위원, 연장자순**으로 위원장의 직무를 대리한다. ┗ 위원장이 미리 지명한 위원 X ④ 위원장은 위원회의 심의를 위하여 필요한 경우에는 관계공무원 또는 관계전문가의 출석·발언이나 자료의 제출을 요구할 수 있다. ⑤ 위원장은 위원회의 심의를 위하여 필요한 경우에는 관계 경찰공무원에게 필요한 사항의 보고를 요구할 수 있으며, 그 관계 경찰공무원은 성실히 이에 응하여야 한다.
임명 (§8)	① 위원은 **행정안전부장관**의 **제청**으로 국무총리를 거쳐 대통령이 임명한다. ② 행정안전부장관은 위원 임명을 제청할 때 경찰의 정치적 중립이 보장되도록 하여야 한다. ③ 위원 중 2명은 **법관의 자격**이 있는 사람이어야 한다. ④ 위원은 특정 성(性)이 10분의 6을 초과하지 아니하도록 노력하여야 한다. ⑤ 위원에 대해서는 **국가공무원법상** 비밀엄수의 의무, 정치 운동의 금지를 준용한다.
결격 및 당연퇴직사유 (§8)	① 정당의 당원이거나 당적을 **이탈한 날 부터** 3년이 지나지 **아니한 사람** ┗ 다음날X ┗ 지난사람X ② 선거에 의하여 취임하는 공직에 있거나 그 직에서 **퇴직한 날부터** 3년이 지나지 **아니한 사람** ③ **경찰·검찰·국가정보원 직원** 또는 군인의 직에 있거나 그 직에서 **퇴직한 날부터** 3년이 지나지 **아니한 사람** ┗ 변호사X, 판사X ④ 「국가공무원법」 제33조 각 호의 어느 하나에 해당하는 사람. 다만, 「국가공무원법」 제33조 제2호 및 제5호에 해당하는 경우에는 같은 법 제69조 제1호 단서에 따른다.
임기(§9)	① 위원의 임기는 3년, **연임할 수 없다.** ② 보궐위원의 임기는 전임자 임기의 남은 기간으로 한다.
신분보장(§9)	① 위원은 중대한 신체상 또는 정신상의 장애로 직무를 수행할 수 없게 된 경우를 **제외**하고는 그 의사에 반하여 **면직**(당연퇴직X)되지 아니한다. ② 위원이 중대한 심신상의 장애로 직무를 수행할 수 없게 되어 면직하는 경우에는 위원회의 의결이 있어야 하며, 의결요구는 **위원장 또는 행정안전부장관**이 한다(국가경찰위원회 규정§4).

2 운영 등(국가경찰위원회 규정)
↳ 대통령령

운영 **(§7)**	사무	**경찰청**에서 수행한다(국자법 §11). ↳ 행정안전부 X
	정기회의	특별한 사유가 있는 경우를 제외하고는 **매월 2회 위원장**이 소집한다. ↳ 매년 X, 2회 이상 X ↗ 경찰청장 X
	임시회의	① 위원장은 필요한 경우 임시회의를 소집할 수 있으며, 위원 3명 이상과 **행정안전** **부장관** 또는 **경찰청장**은 위원장에게 임시회의의 소집을 요구할 수 있다. ② ①에 따른 임시회의소집 요구가 있으면 위원장은 특별한 사유가 없는 한 회의 를 소집하여야 한다.
	의결정족수	**재적위원 과반수의 출석과 출석위원 과반수의 찬성**으로 의결한다(국자법 §11).
재의 **(§6)**		① 심의·의결된 내용이 부적정하다고 판단될 경우 **행정안전부장관**이 재의를 요구할 수 있다 (국자법 §10). ② 의결한 날로부터 10일 이내에 재의요구서를 위원회에 제출하여야 한다. ③ 위원장은 재의요구를 받은 날부터 7일 이내에 회의를 소집하여 다시 의결하여야 한다.
운영세칙 **(§11)**		「국가경찰위원회규정(대통령령)」에 규정된 사항 외에 위원회의 운영을 위하여 필요한 사항은 위원회의 의결을 거쳐 **위원장**이 정한다. ↳ 행정안전부장관 X

3 심의·의결 사항(§10)

다음 각 호의 사항은 국가경찰위원회의 심의·의결을 거쳐야 한다.
1. **국가경찰사무의 인사·예산·장비·통신 등에 관한 주요정책 및 경찰업무발전에 관한 사항**
2. **국가경찰사무에 관한 인권보호와 관련되는 국가경찰의 운영·개선에 관한 사항**
3. 국가경찰사무 담당 공무원의 부패 방지와 청렴도 향상에 관한 주요 정책사항
4. 국가경찰 임무 **外**에 다른 국가기관으로부터의 업무협조요청에 관한 사항
5. **제주특별자치도의 자치경찰에 대한 경찰의 지원·협조 및 협약체결의 조정 등에 관한 주요 정책사항**
6. 시·도자치경찰위원회 위원 추천, 자치경찰사무에 대한 주요 법령·정책 등에 관한 사항, 시·도자치경찰위
원회 의결에 대한 재의 요구에 관한 사항
7. 제2조에 따른 시책 수립에 관한 사항
8. 비상사태 등 전국적 치안유지를 위한 경찰청장의 지휘·**명령**에 관한 사항
↳ 감독 X
9. 그 밖에 **행정안전부장관** 및 **경찰청장**이 중요하다고 인정하여 국가경찰위원회의 회의에 부친 사항

TIP 면직의결 요구와 심의·의결사항

면직의결 요구	위원장, 행정안전부장관
심의·의결 사항	행정안전부장관, 경찰청장

THEME 03 경찰청장(§14)

경찰청	**행정안전부장관** 소속으로 경찰청을 둔다.
소속 등	① 경찰청에 경찰청장을 두며, 경찰청장은 **치안총감**으로 보한다. ② 경찰청장은 국가경찰사무를 총괄하고 경찰청 업무를 관장하며 소속 공무원 및 각급 경찰기관의 장을 지휘·감독한다. ③ 경찰청에 차장(치안정감)을 두며, 차장은 경찰청장을 보좌하며, 경찰청장이 부득이한 사유로 직무를 수행할 수 없을 때에는 그 직무를 대행한다.
임명	국가경찰위원회 **동의** → 행정안전부장관 **제청** → 국무총리 경유 → 대통령 임명 _{추천 X} ※ **국회의 인사청문을 거쳐야 한다.** (거칠 수 있다 X)
임기	① 임기 2년, **중임할 수 없다.** ② 직무를 집행하면서 헌법이나 **법률**을 위배한 때에는 **국회**는 탄핵의 소추를 의결**할 수 있다.** _{법령 X} _{법원 X} _{하여야 한다 X}
수사사무 지휘·감독	① 원칙 : 경찰의 수사에 관한 사무의 경우에는 **개별 사건의 수사에 대하여 구체적으로 지휘·감독할 수 없다.** ② 예외 : **국가수사본부장**을 통하여 개별 사건의 수사에 대하여 구체적으로 지휘·감독가능(국민의 생명·신체·재산 또는 공공의 안전 등에 중대한 위험을 초래하는 긴급하고 중요한 사건의 수사에 있어서 경찰의 자원을 대규모로 동원하는 등 통합적으로 현장 대응할 필요가 있다고 판단할 만한 상당한 이유가 있는 경우) ③ ②의 예외에 따라 개별 사건의 수사에 대한 구체적 지휘·감독을 개시한 때에는 이를 **국가경찰위원회에 보고**하여야 한다. → 단서에 사유가 해소되면 개별 사건의 수사에 대한 구체적 지휘·감독을 중단하여야 한다. ④ ②의 단서에 따른 '긴급하고 중요한 사건'의 범위 등 필요한 사항은 **대통령령**으로 정한다.
소속기관	① 경찰대학·경찰인재개발원·중앙경찰학교 및 경찰수사연수원(**국립과학수사연구원 X**)을 둔다. ② 책임운영기관으로 경찰병원을 둔다.
차장	① 경찰청에 차장을 두며, 차장은 **치안정감**으로 보한다. ② 차장은 경찰청장을 보좌하며, 경찰청장이 부득이한 사유로 직무를 수행할 수 없을 때에는 그 직무를 대행한다(**협의의 법정대리**).

THEME 04 국가수사본부장(§16)

소속 및 지휘·감독	① 경찰청에 국가수사본부(본부장은 **치안정감**)를 둔다. ② 국가수사본부장은 「**형사소송법」에 따른 경찰의 수사**에 관하여 각 시·도경찰청장과 경찰서장 및 수사부서 소속 공무원을 지휘·감독한다. ↳ 모든 수사 X
임기 및 신분보장	① 임기 : 2년, 중임할 수 **없고**, 임기가 끝나면 당연히 퇴직한다. ② 직무를 집행하면서 헌법이나 **법률**을 위배하였을 때에는 국회는 **탄핵 소추를 의결할 수 있다.**
외부임용 자격요건	1. 10년 이상 수사업무에 종사한 사람 중에서 「국가공무원법」 제2조의2에 따른 고위공무원단에 속하는 공무원, 3급 이상 공무원 또는 **총경** 이상 경찰공무원으로 재직한 경력이 있는 사람 ↳ 경정 X 2. 판사·검사 또는 변호사의 직에 10년 이상 있었던 사람 3. 변호사 자격이 있는 사람으로서 국가기관, 지방자치단체, 「공공기관의 운영에 관한 법률」 제4조에 따른 공공기관(이하 "국가기관등"이라 함)에서 법률에 관한 사무에 10년 이상 종사한 경력이 있는 사람 4. 대학이나 공인된 연구기관에서 법률학·경찰학 분야에서 **조교수** 이상의 직이나 이에 상당하는 직에 10년 이상 있었던 사람 ↳ 부교수 X 5. 1부터 4까지의 경력 기간의 합산이 15년 이상인 사람
외부임용 결격사유	1. 「경찰공무원법」 제8조 제2항 각 호의 결격사유에 해당하는 사람 2. 정당의 당원이거나 당적을 이탈한 **날부터** 3년이 **지나지 아니한 사람** ↳ 다음날 X ↳ 지난 사람 X 3. 선거에 의하여 취임하는 공직에 있거나 그 공직에서 퇴직한 날부터 3년이 **지나지 아니한 사람** 4. **공무원 또는 판사·검사**의 직에서 퇴직한 날로부터 1년이 **지나지 아니한 사람** 5. 국가기관등에서 퇴직한 날로부터 1년이 **지나지 아니한 사람**

비교 경찰청장과 국가수사본부장

	경찰청장	국가수사본부장
소속	• 경찰청 소속 • 경찰청장은 치안총감	• 경찰청 소속 • 본부장은 치안정감
지휘·감독	국가경찰사무를 총괄, 경찰청 업무를 관장하며 소속 공무원 및 각급 경찰기관의 장을 지휘·감독함	「형사소송법」에 따른 경찰의 수사에 관하여 각 시·도경찰청장과 경찰서장 및 수사부서 소속 공무원을 지휘·감독함
임기	• 임기는 2년, **중임할 수 없음**	• 임기는 2년, **중임할 수 없음** • 임기가 끝나면 당연히 퇴직함

1 설치 및 위원 구성

설치 (§18)	① 자치경찰사무를 관장하게 하기 위하여 **특별시장·광역시장·특별자치시장·도지사·특별자치도지사**(이하 "시·도지사"라 함) 소속으로 **시·도자치경찰위원회를 둔다.** 다만, 제13조 후단에 따라 시·도에 2개의 시·도경찰청을 두는 경우 시·도지사 소속으로 2개의 시·도자치경찰위원회를 둘 수 있다. ② 시·도자치경찰위원회는 **합의제 행정기관**으로서 그 권한에 속하는 업무를 독립적으로 수행한다. └ 심의·의결기관 X ③ 제1항 단서에 따라 2개의 시·도자치경찰위원회를 두는 경우 해당 시·도자치경찰위원회의 명칭, 관할구역, 사무분장, 그 밖에 필요한 사항은 **대통령령**(행정안전부령 X)으로 정한다.
구성 (§19)	① 7인 ┌ **상임** : 위원장 + 1명 위원 └ **비상임** : 5명 위원 ② **위원**(비상임 위원 X)은 특정 성이 10분의 6을 초과하지 아니하도록 노력하여야 한다. ③ 위원 중 1명은 **인권문제**에 관하여 전문적인 지식과 경험이 있는 사람이 임명될 수 있도록 노력하여야 한다. └ 법관자격은 요하지 않음

임명 등
(§20)
	① 위원은 다음 각 호의 사람을 **시·도지사**가 임명
	
	  1. 시·도의회가 추천하는 **2명**
	  2. 국가경찰위원회가 추천하는 **1명**
	  3. 해당 시·도 교육감이 추천하는 **1명**
	  4. 시·도자치경찰위원회 위원추천위원회가 추천하는 **2명**
	  5. 시·도지사가 **지명**하는 **1명**
	
	③ 시·도자치경찰위원회 **위원장**은 위원 중에서 **시·도지사**가 임명하고, **상임위원**은 **시·도자치경찰위원회의 의결**을 거쳐 위원 중에서 **위원장의 제청**으로 **시·도지사가 임명**한다. 이 경우 위원장과 상임위원은 지방자치단체의 공무원으로 한다.
	④ 위원은 정치적 중립을 지켜야 하며, 권한을 남용하여서는 아니 된다.
	⑤ 공무원이 아닌 위원에 대해서는 **「지방공무원법」**(「국가공무원법」 X) 제52조(비밀 엄수의 의무) 및 제57조(정치운동의 금지)를 준용한다.
	⑥ 공무원이 아닌 위원은 그 소관 사무와 관련하여 형법이나 그 밖의 법률에 따른 벌칙을 적용할 때에는 공무원으로 본다.

위원장 등 (§22)	① 시·도자치경찰위원회 위원장은 시·도자치경찰위원회를 대표하고 회의를 주재하며 시·도자치경찰위원회의 의결을 거쳐 업무를 수행한다. ② 시·도자치경찰위원회 위원장이 부득이한 사유로 직무를 수행할 수 없을 때에는 **상임위원**, 시·도자치경찰위원회 위원 중 **연장자순**으로 그 직무를 대행한다.
임기 (§23)	① 위원장과 위원의 임기는 **3년**으로 하며, **연임할 수 없음** ② 보궐위원의 임기 : 전임자 임기의 남은 기간 → 전임자의 남은 임기가 **1년 미만**(6개월 미만 X)인 경우 그 보궐위원은 **한 차례만 연임**할 수 있음
신분보장 (§23)	위원은 중대한 신체상 또는 정신상의 장애로 직무를 수행할 수 없게 된 경우를 **제외**하고는 그 의사에 반하여 면직되지 아니함

2 위원의 자격요건 및 회의 운영

자격 요건 (§20 ②)	1. <u>판사</u>·검사·변호사 또는 **경찰**의 직에 5년 이상 있었던 사람 └ 국가정보원 직원 X 2. 변호사 자격이 있는 사람으로서 국가기관등에서 법률에 관한 사무에 5년 이상 종사한 경력이 있는 사람 3. 대학이나 공인된 연구기관에서 법률학·행정학 또는 경찰학 분야의 **조교수** 이상의 직이나 이에 상당하는 직에 5년 이상 있었던 사람 4. 그 밖에 관할 지역주민 중에서 지방자치행정 또는 경찰행정 등의 분야에 경험이 풍부하고 학식과 덕망을 갖춘 사람
결격 및 당연 퇴직 사유 (§20 ⑦)	1. 정당의 당원이거나 당적을 이탈한 날부터 3년이 **지나지 아니한 사람** 2. 선거에 의하여 취임하는 공직에 있거나 그 공직에서 퇴직한 날부터 3년이 **지나지 아니한 사람** 3. **경찰, 검찰, 국가정보원 직원** 또는 군인의 직에 있거나 그 직에서 **퇴직한 날부터 3년이 지나지 아니한 사람** └ 판사 X 4. 국가 및 지방자치단체의 공무원(**국립 또는 공립대학의 조교수 이상의 직에 있는 사람은 제외**)이거나 공무원이었던 사람으로서 **퇴직한 날부터 3년이 지나지 아니한 사람**. 다만, 위원장과 상임위원이 지방자치단체의 공무원이 된 경우에는 당연퇴직하지 아니한다. ↑ 포함 X 5. 「지방공무원법」 제31조(결격사유) 어느 하나에 해당하는 사람. 다만, 「지방공무원법」 제31조 제2호 및 제5호에 해당하는 경우에는 같은 법 제61조 제1호(당연퇴직) 단서에 따른다.

시·도자치
경찰위원회의
소관
사무(§24)
	① 시·도자치경찰위원회의 소관 사무는 다음 각 호로 한다.
	  1. 자치경찰사무에 관한 목표의 수립 및 평가
	  2. 자치경찰사무에 관한 인사, 예산, 장비, 통신 등에 관한 주요정책 및 그 운영지원
	  3. **자치경찰사무 담당 공무원의 임용, 평가 및 인사위원회 운영**
	  4. 자치경찰사무 담당 공무원의 부패 방지와 청렴도 향상에 관한 주요 정책 및 인권침해 또는 권한남용 소지가 있는 규칙, 제도, 정책, 관행 등의 개선
	  5. 제2조에 따른 시책 수립
	  6. 제28조 제2항에 따른 **시·도경찰청장의 임용과 관련한 경찰청장과의 협의**, 제30조 제4항에 따른 평가 및 결과 통보
	  7. 자치경찰사무 감사 및 감사의뢰
	  8. 자치경찰사무 담당 공무원의 주요 비위사건에 대한 감찰요구
	  9. 자치경찰사무 담당 공무원에 대한 징계요구
	  10. **자치경찰사무 담당 공무원의 고충심사 및 사기진작**
	  11. 자치경찰사무와 관련된 중요사건·사고 및 현안의 점검
	  12. 자치경찰사무에 관한 규칙의 제정·개정 또는 폐지
	  13. **지방행정과 치안행정의 업무조정과 그 밖에 필요한 협의·조정**
	  14. 제32조에 따른 비상사태 등 전국적 치안유지를 위한 경찰청장의 지휘·명령에 관한 사무
	  15. **국가경찰사무·자치경찰사무의 협력·조정과 관련하여 경찰청장과 협의**
	  16. **국가경찰위원회에 대한 심의·조정 요청**
	  17. **그 밖에 시·도지사, 시·도경찰청장이 중요하다고 인정하여 시·도자치경찰위원회의 회의에 부친 사항에 대한 심의·의결**
	② 시·도자치경찰위원회의 업무와 관련하여 시·도지사는 정치적 목적이나 개인적 이익을 위해 관여하여서는 아니 된다.

회의 (§26)	회의는 **정기적**(월 1회 이상)으로 개최하여야 한다. 다만 **위원장**이 필요하다고 인정하는 경우, 위원 2명 이상이 요구하는 경우 및 **시·도지사**가 필요하다고 인정하는 경우에는 임시회의를 개최할 수 있다. **자치경찰사무와 시·도자치경찰위원회의 조직 및 운영 등에 관한 규정(§13)** ① 시·도자치경찰위원회 위원장은 법 제26조 제1항에 따라 **정기회의와 임시회의**를 소집·개최한다. 이 경우 정기회의는 특별한 사유가 있는 경우를 제외하고는 **월 1회 이상 소집·개최**한다. ② 시·도자치경찰위원회 위원장은 회의를 소집하려면 회의 개최 **3일 전**까지 회의의 일시·장소 및 안건 등을 위원에게 알려야 한다. 다만, 긴급한 사정이나 그 밖의 부득이한 사유가 있는 경우에는 그렇지 않다. ⑤ 시·도자치경찰위원회는 회의의 효율적 운영을 위하여 필요한 경우 **서면**으로 심의·의결하거나 **원격영상회의 방식**으로 할 수 있다. 이 경우 서면으로 심의·의결할 수 있는 대상과 원격영상회의의 운영 등에 관한 사항은 해당 **시·도의 조례**로 정한다. ⑥ 제5항에 따라 시·도자치경찰위원회의 회의를 원격영상회의 방식으로 하는 경우 해당 회의에 참석한 위원은 동일한 회의장에 출석한 것으로 본다.
의결 정족수 (§25)	② 시·도자치경찰위원회의 회의는 재적위원 과반수의 출석과 출석위원 과반수의 찬성으로 의결한다.
재의요구 (§25)	③ **시·도지사**는 시·도자치경찰위원회의 의결이 적정하지 아니하다고 판단할 때에는 재의를 요구할 수 있다. ④ 위원회의 의결이 법령에 위반되거나 공익을 현저히 해친다고 판단되면 **행정안전부장관**은 미리 경찰청장의 의견을 들어 국가경찰위원회를 거쳐 시·도지사에게 재의를 요구하게 할 수 있고, 경찰청장은 국가경찰위원회와 행정안전부장관을 거쳐 시·도지사에게 재의를 요구하게 할 수 있다.
재의결 (§25)	⑤ 시·도자치경찰위원회의 위원장은 재의요구를 받은 날부터 **7일 이내**에 회의를 소집하여 재의결하여야 한다. 이 경우 재적위원 과반수의 출석과 출석위원 3분의 2 이상의 찬성으로 전과 같은 의결을 하면 그 의결사항은 확정된다.
사무기구 (§27)	① 시·도자치경찰위원회의 사무를 처리하기 위하여 **시·도자치경찰위원회**에 필요한 사무기구를 둔다. ↳ 시·도경찰청 X ② 사무기구에는 「지방자치단체에 두는 국가공무원의 정원에 관한 법률」에도 불구하고 대통령령으로 정하는 바에 따라 경찰공무원을 두어야 한다.

THEME 06 시·도경찰청장, 경찰서장(국자법)

1 시·도경찰청장(§28)

시·도경찰청	① 시·도에 시·도경찰청을 두고, 시·도경찰청장 소속으로 경찰서를 둔다. ② 시·도에 2개의 시·도경찰청을 둘 수 있다.	
시·도 경찰청장	소속	시·도경찰청에 시·도경찰청장(치안정감·치안감 또는 경무관)
	임용절차	**경찰청장**이 **시·도자치경찰위원회와 협의하여 추천**한 사람 중 **행정안전부장관**의 ↳ 시·도지사 X **제청**으로 국무총리를 거쳐 **대통령이 임용**한다.
	지휘·감독	① 국가경찰사무 → 경찰청장의 지휘·감독을 받는다. ② 자치경찰사무 → **시·도자치경찰위원회**의 지휘·감독을 받는다. ↳ 시·도지사 X ※ 시·도자치경찰위원회는 자치경찰사무에 대해 심의·의결을 통하여 시·도 경찰청장을 지휘·감독한다. 다만, 시·도자치경찰위원회가 심의·의결할 시 간적 여유가 없거나 심의·의결이 곤란한 경우 대통령령으로 정하는 바에 따라 시·도자치경찰위원회의 지휘·감독권을 **시·도경찰청장**에게 위임한 것 ↳ 경찰청장 X 으로 본다. ③ 수사에 관한 사무 → 국가수사본부장의 지휘·감독을 받는다.
시·도경찰청 차장(§29)	① 시·도경찰청에 차장을 둘 수 있다. ② 차장은 시·도경찰청장을 보좌하여 소관 사무를 처리하고 시·도경찰청장이 부득이한 사유 로 직무를 수행할 수 없을 때에는 그 직무를 대행한다.	

2 경찰서장(§30)

설치	경찰서에 경찰서장(경무관, 총경 또는 경정)
권한	시·도경찰청장의 지휘·감독을 받아 관할구역 안의 소관사무를 관장하고, 소속공무원을 지휘· 감독한다.
기타	① **경찰서장 소속**으로 지구대 또는 파출소를 둠, 다만, 필요한 경우에는 출장소를 둘 수 있다. ② 설치기준은 **행정안전부령**으로 정한다. ↳ 대통령령 X ※ 설치권자는 **시·도경찰청장**이다. ③ 시·도자치경찰위원회는 정기적으로 경찰서장의 자치경찰사무 수행에 관한 평가결과를 **경찰 청장**에게 통보하여야 하며 경찰청장은 이를 반영**하여야 한다.** ↳ 시·도경찰청장 X ↳ 할 수 있다 X

Chapter 03

1 경찰청과 그 소속기관 직제(대통령령)

소속기관 (§2)	① 경찰청장의 관장사무를 지원하기 위하여 **경찰청장 소속**으로 **경찰대학·경찰인재개발원·중앙경찰학교 및 경찰수사연수원**을 둔다. ② 경찰청장의 관장사무를 지원하기 위하여 「책임운영기관의 설치·운영에 관한 법률」 제4조 제1항, 같은 법 시행령 제2조 제1항 및 별표 1에 따라 **경찰청장 소속의 책임운영기관으로 경찰병원**을 둔다. [책임운영기관의 설치·운영에 관한 법률] **제4조(책임운영기관의 설치 및 해제)** ① 책임운영기관은 그 사무가 다음 각 호의 기준 중 어느 하나에 맞는 경우에 대통령령으로 설치한다. 　1. 기관의 주된 사무가 사업적·집행적 성실의 행성 서비스를 제공하는 업무로서 성과 측정기준을 개발하여 성과를 측정할 수 있는 사무 　2. 기관 운영에 필요한 재정수입의 전부 또는 일부를 자체적으로 확보할 수 있는 사무 [책임운영기관의 설치·운영에 관한 법률 시행령 [별표1]] **국립과학수사연구원** 조사연구형 기관 중 **연구형 기관**에 속한다. **경찰병원은 의료형 기관**으로 분류된다. ③ 「국가경찰과 자치경찰의 조직 및 운영에 관한 법률」 제13조에 따라 시·도경찰청과 경찰서를 둔다.
시·도경찰청장 (§39)	② 시·도경찰청장은 국가경찰사무에 대해서는 **경찰청장**의 지휘·감독을, 자치경찰사무에 대해서는 **시·도자치경찰위원회**의 지휘·감독을 받아 소관사무를 총괄하고, 소속 공무원을 지휘·감독한다. 다만, 수사에 관한 사무에 대해서는 **국가수사본부장**의 지휘·감독을 받는다.
직할대(§41)	① 시·도경찰청장은 행정안전부령으로 정하는 범위에서 차장(차장을 두지 않는 경우에는 시·도경찰청장) 밑에 직할대를 둘 수 있다. ② 직할대의 장은 특정 경찰사무에 관하여 시·도경찰청장 또는 시·도경찰청 차장을 보좌한다.
지구대 등(§43)	① 시·도경찰청장은 경찰서장의 소관사무를 분장하기 위하여 **행정안전부령**으로 정하는 바에 따라 경찰청장의 승인을 받아 지구대 또는 파출소를 둘 수 있다. ② 시·도경찰청장은 ①에 따른 사무분장이 임시로 필요한 경우에는 출장소를 둘 수 있다. ③ **지구대·파출소 및 출장소의 명칭·위치 및 관할구역과 그 밖에 필요한 사항은 시·도경찰청장**이 정한다.　ㄴ경찰서장 X

2 행정기관의 조직과 정원에 관한 통칙(대통령령)

정의 (§2)	1. **"중앙행정기관"** 이라 함은 국가의 행정사무를 담당하기 위하여 설치된 행정기관으로서 그 관할권의 범위가 전국에 미치는 행정기관을 말한다. 다만, 그 관할권의 범위가 전국에 미치더라도 다른 행정기관에 부속하여 이를 지원하는 행정기관은 제외한다. 2. **"특별지방행정기관"**이라 함은 특정한 중앙행정기관에 소속되어, 당해 관할구역내에서 시행되는 소속 중앙행정기관의 권한에 속하는 행정사무를 관장하는 국가의 지방행정기관을 말한다. 3. **"부속기관"**이라 함은 행정권의 직접적인 행사를 임무로 하는 기관에 부속하여 그 기관을 지원하는 행정기관을 말한다. 4. **"자문기관"**이라 함은 부속기관중 행정기관의 자문에 응하여 행정기관에 전문적인 의견을 제공하거나, 자문을 구하는 사항에 관하여 심의·조정·협의하는 등 행정기관의 의사결정에 도움을 주는 행정기관을 말한다. 5. **"소속기관"**이라 함은 중앙행정기관에 소속된 기관으로서, 특별지방행정기관과 부속기관을 말한다. 6. **"보조기관"**이라 함은 행정기관의 의사 또는 판단의 결정이나 표시를 보조함으로써 행정기관의 목적달성에 공헌하는 기관을 말한다. 7. **"보좌기관"**이라 함은 행정기관이 그 기능을 원활하게 수행할 수 있도록 그 기관장이나 보조기관을 보좌함으로써 행정기관의 목적달성에 공헌하는 기관을 말한다. 8. **"하부조직"**이라 함은 행정기관의 보조기관과 보좌기관을 말한다.

3 경찰청과 그 소속기관 조직 및 정원관리 규칙(경찰청 훈령)

직할대(§6)	시·도경찰청장은 특정한 경찰사무에 관하여 시·도경찰청장 또는 시·도경찰청 차장을 보좌하기 위하여 경찰청장의 승인을 얻어 직할대를 둘 수 있다.
(시·도경찰청)과의 하부조직(§7)	① **시·도경찰청 과의 하부조직으로 계(대·팀)**를 두는 경우에는 다음 각호의 요건을 갖추어야 한다. 　1. 과의 소관업무를 업무의 양이나 성질에 따라 수개로 분담하여 수행할 필요가 있을 것 　2. 업무의 한계가 분명하고 업무의 독자성과 계속성이 있을 것 ② ①의 각호에 해당되는 경우에는 특별한 경우를 제외하고는 적어도 **4인이상**의 정원을 필요로 하는 업무량이 있어야 한다.　↳ 3인이상 X
(경찰서)과의 하부조직(§9)	③ 경찰서의 계(대·팀)장은 **경감, 경위** 또는 **일반직 6급**으로 한다.
지구대, 파출소 및 출장소(§10)	① 시·도경찰청장이 **지구대 또는 파출소를 설치**하고자 할 때에는 별표1 제4호에 준한 서류를 첨부하여 **경찰청장에게 승인을 요청하여야 한다.**　↳ 보고하여야 한다 X ② 지구대장은 **경정 또는 경감**, 파출소장은 **경정·경감 또는 경위**로 한다. ③ 시·도경찰청장은 임시로 필요한 때에는 출장소를 둘 수 있으며, 출장소를 설치한 때에는 **경찰청장에게 보고**하여야 한다. ④ 출장소장은 **경위 또는 경사**로 한다. ⑤ 시·도경찰청장이 **지구대 또는 파출소를 폐지**하거나 명칭·위치 및 관할구역을 변경하였을 때에는 **경찰청장에게 보고**하여야 한다.
치안센터(§10의2)	① **시·도경찰청장**은 지역치안을 효율적으로 수행하기 위하여 치안센터를 둘 수 있다. ② 치안센터의 운영에 관한 사항은 **지역경찰 조직 및 운영에 관한 규칙**이 정하는 바에 따른다.

◼ 경찰국의 분장사무(행정안전부와 그 소속기관 직제(대통령령))

제13조의2(경찰국)
① **국장은 치안감**으로 보한다.
② 국장은 다음 사항을 분장한다.
  1. 「정부조직법」 제7조 제4항에 따른 행정안전부장관의 **경찰청장에 대한 지휘·감독**에 관한 사항
  2. 「국가경찰과 자치경찰의 조직 및 운영에 관한 법률」 제8조 제1항에 따른 **국가경찰위원회 위원의 임명 제청** 및 같은 법 제14조 제2항 전단에 따른 **경찰청장의 임명 제청**에 관한 사항
  3. 「국가경찰과 자치경찰의 조직 및 운영에 관한 법률」 제10조 제1항 제9호에 따른 **국가경찰위원회 안건 부의(附議)** 및 같은 조 제2항에 따른 **국가경찰위원회의 심의·의결 사항**에 대한 재의 요구
  4. 「경찰공무원법」 제7조 제1항에 따른 **총경 이상(경정 이상 X)** 경찰공무원의 임용 제청, 같은 법 제30조 제4항 후단에 따른 **계급정년 연장 승인을 위한 경유** 및 같은 법 제33조 단서에 따른 **징계를 위한 경유**에 관한 사항
  5. 「국가경찰과 자치경찰의 조직 및 운영에 관한 법률」 제25조 제4항에 따른 **시·도자치경찰위원회의 의결에 대한 재의 요구** 및 같은 법 제28조 제2항에 따른 **시·도경찰청장의 임용 제청**에 관한 사항
  6. 그 밖에 다른 법령에 따른 **경찰행정 및 자치경찰사무 지원**에 관한 사항

2 행정안전부장관의 소속청장 지휘에 관한 규칙(행정안전부령)

목적(§1)	이 규칙은 「정부조직법」 제7조 제4항에 따라 **행정안전부장관이 그 소속으로 있는 경찰청장 및 소방청장을 지휘**하는 데 필요한 사항을 규정함을 목적으로 한다.
중요 정책사항 등의 승인 및 보고(§2)	① 경찰청장 및 소방청장(이하 "청장"이라 함)은 다음 각 호의 사항에 관하여 **미리 행정안전부장관(이하 "장관"이라함)의 승인**을 받아야 한다. 　1. **법령 제정·개정이 필요한 경찰·소방 분야 기본계획의 수립과 그 변경에 관한 사항** 　2. 국제협력에 관한 중요 계획의 수립과 그 변경에 관한 사항 　3. 국제기구의 가입과 국제협정의 체결에 관한 사항 ② 청장은 다음 각 호의 사항에 관하여 **미리 장관에게 보고**해야 한다. 　1. **국무회의에 상정할 사항** 　2. 청장의 국제회의 참석 및 국외출장에 관한 사항 ③ 청장은 다음 각 호의 사항에 관하여 **장관에게 보고**해야 한다. 　1. 대통령·국무총리 및 장관의 지시사항에 대한 추진계획과 그 실적 　2. 중요 정책 및 계획의 추진실적 　3. 대통령·국무총리 및 그 직속기관과 국회 및 감사원 등에 보고하거나 제출하는 자료 중 중요한 사항 　4. **감사원의 감사 결과 및 처분 요구사항 중 중요 정책과 관련된 사항** 　5. 그 밖에 법령에 규정된 권한 행사 및 책무 수행에 필요하다고 인정하여 장관이 요청하는 사항
예산에 관한 사항(§3)	청장은 **기획재정부에 제출하는 예산 관련 자료 중 중요 사항을 장관에게 보고**해야 한다.
법령 질의(§4)	청장은 소관 법령의 해석에 관하여 다른 중앙행정기관의 장에게 질의하여 회신을 받았을 때에는 지체 없이 그 사본을 **장관에게 제출**해야 한다.
정책협의회(§5)	장관은 중요 정책에 대한 업무협의를 위하여 필요한 때에는 청장과 정책협의회를 개최할 수 있다.

행정권한의 권한 위임

1 「정부조직법」상 권한의 위임 또는 위탁(§6)

① 행정기관은 법령으로 정하는 바에 따라 그 소관사무의 일부를 보조기관 또는 하급행정기관에 위임하거나 다른 행정기관·지방자치단체 또는 그 기관에 위탁 또는 위임할 수 있다. 이 경우 위임 또는 위탁을 받은 기관은 특히 필요한 경우에는 법령으로 정하는 바에 따라 위임 또는 위탁을 받은 사무의 **일부**를 보조기관 또는 하급행정기관에 재위임할 수 있다.
　　　　　　　　　　　　　　　　　　　　　　　　　　　　　　　　　　　　　전부 X

② 보조기관은 ①에 따라 위임받은 사항에 대하여는 그 범위에서 행정기관으로서 그 사무를 수행한다.

③ 행정기관은 법령으로 정하는 바에 따라 그 소관사무 중 조사·검사·검정·관리 업무 등 국민의 권리·의무와 직접 관계되지 아니하는 사무를 지방자치단체가 아닌 법인·단체 또는 그 기관이나 개인에게 위탁할 수 있다.

2 행정권한의 위임과 내부위임

행정권한위임	① 행정관청이 법률에 따라 특정한 권한을 다른 행정관청에 이전하여 수임관청의 권한으로 행사하도록 하는 것이어서 권한의 법적인 귀속을 변경하는 것이므로 법률이 위임을 허용하고 있는 경우에 한하여 인정된다(대판 94누6475). ② 권한의 위임은 수임관청이 자기의 이름으로 그 권한행사를 할 수 있지만 내부위임의 경우에는 수임관청은 위임관청의 이름으로만 그 권한을 행사할 수 있을 뿐 자기의 이름으로는 그 권한을 행사할 수 없다(대판 94누6475).
행정권한 내부위임	법률이 위임을 허용하고 있지 아니한 경우에도 행정관청의 내부적인 사무처리의 편의를 도모하기 위하여 그의 보조기관 또는 하급행정관청으로 하여금 그의 권한을 사실상 행사하게 하는 것이다(대판 94누6475).
전결판례	행정관청 내부의 사무처리규정에 불과한 전결규정(내부위임규정을 의미)에 위반하여 원래의 전결권자 아닌 보조기관 등이 처분권자인 행정관청의 이름으로 행정처분을 하였다고 하더라도 그 처분이 권한 없는 자에 의하여 행하여진 무효의 처분이라고는 **할 수 없다**(대판 2003추68). 　　　　　　　　　　　　　　　　　　　　　　　　　　↳ 해당한다 X

3 행정권한의 위임 및 위탁에 관한 규정(대통령령)

정의 (§2)	1. **"위임"**이란 법률에 규정된 행정기관의 장의 권한 중 **일부**를 그 **보조기관** 또는 **하급** 　　〔위탁 X〕　　　　　　　　　　　　　　　　　　　　　　　〔전부 X〕 **행정기관의 장**이나 지방자치단체의 장에게 맡겨 그의 권한과 책임 아래 행사하도 록 하는 것을 말한다. 2. **"위탁"**이란 법률에 규정된 행정기관의 장의 권한 중 **일부**를 **다른 행정기관의 장**에게 맡겨 그의 권한과 책임 아래 행사하도록 하는 것을 말한다.　　〔대등기관〕 4. **"위임기관"**이란 자기의 권한을 위임한 해당 행정기관의 장을 말하고, **"수임기관"**이 란 행정기관의 장의 권한을 위임받은 하급행정기관의 장 및 지방자치단체의 장 을 말한다. 5. **"위탁기관"**이란 자기의 권한을 위탁한 해당 행정기관의 장을 말하고, **"수탁기관"**이 란 행정기관의 권한을 위탁받은 다른 행정기관의 장과 사무를 위탁받은 지방자치 단체가 아닌 법인·단체 또는 그 기관이나 개인을 말한다.
위임 및 위탁의 기준 (§3)	① 행정기관의 장은 허가·인가·등록 등 민원에 관한 사무, 정책의 구체화에 따른 집 행사무 및 일상적으로 반복되는 사무로서 그가 직접 시행하여야 할 사무를 제외 한 일부 권한을 그 보조기관 또는 하급행정기관의 장, 다른 행정기관의 장, 지방자 치단체의 장에게 위임 및 위탁한다. ② 행정기관의 장은 행정권한을 위임 및 위탁할 때에는 위임 및 위탁하기 전에 수임기 관의 수임능력 여부를 점검하고, 필요한 인력 및 예산을 이관**하여야 한다.** 　　　　　　　　　　　　　　　　　　　　　　　　　　　　〔할 수 있다 X〕 ③ 행정기관의 장은 행정권한을 위임 및 위탁할 때에는 위임 및 위탁하기 전에 단순 한 사무인 경우를 제외하고는 수임 및 수탁기관에 대하여 수임 및 수탁사무 처리 에 필요한 **교육을 하여야** 하며, 수임 및 수탁사무의 처리지침을 통보**하여야 한다.** 　　　　　　　　　　　　　　　　　　　　　　　　　　〔할 수 있다 X〕
지휘·감독 (§6)	위임 및 위탁기관은 수임 및 수탁기관의 수임 및 수탁사무 처리에 대하여 지휘·감 독하고, 그 처리가 **위법하거나 부당하다고 인정될** 때에는 이를 **취소하거나 정지시킬 수** **있다.**　　　　　　　　　　　　　　　　　　　　　　〔시켜야 한다 X〕 판례 수임 및 수탁사무의 처리가 부당한지 여부의 판단은 위법성 판단과 달리 합목 적적·정책적 고려도 포함되므로, 위임 및 위탁기관이 그 사무처리에 관하여 일반적 인 지휘·감독을 하는 경우는 물론이고 나아가 수임 및 수탁사무의 처리가 부당하 다는 이유로 그 사무처리를 취소하는 경우에도 **광범위한 재량이 허용된다고 보아야 한** **다.** 다만 그 사무처리로 인하여 이해관계 있는 제3자나 이미 형성된 법률관계가 존 재하는 경우에는 위임 및 위탁기관이 일반적인 지휘·감독을 하는 경우와 비교하여 **그 사무처리가 부당하다는 이유로 이를 취소할 때 상대적으로 엄격한 재량통제의 필요성** **이 인정된다**(대판 2016두55629).
사전승인 등의 제한(§7)	수임 및 수탁사무의 처리에 관하여 위임 및 위탁기관은 수임 및 수탁기관에 대하여 **사전승인을 받거나 협의를 할 것을 요구할 수 없다.** (할 수 있다 X)

책임의 소재 및 명의 표시(§8)	① 수임 및 수탁사무의 처리에 관한 책임은 수임 및 수탁기관에 있으며, **위임 및 위탁기관의 장은 그에 대한 감독책임을 진다.** ② 수임 및 수탁사무에 관한 권한을 행사할 때에는 **수임 및 수탁기관의 명의**로 하여야 한다.
권한의 위임 및 위탁에 따른 감사(§9)	위임 및 위탁기관은 위임 및 위탁사무 처리의 적정성을 확보하기 위하여 필요한 경우에는 수임 및 수탁기관의 수임 및 수탁사무 처리 상황을 수시로 감사할 수 있다.
경찰청 소관(§28 ②)	경찰청장은 시·도경찰청장, 경찰대학장, 경찰인재개발원장, 중앙경찰학교장 및 경찰수사연수원장에게 해당 소속기관의 4급 및 5급 공무원의 전보권과 6급 이하 공무원의 임용권을 각각 위임한다.

THEME 10 직무대리

1 직무대리규정(대통령령)

목적 (§1)		기관장, 부기관장이나 그 밖의 공무원에게 사고가 발생한 경우에 직무상 공백이 생기지 아니하도록 하고 직무대리자의 책임을 명확하게 하기 위하여 직무대리자 결정 방식 및 직무대리 운영 원칙 등을 규정함을 목적으로 한다.
정의 (§2)	직무대리	기관장, 부기관장이나 그 밖의 공무원에게 사고가 발생한 경우에 직무상 공백이 생기지 아니하도록 해당 공무원의 직무를 대신 수행하는 것을 말한다.
	기관장	중앙행정기관 또는 이에 준하는 기관(대통령 소속기관 및 국무총리 소속기관을 **포함**의 장을 말한다. ㄴ 제외 X
	부기관장	기관장의 바로 아래 보조기관을 말한다.
	사고	가. 전보, 퇴직, 해임 또는 임기 만료 등으로 후임자가 임명될 때까지 해당 **직위가 공석인 경우** 나. 휴가, 출장 또는 결원 보충이 없는 휴직 등으로 **일시적**으로 직무를 수행할 수 없는 경우 ㄴ 계속적 X
위임규정 (§8)		기관장은 이 영의 범위에서 조직과 인사 운영의 특성을 고려하여 해당 중앙행정기관등 및 그 소속기관에서의 직무대리에 관한 규칙을 정하여 운영할 수 있다.

2 경찰청 직무대리 운영규칙(경찰청 훈령)

정의 (§3)	1. "소속기관"이란 부속기관및 시·도경찰청을 말한다. 2. "직무대리지정권자"란 사고가 발생한 공무원의 **직근 상위 계급자**를 말한다.
직무대리자의 순위	① 차장을 두지 않은 시·도경찰청장에게 사고가 있을 경우에는「경찰청과 그 소속기관 직제」 규정된 순서에 따른 **부장**이 대리한다(§4 ①). ② 경찰서장에게 사고가 있을 때에는 직제 시행규칙에서 정한 순서에 따른 **직근 하위 계급의** **과장**이 대리한다(§6). ③ 직할대장에게 사고가 있을 때에는 소속기관의 하부조직을 설치하는 규정에서 정한 순서에 따른 **직근 하위 계급자**가 대리한다(§7). ④ ①부터 ③까지에 규정한 사항 외의 공무원에게 사고가 발생하였거나 규정된 직무대리가 적 절치 않다고 인정되는 경우에는 직무대리지정권자가 해당 공무원의 **직근 하위 계급자** 중에 서 직무의 비중, 능력, 경력 또는 책임도 등을 고려하여 직무대리자를 지정한다(§8). ⑤ ④에도 불구하고 직무대리지정권자는 대리하게 할 업무가 **특수하거나 그 밖의 부득이한 사유** **가 있는 경우**, 사고가 발생한 공무원과 <u>**동일한 계급자**</u>를 직무대리자로 지정할 수 있다(§9). └ 하위 계급자 X
직무대리의 운영 (§10)	① 직무를 대리하는 경우 **한 사람은 하나의 직위**에 대해서만 **직무대리**를 할 수 있다. ② 직무대리를 지정할 때에는 별지 서식에 따른 직무대리 명령서를 직무대리자에게 발급하여 야 한다. ③ ②에도 불구하고 사고 기간이 15일 이하인 경우에는 직무대리 명령서의 발급을 **생략할 수 있다**. 이 경우 직무대리지정권자는 직무대리자로 지정된 사실을 전자인사관리시스템이나 내부통 신망 등을 통하여 직무대리자에게 명확하게 통지하여야 한다. ④ 직무대리자는 본래 담당한 직위의 업무를 수행하면서 직무대리 업무를 수행하는 것을 원 칙으로 하되, 사고가 발생한 공무원의 직위에 보할 수 있는 승진후보자에게 그 사고가 발 생한 공무원의 직무대리를 하게 하는 경우에는 본래 담당한 직위의 업무를 수행하지 아니 하고 직무대리 업무만을 수행하게 할 수 있다. ⑤ 직무대리자는 직무대리하여야 할 업무를 다른 공무원에게 다시 직무대리하게 **할 수 없다**. └ 할 수 있다 X
대리권의 범위 (§11)	직무대리자는 사고가 발생한 공무원의 **모든 권한**을 가지며, 그 권한에 상응하는 책임을 진다.

CHAPTER **04**

경찰공무원과 법

THEME 01 경찰공무원의 경과

1 경찰공무원의 경과 구분

경 과		① **총경 이하** 경찰공무원에게 부여한다(경찰공무원 임용령 §3①).
		② **수평적** 분류 → 개인의 능력·자격 활용목적
		    ↳ 수직적 X
		③ 경찰공무원은 그 직무의 종류에 따라 경과에 의하여 구분할 수 있다(경공법 §4).
		④ 경과의 구분에 필요한 사항은 **대통령령**으로 정한다(경공법 §4).
		⑤ 경과별 직무의 종류 및 전과 등에 관하여 필요한 사항은 **행정안전부령**으로 정한다(임용령 §3⑤).
		⑥ 임용권자(임용권의 위임을 받은 자를 포함) 또는 임용제청권자(경찰청장 포함)는 경찰공무원을 **신규채용 할 때에** 경과를 부여**해야 한다**(임용령 §3②).
		    ↳ 1년 이내에 X ↳ 할 수 있다 X
		⑦ 경찰청장은 전시·사변 또는 이에 준하는 비상사태가 발생한 경우에는 경과의 일부를 폐지 또는 병합하거나 신설할 수 있다(임용령 §4).
		⑧ **총경 이하** 경찰공무원에게 부여하는 경과는 **일반경과, 특수경과(항공경과, 정보통신경과), 수사경과,**
		    안보수사경과이다(임용령 §3). ↳ 총경이하
		    ↳ 경정이하
		⑨ 신규채용된 경찰공무원에게는 일반경과를 부여한다. 다만, 수사, 안보수사, 항공, 정보통신분야로 채용된 경찰공무원에게는 임용예정 직위의 업무와 관련된 경과를 부여한다(임용령 시행규칙 §22).

전과 (임용령 시행규칙)	유형 (§27)	전과는 **일반경과**에서 **수사경과·안보수사경과 또는 특수경과**로의 전과만 인정한다. 다만, 정원감축 등 경찰청장이 정하는 사유가 있는 경우 수사경과·안보수사경과 또는 정보통신경과에서 일반경과로의 전과를 인정할 수 있다.
	제한 (§28)	다음 어느 하나에 해당하는 사람은 전과를 할 수 없다. 1. 현재 경과를 부여받고 1년이 지나지 아니한 사람 2. 특정한 직무분야에 근무할 것을 조건으로 채용된 경찰공무원으로서 채용 후 **5년**이 지나지 아니한 사람 ↳ 3년 X

2 수사경과(수사경찰 인사운영규칙)

유효기간 (§14)		① 수사경과 유효기간은 수사경과를 부여일 또는 갱신일로부터 5년으로 한다.
갱신 (§14)		② 수사경과자는 수사경과 유효기간 내에 다음 각 호의 어느 하나에 해당하는 방법으로 언제든지 수사경과를 갱신할 수 있다. 다만, 휴직 등 경찰청장이 정하는 사유로 수사경과 갱신을 할 수 없는 경우에는 그 연기를 받을 수 있다. 1. 경찰청장이 지정하는 수사 관련 직무교육 이수. 이 경우 사이버교육을 포함한다. 2. 수사경과 갱신을 위한 시험에 합격
해제사유 (§15)	수사경과를 해제 하여야 한다.	1. 직무와 관련한 **청렴의무위반·인권침해 또는 부정청탁**에 따른 직무수행으로 **징계처분**을 받은 경우 2. 5년간 연속으로 수사경찰 근무부서 **외의** 부서에서 근무하는 경우 3. 제14조에 따른 유효기간 내에 갱신이 되지 않은 경우

	수사경과를
	해제
	할 수 있다.
		1. 제1항 제1호 **외의** 사유로 징계처분을 받은 경우
		→ 청렴의무위반·인권침해 또는 부정청탁으로 징계처분 받은 경우는 필요적 해제사유임
		2. **인권침해, 편파수사**를 이유로 다수의 진정을 받는 등 **공정한 수사업무 수행을 기대하기 곤란한 경우**
		3. 수사업무 능력·의욕이 현저하게 부족한 경우
		
		   1. 2년간 연속으로 정당한 사유없이 **수사부서 외의** 부서에서 근무하는 경우 (파견기간 및 휴직의 기간은 위 기간에 산입하지 아니한다)
		   2. 수사부서 근무자로 선발되었음에도 정당한 사유없이 수사부서 전입을 기피하는 경우
		   3. 인사내신서를 제출하지 않거나 부실기재하여 제출한 경우
		
		4. 수사경과 해제를 희망하는 경우

THEME 02 경찰공무원 근무관계의 발생

1 개관

공무원의 구분 (§2)	① 국가공무원(이하 "공무원"이라 함)은 **경력직공무원과 특수경력직공무원으로 구분**한다. ② **"경력직공무원"**이란 실적과 자격에 따라 임용되고 그 신분이 보장되며 평생 동안(근무기간을 정하여 임용하는 공무원의 경우에는 그 기간 동안을 말한다) 공무원으로 근무할 것이 예정되는 공무원을 말하며, 그 종류는 다음 각 호와 같다. 　1. 일반직공무원 : 기술·연구 또는 행정 일반에 대한 업무를 담당하는 공무원 　2. **특정직공무원** : 법관, 검사, 외무공무원, **경찰공무원**, 소방공무원, 교육공무원, 군인, 이하 중략 ③ **"특수경력직공무원"**이란 경력직공무원 외의 공무원을 말하며, 그 종류는 다음 각 호와 같다. 　1. 정무직공무원 　　가. 선거로 취임하거나 임명할 때 국회의 동의가 필요한 공무원 　　나. 중략 　2. 별정직공무원 : 비서관·비서 등 보좌업무 등을 수행하거나 특정한 업무 수행을 위하여 법령에서 별정직으로 지정하는 공무원
정의 (§5)	1. **"직위(職位)"**란 1명의 공무원에게 부여할 수 있는 직무와 책임을 말한다. 2. **"직급(職級)"**이란 직무의 종류·곤란성과 책임도가 상당히 유사한 직위의 군을 말한다. 4. **"강임(降任)"**이란 같은 직렬 내에서 하위 직급에 임명하거나 하위 직급이 없어 다른 직렬의 하위 직급으로 임명하거나 고위공무원단에 속하는 일반직공무원(계급 구분을 적용하지 아니하는 공무원은 제외)을 고위공무원단 직위가 아닌 하위 직위에 임명하는 것을 말한다. 5. **"전직(轉職)"**이란 직렬을 달리하는 임명을 말한다. 8. **"직렬(職列)"**이란 직무의 종류가 유사하고 그 책임과 곤란성의 정도가 서로 다른 직급의 군을 말한다.
관련 판례	① 국가공무원은 그 임용주체가 궁극에는 주권자인 국민이기 때문에 국민전체에 대하여 봉사하고 책임을 져야 하는 특별한 지위에 있고, 그가 담당한 업무가 국가 또는 공공단체의 공공적인 일이어서 특히 그 직무를 수행함에 있어서 공공성·공정성·성실성 및 중립성 등이 요구되기 때문에 일반 근로자와는 달리 특별한 근무관계에 있는 사람이다(2003헌바51 등). ② 공무원 관련 법률에 특별한 규정이 없는 한, 고용관계에서 양성평등을 규정한 「남녀고용평등과 일·가정 양립 지원에 관한 법률」 제11조 제1항(사업주는 근로자의 정년·퇴직 및 해고에서 남녀를 차별하여서는 아니 된다)과 「근로기준법」 제6조(사용자는 근로자에 대하여 남녀의 성을 이유로 차별적 대우를 하지 못하고, 국적·신앙 또는 사회적 신분을 이유로 근로조건에 대한 차별적 처우를 하지 못한다)는 **국가기관과 공무원 간의 공법상 근무관계에도 적용**된다(대판 2013두20011).

보충 경찰공무원의 근무관계에 적용되는 법률 중 「국가공무원법」과 「경찰공무원법」은 **일반법과 특별법의 관계**에 있다.

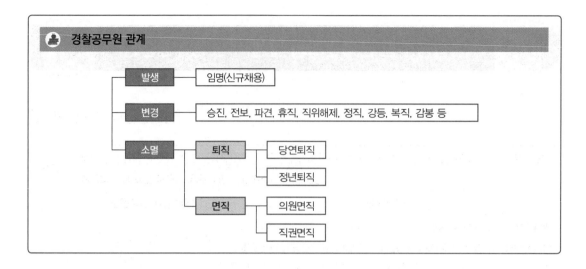

2 임용권자(경찰공무원법 §7)

임용권자	임용대상자 및 절차	
대통령	총경 이상 임용	경찰청장의 **추천** → 행정안전부장관의 **제청** → (국무총리)대통령
	경정의 신규채용, 승진임용 및 면직	경찰청장의 **제청** → (국무총리)대통령 신승면
경찰청장	총경	전보, 직위해제, 휴직, 강등, 정직 및 복직 총경전직휴강정복
	경정 이하	임용

제7조(임용권자) ① **총경 이상** 경찰공무원은 **경찰청장의 추천**을 받아 **행정안전부장관의 제청**으로 **국무총리**를 거쳐 **대통령이 임용**한다. 다만, 총경의 전보, 휴직, 직위해제, 강등, 정직 및 복직은 **경찰청장**이 한다.

② **경정 이하**의 경찰공무원은 **경찰청장이 임용**한다. 다만, 경정으로의 신규채용, 승진임용 및 면직은 경찰청장 또는 해양경찰청장의 제청으로 국무총리를 거쳐 **대통령**이 한다.

③ 경찰청장은 대통령령으로 정하는 바에 따라 경찰공무원의 임용에 관한 권한의 일부를 시·도지사, 국가수사본부장, 소속 기관의 장, 시·도경찰청장에게 **위임할 수 있다.** 이 경우 시·도지사는 위임받은 권한의 일부를 대통령령으로 정하는 바에 따라 시·도자치경찰위원회, 시·도경찰청장에게 다시 **위임할 수 있다.**

3 임용권의 위임(경찰공무원 임용령§4)

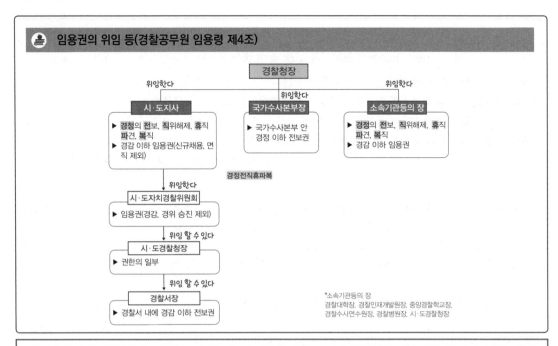

제4조(임용권의 위임 등) ① **경찰청장**은 법 제7조 제3항 전단에 따라 특별시장·광역시장·특별자치시장·도지사 또는 특별자치도지사(이하 "시·도지사"라 한다)에게 해당 특별시·광역시·특별자치시·도 또는 특별자치도(이하 "시·도"라 한다)의 자치경찰사무를 담당하는 경찰공무원[「국가경찰과 자치경찰의 조직 및 운영에 관한 법률」 제18조 제1항에 따른 시·도자치경찰위원회(이하 "시·도자치경찰위원회"라 한다), 시·도경찰청 및 경찰서(지구대 및 파출소는 제외한다)에서 근무하는 경찰공무원을 말한다] 중 **경정의 전보·파견·휴직·직위해제 및 복직에 관한 권한과 경감 이하의 임용권(신규채용 및 면직에 관한 권한은 제외한다)**을 위임한다.

② **경찰청장**은 법 제7조 제3항 전단에 따라 **국가수사본부장**에게 국가수사본부 안에서의 **경정 이하에 대한 전보권**을 위임한다.

③ 경찰청장은 법 제7조 제3항 전단에 따라 경찰대학·경찰인재개발원·중앙경찰학교·경찰수사연수원·경찰병원 및 시·도경찰청(이하 "소속기관등"이라 한다)의 장에게 그 소속 경찰공무원 중 **경정의 전보·파견·휴직·직위해제 및 복직에 관한 권한과 경감 이하의 임용권**을 위임한다.

④ 제1항에 따라 임용권을 위임받은 시·도지사는 법 제7조 제3항 후단에 따라 **경감 또는 경위로의 승진임용에 관한 권한을 제외한 임용권**을 **시·도자치경찰위원회**에 다시 위임한다.

⑤ 제4항에 따라 임용권을 위임받은 **시·도자치경찰위원회**는 시·도지사와 시·도경찰청장의 의견을 들어 그 권한의 일부를 **시·도경찰청장**에게 다시 **위임할 수 있다.**

⑥ 제3항 및 제5항에 따라 임용권을 위임받은 **시·도경찰청장**은 소속 **경감 이하 경찰공무원에 대한 해당 경찰서 안에서의 전보권**을 경찰서장에게 다시 위임할 수 있다.

⑦ 경찰청장은 수사부서에서 **총경을 보직**하는 경우에는 **국가수사본부장의 추천**을 받아야 한다.

⑧ 시·도자치경찰위원회는 임용권을 행사하는 경우에는 **시·도경찰청장의 추천**을 받아야 한다.

⑨ **시·도경찰청장 및 경찰서장**은 지구대장 및 파출소장을 보직하는 경우에는 시·도자치경찰위원회의 의견을 사전에 들어야 한다.

⑩ 소속기관등의 장은 **경감 또는 경위를 신규채용하거나 경위 또는 경사를 승진**시키려면 미리 **경찰청장의 승인**을 받아야 한다.

⑪ 제1항부터 제6항까지의 규정에도 불구하고 **경찰청장**은 경찰공무원의 정원 조정, 승진임용, 인사교류 또는 파견을 위하여 필요한 경우에는 임용권을 행사할 수 있다.

4 경찰공무원의 임용(경찰공무원 임용령)

임용의 정의 **(경찰공무원법§2)**	① 임용 : 신규채용·승진·전보·파견·휴직·직위해제·정직·**강등**·복직·면직·해임 및 파면 　↳ 강임 X ② 전보 : 경찰공무원의 동일 직위 및 자격 내에서의 근무기관이나 부서를 달리하는 임용을 말한다. ③ 복직 : 휴직·직위해제 또는 정직(강등에 따른 정직을 **포함**한다) 중에 있는 경찰공무원을 　↳ 제외 X 직위에 복귀시키는 것을 말한다. 〔판례〕 직위해제 중에 자격정지 이상의 형의 선고유예를 받아 당연퇴직된 경찰공무원에게 임용권자가 임용결격사유의 발생 사실을 알지 못하고 당연퇴직된 자에게 복직처분을 하였다고 하더라도 이 때문에 그 자가 공무원의 **신분을 회복하는 것은 아니다**(대판 96누4275). 　　　　　↳ 회복된다 X
임용처분의 **법적성격**	특별권력(특별행정법)관계에 있는 공법상의 근무관계에 있어서 그 주체가 내부질서유지 및 명령권을 행사하는 처분은 주로 자유재량행위에 해당하는 것이므로 공무원에 대한 임용처분 역시 대부분 임용권자의 자유재량행위에 속한다고 할 것이나, 그 행사에 일탈과 남용금지의무가 있다.
임용시기 **(§5)**	① 경찰공무원은 임용장이나 임용통지서에 **적힌 날짜**에 임용된 것으로 보며, 임용일자를 소급해서는 아니된다. ② 사망으로 인한 면직은 **사망한 다음 날**(사망한 날 X)에 면직된 것으로 본다.
계급정년 연한의 **계산(§8)**	재임용된 경찰공무원의 계급정년 연한은 재임용 전에 해당 계급의 경찰공무원으로 근무한 연수를 합하여 계산한다.

5 임용결격사유(경찰공무원법 §8 ②)

1. 대한민국 국적을 가지지 아니한 사람
2. **복수국적자**
   ↳ 일반공무원의 임용결격사유에는 해당 X
3. 피성년후견인 또는 **피한정후견인**
4. 파산선고를 받고 복권되지 아니한 사람
5. **자격정지 이상**의 형(刑)을 선고받은 사람
6. **자격정지 이상**의 형의 선고유예를 선고받고 그 유예기간 중에 있는 사람
7. 공무원으로 재직기간 중 **직무와 관련하여** 「형법」상 (업무상)횡령·배임죄를 범한 사람으로서 300만원 이상 의 벌금형을 선고받고 그 형이 확정된 후 2년이 **지나지 아니한 사람**(지난 사람 X) 형32
8. 「**성폭력범죄의 처벌 등에 관한 특례법」 제2조에 규정된 죄를 범한 사람으로서 100만원 이상의 벌금형을 선 고받고 그 형이 확정된 후 3년이 **지나지 아니한 사람** 성13
9. 미성년자에 대한 다음 각 목의 어느 하나에 해당하는 죄를 저질러 형 또는 치료감호가 확정된 사람(집행 유예를 선고받은 후 그 집행유예기간이 경과한 사람을 **포함**(제외 X)한다)
   가. 「성폭력범죄의 처벌 등에 관한 특례법」 제2조에 따른 성폭력범죄
   나. 「아동·청소년의 성보호에 관한 법률」 제2조 제2호에 따른 아동·청소년대상 성범죄
10. 징계에 의하여 파면 또는 해임처분을 받은 사람

비교 일반공무원은 **파면처분을 받은 후** 5년이 지나지 아니한 자, **해임처분을 받은 후** 3년이 지나지 아니한 자가 결격사유이다. → 징계로 해임처분을 받은 사람은 경찰공무원으로는 임용될 수 없으나, 징계로 해임처분을 받은 때부터 3년이 지난 자는 일반공무원에 임용될 수 있다.

판례 공무원연금법에 의한 퇴직급여 등은 적법한 공무원으로서의 신분을 취득하여 근무하다가 퇴직하는 경우에 지급되는 것이고, 당연무효인 임용결격자에 대한 임용행위에 의하여 공무원의 신분을 취득할 수는 없으므로, **임용결격자가 공무원으로 임용되어 사실상 근무하여 왔다고 하더라도** 적법한 공무원으로서의 신분을 취득하지 못한 자로서는 **공무원연금법 소정의 퇴직급여 등을 청구할 수 없으며,** 나아가 **임용결격사유가 소멸된 후에 계속 근무**하여 왔다고 하더라도 **그때부터 무효인 임용행위가 유효로 되어 적법한 공무원의 신분을 회복하고 퇴직급여 등을 청구할 수 있다고 볼 수는 없다**(대판 95누9617).

6 신규채용(경찰공무원법)

공개경쟁채용 (§10 ①)	경정 및 순경의 신규채용은 공개경쟁시험으로 한다.
경력경쟁채용 (§10 ③)	1. 「국가공무원법」상 제70조 제1항 제3호(직제와 정원의 개폐 등에 따른 면직의 사유)로 퇴직하거나 같은 법 제71조 제1항 제1호(신체·정신상의 장애로 장기 요양이 필요할 때)의 휴직하여 휴직 기간 만료로 퇴직한 경찰공무원을 퇴직한 날부터 **3년**(「공무원 재해보상법」에 따른 공무상 질병 또는 부상으로 인한 휴직의 경우에는 **5년**) 이내에 퇴직 시에 재직한 계급의 경찰공무원으로 재임용하는 경우 2. 공개경쟁시험으로 임용하는 것이 부적당한 경우에 임용예정 직무에 관련된 자격증 소지자를 임용하는 경우 3. 임용예정직에 상응하는 근무경력 또는 연구경력이 있거나 전문지식을 가진 사람을 임용하는 경우 4. 「국가공무원법」에 따른 5급 공무원의 공개경쟁채용시험이나 「사법시험법」(2009년 5월 28일 법률 제9747호로 폐지되기 전의 것을 말한다)에 따른 사법시험에 합격한 사람을 경정 이하의 경찰공무원으로 임용하는 경우 5. 섬, 외딴곳 등 특수지역에서 근무할 사람을 임용하는 경우 6. 외국어에 능통한 사람을 임용하는 경우 7. **제주특별자치도의 자치경찰공무원**을 그 계급에 상응하는 경찰공무원으로 임용하는 경우 8. 「국가경찰과 자치경찰의 조직 및 운영에 관한 법률」 제16조에 따라 경찰청 외부를 대상으로 모집하여 국가수사본부장을 임용하는 경우 → 종전의 재직기관에서 **감봉 이상**(견책 X)의 징계처분을 받은 사람, **계급정년에 따라 정년퇴직**한 사람은 경력경쟁채용등의 대상이 될 수 없다(경찰공무원 임용령 §16 ①).
부정행위자에 대한 제재 (§11)	① **경찰청장 또는 해양경찰청장**은 경찰공무원의 신규채용시험(경위공개경쟁채용시험을 **포함**), 승진시험 또는 그 밖의 시험에서 다른 사람에게 대신하여 응시하게 하는 행위 등 대통령령으로 정하는 부정행위를 한 사람에 대하여 대통령령으로 정하는 바에 따라 해당 시험의 정지·무효 또는 합격 취소 처분을 **할 수 있다.** ② ①에 따른 처분을 받은 사람에 대해서는 처분이 **있은 날**(다음 날 X)부터 5년의 범위에서 대통령령으로 정하는 기간 동안 신규채용시험, 승진시험 또는 그 밖의 시험의 응시자격을 **정지한다.** ③ **경찰청장 또는 해양경찰청장**은 ①에 따른 처분(시험의 정지는 **제외**)을 할 때에는 미리 그 처분 내용과 사유를 당사자에게 통지하여 소명할 기회를 **주어야 한다.**
채용비위 관련자의 합격 등 취소 (§11의2)	① 경찰청장 또는 해양경찰청장은 누구든지 경찰공무원의 채용과 관련하여 대통령령으로 정하는 비위를 저질러 **유죄판결이 확정된 경우**에는 그 비위 행위로 인하여 채용시험에 합격하거나 임용된 사람에 대하여 대통령령으로 정하는 바에 따라 합격 또는 임용을 **취소할 수 있다.** ② 경찰청장 또는 해양경찰청장은 ①에 따른 취소 처분을 하기 전에 미리 그 내용과 사유를 당사자에게 통지하고 소명할 기회를 **주어야 한다.** ③ ①에 따른 취소 처분은 합격 또는 임용 당시로 소급하여 효력이 발생한다.
시험실시 기관과 응시자격 등 (§20)	① 경찰공무원의 신규채용시험 및 승진시험은 경찰청장 또는 해양경찰청장이 실시한다. 다만, 경찰청장 또는 해양경찰청장이 필요하다고 인정할 때에는 **대통령령**으로 정하는 바에 따라 그 권한의 일부를 **소속 기관의 장, 시·도경찰청장, 지방해양경찰관서의 장**에게 위임할 수 있다. **대통령령(경찰공무원 승진임용 규정)** **제28조(시험 실시권의 위임)** 경찰청장은 법 제20조 제1항에 따라 경정 이하 계급으로의 시험을 **소속기관등의 장**에게 위임할 수 있다.

7 채용후보자 명부 등(경찰공무원법)

채용후보자 명부 등 (§12)	① 경찰청장 또는 해양경찰청장(임용권을 위임받은 자를 포함한다)은 신규채용시험에 합격한 사람(경찰대학을 졸업한 사람과 경위공개경쟁채용시험합격자를 포함)을 **대통령령**으로 정하는 바에 따라 성적 순위에 따라 채용후보자 명부에 **등재(登載)**하여야 한다. ② 경찰공무원의 신규채용은 제1항에 따른 채용후보자 명부의 **등재 순위**에 따른다. 다만, 채용후보자가 경찰교육기관에서 신임교육을 받은 경우에는 그 **교육성적 순위**에 따른다. ③ ①에 따른 채용후보자 명부의 유효기간은 2년의 범위에서 대통령령으로 정한다(다만, **경찰청장**은 필요에 따라 1년의 범위 안에서 그 기간을 연장할 수 있다). ⑤ 경찰청장 또는 해양경찰청장은 채용후보자 명부의 유효기간을 연장하기로 결정한 경우에는 그 사실을 공고**하여야 한다.** (할수있다X)
임용 또는 임용제청의 유예 (임용령§18의2)	① 임용권자 또는 임용제청권자는 채용후보자 명부에 등재된 채용후보자가 다음 각 호의 어느 하나에 해당하는 경우에는 채용후보자 명부의 유효기간의 범위에서 기간을 정하여 임용 또는 임용제청을 <u>유예할 수 있다</u>. 다만, 유예기간 중이라도 그 사유가 소멸한 경우에는 _{해야 한다 X} **임용 또는 임용제청을 할 수 있다.** 1. 「병역법」에 따른 병역복무를 위하여 징집 또는 소집되는 경우 2. **학업을 계속하는 경우** 3. **6개월 이상의 장기요양이 필요한 질병이 있는 경우** 4. **임신하거나 출산한 경우** 5. 그 밖에 임용 또는 임용제청의 유예가 부득이하다고 인정되는 경우
자격상실 (임용령§19)	채용후보자가 다음 각 호의 어느 하나에 해당하는 경우에는 채용후보자로서의 자격을 상실한다. 1. 채용후보자가 임용 또는 임용제청에 불응한 때 2. 채용후보자로서 받아야 할 교육훈련에 불응한 때 3. 채용후보자로서 받은 교육훈련성적이 수료점수에 미달되는 경우 4. 채용후보자로서 교육훈련을 받는 중에 퇴학처분을 받은 경우(단, 질병 등 교육훈련을 계속할 수 없는 불가피한 사정으로 퇴학처분을 받은 경우 제외)

시보임용(경찰
공무원법 §13)
	① **경정 이하**의 경찰공무원을 신규 채용할 때에는 1년간 시보(試補)로 임용하고, 그 기간이 만료된 **다음 날**에 정규 경찰공무원으로 임용한다.
	└▸ 만료된 날 X
	② **휴직**기간·**직위해제**기간 및 징계에 의한 **정직**처분 또는 **감봉**처분을 받은 기간은 ①에 따른 시보임용기간에 산입하지 아니한다. **휴직정감**
	③ 시보임용기간 중에 있는 경찰공무원이 근무성적 또는 교육훈련성적이 불량할 때에는 「국가공무원법」 제68조(신분보장) 및 이 법 제28조(신규채용)에도 불구하고 면직시키거나 면직을 제청할 수 있다.
	④ 다음 각 호의 어느 하나에 해당하는 경우에는 **시보임용을 거치지 아니한다.**
	  1. 경찰대학을 졸업한 사람 또는 경위공개경쟁채용시험합격자로서 정하여진 교육을 마친 사람을 경위로 임용하는 경우
	  2. 경찰공무원으로서 대통령령으로 정하는 상위계급으로의 승진에 필요한 자격요건을 갖추고 임용예정계급에 상응한 공개경쟁채용시험에 합격한 사람을 해당 계급의 경찰공무원으로 임용하는 경우
	  3. 퇴직한 경찰공무원으로서 퇴직시에 재직하였던 계급의 채용시험에 합격한 사람을 재임용하는 경우
	  4. 자치경찰공무원을 그 계급에 상응하는 경찰공무원으로 임용하는 경우

시보임용
경찰공무원
(경찰공무원
임용령 §20)
	① 임용권자 또는 임용제청권자는 시보임용 기간 중에 있는 경찰공무원(이하 "시보임용경찰공무원"이라 한다)의 근무사항을 항상 지도·감독**하여야 한다.**
	                        └▸ 할 수 있다 X
	② 임용권자 또는 임용제청권자는 시보임용경찰공무원이 다음 각 호의 어느 하나에 해당하여 정규 경찰공무원으로 임용하는 것이 부적당하다고 인정되는 경우에는 제3항에 따른 **정규임용심사위원회**의 심사를 거쳐 해당 시보임용경찰공무원을 면직시키거나 면직을 제청할 수 있다. └▸ 징계위원회 X
	  1. 징계사유에 해당하는 경우
	  2. 제21조 제1항에 따른 교육훈련성적이 만점의 **60퍼센트 미만**(이하 X)이거나 생활기록이 극히 불량한 경우
	  3. 「경찰공무원 승진임용 규정」 제7조 제2항에 따른 제2 평정 요소의 평정점이 만점의 **50퍼센트 미만**(이하 X)인 경우
	③ 시보임용경찰공무원을 정규 경찰공무원으로 임용하는 경우 그 적부(適否)를 심사하게 하기 위하여 임용권자 또는 임용제청권자 소속으로 정규임용심사위원회를 둔다.

교육훈련 등 (경찰공무원 임용령 §21)	① 임용권자 또는 임용제청권자는 시보임용경찰공무원 또는 시보임용예정자에게 일정 기간 교육훈련(실무수습을 포함한다)을 시킬 수 있다. 이 경우 시보임용예정자에게 교육훈련을 받는 기간 동안 예산의 범위에서 임용예정계급의 1호봉에 해당하는 봉급의 **80퍼센트**에 해당하는 금액 등을 지급할 수 있다.

9 경찰공무원 인사위원회(경찰공무원 임용령)

설치 (경공법§5)	① 경찰공무원의 인사(人事)에 관한 중요 사항에 대하여 경찰청장 또는 해양경찰청장의 자문에 응하게 하기 위하여 **경찰청과 해양경찰청**에 경찰공무원인사위원회(이하 "인사위원회"라 한다)를 둠 ② 인사위원회의 구성 및 운영에 필요한 사항은 **대통령령**으로 정함
위원장 (§10)	① 위원장(**경찰청 인사담당국장**)은 인사위원회를 대표하며, 인사위원회의 사무를 총괄한다. ② 위원장 유고시 위원 중에서 **최상위계급 또는 선임**의 경찰공무원이 그 직무를 대행한다. └ 미리 지명한 위원 X
구성(§9①)	위원장을 포함하여 5명 이상 7명 이하의 위원
임명(§9②)	위원은 경찰청 소속 **총경**이상 경찰공무원 중에서 **경찰청장**이 각각 임명 └ 경정 X └ 위원장 X
회의(§11)	① 위원장은 인사위원회의 회의를 소집하고 그 의장이 된다. ② 회의는 **재적위원 과반수의 찬성**으로 의결한다.
기능 (경공법§6)	인사위원회는 다음 각 호의 사항을 심의한다. 1. 경찰공무원의 인사행정에 관한 방침과 기준 및 기본계획 2. 경찰공무원의 인사에 관한 법령의 제정·개정 또는 폐지에 관한 사항 3. 그 밖에 경찰청장 또는 해양경찰청장이 인사위원회의 회의에 부치는 사항

10 정규임용심사위원회(경찰공무원 임용령 시행규칙 §9)

소속	시보임용경찰공무원을 정규 경찰공무원으로 임용하는 경우 그 적부(適否)를 심사하게 하기 위하여 임용권자 또는 임용제청권자 소속으로 정규임용심사위원회를 **둔다**(둘 수 있다 X)(경찰공무원 임용령 §20 ③).
위원장	위원 중 **가장 계급이 높은** 경찰공무원 (다만, 가장 계급이 높은 경찰공무원이 둘 이상인 경우 그 중 해당 계급에 승진임용된 날이 가장 **빠른** 경찰공무원)
구성	위원장 1명을 포함한 위원 5명 이상 7명 이하
임명	소속 **경감** 이상 경찰공무원 중에서 위원회가 설치된 기관의 장이 임명(심사대상자보다 상위 계급자)
의결정족수	재적위원 3분의 2 이상 출석과 출석위원 과반수 찬성
심사	시보임용경찰공무원의 면직 또는 면직제청에 따른 동의의 절차는 해당 징계위원회의 **파면** 의결에 관한 절차를 준용한다. └ 해임 X

1 승진(경찰공무원법)

승진 (§15)	① 경찰공무원은 바로 아래 하위계급에 있는 경찰공무원 중에서 근무성적평정, 경력평정, 그 밖의 능력을 실증하여 승진임용한다. 다만, 해양경찰청장을 보하는 경우 치안감을 치안총감으로 승진임용할 수 있다. ② **경무관 이하** 계급으로의 승진은 승진심사에 의하여 한다. 다만, **경정 이하** 계급으로의 승진은 대통령령으로 정하는 비율에 따라 승진시험과 승진심사를 병행할 수 있다. ③ **총경 이하**의 경찰공무원에 대해서는 대통령령으로 정하는 바에 따라 계급별로 승진대상자 명부를 **작성하여야 한다.** ④ 승진심사위원회는 ③에 따라 작성된 승진대상자 명부의 선순위자(②의 단서에 따른 승진시험에 합격된 승진후보자는 **제외**) 순으로 승진시키려는 결원의 5배수의 범위에 있는 사람 중에서 승진후보자를 심사·선발한다(동법 제17조 제2항).
승진후보자 명부 등(§18)	① 경찰청장 또는 해양경찰청장(제7조 제3항 및 제4항에 따라 임용권을 위임받은 자를 **포함**한다)은 승진시험에 합격한 사람과 승진후보자로 선발된 사람을 대통령령으로 정하는 바에 따라 승진후보자 명부에 등재하여야 한다. → ①에 따른 승진후보자 명부에 등재된 사람이 승진임용 전에 전사하거나 순직한 경우에는 그 **사망일 전날을 승진일**로 하여 승진 예정 계급으로 승진한 것으로 본다(동법 제15조의2). ⌐날✗ ② **경무관 이하** 계급으로의 승진은 제1항에 따른 승진후보자 명부의 등재 순위에 따른다. ③ 승진후보자 명부의 유효기간과 작성 및 운영에 관하여는 제12조(채용후보자 명부 등)를 준용한다.
특별승진 (§19)	① 경찰공무원으로서 다음 각 호의 어느 하나에 해당되는 사람에 대하여는 제15조에도 불구하고 1계급 특별승진시킬 수 있다. 다만, **경위 이하**의 경찰공무원으로서 모든 경찰공무원의 귀감이 되는 공을 세우고 전사하거나 순직한 사람에 대하여는 **2계급** 특별승진시킬 수 있다. 1. 「국가공무원법」 제40조의4 제1항 제1호부터 제4호까지의 규정 중 어느 하나에 해당되는 사람 2. 전사하거나 순직한 사람 3. 직무 수행 중 현저한 공적을 세운 사람

근속승진(§16)	① 경찰청장 또는 해양경찰청장은 제15조 제2항에도 불구하고 해당 계급에서 다음 각 호의 기간 동안 재직한 사람을 경장, 경사, 경위, 경감으로 각각 근속승진임용할 수 있다. 다만, 인사교류 경력이 있거나 주요 업무의 추진 실적이 우수한 공무원 등 경찰행정 발전에 기여한 공이 크다고 인정되는 경우에는 대통령령으로 정하는 바에 따라 그 기간을 단축할 수 있다.

순경 → 경장	경장 → 경사	경사 → 경위	경위 → 경감
4년	5년	6년 6개월	8년

② ①에 따라 근속승진한 경찰공무원이 근무하는 기간에는 그에 해당하는 직급의 정원이 따로 있는 것으로 보고, 종전 직급의 정원은 감축된 것으로 본다.

> **경찰공무원 승진임용 규정**
> **제26조(근속승진)** ② 법 제16조 제1항 각 호 외의 부분 단서에 따라 다음 각 호의 경찰공무원을 근속승진임용하는 경우에는 해당 각 호의 구분에 따른 기간을 근속승진 기간에서 단축할 수 있다.
> 1. 「공무원임용령」 제48조 제1항 제1호에 따른 인사교류 기간 중에 있거나 인사교류 경력이 있는 경찰공무원 : 인사교류 기간의 2분의 1에 해당하는 기간
> 2. 국정과제 등 주요 업무의 추진실적이 우수한 경찰공무원이나 적극행정 수행 태도가 돋보인 경찰공무원 : 1년
> ④ 임용권자는 경감으로의 근속승진임용을 위한 심사를 **연 2회**까지 실시할 수 있다. 이 경우 경감으로의 근속승진임용을 할 수 있는 인원수는 연도별로 합산하여 해당 기관의 근속승진 대상자의 **100분의 40**에 해당하는 인원수(소수점 이하가 있는 경우에는 1명을 가산한다)를 초과할 수 없다.

경력평정 (경찰공무원 승진임용 규정 §9)	1. 경력평정은 **기본경력**과 **초과경력**으로 구분하여 실시한다. 2. **기본경력**에 포함되는 기간은 다음과 같다. 　가. **총경·경정·경감** : 평정기준일부터 최근 **3년**간 　나. **경위·경사** : 평정기준일부터 최근 **2년**간 　다. **경장·순경** : 평정기준일부터 최근 **1년 6개월**간

① 승진소요 최저근무연수

총경	경정·경감	경위·경사·경장·순경
3년 이상	2년 이상	1년 이상

② 휴직 기간, 직위해제 기간, 징계처분 기간 및 승진임용 제한기간은 ①의 기간에 포함하지 않는다. **다만, 다음 각 호의 기간은 ①의 기간에 포함한다.**

1. 「국가공무원법」 제71조에 따른 휴직 기간 중 다음 각 목의 기간
　가. 「공무원 재해보상법」에 따른 공무상 질병 또는 부상으로 인하여 「**국가공무원법**」 **제71조 제1항 제1호**(신체·정신상의 장애로 장기 요양이 필요할 때)에 따라 휴직한 경우에 그 휴직 기간

(승진소요 최저근무연수 (경찰공무원 승진임용 규정 §5))

	나. 「국가공무원법」 제71조 제1항 제3호(「병역법」에 따른 병역 복무를 마치기 위하여 징집 또는 소집된 때)·제5호(그 밖에 법률의 규정에 따른 의무를 수행하기 위하여 직무를 이탈하게 된 때) 또는 같은 조 제2항제1호(국제기구, 외국 기관, 국내외의 대학·연구기관, 다른 국가기관 또는 대통령령으로 정하는 민간기업, 그 밖의 기관에 임시로 채용될 때)에 따라 휴직한 경우에 그 휴직 기간 다. 「국가공무원법」 제71조 제2항 제2호(국외 유학을 하게 된 때)에 따라 휴직한 경우에 그 휴직 기간의 50퍼센트에 해당하는 기간 라. 「국가공무원법」 제71조 제2항 제4호(만 8세 이하 또는 초등학교 2학년 이하의 자녀를 양육하기 위하여 필요하거나 여성공무원이 임신 또는 출산하게 된 때)에 따라 휴직한 경우에 그 휴직 기간. → 「국가공무원법」 제71조 제2항 제7호(대통령령등으로 정하는 기간 동안 재직한 공무원이 직무 관련 연구과제 수행 또는 자기개발을 위하여 학습·연구 등을 하게 된 때)에 따른 휴직기간은 승진소요 최저근무연수에 포함되는 사유로 **규정하고 있지 않다.** 다만, 자녀 1명에 대하여 총 휴직 기간이 1년을 넘는 경우에는 최초의 1년으로 하되, 다음의 어느 하나에 해당하는 경우에는 그 휴직 기간 전부로 한다. 1) 첫째 자녀에 대하여 부모가 모두 휴직을 하는 경우로서 각 휴직 기간이 「공무원임용령」 제31조 제2항 제1호 다목1)에 따라 **인사혁신처장**이 정하는 기간 이상인 경우 2) 둘째 자녀 이후에 대하여 휴직을 하는 경우
승진소요 최저근무연수 (경찰공무원 승진임용 규정 §5)	

⑥ 국가공무원법」 제26조의2 및 「공무원임용령」 제57조의3에 따라 통상적인 근무시간보다 짧은 시간을 근무하는 경찰공무원("시간선택제전환경찰공무원"이라 함)의 근무기간은 다음 각 호의 기준에 따라 ①의 기간에 포함한다.

1. 해당 계급에서 시간선택제전환경찰공무원으로 근무한 1년 이하의 기간은 **그 기간 전부**

2. 해당 계급에서 시간선택제전환경찰공무원으로 근무한 1년을 넘는 기간은 근무시간에 비례한 기간

3. 해당 계급에서 「국가공무원법」 제71조 제2항 제4호의 사유로 인한 휴직을 대신하여 시간선택제전환경찰공무원으로 지정되어 근무한 기간은 **둘째** 자녀부터 각각 3년의 범위에서 그 기간 전부 _{↳ 첫째 X}

⑦ 강등되었던 사람이 강등되기 직전의 계급으로 승진한 경우 강등되기 직전의 계급에서 재직한 기간은 ①의 기간에 포함한다.

⑧ 강등된 경우 강등되기 직전의 계급에서 재직한 기간은 ①의 기간에 포함한다.

승진임용제한 (경찰공무원 승진 임용 규정§6)	③ 경찰공무원이 징계처분을 받은 후 해당 계급에서 다음 각 호의 포상을 받은 경우에는 승진임용 제한기간의 2분의 1을 단축할 수 있다. 1. 훈장, 2. 포장, 3. 모범공무원 포상, 4. 대통령표창 또는 국무총리표창(경찰청장 표창 X) 5. 제안이 채택·시행되어 받은 포상

2 근무성적평정(경찰공무원 승진임용 규정)

근무성적 평정
(§7)
	① **총경 이하**의 경찰공무원에 대해서는 **매년 근무성적을 평정하여야 하며**, 근무성적 평정의 결과는 승진 등 인사관리에 반영하여야 한다. (할수있다 X)
	② 근무성적은 다음 각 호의 평정 요소에 따라 평정한다. **다만, 총경의 근무성적은 제2평정 요소로만 평정한다.**
	
	  1. 제1 평정 요소(객관적 평정요소 : 30점)
	    가. 경찰업무 발전에 대한 기여도
	    나. 포상 실적
	    다. 그 밖에 행정안전부령으로 정하는 평정 요소
	  2. 제2 평정 요소(주관적 평정요소 : 20점)
	    가. 근무실적 나. 직무수행능력 다. 직무수행태도
	
	⑤ 근무성적 평정 결과는 공개하지 아니한다. 다만, 경찰청장은 근무성적 평정이 완료되면 평정 대상 경찰공무원에게 해당 근무성적 평정 결과를 통보할 수 있다.

근무성적평정 예외(§8)	① 휴직·직위해제 등의 사유로 해당 연도의 평정기관에서 **6개월 이상 근무하지 아니한** 경찰공무원에 대해서는 근무성적을 평정하지 아니한다. ⑤ 정기평정 이후에 신규채용되거나 승진임용된 경찰공무원에 대해서는 **2개월이 지난 후부**터 근무성적을 평정하여야 한다. → 근무성적 평정, 경력 평정은 **연 1회** 실시하고, 근무성적 평정자는 3명으로 하되, 제1차평정자는 평정대상자의 바로 위 감독자가 되고, 제2차평정자는 제1차평정자의 바로 위 감독자가 되며, 제3차평정자는 제2차평정자의 바로 위 감독자가 된다(경찰공무원 승진임용 규정 시행규칙 §4 ①, §6 ①).
평정시기 (시행규칙§4)	① 근무성적 평정, 경력 평정은 **연 1회** 실시한다. ② 근무성적 평정은 10월 31일을 기준으로 하고, 경력 평정은 12월 31일을 기준으로 한다. 다만, **총경과 경정**의 경력 평정은 10월 31일을 기준으로 한다.
평정방법 (시행규칙§7)	근무성적의 총평정점은 **50점**을 만점으로 한다.

근무성적 평정
결과의 통보 및
이의신청
(시행규칙
§9의2)
	① 경찰청장은 다음 각 호의 근무성적 평정 결과를 평정 대상 경찰공무원에게 통보할 수 있다.
	  1. 제1평정요소에 대한 평정점(**경정 이하** 경찰공무원에 한한다)
	  2. 제2평정요소에 대한 평정점의 분포비율에 따른 등급
	  3. 그 밖에 경찰청장이 통보가 필요하다고 인정하는 사항
	② 평정 대상 경찰공무원은 제1항 제1호의 근무성적 평정 결과에 이의가 있는 경우에는 **제2차평정자**에게 이의를 신청할 수 있다.
	③ ②에 따라 이의신청을 받은 제2차평정자는 이의신청의 내용이 타당하다고 판단하는 경우에는 해당 경찰공무원에 대한 제1항 제1호의 근무성적 평정 결과를 조정할 수 있으며, 이의신청을 받아들이지 않는 경우에는 그 사유를 해당 경찰공무원에게 설명하여야 한다.

3 전보(경찰공무원 임용령)

전보의 제한 (§27)	① 임용권자 또는 임용제청권자는 소속 경찰공무원이 해당 직위에 임용된 날부터 **1년 이내(감사업무를 담당**하는 경찰공무원의 경우에는 **2년 이내(3년 이내 X)**)에 다른 직위에 전보할 수 없다. 다만, 다음 각 호의 어느 하나에 해당하는 경우에는 그러하지 아니하다. 1. 직제상 최저단위인 보조기관 또는 보좌기관 내에서 전보하는 경우 2. ~ 12호. (중략) 13. **감사담당** 경찰공무원 가운데 부적격자로 인정되는 경우 14. **경정 이하**의 경찰공무원을 배우자 또는 직계존속이 거주하는 시·군·자치구 지역의 경찰기관으로 전보하는 경우 15. 임신 중인 경찰공무원 또는 출산 후 **1년**이 지나지 않은 경찰공무원의 모성보호, 육아 등을 위하여 필요한 경우 ② 교육훈련기관의 교수요원으로 임용된 사람은 그 임용일부터 **1년 이상 3년 이하**의 범위에서 경찰청장이 정하는 기간 안에는 다른 직위에 전보할 수 없다. 다만, 기구의 개편, 직제·정원의 변경이나 교육과정의 개편 또는 폐지가 있거나 교수요원으로서 부적당하다고 인정될 때에는 그렇지 않다.

4 휴직(국가공무원법 §71)

(1) 효력 등

효력 (§73)	① 휴직 중인 공무원은 신분은 보유하나 직무에 종사하지 못한다. ② 휴직 기간 중 그 사유가 없어지면 **30일** 이내에 신고**하여야 하며**, 임용권자는 **지체 없이** 복직을 명하여야 한다. (지체없이 X / 30일 이내 X) ③ 휴직 기간이 끝난 공무원이 30일 이내에 복귀 신고하면 당연히 복직된다.
휴직기간 중 봉급 감액 (공무원 보수규정§28)	① 신체·정신상의 장애로 장기 요양사유로 휴직한 공무원에게는 다음 각 호의 구분에 따라 봉급의 일부를 지급함(공무상 질병 또는 부상으로 휴직한 경우에는 그 기간 중 봉급 전액을 지급함) 1. 휴직 기간이 1년 이하인 경우 : 봉급의 **70퍼센트** 2. 휴직 기간이 1년 초과 2년 이하인 경우 : 봉급의 **50퍼센트** ② 외국유학 또는 1년 이상의 국외연수를 위하여 휴직한 공무원에게는 그 기간 중 봉급의 **50퍼센트**를 지급할 수 있음. 이 경우 교육공무원을 제외한 공무원에 대한 지급기간은 **2년**을 초과할 수 없음

(2) 직권휴직 사유(본인의 의사에도 불구하고 휴직을 명하여야 한다.)

휴직 사유	휴직 기간
신체·정신상의 장애로 장기 요양이 필요할 때	기간 : **1년** 이내 **일신** 연장 : 1년의 범위에서 연장가능 예외 : 「공무원 재해보상법」 또는 「산업재해보상보험법」 상 공무상 질병 또는 부상으로 인한 휴직기간은 3년 이내로 함(의학적 소견 등을 고려하여 대통령령으로 정하는 바에 따라 2년 연장 가능)
「**병역**법」에 따른 병역 복무	그 복무기간이 끝날 때까지
천재지변이나 전시·사변, 그 밖의 사유로 생사 또는 소재가 불명확	**3개월** 이내 **3천재**
그 밖에 법률의 규정에 따른 의무를 수행	그 복무기간이 끝날 때까지
노동조합 전임자로 종사하게 된 때	그 전임 기간

신병천재 그 노동조합

(3) 의원휴직 사유(휴직을 명할 수 있다.)

휴직 사유	휴직 기간
국제기구, 외국 기관, 국내외의 대학·연구기관, 다른 국가기관 또는 대통령령으로 정하는 민간기업, 그 밖의 기관에 임시로 채용될 때	기간 : 채용 기간 다만, 민간기업이나 그 밖의 기관 채용 시 3년 이내
① 국외 **유학**을 하게 된 때 ② 외국에서 근무·유학 또는 연수하게 되는 배우자를 동반하게 된 때	기간 : 3년 이내 연장 : 2년의 범위에서 연장가능
중앙인사관장기관의 장(경찰청장)이 지정하는 연구기관이나 교육기관 등에서 **연수**하게 된 때	**2년** 이내 　　　**중2**
만 8세 이하 또는 초등학교 2학년 이하의 자녀를 양육하기 위하여 필요하거나 여성공무원이 임신 또는 출산하게 된 때	자녀 1명에 대하여 **3년** 이내 → 다만, 대통령령으로 정하는 특별한 사정이 없으면 휴직을 명**하여야 한다.**
조부모, 부모(배우자의 부모를 포함한다), 배우자, 자녀 또는 손자녀를 부양하거나 돌보기 위하여 필요한 경우. 다만, 조부모나 손자녀의 돌봄을 위하여 휴직할 수 있는 경우는 본인 외에 돌볼 사람이 없는 등 대통령령등으로 정하는 요건을 갖춘 경우로 한정함	1년 이내 (재직 기간 중 총 3년을 넘을 수 없음)
대통령령등으로 정하는 기간 동안(5년) 재직한 공무원이 직무 관련 연구과제 수행 또는 **자기개발**을 위하여 학습·연구 등을 하게 된 때 → 휴직(자기개발휴직) 후 복직한 공무원은 복직 후 **10년 이상** 근무하여야 다시 자기개발휴직을 할 수 있다.	1년 이내

자기개발휴직 사유 (§91의4)	자기개발휴직을 위한 사유는 다음 각호와 같다. 1. 소속 기관의 직무와 관련된 연구과제 또는 자기개발을 위한 연구과제를 수행하는 경우(임용권자 또는 임용제청권자가 기관 차원에서 필요한 연구주제를 미리 선정하여 대상자를 선정하는 경우를 포함한다). 다만, **연구과제 수행과 관련하여 직접적인 금전적 대가가 수반되거나 특정 기관에 채용되는 경우는 제외한다.** 2. **국내외 교육기관 등에서 교육과정을 수강하는 경우. 다만, 학위를 취득할 목적으로 수강하는 경우는 제외한다.** 3. **자격증 취득 등을 위한 개인주도학습을 하거나 교육과정을 수강하는 경우**
자기개발휴직 절차 등 (§91의5)	① 자기개발휴직을 신청하려는 자는 별지 제32호의 자기개발휴직 신청서 및 휴직 사유를 증빙할 수 있는 자료를 **임용권자 또는 임용제청권자에게 제출**하여야 한다.
자기개발휴직결과보고서 제출(§91의6)	복직한 공무원은 복직일로부터 30일 이내에 연구·학습결과에 대한 휴직결과 보고서를 작성하여 제출하여야 한다.

5 직위해제(국가공무원법 §73의3)

(1) 의의 및 효력

의의	신분은 보유하되, 제재적 성격을 가지는 보직의 해제이며 복직이 보장되지 않는다.
효력	직위해제된 공무원은 직무에 종사하지 못하고 **출근할 의무도 없다.**
특징	① 임용권자는 직위해제 사유에 해당하는 자에게는 직위를 **부여하지 아니할 수 있다.** ↳ 아니 한다 X ② 직위를 부여하지 아니한 경우에 그 사유가 소멸되면 임용권자는 **지체없이 직위를 부여하여야 한다.** ↳ 할 수 있다 X [판례] 직위해제처분을 한 후 그 직위해제 사유와 동일한 사유를 이유로 파면처분을 하였다고 하더라도 **일사부재리의 원칙이나 이중처벌금지의 원칙에 위배되는 것은 아니다**(대법원 1984.2.28. 83누489).

(2) 직위해제 사유 및 기간 중 봉급 감액

직위해제 사유		직위해제 기간 중 봉급 감액
제2호	**직**무수행 능력이 부족하거나 근무성적이 극히 나쁜 자 → 위 사유로 직위해제된 자에게 **3개월**의 범위에서 대기를 명하고, 대기 명령을 받은 자에게 능력 회복이나 근무성적의 향상을 위한 교육훈련 또는 특별한 연구과제의 부여 등 필요한 조치를 하여야 한다. → 「국가공무원법」 제70조 제1항 제5호(제73조의3 제3항(직위해제사유)에 따라 대기 명령을 받은 자가 그 기간에 능력 또는 근무성적의 향상을 기대하기 어렵다고 인정된 때)의 사유로 **면직시키는 경우**에는 제32조에 따른 **징계위원회의 동의**를 얻어 임용권자가 직권면직시킬 수 있다(경공법 §28②).	봉급의 80퍼센트
제3호	**파**면·해임·강등 또는 정직에 해당하는 징계 의결이 요구 중인 자	봉급의 50퍼센트 다만, 직위해제일부터 3개월이 지나도 직위를 부여받지 못한 경우에는 그 3개월이 지난 후의 기간 중에는 봉급의 30퍼센트를 지급함
제4호	**형**사 사건으로 기소된 자(약식명령이 청구된 자는 **제외**)	
제6호	**금**품비위, 성범죄 등 대통령령으로 정하는 비위행위로 인하여 감사원 및 검찰·경찰 등 수사기관에서 조사나 수사 중인 자로서 비위의 정도가 중대하고 이로 인하여 정상적인 업무수행을 기대하기 현저히 어려운 자	
제5호	**고**위공무원단에 속하는 일반직공무원으로서 적격심사를 요구받은 자 **직파형금고**	봉급의 70퍼센트 다만, 직위해제일부터 3개월이 지나도 직위를 부여받지 못한 경우에는 그 3개월이 지난 후의 기간 중에는 봉급의 40퍼센트를 지급함

THEME 04 경찰공무원 근무관계의 소멸

1 당연퇴직(경찰공무원법)

의의	경찰공무원이 제8조 제2항(임용결격사유) 어느 하나에 해당하게 된 경우에는 당연히 퇴직함. **다만, 제4호와 제6호는 아래의 경우에만 당연퇴직사유에 해당**	
비교 개념	**임용결격사유(§8②)**	**당연퇴직(§27)**
	4. 파산선고를 받고 복권되지 아니한 사람	제4호는 파산선고를 받은 사람으로서 「**채무자 회생 및 파산에 관한 법률**」에 따라 신청기한 내에 면책신청을 하지 아니하였거나 면책불허가 결정 또는 면책 취소가 확정된 경우만 해당함
	6. 자격정지 이상의 형의 선고유예를 선고받고 그 유예기간 중에 있는 사람	제6호는 「형법」 제129조부터 제132조까지, 「성폭력범죄의 처벌 등에 관한 특례법」 제2조, 「아동·청소년의 성보호에 관한 법률」 제2조 제2호 및 직무와 관련하여 「형법」 제355조 또는 제356조에 규정된 죄를 범한 사람으로서 자격정지 이상의 형의 선고유예를 받은 경우만 해당

2 직권면직(경찰공무원법 §28)

사유		임용권자는 경찰공무원이 직권면직 사유 어느 하나에 해당될 때에는 직권으로 면직시킬 수 있다.

징계위원회 동의여부	**동의 필요 (필요적)**	① 직위해제로 인한 **대**기 명령을 받은 자가 그 기간에 능력 또는 근무성적의 향상을 기대하기 어렵다고 인정된 때
		② 경찰공무원으로서 **부**적합할 정도로 직무수행능력 또는 성실성이 현저히 결여된 사람으로서
		  1. 지능 저하 또는 판단력 부족으로 경찰업무를 감당할 수 없는 경우
		  2. 책임감의 결여로 직무수행에 성의가 없고 위험한 직무를 고의로 기피하거나 포기하는 경우
		③ 직무를 수행하는 데에 **위험**을 일으킬 우려가 있을 정도의 성격적 또는 도덕적 결함이 있는 사람으로서
		  1. 인격장애, 알코올·약물중독 그 밖의 정신장애로 인하여 경찰업무를 감당할 수 없는 경우
		  2. 사행행위 또는 재산의 낭비로 인한 채무과다, 부정한 이성관계 등 도덕적 결함이 현저하여 타인의 비난을 받는 경우 대부위험합니다

	동의 불필요	① 직제와 **정원의 개폐 또는 예산의 감소** 등에 따라 폐직 또는 과원이 되었을 때 ② 휴직기간이 끝나거나 휴직사유가 소멸된 후에도 **직무에 복귀하지 아니하거나 직무를 감당할 수 없을 때** ③ 해당 경과에서 직무를 수행하는데 필요한 **자격증의 효력이 상실되거나 면허가 취소**되어 담당 직무를 수행할 수 없게 되었을 때

※ 의원면직 : 사직서 제출 후 임명권자가 승인(수리)한 때 면직효과 발생

3 정년퇴직(경찰공무원법 §30)

연령정년		60세
계급정년	기준	치안감 4년, 경무관 6년, 총경 11년, 경정 14년 (임용일을 기준)
	연장	① 수사, 정보, 외사, 안보, 자치경찰사무 등 특수 부문에 근무하는 경찰공무원으로서 대통령령으로 정하는 바에 따라 지정을 받은 사람은 **총경 및 경정**의 경우에는 **4년**의 범위에서 대통령령으로 정하는 바에 따라 계급정년을 연장할 수 있다. ② **경찰청장**은 전시·사변이나 그 밖에 이에 준하는 비상사태에서는 **2년**의 범위에서 계급정년을 연장할 수 있다. ②의 경우 　－ **경무관 이상** : **행정안전부장관**과 **국무총리**를 거쳐 대통령의 승인 얻어 연장가능 　－ **총경·경정** : 국무총리를 거쳐 대통령의 승인 얻어 연장가능
	강등시 계급 정년	① 징계로 인하여 강등(경감으로 강등된 경우를 **포함**)된 경찰공무원의 계급정년은 다음에 따른다. 1. 강등된 계급의 계급정년은 **강등되기 전 계급 중 가장 높은 계급**의 계급정년으로 한다. 2. 계급정년을 산정할 때에는 강등되기 전 계급의 근무연수와 강등 이후의 근무연수를 합산
퇴직산정		그 정년이 된 날이 1월에서 6월 사이 : **6월 30일**, 7월에서 12월 사이 : **12월 31일**에 당연퇴직한다.

Chapter
04

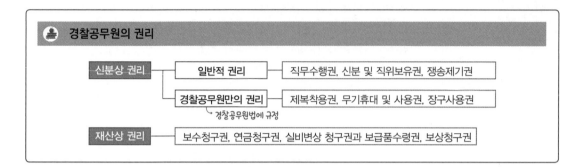

1 신분상 권리

일반적 권리	신분 및 직위보유권	① 공무원은 형의 선고, 징계처분 또는 국가공무원법에서 정하는 사유에 따르지 아니하고는 본인의 의사에 반하여 휴직·강임 또는 면직을 당하지 아니한다(국가공무원법 §68). ② **치안총감과 치안정감**에 대해서는 「국가공무원법」 제68조 본문을 적용하지 아니한다 (경찰공무원법 §36). → 따라서 경공법상 치안총감·치안정감은 신분 및 직위보유권이 인정되지 아니한다.
	직무집행권	경찰공무원은 자기가 담당하는 직무를 집행할 권리가 있으며, 이를 방해하면 「형법」상 공무집행방해죄가 형성된다.
	쟁송제기권	위법·부당하게 권리가 침해된 경우 소청 기타 행정상 쟁송을 제기할 수 있는 권리가 있다.
특수한 권리	제복착용권	① 경찰공무원은 제복을 착용하여야 한다. **(권리 O, 의무 O)** ② 복제에 관한 사항은 행정안전부령으로 정함(경찰공무원법 §26③) 　행복　　　↳ 대통령령 X
	무기휴대 및 사용권	① 경찰공무원은 직무 수행을 위하여 필요하면 무기를 휴대할 수 있다. **(권리 O, 의무 X)** ② 무기휴대 법적근거 - **경찰공무원법** §26 ③ 무기사용 법적근거 - **경찰관직무집행법** §10의4 판례 경찰관이라 하여 허가 없이 개인적으로 총포 등을 구입하여 소지하는 것을 허용하는 것은 아니다(대판 95도2408).
	장구사용권	수갑·포승·경찰봉 등 경찰장구를 사용할 수 있음(경찰관 직무집행법에 근거)

2 재산상 권리

(1) 보수청구권, 실비변상 등 청구권

의의 (공무원보수 규정 §4)	1. "보수"란 봉급과 그 밖의 **각종 수당**을 합산한 금액을 말한다. 2. "봉급"이란 직무의 곤란성과 책임의 정도에 따라 직책별로 지급되는 기본급여 또는 직무의 곤란성과 책임의 정도 및 재직기간 등에 따라 계급(직무등급이나 직위를 포함)별, 호봉별로 지급되는 기본급여를 말한다. 3. "수당"이란 직무여건 및 생활여건 등에 따라 지급되는 부가급여를 말한다.
근거	공무원의 보수에 관한 사항은 **대통령령(공무원보수규정)**(법률X)으로 정한다(국가공무원법 §47①).
압류	공무원의 보수에 대한 압류는 1/2까지 제한된다(민사집행법§246).
기타	보수를 거짓이나 그 밖의 부정한 방법으로 수령한 경우에는 수령한 금액의 5배의 범위에서 가산하여 징수할 수 있다(국가공무원법 §47③).
실비변상 등 청구권	① 공무원은 보수 외에 대통령령등으로 정하는 바에 따라 직무 수행에 필요한 실비 변상을 받을 수 있다(국가공무원법 §48①). ② 실비변상 등의 항목 : 정액급식비·명절휴가비·연가보상비 및 직급보조비(공무원수당 등에 관한 규정 제6장의2)

> **❓심화** 공무원수당 등에 관한 규정(§7의2)
>
> ① 소속 장관은 **경감 이하** 경찰공무원 중 근무성적, 업무실적 등이 우수한 사람에게는 예산의 범위에서 성과상여금을 **지급한다.**
> ② 성과상여금을 거짓이나 그 밖의 부정한 방법으로 지급받은 때에는 그 지급받은 **성과상여금에 해당**하는 금액을 징수하고, 1년의 범위에서 성과상여금을 지급하지 아니한다.
> └→ 2배 X

(2) 연금청구권(공무원연금법)

목적 (§1)	공무원의 **퇴직, 장해 또는 사망**에 대하여 적절한 급여를 지급하고 후생복지를 지원함으로써 공무원 또는 그 유족의 생활안정과 복지 향상에 이바지함을 목적으로 한다.
지급 (§29)	① 각종 급여는 그 급여를 받을 권리를 가진 사람의 신청에 따라 **인사혁신처장의 결정**으로 공단이 지급한다. ② 급여의 결정에 관한 인사혁신처장의 권한은 대통령령으로 정하는 바에 따라 공단에 **위탁할 수 있다**. [주의] 인사혁신처장은 법 제29조 제2항에 따라 같은 조 제1항에 따른 급여의 결정에 관한 권한을 공단에 **위탁한다**(동법 시행령 §25).
이의신청 (§87)	심사 청구는 급여에 관한 결정 등이 있었던 날부터 **180일**, 그 사실을 안 날부터 **90일** 이내에 하여야 한다. 다만, 정당한 사유가 있어 그 기간에 심사 청구를 할 수 없었던 것을 증명한 경우는 **예외**로 한다.
소멸시효 (§88)	① 이 법에 따른 급여를 받을 권리는 급여의 사유가 발생한 날부터 **5년간** 행사하지 아니하면 시효로 인하여 소멸한다. ② 잘못 납부한 기여금을 반환받을 권리는 퇴직급여 또는 퇴직유족급여의 지급 결정일부터 **5년간** 행사하지 아니하면 시효로 인하여 소멸한다. **민사집행법** **제246조(압류금지채권)** ①다음 각호의 채권은 압류하지 못한다. 〈1. 2. 3. 생략〉 　4. 급료·연금·봉급·상여금·퇴직연금, 그 밖에 이와 비슷한 성질을 가진 급여채권의 **2분의 1**에 해당하는 금액

(3) 보상청구권(공무원재해보상법)

목적 (§1)	공무원의 공무로 인한 **부상·질병·장해·사망**에 대하여 적합한 보상을 하고, 공무상 재해를 입은 공무원의 재활 및 직무복귀를 지원하며, 재해예방을 위한 사업을 시행함으로써 공무원이 직무에 전념할 수 있는 여건을 조성하고, 공무원 및 그 유족의 복지 향상에 이바지함을 목적으로 한다.
급여 (§8)	이 법에 따른급여는 요양급여, 재활급여, 장해급여, 간병급여, 재해유족급여, 부조급여로 구분한다.
결정 (§9)	① 급여를 받으려는 사람은 **인사혁신처장**에게 급여를 청구하여야 한다. ③ **인사혁신처장**은 ①에 따른 급여의 청구를 받으면 급여의 요건을 확인한 후 급여를 결정하고 지급한다. [보충] **인사혁신처장**은 업무 중 재활급여, 간병급여, 장해유족연금 또는 부조급여(지방자치단체 소속 공무원이 아닌 경우만 해당한다)에 대한 결정은 공단에 **위탁한다**.
소멸시효 (§54)	급여를 받을 권리는 그 급여의 사유가 발생한 날부터 요양급여·재활급여·간병급여·부조급여는 **3년간**, 그 밖의 급여는 **5년간** 행사하지 아니하면 시효로 인하여 소멸한다.

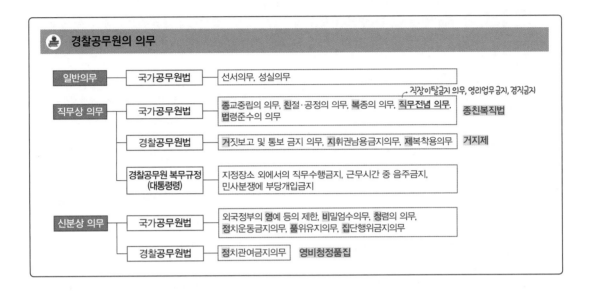

1 일반의무(국가공무원법)

선서의무 (§55)	경찰공무원은 취임할 때에 소속 기관장 앞에서 대통령령등으로 정하는 바에 따라 선서하여 야 한다. 다만, 불가피한 사유가 있으면 취임 후에 선서하게 할 수 있다.
성실의무 (§56)	모든 공무원의 **기본적 의무**이며, **다른 의무의 원천**이 된다.

2 직무상 의무(국가공무원법)

법령준수의 의무 (§56)	모든 공무원은 법령을 준수하며 성실히 직무를 수행하여야 한다.
복종의 의무 (§57)	① 공무원은 직무를 수행할 때 **소속 상관**의 직무상 명령에 복종하여야 한다. [판례] 행정부공무원은 대통령을 정점으로 소위 피라밋트식 계층구조가 될 수 밖에 없기 때문에 명령복종의 관계는 공무원 관계의 필수적인 내용이라고 할 수 있다(전원재판부 92헌바21). ② 직무명령은 수명공무원의 **직무 범위 내**에 속하는 것이어야 복종의무가 발생한다. ↳ 직무집행에 직접 관계되는 사항뿐만 아니라 간접적으로 직무에 관계되는 복장, 용모 등도 포함된다. 단 직무와 관련없는 사생활에까지 미치는 것은 아님 국가경찰과 자치경찰의 조직 및 운영에 관한 법률 제6조(직무수행) ① 경찰공무원은 상관의 지휘·감독을 받아 직무를 수행하고, 그 직무수행에 관하여 서로 협력하여야 한다. ② 경찰공무원은 구체적 사건수사와 관련된 ①의 지휘·감독의 적법성 또는 정당성에 대하여 이견이 있을 때에는 **이의를 제기할 수 있다.** [판례] 상관이 직무수행을 태만히 하거나 지시사항을 불이행하고 허위보고 등을 한 부하에게 근무태도를 교정하고 직무수행을 감독하기 위하여 직무수행의 내역을 일지 형식으로 기재하여 보고하도록 명령하는 행위는 직무권한 범위 내에서 내린 정당한 명령이므로 부하는 명령을 실행할 **법률상 의무가 있다**(대판 2010도1233).
친절·공정의 의무 (§59)	공무원은 국민 전체의 봉사자로서 **친절하고 공정**하게 직무를 수행하여야 한다. ↳ 친절·공정의 의무는 법적인 의무
종교중립의 의무 (§59의2)	① 공무원은 종교에 따른 차별 없이 직무를 수행하여야 한다. ② 공무원은 소속 상관이 종교중립의 의무에 위배되는 직무상 명령을 한 경우에는 이에 따르지 **아니할 수 있다.** ↳ 아니하여야 한다 X
직무전념 의무	**직장이탈금지** (§58)	① 공무원은 **소속상관의 허가** 또는 정당한 사유가 없으면 직장을 이탈하지 못한다. ② 수사기관이 공무원을 구속하려면 그 **소속 기관의 장**에게 미리 통보하여야 한다. 다만, **현행범**은 그러하지 아니하다.
	영리업무 및 겸직금지(§64)	공무원은 공무 외에 영리를 목적으로 하는 업무에 종사하지 못하며 **소속 기관장의 허가** 없이 다른 직무를 겸할 수 없다.

직무명령의 구체적 요건

형식적 요건	① 권한있는 상관이 발한 것이어야 한다. ② 부하공무원의 직무상 독립의 범위에 속하는 사항이 아니어야 한다. ③ 부하공무원의 직무(권한)상 범위 내에 속하는 사항이어야 한다. ④ 직무명령을 발하는데 있어 법정의 형식과 절차가 있으면 이를 준수하여야 한다.
실질적 요건	① 그 내용이 법령에 저촉되지 않아야 하며 공익에 적합한 것이어야 한다. ② 그 내용이 가능하고 명확하여야 한다.

3 직무상 의무(경찰공무원법)

거짓보고 및 통보 금지의무(§24)	① 경찰공무원은 직무에 관하여 거짓으로 보고나 통보를 하여서는 아니 된다. ② 경찰공무원은 직무를 게을리하거나 유기해서는 아니 된다.
지휘권남용 금지의무(§25)	전시·사변, 그 밖의 이에 준하는 비상사태 이거나 작전수행 중인 경우 또는 많은 인명손상이나 국가재산 손실의 우려가 있는 위급한 사태가 발생한 경우, 경찰공무원을 지휘·감독하는 사람은 정당한 사유 없이 그 직무수행을 거부 또는 유기하거나 경찰공무원을 지정된 근무지에서 진출·퇴각 또는 이탈하게 하여서는 아니 된다. 경찰공무원으로서 전시·사변, 그 밖에 이에 준하는 비상사태이거나 작전 수행 중인 경우에 **제24조 제2항**(직무유기) 또는 제25조(지휘권 남용의 금지), 「국가공무원법」 제58조 제1항(직장 이탈 금지)을 위반한 사람은 3년 이상의 **징역이나 금고**에 처하며, **제24조 제1항**(거짓보고 금지), 「국가공무원법」 제57조(복종의 의무)를 위반한 사람은 7년 이하의 **징역이나 금고**에 처한다.
제복착용의무(§26)	① 경찰공무원은 제복을 **착용하여야 한다.**(권리잉과 동시에 의무임) ② 경찰공무원의 복제(服制)에 관한 사항은 **행정안전부령**(대통령령 X)으로 정한다.

4 신분상 의무(국가공무원법)

비밀 엄수의 의무	① 공무원은 재직 중은 물론 퇴직 후에도 직무상 알게 된 비밀을 엄수하여야 한다(국가공무원법 §60). ② 재직 중 비밀엄수의무 위반에 대하여는 형사벌(형법 제127조 : 공무원 또는 공무원이었던 자가 법령에 의한 직무상 비밀을 누설한 때에는 2년 이하의 징역이나 금고 또는 5년 이하의 자격정지에 처한다)과 징계처분을 할 수 있으며, **퇴직 후**에는 징계벌을 부과할 수 없으나 형사벌은 공소시효 기간내에서(공무상비밀누설죄 공소시효는 5년) 부과할 수 있다. ③ 공무원이거나 공무원이었던 사람은 직무상 알게 된 개인의 신상이나 재산에 관한 사항으로서 외부에 공개될 경우 특정인의 권리나 이익을 침해할 수 있는 사항을 타인에게 누설하거나 부당한 목적을 위하여 사용해서는 아니 된다. 다만, 법령에 따라 공개하는 경우는 제외한다(국가공무원 복무규정 §4의2 제3호). ④ 공무원이 법원의 증인이 되어 비밀에 관하여 심문을 받을 때에는 **소속공무소 또는 감독관공서의 허가**(소속 기관장 X)를 받은 사항에 한하여 진술할 수 있다(형사소송법 §147).
청렴의 의무 (§61)	① 공무원은 직무와 관련하여 **직접적이든 간접적이든** 사례·증여 또는 향응을 주거나 받을 수 없다. ② 공무원은 **직무상의 관계가 있든 없든** 그 소속 상관에게 증여하거나 소속 공무원으로부터 증여를 받아서는 아니 된다.
외국 정부의 영예 등을 받을 경우(§62)	공무원이 외국 정부로부터 영예나 증여를 받을 경우에는 **대통령의 허가**를 받아야 한다. ↳ 경찰청장 X
품위 유지의 의무(§63)	공무원은 직무의 내외를 불문하고 그 품위가 손상하는 행위를 하여서는 아니 된다.
집단 행위의 금지(§66)	① 공무원은 노동운동이나 그 밖에 공무 외의 일을 위한 집단 행위를 하여서는 아니 된다. 다만 사실상 **노무에 종사하는 공무원**은 예외로 한다. ↳ 사실상 노무에 종사하는 공무원으로서 노동조합에 가입된 자가 조합 업무에 전임하려면 소속 장관의 허가를 받아야 한다.

TIP 공무원의 의무와 그 위반에 대한 벌칙규정

① '누구든지 시험 또는 임용에 관하여 고의로 방해하거나 부당한 영향을 주는 행위를 하여서는 아니 되며, 채용시험·승진·임용, 그 밖에 인사기록에 관하여 거짓이나 부정하게 진술·기재·증명·채점 또는 보고하여서는 아니 된다(국가공무원법 §44(시험 또는 임용의 방해행위 금지), 45(인사에 관한 부정행위 금지)).
② 경찰공무원으로서 국가공무원법 제44조(시험 또는 임용의 방해행위 금지)와 제45조(인사에 관한 부정행위 금지)을 위반한 사람은 1년 이하의 징역 또는 100만원 이하의 벌금에 처하고, 국가공무원법 제66조(집단 행위의 금지)를 위반한 사람은 2년 이하의 징역 또는 200만원 이하의 벌금에 처한다(경찰공무원법 §37 ④).
비교 「국가공무원법」상 동법 제44조(시험 또는 임용의 방해행위 금지)와 제45조(인사에 관한 부정행위 금지) 또는 제66조(집단 행위의 금지)를 위반한 자는 다른 법률에 특별히 규정된 경우 외에는 1년 이하의 징역 또는 1천만원 이하의 벌금에 처한다(국가공무원법 §84의2).

5 신분상 의무(정치운동금지의무(국가공무원법)와 정치관여금지의무(경찰공무원법))

정치운동 금지 의무 (국가공무원법 §65)	① 공무원은 **정당이나 그 밖의 정치단체의 결성에 관여하거나 이에 가입할 수 없다.** ② 공무원은 선거에서 특정 정당 또는 특정인을 지지 또는 반대하기 위한 다음의 행위를 하여서는 아니 된다. 1. 투표를 하거나 하지 아니하도록 권유 운동을 하는 것 2. 서명 운동을 기도·주재하거나 권유하는 것 3. 문서나 도서를 공공시설 등에 게시하거나 게시하게 하는 것 4. **기부금을 모집 또는 모집하게 하거나,** 공공자금을 이용 또는 이용하게 하는 것 5. **타인에게 정당이나 그 밖의 정치단체에 가입하게 하거나 또는 가입하지 아니하도록 권유 운동을 하는 것**
정치관여 금지 의무 (경찰공무원법 §23)	① 경찰공무원은 **정당이나 정치단체에 가입하거나 정치활동에 관여하는 행위를 하여서는 아니 된다.** ② ①에서 정치활동에 관여하는 행위란 다음 어느 하나에 해당하는 행위를 말한다. 1. **정당이나 정치단체의 결성 또는 가입을 지원하거나 방해하는 행위** 2. 그 직위를 이용하여 특정 정당이나 특정 정치인에 대하여 지지 또는 반대 의견을 유포하거나, 그러한 여론을 조성할 목적으로 특정 정당이나 특정 정치인에 대하여 찬양하거나 비방하는 내용의 의견 또는 사실을 유포하는 행위 3. 특정 정당이나 특정 정치인을 위하여 기부금 모집을 지원하거나 방해하는 행위 또는 국가·지방자치단체 및 「공공기관의 운영에 관한 법률」에 따른 공공기관의 자금을 이용하거나 이용하게 하는 행위 4. 특정 정당이나 특정인의 선거운동을 하거나 선거 관련 대책회의에 관여하는 행위 5. 「정보통신망 이용촉진 및 정보보호 등에 관한 법률」에 따른 정보통신망을 이용한 제1호부터 제4호까지의 규정에 해당하는 행위 6. 소속 직원이나 다른 공무원에 대하여 제1호부터 제5호까지의 행위를 하도록 요구하거나 그 행위와 관련한 보상 또는 보복으로서 이익 또는 불이익을 주거나 이를 약속 또는 고지하는 행위 ※ '특정 정당·정치단체나 특정 정치인을 위하여 집회를 주최·참석·지원하도록 다른 사람을 사주·유도·권유·회유 또는 협박하는 행위'를 정치활동관여행위로 규정하고 있는 것은 **국가정보원법** 제11조(제2항 제5호)이고, 경찰공무원법에서는 이를 규정하고 있지 않다.

비교 정치운동 금지의무와 정치관여 금지의무

	정치운동 금지의무	정치관여 금지의무
근거	**국가공무원법** 제65조	**경찰공무원법** 제23조
금지 내용	**기부금을 모집 또는 모집하게 하거나,** 공공자금을 　└ 기부금 모집을 방해하는 행위 X 이용 또는 이용하게 하는 것	특정 정당이나 특정 정치인을 위하여 **기부금 모집을 지원하거나 방해하는 행위** 또는 국가·지방자치단 체 및 「공공기관의 운영에 관한 법률」에 따른 공 공기관의 자금을 이용하거나 이용하게 하는 행위
	타인에게 정당이나 그 밖의 정치단체에 가입하게 하거나 가입하지 아니하도록 권유 운동을 하는 것	정당이나 정치단체의 결성 또는 가입을 지원하거 나 **방해하는 행위**
벌칙	3년 이하 징역과 3년 이하의 자격정지(공소시효 10년)	5년 이하의 징역과 5년 이하의 자격정지(공소시효 10년)

6 공직자윤리법

재산 등록의무자	① **공직자 윤리법** : 총경(자치총경을 포함) 이상의 경찰공무원 ② **동법 시행령** : 경찰공무원 중 경정, 경감, 경위, 경사와 자치경찰공무원 중 자치경정, 자치 경감, 자치경위, 자치경사
등록대상 재산(§4)	① 등록의무자가 등록할 재산은 다음 각 호의 어느 하나에 해당하는 사람의 재산(소유 명의 와 관계없이 사실상 소유하는 재산, 비영리법인에 출연한 재산과 외국에 있는 재산을 **포함**) 으로 한다. 　1. 본인 　2. 배우자(사실상의 혼인관계에 있는 사람을 **포함**(제외 X)) 　3. 본인의 직계존속·직계비속. 다만, 혼인한 직계비속인 여성과 외증조부모, 외조부모, 　　외손자녀 및 외증손자녀는 **제외**(포함 X)한다. ② 등록의무자가 등록할 재산은 다음 각 호와 같다. 　1. **부동산에 관한 소유권·지상권 및 전세권** 　2. 광업권·어업권·양식업권, 그 밖에 부동산에 관한 규정이 준용되는 권리 　3. 다음 각 목의 동산·증권·채권·채무 및 지식재산권(知識財産權) 　　가. 소유자별 합계액 1천만원 이상의 현금(수표를 포함한다) 　　나. 소유자별 합계액 1천만원 이상의 예금 　　다. **소유자별 합계액 1천만원 이상의 주식·국채·공채·회사채 등 증권** 　　라. 소유자별 합계액 1천만원 이상의 채권 　　마. 소유자별 합계액 1천만원 이상의 채무 　　바. 소유자별 합계액 500만원 이상의 금 및 백금(금제품 및 백금제품을 포함한다) 　　사. 품목당 500만원 이상의 보석류 　　아. **품목당(소유자별 X) 500만원 이상의 골동품 및 예술품** 　　자. 권당 500만원 이상의 회원권 　　차. **소유자별 연간 1천만원 이상의 소득이 있는 지식재산권** 　　카. **자동차·건설기계·선박 및 항공기** 　4. 합명회사·합자회사 및 유한회사의 출자지분 　5. 주식매수선택권 　6. 「가상자산 이용자 보호 등에 관한 법률」 제2조 제1호에 따른 **가상자산**
재산의 등록 시기(§5)	① 공직자는 등록의무자가 된 날부터 2개월이 되는 날이 속하는 달의 말일까지 등록의무자가 된 날 현재의 재산을 등록기관에 등록하여야 한다. 다만, 등록의무자가 된 날부터 2개월이 되는 날이 속하는 달의 말일까지 등록의무를 면제받은 경우에는 그러하지 아니하며, 전보 (轉補)·강임(降任)·강등(降等) 또는 퇴직 등으로 인하여 등록의무를 면제받은 사람이 3년 (퇴직한 경우에는 1년) 이내에 다시 등록의무자가 된 경우에는 전보·강임·강등 또는 퇴직 등을 한 날 이후 또는 제11조 제1항에 따른 재산변동사항 신고 이후의 변동사항을 신고함 으로써 등록을 갈음할 수 있다.
변동사항 신고(§6)	① 등록의무자는 매년 1월 1일부터 12월 31일까지의 재산 변동사항을 다음 해 2월 말일까지 등록기관에 신고하여야 한다. 다만, 최초의 등록 후 또는 제5조 제1항 단서에 따른 신고 후 최초의 변동사항 신고의 경우에는 등록의무자가 된 날부터 그 해 12월 31일까지의 재산 변동사항을 등록기관에 신고하여야 한다.

등록재산의 공개(§10)	① 공직자윤리위원회는 관할 등록의무자 중 **치안감 이상**의 경찰공무원 및 특별시·광역시·특별자치시·도·특별자치도의 **시·도경찰청장**에 해당하는 공직자 본인과 배우자 및 본인의 직계존속·직계비속의 재산에 관한 등록사항과 변동사항 신고내용을 등록기간 또는 신고기간 만료 후 <u>1개월</u>이내에 관보(공보를 포함한다) 및 인사혁신처장이 지정하는 정보통신망을 통하여 공개**하여야 한다.** (할 수 있다 X) └ 2개월 X ③ ①에 해당하는 경우가 아니면 누구든지 공직자윤리위원회 또는 등록기관의 장의 허가를 받지 아니하고는 등록의무자의 재산에 관한 등록사항을 열람·복사하거나 이를 하게 하여서는 아니 된다. 다만, 등록의무자가 본인의 등록사항에 대하여 열람·복사하는 경우에는 그러하지 아니하다.
외국 정부 등으로부터 받은 선물의 신고(§15)	① 공무원(지방의회의원을 포함한다) 또는 공직유관단체의 임직원은 외국으로부터 선물(대가 없이 제공되는 물품 및 그 밖에 이에 준하는 것을 말하되, **현금은 제외**)을 받거나 그 직무와 관련하여 외국인(**외국단체를 포함**)에게 선물을 받으면 지체 없이 소속 기관·단체의 장에게 신고하고 그 선물을 인도**하여야 한다.** (할 수 있다 X) 이들의 가족이 외국으로부터 선물을 받거나 그 공무원이나 공직유관단체 임직원의 직무와 관련하여 외국인에게 선물을 받은 경우에도 또한 같다. ② 신고하여야 힐 선물은 그 선물 수령 당시 증정한 국가 또는 외국인이 속한 국가의 시가로 미국화폐 **100달러 이상**이거나 국내 시가로 **10만원 이상**인 선물로 한다(동법 시행령 §28 ①). ③ ①에 따라 선물 신고를 받은 소속기관 또는 공직유관단체의 장은 분기별로 총리령으로 정하는 바에 따라 선물신고 관리상황을 법 제5조 제1항에 따른 등록기관의 장에게 통보하여야 하고, 해당 선물은 상반기에 신고된 선물의 경우에는 해당 연도 **7월 1일부터 7월 31일까지** 등록기관의 장에게 이관하여야 한다(동법 시행령 §29 ①). 〈단서 생략〉 ④ ③에 따라 선물을 이관받은 기관의 장은 그 중 국유재산으로 계속 관리·유지할 필요가 없다고 인정되는 선물은 **외교부장관**과의 협의를 거쳐 조달청장에게 이관하여 처분하게 할 수 └ 기획재정부장관 X 있으며, 조달청장은 선물을 처분할 때 그 선물의 수령을 신고한 사람이 그 선물의 매수를 원하는 경우에는 그 사람에게 조달청장이 전문기관에 의뢰하여 감정한 가액으로 우선하여 매도하여야 한다(동법 시행령 §30 ①②).
선물의 귀속 등(§16)	① 제15조 제1항에 따라 신고된 선물은 신고 즉시 국가 또는 지방자치단체에 귀속된다.
퇴직공직자의 취업제한 (§17)	① 공무원(국가경찰공무원 중 경정, 경감, 경위, 경사와 자치경찰공무원 중 자치경정, 자치경감, 자치경위, 자치경사)과 공직유관단체의 직원(취업심사대상자)은 퇴직일부터 **3년간** 취업심사대상기관에 취업할 수 없다. 다만, 관할 공직자윤리위원회로부터 취업심사대상자가 퇴직 전 **5년** 동안 소속하였던 부서 또는 기관의 업무와 취업심사대상기관 간에 밀접한 관련성이 없다는 확인을 받거나 취업승인을 받은 때에는 취업할 수 있다. ② 「공직자윤리법 시행령」상 자본금이 **10억원 이상**이고 연간 외형거래액(부가가치세가 면세되는 경우에는 그 면세되는 수입금액을 포함한다)이 **100억원 이상**인 영리를 목적으로 하는 사기업체는 ①의 취업심사대상기관에 해당한다(동법 시행령 §33 ①).

7 경찰공무원 복무규정(대통령령)

기본강령 (§3)	1. **경찰사명** : 경찰공무원은 국가와 민족을 위하여 충성과 봉사를 다하며, 국민의 생명·신체 및 재산을 보호하고, 공공의 안녕과 질서를 유지함을 그 **사명**으로 한다. 2. **경찰정신** : 경찰공무원은 국민의 수임자로서 일상의 직무수행에 있어서 국민의 자유와 권리를 존중하는 호국·봉사·정의의 **정신**을 그 바탕으로 삼는다. 3. **규율** : 경찰공무원은 법령을 준수하고 직무상의 명령에 복종하며, 상사에 대한 존경과 부하에 대한 존중으로써 **규율**을 지켜야 한다. 4. **단결** : 경찰공무원은 주어진 사명을 다하기 위하여 긍지를 가지고 **한마음 한뜻으로 굳게 뭉쳐** 임무수행에 모든 역량을 기울여야 한다. 5. **책임** : 경찰공무원은 창의와 노력으로써 소임을 완수하여야 하며, 직무수행의 결과에 대하여 **책임**을 진다. 6. **성실·청렴** : 경찰공무원은 **성실하고 청렴**한 생활태도로써 국민의 모범이 되어야 한다.
예절(§4)	② 경찰공무원은 상·하급자 및 동료간에 서로 예절을 지켜야 한다.
일상행동(§7)	경찰공무원은 공·사생활을 막론하고 국민의 모범이 되어야 하며, 다음과 같이 행동하여야 한다. 〈2.~3. 생략〉 1. 상·하급자 및 동료를 비난·악평하거나 서로 다투는 행위를 하여서는 아니되며, 항상 협동심과 상부상조의 동료애를 발휘하여야 한다.
지정장소 외에서의 직무 수행금지(§8)	**상사의 허가**(기관장 X)를 받거나 그 명령에 의한 경우를 제외하고는 직무와 관계없는 장소에서 직무수행을 하여서는 아니된다.
근무시간중 음주금지(§9)	근무시간중 음주를 하여서는 아니된다. 다만, 특별한 사정이 있는 경우에는 예외로 하되, 이 경우 주기가 있는 상태에서 직무를 수행하여서는 아니된다.
민사분쟁에의 부당개입 금지(§10)	직위 또는 직권을 이용하여 부당하게 타인의 민사분쟁에 개입하여서는 아니된다.
상관에 대한 신고(§11)	경찰공무원은 신규채용·승진·전보·파견·출장·연가·교육훈련기관에의 입교 기타 신분관계 또는 근무관계 또는 근무관계의 변동이 있는 때에는 **소속상관**(소속기관장 X)에게 신고를 하여야 한다.
여행제한(§13)	휴무일 또는 근무시간외에 2시간 이내에 직무에 복귀하기 어려운 지역으로 여행을 하고자 할 때 **소속 경찰기관의 장에게 신고**를 하여야 한다. 다만, 치안상 특별한 사정이 있어 **경찰청장 또는 경찰기관의 장**이 지정하는 기간중에는 **소속경찰기관의 장의 허가**를 받아야 한다.
포상휴가(§18)	경찰기관의 장은 근무성적이 탁월하거나 다른 경찰공무원의 모범이 될 공적이 있는 경찰공무원에 대하여 1회 10일 이내의 포상휴가를 허가할 수 있다. 이 경우의 포상휴가기간은 연가일수에 **산입하지 아니한다.**
연일근무자등의 휴무 (§19)	**경찰기관의 장**은 특별한 사정이 없는 한 다음과 같이 휴무를 허가<u>하여야 한다.</u> 〔할수있다 X〕 1. 연일근무자 및 공휴일근무자에 대하여는 그 다음날 1일의 휴무 2. 당직 또는 철야근무자에 대하여는 다음 날 오후 2시를 기준으로 하여 오전 또는 오후의 휴무

경찰공무원의 징계책임

1 징계의 의의 및 징계사유(국가공무원법)

의의	징계책임은 공무원 내부질서유지를 위해 **특별행정법관계**에 의해 과해지는 제재 ┗ 일반통치권 X ※ 징계처분 또는 징계부가금 부과처분을 "**징계처분등**"이라 한다(국가공무원법 §14⑧).
특징	① 징계벌은 퇴직 후 처벌이 불가능 ② 징계사유가 있을 때에는 공무원의 **고의·과실유무와 관계없이** 징계할 수 있다. ③ 징계권은 임용권에 포함되는 것이므로 징계권자는 임용권자가 되는 것이 원칙이다.
징계사유 (§78)	① 공무원이 다음 각 호의 어느 하나에 해당하면 징계 의결을 요구하여야 하고 그 징계 의결의 결과에 따라 징계처분을 하여야 한다. 1. 이 법 및 이 법에 따른 **명령을 위반**한 경우 2. **직무상 의무에 위반**(다른 법령에서 공무원의 신분으로 인하여 부과된 의무를 **포함**) 하거나 **직무를 태만히 할 때** 3. 직무의 내외를 불문하고 그 **체면 또는 위신을 손상하는 행위**를 할 때
징계부가금 (§78의2)	① 제78조에 따라 공무원의 징계 의결을 요구하는 경우 그 징계 사유가 다음 각 호의 어느 하나에 해당하는 경우에는 해당 징계 외에 다음 각 호의 행위로 취득하거나 제공한 금전 또는 재산상 이득(금전이 아닌 재산상 이득의 경우에는 금전으로 환산한 금액을 말한다)의 5배 내의 징계부가금 부과 의결을 징계위원회에 요구하여야 한다. 1. 금전, 물품, 부동산, 향응 또는 그 밖에 **대통령령으로 정하는 재산상 이익**을 취득하 거나 제공한 경우 2. 다음 각 목에 해당하는 것을 횡령(橫領), 배임(背任), 절도, 사기 또는 유용(流用) 한 경우 가. 「**국가재정법**」에 따른 예산 및 기금 (나. ~ 바. 중략) 사. 그 밖에 가목부터 바목까지에 준하는 것으로서 대통령령으로 정하는 것 **▶심화 공무원 징계령(§17의2)** ① 법 제78조의2 제1항 제1호에서 "**대통령령으로 정하는 재산상 이익**"이란 다음 각 호 의 어느 하나에 해당하는 것을 말한다. 1. 유가증권, 숙박권, 회원권, 입장권, 할인권, 초대권, 관람권, 부동산 등의 사용권 등 일체의 재산상 이익 2. **골프 등의 접대 또는 교통·숙박 등의 편의 제공** 3. **채무면제, 취업제공, 이권(利權)부여 등 유형·무형의 경제적 이익**
징계 및 징계부가금 부과 사유의 시효 (§83의2)	① 징계의결등의 요구는 징계 등 사유가 발생한 날부터 다음 각 호의 구분에 따른 기간 이 지나면 하지 못한다. 1. 성매매, 성폭력, 아동·청소년 대상 성범죄, 성희롱 : 10년 2. 금품 및 향응수수, 공금의 횡령·유용의 경우 : 5년 3. 그 밖의 징계등의 요구는 징계사유가 발생한 날부터 : 3년

2 징계의 종류 및 효과(국가공무원법 §79,80)

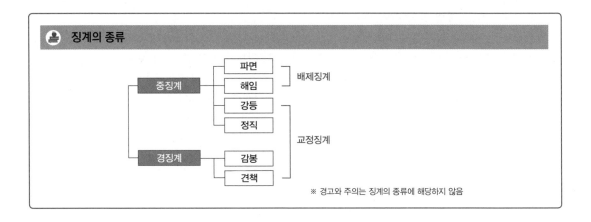

징계의 종류

중징계 ─ 파면 / 해임 ─ 배제징계
중징계 ─ 강등 / 정직 ─ 교정징계
경징계 ─ 감봉 / 견책

※ 경고와 주의는 징계의 종류에 해당하지 않음

구분	종류	내용
배제징계	파면	① 공무원 신분박탈 ② 경찰공무원 임용 결격사유 (국가공무원법상 일반공무원 5년 결격사유)
	해임	① 공무원 신분박탈 ② 원칙적으로 퇴직급여, 퇴직수당 **모두 지급**(단, **금품·향응수수, 공금횡령·유용시 제한**) ③ 경찰공무원 임용 결격사유 (국가공무원법상 일반공무원 3년 결격사유)

[파면, 해임의 경우 퇴직급여와 퇴직수당 제한 정리] [총론 l 141p]

종류	재직기간	파면	해임(금품, 향응 수수, 공금횡령·유용)
퇴직급여	5년 이상	1/2 감액	1/4 감액(3/4지급)
	5년 미만	1/4 감액(**3/4 지급**)	1/8 감액(7/8지급)
퇴직수당	상관없이	1/2 감액	1/4 감액(3/4지급)

구분	종류	내용
교정징계	강등	① 공무원 신분 보유 ② 1계급 아래로 직급을 내리고 3개월간 직무 정지 ③ 3개월간 보수 **전액** 감액 ④ 강등 시 강등 이전의 계급정년을 그대로 유지 ⑤ 승진·승급 제한기간 : 직무정지 3개월 + 18개월
	정직	① 공무원 신분 보유 ② 1개월 이상 3개월 이하 직무 정지 ③ 정직기간 중 보수 **전액 감액** ④ 승진·승급 제한기간 : 정직기간 + 18개월
	감봉	① 1개월 이상 3개월 이하의 기간동안 보수의 1/3 감액 ② 승진·승급 제한기간 : 감봉기간 + 12개월
	견책	① 보수 전액지급(전과(前過)에 대하여 훈계하고 회개) ② 승진·승급 제한기간 : 6개월

① 징계에 관한 일반사면이 있는 경우 파면처분으로 공무원의 지위를 상실한 공무원은 **파면처분의 위법을 주장하여 그 취소를 구할 수 있다**(대판 80누536).

② 경찰공무원시험승진후보자명부에 등재된 자가 승진임용되기 전에 정직 이상의 징계처분을 받은 경우, 임용권자가 당해인을 시험승진후보자명부에서 삭제한 삭제행위는 결국 그 명부에 등재된 자에 대한 승진 여부를 결정하기 위한 행정청 내부의 준비과정에 불과하고, 그 자체가 어떠한 권리나 의무를 설정하거나 법률상 이익에 직접적인 변동을 초래하는 별도의 **행정처분이 된다고 할 수 없다**(대판 97누7325).

보충 임용권자나 임용제청권자는 심사승진후보자 명부에 기록된 사람이 승진임용되기 전에 **정직 이상**의 징계처분을 받은 경우에는 심사승진후보자 명부에서 그 사람을 제외하여야 한다(경찰공무원 승진임용 규정 §24).

❗심화 형벌 등에 따른 급여의 제한(공무원연금법§65)

① 공무원이거나 공무원이었던 사람이 다음 각 호의 어느 하나에 해당하는 경우에는 대통령령으로 정하는 바에 따라 퇴직급여 및 퇴직수당의 일부를 줄여 지급한다. 이 경우 퇴직급여액은 이미 낸 기여금의 총액에 「민법」 제379조에 따른 이자를 가산한 금액 이히로 줄일 수 없다.

1. 재직 중의 사유(직무와 관련이 없는 과실로 인한 경우 및 소속 상관의 정당한 직무상의 명령에 따르다가 과실로 인한 경우는 제외)로 **금고 이상**의 형이 확정된 경우

2. 탄핵 또는 징계에 의하여 **파면**된 경우

3. **금품 및 향응 수수, 공금의 횡령·유용**으로 징계에 의하여 **해임**된 경우 → 징계해임은 원칙적으로 급여제한이 없다.

③ 재직 중의 사유로 금고 이상의 형에 처할 범죄행위로 인하여 수사가 진행 중이거나 형사재판이 계속 중일 때에는 퇴직급여(연금인 급여를 **제외**) 및 퇴직수당의 일부를 대통령령으로 정하는 바에 따라 지급 정지할 수 있다.

3 징계절차(경찰공무원 징계령)

(1) 징계의결의 요구

의결요구 (§9)	① **경찰기관의 장**은 소속 경찰공무원이 **징계사유**가 있다고 인정하는 때와 **하급경찰기관**으로부터 징계 등 의결 요구의 신청을 받은 때에는 **지체 없이** 관할 징계위원회를 구성하여 징계등 의결을 **요구하여야 한다.** (할 수 있다 X) ⑤ **경찰기관의 장**은 ①에 따라 징계등 의결을 요구할 때에는 경찰공무원 징계 의결 또는 징계부가금 부과 의결 요구서 **사본**을 징계등 심의 대상자에게 보내야 한다. 다만, 징계등 심의 대상자가 그 수령을 거부하는 경우에는 그러하지 아니하다.
소속이 아닌 경찰공무원인 경우 (§10)	① 경찰기관의 장은 그 소속이 아닌 경찰공무원에게 징계 사유가 있다고 인정될 때에는 해당 경찰기관의 장에게 그 사실을 증명할 만한 충분한 사유를 명확히 밝혀 통지하여야 한다. ② ①에 따라 징계 사유를 통지받은 경찰기관의 장은 타당한 이유가 없으면 통지를 받은 날부터 30일 이내에 관할 징계위원회에 징계등 의결을 요구하거나 그 <u>상급 경찰기관의 장</u>에게 징계등 의결의 요구를 신청하여야 한다. <small>└ 경찰기관의 장 X</small>
감사원의 조사와의 관계 (국공법 §83)	① **감사원에서 조사 중인 사건**에 대하여는 제3항에 따른 조사개시 통보를 받은 날부터 징계 의결의 요구나 그 밖의 징계 절차를 진행하지 **못한다.** ② **검찰·경찰, 그 밖의 수사기관에서 수사 중인 사건**에 대하여는 제3항에 따른 수사개시 통보를 받은 날부터 징계 의결의 요구나 그 밖의 징계 절차를 진행하지 **아니할 수 있다.** ③ 감사원과 검찰·경찰, 그 밖의 수사기관은 조사나 수사를 시작한 때와 이를 마친 때에는 **10일** 내에 소속 기관의 장에게 그 사실을 통보하여야 한다.

(2) 징계위원회 의결

심의 대상자 출석 (§12)	① 징계위원회가 징계등 심의 대상자의 출석을 요구할 때에는 출석 통지서로 하되, 징계위원회 **개최일 5일 전**까지 그 징계등 심의 대상자에게 **도달**되도록 해야 한다. <small>└ 3일 전 X</small> ② 징계위원회는 징계등 심의 대상자가 그 징계위원회에 출석하여 진술하기를 원하지 아니할 때에는 진술권 포기서를 제출하게 하여 이를 기록에 첨부하고 서면심사로 징계등 의결을 할 수 있다. ③ 징계위원회는 출석 통지를 하였음에도 불구하고 징계등 심의 대상자가 정당한 사유 없이 출석하지 아니하였을 때에는 그 사실을 기록에 분명히 적고 서면심사로 징계등 의결을 할 수 있다. 다만, 징계등 심의 대상자의 소재가 분명하지 아니할 때에는 출석 통지를 관보에 게재하고, 그 **게재일부터 10일**이 지나면 출석 통지가 송달된 것으로 보며, 징계등 <small>└ 게재일 다음날부터 X</small> <small>┌ 7일 X</small> 의결을 할 때에는 관보 게재의 사유와 그 사실을 기록에 분명히 적어야 한다. [판례] 경찰공무원 징계령 제12조 제1항 소정의 출석통지는 소정의 서면에 의하지 아니하더라도 구두, 전화 또는 전언등 방법에 의하여 징계심의 대상자에게 전달되었으면 출석 통지로서 족하고, 이러한 출석통지는 징계심의 대상자로 하여금 징계심의가 언제 개최되는가를 알게 함과 동시에 자기에게 이익되는 사실을 진술하거나 증거자료를 제출할 기회를 부여하기 위한 조치에서 나온 강행규정이므로 위 출석통지 없이 한 징계심의 절차는 위법하다(대법원 84누251 판결).

의결기한 (§11)	징계등 의결 요구를 받은 징계위원회는 그 요구서를 받은 날부터 **30일 이내**에 징계등에 관한 의결을 하여야 한다. 다만, 부득이한 사유가 있을 때에는 해당 징계등 의결을 요구한 **경찰기관의 장의 승인**을 받아 30일 이내의 범위에서 그 기한을 연기할 수 있다. ↳ 징계등 심의대상자 동의 X, 고지 X
심문과 진술권 (§13)	① 징계위원회는 출석한 징계등 심의 대상자에게 징계 사유에 해당하는 사실에 관한 심문을 하고 심사를 위하여 필요하다고 인정될 때에는 관계인을 출석하게 하여 심문할 수 있다. ② **징계위원회는 징계등 심의 대상자에게 진술할 수 있는 기회를 충분히 주어야 하며**, 징계등 심의 ↳ 출석 및 의견진술 기회를 주지않고 한 징계등 의결은 절차상 하자로 무효 대상자는 **의견서 또는 말**로 자기에게 이익이 되는 사실을 진술하거나 증거를 제출할 수 있다. ③ 징계등 심의 대상자는 증인의 심문을 신청할 수 있다. 이 경우 **징계위원회**는 의결로써 그 ↳ 위원장 X 채택 여부를 결정하여야 한다. ④ 징계등 의결을 요구한 자 또는 징계등 의결의 요구를 신청한 자는 징계위원회에 출석하여 의견을 진술하거나 서면으로 의견을 진술할 수 있다. 다만, **중징계나 중징계 관련 징계부가금 요구사건의 경우(경징계 X)**에는 특별한 사유가 없는 한 징계위원회에 출석하여 의견을 진술해야 한다. ⑤ 징계위원회는 필요하다고 인정할 때에는 사실 조사를 하거나 특별한 학식·경험이 있는 사람에게 검증 또는 감정을 의뢰힐 수 있다. ※ 징계위원회의 위원장은 징계등 심의 대상자에게 진술을 거부할 수 있음을 고지하여야 한다. → 진술거부권고지는 법령인 아닌 훈령(경찰공무원 징계령 세부시행규칙§12)에 규정되어 있음
원격영상회의 방식의 활용 (§14의2)	① 징계위원회는 위원과 징계등 심의 대상자, 징계등 의결을 요구하거나 요구를 신청한 자, 증인, 관계인 등 이 영에 따라 회의에 출석하는 사람이 동영상과 음성이 동시에 송수신 되는 장치가 갖추어진 서로 다른 장소에 출석하여 진행하는 **원격영상회의 방식으로 심의·의결할 수 있다.** 이 경우 징계위원회의 위원 및 출석자가 같은 회의장에 출석한 것으로 본다.
징계등의 정도 (§16)	징계위원회는 징계등 사건을 의결할 때에는 징계등 심의 대상자의 비위행위 당시 계급 및 직위, 비위행위가 공직 내외에 미치는 영향, 평소 행실, 공적, 뉘우치는 정도나 그 밖의 정상과 징계등 의결을 요구한 자의 의견을 고려해야 한다. (고려할 수 있다 X)
감경사유 (세부시행 규칙§8)	① 징계위원회는 징계의결이 요구된 자가 다음 각 호의 어느 하나에 해당하는 공적이 있는 경우 **징계를 감경할 수 있다.** 1. 「상훈법」에 따라 훈장 또는 포장을 받은 공적 2. 「정부표창규정」에 따라 **국무총리 이상의 표창을 받은 공적** 다만, **경감 이하의 경찰공무원 등은 경찰청장** 또는 중앙행정기관 차관급 이상 표창을 받은 공적 3. 「모범공무원규정」에 따라 모범공무원으로 선발된 공적 ② 경찰공무원등이 **징계처분 또는 징계위원회의 권고에 의한 경고**를 받은 사실이 있는 경우에는 그 징계처분 또는 경고처분 전의 공적은 ①에 따른 감경대상 공적에서 **제외**한다. ③ ①에도 불구하고 의무위반행위의 내용이 다음 각 호의 어느 하나에 해당하는 경우에는 **징계를 감경할 수 없다.** 3. 「성매매알선 등 행위의 처벌에 관한 법률」 제2조 제1호의 성매매, 같은 조 제2호의 성매매 알선, 같은 조 제3호의 성매매 목적 인신매매 4. 「성폭력범죄의 처벌 등에 관한 특례법」제2조에 따른 성폭력범죄 12. 「부정청탁 및 금품등 수수의 금지에 관한 법률」 제5조에 따른 부정청탁 13. 「부정청탁 및 금품등 수수의 금지에 관한 법률」 제6조의 부정청탁에 따른 직무수행

(3) 징계등의 집행

의결서 통지 (§17)	징계위원회는 징계등 의결을 하였을 때에는 **지체 없이 징계등 의결**을 요구한 자에게 의결서 **정본**을 보내어 통지하여야 한다.
경징계 집행 (§18)	① **징계등 의결을 요구한 자**는 경징계의 징계등 의결을 통지받았을 때에는 통지받은 날부터 15일 이내에 징계등을 집행하여야 한다. ② 징계등 의결을 요구한 자는 징계등 의결을 집행할 때에는 의결서 **사본**에 징계등 처분 사유 설명서를 첨부하여 징계등 처분 대상자에게 보내야 한다. ③ 징계등 의결을 요구한 경찰기관의 장은 경징계의 징계등 의결을 집행하였을 때에는 지체 없이 그 결과에 의결서의 사본을 첨부하여 해당 임용권자에게 보고하고, 징계등 처분을 받은 사람의 소속 경찰기관의 장에게 통지하여야 한다(동징계령 §20).
중징계 집행 (§19)	① 징계등 의결을 요구한 자는 중징계의 징계등 의결을 통지받았을 때에는 **지체 없이 징계등** ↳ 15일 이내 X **처분 대상자의 임용권자에게** 의결서 **정본**을 보내어 해당 징계등 **처분을 제청**하여야 한다. 다만, 경무관 이상의 강등 및 정직, 경정 이상의 파면 및 해임 처분의 제청, 총경 및 경정의 강등 및 정직의 집행은 경찰청장 또는 해양경찰청장이 한다. ② ①에 따라 중징계 처분의 **제청을 받은 임용권자**는 15일 이내에 의결서 **사본**에 징계등 처분 사유 설명서를 첨부하여 징계등 처분 대상자에게 보내야 한다.

비교 경징계 집행과 중징계 집행

(4) 징계권자(경찰공무원법 §33)

① 경찰공무원의 징계는 징계위원회의 의결을 거쳐 징계위원회가 설치된 **소속 기관의 장**이 하되, 「국가공무원법」에 따라 국무총리 소속으로 설치된 징계위원회에서 의결한 징계는 **경찰청장**이 한다.

② 다만, 파면·해임·강등 및 정직은 징계위원회의 의결을 거쳐 해당 경찰공무원의 임용권자가 하되, **경무관 이상의 강등 및 정직과 경정 이상의 파면 및 해임**은 **경찰청장**의 제청으로 행정안전부장관과 국무총리를 거쳐
    ↳ 행정안전부장관 X
대통령이 하고, **총경 및 경정의 강등 및 정직**은 **경찰청장**이 한다.

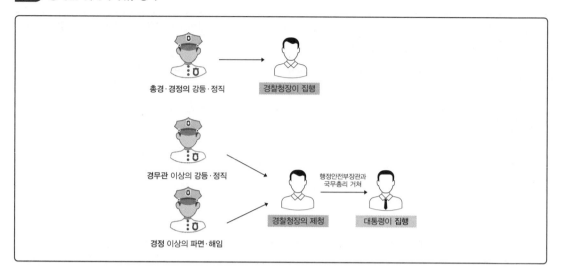

총경·경정의 강등·정직 → 경찰청장이 집행

경무관 이상의 강등·정직

경정 이상의 파면·해임 → 경찰청장의 제청 → 행정안전부장관과 국무총리 거쳐 → 대통령이 집행

판례 **징계절차**

1. 징계권자가 경찰관에 대하여 징계요구를 하였다가 이를 철회하고 다시 징계요구를 하여 파면결의를 한 경우 경찰공무원징계령에 이를 금지한 조문이 없으므로 그 징계절차는 적법하다(대판 79누388).
2. 징계처분의 취소를 구하는 소에서 **징계사유가 될 수 없다고 판결한 사유와 동일한 사유를 내세워 행정청이 다시 징계처분을 한 것**은 확정판결에 저촉되는 행정처분을 한 것으로서, 위 취소판결의 기속력이나 확정판결의 기판력에 저촉되어 **허용될 수 없다**(대판 92누2912).
3. 공무원에 대한 징계처분의 사유설명서의 교부는 소송서류의 송달이 아니므로 민사소송법의 송달방법에 의할 것이 아니고 이를 받을 자가 볼 수 있는 상태에 놓여질 때에 교부한 것이 된다(대판 68누148).
4. 징계권자가 징계의결대로 **징계처분을 집행한 다음에는** 특단의 사정이 없는 한 그 스스로 이를 **취소하거나 변경할 수 없으며**, 이는 징계위원회의 의결내용에 **하자가 있는 경우에도 마찬가지**이다(대구고법 78구92).
5. 직위해제처분은 공무원에 대하여 불이익한 처분이긴 하나 징계처분과 같은 성질의 처분이라고는 볼 수 없으므로 **동일한 사유에 대한 직위해제처분이 있은 후 다시 해임처분이 있었다 하여 일사부재리의 법리에 어긋난다고 할 수 없다**(대판 83누489).
6. 정류장에서의 **앞지르기금지의무를 위반한 운전수에게** 대하여 정류장에서는 앞지르기를 하지 못한다고 **주의를 한데 그친 것은 교통경찰관**으로서는 바람직한 근무자세라 할 것이고 경찰공무원으로서 성실의무에 위반하는 등 **직무를 태만히 한 것이라고는 볼 수 없다**(대판 76누179).
7. 「지방공무원법」상 품위유지의 의무는 공직의 체면, 위신, 신용을 유지하고 주권자인 국민의 수임자로서 국민전체의 봉사자로서의 직책을 다함에 손색이 없는 몸가짐을 뜻하고 **직무 내외를 불문**한다(대판 82누46).

4 징계위원회

(1) 징계위원회 설치 및 관할(경찰공무원 징계령§3, 4)

경찰공무원 중앙징계위원회	① **경찰청** 및 해양경찰청에 둔다. ② **총경 및 경정**에 대한 징계 또는 징계부가금 부과사건을 심의·의결한다. └ 경무관 이상 X

경찰공무원
보통징계위원회
	① 경찰청, 해양경찰청, 시·도경찰청, 지방해양경찰청, 경찰대학, 경찰인재개발원, 중앙경찰학교, 경찰수사연수원, 해양경찰교육원, 경찰병원, 경찰서, 경찰기동대, 의무경찰대, 해양경찰서, 해양경찰정비창, 경비함정 및 경찰청장 또는 해양경찰청장이 지정하는 **경감 이상**의 경찰공무원을 장으로 하는 기관에 둔다.
	② 해당 징계위원회가 설치된 경찰기관 소속 **경감 이하** 경찰공무원에 대한 징계등 사건을
	                           └ 경정 이하 X
	   심의·의결한다. 다만, 다음 각 호의 기관에 설치된 보통징계위원회는 각 호의 구분에 따른 경찰공무원에 대한 징계등 사건을 심의·의결한다.
	   1. **경정 이상**의 경찰공무원을 장으로 하는 경찰서, 경찰기동대·해양경찰서 등 총경 이상의 경찰공무원을 장으로 하는 경찰기관 및 정비창 : 소속 **경위 이하**의 경찰공무원
	   2. 의무경찰대 및 경비함정 등 경찰청장 또는 해양경찰청장이 지정하는 **경감 이상**의 경찰공무원을 장으로 하는 경찰기관: 소속 **경사 이하**의 경찰공무원
	③ 경찰청 및 해양경찰청에 설치된 보통징계위원회는 ②에도 불구하고 경찰청장 또는 해양경찰청장이 징계등 의결을 요구하는 경찰공무원에 대한 징계등 사건을 심의·의결한다.
	④ ②의 단서 또는 제6조 제2항 단서에 따라 해당 보통징계위원회의 징계 관할에서 제외되는 경찰공무원의 징계등 사건은 **바로 위 상급 경찰기관**에 설치된 보통징계위원회에서 심의·의결한다.

Chapter 04

> **심화**　경찰공무원법(§32)

제32조(징계위원회) ① **경무관 이상**의 경찰공무원에 대한 징계의결은 「국가공무원법」에 따라 **국무총리 소속**으로 설치된 징계위원회에서 한다.

  ② **총경 이하**의 경찰공무원에 대한 징계의결을 하기 위하여 대통령령으로 정하는 경찰기관 및 해양경찰관서에 경찰공무원 징계위원회를 둔다.

  ※ ①의 국무총리 소속으로 설치된 징계위원회 구성 : 위원장 1명을 포함하여 17명 이상 33명 이하(회의는 위원장과 위원장이 회의마다 지정하는 **8명의 위원으로 구성**)의 공무원위원과 민간위원으로 구성한다. 단, 민간위원 수는 위원장 제외 위원수의 2분의 1이상일 것(특정 성이 민간위원수의 10분의 6을 초과하지 않도록 해야한다(공무원 징계령 §4).

(2) 관련 사건의 관할(경찰공무원 징계령§5)

상위 계급과 하위 계급의 경찰공무원이 관련된 징계등 사건	**상위 계급**의 경찰공무원을 관할하는 징계위원회에서 심의·의결
상급 경찰기관과 하급 경찰기관에 소속된 경찰공무원이 관련된 징계등 사건	**상급 경찰기관**에 설치된 징계위원회에서 심의·의결 다만, 상위 계급의 경찰공무원이 감독상 과실책임만으로 관련된 경우에는 관할 징계위원회에서 각각 심의·의결할 수 있다.
소속이 다른 2명 이상의 경찰공무원이 관련된 징계등 사건으로서 관할 징계위원회가 서로 다른 경우	모두를 관할하는 **바로 위 상급 경찰기관**에 설치된 징계위원회에서 심의·의결 ↳ 상급 경찰기관 X

(3) 경찰공무원 징계위원회

구분	경찰 중앙(총경, 경정)	경찰 보통(경감 이하)
설치 근거	경찰공무원법(법률), 경찰공무원 징계령(대통령령)	
성격	심의·의결	
구성 (위원) (징계령 §6)	① 각 징계위원회는 위원장 1명을 포함하여 **11명 이상 51명 이하**의 공무원위원과 민간위원으로 구성한다. ② 징계위원회가 설치된 경찰기관의 장은 징계등 심의 대상자보다 상위 계급인 **경위 이상**의 소속 ↳ 경감 이상 X 경찰공무원 또는 상위 직급에 있는 6급 이상의 소속 공무원 중에서 징계위원회의 공무원위원을 임명한다. (단, 보통징계위원회는 예외적으로 경사 이하 또는 7급 이하가 가능한 경우 있음). ③ 징계위원회가 설치된 경찰기관의 장은 ①에 따른 위원 수의 2분의 1 이상을 다음 각 호의 구분에 따라 해당 호 각 목의 사람 중에서 민간위원으로 위촉한다. 이 경우 특정 성별의 위원이 민간위원 수의 10분의 6을 초과하지 않도록 해야 한다.	
	〈민간위원〉 가. 법관·검사 또는 변호사로 10년 이상 근무 나. 대학에서 경찰 관련 학문 **정교수** 이상 재직 다. **총경** 또는 4급 이상의 공무원 근무 퇴직(퇴직 전 5년부터 퇴직할 때까지 근무했던 적이 있는 경찰기관의 경우에는 퇴직일부터 3년이 경과한 사람) 라. 민간부문 인사·감사 업무 담당 임원급 또는 이에 상응하는 직위 근무 경력자	〈민간위원〉 가. 법관·검사 또는 변호사로 5년 이상 근무 나. 대학에서 경찰 관련 학문 **부교수** 이상 재직 다. **공무원으로 20년** 이상 근속하고 퇴직(퇴직 전 5년부터 퇴직할 때까지 근무했던 적이 있는 경찰기관의 경우에는 퇴직일부터 **3년**이 경과한 사람) 라. 민간부문 인사·감사 업무 담당 임원급 또는 이에 상응하는 직위 근무 경력자
	④ 징계위원회의 위원장은 위원 중 최상위 계급 또는 이에 상응하는 직급에 있거나 최상위 계급 또는 이에 상응하는 직급에 먼저 승진임용된 공무원이 된다.	
임기	민간위원의 임기는 2년, 한 차례 연임(경찰공무원 징계령 §6조의2)	

회의 (경찰 공무원 징계령 §7)	① 징계위원회의 회의는 위원장과 징계위원회가 설치된 경찰기관의 장이 회의마다 지정하는 **4명 이상 6명 이하**의 위원으로 성별을 고려하여 구성하되, 민간위원의 수는 위원장을 **포함**(제외 X)한 위원 수의 **2분의 1 이상**이어야 한다. ② 징계사유가 다음 각 호의 어느 하나에 해당하는 징계 사건이 속한 징계위원회의 회의를 구성하는 경우에는 피해자와 같은 성별의 위원이 위원장을 **제외**(포함 X)한 위원 수의 **3분의 1 이상** 포함되어야 한다. 　1. 「성폭력범죄의 처벌 등에 관한 특례법」에 따른 성폭력범죄 　2. 「양성평등기본법」에 따른 성희롱 ③ 징계위원회의 위원장은 위원회의 사무를 총괄하며 위원회를 대표한다. ④ 징계위원회의 회의는 위원장이 소집한다. ⑤ 위원장은 표결권을 **가진다.** (없다 X) ⑥ 위원장이 부득이한 사유로 직무를 수행할 수 없거나 위원장이 필요하다고 인정하는 경우에는 출석한 위원 중 최상위 계급 또는 이에 상응하는 직급에 있거나 최상위 계급 또는 이에 상응하는 직급에 먼저 승진임용된 공무원이 위원장이 된다.
의결 (경찰 공무원 징계령 §14)	① 징계위원회의 의결은 위원장을 포함한 **위원 과반수의 출석과 출석위원 과반수의 찬성**으로 의결 　　　　　　　　　　　　　　　　　　　　　　　　　　　　　　└ 2/3 X 하되, 의견이 나뉘어 출석위원 과반수의 찬성을 얻지 못한 경우에는 출석위원 과반수가 될 때까지 징계등 심의 대상자에게 가장 **불리한 의견**을 제시한 위원의 수를 그 다음으로 **불리한 의견**을 제시한 위원의 수에 차례로 더하여 그 의견을 합의된 의견으로 본다. 囫 위원장 포함 5명이 출석하여 구성된 징계위원회에서 정직 3월 1명, 정직 1월 1명, 감봉 3월 1명, 감봉 2월 1명, 감봉 1월 1명으로 의견이 나뉜 경우, 위원 5명의 과반수는 3명 이상이므로 **감봉 3월**을 합의된 의결 ③ 징계위원회는 ①에도 불구하고 다음 각 호의 사항에 대해서는 **서면으로 의결할 수 있다.** 　1. 징계등 사건의 관할 이송에 관한 사항 　2. 징계등 의결의 기한 연기에 관한 사항 ⑤ 징계위원회의 의결 내용은 공개하지 아니한다.

5 정상참작 사유(경찰공무원 징계령 세부시행규칙(경찰청 예규))

행위자 (본인)의 참작 사유 (§4 ②)	징계요구권자 또는 징계위원회는 다음 각 호의 어느 하나에 해당하는 사유가 있을 때에는 징계 책임을 감경하여 징계의결 요구 또는 징계의결하거나 징계책임을 묻지 **아니할 수 있다.** └ 책임을 물을 수 없다 X 1. 과실로 인하여 발생한 의무위반행위가 다른 법령에 의해 **처벌사유가 되지 않고**(되고 X) 비난가 능성이 없는 때 2. 국가 또는 공공의 이익을 증진하기 위해 성실하고 능동적으로 업무를 처리하는 과정에서 부분적인 절차상 하자 또는 비효율, 손실 등의 잘못이 발생한 때 3. **업무매뉴얼에 규정된 직무상의 절차를 충실히 이행한 때** 4. 의무위반행위의 발생을 방지하기 위해 최선을 다하였으나 부득이한 사유로 결과가 발생하 였을 때 5. 발생한 의무위반행위에 대하여 자진신고하거나 사후조치에 최선을 다하여 원상회복에 크게 기여한 때 6. **간첩 또는 사회이목을 집중시킨 중요사건의 범인을 검거한 공로가 있을 때** 7. 의무위반행위 중 직무와 관련이 없는 사고로 인한 의무위반행위로서 사회통념에 비추어 공무원의 품위를 손상하지 아니한 때
감독자의 참작 사유 (§5 ②)	1. **부하직원의 의무위반행위를 사전에 발견하여 적법 타당하게 조치한 때** 2. 부하직원의 의무위반행위가 감독자 또는 행위자의 비번일, 휴가기간, 교육기간 등에 발생 하거나, 소관업무와 직접 관련 없는 등 감독자의 실질적 감독범위를 벗어났다고 인정된 때 3. 부임기간이 **1개월 미만**으로 부하직원에 대한 실질적인 감독이 곤란하다고 인정된 때 4. 교정이 불가능하다고 판단된 부하직원의 사유를 명시하여 인사상 조치(전출 등)를 상신하는 등 성실히 관리한 이후에 같은 부하직원이 의무위반행위를 야기하였을 때 5. **기타 부하직원에 대하여 평소 철저한 교양감독 등 감독자로서의 임무를 성실히 수행하였다고 인정된 때**

6 징계 구제(국가공무원법)

재징계의결 등의 요구 (§78의3)	① 처분권자(대통령이 처분권자인 경우에는 처분 제청권자)는 다음 각 호에 해당하는 사유로 소청심사위원회 또는 법원에서 징계처분등의 무효 또는 취소(취소명령 포함)의 결정이나 판결을 받은 경우에는 다시 징계 의결 또는 징계부가금 부과 의결("징계의결등")을 **요구하여야 한다.** ᄂ할수있다✕ 다만, 제3호의 사유로 무효 또는 취소(취소명령 포함)의 결정이나 판결을 받은 감봉·견책처분에 대하여는 징계의결을 요구하지 아니할 수 있다. 1. 법령의 적용, 증거 및 사실 조사에 **명백한 흠**이 있는 경우 2. 징계위원회의 구성 또는 징계의결등, 그 밖에 **절차상의 흠**이 있는 경우 3. 징계양정 및 징계부가금이 **과다한 경우** ② 처분권자는 ①에 따른 징계의결등을 요구하는 경우에는 소청심사위원회의 결정 또는 법원의 판결이 확정된 날부터 **3개월** 이내에 관할 징계위원회에 징계의결등을 요구하여야 하며, 관할 징계위원회에서는 다른 징계사건에 우선하여 징계의결등을 하여야 한다.
징계 등 절차 (§82)	② 징계의결등을 요구한 기관의 장은 징계위원회의 의결이 가볍다고 인정하면 그 처분을 하기 전에 다음 각 호의 구분에 따라 심사나 재심사를 청구**할 수 있다.** 이 경우 소속 공무원을 대리인으로 지정할 수 있다. 1. **국무총리 소속**으로 설치된 징계위원회의 의결: 해당 **징계위원회**에 재심사를 청구 2. **중앙행정기관에 설치된 징계위원회**(중앙행정기관의 소속기관에 설치된 징계위원회는 제외)의 의결 : **국무총리 소속**으로 설치된 징계위원회에 심사를 청구 3. **제1호 및 제2호 외의** 징계위원회의 의결: **직근 상급기관**에 설치된 징계위원회에 심사를 청구 ③ 징계위원회는 ②에 따라 심사나 재심사가 청구된 경우에는 다른 징계 사건에 우선하여 심사나 재심사를 하여야 한다.

7 징계벌과 형사벌

구 분	형사벌	징계벌
권력의 기초	**일반통치권**에 근거	국가와 공무원 간 **특별행정법관계**에 근거
목 적	일반사회의 질서유지	공무원 조직 내의 질서유지
대 상	형사법상의 의무위반	공무원법상 의무위반
양자의 관계	권력의 기초, 목적, 내용, 대상 등에서 서로 다르므로 **양자를 병과**할 수 있으며, 병과하여도 **일사부재리의 원칙에 저촉되지 않는다.**	

1 처분사유 설명서의 교부(국가공무원법 §75) → 사전적 구제절차

① 공무원에 대하여 징계처분등을 할 때나 강임·휴직·직위해제 또는 면직처분을 할 때에는 그 처분권자 또는 처분제청권자는 처분사유를 적은 설명서를 **교부(交付)하여야 한다.** 다만, 본인의 원(願)에 따른 **강임·휴직 또는 면직처분**은 그러하지 아니하다.

② 처분권자는 피해자가 **요청하는 경우** 다음 각 호의 어느 하나에 해당하는 사유로 처분사유 설명서를 교부
　　└ 요청이 없으면 불가능
할 때에는 그 징계처분결과를 피해자에게 함께 통보하여야 한다.

1. 「성폭력범죄의 처벌 등에 관한 특례법」 제2조에 따른 성폭력범죄
2. 「양성평등기본법」 제3조 제2호에 따른 성희롱
3. 직장에서의 지위나 관계 등의 우위를 이용하여 업무상 적정범위를 넘어 다른 공무원 등에게 부당한 행위를 하거나 신체적·정신적 고통을 주는 등의 행위로서 대통령령등으로 정하는 행위

2 사회보장과 보훈

사회보장 (국가공무원법 §77)	① 공무원이 질병·부상·장해·퇴직·사망 또는 재해를 입으면 본인이나 유족에게 법률(공무원연금법과 공무원재해보상법)로 정하는 바에 따라 적절한 급여를 지급한다. ③ 정부는 법률로 정하는 바에 따라 공무원의 복리와 이익의 적절하고 공정한 보호를 위하여 그 대책을 수립·실시하여야 한다. → 경찰공무원 보건안전 및 복지 기본법과 관련 있음
보훈 (경찰공무원법 §21)	경찰공무원으로서 전투나 그 밖의 직무 수행 또는 교육훈련 중 사망한 사람(공무상 질병으로 사망한 사람을 포함한다) 및 부상(공무상의 질병을 포함한다)을 입고 퇴직한 사람과 그 유족 또는 가족은 「**국가유공자 등 예우 및 지원에 관한 법률**」 또는 「**보훈보상대상자 지원에 관한 법률**」에 따라 예우 또는 지원을 받는다.

TIP 후임자 보충 발령 유예

국가공무원법 : 본인의 의사에 반한 파면·해임 등의 경우에 그 처분을 한 날로부터 40일 이내에는 후임자의 보충발령을 하지 못하도록 규정(§76 ②)

경찰공무원법 : 경찰공무원의 징계에 관하여서는 '후임자의 보충발령의 유예규정' 적용을 **배제함**(§36 ①)

3 소청

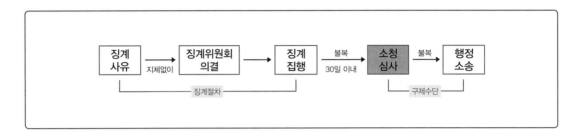

(1) 소청심사위원회(국가공무원법)

설치 (§9)	① 행정기관 소속 공무원의 징계처분, 그 밖에 그 의사에 반하는 불리한 처분이나 **부작위**(작위 X)에 대한 소청을 심사·결정하게 하기 위하여 **인사혁신처**에 소청심사위원회를 둔다. → 합의제 행정관청 └ 행정안전부 X ③ **인사혁신처에 설치된 소청심사위원회**는 위원장 1명을 포함한 5명 이상 7명 이하의 **상임위원**과 상임위원 수의 2분의 1 이상인 비상임위원으로 구성하되, **위원장은 정무직**으로 보한다. 비상임위원 X ┘ └ 상임위원 X
자격과 임명 (§10)	① 소청심사위원회의 위원(위원장을 포함한다. 이하 같다)은 다음 각 호의 어느 하나에 해당하고 인사행정에 관한 식견이 풍부한 자 중에서 국회사무총장, 법원행정처장, 헌법재판소사무처장, 중앙선거관리위원회사무총장 또는 인사혁신처장의 제청으로 국회의장, 대법원장, 헌법재판소장, 중앙선거관리위원회위원장 또는 대통령이 임명한다. 이 경우 인사혁신처장이 위원을 임명제청하는 때에는 국무총리를 거쳐야 하고, 인사혁신처에 설치된 소청심사위원회의 위원 중 비상임위원은 제1호 및 제2호의 어느 하나에 해당하는 자 중에서 임명하여야 한다. 1. **법관·검사** 또는 **변호사**의 직에 5년 이상 근무한 자 2. 대학에서 행정학·정치학 또는 법률학을 담당한 **부교수** 이상의 직에 5년 이상 근무한 자 3. **3급 이상 공무원** 또는 **고위공무원단**에 속하는 공무원으로 3년 이상 근무한 자 → 총경은 직급상 4급에 해당하여 위원의 자격에 해당되지 않는다. ② 소청심사위원회의 **상임위원**의 임기는 3년으로 하며, 한 번만 연임할 수 있다. ④ 소청심사위원회의 **상임위원**은 다른 직무를 겸할 수 없다.
신분 보장 (§11)	소청심사위원회의 위원은 **금고 이상**(벌금 이상 X)의 형벌이나 장기의 심신 쇠약으로 직무를 수행할 수 없게 된 경우 **외에는** 본인의 의사에 반하여 면직되지 아니한다.

(2) 절차(국가공무원법)

청구 (§76)	① 제75조에 따른 (징계등)처분사유 설명서를 받은 공무원이 그 처분에 불복할 때에는 그 설명서를 **받은 날부터**, 공무원이 제75조에서 정한 처분 외에 본인의 의사에 반한 불리한 처분을 받았을 때에는 그 **처분이 있은 것을 안 날**부터 각각 30일 이내에 소청심사위원회에 이에 대한 심사를 청구할 수 있다. 이 경우 **변호사를 대리인으로 선임할 수 있다.** 　└ 있는 날 X ② 본인의 의사에 반하여 파면 또는 해임이나 제70조 제1항 제5호에 따른 면직처분을 하면 그 처분을 한 날부터 40일 이내에는 후임자의 보충발령을 하지 못한다. ⑤ 소청심사위원회는 제3항에 따른(후임자 보충발령 유예) 임시결정을 한 경우 외에는 소청심사청구를 접수한 날부터 60일 이내에 이에 대한 결정을 하여야 한다. 다만, 불가피하다고 인정되면 소청심사위원회의 의결로 30일을 연장할 수 있다. ⑥ 공무원은 ①의 심사청구를 이유로 불이익한 처분이나 대우를 받지 아니한다.
소청심사 위원회 심사 (§12)	① 소청심사위원회는 이 법에 따른 소청을 접수하면 **지체없이** 심사하여야 한다. ② 소청심사위원회는 ①에 따른 심사를 할 때 필요하면 검증(檢證)·감정(鑑定), 그 밖의 사실조사를 하거나 증인을 소환하여 질문하거나 관계 서류를 제출하도록 명할 수 있다. ③ 소청심사위원회가 소청 사건을 심사하기 위하여 징계 요구 기관이나 관계 기관의 소속 공무원을 증인으로 소환하면 해당 기관의 장은 이에 **따라야 한다.** ④ 소청심사위원회는 필요하다고 인정하면 소속 직원에게 사실조사를 하게 하거나 특별한 학식·경험이 있는 자에게 검증이나 감정을 의뢰할 수 있다.
소청인의 진술권 (§13)	① 소청심사위원회가 소청 사건을 심사할 때에는 대통령령등으로 정하는 바에 따라 소청인 또는 소청인이 대리인으로 선임한 변호사에게 진술 기회를 주어야 한다. ② ①에 따른 진술 기회를 주지 아니한 결정은 **무효(취소 X)**로 한다.
결정 (§14)	① 소청 사건의 결정은 재적 위원 3분의 2 이상의 출석과 출석 위원 과반수의 합의에 따르되, 의견이 나뉘어 출석 위원 과반수의 합의에 이르지 못하였을 때에는 과반수에 이를 때까지 소청인에게 가장 **불리한** 의견에 차례로 **유리한** 의견을 더하여 그 중 가장 유리한 의견을 합의된 의견으로 본다. ② ①에도 불구하고 **파면·해임·강등 또는 정직에 해당하는 징계처분을 취소 또는 변경하려는 경우와 효력 유무 또는 존재 여부에 대한 확인을 하려는 경우에는 재적 위원 3분의 2 이상의 출석과 출석 위원 3분의 2 이상의 합의가 있어야 한다.** 이 경우 구체적인 결정의 내용은 출석 위원 과반수의 합의에 따르되, 의견이 나뉘어 출석 위원 과반수의 합의에 이르지 못하였을 때에는 과반수에 이를 때까지 소청인에게 가장 불리한 의견에 차례로 유리한 의견을 더하여 그 중 가장 유리한 의견을 합의된 의견으로 본다. ⑦ 소청심사위원회의 **취소명령 또는 변경명령 결정**은 그에 따른 징계나 그 밖의 처분이 있을 때까지는 종전에 행한 징계처분 또는 징계부가금 부과처분에 영향을 **미치지 아니한다. (미친다 X)** ⑧ 소청심사위원회가 징계처분 또는 징계부가금 부과처분(이하 "징계처분등"이라 한다)을 받은 자의 청구에 따라 소청을 심사할 경우에는 원징계처분보다 무거운 징계 또는 원징계부가금 부과처분보다 무거운 징계부가금을 부과하는 결정을 하지 못한다. ⑨ 소청심사위원회의 결정은 그 이유를 구체적으로 밝힌 결정서로 하여야 한다. 판례 소청심사위원회가 절차상 하자가 있다는 이유로 의원면직처분을 취소하는 결정을 한 후 징계권자가 징계절차에 따라 당해 공무원에 대하여 징계처분을 하는 경우 징계절차는 소청심사위원회의 의원면직처분취소 결정과는 별개의 절차로서 **불이익변경금지의 원칙이 적용될 여지는 없다**(대판 2008두11853,11860).

결정의 효력 (§15)	소청심사위원회의 결정은 **처분 행정청을 기속(羈束)**한다.
행정소송과의 관계(§16)	① 제75조에 따른 처분, 그 밖에 본인의 의사에 반한 불리한 처분이나 부작위(不作爲)에 관한 행정소송은 소청심사위원회의 심사·결정을 거치지 아니하면 제기할 수 없다. ② ①에 따른 행정소송을 제기할 때에는 **대통령의 처분 또는 부작위의 경우에는 소속 장관(대통령령으로 정하는 기관의 장을 포함한다)**을 피고로 한다. 비교 경찰공무원법상 '징계처분, 휴직처분, 면직처분, 그 밖에 의사에 반하는 불리한 처분'에 대한 행정소송은 **경찰청장 또는 해양경찰청장**을 피고로 한다. 다만, <u>임용권을 위임한 경우에는 그 위임을 받은 자</u>를 피고로 한다.'고 규정하고 있다(§34). 　↳ 경찰공무원 행정소송의 피고는 경찰청장만 될 수 있다 ✕

4 고충심사

(1) 특징 및 고충처리

고충처리 (국가공무원법 §76의2)	① 공무원은 인사·조직·처우 등 각종 직무 조건과 그 밖에 신상 문제와 관련한 고충에 대하여 상담을 신청하거나 심사를 청구할 수 있으며, 누구나 기관 내 성폭력 범죄 또는 성희롱 발생 사실을 알게 된 경우 이를 신고할 수 있다. 이 경우 상담 신청이나 심사 청구 또는 신고를 이유로 **불이익한 처분이나 대우를 받지 아니한다.** ② 중앙인사관장기관의 장, 임용권자 또는 임용제청권자는 ①에 따른 상담을 신청받은 경우에는 소속 공무원을 지정하여 상담하게 하고, 심사를 청구받은 경우에는 ④에 따른 관할 고충심사위원회에 부쳐 심사하도록 하여야 하며, 그 결과에 따라 고충의 해소 등 공정한 처리를 위하여 노력하여야 한다. ③ 중앙인사관장기관의 장, 임용권자 또는 임용제청권자는 기관 내 성폭력 범죄 또는 성희롱 발생 사실의 신고를 받은 경우에는 지체 없이 사실 확인을 위한 조사를 하고 그에 따라 <u>필요한 조치를 하여야 한다.</u> → 성관련 신고에 대한 조치는 기속사항임 　↳ 조치를 위하여 노력하여야 한다 ✕ ④ 공무원의 고충을 심사하기 위하여 중앙인사관장기관에 중앙고충심사위원회를, 임용권자 또는 임용제청권자 단위로 보통고충심사위원회를 두되, 중앙고충심사위원회의 기능은 소청심사위원회에서 관장한다. ⑧ 고충상담 신청, 성폭력 범죄 또는 성희롱 발생 사실의 신고에 대한 처리절차, 고충심사위원회의 구성·권한·심사절차, 그 밖에 필요한 사항은 **대통령령등**으로 정한다.
고충심사위원회 (경찰공무원법 §31)	① 경찰공무원의 인사상담 및 고충을 심사하기 위하여 경찰청, 해양경찰청, 시·도자치경찰위원회, 시·도경찰청, 대통령령으로 정하는 경찰기관 및 지방해양경찰관서에 경찰공무원 고충심사위원회를 둔다. ② 경찰공무원 고충심사위원회의 심사를 거친 **재심청구**와 **경정 이상**의 경찰공무원의 인사상담 및 고충심사는 「국가공무원법」에 따라 설치된 중앙고충심사위원회에서 한다.

(2) 공무원고충처리규정

경찰공무원 고충심사 위원회(§3의2)	① 「경찰공무원법」 제31조 제1항에서 "대통령령이 정하는 경찰기관"이라 함은 경찰대학·경찰 인재개발원·중앙경찰학교·경찰수사연수원·경찰서·경찰기동대·경비함정 기타 경감 이상의 경찰공무원을 장으로 하는 기관중 행정안전부장관 또는 해양수산부장관이 지정하는 경찰기관을 말한다. ② 「경찰공무원법」 제31조 제1항에 따른 경찰공무원 고충심사위원회(이하 "경찰공무원고충심사위원회"라 함)는 위원장 1명을 **포함**하여 7명 이상 15명 이내의 공무원위원과 민간위원으로 구성한다. 이 경우 민간위원의 수는 위원장을 **제외한** 위원 수의 2분의 1 이상이어야 한다. ③ 경찰공무원고충심사위원회의 위원장은 설치기관 소속 공무원 중에서 인사 또는 감사 업무를 담당하는 과장 또는 이에 상당하는 직위를 가진 사람이 된다. ④ 경찰공무원고충심사위원회의 공무원위원은 청구인보다 상위 계급 또는 이에 상당하는 소속 공무원 중에서 설치기관의 장이 임명한다. ⑥ 경찰공무원고충심사위원회 **민간위원의 임기**는 2년으로 하며, **한 번만 연임할 수 있다.** ⑦ 경찰공무원고충심사위원회의 회의는 위원장과 위원장이 회의마다 지정하는 5명 이상 7명 이내의 위원으로 성별을 고려하여 구성한다. 이 경우 민간위원이 3분의 1 이상 포함되어야 한다.
고충심사 절차(§7)	① 고충심사위원회가 청구서를 접수한 때에는 30일 이내에 고충심사에 대한 결정을 해야 한다. 다만, 부득이하다고 인정되는 경우에는 고충심사위원회의 의결로 30일의 범위에서 그 기한을 연기할 수 있다.
심사일의 통지 등(§8)	① 고충심사위원회는 심사일 5일 **전**까지 청구인 및 처분청에 심사일시 및 장소를 알려야 한다. ② 고충심사위원회는 ①에 따른 통지를 하는 경우 청구인 및 처분청에 심사에 출석하여 의견을 진술하거나 서면으로 의견을 제출할 기회를 **주어야 한다.**
성폭력범죄·성희롱 신고 및 조사(§15)	① 「국가공무원법」 제76조의2제1항에 따라 **누구나** 기관 내 성폭력범죄 또는 성희롱 발생 사실을 알게 된 경우 이를 인사혁신처장 및 임용권자등에게 **신고할 수 있다.** ② **인사혁신처장은** 제1항에 따른 신고를 받은 경우 지체 없이 신고 내용을 확인하고 해당 임용권자등이 「성희롱·성폭력 근절을 위한 공무원 인사관리규정」 제4조에 따른 조사를 실시했는지 여부를 확인하여 조사를 실시하지 않은 경우에는 조사 실시 및 그 결과 제출을 요구할 수 있다. ③ **인사혁신처장은** ②에 따라 조사 실시 요구를 했음에도 임용권자등이 조사를 실시하지 않거나 조사가 미흡하다고 판단될 경우에는 다음 각 호의 방법으로 ①에 따른 신고에 대하여 **직접 조사해야 한다.** (직접조사를 할 수는 없다 X) 　1. 성폭력범죄·성희롱과 관련하여 피해자나 피해를 입었다고 주장하는 사람(이하 "피해자 등"이라 한다), 성폭력범죄·성희롱과 관련하여 가해행위를 했다고 신고된 사람(이하 "피신고자"라 한다) 또는 관계인에 대한 출석 요구, 진술 청취 또는 진술서 제출 요구 　2. 피해자등, 피신고자, 관계인 또는 관계기관 등에 대하여 조사 사항과 관련이 있다고 인정되는 자료의 제출 요구 　3. 전문가의 자문 ⑤ **인사혁신처장은** 제2항 및 제3항에 따른 조사 실시 확인 과정 또는 조사 과정에서 피해자 등이 성적 불쾌감 등을 느끼지 않도록 하고, 사건 내용이나 인적사항의 누설 등으로 인한 피해가 발생하지 않도록 해야 한다.

성폭력범죄·
성희롱 신고
및 조사(§15)
	⑥ **인사혁신처장은** 조사 기간 동안 피해자등이 요청하는 경우로서 피해자등을 보호하기 위해 필요하다고 인정하는 경우 그 피해자등이나 피신고자에 대하여 다음 각 호의 조치를 하도록 임용권자등에게 요청할 수 있다.
	  1. 근무 장소의 변경
	  2. 휴가 사용 권고
	  3. 그 밖에 인사혁신처장이 필요하다고 판단하는 적절한 조치
	⑦ **인사혁신처장은** 신고의 원인이 된 사실이 범죄행위에 해당한다고 믿을만한 상당한 이유가 있는 경우 **검찰 또는 수사기관에 수사를 의뢰할 수 있다.**

5 국가공무원 복무규정

휴가의 종류 (§14)	공무원의 휴가는 연가(年暇), 병가, 공가(公暇) 및 특별휴가로 구분한다.
연가의 저축 (§16의3)	① 공무원은 연가보상비를 지급받을 수 있는 연가 일수 및 제11조 제4항에 따라 전환된 연가 일수 중 사용하지 않고 남은 연가 일수를 그 해의 마지막 날을 기준으로 이월·저축하여 사용할 수 있다. ② ①에 따라 이월·저축한 연가("저축연가") 일수는 이월·저축한 **다음 연도부터 10년 이내에** 사용하지 않으면 **소멸된다.**
병가(§18)	① 행정기관의 장은 소속 공무원이 다음 각 호의 어느 하나에 해당할 경우에는 **연 60일의** 범위에서 병가를 승인할 수 있다. 이 경우 질병이나 부상으로 인한 지각·조퇴 및 외출은 누계 **8시간을 병가 1일로** 계산하고, 제17조 제5항에 따라 연가 일수에서 빼는 병가는 병가 일수에 산입하지 아니한다.
공가(§19)	행정기관의 장은 소속 공무원이 다음 각 호의 어느 하나에 해당하는 경우에는 이에 직접 필요한 기간 또는 시간을 **공가로 승인해야 한다.** 1. 「병역법」이나 그 밖의 다른 법령에 따른 병역판정검사·소집·검열점호 등에 응하거나 동원 또는 훈련에 참가할 때 2. 공무와 관련하여 국회, 법원, 검찰, 경찰 또는 그 밖의 국가기관에 소환되었을 때 3. 법률에 따라 투표에 참가할 때 4. 승진시험·전직시험에 응시할 때 5. **원격지(遠隔地)로 전보(轉補) 발령을 받고 부임할 때** 6. 「산업안전보건법」 제129조부터 제131조까지의 규정에 따른 건강진단, 「국민건강보험법」 제52조에 따른 건강검진 또는 「결핵예방법」 제11조 제1항에 따른 결핵검진등을 받을 때 7. 「혈액관리법」에 따라 헌혈에 참가할 때 8. 「공무원 인재개발법 시행령」 제32조 제5호에 따른 외국어능력에 관한 시험에 응시할 때 9. 올림픽, 전국체전 등 국가적인 행사에 참가할 때 10. **천재지변, 교통 차단 또는 그 밖의 사유로 출근이 불가능할 때** 11. 「공무원의 노동조합 설립 및 운영 등에 관한 법률」 제9조에 따른 교섭위원으로 선임(選任)되어 단체교섭 및 단체협약 체결에 참석하거나 같은 법 제17조 및 「노동조합 및 노동관계조정법」 제17조에 따른 대의원회(「공무원의 노동조합 설립 및 운영 등에 관한 법률」에 따라 설립된 공무원 노동조합의 대의원회를 말하며, **연 1회로 한정한다**)에 참석할 때

Chapter

04

공가(§19)	12. 공무국외출장등을 위하여 「검역법」 제5조 제1항에 따른 검역관리지역 또는 중점검역관리지역으로 가기 전에 같은 법에 따른 검역감염병의 예방접종을 할 때 13. 「감염병의 예방 및 관리에 관한 법률」에 따른 제1급감염병에 대하여 같은 법 제24조 또는 제25조에 따라 필수예방접종 또는 임시예방접종을 받거나 같은 법 제42조 제2항 제3호에 따라 감염 여부 검사를 받을 때

① 행정기관의 장은 소속 공무원이 결혼하거나 그 밖의 경조사가 있는 경우에는 해당 공무원의 신청에 따라 별표 2의 기준에 따른 **경조사휴가를 주어야 한다.**

[별표 2]

구분	대상	일수
결혼	본인	5
	자녀	1
출산	배우자	10 (한 번에 둘 이상의 자녀를 출산한 경우에는 15일)
입양	본인	20
사망	배우자, 본인 및 배우자의 부모	5
	본인 및 배우자의 조부모·외조부모	3
	자녀와 그 자녀의 배우자	3
	본인 및 배우자의 형제자매	1

③ 여성공무원은 생리기간 중 휴식을 위하여 매월 1일의 여성보건휴가를 받을 수 있다. 이 경우 여성보건휴가는 **무급**으로 한다.

⑥ 한국방송통신대학교에 재학 중인 공무원은 「한국방송통신대학교 설립 및 운영에 관한 법률」 제9조 제1항에 따른 출석수업에 참석하기 위하여 제15조의 연가 일수를 초과하는 출석수업 기간에 대한 수업휴가를 받을 수 있다.

⑨ 「재난 및 안전관리 기본법」 제3조 제1호에 따른 재난으로 피해[배우자, 부모(배우자의 부모를 포함) 또는 자녀가 입은 피해를 포함한다]를 입은 공무원과 재난 발생 지역에서 자원봉사활동을 하려는 공무원은 5일(같은 법 제14조 제1항에 따른 대규모 재난으로 피해를 입은 공무원으로서 장기간 피해 수습이 필요하다고 소속 행정기관의 장이 인정하는 경우에는 10일) 이내의 재해구호휴가를 받을 수 있다.

⑰ 행정기관의 장은 소속 공무원이 다음 각 호의 요건을 모두 충족하는 경우 4일의 범위에서 심리상담, 진료 및 휴식을 위한 심리안정휴가를 줄 수 있다. 이 경우 사건·사고 등 심리안정휴가의 세부 인정 기준, 심리안정휴가의 부여 방법 및 사용 절차에 관하여 필요한 사항은 **인사혁신처장**이 정한다.
1. 「공무원 재해보상법」 제5조(위험직무순직공무원의 요건에 해당하는 재해) 각 호의 어느 하나에 해당하는 직무를 수행하는 과정에서 인명피해가 있는 사건·사고를 경험했을 것
2. 제1호에 따른 인명피해가 있는 사건·사고의 경험으로 인해 심리적 안정과 정신적 회복이 필요하다고 인정될 것

특별휴가 (§20)

위험직무순직공무원의 요건에 해당하는 재해는 다음 각 호의 어느 하나에 해당하는 재해를 말한다.

1. 경찰공무원이 다음 각 목의 직무를 수행하다가 입은 재해

    가. 범인 또는 피의자의 체포

    나. 「경찰관 직무집행법」 제2조 제3호에 따른 경비, 주요 인사(人士) 경호 및 대간첩·대테러 작전 수행

    다. 「경찰관 직무집행법」 제2조 제5호에 따른 교통 단속과 교통 위해(危害)의 방지

    라. 긴급신고 처리를 위한 현장 출동, 범죄예방·인명구조·재산보호 등을 위한 순찰 활동, 해양오염 확산 방지

6 실질적 양성 평등 실현 제도

(1) 양성평등기본법

정의(§3)	1. **"양성평등"**이란 성별에 따른 차별, 편견, 비하 및 폭력 없이 인권을 동등하게 보장받고 모든 영역에 동등하게 참여하고 대우받는 것을 말한다.
	2. **"성희롱"**이란 업무, 고용, 그 밖의 관계에서 국가기관·지방자치단체 또는 대통령령으로 정하는 공공단체(이하 "국가기관등"이라 한다)의 종사자, 사용자 또는 근로자가 다음 각 목의 어느 하나에 해당하는 행위를 하는 경우를 말한다.
	  가. 지위를 이용하거나 업무 등과 관련하여 성적 언동 또는 성적 요구 등으로 상대방에게 성적 굴욕감이나 혐오감을 느끼게 하는 행위
	  나. 상대방이 성적 언동 또는 성적 요구에 따르지 아니한다는 이유로 불이익을 주거나 그에 따르는 것을 조건으로 이익 공여의 의사표시를 하는 행위

성 주류화 조치 (§14)	① **국가와 지방자치단체**는 법령의 제정·개정 및 적용·해석, 정책의 기획, 예산 편성 및 집행, 그 밖에 법령에 따라 직무를 수행하는 과정에서 성평등 관점을 통합하는 **성 주류화 조치를 취하여야 한다.**
성인지 교육 (§18)	① **국가와 지방자치단체**는 사회 모든 영역에서 법령, 정책, 관습 및 각종 제도 등이 여성과 남성에게 미치는 영향을 인식하는 능력을 증진시키는 교육(이하 "성인지 교육"이라 함)을 **전체 소속 공무원 등에게 실시하여야 한다.**
성희롱 사건 발생 시 조치 (§31의2)	① 국가기관등의 장은 해당 기관에서 성희롱 사건이 발생한 사실을 알게 된 경우(국가기관등의 장이 해당 성희롱 사건의 행위자인 경우를 포함한다) 피해자의 명시적인 반대의견이 없으면 지체 없이 그 사실을 여성가족부장관에게 통보하고, 해당 사실을 안 날부터 **3개월 이내**에 재발방지대책을 여성가족부장관에게 제출하여야 한다. └▸1개월 이내 X ② **여성가족부장관**은 ①에 따라 통보받은 사건이 중대하다고 판단되거나 재발방지대책의 점검 등을 위하여 필요한 경우 해당 기관에 대한 현장점검을 실시할 수 있으며, 점검 결과 시정이나 보완이 필요하다고 인정하는 경우에는 **국가기관등의 장에게 시정이나 보완을 요구할 수 있다.**

(2) 성희롱 · 성폭력 근절을 위한 공무원 인사관리규정(대통령령)

성희롱·성폭력 발생 사실의 신고 (§3)	행정부 소속 국가공무원(이하 "공무원"이라 한다)은 **누구나** 공직 내 성희롱 또는 성폭력 발생 사실을 알게 된 경우 그 사실을 임용권자 또는 임용제청권자(이하 "임용권자등"이라 한다)에게 **신고할 수 있다.** (하여야 한다 X)
사실 확인을 위한 조사(§4)	① **임용권자등은** 제3조에 따른 신고를 받거나 공직 내 성희롱 또는 성폭력 발생 사실을 알게 된 경우에는 지체 없이 그 사실 확인을 위한 조사를 **하여야 하며**(할 수 있으며 X), 수사의 필요성이 있다고 인정하는 경우 수사기관에 통보하여야 한다. ③ **임용권자등은** ①에 따른 조사 기간 동안 피해자등이 요청한 경우로서 피해자등을 보호하기 위하여 필요하다고 인정하는 경우 그 피해자등이나 성희롱 또는 성폭력과 관련하여 가해 행위를 했다고 신고된 사람에 대하여 근무 장소의 변경, 휴가 사용 권고 등 적절한 조치를 **하여야 한다.** (할 수 있다 X)
피해자 또는 신고자의 보호 (§5)	① 임용권자등은 제4조 제1항에 따른 조사 결과 공직 내 성희롱 또는 성폭력 발생 사실이 확인되면 피해자에게 다음 각 호의 어느 하나에 해당하는 조치를 **할 수 있다.** ⌐ 하여야 한다 X 다만, 임용권자등은 피해자의 의사에 **반(反)하여 조치를 하여서는 아니 된다.** ⌐ 의사에 반하여 조치할 수 있다 X 1. 「공무원임용령」 제41조에 따른 교육훈련 등 파견근무 2. 「공무원임용령」 제45조에도 불구하고 다른 직위에의 전보 3. 근무 장소의 변경, 휴가 사용 권고 및 그 밖에 임용권자등이 필요하다고 인정하는 적절한 조치

(3) 경찰청 성희롱 · 성폭력 예방 및 2차 피해 방지와 그 처리에 관한 규칙(경찰청훈령)

목적(§1)	이 규칙은 「양성평등기본법」 제31조 및 같은 법 시행령 제20조, 「성폭력방지 및 피해자 보호 등에 관한 법률」 제5조 및 같은 법 시행령 제2조, 「여성폭력방지기본법」 제18조에 따라 성희롱·성폭력 예방 및 2차 피해 방지와 그 처리를 위해 필요한 사항을 정함을 목적으로 한다.
정의(§2)	1. **"성희롱"**이란 「**양성평등기본법**」 제3조 제2호 각 목의 행위를 하는 경우를 말한다. 2. **"성폭력"**이란 「성폭력범죄의 처벌 등에 관한 특례법」 제2조 제1항에 규정된 죄에 해당하는 행위를 말한다. 3. **"2차 피해"**란 성희롱·성폭력 피해자가 「여성폭력방지기본법」 제3조 제3호 각 목의 어느 하나에 해당하는 피해를 입거나, 성희롱·성폭력 사건 내용 유포 및 축소·은폐, 그 밖에 피해자의 의사에 반하는 불리한 처우 등으로 피해를 입는 것을 말한다.
적용범위(§3)	① 이 규칙은 경찰청 및 그 소속기관("경찰기관") 소속 직원(공무원 및 고용관계에 있는 사람을 포함)과 교육생(경찰대학, 중앙경찰학교 교육생을 말함)에게 적용된다. ② **이 규칙의 피해자 보호는** 피해자(피해를 입었다고 주장하는 사람을 **포함**한다)뿐 아니라 **신고자·조력자·대리인("피해자등")에게도 적용**된다. ⌐ 제외 X
신고센터(§5)	① **경찰청장은** 소속 구성원 및 교육생의 성희롱·성폭력 및 2차 피해 관련 상담·조사 등 처리를 위해 **경찰청 인권보호담당관실에** 경찰청 성희롱·성폭력 신고센터("신고센터")를 둔다.

온라인신고센터 (§5의2)	**경찰청장은** 성희롱·성폭력 및 2차 피해 신고의 편의를 위해 온라인신고센터를 설치·운영한다.
조사 신청(§9)	① 성희롱·성폭력 및 2차 피해 조사를 원하는 피해자등은 별지 제2호 서식의 성희롱·성폭력 및 2차 피해 조사 신청서를 상담원 또는 조사관에게 제출해야 하며, 상담원 또는 조사관은 **지체 없이 이를 접수해야 한다.**
조사(§10)	① 조사관은 제9조(조사 신청)의 신청을 접수한 날로부터 **20일 이내에** 조사를 완료해야 한다. 다만, 특별한 사정이 있는 경우 신고센터장에게 보고 후 20일 범위 내에서 조사 기간을 연장할 수 있다. ② 조사관은 조사과정 중에 2차 피해를 접수한 경우 성희롱·성폭력과 2차 피해 조사를 병합하여 실시할 수 있다. ④ 조사관은 조사과정에서 피해자의 인격 또는 명예가 손상되거나 사적인 비밀이 침해되지 않도록 해야 하고, **다음 각 호의 2차 피해 행위를 해서는 안 된다.** 　1. 피해자를 비난하거나 피해자에게 책임을 전가하려는 행위 　2. 피해자의 조사 신청의 의도를 의심하는 행위 　3. 피해 사실을 인정하지 않으려는 예단을 가지거나 사소한 것으로 취급하는 행위 　4. 피해자의 과거 언행을 부적절하게 질문하는 행위 　5. 성희롱·성폭력 및 2차 피해 행위자를 옹호하거나 두둔하는 행위 　6. 피해자의 **의사에 반하여**(의사에 관계없이 X) 성희롱·성폭력 및 2차 피해 행위자를 동석시키는 행위 　7. 목격자를 회유하거나 피해자 입장에서의 진술을 방해하는 행위 　8. 그 밖에 제1호부터 제7호까지에 준하는 행위 ⑤ 조사관은 공정하고 전문적인 조사를 위해 외부전문가를 참여시키거나 외부전문가에게 자문할 수 있다. ⑥ 조사관은 법령에 따라 다른 기관에서 조사·수사 중이거나, 피해자가 조사 신청을 취소 또는 조사에 협조하지 않는 경우에는 조사를 중지할 수 있다. ⑦ 조사관은 별지 제3호서식의 사건처리 중간(결과)통지에 따라 서면, 팩스, 전자우편, 전화, 문자메시지 등의 방법을 통해 조사 진행 상황을 피해자에게 통지해야 한다. ⑧ 조사관은 조사처리 과정 중에 2차 피해 발생 여부를 지속적으로 확인하여 2차 피해 방지 조치를 해야 한다. ⑨ 조사관은 조사에 지장을 줄 우려가 있는 등의 부득이한 경우를 제외하고는 피해자의 신청이 있으면 피해자가 원하는 사람을 **동석하게 할 수 있다.**

Chapter

04

피해자 등 보호 및 비밀 유지(§11)	① **경찰기관의 장**은 조사기간 동안 피해자의 의사를 고려해 성희롱·성폭력 및 2차 피해 행위자와의 업무·공간 분리, 휴가 부여 등 **적절한 조치를 취해야 한다.** ④ 경찰기관의 장은 특별한 사유가 없는 한 행위자가 견책 이상의 징계처분을 받은 때에는 2차 피해 방지를 위해 **징계 처분일로부터 10년**동안 피해자와 동일한 관서에 근무하지 ⌐5년 X 않도록 해야 하며, 피해자와 직무상 연관된 보직에 배치해서는 안 된다. ⑤ 경찰기관의 장은 피해자등에게 상담, 조사 신청, 협력 등을 이유로 다음 각 호의 어느 하나에 해당하는 **불리한 처우를 해서는 안 된다.** 　1. 파면, 해임, 그 밖에 신분상실에 해당하는 불이익 조치 　2. 징계, 승진 제한 등 부당한 인사조치 　3. 직무 미부여, 직무 재배치, 그 밖에 본인의 의사에 반하는 인사조치 　4. 성과평가 또는 동료평가 등에서 차별이나 그에 따른 임금 또는 상여금 등의 차별 지급 　5. **직업능력 개발 및 향상을 위한 교육훈련 기회의 제한** 　6. **집단 따돌림, 폭행 또는 폭언 등 정신적·신체적 손상을 가져오는 행위를 하거나 이를 방치하는 행위** 　7. 그 밖에 피해자등 의사에 반하는 불리한 처우 ⑥ 성희롱·성폭력과 관계된 사안을 직무상 알게 된 사람은 사안의 **조사 및 처리를 위해 필요한 경우를 제외**하고는 동 사안 관계자의 신원은 물론 그 내용 등에 대하여 이를 누설해서는 안 된다.
조사결과의 통보 등(§12)	① 신고센터장은 성희롱·성폭력 및 2차 피해 조사를 완료한 즉시 그 결과를 해당 행위자가 소속된 **경찰기관의 장에게 통보해야 한다.**
성희롱·성폭력 심의위원회 설치 및 구성(§13)	① 성희롱·성폭력 및 2차 피해 사안을 심의하기 위해 **경찰청에 성희롱·성폭력 심의위원회를 둔다.** ③ **위원장**은 경찰청 경무인사기획관으로 한다.
사건의 종결(§15)	신고센터장은 성희롱·성폭력 및 2차 피해 사안에 대한 조사가 완료된 후 지체 없이 그 조사 결과를 피해자 및 행위자에게 서면 등으로 통지하고 사건을 종결한다.
징계(§16)	① 경찰기관의 장은 성희롱·성폭력 및 2차 피해에 대한 조사 또는 심의 결과, 성희롱·성폭력 및 2차 피해 행위가 징계사유에 해당한다고 판단하는 경우 엄중한 징계 등 제재 절차가 이루어지도록 해야 한다. ② 경찰기관의 장은 조사 중인 성희롱·성폭력 및 2차 피해 행위가 **중징계**(징계 X, 경징계 X) 에 해당된다고 판단되는 경우에는 해당 행위자에게 의원면직을 허용해서는 안 된다. ③ 상급자가 성희롱·성폭력 관련 사안을 인지하고도 사건을 방조·은폐·비호하거나 2차 피해에 대하여 아무런 조치를 취하지 않은 경우 상급 경찰기관의 장 또는 소속 경찰기관의 장은 사안의 경중을 고려하여 징계 요구를 하거나 직무 관련 범죄의 고발 등을 할 수 있다. ④ ①에 따라 징계 등 제재 절차를 진행하는 경우에는 피해자에게 의견 진술 기회를 주어야 한다.

경찰작용법 일반론

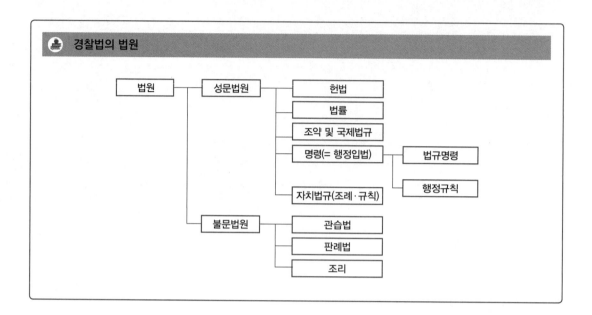

1 성문법원

헌 법	국가의 기본적인 **통치구조**와 국가작용의 기본원칙을 정한 기본법으로서, 경찰을 포함한 모든 국법 질서의 법원	
법 률	**국회가 입법절차에 따라 제정**하여 공포되는 법 형식(**가장 중심적인 법원**)	
조약 및 국제법규	헌법에 의하여 체결·공포된 조약과 일반적으로 승인된 국제법규는 **국내법**과 동일한 효력을 가지는 성문법원임 → 별도로 국내법 제정 필요없이 적용가능	
명령 (법규명령)	**국회의 의결을 거치지 않고** 행정권(행정기관)이 정립하는 일반·추상적인 규정으로서 법규성을 지닌 것을 말함	
자치법규 (지방 자치법)	조례	① **지방자치단체**는 **법령의 범위에서** 그 사무에 관하여 조례를 제정할 수 있다. 다만, 주민의 ∟지방자치단체의 장 X 권리 제한 또는 의무 부과에 관한 사항이나 벌칙을 정할 때에는 **법률의 위임이 있어야 한다**(§28①). ② 법령에서 조례로 정하도록 위임한 사항은 그 법령의 하위 법령에서 그 위임의 내용과 범위를 제한하거나 직접 규정할 수 **없다**(§28②). ③ 지방자치단체는 조례를 위반한 행위에 대하여 조례로써 **1천만원 이하의 과태료**를 정할 ∟벌금 X 수 있으며, 이에 따른 과태료는 해당 지방자치단체의 장이나 그 관할 구역의 지방자치 단체의 장이 부과·징수한다(§34).
	규칙	① **지방자치단체의 장**은 법령 또는 **조례의 범위에서** 그 권한에 속하는 사무에 관하여 규칙 ∟지방자치단체 X ∟조례가 위임한 범위 내에서 X 을 제정할 수 있다(§29). ② 조례와 규칙은 특별한 규정이 없으면 공포한 날부터 20일이 지나면 효력을 발생한다 (§32).

2 불문법원

특징	성문법의 미비나 의문점을 보충할 필요가 있으므로 **불문법도 법원**이 될 수 있다.
종류	판례법, 관습법, 조리(행정법의 일반원칙)
조리 (행정법의 일반원칙)	① 불문법원으로서 **일반적으로 정의에 합치되는 보편적 원리**로서 인정되고 있는 모든 원칙을 '**조리 (행정법의 일반원칙)**'라 한다. ∟최후의 보충적 법원 ② 행정관청의 행정처분 등이 그 근거법령에 따라 적법하게 행하여진 경우라도 **조리에 위반할 경우에는 위법한 행위**가 된다(법률우위의 원칙 적용). ③ 조리는 평등의 원칙, 비례의 원칙, 금반언의 원칙, 신의성실의 원칙, 신뢰보호의 원칙 등으로 구성되어 있으며 오늘날 법의 일반원칙은 성문화되어 가는 추세에 있다. → 행정기본법 제10조와 경찰관직무집행법 제1조 제2항 등 참조

THEME 02 법규명령

1 법규명령 특징

의의	법규명령이란 **국회의 의결을 거치지 않고** 행정기관에 의하여 제정된 성문법규를 말하며, 그 종류에는 위임명령과 집행명령이 있다.	
종류	위임명령	① 법률의 개별적·구체적 위임에 근거해서 법률의 내용을 보충하고 구체화하는 명령 ② 위임된 범위에서 **새로운 법규사항을 정할 수 있음** ③ 법률의 내용을 보충하여 형성함
	집행명령	① 법률을 집행하는데 필요한 **부수적·세목적 규정을 정하는 명령** ② 새로운 **법규사항을 규정할 수 없음** ③ 형성된 법률의 내용을 집행함
근거	법규명령의 제정에는 헌법·법률 또는 상위명령의 **근거가 필요함**	
구속력	국민과 행정청을 동시에 구속하는 **양면적(쌍면적) 구속력**을 가짐으로써 재판규범이 됨	
위반효과	법규명령에 위반한 행정청의 행위는 **위법**한 행위임	
효력발생	① 공포를 요함 ② 특별한 규정이 없는 한 법률과 같이 공포일로부터 **20일**이 경과해야 효력이 발생함	
위임한계	① 행정권에 대한 입법권의 일반적·포괄적 위임은 인정될 수 없음 ② 국회 전속적 법률사항의 위임은 원칙적으로 금지됨 ③ 법률에 의하여 위임된 사항을 전부 하위명령에 재위임하는 것은 금지됨 ④ 위임법규에서는 구체성·명확성이 요구되지만, 규율대상이 지극히 다양하거나 수시로 변화하는 성질의 것일 때에는 위임의 구체성·명확성의 요건이 **완화**됨 _{└ 강화 X}	

TIP 대통령령, 총리령·부령

① 대통령은 법률에서 구체적으로 범위를 정하여 위임받은 사항과 법률을 집행하기 위하여 필요한 사항에 관하여 대통령령을 발할 수 있다(헌법§75).
② 국무총리 또는 행정각부의 장은 소관사무에 관하여 법률이나 대통령령의 위임 또는 **직권으로 총리령 또는 부령을 발할 수 있다**(헌법§95).

2 법규명령 위임한계 관련 판례

1. '**위임의 범위**'는 법치행정의 원리에 따라 구체적으로 범위를 정하여 위임받은 사항만을 위임할 수 있고(헌법 제75조), 법률에 의한 포괄적·일반적 수권은 허용되지 않는다(대판 97부36).
2. 헌법 제75조의 '**구체적으로 범위를 정하여**'라 함은 법률에 대통령령 등 하위법령에 규정될 내용 및 범위의 기본사항이 가능한 한 구체적이고도 명확하게 규정되어 있어서 누구라도 당해 법률 그 자체로부터 대통령령 등에 규정될 내용의 대강을 예측할 수 있어야 함을 의미한다고 할 것이고, (중략) 위임입법의 위와 같은 구체성·명확성의 요구 정도는 각종 법률이 규제하고자 하는 대상의 종류와 성질에 따라 달라질 것이지만, 특히 **처벌법규나 조세법규와 같이 국민의 기본권을 직접적으로 제한하거나 침해할 소지가 있는 법규에서는 구체성·명확성의 요구가 강화**되어 그 위임의 요건과 범위가 일반적인 급부행정법규의 경우보다 더 엄격하게 제한적으로 규정되어야 하는 반면에, **규율대상이 지극히 다양하거나 수시로 변화하는 성질의 것일 때에는 위임의 구체성·명확성의 요건이 완화된다.** (중략) 자동차등을 이용한 범죄행위의 태양이 날로 다양해지고 변화의 속도도 빨라지고 있으므로, 현실의 변화에 대응하여 유연하게 규율하도록 하기 위해서는 자동차등을 이용한 범죄행위의 세부적인 유형을 탄력성이 있는 행정입법에 위임할 필요성이 인정되고, **그 위임의 구체성과 명확성의 요구는 완화된다 할 것이다**(2013헌가6).

3 법률과 법규명령의 효력발생시기

① 국회에서 의결된 법률안은 정부에 이송되어 **15일 이내**에 대통령이 공포한다(헌법 제53조 제1항).
② 법률은 특별한 규정이 없는 한 공포한 날로부터 **20일**을 경과함으로써 효력을 발생한다(헌법 제53조 제7항).
③ 대통령령, 총리령 및 부령은 특별한 규정이 없으면 공포한 날부터 **20일**이 경과함으로써 효력을 발생한다(법령 등 공포에 관한 법률 제13조).
④ 국민의 권리 제한 또는 의무 부과와 직접 관련되는 법률, 대통령령, 총리령 및 부령은 긴급히 시행하여야 할 특별한 사유가 있는 경우를 제외하고는 공포일부터 적어도 **30일**이 경과한 날부터 시행되도록 하여야 한다(법령 등 공포에 관한 법률 제13조의2).

의의	행정규칙이란 행정기관이 원칙적으로 **법률의 수권 없이** 행정조직 내부에서 행정의 사무처리 기준으로 만든 일반적·추상적 규정이다.
종류	고시·훈령·예규·일일명령 등

근거	원칙	행정규칙은 국민이나 법원을 구속하는 효력이 없으므로 그 제정에는 **원칙적으로 법률의 위임을 요하지 않는다.**
	예외	<u>상위법령의 구체적 위임에 따라 제정되는 행정규칙</u>은 대외적 효력이 있다. ↳ 행정기본법 제2조 제1호 법령 보충적 행정규칙 판례 「경찰관 직무집행법 시행령」 제22조는 '범인검거 등 공로자 보상금의 지급 등에 필요한 사항은 경찰청장이 정하여 고시한다'고 규정하고 있는 바, 이에 따라 경찰청장이 제정하여 고시한 「범인검거 등 공로자 보상에 관한 규정(경찰청고시)」은 행정규칙이지만, 이 고시 규정들은 경찰관 직무집행법과 시행령의 위임에 따라서 보상금의 내용을 보충하는 이른바 **법령보충적 행정규칙으로서 법규명령의 효력을 가진다** (대판 2017두66541).

구속력	원칙	대내적 구속력 O, 대외적 구속력 X
	예외	행정규칙은 원칙적으로 대외적(대국민적) 효력이 없는 단순한 행정조직 내부규범에 불과하지만, **자기구속 법리가 적용되는 경우에는 외부적 효력이 있다.** <u>자기구속의 원칙</u> : ㉠ 행정청이 상대방에 대하여 동종의 사안에 있어서 제3자에게 행한 ↳ 적법한 경우에만 적용 결정과 동일한 결정을 하도록 스스로 구속당하는 원칙이다. ㉡ 이는 행정규칙에 따른 종래의 관행이 **위법한 경우에는 적용되지 않는다.**

효력발생	**공포를 요하지 않는다.**

※ 행정기본법 제2조

1. "법령등"이란 다음 각 목의 것을 말한다.
   가. 법령: 다음의 어느 하나에 해당하는 것
      1) 법률 및 대통령령·총리령·부령
      2) 국회규칙·대법원규칙·헌법재판소규칙·중앙선거관리위원회규칙 및 감사원규칙
      3) 1) 또는 2)의 위임을 받아 중앙행정기관(「정부조직법」 및 그 밖의 법률에 따라 설치된 중앙행정기관을 말한다. 이하 같다)의 장이 정한 훈령·예규 및 고시 등 **행정규칙** → 법령 보충적 행정규칙
   나. 자치법규: 지방자치단체의 조례 및 규칙

1. 법령의 규정이 특정 행정기관에 그 법령 내용의 구체적 사항을 정할 수 있는 권한을 부여하면서 그 권한 행사의 절차나 방법을 특정하고 있지 아니하여 **수임행정기관이 행정규칙의 형식으로 그 법령의 내용이 될 사항을 구체적으로 정하고 있는 경우에는 그 행정규칙은 그것이 당해 법령의 위임한계를 벗어나지 아니하는 한 당해 법령과 결합하여 대외적으로 구속력이 있는 법규명령으로서 효력**을 가진다(대판 2007두4841, 2014두3020).

2. 자동차운수사업법 제31조등의 규정에 의한 사업면허의 취소등의 처분에 관한 규칙(1982.7.31 교통부령 제724호)은 부령의 형식으로 되어 있으나 그 규정의 성질과 내용이 자동차운수사업면허의 취소처분 등에 관한 사무처리기준과 처분절차 등 행정청내의 사무처리준칙을 규정한 것에 불과하므로 이는 교통부장관이 관계행정기관 및 직원에 대하여 그 직무권한행사의 지침으로 발한 행정조직내부에 있어서의 행정명령의 성질을 갖는 것이고, 법규명령이라고는 볼 수 없다(대판 83누676). → 법규명령의 형식(부령)을 취하고 있지만, 그 내용이 행정규칙의 실질을 가지는 경우 판례는 당해 규범을 행정규칙으로 보고 있다.

3. 대외적 구속력이 없는 행정규칙이더라도 행정규칙이 이를 정한 행정기관의 재량에 속하는 사항에 관한 것인 때에는 그 규정 내용이 객관적 합리성을 결여하였다는 등의 특별한 사정이 없는 한 법원은 원칙적으로 이를 존중해야 한다(대판 2017두66541).

TIP 재량준칙

① **재량준칙**이란 재량권행사의 일반적 방향을 제시하기 위하여 발하는 것으로 행정청의 재량권행사의 기준을 정하는 행정규칙에 속함 → 자의적인 재량권 행사 방지

② 재량권 행사의 준칙인 행정규칙이 그 정한 바에 따라 되풀이 시행되어 행정관행이 이루어지게 되면 평등의 원칙이나 신뢰보호의 원칙에 따라 **행정기관은 그 상대방에 대한 관계에서 그 규칙에 따라야 할 자기구속을 받게 되므로,** 이러한 경우에는 특별한 사정이 없는 한 그를 위반하는 처분은 평등의 원칙이나 신뢰보호의 원칙에 위배되어 재량권을 일탈·남용한 위법한 처분이 된다(2009두7967, 2011두28783 등).

비교 법규명령과 행정규칙

구분	법규명령	행정규칙
근거	상위법령의 근거 **필요**	근거 **불요**
규율사항	국민의 권리·의무에 관한 사항	행정조직 및 특별행정법관계 내부사항
위반의 효과	위법	위법 X
구속력	대내적 구속력 **있음** 대외적 구속력 **있음**	대내적 구속력 **있음** 대외적 구속력 **없음**
종류	위임명령, 집행명령	훈령, 고시, 일일명령, 예규 등
공포	공포를 **요함**	공포를 **요하지 않음**
법규성 유무	법규성 **있음**	법규성 **없음**

THEME 04 훈령	↳ 행정규칙으로 법 X, 대내적 구속력만 갖음

의 의	**상급경찰관청**이 **하급경찰관청**의 권한행사를 지휘하기 위하여 일반적·추상적 사항에 대해서 발하는 명령 **판례** 훈령이란 상급관청이 하급관청의 권한행사를 지휘·감독하기 위하여 발하는 행정명령이다. 이는 훈령, 예규, 통첩, 지시, 고시, 각서 등 그 사용명칭 여하에 불구하고 공법상의 법률관계 내부에 관한 준칙 등을 정하는데 그치고 **대외적으로는 구속력을 갖지 않음**이 원칙이다(대판 82누324).
성 질	① 훈령은 경찰기관의 의사를 구속하므로 기관 구성원이 변경·교체되더라도 효력에 영향이 없음 ② 훈령은 법규의 성질을 갖지 않는 **행정규칙**임 ③ 훈령은 특별한 **법적 근거 없이도** 발할 수 있음
종 류	협의의 훈령, 지시, 예규, 일일명령 등이 있음
형 식	① 훈령은 특별한 **형식을 요하지 않고** 구두·문서의 형식으로 발할 수 있음 ② 훈령은 원칙적으로 일반적·추상적 사항에 대하여 발해야 하나, 개별적·구체적 사항(지시)에 대하여도 발할 수 있음

요 건	형식적 요건	① 훈령권 **있는** 상급관청이 발한 것일 것 ↳ 없는 X ② 하급관청의 <u>권한 내의 사항에 관한 것일 것</u> ↳ 권한 내의 사항이 아닐 것 X ③ 직무상 <u>독립된 범위에 속하는 사항이 아닐 것</u> ↳ 독립된 범위에 속하는 사항일 것 X
	실질적 요건	① 내용이 실현 가능하고 명확할 것 ② 내용이 적법하고 타당할 것 ③ 내용이 공익에 반하지 않을 것

위반 행위의 효과	① 훈령에 대한 위반은 위법은 아니며 <u>행위자체의 효력에는 영향이 없음</u> ↳ 무효·취소 사유 아님 ② 공무원관계에서의 의무위반으로 **징계사유**가 됨 **판례** 공무원의 요정출입 금지를 명한 국무총리의 훈령은 캬바레, 빠, 요정등 유흥영업장소에서의 유흥에는 일반적으로 과대한 비용이 소요되므로 그러한 요정에 출입하는 공무원은 대개 직무상의 부정한 청탁과 관련되어 향응을 받는 것이라는 국민의 의혹을 살 우려가 있다 하여 이를 금지하는 것이므로 이와 같은 훈령을 어기고 요정을 출입하는 행위는 공무원의 품위를 손상하는 행위에 해당된다(서울고법 66구329).
훈령의 경합	① 주관상급관청과 비주관상급관청의 것일 때에는 **전자의 훈령**에 따라야 함 ② 주관상급관청이 상·하관계에 있는 때에는 **직근상급경찰관청**의 훈령에 따라야 함 ↳ 상급경찰관청 X 예 혜화경찰서 소속 한국민 순경이 근무 중 서울경찰청 훈령과 경찰청 훈령이 경합하는 내용을 발견한 경우에는 **서울경찰청 훈령**에 따라 업무를 처리해야 한다. ③ 주관상급경찰관청이 **불명확한** 때에는 **주관쟁의**의 방법으로 해결함

의 의	① **상관이 부하**인 공무원 개인에 대하여 그 직무에 관하여 발하는 명령 ② 직무명령은 특별한 법적 근거 없이 발할 수 있다. ③ 행정규칙에 해당하지 않는다.	
성 질	경찰공무원 **개인의 의사를 구속**하므로 경찰공무원의 **변경·교체시에는 당연히 효력을 상실**	
형 식	직무명령은 구술이나 문서의 어느 형식에 의하여도 무방	
요 건	**형식적 요건**	① **권한 있는** 상관이 발한 것일 것 ② 부하 공무원의 **직무상 범위** 내에 속하는 **사항일 것** ↳ 사항이 아닐 것X ③ 부하 공무원의 직무상 **독립의 범위**에 속하는 **사항이 아닐 것** ↳ 사항일 것X ④ 직무명령을 발하는데 있어 **법정의 형식과 절차**가 있으면 이를 구비할 것
	실질적 요건	① 그 내용이 법령에 저촉되지 않아야 하며 공익에 적합한 것일 것 ② 그 내용이 실현 가능하고 명확할 것
위반 행위의 효과	직무명령에 대한 위반은 위법은 아니나 공무원관계에서의 의무위반으로 징계사유가 됨	
경 합	2인 이상의 상관으로부터 서로 모순된 직무명령 → **바로 위 상관**의 명령에 복종	

비교 훈령과 직무명령

구 분		훈 령	직무명령
차이점	발령	상급관청 → 하급관청	상관 → 부하
	구속 대상	경찰기관의 의사를 구속	경찰공무원 개인의 의사를 구속
	효력	경찰기관을 구성하는 경찰공무원의 변경·교체시 유효	직무명령을 받은 경찰공무원의 변경·교체시 효력상실
공통점		•특별한 법적 근거 없이도 발할 수 있음 •양자 모두 조직내부만 관련된 것으로 대내적 효력만 있고 대외적 효력은 없음	
양자의 관계		•훈령은 하급기관을 구성하는 공무원에 대하여는 동시에 직무명령으로서의 성질도 가지나 (지시), 직무명령은 당연히 훈령으로서의 성질을 가지는 것은 아님	

> **행정기본법**
>
> **제1조(목적)** 이 법은 행정의 원칙과 기본사항을 규정하여 행정의 **민주성**과 **적법성**을 확보하고 **적정성**과 **효율성**을 향상시킴으로써 국민의 권익 보호에 이바지함을 목적으로 한다.
>
> **제8조(법치행정의 원칙)** 행정작용은 **법률에 위반되어서는 아니 되며(법률우위의 원칙)**, 국민의 권리를 제한하거나 의무를 부과하는 경우와 그 밖에 국민생활에 중요한 영향을 미치는 경우에는 **법률에 근거(법률유보의 원칙)**하여야 한다.

1 법치행정의 세부원칙

법률의 법규 창조력	국회가 제정한 법률 또는 법률의 위임에 의한 명령(법규명령)만이 국민의 권리·의무에 관한 사항을 규정할 수 있다는 원칙이다.
법률 우위의 원칙 (제약규범)	① 「행정기본법」은 '행정작용은 법률에 위반되어서는 아니 되며'라고 하여 이 원칙을 **명문화**하였다. ② 여기서 말하는 '법률'은 국회에서 제정한 형식적 의미의 법률만이 아니라 헌법·법률·법규명령(성문법)·행정법의 일반원칙(불문법)까지를 포함한다.
법률 유보의 원칙 (근거규범)	① 행정은 법적 근거를 가지고 행해져야 한다는 원칙으로 이는 **행정의 일정한 영역에서만 적용** 된다. ↳ 성문(O), 불문(X) ② 「행정기본법」은 국민의 권리를 제한하거나 의무를 부과하는 경우와 그 밖에 국민생활에 중요한 영향을 미치는 경우에는 **법률에 근거(근거규범)하여야 한다고 명시**하고 있음(동법 제8조)

2 행정법의 일반원칙(행정기본법)

평등의 원칙(§9)	행정청은 **합리적 이유 없이**(어떠한 경우에도 X) 국민을 차별해서는 아니 된다.
비례의 원칙 (§10)	1. 행정목적을 달성하는 데 유효하고 적절할 것(**적합성**) 2. 행정목적을 달성하는 데 필요한 최소한도에 그칠 것(**필요성**) 3. 행정작용으로 인한 **국민의 이익 침해**(공익 X)가 그 행정작용이 의도하는 **공익**보다 크지 아니할 것(**상당성**)
성실의무 및 권한남용금지의 원칙 (§11)	① 행정청은 법령등에 따른 의무를 성실히 수행하여야 한다. ② 행정청은 행정권한을 남용하거나 그 권한의 범위를 넘어서는 아니 된다.
신뢰보호의 원칙 (§12)	① 행정청은 **공익 또는 제3자**의 이익을 현저히 해칠 우려가 있는 **경우를 제외**(경우에도 X)하고는 행정에 대한 국민의 정당하고 합리적인 신뢰를 보호하여야 한다. ② 행정청은 권한 행사의 기회가 있음에도 불구하고 장기간 권한을 행사하지 아니하여 국민이 그 권한이 행사되지 아니할 것으로 **믿을 만한 정당한 사유가 있는 경우**에는 그 권한을 행사해서는 아니 된다. 다만, 공익 또는 제3자의 이익을 현저히 해칠 우려가 있는 경우는 예외로 한다. [판례] 운전면허 **취소사유에 해당하는 음주운전**을 적발한 경찰관의 **소속 경찰서장이 사무착오로 위반자에게 운전면허정지처분**을 한 상태에서 위반자의 **주소지 관할 시·도경찰청장이** 위반자에게 운전면허취소처분을 한 것은 신뢰보호원칙에 위반하는 것으로서 허용될 수 없다(대판 99두10520).
부당결부금지의 원칙 (§13)	행정청은 행정작용을 할 때 상대방에게 해당 행정작용과 실질적인 관련이 없는 의무를 부과해서는 아니 된다.

Chapter 05

3 경찰비례의 원칙(과잉금지의 원칙)

(1) 의의 및 근거

의의	경찰작용에 있어 목적실현을 위한 수단과 당해 목적 사이에 합리적인 비례관계가 있어야 한 다는 것을 말한다.
적용범위	경찰비례의 원칙은 일반조항에 근거하여 경찰권을 발동하는 경우는 물론 개별적 수권조항에 근거하여 경찰권을 발동하는 경우에도 적용
근거	「헌법」 제37조 제2항, 「행정기본법」 제10조, 「경찰관 직무집행법」 제1조 제2항 등(불문법 원칙이면서 동시에 「성문법」상 원칙)
위반 효과	행정소송의 대상이 되며, 국가배상책임이 성립할 수 있음

(2) 경찰권 발동의 조건(행정기본법 §10)

적합성의 원칙	① 행정목적을 달성하는 데 **유효하고 적절**할 것(제1호) ② 적합성의 원칙은 경찰기관이 취한 조치 또는 수단이 그가 의도하는바 목적을 달성하는 데에 적합해야 함
필요성의 원칙 (최소침해의 원칙)	① 행정목적을 달성하는 데 필요한 **최소한도에 그칠 것**(제2호) ② 필요성의 원칙은 경찰기관의 조치는 설정된 목적을 위하여 필요한 한도 이상으로 나아가서는 안 됨을 의미 ③ 행정기관은 관계자에게 가장 적은 부담을 주는 수단을 선택해야 함을 의미한다. 따라서 필요성의 원칙은 "**최소침해의 원칙**"이라고도 함
상당성의 원칙 (협의의 비례원칙)	① 경찰기관이 취한 조치 또는 수단으로 인해 **국민의 이익 침해가 그 행정작용이 의도하는 공익보다 크지 아니할 것**(제3호) ② "**경찰은 대포로 참새를 쏘아서는 안 된다.**"라는 말은 **상당성**의 원칙을 잘 표현한 것임 ③ 오늘날 상당성 또는 수인가능성의 원칙으로도 불리우는 이 원칙은 **종래 협의의 비례원칙**이라고 불리워졌다.

※ 세 가지 원칙 중 하나라도 충족이 되지 않으면 비례의 원칙 위반에 해당한다.

정의 (§2)	4. "처분"이란 행정청이 구체적 사실에 관하여 행하는 법 집행으로서 **공권력의 행사** 또는 그 **거부**와 그 밖에 이에 준하는 **행정작용**을 말한다. 5. "제재처분"이란 법령등에 따른 의무를 위반하거나 이행하지 아니하였음을 이유로 **당사자에게 의무를 부과하거나 권익을 제한하는 처분**을 말한다. 다만, **행정상 강제**는 제외한다. ↳ 강제집행 + 즉시강제
처분의 형태	처분은 주로 **허가**와 **하명**의 형태로 행해진다.
행정에 관한 나이의 계산 및 표시(§7의2)	행정에 관한 나이는 다른 법령등에 특별한 규정이 있는 경우를 제외하고는 **출생일을 산입하여** ↳ 산입하지 않고 X 만(滿) 나이로 계산하고, 연수(年數)로 표시한다. 다만, 1세에 이르지 아니한 경우에는 월수(月數)로 표시할 수 있다.
법적용의 기준 (§14)	① 새로운 **법령등**은 법령등에 특별한 규정이 있는 경우를 **제외**하고는 그 법령등의 효력 발생 전에 완성되거나 종결된 사실관계 또는 법률관계에 대해서는 **적용되지 아니한다(소급적용 금지의 원칙).** ② 당사자의 **신청에 따른 처분**은 법령등에 특별한 규정이 있거나 처분 당시의 법령등을 적용하기 곤란한 특별한 사정이 있는 경우를 **제외**하고는 **처분 당시**(신청당시 X)**의 법령**등에 따른다. ③ 법령등을 위반한 행위의 성립과 이에 대한 제재처분은 법령등에 특별한 규정이 있는 경우를 **제외**하고는 **법령등을 위반한 행위**(제재처분 X) 당시의 법령등에 따른다. 다만, 법령등을 위반한 행위 후 법령등의 변경에 의하여 그 행위가 법령등을 위반한 행위에 해당하지 아니하거나 제재처분 기준이 **가벼워진 경우**로서 해당 법령등에 특별한 규정이 없는 경우에는 **변경된**(신청시 X) **법령등**을 적용한다.
처분의 효력 (§15)	처분은 권한이 있는 기관이 취소 또는 철회하거나 기간의 경과 등으로 소멸되기 전까지는 **유효**(적법 X)**한** 것으로 통용된다. 다만, **무효인 처분은 처음부터 그 효력이 발생하지 아니한다.**
위법 또는 부당한 처분의 취소 (§18)	① 행정청은 위법 또는 부당한 처분의 **전부나 일부를 소급하여 취소**할 수 있다. 다만, 당사자의 신뢰를 보호할 가치가 있는 등 정당한 사유가 있는 경우에는 **장래를 향하여 취소**할 수 있다. ② 행정청은 ①에 따라 당사자에게 권리나 이익을 부여하는 처분을 취소하려는 경우에는 취소로 인하여 당사자가 입게 될 불이익을 취소로 달성되는 공익과 비교·형량하여야 한다. 다만, 다음 어느 하나에 해당하는 경우에는 **그러하지 아니함** 1. **거짓이나 그 밖의 부정한 방법**으로 처분을 받은 경우 2. 당사자가 처분의 위법성을 알고 있었거나 **중대한 과실**로 알지 못한 경우 ↳ 과실 X
적법한 처분의 철회 (§19)	① 행정청은 **적법한** 처분이 다음 어느 하나에 해당하는 경우에는 그 처분의 **전부 또는 일부**를 **장래를 향하여 철회**(취소 X)**할** 수 있다. 1. 법률에서 정한 철회 사유에 해당하게 된 경우 2. 법령등의 변경이나 **사정변경**으로 처분을 더 이상 존속시킬 필요가 없게 된 경우 3. **중대한 공익**을 위하여 필요한 경우 ② 행정청은 ①에 따라 처분을 철회하려는 경우에는 철회로 인하여 당사자가 입게 될 불이익을 철회로 달성되는 공익과 비교·형량하여야 한다.

자동적 처분 (§20)	행정청은 법률로 정하는 바에 따라 **완전히 자동화된 시스템**(인공지능 기술을 적용한 시스템을 포함)**으로 처분**을 할 수 있다. 다만, 처분에 재량이 있는 경우는 그러하지 아니하다. ^{제외 X}
재량행사 기준 (§21)	행정청은 재량이 있는 처분을 할 때에는 관련 이익을 정당하게 형량하여야 하며, 그 재량권의 범위를 넘어서는 아니 된다.

**제재처분의
제척기간**
(§23)
	① 행정청은 법령등의 위반행위가 **종료된 날부터 5년**이 지나면 해당 위반행위에 대하여 **제재처분**(인허가의 정지·취소·철회, 등록 말소, 영업소 폐쇄와 정지를 갈음하는 과징금 부과를 말한다)을 **할 수 없다.**
	② 다음 각 호의 어느 하나에 해당하는 경우에는 ①을 적용하지 아니한다.
	  1. 거짓이나 그 밖의 부정한 방법으로 인허가를 받거나 신고를 한 경우
	  2. 당사자가 인허가나 신고의 위법성을 알고 있었거나 **중대한 과실**(과실 X)로 알지 못한 경우
	  3. 정당한 사유 없이 행정청의 조사·출입·검사를 기피·방해·거부하여 제척기간이 지난 경우
	  4. 제재처분을 하지 아니하면 국민의 안전·생명 또는 환경을 심각하게 해치거나 해칠 우려가 있는 경우
	③ 행정청은 ①에도 불구하고 행정심판의 재결이나 법원의 판결에 따라 제재처분이 취소·철회된 경우에는 재결이나 판결이 **확정된 날부터 1년**(합의제행정기관은 2년)이 지나기 전까지는 그 취지에 따른 새로운 제재처분을 할 수 있다.
	④ 다른 법률에서 ① 및 ③의 기간보다 짧거나 긴 기간을 규정하고 있으면 그 법률에서 정하는 바에 따른다.

공법상 계약의 체결 (§27)	① 행정청은 법령등을 위반하지 아니하는 범위에서 행정목적을 달성하기 위하여 필요한 경우에는 공법상 법률관계에 관한 계약(이하 "공법상 계약"이라 한다)을 체결할 수 있다. 이 경우 계약의 목적 및 내용을 명확하게 적은 **계약서**를 작성하여야 한다. ^{말 또는 서면 X}
수리 여부에 따른 신고의 효력(§34)	법령등으로 정하는 바에 따라 행정청에 일정한 사항을 통지하여야 하는 신고로서 법률에 신고의 수리가 필요하다고 명시되어 있는 경우(행정기관의 내부 업무 처리 절차로서 수리를 규정한 경우는 제외한다)에는 행정청이 **수리하여야 효력이 발생**한다.
이의신청 (§36)	① 행정청의 처분(「행정심판법」 제3조에 따라 같은 법에 따른 행정심판의 대상이 되는 처분을 말한다)에 이의가 있는 당사자는 처분을 받은 날부터 30일 이내에 해당 행정청에 이의신청을 할 수 있다. ② **행정청**은 ①에 따른 이의신청을 받으면 그 신청을 받은 날부터 14일 이내에 그 이의신청에 대한 결과를 **신청인**에게 통지하여야 한다. 다만, 부득이한 사유로 14일 이내에 통지할 수 없는 경우에는 **그 기간을 만료일 다음 날부터** 기산하여 **10일의 범위에서 한 차례 연장**할 수 있으며, 연장 사유를 신청인에게 통지하여야 한다. ^{14일 X} ③ ①에 따라 이의신청을 한 경우에도 그 이의신청과 **관계없이**「행정심판법」에 따른 **행정심판** 또는「행정소송법」에 따른 **행정소송**을 제기할 수 있다. ④ 이의신청에 대한 결과를 통지받은 후 행정심판 또는 행정소송을 제기하려는 자는 그 결과를 통지받은 날(②에 따른 통지기간 내에 결과를 통지받지 못한 경우에는 같은 항에 따른 통지기간이 만료되는 날의 다음 날을 말한다)부터 90일 이내에 **행정심판 또는 행정소송을 제기할 수 있다.** ⑤ 다른 법률에서 이의신청과 이에 준하는 절차에 대하여 정하고 있는 경우에도 그 법률에서 규정하지 아니한 사항에 관하여는 이 조에서 정하는 바에 따른다.

처분의 재심사
(§37)
	① 당사자는 처분(**제재처분 및 행정상 강제는 제외**한다)이 행정심판, 행정소송 및 그 밖의 쟁송을 통하여 다툴 수 없게 된 경우(법원의 확정판결이 있는 경우는 제외한다)라도 **다음 각 호**의 어느 하나에 해당하는 경우에는 해당 처분을 한 **행정청에 처분을 취소·철회하거나 변경하여 줄 것을 신청할 수 있다.** (없다 X)
	  1. 처분의 근거가 된 사실관계 또는 법률관계가 추후에 당사자에게 유리하게 바뀐 경우
	  2. 당사자에게 유리한 결정을 가져다주었을 새로운 증거가 있는 경우
	  3. 「민사소송법」제451조에 따른 재심사유에 준하는 사유가 발생한 경우 등 대통령령으로 정하는 경우
	② **①에 따른 신청은** 해당 처분의 절차, 행정심판, 행정소송 및 그 밖의 쟁송에서 당사자가 **중대한 과실** 없이 ①의 각 호에 사유를 주장하지 못한 경우에만 할 수 있다.
	               └ 과실 X
	③ ①에 따른 신청은 당사자가 ①의 각 호의 사유를 안 날부터 60일 이내에 하여야 한다. 다만, **처분이 있은 날부터 5년**이 지나면 **신청할 수 없다.**
	                       └ 3년 X

정 의	① **행정조사란** 행정기관이 정책을 결정하거나 직무를 수행하는데 필요한 정보나 자료를 수집하기 위하여 현장조사·문서열람·시료채취 등을 하거나 조사대상자에게 보고요구·자료제출요구 및 출석·진술요구를 행하는 활동을 말한다(§2). [비교] 「경찰관직무집행법」 제7조 제1항의 위험방지를 위한 긴급출입은 **행정조사가 아니라 대가택적 즉시강제**이다. ② 행정조사는 조사 대상자가 이를 거부하였을 경우 강제력에 대한 법률의 근거규정이 없는한 **직접 강제력을 행사할 수 없음**이 원칙이고, 관련 법령에 벌칙(대부분 과태료인 질서벌임)이 있는 경우 이를 **간접적으로 강제**할 수 있을 뿐이다. → 감염병의 예방 및 관리에 관한 법률에서는 제1급감염병과 관련된 조사거부자에 대하여 '질병관리청장, 시·도지사 또는 시장·군수·구청장은 조사거부자를 자가 또는 감염병관리시설에 격리할 수 있다(동법 제42조 제7항)'고 규정하여 조사거부자에 대한 '**강제격리**'라는 **즉시강제를 재량사항**으로 인정하고 있다. → 국세기본법 제88조에서는 '관할 세무서장은 세법의 질문·조사권 규정에 따른 세무공무원의 질문에 대하여 거짓으로 진술하거나 그 직무집행을 거부 또는 기피한 자에게 5천만원 이하의 과태료를 부과·징수한다'고 규정하여 직무집행 거부 등에 대한 **과태료를 부과**를 인정하고 있다. 따라서 **행정조사 거부에 대한 강제조사를 인정하지 아니하는 것이 원칙**이다. ③ 행정조사 거부에 대해 벌칙(행정형벌과 질서벌)을 규정한 경우에는 간접적(심리적)으로 행정조사를 강제하게 된다. → 총포·도검·화약류 등의 안전관리에 관한 법률 제44조 제1항에 따른 출입 또는 검사를 거부·기피 또는 방해하거나 거짓 진술을 한 자는 3년 이하의 징역 또는 700만원 이하의 벌금(행정형벌)에 처한다.
적용범위 (§3)	① 행정조사에 관하여 다른 법률에 특별한 규정이 있는 경우를 제외하고는 **행정조사기본법으로 정하는 바에 따른다.** → 일반적인 근거법 : 행정조사기본법(행정절차법 X) ② 다음 각 호의 어느 하나에 해당하는 사항에 대하여는 이 법을 적용하지 아니한다. 　1. 행정조사를 한다는 사실이나 조사내용이 공개될 경우 국가의 존립을 위태롭게 하거나 국가의 중대한 이익을 현저히 해칠 우려가 있는 국가안전보장·통일 및 외교에 관한 사항 (보안업무규정(대통령령)」상 국가정보원장이 국가 기밀을 취급하는 인원에 대한 신원조사) 　2. 국방 및 안전에 관한 사항 중 다음 각 목의 어느 하나에 해당하는 사항 　　가. 군사시설·군사기밀보호 또는 방위사업에 관한 사항 　　나. 「병역법」·「예비군법」·「민방위기본법」·「비상대비에 관한 법률」·「재난관리자원의 관리 등에 관한 법률」에 따른 징집·소집·동원 및 훈련에 관한 사항 　3. 「공공기관의 정보공개에 관한 법률」 제4조 제3항의 정보에 관한 사항 　4. 「근로기준법」 제101조에 따른 근로감독관의 직무에 관한 사항 　5. **조세·형사(경찰수사규칙(행정안전부령)상 입건 전 조사)·행형 및 보안처분에 관한 사항** 　6. 금융감독기관의 감독·검사·조사 및 감리에 관한 사항 　7. 「독점규제 및 공정거래에 관한 법률」, 「표시·광고의 공정화에 관한 법률」, 「하도급거래 공정화에 관한 법률」, 「가맹사업거래의 공정화에 관한 법률」, 「방문판매 등에 관한 법률」, 「전자상거래 등에서의 소비자보호에 관한 법률」, 「약관의 규제에 관한 법률」 및 「할부거래에 관한 법률」에 따른 공정거래위원회의 법률위반행위 조사에 관한 사항 ③ ②에도 불구하고 제4조(행정조사의 기본원칙), 제5조(행정조사의 근거) 및 제28조(정보통신수단을 통한 행정조사)는 ② 각 호의 사항에 대하여 적용한다.

기본원칙 (§4)	① 행정조사는 조사목적을 달성하는데 필요한 최소한의 범위 안에서 실시하여야 하며, 다른 목적 등을 위하여 조사권을 **남용하여서는 아니 된다.** ┗ 비례의 원칙과 권한남용금지원칙을 명시적으로 규정 ② 행정기관은 조사목적에 적합하도록 조사대상자를 선정하여 행정조사를 실시하여야 한다. ③ 행정기관은 유사하거나 동일한 사안에 대하여는 **공동조사 등을 실시함으로써 행정조사가 중복되지 아니하도록 하여야 한다.** (서로 다른 기관이 공동으로 조사하는 것은 원칙적으로 허용되지 않는다 X) ④ 행정조사는 법령등의 위반에 대한 **처벌보다는 법령등을 준수하도록 유도하는 데 중점**을 두어야 한다. ⑤ 다른 법률에 따르지 아니하고는 행정조사의 대상자 또는 행정조사의 내용을 공표하거나 직무상 알게 된 비밀을 누설하여서는 아니된다. ⑥ 행정기관은 **행정조사를 통하여 알게 된 정보를 다른 법률에 따라 내부에서 이용하거나 다른 기관에 제공하는 경우를 제외**하고는 원래의 조사목적 이외의 용도로 이용하거나 타인에게 제공하여서는 아니 된다.
근거 (§5)	① 행정기관은 **법령등에서 행정조사를 규정하고 있는 경우에 한하여 행정조사를 실시할 수 있다.** 다만, 조사대상자의 **자발적인 협조를 얻어 실시**하는 행정조사의 경우에는 그러하지 아니하다. ② ①의 법령에 근거한 출입 및 조사라 하더라도 상대방이 이를 **거부할 경우 강제로 출입하여 조사할 수 없음**이 원칙이다. [주의] 「도로교통법과 동법 시행령」상 경찰공무원(자치경찰공무원은 제외한다)은 교통사고가 발생한 경우에는 술에 취하거나 약물을 투여한 상태에서의 운전 여부 등을 **조사하여야 한다.** ┗ 할 수 있다 X → 일반적으로 행정조사의 실시여부는 재량규정이 대부분이고, **음주측정도 재량규정이다**(도로교통법 §44②). 그러나 **교통사고조사**는 그 중요성으로 인해 조사를 **의무로 규정**하고 있다(도로교통법 §54⑥, 동법 시행령 §32).
조사의 사전통지 (§17)	① 행정조사를 실시하고자 하는 행정기관의 장은 출석요구서, 보고요구서·자료제출요구서 및 현장출입조사서(이하 "출석요구서등"이라 한다)를 조사개시 7일 전까지 조사대상자에게 **서면** 구두 X┛ **으로 통지**하여야 한다. 다만, 다음 각 호의 어느 하나에 해당하는 경우에는 행정조사의 개시와 동시에 출석요구서등을 조사대상자에게 제시하거나 행정조사의 목적 등을 조사대상자에게 **구두로 통지할 수 있다.** 1. 행정조사를 실시하기 전에 관련 사항을 미리 통지하는 때에는 증거인멸 등으로 행정조사의 목적을 달성할 수 없다고 판단되는 경우 2. 지정통계의 작성을 위하여 조사하는 경우 3. 조사대상자의 자발적인 협조를 얻어 실시하는 행정조사의 경우 ② 행정기관의 장이 출석요구서등을 조사대상자에게 발송하는 경우 출석요구서등의 내용이 외부에 공개되지 아니하도록 필요한 조치를 하여야 한다.
조사의 연기신청 (§18)	① 출석요구서등을 통지받은 자가 천재지변이나 그 밖에 대통령령으로 정하는 사유로 인하여 행정조사를 받을 수 없는 때에는 당해 행정조사를 연기하여 줄 것을 행정기관의 장에게 요청할 수 있다. ③ 행정기관의 장은 행정조사의 연기요청을 받은 때에는 연기요청을 받은 날부터 7일 이내에 조사의 연기 여부를 결정하여 조사대상자에게 통지하여야 한다.

Chapter ❺

자발적인 협조에 따라 실시하는 행정조사 (§20)	① 행정기관의 장이 제5조 단서에 따라 조사대상자의 자발적인 협조를 얻어 행정조사를 실시하고자 하는 경우 조사대상자는 **문서·전화·구두 등의 방법**으로 당해 행정조사를 거부할 수 있다. ② ①에 따른 행정조사에 대하여 조사대상자가 조사에 응할 것인지에 대한 응답을 하지 아니하는 경우에는 법령등에 특별한 규정이 없는 한 **그 조사를 거부한 것으로 본다.**
의견제출 (§21)	① 조사대상자는 제17조에 따른 사전통지의 내용에 대하여 행정기관의 장에게 의견을 제출할 수 있다.
조사결과의 통지 (§24)	행정기관의 장은 법령등에 특별한 규정이 있는 경우를 제외하고는 행정조사의 결과를 확정한 날부터 **7일 이내**에 그 결과를 조사대상자에게 통지하여야 한다.

※ 본 법의 기간 관련된 규정은 모두 **7일**로 통일되어 있다.

보충 **행정조사관련 판례**

① **풍속영업의 규제에 관한 법률 제9조의 출입과 검사는** 경찰관이 수사기관으로서 **강제수사를 하기 위하여** 풍속영업소에 출입하는 경우에 **적용되는 것이 아니라** 경찰행정조사자로서 행정처분 등에 필요한 자료를 수집하는 **행정조사를 하기 위하여** 풍속영업소에 **출입하는 경우에 적용되는 규정에 해당**한다고 봄이 상당하다 (제주지방법원 2017노112).

② 경찰공무원이 도로교통법 규정에 따라 **호흡측정 또는 혈액 검사 등의 방법으로 운전자가 술에 취한 상태에서 운전하였는지를 조사**하는 것은, 수사기관과 경찰행정조사자의 지위를 겸하는 주체가 형사소송에서 사용될 증거를 수집하기 위한 **수사로서의 성격을 가짐**과 아울러 교통상 위험의 방지를 목적으로 하는 운전면허 정지·취소의 행정처분을 위한 자료를 수집하는 **행정조사의 성격을 동시에 가지고 있다고 볼 수 있다** (대판 2014두46850).

③ ②에 비추어 교통사고조사를 살펴보면, 교통사고조사 자료가 형벌부과의 증거가되는 경우에는 수사의 성격을, 조사자료가 운전면허 정지 또는 취소처분의 자료가 되는 경우에는 행정조사의 성격을 가지게 된다. 일반적으로 **행정조사의 실시여부는 재량규정**이 대부분이고, 음주측정도 재량규정이다(도로교통법 제44조 제2항). 그러나 **교통사고조사는** 그 중요성으로 인해 조사를 **의무로 규정**하고 있다(도로교통법 제54조 제6항과 도로교통법 시행령 제32조 제4호).

④ **고용보험법 제47조 제2항**(실업인정대상기간 중의 취업 사실)에 따른 **행정조사 절차에는 수사 절차에서의 진술거부권 고지의무에 관한 형사소송법 규정이 준용되지 않는다**고 판단하였다(대판 2020두31323).

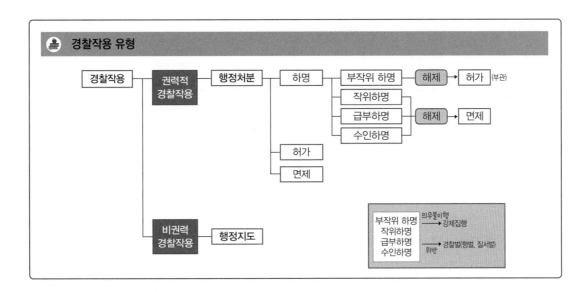

경찰작용 유형

1 하명

개념	일반통치권에 기인하여 경찰목적을 달성하기 위해 국민에 대하여 **작위·부작위·급부·수인** 등 의무의 일체를 명하는 **법률적 행정행위 또는 명령적 행정행위**를 말한다.	
종류	**부작위하명**	① 소극적으로 어떤 행위를 하지 말 것을 명하는 행정행위(= **경찰금지**) ② 가장 보편적인 경찰하명이다. ③ 부작위하명에 따른 절대적 금지는 법규하명의 형식으로 행하여지며, 상대적 금지는 허가를 유보한 금지로서 허가라는 별도의 행정행위에 의해 비로소 금지가 해제된다. 예 도로교통법 제43조(무면허운전 등의 금지) : 누구든지 시·도경찰청장으로부터 운전면허를 받지 아니하거나 운전면허의 효력이 정지된 경우에는 자동차 등을 운전하여서는 아니 된다. 이를 위반하여 자동차를 운전한 사람은 1년이하의 징역이나 300만원 이하의 벌금에 처하고, 이를 위반하여 원동기장치자전거(개인형 이동장치 제외)를 운전한 사람은 30만원 이하의 벌금이나 구류에 처한다. → **부작위 하명에 위반하였기 때문에 행정형벌이 과해짐**
	작위하명	적극적으로 어떤 행위를 행할 의무를 명하는 행정행위
	수인하명	자신의 신체·재산에 가하여지는 사실상의 침해에 대하여 저항하지 말고 이를 참아야 할 의무를 명하는 것
	급부하명	금전 또는 물품의 급부의무를 과하는 하명

효과	① 하명이 있는 경우, **상대방은 행정주체에 대하여만 의무를 이행할 책임**이 있고 그 이외의 제3자에게 대하여 법상의무를 부담하는 것은 아님 ② 하명에 위반한 행위 자체는 원칙적으로 그 **법적 효력에 아무런 영향을 미치지 않는다.** 즉 하명에 위반한 사적인 법률행위의 효력은 유효함이 원칙임	
하명 위반 효과	의무의 불이행	행정상 **강제집행**의 대상이 됨
	의무위반	**행정벌(형벌 + 질서벌)**의 대상이 됨
하명에 대한 구제	하명이 적법한 경우	손실보상의 요건에 해당할 경우 손실보상청구 인정
	하명이 위법한 경우	행정심판, 행정소송, 손해배상청구 인정

2 허가

개념	법령에 의한 **일반적·상대적 금지**를 특정한 경우에 해제하여 적법하게 일정한 행위를 할 수 있게 하는 행정행위 ┗ 상대적 금지에만 인정, 절대적 금지는 인정 안됨
요건	① 원칙 : 허가는 **상대방의 신청**에 의하여 행하여지는 것이 일반적(쌍방적 행정행위) ② **예외** : 신청에 의하지 않고도 행해질 수 있음(**통행금지 해제**) → 반드시 신청하여야 한다 X
특징	허가는 받는 사람에게 어떤 새로운 권리나 능력을 부여하는 것은 아님
효과	① 특별한 규정이 없는 한 관계법상의 금지가 해제될 뿐임(타법상의 제한까지 해제되는 것은 아님) ② 무허가행위의 효과 → 허가는 적법요건에 불과하므로 무허가행위는 강제집행 또는 행정벌의 대상은 되지만 행위 자체는 유효함
위반 효과	허가는 적법요건이지 **유효요건은 아니므로** 이를 위반하면 **위법** ┗ 무효 X

3 부관(행정기본법)

의의	경찰허가의 일반적 효과를 **제한 또는 보충**하기 위해 그 행위의 요소인 의사표시의 **주된 내용**에 부가되는 '**종된 의사표시**'를 말한다.
부관의 가능성	① 행정청은 처분에 **재량이 있는 경우** : 부관을 붙일 수 있다. ② 행정청은 처분에 **재량이 없는 경우** : 법률에 근거가 있는 경우 가능
적법 요건 (§17 ④)	부관은 다음 각 호의 요건에 적합하여야 한다. 1. 해당 처분의 목적에 위배되지 아니할 것 2. 해당 처분과 실질적인 관련이 있을 것 3. 해당 처분의 목적을 달성하기 위하여 필요한 최소한의 범위일 것
부관의 변경 (§17 ③)	다음 어느 하나에 해당하는 경우에는 그 **처분을 한 후에도** 부관을 새로 붙이거나 종전의 **부관을 변경할 수 있다.** 1. **법률**(법령 X)**에 근거가 있는 경우** 2. **당사자**(행정청 X)**의 동의**가 있는 경우 3. **사정이 변경**되어 부관을 새로 붙이거나 종전의 부관을 변경하지 아니하면 해당 처분의 목적을 달성할 수 없다고 인정되는 경우

4 경찰면제

개념	법령에 의하여 일반적으로 부과된 경찰상의 **작위·급부·수인의무**(부작위 X)를 **특정한 경우에 해제하여 주는** 경찰상의 행정행위
경찰허가와 구별	① 의무를 해제한다는 면에서는 경찰허가와 성질이 같음 ② 경찰허가는 **부작위의무를 해제**하고, 경찰면제는 **작위·급부·수인의무**(부작위 X)**를 해제함**

의의	① 행정지도란 행정기관이 그 소관 사무의 범위에서 일정한 행정목적을 실현하기 위하여 특정인에게 일정한 행위를 하거나 하지 아니하도록 <u>지도, 권고, 조언 등을 하는 행정작용</u>을 말한다(§2). └→ 비권력(권력 X)적 사실행위
원칙 **(§48)**	① 행정지도는 그 목적 달성에 필요한 최소한도에 그쳐야 하며, 행정지도의 **상대방의 의사에 반하여 부당하게 강요하여서는 아니 된다.** → 과잉금지 원칙, 임의성 원칙 ② 행정기관은 행정지도의 상대방이 행정지도에 따르지 아니하였다는 것을 이유로 불이익한 조치를 하여서는 아니 된다. → 불이익조치금지 원칙
방식 **(§49)**	① 행정지도를 하는 자는 그 상대방에게 그 행정지도의 취지 및 내용과 신분을 **밝혀야 한다.** ② 행정지도가 **말**로 이루어지는 경우에 상대방이 제1항의 사항을 **적은 서면의 교부**를 요구하면 그 행정지도를 하는 자는 직무 수행에 특별한 지장이 없으면 이를 **교부하여야 한다.** (할 수 있다 X)
의견제출 **(§50)**	행정지도의 상대방은 해당 행정지도의 방식·내용 등에 관하여 행정기관에 **의견제출을 할 수 있다.** └ 없다 X

THEME 11 행정상 의무이행 확보수단

👤 행정상 의무이행 확보수단

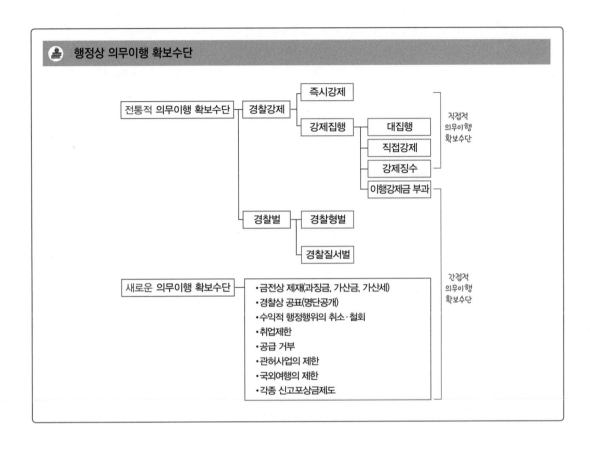

1 행정상 강제

(1) 강제집행(행정기본법)

행정대집행	의무자가 행정상 의무(법령등에서 직접 부과하거나 행정청이 법령등에 따라 부과한 의무를 말한다. 이하 이 절에서 같다)로서 타인이 대신하여 행할 수 있는 의무를 이행하지 아니하는 경우 법률로 정하는 다른 수단으로는 그 이행을 확보하기 곤란하고 그 불이행을 방치하면 공익을 크게 해칠 것으로 인정될 때에 행정청이 의무자가 하여야 할 행위를 **스스로 하거나 제3자에게 하게 하고 그 비용을 의무자로부터 징수하는 것**(§30제1호)

이행 강제금의 부과	**제30조 제1항 제2호**
	의무자가 행정상 의무를 이행하지 아니하는 경우 행정청이 적절한 이행기간을 부여하고, 그 기한까지 행정상 의무를 이행하지 아니하면 **금전급부의무를 부과하는 것**
	제31조(이행강제금의 부과)
	② 행정청은 다음 각 호의 사항을 고려하여 이행강제금의 부과 금액을 가중하거나 감경할 수 있다.
	  1. 의무 불이행의 동기, 목적 및 결과
	  2. 의무 불이행의 정도 및 상습성
	  3. 그 밖에 행정목적을 달성하는 데 필요하다고 인정되는 사유
	③ 행정청은 이행강제금을 부과하기 전에 미리 의무자에게 적절한 이행기간을 정하여 그 기한까지 행정상 의무를 이행하지 아니하면 **이행강제금을 부과한다는 뜻을 문서로 계고(戒告)하여야 한다.**
	④ 행정청은 의무자가 제3항에 따른 계고에서 정한 기한까지 행정상 의무를 이행하지 아니한 경우 이행강제금의 부과 금액·사유·시기를 문서로 명확하게 적어 의무자에게 통지하여야 한다.
	⑤ 행정청은 의무자가 **행정상 의무를 이행할 때까지 이행강제금을 반복하여 부과할 수 있다.** 다만, 의무자가 의무를 이행하면 새로운 이행강제금의 부과를 즉시 중지하되, **이미 부과한 이행강제금은 징수하여야 한다.**
	⑥ 행정청은 이행강제금을 부과받은 자가 납부기한까지 이행강제금을 내지 아니하면 국세강제징수의 예 또는 「지방행정제재·부과금의 징수 등에 관한 법률」에 따라 징수한다.
	판례 「건축법」상 **이행강제금은** 시정명령의 불이행이라는 과거의 위반행위에 대한 제재가 아니라, 시정명령을 이행하지 않고 있는 건축주등에 대하여 다시 상당한 이행기한을 부여하고 기한 안에 시정명령을 이행하지 않으면 이행강제금이 부과된다는 사실을 고지함으로써 **의무자에게 심리적 압박을 주어 시정명령에 따른 의무의 이행을 간접적으로 강제하는 행정상의 간접강제 수단에 해당한다**(대법원 2015두46598 판결).

직접강제	**제30조 제1항 제3호** 의무자가 행정상 의무를 이행하지 아니하는 경우 행정청이 **의무자의 신체나 재산에 실력을 행사**하여 그 행정상 의무의 이행이 있었던 것과 같은 상태를 실현하는 것 **제32조(직접강제)** ① 직접강제는 **행정대집행이나 이행강제금(과징금×) 부과의 방법**으로는 행정상 의무 이행을 확보할 수 없거나 그 실현이 불가능한 경우에 실시하여야 한다. ② 직접강제를 실시하기 위하여 현장에 파견되는 **집행책임자는 그가 집행책임자임을 표시하는 증표를 보여 주어야 한다.** ③ 직접강제의 계고 및 통지에 관하여는 제31조 제3항 및 제4항을 준용한다. 예 「출입국관리법」상 외국인의 강제퇴거(제46조)·「식품위생법」상 무허가 영업소에 대한 폐쇄(제79조)·「집시법 시행령」상 직접해산(제17조 제3호)
강제징수	의무자가 행정상 의무 중 금전급부의무를 이행하지 아니하는 경우 **행정청이 의무자의 재산에 실력을 행사**하여 그 행정상 의무가 실현된 것과 같은 상태를 실현하는 것(§30제4호)

※ 과징금 : 행정법상 의무를 위반한 자에 대하여 그 위반행위로 얻은 경제적 이익을 박탈하기 위하여 부과하거나 또는 사업의 취소·정지에 갈음하여 부과되는 금전상의 제재를 말하며, 1980년 도입된 이후 여러 개별 법률에서 규정하고 있다.

(2) 즉시강제(행정기본법)

의의 (§30)	행정상 즉시강제는 현재의 급박한 행정상의 장해를 제거하기 위한 경우로서 **행정청이 미리 행정상 의무 이행을 명할 시간적 여유가 없는 경우**나 그 성질상 행정상 의무의 이행을 명하는 것만으로는 행정 목적 달성이 곤란한 경우에 행정청이 곧바로 국민의 신체 또는 재산에 실력을 행사하여 행정목적 을 달성하는 것 ▦「감염병의 예방 및 관리에 관한 법률」상 강제격리(제42조 제7항)
구별개념	<u>의무의 존재와 불이행을 전제 X</u> ↳ 강제집행은 의무의 존재, 불이행을 전제 O
성질 (§33)	① 즉시강제는 다른 수단으로는 행정목적을 달성할 수 없는 경우에만 허용되며, 이 경우에도 **최소한으로만 실시하여야 한다.** ② 즉시강제를 실시하기 위하여 현장에 파견되는 집행책임자는 그가 집행책임자임을 표시하는 증 표를 보여 **주어야** 하며, 즉시강제의 이유와 내용을 **고지하여야 한다.** ③ 제2항에도 불구하고 집행책임자는 즉시강제를 하려는 재산의 소유자 또는 점유자를 알 수 없거 나 현장에서 그 소재를 즉시 확인하기 어려운 경우에는 즉시강제를 **실시한 후**(실시하기 전 X) 집행 책임자의 이름 및 그 이유와 내용을 **고지할 수 있다.** 다만, 다음 각 호에 해당하는 경우에는 게 시판이나 인터넷 홈페이지에 게시하는 등 적절한 방법에 의한 공고로써 **고지를 갈음할 수 있다.** 1. 즉시강제를 실시한 후에도 재산의 소유자 또는 점유자를 알 수 없는 경우 2. 재산의 소유자 또는 점유자가 국외에 거주하거나 행방을 알 수 없는 경우 3. 그 밖에 **대통령령**으로 정하는 불가피한 사유로 고지할 수 없는 경우

구제	행정쟁송	행정상 즉시강제는 **권력적 사실행위**로서 행정쟁송의 대상인 **'처분 등'에 해당**함 → 그러나 즉시강제는 성질상 **단기간 내에 종료**되어 행정처분과 같이 취소·변경을 구할 **법률상의 이익이 존재하지 않는 것**이 대부분이어서, 행정소송을 제기할 수 없는 경우가 많음
	손해전보제도	① 행정상 즉시강제가 **위법** – 「국가배상법」에 의한 **손해배상** ② 행정상 즉시강제가 **적법** – 특별한 희생을 받은 경우 **손실보상** 청구 가능
	정당방위	즉시강제가 정당방위 요건에 해당하는 경우 가능 → 위법한 직무집행에 대한 저항은 공무집 행방해죄를 구성하지 않음

2 행정벌 → 일시적, 과거적

의의	법규에 의한 명령·금지 등의 <u>**의무위반**</u>에 대하여 일반 사인에게 과하여지는 제재로서 **일반통치권에 의한 처벌**을 말한다. ↳ 불이행 X
특징	과거 의무위반에 대한 제재를 통해 **간접적**으로 행정법규의 실효성을 확보하는 수단

종류	행정 형벌	① **행정법규 위반**에 대한 제재로서 사형, 징역, 금고, 자격상실, 자격정지, 벌금, 구류, 과료, 몰수 등 형법 제41조에 규정된 **형법상의 형벌을 부과하는 행정벌**을 말한다. ② 원칙적으로 **형법총칙의 규정이 적용**되며, 개별법에 특별한 규정이 있는 경우에는 그 에 따른다.
	행정 질서벌	① 행정법규 위반에 대한 제재로서 형법상의 **형벌이 아닌 과태료**(과료 X)를 과하는 행정 벌을 말한다. ② 과태료에 대하여는 **형법총칙이 적용되지 아니하며,** 과태료의 부과대상이 되는 질서 위반행위와 과태료 금액은 개별법규에서 규정하고, 그 부과 등 징수절차는 **질서위 반행위규제법**에서 통칙적으로 규정하고 있다.

질서위반행위규제법

정의 (§2)		1. **"질서위반행위"**란 법률(지방자치단체의 조례를 포함)상의 의무를 위반하여 과태료를 부과하는 행위를 말한다. 다만, 다음 각 목의 어느 하나에 해당하는 행위를 제외한다. 　가. 대통령령으로 정하는 사법(私法)상·소송법상 의무를 위반하여 과태료를 부과하는 행위 　나. 대통령령으로 정하는 법률에 따른 징계사유에 해당하여 과태료를 부과하는 행위 2. **"행정청"**이란 행정에 관한 의사를 결정하여 표시하는 국가 또는 지방자치단체의 기관, 그 밖의 법령 또는 자치법규에 따라 행정권한을 가지고 있거나 위임 또는 위탁받은 공공단체나 그 기관 또는 사인(私人)을 말한다. 3. **"당사자"**란 질서위반행위를 한 자연인 또는 법인(법인이 아닌 사단 또는 재단으로서 대표자 또는 관리인이 있는 것을 포함)을 말한다.
적용범위	시간적 (§3)	① 질서위반행위의 성립과 과태료 처분은 **행위시**의 법률에 따른다. _{↳ 처분시 X, 변경시 X} ② **질서위반행위 후** 법률이 변경되어 그 행위가 질서위반행위에 **해당하지 아니하게 되거나** 과태료가 변경되기 전의 법률보다 **가볍게** 된 때에는 법률에 특별한 규정이 없는 한 **변경된 법률을 적용**한다. ③ 행정청의 과태료 처분이나 법원의 과태료 **재판이 확정된 후** 법률이 변경되어 그 행위가 **질서위반행위에 해당하지 아니하게 된 때**에는 변경된 법률에 특별한 규정이 없는 한 과태료의 **징수 또는 집행**을 면제한다.
	장소적 (§4)	① 대한민국 영역 **안**에서 질서위반행위를 한 자에게 **적용한다.**(적용하지 아니한다 X) ② 대한민국 영역 **밖**에서 질서위반행위를 한 대한민국의 **국민**에게 **적용한다.** _{적용하지 아니한다 X} ③ 대한민국 영역 **밖**에 있는 **대한민국의 선박 또는 항공기** 안에서 질서위반행위를 한 **외국인**에게 **적용한다.**(적용하지 아니한다 X)
다른 법률과의 관계(§5)		과태료의 부과·징수, 재판 및 집행 등의 절차에 관한 다른 법률의 규정 중 이 법의 규정에 저촉되는 것은 이 법으로 정하는 바에 따른다.
법정주의(§6)		법률에 따르지 아니하고는 어떤 행위도 질서위반행위로 과태료를 부과하지 아니한다.
고의·과실(§7)		고의 또는 과실이 없는 질서위반행위는 과태료를 <u>**부과하지 아니한다.**</u> _{↳ 부과할 수 있다 X}
위법성 착오(§8)		자신의 행위가 위법하지 아니한 것으로 오인하고 행한 질서위반행위는 그 **오인에 정당한 이유가 있는 때에 한하여 과태료를 부과하지 아니한다.**
책임연령(§9)		14세가 되지 아니한 자의 질서위반행위는 과태료를 부과하지 아니한다. 다만, 다른 법률에 특별한 규정이 있는 경우에는 그러하지 아니하다.
심신장애 (§10)		① 심신장애로 인하여 행위의 옳고 그름을 판단할 능력이 없거나 그 판단에 따른 행위를 할 능력이 없는 자의 질서위반행위는 **과태료를 부과하지 아니한다.** _{↳ 감면 X} ② 심신장애로 인하여 ①에 따른 능력이 **미약한 자**의 질서위반행위는 과태료를 <u>**감경**</u>한다.

다수인의 질서 위반행위 가담 (§12)	① 2인 이상이 질서위반행위에 가담한 때에는 **각자가 질서위반행위**를 한 것으로 본다. ② 신분에 의하여 성립하는 질서위반행위에 신분이 없는 자가 가담한 때에는 **신분이 없는 자에 대하여도 질서위반행위가 성립**한다. ③ 신분에 의하여 과태료를 감경 또는 가중하거나 과태료를 부과하지 아니하는 때에는 그 신분의 효과는 신분이 없는 자에게는 미치지 아니한다.
과태료 시효 (§15)	① 과태료는 행정청의 과태료 부과처분이나 법원의 과태료 재판이 확정된 후 5년간 징수하지 아니하거나 집행하지 아니하면 시효로 인하여 소멸한다. ② ①에 따른 소멸시효의 중단·정지 등에 관하여는 「국세기본법」 제28조를 준용한다.
사전통지 등 (§16)	① 행정청이 질서위반행위에 대하여 과태료를 부과하고자 하는 때에는 미리 당사자(제11조 제2항에 따른 고용주등을 포함)에게 대통령령으로 정하는 사항을 통지하고, 10일 이상의 기간을 정하여 의견을 제출할 기회를 **주어야 한다.** 이 경우 지정된 기일까지 의견 제출이 없는 경우에는 의견이 없는 것으로 본다. ② 당사자는 의견 제출 기한 이내에 대통령령으로 정하는 방법에 따라 행정청에 의견을 진술하거나 필요한 자료를 제출할 수 있다. ③ 행정청은 ②에 따라 당사자가 제출한 의견에 상당한 이유가 있는 경우에는 과태료를 부과하지 아니하거나 통지한 내용을 변경할 수 있다.
과태료의 부과 및 납부 (§17, 17의2)	① 행정청은 의견 제출 절차를 마친 후에 **서면(당사자가 동의하는 경우 전자문서 포함)**으로 과태료를 부과하여야 한다. ② 당사자는 과태료, 가산금, 중가산금 및 체납처분비를 대통령령으로 정하는 과태료 납부대행기관을 통하여 **신용카드, 직불카드 등(이하 "신용카드등"이라 한다)**으로 낼 수 있다.
자진납부자 감경(§18)	① 행정청은 당사자가 의견 제출 기한 이내에 과태료를 자진하여 납부하고자 하는 경우에는 대통령령으로 정하는 바에 따라 **과태료를 감경할 수 있다.** (하여야 한다 X) ② 당사자가 ①에 따라 감경된 과태료를 납부한 경우에는 해당 질서위반행위에 대한 과태료 부과 및 징수절차는 종료한다.
과태료 부과 제척기간(§19)	① 행정청은 질서위반행위가 종료된 날(다수인이 질서위반행위에 가담한 경우에는 최종행위가 종료된 날)부터 5년이 경과한 경우에는 해당 질서위반행위에 대하여 과태료를 부과할 수 없다.
이의제기 (§20)	① 행정청의 과태료 부과에 불복하는 당사자는 과태료 부과 통지를 받은 날부터 60일 이내에 **해당 행정청**에 **서면**으로 이의제기를 할 수 있다. └ 상급행정청 X, 관할 법원 X ② 이의제기가 있는 경우에는 행정청의 과태료 부과처분은 그 효력을 **상실한다.** └ 상실하지 않는다 X ③ 당사자는 행정청으로부터 제21조 제3항에 따른 통지를 받기 전까지는 행정청에 대하여 서면으로 이의제기를 **철회할 수 있다.**
법원에 통보 (§21, 30)	이의제기를 받은 행정청은 이의제기를 받은 날부터 14일 이내에 이에 대한 의견 및 증빙서류를 첨부하여 관할 법원에 통보하여야 하며(예외사유 : 1. 당사자가 이의제기를 철회한 경우, 2. 당사자의 이의제기에 이유가 있어 과태료를 부과할 필요가 없는 것으로 인정되는 경우), 법원은 행정청의 통보가 있는 경우 이를 즉시 **검사**에게 통지하여야 한다.

가산금 징수 및 체납처분 등 (§24)	① 행정청은 당사자가 납부기한까지 과태료를 납부하지 아니한 때에는 납부기한을 경과한 날부터 체납된 과태료에 대하여 **100분의 3**에 상당하는 가산금을 징수한다. ② 체납된 과태료를 납부하지 아니한 때에는 납부기한이 경과한 날부터 매 1개월이 경과할 때마다 체납된 과태료의 **1천분의 12**에 상당하는 가산금(이하 "중가산금"이라 함)을 ①에 따른 가산금에 가산하여 징수한다. 이 경우 중가산금을 가산하여 징수하는 기간은 **60개월**을 초과하지 못한다. ③ 행정청은 당사자가 제20조 제1항에 따른 기한 이내에 이의를 제기하지 아니하고 ①에 따른 가산금을 납부하지 아니한 때에는 국세 또는 지방세 체납처분의 예에 따라 징수한다.
과태료의 징수유예 (§24의3)	① 행정청은 당사자가 다음 각 호의 어느 하나에 해당하여 과태료(체납된 과태료와 가산금, 중가산금 및 체납처분비를 포함)를 납부하기가 곤란하다고 인정되면 1년의 범위에서 대통령령으로 정하는 바에 따라 과태료의 **분할납부나 납부기일의 연기를 결정할 수 있다.** 　1. 「국민기초생활 보장법」에 따른 수급권자 　2. 「국민기초생활 보장법」에 따른 차상위계층 중 다음 각 목의 대상자 　　가. 「의료급여법」에 따른 수급권자 　　나. 「한부모가족지원법」에 따른 지원대상자 　　다. 자활사업 참여자 　3. 「장애인복지법」 제2조 제2항에 따른 장애인 　4. 본인 외에는 가족을 부양할 사람이 없는 사람 　5. 불의의 재난으로 피해를 당한 사람 　6. 납부의무자 또는 그 동거 가족이 질병이나 중상해로 1개월 이상의 장기 치료를 받아야 하는 경우 　7. 「채무자 회생 및 파산에 관한 법률」에 따른 개인회생절차개시결정자 　8. 「고용보험법」에 따른 실업급여수급자 　9. 그 밖에 제1호부터 제8호까지에 준하는 것으로서 **대통령령**으로 정하는 부득이한 사유가 있는 경우 〈제9호에서 대통령령으로 정하는 부득이한 사유가 있는 경우〉 　　1. 도난 등으로 재산에 현저한 손실을 입은 경우 　　2. **사업이 중대한 위기에 처한 경우** 　　3. 과태료를 일시에 내면 생계유지가 곤란하거나 자금사정에 현저한 어려움이 예상되는 경우 ② 행정청은 ①에 따라 과태료의 분할납부나 납부기일의 연기를 결정하는 경우 그 기간을 그 징수유예등을 결정한 날의 **다음 날**부터 9개월 이내로 하여야 한다. 다만, 그 기간이 만료될 때까지 법 제24조의3 제1항에 따른 징수유예등의 사유가 해소되지 아니하는 경우에는 1회에 한정하여 3개월의 범위에서 그 기간을 연장할 수 있다(동법 시행령 §7의2).
결손처분 (§24의4)	① 행정청은 당사자에게 다음 각 호의 어느 하나에 해당하는 사유가 있을 경우에는 결손처분을 할 수 있다. 　1. 제15조 제1항에 따라 과태료의 소멸시효가 완성된 경우 　2. 체납자의 행방이 분명하지 아니하거나 재산이 없는 등 징수할 수 없다고 인정되는 경우로서 대통령령으로 정하는 경우

심문 등 (§31)	① 법원은 심문기일을 열어 당사자의 진술을 들어야 한다(단, 제44조에서는 '법원은 상당하다고 인정하는 때에는 심문 없이 과태료 재판을 할 수 있다'고 규정하여 심문기일을 열지 아니하는 약식재판이 가능함). ② 법원은 검사의 의견을 구하여야 하고, **검사는 심문에 참여하여 의견을 진술하거나 서면으로 의견을 제출하여야 한다.**
과태료 재판 (§42, 43)	과태료 재판은 **검사의 명령으로써 집행**하며, 검사는 과태료를 최초 부과한 행정청에 대하여 과태료 재판의 집행을 **위탁할 수 있고,** 위탁을 받은 행정청은 **국세 또는 지방세 체납처분의 예에 따라 집행**한다.

경찰관 직무집행법

1 목적(§1)

① 국민의 자유와 권리 및 모든 개인이 가지는 불가침의 기본적 **인권을 보호**(2020년 법 개정 시 처음 명시됨)하고 사회공공의 질서를 유지하기 위한 경찰관(경찰공무원만 해당한다)의 직무 수행에 필요한 사항을 규정함을 목적으로 한다.

② 이 법에 규정된 경찰관의 직권은 그 직무 수행에 **필요한 최소한도에서 행사** 되어야 하며 **남용되어서는 아니** **된다.**
　　　　　　　　　　　　　 ↳ 경찰비례원칙의 명시적 규정　　　　　　↳ 신뢰보호의 원칙 X

2 직무의 범위(§2)

1. 국민의 생명·신체 및 재산의 보호
2. 범죄의 예방·진압 및 수사
2의2. **범죄피해자** 보호
　　　 ↳ 피의자 X
3. 경비, 주요 인사 경호 및 대간첩·대테러 작전 수행 → 청와대 경호 X
4. **공공안녕에 대한 위험의 예방과 대응을 위한** 정보의 수집·작성 및 배포
　　　　　　↳ 치안 X
5. 교통 단속과 교통 **위해의 방지**
　　　　　　　　 ↳ 질서유지 X
6. 외국 정부기관 및 국제기구와의 국제협력
7. 그 밖에 공공의 안녕과 질서 유지

[제2호(수사)·7호 관련 판례] 출입국관리공무원 외의 수사기관이 출입국사범에 관한 사건을 입건하였을 때에는 지체 없이 관할 지방출입국·외국인관서의 장에게 인계하여야 하지만(출입국관리법§101②), 동 규정이 **일반사법경찰관리의 출입국사범에 대한 수사권한을 배제하는 것은 아니다**(대판 2008도7724).

판례 1. **범죄의 예방·진압 및 수사**는 경찰관의 직무에 해당하며(경찰관직무집행법 제2조 제2호), 그 직무행위의 구체적 내용이나 방법 등이 **경찰관의 전문적 판단에 기한 합리적인 재량에 위임**되어 있다(대판 2000다57856).

2. 경찰관이 구체적 상황하에서 그 인적·물적 능력의 범위 내에서의 적절한 조치라는 판단에 따라 범죄의 진압 및 수사에 관한 직무를 수행한 경우, 그것이 객관적 정당성을 상실하여 현저하게 불합리하다고 인정되지 않는다면 그와 다른 조치를 취하지 아니한 **부작위를 내세워 국가배상책임의 요건인 법령 위반에 해당한다고 할 수 없다**(대판 2000다57856).

법적 성질	대인적 즉시강제(학설대립)
불심검문 대상자	경찰관은 다음 사람 정지시켜 질문**할 수 있다.** (하여야 한다 X) ① 수상한 행동이나 그 밖의 주위 사정을 **합리적**으로 판단하여 볼 때 어떠한 죄를 범하였거나 범하려 하고 있다고 의심할 만한 **상당한** 이유가 있는 사람 ② 이미 행하여진 범죄나 **행하여지려고 하는 범죄행위에 관한 사실을 안다고 인정되는 사람** └→ 불심검문의 대상자는 위험관련이 아니라 범죄관련임
정지 및 질문	① 경찰관은 거동불심자라고 인정되는 때에는 그를 정지시켜 질문할 수 있다. ② **질문받는 사람은 답변을 강요당하지 아니한다.** → 진술거부권을 고지할 필요는 없음
소지품검사	경찰관은 불심검문 대상자에게 질문을 할 때에 그 사람이 **흉기**를 가지고 있는지를 조사할 수 있다. (하여야 한다 X) → 경직법은 흉기 이외의 일반소지품 조사 규정을 두고 있지 않다.
증표제시	**경찰관(정복, 사복 불문)**은 질문을 하거나 **동행을 요구할 경우** 자신의 신분을 표시하는 **증표**를 제시하면서 소속과 성명을 밝히고 질문이나 동행의 목적과 이유를 설명하여야 └→ 경찰공무원증 O, 흉장 X 하며, 동행을 요구하는 경우에는 동행 장소를 밝혀야 한다. → '동행을 거부할 자유와 동행 후 퇴거할 자유가 있음' 고지 규정 X
임의동행	**동행 요구** ① 불심검문 대상자를 정지시킨 장소에서 질문을 하는 것이 **그 사람에게 불리하거나 교통에 방해가** 된다고 인정될 때 동행할 것을 요구할 수 있다. ② 이 경우 동행을 요구받은 사람은 그 요구를 **거절할 수 있다.** → 경찰공무원에게 임의동행 거절권 고지의무는 없다.
	동행 이후 **임의동행한 사람**의 가족이나 친지 등에게 동행한 경찰관의 신분, 동행 장소, 동행 목적과 이유를 **알리거나 본인**으로 하여금 즉시 연락할 수 있는 기회를 주어야 하며, 변호인의 도움을 받을 권리(진술거부권 X)가 있음을 알려야 한다.
	주의사항 ① 동행한 사람을 6시간을 초과하여 경찰관서에 머물게 할 수 없다. ② 동행을 요구받은 사람은 **형사소송에 관한 법률**에 따르지 아니하고는 신체를 구속당하지 아니하며, 그 의사에 반하여 답변을 강요당하지 아니한다.

Chapter
06

동법 시행령 (§5)	① 신분을 표시하는 증표는 경찰공무원의 공무원증으로 한다. ② 반드시 증표제시(정복, 사복 불문) → 「경찰관 직무집행법」은 불심검문시 정복을 입은 경우에도 신분증명을 면제하는 규정을 두고 있지 않다.
주민등록법 (§26)	① 사법경찰관리가 범인을 체포하는 등 그 직무를 수행할 때에 17세 이상인 주민의 신원이나 거주 관계를 확인할 필요가 있으면 주민등록증의 제시를 요구할 수 있다. 이 경우 사법경찰관리는 주민등록증을 제시하지 아니하는 자로서 신원을 증명하는 증표나 그 밖의 방법에 따라 신원이나 거주 관계가 확인되지 아니하는 자에게는 범죄의 혐의가 있다고 인정되는 상당한 이유가 있을 때에 한정하여 인근 관계 관서에서 신원이나 거주 관계를 밝힐 것을 요구할 수 있다. ② 사법경찰관리는 ①에 따라 신원 등을 확인할 때 친절과 예의를 지켜야 하며, **정복근무 중인 경우 외에는** 미리 신원을 표시하는 증표를 지니고 이를 관계인에게 내보여야 한다. └→ 정복근무시 증표제시 의무 X, 사복근무시 증표제시 의무 O ③ ②에 따른 사법경찰관리가 그 직무를 수행하면서 직권을 남용하면 「경찰관 직무집행법」 제12조에 따라 처벌한다(§38).

판례 불심검문

1. 경찰관이 '불심검문 대상자' 해당 여부를 판단할 때에는 불심검문 당시의 구체적 상황은 물론 사전에 얻은 정보나 전문적 지식 등에 기초하여 불심검문 대상자인지를 객관적·합리적인 기준에 따라 판단하여야 하나, **반드시 불심검문 대상자에게 형사소송법상 체포나 구속에 이를 정도의 혐의가 있을 것을 요한다고 할 수는 없다**(대판 2011도13999).

2. 검문하는 사람이 경찰관이고 검문하는 이유가 범죄행위에 관한 것임을 피고인이 충분히 알고 있었다고 보이는 경우에는 **신분증을 제시하지 않았다고 하여 그 불심검문이 위법한 공무집행이라고 할 수 없다**(대판 2014도7976).

3. 검문 중이던 경찰관들이, 자전거를 이용한 날치기 사건 범인과 흡사한 인상착의의 피고인이 자전거를 타고 다가오는 것을 발견하고 정지를 요구하였으나 멈추지 않아, 앞을 가로막고 소속과 성명을 고지한 후 검문에 협조해 달라는 취지로 말하였음에도 불응하고 그대로 전진하자, **따라가서 재차 앞을 막고 검문에 응하라고 요구**하였는데, 범행의 경중, 범행과의 관련성, 상황의 긴박성, 혐의의 정도, 질문의 필요성 등에 비추어 경찰관들은 목적 달성에 **필요한 최소한의 범위 내에서 사회통념상 용인될 수 있는 상당한 방법을 통하여 경찰관직무집행법 제3조 제1항에 규정된 자에 대해 의심되는 사항을 질문하기 위하여 정지시킨 것으로 보아야 한다**(적법한 불심검문)(대판 2010도6203).

4. 임의동행은 상대방의 동의 또는 승낙을 그 요건으로 하는 것이므로 경찰관으로부터 임의동행 요구를 받은 경우 상대방은 이를 거절할 수 있을 뿐만 아니라 임의동행 후 언제든지 경찰관서에서 퇴거할 자유가 있다 할 것이고, 경찰관직무집행법 제3조 제6항이 임의동행한 경우 당해인을 6시간을 초과하여 경찰관서에 머물게 할 수 없다고 규정하고 있다고 하여 그 규정이 **임의동행한 자를 6시간 동안 경찰관서에 구금하는 것을 허용하는 것은 아니다**(대판 97도1240).

5. 형사소송법 제199조 제1항은 임의수사의 원칙을 명시하고 있는바, 수사관이 동행에 앞서 피의자에게 동행을 거부할 수 있음을 알려 주었거나 동행한 피의자가 언제든지 자유로이 동행과정에서 이탈 또는 동행장소로부터 퇴거할 수 있었음이 인정되는 등 오로지 피의자의 자발적인 의사에 의하여 수사관서 등에의 동행이 이루어졌음이 객관적인 사정에 의하여 명백하게 입증된 경우에 한하여, 그 적법성이 인정되는 것으로 봄이 상당하다. 형사 소송법 제200조 제1항에 의하여 검사 또는 사법경찰관이 피의자에 대하여 임의적 출석을 요구할 수는 있겠으나, 그 경우에도 수사관이 단순히 출석을 요구함에 그치지 않고 일정 장소로의 동행을 요구하여 실행한다면 위에서 본 법리가 적용되어야 하고, 한편 행정경찰 목적의 경찰활동으로 행하여지는 **경찰관직무집행법 제3조 제2항 소정의 질문을 위한 동행요구도 형사소송법의 규율을 받는 수사로 이어지는 경우에는 역시 위에서 본 법리가 적용되어야 한다**(대판 2005도6810).

6. 상해사건을 신고받고 출동한 **정복착용 경찰관**들이 사건당사자인 피검문자의 경찰관 신분확인의 요구가 없는 상황에서 **경찰공무원증 제시 없이 불심검문** 하자 피검문자가 경찰관들을 폭행한 사안에서 당시 불심검문은 경찰관들이 경찰공무원증을 제시하지 않은 것은 **공무집행방해죄 성립에 위법성을 인정할 수 없다**(대판 2004도 4029). → 정복근무 + 상대방의 불심검문 상황인지 : 증표제시하지 않아도 위법 아님

조문학습 경찰관 직무집행법 제3조(불심검문)

① 경찰관은 다음 각 호의 어느 하나에 해당하는 사람을 정지시켜 질문할 수 있다.
　1. 수상한 행동이나 그 밖의 주위 사정을 합리적으로 판단하여 볼 때 어떠한 죄를 범하였거나 범하려 하고 있다고 의심할 만한 상당한 이유가 있는 사람
　2. 이미 행하여진 범죄나 행하여지려고 하는 범죄행위에 관한 사실을 안다고 인정되는 사람
② 경찰관은 제1항에 따라 같은 항 각 호의 사람을 정지시킨 장소에서 질문을 하는 것이 **그 사람에게 불리하거나 교통에 방해가 된다고 인정될 때**에는 질문을 하기 위하여 가까운 **경찰서·지구대·파출소 또는 출장소**(지방해양경찰관서를 포함하며, 이하 "경찰관서"라 한다)로 동행할 것을 요구할 수 있다. 이 경우 동행을 요구받은 사람은 그 요구를 거절할 수 있다.
③ 경찰관은 제1항 각 호의 어느 하나에 해당하는 사람에게 질문을 할 때에 그 사람이 **흉기를 가지고 있는지를 조사할 수 있다.**
④ 경찰관은 제1항이나 제2항에 따라 질문을 하거나 **동행을 요구할 경우** 자신의 신분을 표시하는 증표를 제시하면서 소속과 성명을 밝히고 질문이나 동행의 목적과 이유를 설명하여야 하며, 동행을 요구하는 경우에는 동행 장소를 밝혀야 한다.
⑤ 경찰관은 제2항에 따라 동행한 사람의 가족이나 친지 등에게 동행한 경찰관의 신분, 동행 장소, 동행 목적과 이유를 알리거나 본인으로 하여금 즉시 연락할 수 있는 기회를 주어야 하며, **변호인의 도움을 받을 권리가 있음을 알려야** 한다.
⑥ 경찰관은 제2항에 따라 동행한 사람을 **6시간**을 초과하여 경찰관서에 머물게 할 수 없다.
⑦ 제1항부터 제3항까지의 규정에 따라 질문을 받거나 동행을 요구받은 사람은 **형사소송에 관한 법률**에 따르지 아니하고는 신체를 **구속당하지 아니하며**, 그 의사에 반하여 **답변을 강요당하지 아니한다.**

의 의	경찰관은 수상한 행동이나 그 밖의 주위 사정을 합리적으로 판단해 볼 때 보호조치대상자에 해당하는 것이 명백하고 응급구호가 필요하다고 믿을 만한 상당한 이유가 있는 사람을 발견하였을 때에는 보건의료기관이나 공공구호기관에 긴급구호를 요청하거나 경찰관서에 보호하는 등 적절한 조치를 할 수 있다. → 보호조치에 대한 판단은 원칙적 재량적 판단으로 보며 예외적으로 기속적 판단(판례)	
보호조치 대상자	강제보호조치 대상자	① **정신착란**을 일으키거나 **술**에 취하여 자신 또는 다른 사람의 생명·신체·**재산**에 위해를 끼칠 우려가 있는 사람 ② **자살**을 시도하는 사람 **정술자**
	임의보호조치 대상자	③ **미아, 병자, 부상자** 등으로서 적당한 보호자가 없으며 응급구호가 필요하다고 인정되는 사람 → 다만, 본인이 구호를 거절하는 경우 보호조치할 수 없다.
보호조치 방법	긴급구호 요청	① 보건의료기관이나 공공구호기관에 긴급구호를 요청 ② ①에 따라 긴급구호를 요청받은 보건의료기관이나 공공구호기관은 정당한 이유 없이 긴급구호를 거절할 수 **없다.** (있다 X)
	경찰관서에서 일시 보호	일시보호조치는 24시간을 초과할 수 없음
긴급구호 요청 거부 시 처벌	긴급구호요청을 받은 기관은 정당한 이유 없이 이를 거절한 경우, ① 「경찰관직무집행법」상 **처벌규정은 없다.** ② 「응급의료에 관한 법률」 제60조 제3항에 의거 3년 이하의 징역 또는 3천만원 이하의 벌금	
임시영치	물건을 **경찰관서**에 임시로 영치하는 기간은 **10일**을 초과할 수 없다.	
보호조치	보호장소	보건의료기관, 공공구호기관, 경찰관서
	연고자 등에 통지	긴급구호 요청 또는 보호조치하였을 때에는 지체없이 피구호자의 가족·친지·그 밖의 연고자에게 그 사실을 알려야 하며, 연고자가 발견되지 아니한 때에는 구호대상자를 **공중보건의료기관이나 공공구호기관**에 즉시 **인계**하여야 한다. (할 수 있다 X) 경찰관서 X

판례 **보호조치**

1. 보호조치를 필요로 하는 피구호자에 해당하는지는 구체적인 상황을 고려하여 **경찰관 평균인을 기준으로** 판단하되, 그 판단은 보호조치의 취지와 목적에 비추어 현저하게 불합리하여서는 아니 되며, **피구호자의 가족 등에게 피구호자를 인계할 수 있다면 특별한 사정이 없는 한 경찰관서에서 피구호자를 보호하는 것은 허용 되지 않는다**(대판 93도958).

2. 경찰관직무집행법 제4조 제1항 제1호에서 규정하는 술에 취한 상태로 인하여 자기 또는 타인의 생명·신 체와 재산에 위해를 미칠 우려가 있는 피구호자에 대한 **보호조치는 경찰 행정상 즉시강제에 해당**하므로, 그 조치가 불가피한 최소한도 내에서만 행사되도록 발동·행사 요건을 신중하고 엄격하게 해석하여야 한다. 따라서 **'술에 취한 상태'란** 피구호자가 술에 만취하여 **정상적인 판단능력이나 의사능력을 상실할 정도**에 이른 것을 말한다(대판 93도958).

3. [1] 긴급구호권한과 같은 경찰관의 조치권한은 일반적으로 **경찰관의 전문적 판단에 기한 합리적인 재량에 위 임**되어 있는 것이나, 불행사가 현저하게 불합리하다고 인정되는 경우, 불행사는 법령에 위반하는 행위에 해당하게 되어 국가배상법상의 다른 요건이 충족되는 한, 국가는 그로 인하여 피해를 입은 자에 대하여 **국가배상책임을 부담**한다.
   [2] [1]과 관련하여 정신질환자에 의한 집주인 살인범행에 앞서 그 구체적 위험이 객관적으로 존재하고 있 었다고 보기 어려운 경우, 경찰관이 그때그때의 상황에 따라 그 정신질환자를 훈방하거나 일시 정신병원 에 입원시키는 등 경찰관직무집행법의 규정에 의한 긴급구호조치를 취한 이상, **긴급구호권 불행사를 이유 로 제기한 국가배상청구는 인정되지 않는다**(대판 95다45927).

4. 경찰관이 응급의 구호를 요하는 자를 보건의료기관에게 긴급구호요청을 하고, 보건의료기관이 이에 따 라 치료행위를 하였다고 하더라도 국가와 보건의료기관 사이에 국가가 치료행위를 보건의료기관에 위탁 하고 보건의료기관이 이를 승낙하는 내용의 **치료위임계약이 체결된 것으로는 볼 수 없다**(대판 93다4472).

Chapter 06

① 경찰관은 수상한 행동이나 그 밖의 주위 사정을 합리적으로 판단해 볼 때 다음 각 호의 어느 하나에 해당하는 것이 명백하고 응급구호가 필요하다고 믿을 만한 상당한 이유가 있는 사람(이하 "구호대상자"라 한다)을 발견하였을 때에는 보건의료기관이나 공공구호기관에 긴급구호를 요청하거나 경찰관서에 보호하는 등 적절한 조치를 할 수 있다.

 1. **정신착란**을 일으키거나 **술에 취하여** 자신 또는 다른 사람의 생명·신체·재산에 위해를 끼칠 우려가 있는 사람

 2. **자살**을 시도하는 사람

 3. **미아, 병자, 부상자** 등으로서 적당한 보호자가 없으며 응급구호가 필요하다고 인정되는 사람. **다만, 본인이 구호를 거절하는 경우는 제외한다.**

② 제1항에 따라 긴급구호를 요청받은 보건의료기관이나 공공구호기관은 정당한 이유 없이 긴급구호를 **거절할 수 없다.**

③ 경찰관은 제1항의 조치를 하는 경우에 구호대상자가 휴대하고 있는 무기·흉기 등 위험을 일으킬 수 있는 것으로 인정되는 물건을 **경찰관서에** 임시로 영치(領置)하여 놓을 수 있다.

④ 경찰관은 제1항의 조치를 하였을 때에는 **지체 없이** 구호대상자의 가족, 친지 또는 그 밖의 연고자에게 그 사실을 알려야 하며, 연고자가 발견되지 아니할 때에는 구호대상자를 적당한 공공보건의료기관이나 공공구호기관에 **즉시** 인계하여야 한다.

⑤ 경찰관은 제4항에 따라 구호대상자를 공공보건의료기관이나 공공구호기관에 인계하였을 때에는 즉시 그 사실을 소속 경찰서장이나 해양경찰서장에게 보고하여야 한다.

⑥ 제5항에 따라 보고를 받은 소속 경찰서장이나 해양경찰서장은 대통령령으로 정하는 바에 따라 구호대상자를 인계한 사실을 **지체 없이** 해당 공공보건의료기관 또는 공공구호기관의 장 및 그 감독행정청에 통보하여야 한다.

⑦ 제1항에 따라 구호대상자를 경찰관서에서 보호하는 기간은 **24시간**을 초과할 수 없고, 제3항에 따라 물건을 **경찰관서에** 임시로 영치하는 기간은 **10일**을 초과할 수 없다.

요건	경찰관은 사람의 생명 또는 신체에 위해를 끼치거나 재산에 중대한 손해를 끼칠 우려가 있는 **천재(天災)**, **사변(事變)**, 인공구조물의 파손이나 붕괴, 교통사고, 위험물의 폭발, 위험한 동물 등의 출현, 극도의 혼잡, 그 밖의 위험한 사태가 있을 때에는 경고 등 조치를 할 수 있으며, 이러한 조치를 하였을 때에는 지체 없이 그 사실을 소속 **경찰관서의 장**에게 보고하여야 한다.		
조치 수단	경고	경찰관이 위험상태의 발생 장소에 모인 사람, 사물의 관리자와 그 밖의 관계인에게 필요한 **경고**를 발하는 것을 말한다.	
	억류 또는 피난	**매우 긴급한 경우**에, 위해를 입을 우려가 있는 사람에 대하여 필요한 한도에서 이를 **억류하거나 피난**시키는 것을 의미한다.	
	직접조치 (위해방지조치)	위험상태의 발생 장소에 있는 사람, 사물의 관리자, 그 밖의 관계인에게 위해를 방지하기 위하여 필요하다고 인정되는 **조치를 하게 하거나, 직접 그 조치를 하는 것**을 말한다.	
	접근·통행의 제한·금지 조치	**경찰관서의 장**은 대간첩 작전의 수행이나 소요 사태의 **진압**(예방 X)을 위하여 필요 └ 경찰관 X 하다고 인정되는 상당한 이유가 있을 때에는 대간첩 작전지역이나 경찰관서·무기고 등 <u>국가중요시설</u>에 대한 접근 또는 통행을 제한하거나 **금지할 수 있다.** (하여야 한다 X) └ 다중이용시설 X	
보고	경찰관은 위험발생의 방지 등의 조치를 하였을 때에는 지체 없이 그 사실을 소속 경찰관서의 장에게 보고하여야 한다.		
관련 판례	행정청이 행정대집행의 방법으로 건물철거의무의 이행을 실현할 수 있는 경우에는 건물철거 대집행 과정에서 부수적으로 건물의 점유자들에 대한 퇴거 조치를 할 수 있고, 점유자들이 적법한 행정대집행을 위력을 행사하여 방해하는 경우 형법상 공무집행방해죄가 성립하므로, 필요한 경우에는 '**경찰관 직무집행법**'에 근거한 위험발생 방지조치 또는 형법상 공무집행방해죄의 범행방지 내지 현행범체포의 차원에서 경찰의 도움을 받을 수도 있다(대판 2016다213916).		

경찰관이 **범죄행위가 목전에 행하여지려고 하는 것을 인정하였을 때**에 이를 **예방**하기 위해 **관계인에게** 필요한 **경고**를 하고 또 그 행위로 인하여 사람의 생명·신체에 위해를 끼치거나 **재산**에 중대한 손해를 끼칠 우려가 있는 **긴급한 경우**에는 그 행위를 **제지**할 수 있다.

판례 **범죄의 예방과 제지**

1. 경찰관의 **경고나 제지**는 범죄의 예방을 위하여 범죄행위에 관한 실행의 착수 전에 행하여질 수 있을 뿐만 아니라, 이후 범죄행위가 계속되는 중에 그 진압을 위하여도 당연히 **행하여질 수 있다고 보아야 한다**(대판 2013도643).

2. **경찰관의 제지에 관한 부분**은 범죄 예방을 위한 경찰 **행정상 즉시강제**, 즉 눈앞의 급박한 경찰상 장해를 제거할 필요가 있고 의무를 명할 시간적 여유가 없거나 의무를 명하는 방법으로는 그 목적을 달성하기 어려운 상황에서 **의무불이행을 전제로 하지 않고 경찰이 직접 실력을 행사하여 경찰상 필요한 상태를 실현하는 권력적 사실행위에 관한 근거조항**이다(대판 2016도19417).
   ↳ 비권력적 X

3. 경찰관 직무집행법 제6조에 따른 경찰관의 제지 조치가 적법한 직무집행으로 평가되기 위해서는, 형사처벌의 대상이 되는 행위가 눈앞에서 막 이루어지려고 하는 것이 **객관적**으로 인정될 수 있는 상황이고,
   ↳ 주관적 X
   그 행위를 당장 제지하지 않으면 곧 인명·신체에 위해를 미치거나 재산에 중대한 손해를 끼칠 우려가 있는 상황이어서, **직접 제지하는 방법 외에는 위와 같은 결과를 막을 수 없는 절박한 사태이어야 한다**. 다만 경찰관의 제지 조치가 적법한지는 **제지 조치 당시의 구체적 상황을 기초로 판단하여야** 하고 **사후적으로 순수한 객관적 기준에서 판단할 것은 아니다**(대판 2016도19417).

4. 주거지에서 음악 소리를 크게 내거나 큰 소리로 떠들어 이웃을 시끄럽게 하는 행위는 경범죄처벌법 제3조 제1항 제21호에서 경범죄로 정한 '인근소란 등'에 해당한다. 경찰관은 경찰관 직무집행법에 따라 **경범죄에 해당하는 행위를 예방·진압·수사하고, 필요한 경우 제지하는 것은 경찰관의 직무상 권한이자 의무**라고 볼 수 있으므로, 위와 같은 상황에서 경찰관이 피고인의 집으로 통하는 전기를 일시적으로 차단한 것은 피고인을 집 밖으로 나오도록 유도한 것으로서, 피고인의 범죄행위를 진압·예방하고 수사하기 위해 **필요하고도 적절한 조치**로 보이고, 경찰관 직무집행법 제1조의 목적에 맞게 제2조의 직무 범위 내에서 제6조에서 정한 **즉시강제의 요건을 충족한 적법한 직무집행으로 볼 여지가 있다**(대판 2016도19417).

5. 특정 지역에서의 불법집회에 참가하려는 것을 막기 위하여 **시간적·장소적으로 근접하지 않은 다른 지역에서 집회예정장소로 이동하는 것을 제지하는 것은 제6조의 행정상 즉시강제인 경찰관의 제지의 범위를 명백히 넘어 허용될 수 없다**(대판 2007도9794).

6. 어떠한 범죄행위를 목전에서 저지르려고 하거나 이들의 행위로 인하여 인명·신체에 위해를 미치거나 재산에 중대한 손해를 끼칠 우려 등 **긴급한 사정이 있는 경우가 아닌데도** 방패를 든 전투경찰대원들이 위 조합원들을 둘러싸고 이동하지 못하게 가둔 행위(고착관리)는 **구 경찰관 직무집행법 제6조 제1항에 근거한 제지 조치라고 볼 수 없고, 이는 형사소송법상 체포에 해당**한다(대판 2013도2168).
   주의 긴급한 사정이 있는 경우라면 제지에 해당

법적 성질	위험한 사태와 관련된 '위험방지를 위한 출입'은 **대가택적 즉시강제**이다. 따라서 행정조사상 출입과 달리 즉시강제이므로 상대방의 의사를 불문하고 출입할 수 있다. └ 행정조사의 성격 X
내용	① 경찰관은 제5조 제1항·제2항 및 제6조에 따른 위험한 사태가 발생하여 사람의 **생명·신체** 또는 **재산**에 대한 위해가 임박한 때에 그 위해를 방지하거나 피해자를 구조하기 위하여 부득이하다고 인정하면 합리적으로 판단하여 필요한 한도에서 **다른 사람의 토지·건물·배 또는 차**에 출입할 수 있다. → 긴급출입 ② 흥행장, 여관, 음식점, 역, 그 밖에 많은 사람이 출입하는 장소의 관리자나 그에 준하는 관계인은 경찰관이 범죄나 사람의 생명·신체·재산에 대한 위해를 예방하기 위하여 해당 장소의 영업시간이나 해당 장소가 일반인에게 **공개된 시간**에 그 장소에 출입하겠다고 요구하면 정당한 이유 없이 그 요구를 거절할 수 없다. → 예방출입 ③ 경찰관은 대간첩 작전 수행에 필요할 때에는 작전지역에서 ②에 따른 장소를 검색할 수 있다. → 긴급검색 ④ 경찰관은 ①부터 ③까지의 규정에 따라 필요한 장소에 출입할 때에는 그 신분을 표시하는 증표를 **제시하여야 하며** 함부로 관계인이 하는 정당한 업무를 방해해서는 아니 된다. └ 제시할 필요 없다 X
사례	① 경찰관은 여관에 불이 나서 객실에 쓰러져 있는 사람이 있으면, 주인이 허락하지 않더라도 출입할 수 있다. → '위험방지를 위한 출입'은 대가택적 즉시강제이다. 따라서 행정조사상 출입과 달리 즉시강제이므로 **상대방의 의사를 불문하고 출입할 수 있음** ② 새벽 3시에 영업이 끝난 식당에 주인만 머무르는 경우라도, 경찰관은 범죄의 예방을 위해 출입을 요구할 수 없다. → 경찰관은 음식점에 영업시간 또는 공개된 시간 내에 위해 방지 목적으로 출입을 요구할 수 있고, 상대방은 정당한 이유가 없으면 이를 **거절할 수 없다.** 그러나 '영업이 끝난 식당에서 주인만 머무르는 경우'는 영업시간 또는 공개된 시간이 아니므로 경찰관은 범죄의 예방을 위해 **출입을 요구할 수 없음** ③ 무장공비가 도심에 출현하여 이들을 검거하기 위해 작전을 수행할 경우에 경찰관은 건물주의 허락이 없더라도 해당 작전 구역 안에 있는 영화관을 검색할 수 있다. → 경찰관은 대간첩 작전 수행에 필요할 때에는 작전지역에서 제2항에 따른 **장소를 검색할 수 있음** ④ 경찰관은 위험방지를 위해 영업중인 여관·음식점 등에 출입할 때에는 그 신분을 표시하는 **증표를** 제시하여야 하며, 함부로 관계인이 하는 정당한 업무를 방해해서는 아니 된다.

Chapter 06

직무수행상의 사실확인 및 출석요구 등

1 직무수행상의 사실확인 및 출석요구(§8)

사실의 조회 (경찰관서의 장)	<u>경찰관서의 장</u>은 직무 수행에 필요하다고 인정되는 상당한 이유가 있을 때에는 국가기관이나 ↳ 경찰관X 공사 단체 등에 직무 수행에 관련된 **사실을 조회할 수 있다.** 다만, 긴급한 경우에는 소속 경 ↳ 하여야 한다 X 찰관으로 하여금 현장에 나가 해당 기관 또는 단체의 장의 협조를 받아 그 사실을 확인하 게 할 수 있다.
출석요구 사유 (경찰관)	– **미**아를 인수할 보호자 확인 – **유**실물을 인수할 권리자 확인 – **사**고로 인한 사상자 확인 – **행정처분**을 위한 교통사고 조사에 필요한 사실 확인 **유미야 행사가자** ↳ 형사처분X → 출석요구는 임의적인 것이므로 상대방의 동의를 구해야 함

2 정보의 수집 등(§8의2)

① **경찰관**(경찰관서의 장 X)은 범죄·재난·공공갈등 등 **공공안녕**(공공질서 X)에 대한 위험의 예방과 대응을 위한 정보의 수집·작성·배포와 이에 수반되는 **사실의 확인**(사실조회 X)을 할 수 있다.

3 경찰관 직무집행법 기타 규정

국제협력 (§8의3)	**경찰청장**은 이 법에 따른 경찰관의 직무수행을 위하여 외국 정부기관, 국제기구 등과 자료 교환, 국제협력 활동 등을 할 수 있다.
유치장 (§9)	법률에서 정한 절차에 따라 체포·구속된 사람 또는 신체의 자유를 제한하는 판결이나 처분을 받은 사람을 수용하기 위하여 **경찰서와 해양경찰서**에 유치장을 **둔다.** ↳ 시·도경찰청 X ↳ 둘 수 있다 X
벌 칙 (§12)	이 법에 규정된 경찰관의 의무를 위반하거나 직권을 남용하여 다른 사람에게 해를 끼친 사람은 1년 이하의 **징역이나 금고 또는 300만원 이하의 벌금**에 처한다.

경찰장비의 사용

1 「경찰관 직무집행법」상 경찰장비(§10)

의의	**경찰장비란** 무기, 경찰장구, 경찰착용기록장치, 최루제와 그 발사장치, 살수차, 감식기구, 해안 감시기구, 통신기기, 차량·선박·항공기 등 경찰이 직무를 수행할 때 필요한 장치와 기구를 말한다.
사용	① 경찰관은 직무수행 중 경찰장비를 사용할 수 있다. 다만, 사람의 **생명이나 신체**(재산 X)에 위해를 끼칠 수 있는 경찰장비를 사용할 때에는 필요한 **안전교육과 안전검사**를 받은 후 사용하여야 한다.
안전성 검사	**경찰청장**은 위해성 경찰장비를 새로 도입하려는 경우 **안전성 검사**를 실시하여 그 **안전성 검사**의 결과보고서를 **국회 소관 상임위원회**에 제출하여야 한다. 이 경우 **안전성 검사**에는 외부 전문가를 참여시켜야 한다. ↳ 국가경찰위원회 X

[조문학습] 경찰관 직무집행법 제10조(경찰장비의 사용 등)

① 경찰관은 직무수행 중 경찰장비를 사용할 수 있다. 다만, 사람의 **생명이나 신체**(재산 X)에 위해를 끼칠 수 있는 경찰장비를 사용할 때에는 필요한 안전교육과 안전검사를 받은 후 사용하여야 한다.

② "**경찰장비**"란 무기, 경찰장구(警察裝具), 경찰착용기록장치, 최루제(催淚劑)와 그 발사장치, 살수차, 감식기구(鑑識機具), 해안 감시기구, 통신기기, 차량·선박·항공기 등 경찰이 직무를 수행할 때 필요한 장치와 기구를 말한다.

③ 경찰관은 경찰장비를 함부로 개조하거나 경찰장비에 임의의 장비를 부착하여 일반적인 사용법과 달리 사용함으로써 다른 사람의 생명·신체에 위해를 끼쳐서는 아니 된다.

④ **위해성 경찰장비**는 필요한 최소한도에서 사용하여야 한다.
↳ 모든장비 X

⑤ **경찰청장**은 위해성 경찰장비를 새로 도입하려는 경우에는 대통령령으로 정하는 바에 따라 **안전성 검사**를 실시하여 그 **안전성 검사**의 결과보고서를 **국회 소관 상임위원회**에 제출하여야 한다. 이 경우 **안전성 검사**에는 외부 전문가를 참여시켜야 한다.
↳ 국가경찰위원회 X

⑥ 위해성 경찰장비의 종류 및 그 사용기준, 안전교육·안전검사의 기준 등은 대통령령으로 정한다.

2 「위해성 경찰장비의 사용기준 등에 관한 규정」상 경찰장비(대통령령)

위해성 경찰장비 종류 (§2)	경찰장구	수갑·포승·호송용포승·경찰봉·호신용경봉·전자충격기·방패 및 전자방패 방전(된)경호포수
	무기	권총·소총·기관총(기관단총포함)·산탄총·유탄발사기·박격포·3인치포·함포·크레모아·수류탄·폭약류 및 도검
	분사기·최루탄등	근접분사기·가스분사기·가스발사총(고무탄 발사겸용 포함) 및 최루탄(그 발사장치 포함)
	기타장비	가스차·살수차·특수진압차·물포·석궁·다목적발사기 및 도주차량차단장비 석수물스발차단
안전교육 (§17)		직무수행 중 위해성 경찰장비를 사용하는 경찰관은 위해성 경찰장비 사용을 위한 **안전교육을 받아야 한다.**
위해성 경찰장비 안전검사(§18)		위해성 경찰장비를 사용하는 경찰관이 소속한 <u>국가경찰관서의 장</u>은 소속 경찰관이 사용할 위해성 경찰장비에 대한 안전검사를 실시하여야 한다. ↳ 경찰관 X

신규 도입 장비 안전성 검사 (§18의2)		① **경찰청장**은 위해성 경찰장비를 새로 도입하려는 경우에는 법 제10조 제5항에 따라 안전성 검사를 실시하여 새로 도입하려는 장비가 사람의 생명이나 신체에 미치는 영향을 평가하여야 한다.
		③ 안전성 검사에 참여한 **외부 전문가**는 안전성 검사가 끝난 후 30일 이내에 신규 도입 장비의 안전성 여부에 대한 의견을 **경찰청장**에게 제출하여야 한다.
		④ **경찰청장**은 신규 도입 장비에 대한 안전성 검사를 실시한 후 3개월 이내에 다음 각 호의 내용이 포함된 안전성 검사 결과보고서를 **국회 소관 상임위원회**에 제출하여야 한다.
		  1. 신규 도입 장비의 주요 특성 및 기본적인 작동 원리
		  2. ~ 4. (중략)

위해성 경찰 장비의개조 등 (§19)		국가경찰관서의 장(경찰청장·해양경찰청장·시·도경찰청장·지방해양경찰청장·경찰서장 또는 해양경찰서장 기타 **경무관·총경·경정 또는 경감**을 장으로 하는 국가경찰관서의 장을 말한다)은 폐기대상인 위해성 경찰장비 또는 성능이 저하된 위해성 **경찰장비를 개조할 수 있으며,** 소속경찰관으로 하여금 이를 본래의 용법에 준하여 사용하게 할 수 있다.
사용기록 보관(§20)		① 위해성 경찰장비(<u>무기, 분사기·최루탄등, 살수차</u>)를 사용하는 경우 그 **현장책임자** 또는 ↳ 가스차 X, 경찰장구 X **사용자**는 사용보고서를 작성하여 **직근상급 감독자**에게 보고하고, 직근상급 감독자는 이를 3년간 보관하여야 한다. ② 무기 사용보고를 받은 직근상급 감독자는 지체없이 지휘계통을 거쳐 **경찰청장** 또는 해양경찰청장에게 보고하여야 한다.
부상자에 대한 긴급조치(§21)		경찰관이 위해성 경찰장비를 사용하여 부상자가 발생한 경우에는 즉시 구호, 그 밖에 필요한 긴급조치를 하여야 한다.

1 「경찰관 직무집행법」상 경찰장구의 사용(§10의2)

종류	**"경찰장구"**란 경찰관이 휴대하여 범인 검거와 범죄 진압 등의 직무 수행에 사용하는 **수갑, 포승, 경찰봉, 방패**(도검X) 등을 말한다.
요건	경찰관은 다음 각 호의 직무를 수행하기 위하여 필요하다고 인정되는 상당한 이유가 있을 때에는 그 사태를 합리적으로 판단하여 필요한 한도에서 경찰장구를 사용할 수 있다. 1. 현행범과 사형, 무기, 장기 3년 이상에 해당하는 죄를 범한 범인의 체포 도주방지 2. 자신이나 다른 사람의 **생명·신체**(재산X)의 방어 및 보호 3. 공무집행에 대한 항거의 제지　　**공자는 현행범**

2 「위해성 경찰장비의 사용기준 등에 관한 규정」상 경찰장구의 사용

수갑등 사용기준 (§4,5)	① 경찰관(경찰공무원으로 한정)은 체포·구속영장을 집행하거나 신체의 자유를 제한하는 판결 또는 처분을 받은 자를 법률이 정한 절차에 따라 호송하거나 수용하기 위하여 필요한 때에는 **최소한의 범위안에서 수갑·포승 또는 호송용포승**을 사용할 수 있다. ② 경찰관은 **범인·술에 취한 사람 또는 정신착란자의 자살 또는 자해기도를 방지**하기 위하여 필요한 때에는 수갑·포승 또는 호송용포승을 사용할 수 있다. 이 경우 경찰관은 **소속 국가경찰관서의 장**(경찰청장·해양경찰청장·시·도경찰청장·지방해양경찰청장·경찰서장 또는 해양경찰서장 기타 경무관·총경·경정 또는 **경감을 장**으로 하는 국가경찰관서의 장을 말한다)에게 그 사실을 **보고해야 한다.**
불법집회등에서의 경찰봉·호신용 경봉의 사용기준(§6)	경찰관은 **불법집회·시위**로 인하여 발생할 수 있는 타인 또는 경찰관의 **생명·신체**의 위해와 **재산·공공시설의 위험**을 방지하기 위하여 필요한 때에는 **최소한의 범위안에서 경찰봉 또는 호신용경봉**을 사용할 수 있다.
전자충격기등의 사용제한(§8)	① 경찰관은 14세 미만의 자 또는 **임산부**에 대하여 전자충격기 또는 전자방패를 사용하여서는 아니된다.　　ㄴ 70세 이상 X ② 경찰관은 전극침 발사장치가 있는 전자충격기를 사용하는 경우 상대방의 **얼굴**을 향하여 전극침을 발사하여서는 아니된다.

1 「경찰관 직무집행법」상 분사기 및 최루탄 사용(§10의3)

한계	경찰관은 다음 '요건'의 직무를 수행하기 위하여 부득이한 경우에는 **현장책임자**가 판단하여 필요한 최 ＾해당 경찰관 X 소한의 범위에서 분사기(「**총포·도검·화약류 등의 안전관리에 관한 법률**」에 따른 분사기를 말하며, 그에 사용하는 최루 등의 작용제를 포함한다) 또는 최루탄을 사용**할 수 있다.** ＾하여야 한다 X
요건	1. 범인의 체포 도주의 방지 → 공무집행에 대한 항거의 제지 X 2. 불법집회 시위로 인한 자신이나 다른 사람의 생명·신체와 재산 및 공공시설안전에 대한 현저한 　 위해의 발생을 억제

2 「위해성 경찰장비의 사용기준 등에 관한 규정」상 가스발사총등 사용제한(§12)

① 경찰관은 범인의 체포 또는 도주방지, 타인 또는 경찰관의 **생명·신체**(재산 X)에 대한 방호, **공무집행에 대한 항거의 억제**를 위하여 필요한 때에는 최소한의 범위안에서 **가스발사총을 사용할 수 있다.** 이 경우 경찰관은 1미터 이내의 거리에서 상대방의 얼굴을 향하여 이를 발사하여서는 아니된다.

② 경찰관은 최루탄발사기로 최루탄을 발사하는 경우 30도 이상의 발사각을 유지하여야 하고, 가스차·살수차 또는 특수진압차의 최루탄발사대로 최루탄을 발사하는 경우에는 15도 이상의 발사각을 유지하여야 한다.

	최루탄 발사기	최루탄 발사대(가스차·살수차 또는 특수진압차)
발사각	30도 이상 유지	15도 이상 유지
	기삼아	대15

1 「경찰관 직무집행법」상 무기의 사용(§10의4)

무기의 정의		사람의 생명이나 신체에 위해를 끼칠 수 있도록 제작된 **권총·소총·도검 등**
요건	위해 수반 X	경찰관은 ⊙ 범인의 체포, ⓒ 범인의 도주 방지, ⓒ 자신이나 다른 사람의 **생명·신체** 〔↳ 재산 X〕 의 방어 및 보호, ② 공무집행에 대한 항거의 제지를 위하여 필요하다고 인정되는 상 당한 이유가 있을 때에는 그 사태를 합리적으로 판단하여 필요한 한도에서 무기를 사용할 수 있다.
	위해 수반 O	① 형법에 규정된 **정당방위**와 **긴급피난**에 해당하는 때 〔↳ 정당행위 X〕 ② 다음 어느 하나에 해당하는 때에 그 행위를 방지하거나 행위자를 체포하기 위하여 　무기를 사용하지 아니하고는 다른 수단이 없다고 인정되는 상당한 이유가 있는 때 　　1. 사형·무기 또는 **장기 3년 이상**의 징역이나 금고에 해당하는 범인을 체포하는 경 　　　우 경찰관의 직무집행에 항거하거나 도주하려고 할 때 　　2. 체포·구속영장과 압수·수색영장을 집행하는 과정에서 경찰관의 직무집행에 　　　항거하거나 도주하려고 할 때 　　3. 제3자가 1 또는 2에 해당하는 사람을 도주시키려고 경찰관에게 항거할 때 　　4. 무기·흉기 등 위험한 물건을 지닌 범인·소요행위자가 경찰관으로부터 **3회 이** 　　　**상**의 물건을 버리라는 명령이나 항복하라는 명령을 받고도 따르지 아니하면서 　　　계속 항거할 때 ③ 대간첩 작전 수행 과정에서 무장간첩이 항복하라는 경찰관의 명령을 받고도 따르 　지 아니할 때

Chapter
06

2 「위해성 경찰장비의 사용기준 등에 관한 규정」상 무기사용(§9,10)

제9조(총기사용의 경고)

경찰관은 「경찰관 직무집행법」 제10조의4에 따라 사람을 향하여 권총 또는 소총을 발사하고자 하는 때에는 **미리 구두 또는 공포탄에 의한 사격으로 상대방에게 경고하여야 한다.** 다만, 다음 각 호의 어느 하나에 해당하는 경우로서 부득이한 때에는 **경고하지 아니할 수 있다.**

1. 경찰관을 급습하거나 타인의 **생명·신체**에 대한 중대한 위험을 야기하는 범행이 목전에 실행되고 있는 등
   └ 재산 X
   상황이 급박하여 특히 경고할 시간적 여유가 없는 경우
2. 인질·간첩 또는 테러사건에 있어서 은밀히 작전을 수행하는 경우

제10조(권총 또는 소총의 사용제한)

① 경찰관은 법 제10조의4의 규정에 의하여 권총 또는 소총을 사용하는 경우에 있어서 범죄와 무관한 다중의 생명·신체에 위해를 가할 우려가 있는 때에는 이를 사용하여서는 아니된다. 다만, 권총 또는 소총을 사용하지 아니하고는 타인 또는 경찰관의 생명·신체에 대한 중대한 위험을 방지할 수 없다고 인정되는 때에는 필요한 최소한의 범위안에서 이를 사용할 수 있다.

② 경찰관은 총기 또는 폭발물을 가지고 대항하는 경우를 **제외**하고는 **14세 미만의 자** 또는 **임산부**에 대하여 **권총 또는 소총**을 발사하여서는 아니된다.
   └ 가스발사총 X

	전자충격기등 사용제한	권총등 사용제한
14세 미만 자 또는 임산부	사용 불가(예외없음) ※ 얼굴을 향하여 전극침 발사 X	**원칙** – 사용 불가 **예외** – 총기 또는 폭발물을 가지고 대항하는 경우 사용 가능

판례

1. 경찰관이 **신호위반을 이유로 한 정지명령에 불응하고 도주하던 차량에 탑승한 동승자를 추격하던 중** 몸에 지닌 각종 장비 때문에 거리가 점점 멀어져 추격이 힘들게 되자 수차례에 걸쳐 경고하고 **공포탄을 발사했음에도 불구하고 계속 도주하자 실탄을 발사하여 사망케 한 경우,** 경찰관직무집행법 제10조의4에 정해진 총기 사용의 허용 범위를 벗어난 위법행위이다(대판 98다61470).
2. 경찰관이 범인을 제압하는 과정에서 총기를 사용하여 범인을 사망에 이르게 한 경우, 경찰관이 총기사용에 이르게 된 동기나 목적, 경위 등을 고려하여 형사사건에서 무죄판결이 확정되었더라도 당해 **경찰관의 과실의 내용과 그로 인하여 발생한 결과가 중대하면 민사상 불법행위책임**이 인정된다(대법원 2008. 2. 1. 2006다6713).

경찰착용 기록장치의 사용 (§10의5)	① 경찰관은 다음 각 호의 어느 하나에 해당하는 직무 수행을 위하여 필요한 경우에는 **필요한 최소한의 범위에서 경찰착용기록장치를** 사용할 수 있다. 　1. 경찰관이 「형사소송법」 제200조의2, 제200조의3, 제201조 또는 제212조에 따라 피의자를 체포 또는 구속하는 경우 　2. 범죄 수사를 위하여 필요한 경우로서 다음 각 목의 요건을 모두 갖춘 경우 　　가. 범행 중이거나 범행 직전 또는 직후일 것 　　나. 증거보전의 필요성 및 긴급성이 있을 것 　3. 제5조 제1항에 따른 인공구조물의 파손이나 붕괴 등의 위험한 사태가 발생한 경우 　4. 경찰착용기록장치에 기록되는 대상자(이하 이 조에서 "기록대상자"라 한다)로부터 그 기록의 요청 또는 동의를 받은 경우 　5. 제4조 제1항 각 호에 해당하는 것이 명백하고 응급구호가 필요하다고 믿을 만한 상당한 이유가 있는 경우 　6. 제6조에 따라 사람의 **생명·신체에** 위해를 끼치거나 **재산에** 중대한 손해를 끼칠 우려가 있는 범죄행위를 긴급하게 예방 및 제지하는 경우 　7. 경찰관이 「해양경비법」 제12조 또는 제13조에 따라 해상검문검색 또는 추적·나포하는 경우 　8. 경찰관이 「수상에서의 수색·구조 등에 관한 법률」에 따라 같은 법 제2조 제4호의 수난구호 업무 시 수색 또는 구조를 하는 경우 　9. 그 밖에 제1호부터 제8호까지에 준하는 경우로서 대통령령으로 정하는 경우 ② 이 법에서 **"경찰착용기록장치"란** 경찰관이 신체에 착용 또는 휴대하여 직무수행 과정을 근거리에서 **영상·음성으로** 기록할 수 있는 기록장치 또는 그 밖에 이와 유사한 기능을 갖춘 기계장치를 말한다.
경찰착용기록장치의 사용 고지 등 (§10의6)	① 경찰관이 경찰착용기록장치를 사용하여 기록하는 경우로서 **이동형 영상정보처리기기**로 사람 또는 그 사람과 관련된 사물의 영상을 촬영하는 때에는 불빛, 소리, 안내판 등 대통령령으로 정하는 바에 따라 **촬영 사실을 표시하고 알려야 한다.** ② 제1항에도 불구하고 제10조의5제1항 각 호에 따른 경우로서 불가피하게 고지가 곤란한 경우에는 제3항에 따라 영상음성기록을 전송·저장하는 때에 그 고지를 못한 사유를 기록하는 것으로 대체할 수 있다. ③ 경찰착용기록장치로 기록을 마친 영상음성기록은 지체 없이 제10조의7에 따른 영상음성기록정보 관리체계를 이용하여 영상음성기록정보 데이터베이스에 전송·저장하도록 하여야 하며, **영상음성기록을 임의로 편집·복사하거나 삭제하여서는 아니 된다.** ④ 그 밖에 경찰착용기록장치의 사용기준 및 관리 등에 필요한 사항은 **대통령령으로** 정한다.
영상음성기록정보 관리체계의 구축·운영 (§10의7)	경찰청장은 경찰착용기록장치로 기록한 영상·음성을 저장하고 데이터베이스로 관리하는 영상음성기록정보 관리체계를 구축·운영하여야 한다.

Chapter 06

제10조의2(경찰장구의 사용) ① 경찰관은 다음 각 호의 직무를 수행하기 위하여 필요하다고 인정되는 상당한 이유가 있을 때에는 그 사태를 합리적으로 판단하여 필요한 한도에서 경찰장구를 **사용할 수 있다.**

　1. 현행범이나 사형·무기 또는 장기 3년 이상의 징역이나 금고에 해당하는 죄를 범한 범인의 체포 또는 도주 방지

　2. 자신이나 다른 사람의 생명·신체의 방어 및 보호

　3. **공무집행에 대한 항거(抗拒) 제지**

　② 제1항에서 **"경찰장구"**란 경찰관이 휴대하여 범인 검거와 범죄 진압 등의 직무 수행에 사용하는 수갑, 포승(捕繩), 경찰봉, 방패 등을 말한다.

제10조의3(분사기 등의 사용) 경찰관은 다음 각 호의 직무를 수행하기 위하여 부득이한 경우에는 현장책임자가 판단하여 필요한 최소한의 범위에서 분사기(「총포·도검·화약류 등의 안전관리에 관한 법률」에 따른 분사기를 말하며, 그에 사용하는 최루 등의 작용제를 포함한다. 이하 같다) 또는 최루탄을 **사용할 수 있다.**

　1. 범인의 체포 또는 범인의 도주 방지

　2. 불법집회·시위로 인한 자신이나 다른 사람의 생명·신체와 재산 및 공공시설 안전에 대한 현저한 위해의 발생 억제

제10조의4(무기의 사용) ① 경찰관은 범인의 체포, 범인의 도주 방지, 자신이나 다른 사람의 생명·신체의 방어 및 보호, 공무집행에 대한 항거의 제지를 위하여 필요하다고 인정되는 상당한 이유가 있을 때에는 그 사태를 합리적으로 판단하여 필요한 한도에서 무기를 사용할 수 있다. 다만, 다음 각 호의 어느 하나에 해당할 때를 제외하고는 사람에게 위해를 끼쳐서는 아니 된다.

1. 「형법」에 규정된 **정당방위와 긴급피난**에 해당할 때

2. 다음 각 목의 어느 하나에 해당하는 때에 그 행위를 방지하거나 그 행위자를 체포하기 위하여 무기를 사용하지 아니하고는 다른 수단이 없다고 인정되는 상당한 이유가 있을 때

　　가. 사형·무기 또는 장기 3년 이상의 징역이나 금고에 해당하는 죄를 범하거나 범하였다고 의심할 만한 충분한 이유가 있는 사람이 경찰관의 직무집행에 항거하거나 도주하려고 할 때

　　나. 체포·구속영장과 압수·수색영장을 집행하는 과정에서 경찰관의 직무집행에 항거하거나 도주하려고 할 때

　　다. 제3자가 가목 또는 나목에 해당하는 사람을 도주시키려고 경찰관에게 항거할 때

　　라. 범인이나 소요를 일으킨 사람이 무기·흉기 등 위험한 물건을 지니고 경찰관으로부터 **3회 이상** 물건을 버리라는 명령이나 항복하라는 명령을 받고도 따르지 아니하면서 계속 항거할 때

3. 대간첩 작전 수행 과정에서 무장간첩이 항복하라는 경찰관의 명령을 받고도 따르지 아니할 때

② 제1항에서 **"무기"**란 사람의 생명이나 신체에 위해를 끼칠 수 있도록 제작된 **권총·소총·도검 등**을 말한다.

③ 대간첩·대테러 작전 등 국가안전에 관련되는 작전을 수행할 때에는 개인화기(個人火器) 외에 공용화기(共用火器)를 사용할 수 **있다.**
　　└ 없다 X

가스차· 특수진압차· 물포의 사용기준 (§13)	① 경찰관은 불법집회·시위 또는 소요사태로 인하여 발생할 수 있는 타인 또는 경찰관의 생명·신체의 위해와 재산·공공시설의 위험을 억제하기 위하여 부득이한 경우에는 현장책임자의 판단에 의하여 필요한 최소한의 범위에서 **가스차**를 사용할 수 있다. ② 경찰관은 소요사태의 진압, 대간첩·대테러작전의 수행을 위하여 부득이한 경우에는 필요한 최소한의 범위안에서 **특수진압차**를 사용할 수 있다. ③ 경찰관은 불법해상시위를 해산시키거나 선박운항정지(정선)명령에 불응하고 도주하는 선박을 정지시키기 위하여 부득이한 경우에는 현장책임자의 판단에 의하여 필요한 최소한의 범위안에서 경비함정의 **물포**를 사용할 수 있다. **다만, 사람을 향하여 직접 물포를 발사해서는 안 된다.**
살수차 사용 기준 (§13의2)	① 경찰관은 다음 각 호의 어느 하나에 해당하여 살수차 외의 경찰장비로는 그 위험을 제거·완화시키는 것이 현저히 곤란한 경우에는 **시·도경찰청장**의 명령에 따라 **살수차**를 배치·사용할 수 있다. 　1. 소요사태로 인해 타인의 법익이나 **공공의 안녕질서에 대한 직접적인 위험**이 **명백**하게 초래되는 경우 ↳간접적 X 　2. 「통합방위법」에 따라 지정된 **국가중요시설에 대한 직접적인 공격행위**로 인해 해당 시설이 파괴되거나 기능이 정지되는 등 급박한 위험이 발생하는 경우 ② 경찰관은 ①에 따라 살수차를 사용하는 경우 살수거리별 수압기준에 따라 살수해야 한다. 이 경우 사람의 생명 또는 신체에 치명적인 위해를 가하지 않도록 필요한 최소한의 범위에서 살수해야 한다. ③ 경찰관은 ②에 따라 살수하는 것으로 ① 각 호의 어느 하나에 해당하는 위험을 제거·완화시키는 것이 곤란하다고 판단하는 경우에는 **시·도경찰청장**의 명령에 따라 필요한 최소한의 범위에서 최루액을 혼합하여 살수할 수 있다. 이 경우 최루액의 혼합 살수 절차 및 방법은 **경찰청장**이 정한다.

보충 **사용기록의 보관(경찰관 직무집행법 제11조)**

제10조 제2항에 따른 **살수차**, 제10조의3에 따른 **분사기**, **최루탄** 또는 제10조의4에 따른 **무기**를 사용하는 경우 그 **책임자**는 사용 일시·장소·대상, 현장책임자, 종류, 수량 등을 기록하여 보관하여야 한다.

1 대상자 행위와 경찰 물리력 사용의 정도

경찰 물리력 사용의 정도(규칙 2.2.)		대상자 행위(규칙 2.1.)	
협조적 통제	'순응' 이상의 상태인 대상자에 대해 사용할 수 있는 물리력 수준으로서, 대상자의 협조를 유도하거나 협조에 따른 물리력을 말한다.	순응 협순	대상자가 경찰관의 지시, 통제에 따르는 상태를 말한다. 다만, 대상자가 경찰관의 요구에 즉각 응하지 않고 약간의 시간만 지체하는 경우는 '순응'으로 본다.
접촉 통제	'소극적 저항' 이상의 상태인 대상자에 대해 사용할 수 있는 물리력 수준으로서, 대상자 신체 접촉을 통해 경찰목적 달성을 강제하지만 **신체적 부상을 야기할 가능성은 극히 낮은 물리력**을 말한다.	소극적 저항 접소	① 대상자가 경찰관의 지시, 통제를 따르지 않고 비협조적이지만 경찰관 또는 제3자에 대해 **직접적인 위해를 가하지 않는 상태**를 말한다. ② 경찰관이 정당한 이동 명령을 발하였음에도 가만히 서 있거나 앉아 있는 등 전혀 움직이지 않는 상태, 일부러 몸의 힘을 모두 빼거나, 고정된 물체를 꽉 잡고 버팀으로써 움직이지 않으려는 상태 등이 이에 해당한다.
저위험 물리력	'적극적 저항' 이상의 상태인 대상자에 대해 사용할 수 있는 물리력 수준으로서, 대상자가 통증을 느낄 수 있으나 **신체적 부상을 당할 가능성은 낮은 물리력**을 말한다.	적극적 저항 저적	① 대상자가 자신에 대한 경찰관의 체포·연행 등 정당한 공무집행을 방해하지만 경찰관 또는 제3자에 대해 **위해 수준이 낮은 행위만을 하는 상태**를 말한다. ② 대상자가 자신을 체포·연행하려는 경찰관으로부터 물리적으로 이탈하거나 도주하려는 행위, 체포·연행을 위해 팔을 잡으려는 경찰관의 손을 뿌리치거나, 경찰관을 밀고 잡아끄는 행위, 경찰관에게 침을 뱉거나 경찰관을 밀치는 행위 등이 이에 해당한다.
중위험 물리력	'폭력적 공격' 이상의 상태의 대상자에 대해 사용할 수 있는 물리력 수준으로서, 대상자에게 신체적 부상을 입힐 수 있으나 생명·신체에 대한 **중대한 위해 발생 가능성은 낮은 물리력**을 말한다.	폭력적 공격 중폭	① 대상자가 경찰관 또는 제3자에 대해 **신체적 위해를 가하는 상태**를 말한다. ② 대상자가 경찰관에게 폭력을 행사하려는 자세를 취하여 그 행사가 임박한 상태, 주먹·발 등을 사용해서 경찰관에 대해 신체적 위해를 초래하고 있거나 임박한 상태, 강한 힘으로 경찰관을 밀거나 잡아당기는 등 완력을 사용해 체포에서 벗어나려고 하는 상태 등이 이에 해당한다.
고위험 물리력	'치명적 공격' 상태의 대상자로 인해 경찰관 또는 제3자의 생명·신체에 급박하고 중대한 위해가 초래될 가능성이 있는 경우 최후의 수단으로 사용할 수 있는 물리력 수준으로서, 대상자의 **사망 또는 심각한 부상을 초래할 수 있는 물리력**을 말한다.	치명적 공격 고치	① 대상자가 경찰관 또는 제3자에 대해 **사망 또는 심각한 부상을 초래할 수 있는 행위를 하는 상태**를 말한다. ② 총기류(공기총·엽총·사제권총 등), 흉기(칼·도끼·낫 등), 둔기(망치·쇠파이프 등)를 이용하여 경찰관, 제3자에 대해 위력을 행사하고 있거나 위해 발생이 임박한 경우, 경찰관이나 제3자의 목을 세게 조르거나 무차별 폭행하는 등 생명·신체에 대해 중대한 위해가 발생할 정도의 위험한 폭력을 행사하는 경우가 이에 해당한다.

2 물리력의 종류

저위험 물리력(2.2.3.)	가. **목을 압박하여 제압하거나 관절을 꺾는 방법**, 팔·다리를 이용해 움직이지 못하도록 조르는 방법, 다리를 걸거나 들쳐 매는 등 균형을 무너뜨려 넘어뜨리는 방법, 대상자가 넘어진 상태에서 움직이지 못하게 위에서 눌러 제압하는 방법 나. **분사기 사용**(다른 저위험 물리력 이하의 수단으로 제압이 어렵고, 경찰관이나 대상자의 부상 등의 방지를 위해 필요한 경우)
중위험 물리력(2.2.4.)	가. **손바닥, 주먹, 발 등 신체부위를 이용한 가격** 나. 경찰봉으로 중요부위가 아닌 신체 부위를 찌르거나 가격 다. 방패로 강하게 압박하거나 세게 미는 행위 라. **전자충격기 사용**
고위험 물리력(2.2.5.)	1) 권총 등 총기류 사용 2) **경찰봉, 방패, 신체적 물리력으로 대상자의 신체 중요 부위 또는 급소 부위 가격**, 대상자의 목을 강하게 조르거나 신체를 강한 힘으로 압박하는 행위

3 분사기 사용 한계 및 유의사항(규칙 3.7.2. 다목)

다. 경찰관은 **정당방위나 긴급피난의 요건이 충족되지 않는 한**, 다음 어느 하나에 해당하는 상황에서는 분사기를 사용하여서는 아니 된다.

1) **밀**폐된 공간에서의 사용(다만, 경찰 순찰차의 운행을 방해하는 대상자를 제압하기 위해 다른 물리력 사용이 불가능한 경우는 제외한다)
2) 대상자가 수갑 또는 포승으로 **결**박되어 있는 경우(다만, 대상자의 행위로 인해 경찰관 또는 제3자에 대한 신체적 위해 발생 가능성 있는 경우는 제외한다)
3) 대상자의 '**소극적 저항**' 상태가 장시간 지속될 뿐 이를 즉시 중단시켜야 할 정도로 급박하거나 위험하지 않은 상황
4) 경찰관이 대상자가 14세 미만이거나 **임산부 또는 호흡기 질환**을 가지고 있음을 인지한 경우(다만, 대상자의 저항 정도가 **고위험 물리력**을 사용할 수밖에 없는 상황은 제외한다) **밀결호소**
   ↳ 중위험 X

4 권총 사용 시 유의사항(규칙 3.9.3.)

가. **경찰관은 공무수행 중 필요하다고 믿을 만한 경우가 아닌 경우에는 권총을 뽑아 들거나 다른 사람을 향하도록 하여서는 안 되며, 반드시 권총을 권총집에 휴대하여야 한다.**

나. 권총 장전 시 반드시 안전고무(안전장치)를 장착한다.

다. **경찰관은 권총 사용의 필요성이 인정되고 시간적 여유가 있는 경우에는 신속히 이 사실을 직근상급 감독자에게 보고하고, 동료 경찰관에게 전파하여야 한다. 이를 인지한 직근상급 감독자는 신속히 현장으로 진출하여 지휘하여야 한다.**

라. 경찰관이 권총을 뽑아드는 경우, 격발 순간을 제외하고는 항상 검지를 방아쇠울에서 빼 곧게 뻗어 실린더 밑 총신에 일자로 대는 '검지 뻗기' 상태를 유지하여 의도하지 않은 격발을 방지하여야 한다.

마. 경찰관이 권총집에서 권총을 뽑은 상태에서 사격을 하지 않는 경우, 총구는 항상 **지면 또는 공중**을 향하게 하여야 한다.

바. 경찰관은 사람을 향하여 권총을 발사하고자 하는 때에는 사전 구두 경고를 하거나 공포탄으로 경고하여야 한다. 다만, 현장상황이 급박하여 대상자에게 경고할 시간적 여유가 없는 경우나 인질·간첩 또는 테러사건에 있어서 은밀히 작전을 수행하는 경우 등 부득이한 때에는 생략할 수 있다.

사. **경찰관이 공포탄 또는 실탄으로 경고 사격을 하는 때는 경찰관의 발 앞쪽 70도에서 90도 사이 각도의 지면 또는 장애물이 없는 허공을 향하여야 한다.**

아. 경찰관은 사람을 향해 권총을 조준하는 경우에는 가급적 **대퇴부 이하** 등 상해 최소 부위를 향한다.

자. 경찰관이 **리볼버 권총을 사용하는 경우** 안전을 위해 가급적 **복동식(단동식 X)** 격발 방법을 사용하여야 하며, 단동식 격발 방법을 사용하는 경우 격발에 근접한 때가 아닌 한 권총의 공이치기를 미리 젖혀놓지 않도록 하여야 한다.

차. 수갑을 사용하는 경우, 먼저 권총을 권총집에 원위치 시킨 이후 양손으로 시도하여야 한다. 권총을 파지한 상태에서 다른 한 손으로 수갑을 사용할 수밖에 없는 불가피한 상황에서는 오발 사고 및 권총 피탈 방지에 각별히 유의하여야 한다.

5 전자충격기 사용 시 유의사항 (규칙 3.8.3.)

가. 경찰관은 근무 시작 전 전자충격기의 배터리 충전 여부와 전기 불꽃 작동 상태를 반드시 확인하여야 한다.

나. **경찰관은 공무수행에 필요하다고 믿을 만한 상황이 아닌 경우에는 전자충격기를 뽑아 들거나 다른 사람을 향하도록 하여서는 아니 되며, 반드시 전자충격기집에 휴대하여야 한다.**

다. 경찰관은 전자충격기 사용 필요성이 인정되고 시간적 여유가 있는 경우에는 신속히 이 사실을 직근상급 감독자에게 보고하고, 동료 경찰관에게 전파하여야 한다. 이를 인지한 직근상급 감독자는 필요한 지휘를 하여야 한다.

라. 경찰관이 대상자에게 전자충격기 전극침을 발사하는 경우에는 사전 구두 경고를 하여야 한다. 다만, 현장상황이 급박한 경우에는 생략할 수 있다.

마. **경찰관이 사람을 향해 전자충격기를 사용하는 경우에는 적정사거리(3~4.5m)에서**(언제나 X) **후면부(후두부 제외)나 전면부의 흉골 이하(안면, 심장, 급소 부위 제외)를 조준하여야 한다.** 다만, 대상자가 두껍거나 헐렁한 상의를 착용하여 전극침의 **효과가 없다고 판단되는 경우** 대상자의 **하체를 조준**하여야 한다.

바. 경찰관은 전자충격기 전극침 불발, 명중 실패, 효과 미발생 시 예상되는 대상자의 추가적인 공격에 대한 적절한 대비책(스턴 방식 사용, 경찰봉 사용 준비, 동료 경찰관의 물리력 사용 태세 완비, 경력 지원 요청 등)을 미리 준비하여야 한다.

사. **전자충격기 전극침이 대상자에 명중한 경우에는 필요 이상의 전류가 흐르지 않도록 즉시 방아쇠로부터 손가락을 떼야하며, 1 사용주기(방아쇠를 1회 당겼을 때 전자파장이 지속되는 시간)가 경과한 후 대상자의 상태, 저항 정도를 확인하여 추가적인 전자충격을 줄 필요가 있다고 판단되는 경우 다시 방아쇠를 당겨 사용할 수 있다.**

아. 한 명의 대상자에게 동시에 두 대 이상의 전자충격기 전극침을 발사하거나 스턴 기능을 사용해서는 아니 된다.

자. 수갑을 사용하는 경우, 먼저 전자충격기를 전자충격기집에 원위치 시킨 이후 양손으로 시도하여야 한다. 전자충격기를 파지한 상태에서 다른 한 손으로 수갑을 사용할 수밖에 없는 불가피한 상황에서는 안전사고 및 전자충격기 피탈방지에 각별히 유의하여야 한다.

1 경찰관 직무집행법(§11의2)

연혁	2013년에 '재산상 손실에 대한 손실보상' 규정을 신설하였고, 2018년(시행 2019.6.25.)에 '재산상 손실 외에 생명 또는 신체상의 손실에 대하여도 보상'하도록 개정되었다.
대상	국가는 경찰관의 **적법**한 직무집행으로 인하여 다음 어느 하나에 해당하는 **손실**을 입은 자에 대하여 정당한 보상을 **하여야 한다. (할 수 있다 X)**

대상 위법 X / 손해 X

책임이 없는 자	생명·신체 또는 **재산상**의 손실을 입은 경우(손실발생의 원인에 대하여 책임이 없는 자가 경찰관의 직무집행에 자발적으로 협조하거나 물건을 제공하여 생명·신체 또는 재산상의 손실을 입은 경우를 포함)
책임이 있는 자	자신의 책임에 상응하는 정도를 **초과하는** 생명·신체 또는 **재산상**의 손실을 입은 경우

청구기한	① 손실이 있음을 **안 날**부터 3년 ② 손실이 **발생한 날**부터 5년간 행사하지 아니하면 시효의 완성으로 소멸
관련 판례	공무원의 작위 또는 부작위로 인한 국가배상책임을 인정하기 위하여는 '공무원이 그 직무를 집행함에 당하여 고의 또는 과실로 법령에 위반하여 타인에게 손해를 가한 때'라고 하는 국가배상법 제2조 제1항의 요건이 충족되어야 한다. 공무원의 부작위로 인한 국가배상책임을 인정할 것인지 여부가 문제되는 경우에 관련 공무원에 대하여 작위의무를 명하는 법령의 규정이 없다면 공무원의 부작위로 인하여 침해된 국민의 법익 또는 국민에게 발생한 손해가 어느 정도 심각하고 절박한 것인지, 관련 공무원이 그와 같은 결과를 예견하여 그 결과를 회피하기 위한 조치를 취할 수 있는 가능성이 있는지 등을 **종합적으로 고려하여 판단**하여야 한다(대판 2000다57856).
환수	**경찰청장, 해양경찰청장, 시·도경찰청장 또는 지방해양경찰청장**은 손실보상심의위원회의 심의·의결에 따라 보상금을 지급하고, 거짓 또는 부정한 방법으로 보상금을 받은 사람에 대하여는 해당 보상금을 환수하여야 한다.
기타	① 손실보상신청 사건을 심의하기 위하여 손실보상심의위원회를 **둔다. (둘 수 있다 X)** ② 보상금이 지급된 경우 손실보상심의위원회는 대통령령으로 정하는 바에 따라 **국가경찰위원회 또는 해양경찰위원회**에 심사자료와 결과를 보고하여야 한다. 이 경우 국가경찰위원회 또는 해양경찰위원회는 손실보상의 적법성 및 적정성 확인을 위하여 필요한 자료의 제출을 요구할 수 있다. ③ **경찰청장, 해양경찰청장, 시·도경찰청장 또는 지방해양경찰청장**은 보상금을 반환하여야 할 사람이 대통령령으로 정한 기한까지 그 금액을 납부하지 아니한 때에는 **국세강제징수의 예**에 따라 징수할 수 있다. ④ 손실보상의 기준, 보상금액, 지급 절차 및 방법, 손실보상심의위원회의 구성 및 운영, 환수절차, 그 밖에 손실보상에 관하여 필요한 사항은 **대통령령**으로 정한다. → 경직법 시행령

2 「경찰관 직무집행법 시행령」상 손실보상 관련 규정

손실보상의
기준·보상금액
(§9)
	① 법 제11조의2 제1항에 따라 손실보상을 할 때 물건을 멸실·훼손한 경우에는 다음 각 호의 기준에 따라 보상한다.
	  1. **손실을 입은 물건을 수리할 수 있는 경우**: 수리비에 상당하는 금액
	  2. **손실을 입은 물건을 수리할 수 없는 경우**: 손실을 입은 당시의 해당 물건의 교환가액
	  3. **영업자가 손실을 입은 물건의 수리나 교환으로 인하여 영업을 계속할 수 없는 경우**: 영업을 계속할 수 없는 기간 중 영업상 이익에 상당하는 금액
	② 물건의 멸실·훼손으로 인한 **손실 외**의 재산상 손실에 대해서는 **직무집행과 상당한 인과관계가 있는 범위**에서 보상한다.

손실보상의
지급절차·방법
(§10)
	① 경찰관의 **적법한 직무집행으로 인하여** 발생한 손실을 보상받으려는 사람은 보상금 지급 청구서에 손실내용과 손실금액을 증명할 수 있는 서류를 첨부하여 손실보상청구 사건 발생지를 관할하는 **국가경찰관서의 장**에게 제출하여야 한다.
	② ①에 따라 보상금 지급 청구서를 받은 국가경찰관서의 장은 해당 청구서를 손실보상청구 사건을 심의할 손실보상심의위원회가 설치된 경찰청장등에게 보내야 한다.
	③ 보상금 지급 청구서를 받은 경찰청장등은 손실보상심의위원회의 심의·의결에 따라 보상 여부 및 보상금액을 결정하되, 다음 각 호의 어느 하나에 해당하는 경우에는 그 청구를 **각하하는** 결정을 하여야 한다.
	  1. 청구인이 같은 청구 원인으로 보상신청을 하여 보상금 지급 여부에 대하여 결정을 받은 경우. 다만, 기각 결정을 받은 청구인이 손실을 증명할 수 있는 새로운 증거가 발견되었음을 소명하는 경우는 제외한다.
	  2. 손실보상 청구가 요건과 절차를 갖추지 못한 경우. 다만, 그 잘못된 부분을 시정할 수 있는 경우는 제외한다.
	④ 경찰청장등은 ③에 따른 결정일부터 10일 이내에 다음 각 호의 구분에 따른 통지서에 결정 내용을 적어서 청구인에게 통지하여야 한다.
	  1. 보상금을 지급하기로 결정한 경우: 별지 제5호서식의 보상금 지급 청구 승인 통지서
	  2. 보상금 지급 청구를 각하하거나 보상금을 지급하지 아니하기로 결정한 경우: 별지 제6호 서식의 보상금 지급 청구 기각·각하 통지서
	⑤ 보상금은 다른 법률에 특별한 규정이 있는 경우를 제외하고는 **현금으로 지급**하여야 한다.
	⑥ 보상금은 **일시불**로 지급하되, 예산 부족 등의 사유로 일시금으로 지급할 수 없는 특별한 사정이 있는 경우에는 청구인의 동의를 받아 **분할하여 지급할 수 있다.** (분할하여 지급할 수 없다 X)
	⑦ 보상금을 지급받은 사람은 보상금을 지급받은 원인과 동일한 원인으로 인한 부상이 악화되거나 새로 발견되어 다음 각 호의 어느 하나에 해당하는 경우에는 보상금의 추가 지급을 청구할 수 있다. 이 경우 보상금 지급 청구, 보상금액 결정, 보상금 지급 결정에 대한 통지, 보상금 지급 방법 등에 관하여는 ①부터 ⑥까지의 규정을 준용한다.
	  1. 별표 제2호에 따른 부상등급이 변경된 경우(부상등급 외의 부상에서 제1급부터 제8급까지의 등급으로 변경된 경우를 포함한다)
	  2. 별표 제2호에 따른 부상등급 외의 부상에 대해 부상등급의 변경은 없으나 보상금의 추가 지급이 필요한 경우

3 손실보상심의위원회(경찰관 직무집행법 시행령)

설치(§11)	① 소속 경찰공무원의 직무집행으로 인하여 발생한 손실보상청구 사건을 심의하기 위하여 **경찰청, 시·도경찰청**(경찰서 X)에 손실보상심의위원회(이하 "위원회"라 한다)를 설치한다. ② 위원회는 위원장 1명을 포함한 **5명 이상 7명 이하**의 위원으로 구성한다. ④ 위촉위원의 임기는 2년으로 한다.
위원장(§12)	① 위원장은 위원 중에서 **호선(互選)**한다. ③ 위원장이 부득이한 사유로 직무를 수행할 수 없는 때에는 위원장이 미리 지명한 위원이 그 직무를 대행한다.
회의(§13)	② 위원회의 회의는 재적위원 과반수의 출석으로 개의(開議)하고, 출석위원 과반수의 찬성으로 의결한다.

THEME 16 ｜ 범인검거 등 공로자 보상

1 경찰관 직무집행법(§11의3)

보상금 지급 대상	① **경찰청장, 해양경찰청장, 시·도경찰청장, 지방해양경찰청장, 경찰서장 또는 해양경찰서장**(이하 이 조에서 "경찰청장등"이라 함)은 다음 각 호의 어느 하나에 해당하는 사람에게 보상금을 **지급할 수 있다.** (하여야 한다X) 1. 범인 또는 범인의 소재를 신고하여 검거하게 한 사람 2. 범인을 검거하여 경찰공무원에게 인도한 사람 3. 테러범죄의 예방활동에 현저한 공로가 있는 사람 4. 그 밖에 제1호부터 제3호까지의 규정에 준하는 사람으로서 대통령령으로 정하는 사람 **동법 시행령상 범인검거 등 공로자 보상금 지급 대상자(§18)** 동법 제11조의3 제1항 제4호에서 "대통령령으로 정하는 사람"이란 다음 각 호의 어느 하나에 해당하는 사람을 말한다. 1. 범인의 **신원을 특정할 수 있는 정보**를 제공한 사람 2. **범죄사실을 입증하는 증거물**을 제출한 사람
보상금 지급·환수	② **경찰청장등**은 보상금 지급의 심사를 위하여 대통령령으로 정하는 바에 따라 각각 보상금심사위원회를 설치·운영하여야 한다. ③ ②에 따른 보상금심사위원회는 위원장 1명을 포함한 **5명 이내의 위원**으로 구성한다. ④ ②에 따른 **보상금심사위원회의 위원**은 소속 경찰공무원 중에서 **경찰청장등**이 임명한다. ⑤ **경찰청장등**은 보상금심사위원회의 심사·의결에 따라 보상금을 지급하고, 거짓 또는 부정한 방법으로 보상금을 받은 사람에 대하여는 해당 보상금을 **환수한다.** (할 수 있다X)

2 「경찰관 직무집행법 시행령」상 보상금 지급

보상금심사위원회의 구성 및 심사사항 등 (§19)	① 경찰청에 두는 보상금심사위원회의 **위원장**은 경찰청 소속 과장급 이상의 경찰공무원 중에서 **경찰청장**이 임명하는 사람으로 한다. ④ 재적위원 과반수의 찬성(재적위원 과반수의 출석과 출석위원 과반수의 찬성X)으로 의결한다.
지급기준 (§20)	보상금의 최고액은 5억원으로 하며, 구체적인 보상금 지급 기준은 **경찰청장**이 정하여 고시한다.

3 범인검거 등 공로자 보상에 관한 규정

지급기준 (§6 ①)	사형, 무기징역 또는 무기금고, 장기 10년 이상의 징역 또는 금고에 해당하는 범죄	100만원
	장기 10년 미만의 징역 또는 금고에 해당하는 범죄	50만원
	장기 5년 미만의 징역 또는 금고, 장기 10년 이상의 자격정지 또는 벌금형	30만원
지급제한	① 동일한 사람에게 지급결정일을 기준으로 연간(1월 1일부터 12월 31일까지를 말한다) 5회를 **초과하여 보상금을 지급할 수 없다**(§6 ⑤). ② 보상금 지급 심사·의결을 거쳐 지급이 이루어진 이후에는 **동일한 사건에 대하여 보상금을 지급할 수 없다**(§9). ③ 범인검거 등 공로자가 **2명 이상**인 경우에는 각자의 공로, 당사자 간의 분배 합의 등을 감안해서 **배분하여 지급할 수 있다**(§10).	

비교 손실보상심의위원회와 보상금심사위원회

	손실보상심의위원회	보상금심사위원회
근거	경찰관직무집행법	경찰관직무집행법 시행령
설치	경찰청, 시·도경찰청	경찰청장, 시·도경찰청장, **경찰서장**
구성	위원장 1명 포함 5명 이상 7명 이하	위원장 1명 포함 5명 이내
위원장	위원 중 **호선**	경찰청 소속 과장급 이상의 경찰공무원 중에서 경찰청장이 임명하는 사람
위원 위촉 임명	경찰청장등이 위촉하거나 임명 (위원의 과반수 이상은 경찰공무원이 아닌 사람)	소속경찰공무원 중에서 경찰청장, 시·도경찰청장 또는 **경찰서장**이 임명
회의	재적위원 과반수의 출석 개의, 출석위원 과반수의 찬성	재적위원 과반수의 찬성

소송 지원 (§11의4)	**경찰청장**과 해양경찰청장은 경찰관이 제2조(직무 범위) 각 호에 따른 직무의 수행으로 인하여 **민·형사상** 책임과 관련된 소송을 수행할 경우 변호인 선임 등 소송 수행에 필요한 지원을 **할 수 있다.** (하여야 한다 X)
직무 수행으로 인한 형의 감면 (§11의5)	다음 각 호의 범죄가 행하여지려고 하거나 행하여지고 있어 타인의 **생명·신체**(→재산 X)에 대한 위해 발생의 우려가 명백하고 긴급한 상황에서, 경찰관이 그 위해를 예방하거나 진압하기 위한 행위 또는 범인의 검거 과정에서 경찰관을 향한 **직접적인 유형력 행사**에 대응하는 행위를 하여 그로 인하여 타인에게 피해가 발생한 경우, 그 경찰관의 직무수행이 불가피한 것이고 필요한 **최소한**의 범위에서 이루어졌으며 해당 경찰관에게 **고의 또는 중대한 과실**(경미한 과실 X)이 없는 때에는 그 정상을 참작하여 형을 감경하거나 면제할 수 있다. (하여야 한다 X) 1. 형법상 살인의 죄, 상해와 폭행의 죄, **강간에 관한 범죄**, 강도에 관한 범죄 및 이에 대하여 다른 법률에 따라 가중처벌하는 범죄 2. **가정폭력범죄, 아동학대범죄**

[판례] **직무집행의 위법성(직무상 의무위반)과 손해배상**

1. 경찰관이 교통법규 등을 위반하고 도주하는 차량을 순찰차로 추적하는 직무를 집행하는 중에 그 도주차량의 주행에 의하여 제3자가 손해를 입었다고 하더라도 그 추적이 당해 직무 목적을 수행하는 데에 불필요하다거나 또는 도주차량의 도주의 태양 및 도로교통상황 등으로부터 예측되는 피해발생의 구체적 위험성의 유무 및 내용에 비추어 추적의 개시·계속 혹은 추적의 방법이 상당하지 않다는 등의 특별한 사정이 없는 한 그 추적행위를 위법하다고 할 수는 없다(대판 2000다26807 : 한정 소극).
2. 경찰관이 농민들의 시위를 진압하고 시위과정에 도로상에 방치된 트랙터 1대에 대하여 이를 도로 밖으로 옮기거나 후방에 안전표지판을 설치하는 것과 같은 위험발생 방지조치(**제5조**)를 취하지 아니한 채 그대로 방치하고 철수하여 버린 결과, 야간에 그 도로를 진행하던 운전자가 위 방치된 트랙터를 피하려다가 다른 트랙터에 부딪혀 상해를 입은 사안에서 **국가배상을 인정**하였다(대판 98다16890).
3. 경찰관의 명령에 따라 **순순히 손을 들고 나오면서 그대로 도주하는 범인**을 경찰관이 뒤따라 추격하면서 **등부위에 권총을 발사**하여 사망케한 경우, 위와 같은 총기사용은 현재의 부당한 침해를 방지하거나 현재의 위난을 피하기 위한 **상당성있는 행위라고 볼 수 없는 것**으로서 범인의 체포를 위하여 **필요한 한도를 넘어 무기를 사용한 것이다**(국가의 손해배상책임을 인정한 사례)(대판 91다10084).
4. 50cc 소형 오토바이 1대를 절취하여 운전중인 15~16세의 절도 혐의자 3인이 경찰관의 검문에 불응하며 도주하자, 경찰관이 체포 목적으로 오토바이의 바퀴를 조준하여 실탄을 발사하였으나 오토바이에 타고 있던 1인이 총상을 입게 된 경우, 비록 오토바이의 바퀴를 맞히려 시도하였더라도 근접한 거리에서 도주하는 혐의자 일행을 향하여 실탄을 발사한 행위는 사회통념상 **총기사용의 허용범위를 벗어난 것**으로 위법하다(대판 2003다57956).

Chapter
06

1 인신매매등방지 및 피해자보호 등에 관한 법률

정의(§2)	1. "**인신매매등**"이란 **성매매와 성적 착취, 노동력 착취, 장기적출 등의 착취를 목적으로** 다음 각 목의 어느 하나에 해당하는 행위를 하여 **사람을 모집, 운송, 전달, 은닉, 인계 또는 인수하는 것을** 말한다. 다만, 「아동·청소년의 성보호에 관한 법률」 제2조 제1호에 따른 아동·청소년 또는 「장애인복지법」 제2조에 따른 장애인을 모집, 운송, 전달, 은닉, 인계 또는 인수하는 경우에는 **다음 각 목의 어느 하나에 해당하는 행위를 요하지 아니한다.** 가. 사람을 폭행, 협박, 강요, 체포·감금, 약취·유인·매매하는 행위 나. 사람에게 위계 또는 위력을 행사하거나 사람의 궁박한 상태를 이용하는 행위 다. 업무관계, 고용관계, 그 밖의 관계로 인하여 사람을 보호·감독하는 자에게 금품이나 재산상의 이익을 제공하거나 제공하기로 약속하는 행위 **보충** 성매매와 성적 착취, 노동력 착취, 장기적출 등의 착취를 목적으로 한 "인신매매등" 피해에 대한 국제적 연대를 위하여, **다자간 조약인 「국제연합 초국가적 조직범죄 방지 협약을 보충하는 인신매매, 특히 여성과 아동의 인신매매 방지, 억제 및 처벌을 위한 의정서」를 2015년에 비준하였고,** 이와 관련된 국내 법률은 「**인신매매등방지 및 피해자보호 등에 관한 법률**」로서 2023년 1월 1일부터 시행되었다.
적용 대상 인신매매등 피해자(§3)	① 다음 각 호의 어느 하나에 해당하는 인신매매등피해자는 이 법에 따라 보호·지원을 받는다. 1. 아동·청소년 또는 장애인으로서 인신매매등 피해를 입은 사람 2. 인신매매등범죄피해자 3. 인신매매등 피해를 입은 사람(제1호 또는 제2호의 어느 하나에 해당하는 사람은 **제외**)으로서 제14조에 따라 **여성가족부장관**으로부터 확인서를 발급받은 사람 ② ①에 따른 피해자는 다음의 각 호의 어느 하나에 해당하여야 한다. 1. 대한민국 국적을 가진 사람으로서 국내 또는 해외에서 인신매매등 피해를 입은 사람 2. 국내에서 인신매매등 피해를 입어 대한민국에 체류하고 있는 외국인
피해자의 동의 등(§4)	① **제2조 제1호 각 목의 어느 하나에 해당하는 행위가 있는 경우에는 범죄피해자가 착취에 대해 동의하였다 하더라도 인신매매등을 한 자의 범죄의 성립에 영향을 미치지 아니한다.** ② 피해자에 대한 인신매매등 과정에서 그 피해자가 행한 범죄행위에 대하여는 **그 형을 감경하거나 면제할 수 있다.** └→ 처벌하지 아니한다 X **비교** 성매매피해자의 성매매는 **처벌하지 아니한다**(성매매알선 등 행위의 처벌에 관한 법률 §6 ①).

신고의무(§21)	③ 누구든지 인신매매등 피해사실을 신고한 자에 대하여 그 신고를 이유로 불이익을 주어서는 아니 된다.
	
	벌칙(§48)
	  ① 다음 각 호의 어느 하나에 해당하는 자는 3년 이하의 징역 또는 3천만원 이하의 벌금에 처한다.
	    2. **제21조 제3항**을 위반하여 인신매매등 피해사실을 신고한 자에게 다음 각 목의 어느 하나에 해당하는 불이익조치를 한 자
	      가. 파면, 해임, 해고, 그 밖에 신분상실에 해당하는 신분상의 불이익조치
	      나. **징계, 정직, 감봉, 강등, 승진 제한, 그 밖의 부당한 인사조치**
	      다. 전보, 전근, 직무 미부여, 직무 재배치, 그 밖에 본인의 의사에 반하는 인사조치
	      라. 성과평가 또는 동료평가 등에서의 차별이나 그에 따른 임금 또는 상여금 등의 차별 지급
	      마. **직업능력 개발 및 향상을 위한 교육훈련 기회의 제한**, 예산 또는 인력 등 가용자원의 제한 또는 제거, 보안정보 또는 비밀정보 사용의 정지 또는 취급자격의 취소, 그 밖에 근무조건 등에 부정적 영향을 미치는 차별 또는 조치
	      바. 주의 대상자 명단 작성 또는 그 명단의 공개, **집단 따돌림**, 폭행 또는 폭언 등 정신적·신체적 손상을 가져오는 행위
	      사. 직무에 대한 부당한 감사 또는 조사나 그 결과의 공개

응급조치 의무 등(§22)	① 인신매매등 피해사실 신고를 접수한 피해자권익보호기관의 직원이나 사법경찰관리는 지체 없이 인신매매등 현장에 출동하여야 한다. 이 경우 **피해자권익보호기관의 장이나 수사기관의 장**은 서로 동행하여 줄 것을 요청할 수 있으며, 그 요청을 받은 피해자권익보호기관의 장이나 수사기관의 장은 정당한 사유가 없으면 **소속 직원이나 사법경찰관리가 현장에 동행하도록 하여야 한다.** ② ①에 따라 인신매매등 현장에 출동한 자는 피해자를 인신매매등 행위자로부터 분리하거나 치료가 필요하다고 인정할 때에는 피해자권익보호기관 또는 의료기관에 인도하여야 한다. ③ ①에 따라 인신매매등 현장에 출동한 자는 피해자를 보호하기 위하여 신고된 현장에 출입하여 **신고자등 및 관계인 등에 대하여 조사를 하거나 질문을 할 수 있다.** 이 경우 피해자권익보호기관의 직원은 피해자의 보호를 위한 범위에서만 조사 또는 질문을 할 수 있다. ④ ③에 따라 출입, 조사 또는 질문을 하는 자는 그 권한을 표시하는 증표를 지니고 이를 신고자등 및 관계인 등에게 보여주어야 한다. ⑤ ③에 따라 조사 또는 질문을 하는 자는 신고자등 및 관계인 등이 자유롭게 진술할 수 있도록 **인신매매등 행위자로부터 분리된 곳에서** 조사하는 등 필요한 조치를 하여야 한다. ⑥ 누구든지 인신매매등 현장에 출동한 자에 대하여 현장조사를 거부하거나 업무를 방해하여서는 아니 된다. → 이를 위반하여 인신매매등 현장에 출동한 자에 대하여 현장조사를 거부하거나 업무를 방해한 자는 2년 이하의 징역 또는 2천만원 이하의 벌금에 처함(§48 ②)

피해자에 대한 보호 (§23)	① 검사 또는 사법경찰관리는 수사과정에서 피의자 또는 참고인이 인신매매등의 피해를 당했다고 볼 만한 상당한 이유가 있을 때에는 **지체 없이** 법정대리인·친족 또는 변호인에게 통지하고, 신변보호, 수사의 비공개 등 그 보호에 필요한 조치를 하여야 한다. ② ①에 따른 통지의 대상이 되는 법정대리인·친족 또는 변호인이 인신매매등 행위에 가담했다고 볼 만한 **상당한 이유가 있거나**, 피의자 또는 참고인의 사생활 보호 등 **부득이한 사유가 있는 경우**에는 ①에도 불구하고 **통지하지 아니할 수 있다.**
불법원인으로 인한 채권의 무효(§24)	① 인신매매등범죄를 범한 자가 해당 범죄행위와 관련하여 피해자에 대하여 가지는 채권은 그 계약의 형식이나 명목과 관계없이 이를 **무효(취소 X)로 한다.** 그 채권을 양도하거나 그 채무를 인수한 경우에도 또한 같다. ③ 검사 또는 사법경찰관리는 피해자를 조사할 때에는 ①의 채권이 무효인 사실을 본인 또는 법정대리인 등에게 **고지하여야 한다.**

2 「성폭력방지 및 피해자보호 등에 관한 법률」상 '피해자 보호'

정의(§2)	1. **"성폭력"**이란 「성폭력범죄의 처벌 등에 관한 특례법」 제2조 제1항에 규정된 죄에 해당하는 행위를 말한다. 2. **"성폭력행위자"**란 「성폭력범죄의 처벌 등에 관한 특례법」 제2조 제1항에 해당하는 죄를 범한 사람을 말한다. 3. **"성폭력피해자"**란 성폭력으로 인하여 **직접적(간접적 X)**으로 피해를 입은 사람을 말한다. 주의 '성매매피해자'의 개념 정의는 「성매매방지 및 피해자보호 등에 관한 법률」나 「성폭력방지 및 피해자보호 등에 관한 법률」 아니라 처벌법인 「성매매알선 등 행위의 처벌에 관한 법률」 제2조 제1항 제4호에서 **규정**하고 있다.
피해자등에 대한 취학 및 취업 지원(§7)	① **국가와 지방자치단체**는 피해자나 **피해자의 가족구성원(이하 "피해자등"이라 한다)**이 「초·중등교육법」 제2조에 따른 각급학교의 학생인 경우 주소지 외의 지역에서 취학(입학, 재입학, 전학 및 편입학을 포함한다. 이하 이 조에서 같다)할 필요가 있을 때에는 다음 각 호에 따라 그 취학이 원활히 이루어지도록 지원하여야 한다. 이 경우 취학을 지원하는 관계자는 피해자등의 사생활이 침해되지 아니하도록 유의하여야 한다.
피해자 등에 대한 불이익 조치의 금지(§8)	누구든지 피해자 또는 성폭력 발생 사실을 신고한 자를 고용하고 있는 자는 성폭력과 관련하여 피해자 또는 성폭력 발생 사실을 신고한 자에게 다음 각 호의 어느 하나에 해당하는 **불이익조치를 하여서는 아니 된다.** → 위반하여 피해자 또는 성폭력 발생 사실을 신고한 자에게 불이익조치를 한 자는 3년 이하의 징역 또는 3천만원 이하의 벌금에 처한다(§36). 1. 파면, 해임, 해고, 그 밖에 신분상실에 해당하는 불이익조치 2. 징계, 정직, 감봉, 강등, 승진 제한, 그 밖의 부당한 인사조치 3. 전보, 전근, 직무 미부여, 직무 재배치, 그 밖에 본인의 의사에 반하는 인사조치 4. 성과평가 또는 동료평가 등에서의 차별이나 그에 따른 임금 또는 상여금 등의 차별 지급 5. 직업능력 개발 및 향상을 위한 교육훈련 기회의 제한, 예산 또는 인력 등 가용자원의 제한 또는 제거, 보안정보 또는 비밀정보 사용의 정지 또는 취급자격의 취소, 그 밖에 근무조건 등에 부정적 영향을 미치는 차별 또는 조치

피해자 등에 대한 불이익 조치의 금지(§8)	6. 주의 대상자 명단 작성 또는 그 명단의 공개, 집단 따돌림, 폭행 또는 폭언 등 정신적·신체적 손상을 가져오는 행위 또는 그 행위의 발생을 방치하는 행위 7. 직무에 대한 부당한 감사 또는 조사나 그 결과의 공개 8. 그 밖에 본인의 의사에 반하는 불이익조치
경찰관서의 협조(§31)	상담소, 보호시설 또는 통합지원센터의 장은 피해자등을 긴급히 구조할 필요가 있을 때에는 경찰관서(지구대·파출소 및 출장소를 포함한다)의 장에게 그 소속 직원의 동행을 요청할 수 있으며, 요청을 받은 경찰관서의 장은 **특별한 사유가 없으면 이에 따라야 한다.**
사법경찰관리의 현장출동 등 (§31의2)	① 사법경찰관리는 성폭력 신고가 접수된 때에는 **지체 없이** 신고된 현장에 출동하여야 한다. ② ①에 따라 출동한 사법경찰관리는 신고된 현장에 출입하여 관계인에 대하여 조사를 하거나 질문을 할 수 있다. ⑤ 누구든지 정당한 사유 없이 신고된 현장에 출동한 사법경찰관리에 대하여 현장조사를 거부하는 등 업무를 방해하여서는 아니 된다.
과태료(§38)	① 다음 각 호의 어느 하나에 해당하는 자에게는 **500만원 이하의 과태료**를 부과한다. 1. 제22조 제1항에 따른 시정 명령을 따르지 아니한 자 2. **제31조의2 제5항을 위반하여 정당한 사유 없이 현장조사를 거부하는 등 업무를 방해한 자** ② 다음 각 호의 어느 하나에 해당하는 자에게는 **300만원 이하의 과태료**를 부과한다. 1. 제9조 제2항을 위반하여 성폭력 사건이 발생한 사실을 신고하지 아니한 자 2. 정당한 사유 없이 제32조 제1항에 따른 보고를 하지 아니하거나 거짓으로 보고한 자 또는 조사·검사를 거부하거나 기피한 자 3. 제33조에 따른 유사명칭 사용 금지의무를 위반한 자

3 「가정폭력방지 및 피해자보호 등에 관한 법률」상 '피해자 보호'

정의(§2)	1. **"가정폭력"**이란 「가정폭력범죄의 처벌 등에 관한 특례법」 제2조 제1호의 행위를 말한다. 2. **"가정폭력행위자"**란 「가정폭력범죄의 처벌 등에 관한 특례법」 제2조 제4호의 자를 말한다. 3. **"피해자"**란 가정폭력으로 인하여 **직접적(간접적 X)**으로 피해를 입은 자를 말한다. 4. **"아동"**이란 18세 미만인 자를 말한다.
피해자에 대한 불이익처분의 금지(§4의5)	피해자를 고용하고 있는 자는 누구든지 「가정폭력범죄의 처벌 등에 관한 특례법」에 따른 가정폭력범죄와 관련하여 피해자를 해고하거나 그 밖의 불이익을 주어서는 아니 된다. → 위반하여 피해자를 해고하거나 그 밖의 불이익을 준 자는 **3년 이하의 징역 또는 3천만원 이하의 벌금**에 처한다(§20).
사법경찰관리의 현장출동 등 (§9의4)	① 사법경찰관리는 가정폭력범죄의 신고가 접수된 때에는 **지체 없이** 가정폭력의 현장에 출동하여야 한다. ② ①에 따라 **출동한 사법경찰관리는** 피해자를 보호하기 위하여 신고된 현장 또는 사건 조사를 위한 관련 장소에 출입하여 관계인에 대하여 **조사를 하거나 질문을 할 수 있다.** ③ 가정폭력행위자는 ②에 따른 사법경찰관리의 현장 조사를 거부하는 등 그 업무 수행을 방해하는 행위를 하여서는 아니 된다. → 정당한 사유 없이 위반하여 현장조사를 거부·기피하는 등 업무 수행을 방해한 가정폭력행위자에게는 **500만원 이하의 과태료**를 부과한다(§22).

4 「스토킹방지 및 피해자보호 등에 관한 법률」상 '피해자 보호'

정의(§2)	1. **"스토킹"**이란 「스토킹범죄의 처벌 등에 관한 법률」 제2조 제1호에 따른 스토킹행위 및 같은 조 제2호에 따른 스토킹범죄를 말한다. 2. **"스토킹행위자"**란 스토킹을 한 사람을 말한다. 3. **"피해자"**란 스토킹으로 **직접적**(간접적 X) 피해를 입은 사람을 말한다.
피해자 등에 대한 불이익 조치의 금지 등(§6)	① 피해자 또는 스토킹 사실을 신고한 자를 고용하고 있는 자는 피해자 또는 스토킹 사실을 신고한 자에게 스토킹으로 피해를 입은 것 또는 신고를 한 것을 이유로 다음 각 호의 어느 하나에 해당하는 **불이익조치를 하여서는 아니 된다.**→ 위반하여 신고자 또는 피해자에게 해고나 그 밖의 불이익조치를 한 자는 3년 이하의 징역 또는 3천만원 이하의 벌금에 처한다. 1. 파면, 해임, 해고, 그 밖에 신분상실에 해당하는 신분상의 불이익조치 2.~6.생략 7. 직무에 대한 부당한 감사 또는 조사나 그 결과의 공개 8. 그 밖에 본인의 의사에 반하는 불이익조치 ② 피해자를 고용하고 있는 자는 피해자의 요청이 있으면 업무 연락처 및 근무 장소의 변경, 배치 전환 등의 적절한 조치를 할 수 있다.
사법경찰관리의 현장출동 등(§14)	① 사법경찰관리는 스토킹의 신고가 접수된 때에는 **지체 없이** 신고된 현장에 출동하여야 한다. ② ①에 따라 출동한 사법경찰관리는 신고된 현장 또는 사건조사를 위한 관련 장소에 출입하여 관계인에 대하여 **조사를 하거나 질문을 할 수 있다.** ③ ②에 따라 출입, 조사 또는 질문을 하는 사법경찰관리는 그 권한을 표시하는 **증표를 지니고 이를 관계인에게 내보여야 한다.** ④ 제2항에 따라 조사 또는 질문을 하는 사법경찰관리는 피해자·신고자·목격자 등이 자유롭게 진술할 수 있도록 스토킹행위자로부터 분리된 곳에서 조사하는 등 필요한 조치를 <u>하여야 한다.</u> └→ 할 수 있다. X ⑤ 누구든지 정당한 사유 없이 ②에 따른 사법경찰관리의 현장조사를 거부하는 등 그 업무 수행을 방해하는 행위를 하여서는 아니 된다. → 위반하여 정당한 사유 없이 사법경찰관리의 업무 수행을 방해한 자에게는 1천만원 이하의 **과태료를** 부과한다(§18).

5 여성폭력방지기본법 및 동법 시행령

정의(§3)	1. **"여성폭력"**이란 성별에 기반한 여성에 대한 폭력으로 신체적·정신적 안녕과 안전할 수 있는 권리 등을 침해하는 행위로서 관계 법률에서 정하는 바에 따른 가정폭력, 성폭력, 성매매, 성희롱, 지속적 괴롭힘 행위와 그 밖에 친밀한 관계에 의한 폭력, 정보통신망을 이용한 폭력 등을 말한다. 2. **"여성폭력 피해자"**란 여성폭력 피해를 입은 사람과 그 배우자(**사실상의 혼인관계를 포함한다**), 직계친족 및 형제자매를 말한다. 　└ 제외 X 3. **"2차 피해"**란 여성폭력 피해자(이하 "피해자"라 한다)가 다음 각 목의 어느 하나에 해당하는 피해를 입는 것을 말한다. 　가. 수사·재판·보호·진료·언론보도 등 여성폭력 사건처리 및 회복의 전 과정에서 입는 정신적·신체적·경제적 피해 　나. 집단 따돌림, 폭행 또는 폭언, 그 밖에 정신적·신체적 손상을 가져오는 행위로 인한 피해(**정보통신망을 이용한 행위로 인한 피해를 포함한다**) 　　└ 제외 X 　다. 사용자(사업주 또는 사업경영담당자, 그 밖에 사업주를 위하여 근로자에 관한 사항에 대한 업무를 수행하는 자를 말한다)로부터 폭력 피해 신고 등을 이유로 입은 다음 어느 하나에 해당하는 불이익조치 2)~4), 6)~9)생략 　　1) 파면, 해임, 해고, 그 밖에 신분상실에 해당하는 신분상의 불이익조치 　　5) 교육 또는 훈련 등 자기계발 기회의 취소, 예산 또는 인력 등 가용자원의 제한 또는 제거, 보안정보 또는 비밀정보 사용의 정지 또는 취급 자격의 취소, 그 밖에 근무조건 등에 부정적 영향을 미치는 차별 또는 조치
2차 피해 방지 (§18)	② **수사기관의 장**은 여성폭력 사건 담당자 등 업무 관련자를 대상으로 2차 피해 방지교육을 실시하여야 한다. ④ ②에 따른 수사기관의 범위와 2차 피해 방지교육에 관하여 필요한 사항은 대통령령으로 정한다.
수사기관의 범위 등 (동법시행령 §10)	① 수사기관의 범위는 다음 각 호와 같다. 〈1.,2.,4.~6. 생략〉 　3. 경찰청, 시·도경찰청 및 경찰서 ② **수사기관의 장**은 법 제18조 제2항에 따라 여성폭력 업무 관련자를 대상으로 매년 1시간 이상 2차 피해 방지교육을 실시해야 하며, 그 실시 결과를 다음 연도 2월 말까지 **여성가족부장관**에게 제출해야 한다.

6 범죄피해자 보호법

목적(§1)	이 법은 범죄피해자 보호·지원의 기본 정책 등을 정하고 타인의 범죄행위로 인하여 **생명·신체**(재산 X)에 피해를 받은 사람을 구조(救助)함으로써 범죄피해자의 복지 증진에 기여함을 목적으로 한다.
기본이념(§2)	① 범죄피해자는 범죄피해 상황에서 빨리 벗어나 인간의 존엄성을 보장받을 권리가 있다. ② 범죄피해자의 명예와 사생활의 평온은 보호되어야 한다. ③ 범죄피해자는 해당 사건과 관련하여 각종 법적 절차에 참여할 권리가 있다.
정의 (§3)	1. "범죄피해자"란 타인의 범죄행위로 피해를 당한 사람과 그 배우자(**사실상의 혼인관계를 포함**), 직계친족 및 형제자매를 말한다. └▸ 제외 X 2. "범죄피해자 보호·지원"이란 범죄피해자의 손실 복구, 정당한 권리 행사 및 복지 **증진에 기여**하는 행위를 말한다. 다만, **수사·변호 또는 재판에 부당한 영향을 미치는 행위**는 └▸ 복지 증진을 제외 X 포함되지 아니한다. 3. "범죄피해자 지원법인"이란 범죄피해자 보호·지원을 주된 목적으로 설립된 비영리법인을 말한다. 4. "구조대상 범죄피해"란 대한민국의 영역 안에서 또는 대한민국의 영역 밖에 있는 대한민국의 선박이나 항공기 안에서 행하여진 사람의 생명 또는 신체를 해치는 죄에 해당하는 행위(「형법」 **제9조(형사미성년자)**, 제10조 제1항(**심신장애인**), 제12조(**강요된 행위**), 제22조 └▸ 14세가 되지 아니한 자의 행위 └▸ 심신장애로 인하여 사물을 변별할 능력이 없거나 의사를 결정할 능력이 없는 자의 행위 └▸ 저항할 수 없는 폭력이나 자기 또는 친족의 생명, 신체에 대한 위해를 방어할 방법이 없는 협박에 의하여 강요된 행위 제1항(긴급피난)에 따라 처벌되지 아니하는 행위를 **포함**(제외 X)하며, **같은 법 제20조(정당행위)** 또는 제21조 제1항(정당방위)에 따라 처벌되지 아니하는 행위 및 과실에 의한 행위는 **제외** └▸ 법령에 의한 행위 또는 업무로 인한 행위 기타 사회상규에 위배되지 아니하는 행위 포함 X ◂┘ 한다)로 인하여 사망하거나 장해 또는 중상해를 입은 것을 말한다. 5. **"장해"**란 범죄행위로 입은 부상이나 질병이 치료(그 증상이 고정된 때를 포함한다)된 후에 남은 신체의 장해로서 대통령령으로 정하는 경우를 말한다. 6. **"중상해"**란 범죄행위로 인하여 신체나 그 생리적 기능에 손상을 입은 것으로서 대통령령으로 정하는 경우를 말한다.
국가의 책무(§4)	3. 범죄피해자 보호·지원을 위한 관계 법령의 정비 및 각종 정책의 수립·시행 (1, 2생략)
국민의 책무(§6)	국민은 범죄피해자의 명예와 사생활의 평온을 해치지 아니하도록 유의하여야 하고, 국가 및 지방자치단체가 실시하는 범죄피해자를 위한 정책의 수립과 추진에 최대한 협력하여야 한다.
구조금의 지급요건(§16)	**국가는** 구조대상 범죄피해를 받은 사람(이하 "구조피해자"라 한다)이 다음 각 호의 어느 하나에 해당하면 구조피해자 또는 그 유족에게 범죄피해 구조금(이하 "구조금"이라 한다)을 **지급한다.** 1. 구조피해자가 피해의 전부 또는 일부를 배상받지 못하는 경우 2. **자기 또는 타인의 형사사건의 수사 또는 재판에서 고소·고발 등 수사단서를 제공하거나 진술, 증언 또는 자료제출을 하다가 구조피해자가 된 경우**

구조금의 종류 등(§17)	① 구조금은 유족구조금·장해구조금 및 중상해구조금으로 구분하며, **일시금으로 지급한다.** ② 유족구조금은 구조피해자가 사망하였을 때 제18조에 따라 맨 앞의 순위인 유족에게 지급한다. 다만, 순위가 같은 유족이 **2명 이상**이면 똑같이 나누어 지급한다. 판례 범죄피해자 보호법에 의한 범죄피해 구조금 중 위 법 제17조 제2항의 유족구조금은 사람의 생명 또는 신체를 해치는 죄에 해당하는 행위로 인하여 사망한 피해자 또는 그 유족들에 대한 손실보상을 목적으로 하는 것으로서, 위 범죄행위로 인한 손실 또는 손해를 전보하기 위하여 지급된다는 점에서 불법행위로 인한 소극적 손해의 배상과 같은 종류의 금원이라고 봄이 타당하다(대판 2017다228083).
구조금을 지급하지 아니할 수 있는 경우(§19)	① 범죄행위 당시 구조피해자와 가해자 사이에 다음 각 호의 어느 하나에 해당하는 친족관계가 있는 경우에는 **구조금을 지급하지 아니한다.** 　1. 부부(사실상의 혼인관계를 **포함**(제외 X)한다) 　2. 직계혈족 　3. 4촌 이내의 친족 　4. 동거친족 ② 범죄행위 당시 구조피해자와 가해자 사이에 제1항 각 호의 어느 하나에 해당하지 아니하는 친족관계가 있는 경우에는 구조금의 일부를 지급하지 아니한다. ③ 구조피해자가 다음 각 호의 어느 하나에 해당하는 행위를 한 때에는 **구조금을 지급하지 아니한다.** 　1. 해당 범죄행위를 교사 또는 방조하는 행위 　2. 과도한 폭행·협박 또는 중대한 모욕 등 해당 범죄행위를 유발하는 행위 　3. 해당 범죄행위와 관련하여 현저하게 부정한 행위 　4. 해당 범죄행위를 용인하는 행위 　5. 집단적 또는 상습적으로 불법행위를 행할 우려가 있는 조직에 속하는 행위(다만, 그 조직에 속하고 있는 것이 해당 범죄피해를 당한 것과 관련이 없다고 인정되는 경우는 제외한다) 　6. 범죄행위에 대한 보복으로 가해자 또는 그 친족이나 그 밖에 가해자와 밀접한 관계가 있는 사람의 생명을 해치거나 신체를 중대하게 침해하는 행위 ④ 구조피해자가 다음 각 호의 어느 하나에 해당하는 행위를 한 때에는 **구조금의 일부를 지급하지 아니한다.** ←전부 X 　1. 폭행·협박 또는 모욕 등 해당 범죄행위를 유발하는 행위 　2. 해당 범죄피해의 발생 또는 증대에 가공(加功)한 부주의한 행위 또는 부적절한 행위
다른 법령에 따른 급여 등과의 관계 (§20)	구조피해자나 유족이 해당 구조대상 범죄피해를 원인으로 하여 「국가배상법」이나 그 밖의 법령에 따른 급여 등을 받을 수 있는 경우에는 대통령령으로 정하는 바에 따라 **구조금을 지급하지 아니한다.**
손해배상과의 관계 (§21)	① 국가는 구조피해자나 유족이 해당 구조대상 범죄피해를 원인으로 하여 손해배상을 받았으면 그 범위에서 **구조금을 지급하지 아니한다.** ② 국가는 지급한 구조금의 범위에서 해당 구조금을 받은 사람이 구조대상 범죄피해를 원인으로 하여 가지고 있는 손해배상청구권을 대위한다.

외국인에 대한 구조 (§23)	이 법은 외국인이 구조피해자이거나 유족인 경우에는 해당 국가의 상호보증이 **있는** 경우에만 적용한다. └→ 없는 X
구조금의 지급신청 (§25)	① 구조금을 받으려는 사람은 **법무부령**으로 정하는 바에 따라 그 주소지, 거주지 또는 범죄 발생지를 관할하는 지구심의회에 신청하여야 한다. ② ①에 따른 신청은 해당 구조대상 범죄피해의 발생을 안 날부터 3년이 지나거나 해당 구조대상 범죄피해가 발생한 날부터 10년이 지나면 할 수 없다.
긴급구조금의 지급 등(§28)	① **지구심의회는** 제25조 제1항에 따른 신청을 받았을 때 구조피해자의 장해 또는 중상해 정도가 명확하지 아니하거나 그 밖의 사유로 인하여 신속하게 결정을 할 수 없는 사정이 있으면 **신청** 또는 **직권**으로 대통령령으로 정하는 금액의 범위에서 긴급구조금을 지급하는 결정을 할 수 있다.
소멸시효(§31)	구조금을 받을 권리는 그 구조결정이 해당 신청인에게 **송달된 날부터 2년간** 행사하지 아니하면 시효로 인하여 소멸된다.
구조금 수급권의 보호(§32)	구조금을 받을 권리는 양도하거나 담보로 제공하거나 압류할 수 없다.
경찰관서의 협조(§46의2)	범죄피해자 지원법인의 장 또는 보호시설의 장은 피해자나 피해자의 가족구성원을 긴급히 구조할 필요가 있을 때에는 **경찰관서(지구대·파출소 및 출장소를 포함한다)의 장**에게 그 소속 직원의 동행을 요청할 수 있으며, 요청을 받은 경찰관서의 장은 특별한 사유가 없으면 이에 따라야 한다.

경찰관리

1 경찰관리 의의

① 경찰관리란 경찰목적을 달성하기 위하여 조직을 구성하고 있는 제요소인 인력·장비·시설·예산 등을 확보하고 조직화하며 이를 유기적으로 연결, 경찰 전체의 활동을 효율적이고 신속하게 운영하기 위하여 경찰관 각자에게 직무를 부여하고 이들의 활동을 적절하게 수행시키는 작용이다.

② 경찰관리는 **경영주의**와 가장 밀접한 관련이 있다.

※ '경찰관리'가 효율성(능률성)을 추구한다면, '경찰통제'는 민주성을 추구한다.

2 경찰조직의 지도원리(이념)

효율성(능률성)	경찰조직은 국가경찰체제를 채택하고 있는데, 이는 효율성의 요청에 부응하는 제도임 **(민주성과 능률성은 양자조화)**
민주성	① 경찰작용은 권력적 수단이므로 경찰조직은 민주성의 확보가 강력히 요구됨 ② 민주성과 능률성은 양자택일의 문제가 아닌 **양자조화**가 요구되는 이념임
정치적 중립성	경찰의 본질상 당연히 정치적 중립성의 보장을 필요로 함

3 이념형 관료제 모형의 특성 – 베버(M. Weber)

법규 중시	권한과 직무 범위는 법규(관례 X, 관습 X)에 의해 규정됨
계층제 조직	직무조직은 **계층제적** 구조로 구성됨(**베버가 가장 강조한 특성**) ↳ 수평적 X
문서주의	직무의 수행은 서류에 의해 이루어지며 기록은 **장기간** 보존됨 ↳ 단기간 X
몰인정성(비정의성)	구성원 간 또는 직무 수행상 **감정의 배제가 필요함**(개인적 감정에 따라 임무를 수행 X)
분업(전문화)	효율적 업무처리를 위한 분업(전문화)이 필요함

관료제의 병폐 (베버(M. Weber)의 관료제에 대한 비판론자들이 주장)

① 조직구성원은 한 가지의 지식 또는 기술에 관하여 훈련받고 기존규칙을 준수하도록 길들여지기 때문에 변동된 조건 하에서는 대응이 어렵게 된다.

② 권한과 능력의 괴리, 상위직으로 갈수록 모호해지는 업적평가기준, 조직의 공식적 규범을 엄격하게 준수해야 한다는 압박감 등으로 조직구성원들이 불안해지므로 더욱 더 권위주의적인 행태를 가지게 된다.

③ 상관의 계서적 권한과 부하의 전문적 권력이 이원화됨에 따라 조직 내에서 갈등이 발생하게 되어 조직구성원들의 불만이 증대된다.

④ 집권적이고 권위주의적인 통제, **법규 우선주의**, 그리고 몰인격적(impersonal) 역할관계는 조직구성원의
　　↳ 법규를 중시하지 않는 관행 ✗
사회적 욕구충족을 저해하며 그들의 성장과 성숙을 방해한다.

4 관료제의 역기능 – 머턴(Robert K. Merton)

목표의 전환(동조과잉)	행정의 본래 목표가 도외시되고 **수단(규칙·절차)에** 집착
할거주의	**소속기관·부서에만 충성**함으로써 타 조직·부서와의 조정·협조 곤란
번문욕례(red-tape)	관료제의 사무처리에 있어서 **일정한 양식과 절차에 따른 서면주의를 고집**함으로써 나타나는 비능률 현상
변화에 대한 저항	신분유지를 위해 신기술·신지식을 거부하고 보수주의화
전문가적 무능	① 특정분야 전문성을 갖춘 관료의 **편협한 시각**으로 조정을 저해 ② 전문가적 무능 현상은 **지나친 분업으로 인한 병리현상**
무사안일주의	책임회피와 소극적 일처리 및 상급자 권위에 대한 지나친 의존
인간성의 상실	지나친 몰인정성, 과도한 공사 구별로 인간성의 상실
피터의 원리 (Peter's Principle)	조직구성원들은 자신의 무능력 수준까지 승진한다. → 무능력자가 승진하는 경우가 생기는 것을 지적

5 조직편성의 원리

(1) 분업의 원리(전문화, 기능의 원리)

의의	업무를 성질과 종류별로 구분하여 **한 사람에게 한가지의 동일한 업무만을 전담**토록 하는 원리 → 한 사람이 수행할 수 있는 업무의 양과 시간에는 한계가 있고, 서로 다른 특성을 가진 업무를 한 사람이 맡아서 하는 것은 비효율적
필요성	각자의 임무를 명확히 나누어 부과하고 협력하도록 하는 것은 인간능력의 한계를 극복함은 물론 전문화를 추구하여 업무의 효율성을 높이기 위한 것임
특징	① 분업화의 정도가 **높아**(낮아 X)질수록 조정과 통합이 어려워져 **할거주의가 초래**될 수 있지만, 분업화(전문화)의 정도가 높아질수록 조정과 통합의 필요성이 높아지므로 양자는 **정비례**(반비례 X) 관계이다. ② 분업화에 의하여 자기 분야는 잘 알지만 시야가 좁아지고 경찰문제를 전체적인 입장에서 보는 **넓은 통찰력을 가지기 어려움**

(2) 계층제의 원리

의의	직무를 **책임과 난이도**에 따라 상하로 나누어 배치하고 상하계층간에 명령복종관계를 적용하는 조직편성원리로 **상위로 갈수록 권한과 책임이 무거운 임무를 수행**한다는 원리
필요성	조직의 **일체감과 통일성**을 유지하는데 기여
장점	① 명령과 지시를 일사불란하게 수행하도록 하는데 적합함 ② 지휘계통을 확립하고 대규모 경찰조직의 **업무수행에 질서와 통일성을 확보**할 수 있음 ③ 권한과 책임을 계층에 따라 배분, 의사결정의 검토로 **신중한 업무처리**가 가능함 ④ 조직 내의 갈등이나 분쟁이 계층구조 속에서 용해됨(단, 계층이 많아지면서 오히려 갈등을 증폭시키고 관리비용을 증가시키는 역기능 존재)
단점	① 계층이 많아질수록 업무처리 과정이 지연되고 많은 관리비용을 발생 ② 계층간 **갈등이 증가** ③ **조직의 경직화**를 가져와 환경변화에 대한 조직의 **신축적 대응 어려움** ④ 새로운 지식·기술 등 도입이 곤란함 ⑤ 계층제의 원리의 무리한 적용은 행정능률과 **종적**(횡적 X) 조정을 저해

(3) 명령통일의 원리

의의	조직 구성원 간에 지시나 보고를 주고받는 과정에서 **지시는 한 사람만**이 할 수 있고, **보고도 한 사람에게만** 하여야 한다는 것
필요성	① 업무수행의 혼선과 그로 인한 비능률을 막기 위함 ② 경찰은 대부분의 경우 예기치 못한 사태가 돌발적으로 발생하며, 시급히 해결하지 않으면 피해를 회복하기 곤란한 경우가 많아 신속한 집행을 필요로 하는데, 이때 지시가 분산되고 여러 사람으로부터 지시를 받는다면, 범인을 놓친다든지 사고처리가 늦어 인명이나 재산의 피해에 신속한 대응이 불가능하다.
특징	① 명령통일의 원리를 **너무 지나치게 지킨다면** 실제 업무수행에 더 큰 지체와 혼란을 야기 가능 ② 관리자의 공백 등을 대비하여 **대리, 위임, 유고관리자 사전지정** 등이 필요함 ③ 수사경찰이 내부관리자와 검사로부터 **이중의 수사지휘를 받았던** 개정 전 「형사소송법」 체계는 명령통일의 원리의 관점에서 바라볼 때 문제점으로 지적되었음 ④ 명령통일의 원리의 무리한 적용은 행정능률과 횡적조정을 저해함

(4) 통솔범위의 원리

의의	① 1인의 상관 또는 감독자가 효과적으로 직접 감독할 수 있는 부하의 수를 정하는 원리 ② 부하의 수를 조정한다는 점에서 **구조조정의 문제와 관련성 있다.** ③ 부하직원의 능력, 의욕, 경험 등이 높아질수록 관리자의 통솔범위는 **넓어진다.** 그러나 무한정 확대될 수는 없으며 이때는 부하의 능력과 함께 관리자의 리더십 능력이 높으면 높을수록 통솔범위도 넓어질 수 있다. ④ 경찰조직은 사다리 모양보다 **피라미드 모양**을 취하고 있다. → 일반적으로 상관보다 부하가 더 많기 때문
필요성	한명의 상관은 통솔할 수 있는 부하의 수에 한계가 있기 때문에 적정한 통솔력의 확보를 위해 통솔범위를 정해야 한다. ※ 청사의 규모는 통솔범위와 관련 없음

통솔범위 결정요인	구분	통솔범위	
	조직의 크기	조직의 규모 小	넓다
		조직의 규모 大	좁다
	업무의 성격	업무의 종류 단순	넓다
		업무의 종류 복잡	좁다
	지리적 분포	조직이 한 지역에 집중	넓다
		조직이 분산	좁다
	부서의 역사	기성조직	넓다
		신설조직	좁다
	감독자 능력	감독자가 유능	넓다
		감독자가 무능	좁다

※ 통솔범위는 - 계층 수, 업무의 복잡성과 조직규모의 크기와 **반비례관계**이다.
       - 조직의 역사, 관리자의 리더십과는 **정비례관계**이다. ↳ 통솔범위가 넓어지면 계층의 수는 줄어들고, 통솔범위가 좁아지면 계층의 수는 많아진다

Chapter **07**

(5) 조정과 통합의 원리

의의	① 조직의 집단적 노력을 **질서 있게 배열하는 과정**으로서 개별적인 활동을 전체적인 관점에서 통일하여 조직의 목표달성도를 높이려는 원리이다. ② 조직편성의 각각의 원리는 장단점을 가지고 있음. 이러한 장단점을 조화롭게 승화시키는 원리가 조정과 통합의 원리이다. ③ **무늬(J. Mooney)는 조정의 원리를 '제1의 원리'**라고 하였다. → 조직의 원리 가운데서 가장 중요한 원리라는 의미 ④ 조정과 통합의 원리는 조직의 목표달성 과정에서 여러 단위간의 충돌과 갈등을 방지하기 위해 질서 정연한 행동통일을 기하는 원리로서, 관리자의 리더십을 강화하거나 위원회제도 등을 활용하여 조직단위의 권한과 책임의 한계를 명확히 함으로써 제고될 수 있다.
필요성	**구성원의 행동통일**
갈등 조정 통합방법	<table><tr><td rowspan="3">**원인 진단 및 해결**</td><td>**갈등의 원인**</td><td>**해결방법**</td></tr><tr><td>세분화된 업무처리</td><td>업무처리과정을 **통합**(분업화 X)한다든지 연결하는 장치나 대화채널을 확보한다.</td></tr></table>

	갈등의 원인	해결방법
원인 진단 및 해결	세분화된 업무처리	업무처리과정을 **통합**(분업화 X)한다든지 연결하는 장치나 대화채널을 확보한다.
	부서 간의 갈등	더 높은 상위목표를 서로 이해하고 양보한다.
	한정된 인력이나 예산	가능하면 예산과 인력을 확보하고, 그것이 곤란하면 **업무추진의 우선순위**를 관리자가 정해준다.
문제해결이 어려운 경우		갈등을 완화, 양자 간의 타협을 도출, 관리자가 갈등을 초래할 수 있는 결정을 보류 또는 회피하는 방식을 사용한다.
장기적(┌단기적X) **대응방안**		조직의 구조, 보상체계, 인사 등의 제도개선과 조직원의 행태를 합리적으로 개선함

1 인사관리

의의	① 경찰의 목적을 효과적으로 이루어 가기 위하여 경찰인력을 효율적이며 공정하게 운용하는 **동태적인 과정**으로서 경찰관을 체계적이고 합리적인 기준에 따라 분류·모집·채용·관리 등을 해나가는 활동임 ② **모집, 채용 이외에도** 배치전환, 교육훈련, 동기부여, 행동통제 등을 통해 경찰관이 직업인으로서 경찰업무를 의욕적으로 수행할 수 있도록 하는 **활동까지 포함됨**
목적	① 효율적 경찰인력의 운용 ② 합리적이고 객관적인 기준을 중심으로 한 공정성 확보 ③ 경찰 조직발전과 경찰관 개인발전의 조화 ④ 조직의 효과성 제고 ⑤ 환경변화에 대한 적응성

2 엽관주의

의의	① 공직임용의 기준을 충성심·당파성에 두는 인사제도로, 선거에서 승리한 정당이 관직을 전리품으로 획득하고 정당에의 충성심에 따라 공직을 배분하는 제도(**정당활동과 공직임명이 직결**) ② 기본적으로 행정을 **"평범한 상식을 가진 사람이라면 누구든지 할 수 있는 것"**이라고 가정 → 행정의 전문성을 간과
유래	① 미국의 민주정치 발전과정에서 도입된 인사제도 ② 19세기 초반(1828년) 미국 7대 대통령에 당선된 **잭슨**은 공직집단이 부패하고 변화를 거부하는 보수엘리트화한 것에 대하여, '전리품은 승자에게 속한다'라는 구호와 함께 선거에 승리한 **정당이 공직을 정당원들에게 개방**함으로써 보수엘리트의 **공직독점을 막고 국민의 참여**를 유도하였다.
장점	① 정당정치 발전과 책임행정 실현 ② 공직에 대한 국민통제 강화 → 국민요구를 행정에 반영 ③ 관료의 특권화 및 공직침체 방지 ④ **국민의 지지에 따라서 정부가 구성되므로 정책 추진이 용이하며 의회와 행정부 간의 조정이 활성화된다.**
단점	① 인사기준의 비객관성에 기인한 부정부패의 만연 → 관료가 정당과 정당이념에 봉사하기 때문에 행정의 공정성 확보가 곤란해진다. ② 공무원이 국민이 아닌 정당에 충성 ③ 행정의 비능률성과 비전문성 ④ 행정의 계속성과 안정성, 일관성 저해 ⑤ 신분보장 미흡으로 인한 사기저하 ⑥ 불필요한 관직의 증설(위인설관) → **파킨슨의 법칙**과 연관 ⌐ 업무량에 상관없이 관료제 구성원의 수는 늘어난다는 법칙

Chapter
07

3 실적주의

의의	① 공직임용의 기준을 개인의 능력·자격·업적에 두는 인사제도 ② **엽관주의의 폐해를 경험한 이후 공무원의 정치적 중립성**을 부르짖으며 성립한 것이 실적주의이다.
유래	부패하고 무능력한 엽관주의 공직제도의 폐해를 극복하고자 **영국에서는 제2차 추밀원령 제정(1870년)**, 미국에서는 가필드(Garfield) 대통령이 암살당한 사건이 실적주의에 기반한 펜들턴법 제정(1883년)으로 실적주의 공직임용 체제로 전면 수정되었다.
내용	공직에의 기회균등과 공개경쟁 채용시험, 공무원의 정치적 중립성, 공무원의 신분보장, 독립적인 중앙인사위원회의 설치 등
장점	① 공무원의 정치적 중립 확보 ② 공직에의 기회균등 실현 ③ 신분보장을 통해 행정의 능률성, 전문성, 안정성, 계속성 확보 ④ 공무원 부패의 방지
단점	① 정책의 효율적 집행 곤란 ② 정당이념의 행정에의 반영 곤란 ③ 인사행정의 소극화, 형식화, 집권화 ④ 관료의 보수집단화, 특권주의 형성 ⑤ 국민요구에 대한 반응성 저하 우려
엽관주의와 실적주의의 조화	① 역사적인 배경 속에서 보다 나은 인사행정을 추구하려는 고뇌 속에서 탄생한 제도들로서, 서로 완전한 배타적 관계로 이해할 것이 아니라 **상호 보완적 관계**로 이해하여 조화를 이루도록 하는 것이 바람직하다. → 실적주의가 엽관주의보다 우월한 제도라고 단정적으로 이야기할 수 없음 ② 우리나라를 포함하여 대부분의 현대국가에서 **실적주의를 기반**으로 하면서 **엽관주의적 요소를 보충적으로 가미**하고 있음

구분	계급제	직위분류제
의의	① 공무원의 자격·능력·학력을 기준으로 부여한 **계급을 중심**으로 공직을 분류하는 제도 ② 관료제 전통이 강한 **독일·프랑스·일본 등이** 이 제도를 따르고 있다.	① 공직을 분류함에 있어서 행정기관을 구성하는 개개의 직위에 내포된 **직무의 종류와 책임도 및 곤란도에 따라 여러 직종과 등급 및 직급으로 분류**하는 제도이다. ② 1909년 미국의 시카고시에서 **처음 실시**되어 캐나다 등에서 실시되고 있다. ③ **직무분석과 직무평가의 중요성을 강조**하는 제도이다.
분류방법	사람중심	직무중심
인사배치	**신축적, 융통성 확보**	**비융통적, 비신축적, 외부충원의 개방성**
충원방식	보통 계급의 수가 **적고** 계급 간의 차별이 심하며 외부로부터의 충원이 힘든 **폐쇄형**의 충원방식을 취하고 있다.	개방형
장점	① 널리 일반적 교양·능력을 가진 사람을 채용하여 신분보장과 함께 장기간에 걸쳐 능력이 키워지므로 공무원이 보다 **종합적·신축적인** 능력을 가질 수 있고, 이해력이 넓어져 **기관 간의 횡적인 협조**가 용이하다. ② **직업공무원제도의 정착에 보다 유리**하다.	① 시험·채용·전직의 합리적 기준을 제공하여 **인사행정의 합리화**를 기한다. ② '**동일직무에 대한 동일보수의 원칙**'을 확립함으로써 **보수제도의 합리적 기준**을 제시한다. ③ 전직이 제한되고 동일한 직무를 장기간 담당하게 되어 **행정의 전문화**에 기여한다. ④ **권한과 책임의 한계를 명확**(불명확 X)히 한다.
단점	보통 계급의 수가 적지만, 계급간의 차별이 심함	① 유능한 일반행정가의 확보가 곤란 ② 신분보장의 미흡함
양자의 관계	① 양립할 수 없는 상호 배타적인 관계가 아니라 서로의 결함을 시정할 수 있는 **상호보완적인 관계**임 ② 우리나라의 공직체계는 계급제를 기반으로 직위분류제적 요소를 가미한 혼합형태	

※ "**직업공무원제도**"란 공공의 안녕과 질서를 유지하기 위해 젊고 유능한 인재가 공직을 직업으로 선택해 **일생을 바쳐 성실히 근무하도록** 운영하는 인사제도이다.

Chapter **07**

1 동기부여이론

의의	동기부여란 조직구성원에게 바람직한 행동을 유발시키고 목표를 향해 유도해 나가는 과정을 말한다.			
종류	내용 이론	의의	인간의 **특정 욕구가 동기부여**를 일으키는 것으로 이해하는 이론	
		이론 종류	• 매슬로우(Maslow)의 욕구단계이론 • 허즈버그(Herzberg)의 동기위생 이원론이론 • 아지리스(C. Argyris)의 성숙·미성숙 이론 등 • 샤인(E. Schein)의 복잡인 모형(4대 인간관 모형) • 맥그리거(McGregor)의 X이론·Y이론 • 맥클리랜드(McClelland)의 성취동기이론 • 머레이(Murray)의 명시적 욕구이론 • 앨더퍼(Alderfer)의 ERG이론	
	과정 이론	의의	인간의 특정 욕구가 직접적으로 동기부여하는 것이 아니라 **욕구와는 별도의 다양한** **요인들이 동기부여** 고정에 작용한다고 이해하는 이론	
		이론 종류	• 브룸(Vroom)의 기대이론 • 포터&롤러(Porter & Lawler)의 업적만족이론 • 아담스(Adams)의 공정성이론 등 VLA	

2 매슬로우(Maslow)의 욕구단계이론

특징	① 인간의 5가지 욕구는 최하위 단계인 생리적 욕구부터 최고 단계인 자기실현욕구까지 단계를 이룬다		
	② 인간의 욕구는 한 단계 욕구가 **어느정도 충족**되어야 다음 단계 욕구를 충족하고자 노력하며, 이미 충족된 욕구는 더 이상 동기부여 요인으로의 의미가 없어진다. (↳ 완전한 충족X)		
	③ 하위 단계 욕구가 충족되지 않았다면 다음단계 욕구를 충족시키려고 노력하지 않는다.		
내용	생리적 욕구	의·식·주 및 건강 등에 관한 욕구	적정보수제도, 휴양제도
	안전의 욕구	공무원의 현재 및 장래의 신분이나 생활에 대한 불안을 해소	신분보장, 연금제도
	사회적 욕구 (애정 욕구)	동료·상사·조직 전체에 대한 친근감·귀속감을 충족	인간관계의 개선, 고충처리상담
	존경의 욕구	타인의 인정·존중·신망을 받으려는 욕구	참여확대, 권한의 위임, 제안제도, 포상제도 존참위제포
	자아실현 욕구	장래에의 자기발전·자기완성의 욕구 및 성취감 충족	공정하고 합리적인 승진, 공무원단체 활동

3 허즈버그(Herzberg)의 동기위생 이원론

위생요인 (불만요인)	경찰조직의 정책과 관리, 개인상호간의 관계, **임금(낮은 보수)**, **지위**, 안전 등 개인의 환경과 관련된 불만요인으로 개인의 욕구를 충족시키는데 있어서 주로 **개인의 불만족을 방지해 주는 효과**를 가져오는 것들을 말함
동기요인 (만족요인)	① **직무성취에 대한 인정**, **책임감**, **성장**, **발전(승진 가능성)**, 존경과 자아실현 욕구를 포함 ② 동기요인이 충족되지 않아도 불만은 없음

4 맥그리거(McGregor)의 XY이론

X이론	① 전통적인 조직이론에 기초한 것으로 **인간의 본성은 게으르고, 일하기를 싫어하며, 무책임하고, 변동을 싫어하고, 이기적이고, 조직의 목적에 무관심하며, 안정과 경제적 만족을 추구함** ② 따라서 **강압적이고 권위적인 조직관리 전략**을 채택
Y이론	① 인간행태에 관심을 두고 **인간은 부지런하고, 자율성 및 창의성을 발휘하기를 원하고, 조직 목적에 적극 참여, 자아실현을 추구, 자기 자신을 통제할 수 있는 능력을 지니고 있음** ② 따라서 민주적인 조직관리 전략을 채택함(상급자의 일방적 지시와 명령을 줄이고 의사결정과정에 하급자의 참여를 확대하는 것)

THEME 05 경찰예산관리

1 예산의 성질별 구분

일반회계	① 일반적인 국가활동에 관한 세입·세출을 포괄 ② 세입은 주로 조세수입으로 충당하고, 세출은 국가의 존립과 유지를 위한 기본적 지출로 구성 　→ 따라서 일반회계예산은 항구적이며 현금주의 원칙에 입각하고 있음 ③ 경찰예산의 대부분은 **일반회계**(특별회계 X)에 속함
특별회계	① 일반회계와는 별도로 특정 세입으로 특정 세출을 충당하도록 하는 예산임. 운영의 자율성과 　신축성을 증대하고 재정운영의 효율성 강화가 목적임 ② 경찰특별회계로는 책임운영기관 특별회계 등이 있음(**경찰병원**) → 최근 특별회계의 적용이 점차 늘어나고 있는 경향임

2 예산의 성립과정을 중심으로 한 구분

본예산	당초에 국회의결을 얻어 확정·성립된 예산
수정예산	정부가 예산안을 편성, 국회에 제출한 이후 성립·**확정되기 전**에 예산안의 일부 내용을 변경하여 국회에 제출하는 예산
추가경정 예산	예산이 국회를 통과하여 **확정된 후**에 생긴 사유로 인하여 이미 성립한 예산에 변경을 가할 필요가 있을 때 편성하는 예산
준예산	① 새로운 회계연도가 개시될 때까지 예산안이 성립되지 못할 경우 **전년도 예산에 준하여** 지출하는 예산 → 예산 불성립으로 인한 행정의 중단을 방지하기 위한 제도 ② 지출가능 기간은 당해연도 **예산이 국회에서 의결될 때까지**이다. ③ **지출용도** : ㉠ 헌법이나 법률에 의하여 설치된 기관 또는 시설의 유지·운영비 　　　　　　　　　　(공무원의 보수와 사무처리에 관한 기본 경비) 　　　　　　　㉡ 법률상 지출의무가 있는 경비 　　　　　　　㉢ 이미 예산으로 승인된 사업의 계속을 위한 경비 등

3 예산제도

품목별 예산제도 (LIBS) (통제기능)	① 품목별 예산제도는 **지출품목마다 그 비용이 얼마인가에 따라 예산을 배정**하는 제도이다. ② 품목별 예산제도는 우리나라 경찰의 예산제도에 해당한다. ③ **통제지향적**이라 볼 수 있으며 예산담당 공무원들에게 필요한 핵심적 기술은 회계기술이다. ④ 지출의 대상·성질을 기준으로 하여 세출예산의 금액을 분류한다. ⑤ 1912년 미국의 '절약과 능률을 위한 대통령 위원회(Taft 위원회)'의 건의에 따라 1920년대 미국 연방정부에서 채택한 예산제도이다.

장점	단점
① 예산 운영이 쉬우며 **회계책임 명확** └ 불명확 X ② 인사행정에 유용한 정보·자료 제공 ③ 지출의 합법성에 치중하는 회계검사 용이 ④ 행정의 재량범위 축소	① 계획과 지출의 불일치 ② 기능의 중복을 피하기 곤란 ③ 의사결정을 위한 충분한 자료제시 부족

성과주의 예산제도 (PBS) (관리기능)	① 사업계획을 세부사업으로 분류하고 각 세부사업을 '**단위원가×업무량 = 예산액**'으로 표시하여 편성하는 예산이다. ② **단위원가의 계산**이 중요한 대표적인 예산제도이다. ③ 정부가 구입하는 물품보다 정부가 수행하는 업무에 중점을 두는 **관리지향적 예산제도**이다. ④ 미국에서 1947년 제1차 **후버(Hoover)위원회**가 도입을 건의하였고, 1950년 트루먼 대통령이 연방정부에 공식 도입한 예산제도이다.

장점	단점
① **국민의 입장에서 경찰활동을 이해하기 용이함** ② 기능의 중복을 피할 수 있음 (예산편성시 자원배분 합리화) ③ 예산집행의 신축성 ④ 해당 부서의 업무능률을 측정하여 다음연도 예산에 반영	① 업무측정단위 선정이 어려움 ② 단위원가 계산이 곤란하여 인건비 등 경직성 경비 적용 어려움

계획 예산제도 (PPBS)	① 장기적인 기본계획수립과 단기적인 예산편성을 프로그램 작성을 통하여 유기적으로 연결함으로써 자원배분에 관한 **의사결정의 일관성과 합리성을 도모할 수 있는 예산제도** ② 미국의 랜드연구소에서 개발한 것을 1963년 맥나마라 국방장관에 의하여 국방성에서 채택했고, **1965년 존슨 대통령**이 '위대한 사회(Great Society)' 사회개발계획을 추진하면서 연방정부에 도입한 예산제도

영점기준 예산제도 (ZBB)	① 조직체의 모든 사업·활동에 대하여 영기준을 적용해서 각각의 효율성·효과성 및 중요성 등을 체계적으로 분석하고 사업의 존속·축소·확대 여부를 원점에서 새로 분석·검토하여 우선순위별로 실행예산을 결정하는 제도 ② 예산편성 시 전년도 예산을 기준으로 점증적으로 예산액을 책정(점증주의 예산)하는 폐단을 시정하려는 목적에서 유래되었다. ③ **매년사업**의 우선순위를 새로이 결정하고 그에 따라 예산 책정 └ 3년 주기 X ④ 미국에서 오일쇼크 등 자원난을 거치면서 **1977년 카터 대통령**이 연방정부에 도입한 예산제도

자본예산 제도	정부예산을 경상지출(공무원 인건비)과 자본지출(도로 건설)로 구분 – 경상지출 : 경상지출은 경상수입(세금)으로 충당시켜 균형예산 편성 – 자본지출 : 적자재정과 공채발행을 통하여 그 수입에 충당하게 함으로써 **불균형예산을 편성** ↳ 균형예산 X
일몰법	① 특정의 행정기관이나 사업이 일정 기간이 지나면 의무적·자동적으로 폐지되게 하는 법률 이다. ② 일몰법은 **입법부**가 '법'으로 정하는 것이며, **중요사업**에 대해 적용하게 된다. ↳ 행정부 X ↳ 모든사업 X

TIP 예산의 이용·이체(§47), 예산 전용(§46)

장(章)	관(款)	항(項)	세항(細項)	목(目)
장·관·항 간에 상호 예산의 원칙적 **이용 불가** (예외적 이용, 이체가능) **이장**			(기획재정부장관의 승인 얻어) 세항 또는 목의 금액을 **전용 가능** **전세**	

① 각 중앙관서의 장은 예산이 정한 각 기관 간 또는 각 **장·관·항**
간에 **상호 이용할 수 없다.** 다만, 다음 어느 하나에 해당하는 경
        ↳ 있다 X
우에 한정하여 **미리 예산으로써 국회의 의결을 얻은 때**에는 기획
재정부장관의 승인을 얻어 이용하거나 기획재정부장관이 위임
하는 범위 안에서 자체적으로 이용할 수 있다.
 1. 법령상 지출의무의 이행을 위한 경비 및 기관운영을 위한
    필수적 경비의 부족액이 발생하는 경우
 2. 환율변동·유가변동 등 사전에 예측하기 어려운 불가피한
    사정이 발생하는 경우
 3. 재해대책 재원 등으로 사용할 시급한 필요가 있는 경우
 4. 그 밖에 대통령령으로 정하는 경우
② 기획재정부장관은 정부조직 등에 관한 법령의 제정·개정 또
는 폐지로 인하여 중앙관서의 직무와 권한에 변동이 있는 때
에는 그 중앙관서의 장의 요구에 따라 그 예산을 **상호 이용하**
거나 이체할 수 있다.
	① **각 중앙관서의 장은 예산의 목적범위 안에**
	서 재원의 효율적 활용을 위하여 대통
	령령이 정하는 바에 따라 **기획재정부장**
	관의 승인을 얻어 각 세항 또는 목의 금
	액을 전용할 수 있다. 이 경우 사업 간의
	유사성이 있는지, 재해대책 재원 등으
	로 사용할 시급한 필요가 있는지, 기관
	운영을 위한 필수적 경비의 충당을 위
	한 것인지 여부 등을 종합적으로 고려
	하여야 한다.
	② 각 중앙관서의 장은 ①의 규정에 불구
	하고 회계연도마다 **기획재정부장관이 위**
	임하는 범위 안에서 각 세항 또는 목의 금
	액을 자체적으로 전용할 수 있다.			

1 예산의 편성

편성 → 심의·의결 → 집행 → 결산

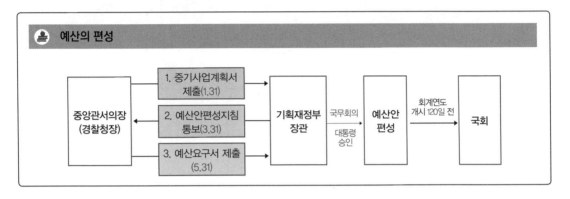

예산의 편성

1. 중기사업계획서 제출(1.31)
2. 예산안편성지침 통보(3.31)
3. 예산요구서 제출 (5.31)

중앙관서의장 (경찰청장) — 기획재정부장관 — 국무회의 대통령 승인 — 예산안 편성 — 회계연도 개시 120일 전 — 국회

중기 사업계획서 제출(§28)	각 중앙관서의 장(경찰청장)은 매년 1월 31일까지 **해당** 회계연도부터 **5회계연도** 이상의 기간 _{다음 X}, _{3회계연도 X} 동안의 신규사업 및 **기획재정부장관**이 정하는 주요 계속사업에 대한 중기사업계획서를 _{행정안전부장관 X} **기획재정부장관**에게 제출하여야 한다.
예산안편성지침 통보(§29)	기획재정부장관은 **국무회의**(국회 X)의 심의를 거쳐 대통령의 승인을 얻은 다음 연도의 예산 안편성지침을 매년 3월 31일까지 각 중앙관서의 장에게 통보하여야 한다.
예산안편성지침의 국회보고(§30)	기획재정부장관은 각 중앙관서의 장에게 통보한 예산안편성지침을 **국회 예산결산특별위원** 회에 보고하여야 한다.
예산요구서 제출 (§31)	각 중앙관서의 장은 예산안편성지침에 따라 그 소관에 속하는 다음 연도의 세입세출예산· 계속비·**명시이월비** 및 국고채무부담행위 요구서(이하 "예산요구서"라 한다)를 작성하여 매 년 5월 31일까지 기획재정부장관에게 제출하여야 한다.
예산안 편성 (§32)	기획재정부장관은 예산요구서에 따라 예산안을 편성하여 **국무회의**(국회 X)의 심의를 거친 후 대통령의 승인을 얻어야 한다.
예산안 국회제출 (§33)	**정부**는 대통령의 승인을 얻은 예산안을 회계연도 개시 120일 전까지 국회에 제출하여야 한다.

Chapter **07**

2 예산의 심의·의결

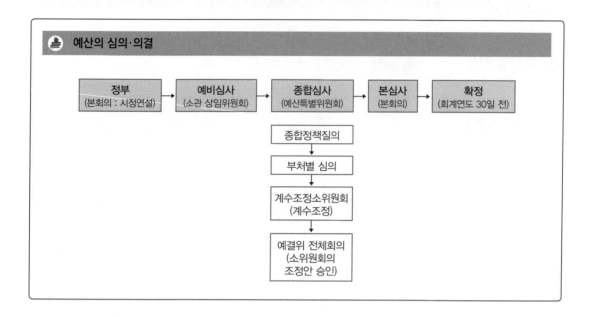

① 예산안이 국회에 제출되면 본회의에서 정부의 시정연설을 듣고(대통령 시정연설과 기재부장관 제안설명), 국회의장은 소관 상임위원회의 예비 심사를 거쳐서 **예산결산특별위원회** 종합심사에 회부한다.
┗ 행정안전위원회 X
② 예결위 종합심사는 '**종합정책질의 → 부처별 심의 → 계수조정소위원회의 계수조정 → 예결위 전체회의에서 소위원회의 조정안 승인**'의 순서로 심사한다.
③ **예결위 종합심사가 끝난 후 본회의 의결을 거쳐 확정**되는데, 국회는 회계 연도 개시 30일 전까지 의결하여야 한다(헌법 제54조 제2항).

3 **예산의 집행**

| 편성 → 심의·의결 → **집행** → 결산 |

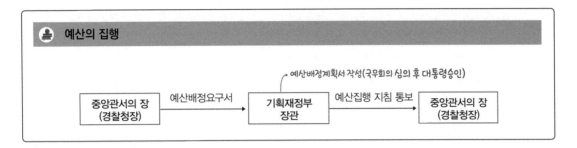

📋 **예산의 집행**

예산배정계획서 작성(국무회의 심의 후 대통령승인)

| 중앙관서의 장
(경찰청장) | → 예산배정요구서 → | 기획재정부
장관 | → 예산집행 지침 통보 → | 중앙관서의 장
(경찰청장) |

예산배정 요구서의 제출 (§42)	① 각 중앙관서의 장은 예산이 **확정된 후** 사업운영계획 및 이에 따른 세입세출예산·계속 　　　　　　　　　　└ 확정되기전 X 비와 국고채무부담행위를 **포함한 예산배정요구서**를 기획재정부장관에게 제출하여야 　　　　　　　　　　　└ 명시이월비 X 한다. ※ 예산이 확정되었더라도 해당 예산이 배정되지 않은 상태에서는 지출원인행위를 **할 수 없음**
예산의 배정 (§43)	① 기획재정부장관은 예산배정요구서에 따라 분기별 예산배정계획을 작성하여 **국무회의** 의 심의를 거친 후 대통령의 승인을 얻어야 한다. ② 기획재정부장관은 각 중앙관서의 장에게 예산을 배정한 때에는 감사원에 통지하여 야 한다.
예산집행 지침의 통보(§44)	기획재정부장관은 예산집행의 효율성을 높이기 위하여 매년 예산집행에 관한 지침을 작 성하여 각 중앙관서의 장에게 통보하여야 한다.
목적 외 사용금지 (§45)	각 중앙관서의 장은 세출예산이 정한 목적 외에 경비를 사용할 수 **없다.**

Chapter **07**

4 예산의 결산

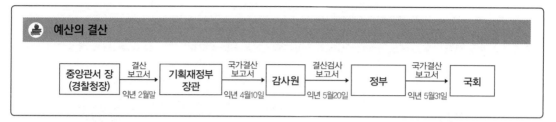

중앙관서 결산보고서의 작성 및 제출(§58)	각 중앙관서의 장은 「국가회계법」에서 정하는 바에 따라 회계연도마다 작성한 결산보고서(이하 "중앙관서결산보고서"라 한다)를 **다음 연도**(= 익년) 2월 말일까지 기획재정부장관에게 제출하여야 한다.
국가결산 보고서의 작성 및 제출(§59)	기획재정부장관은 「국가회계법」에서 정하는 바에 따라 회계연도마다 작성하여 대통령의 승인을 받은 국가결산보고서를 **다음 연도** 4월 10일까지 감사원에 제출하여야 한다.
결산검사(§60)	감사원은 제출된 국가결산보고서를 검사하고 그 보고서를 **다음 연도** 5월 20일까지 기획재정부장관에게 송부하여야 한다.
국가결산 보고서의 국회제출(§61)	정부는 감사원의 검사를 거친 국가결산보고서를 **다음 연도** 5월 31일까지 국회에 제출하여야 한다.

TIP 관서운영경비(국고금관리법)

관서운영 경비의 지급(§24)	③ 관서운영경비는 관서운영경비출납공무원이 아니면 지급할 수 없다. ④ 관서운영경비출납공무원은 관서운영경비를 **금융회사등에 예치**하여 **관리**하여야 한다.
관서운영 경비의 범위 (시행령 §31) 시행규칙 §52))	① 운영비(복리후생비·학교운영비·일반용역비 및 관리용역비는 **제외**한다)·특수활동비·안보비·정보보안비 및 **업무추진비** 중 기획재정부령으로 정하는 금액 이하의 경비 → 이에 따라 관서운영경비로 지급할 수 있는 경비의 최고금액은 건당 500만원으로 한다. 다만, 다음의 경비는 최고금액 500만원 이하의 제한을 받지 않는다. 1. 기업특별회계상 당해 사업에 직접 소요되는 경비 2. **운영비 중 공과금** 및 위원회참석비 3. 특수활동비중 수사활동에 소요되는 경비 4. 안보비 중 정보활동에 소요되는 경비 5. 정보보안비 중 정보활동에 소요되는 경비 6. 그 밖에 기획재정부장관이 정하는 경비 ② 외국에 있는 채권자가 외국에서 지급받으려는 경우에 지급하는 경비(재외공관 및 외국에 설치된 국가기관에 지급하는 경비를 포함) ③ 여비 ④ 업무수행에 지장을 가져올 우려가 있는 경비로서 **기획재정부령**으로 정하는 경비
사용 잔액의 반납 (시행령 §37)	① 관서운영경비출납공무원은 매 회계연도의 관서운영경비 사용 잔액을 다음 회계연도 1월 20일까지 해당 지출관에게 반납하여야 한다. 이 경우 재외공관(외국에 설치된 국가기관을 포함한다)의 관서운영경비 사용 잔액의 반납 방법에 관하여는 제14조 제2항을 준용할 수 있다.

THEME 07 장비관리

1 경찰장비관리의 목표

① 능률성 ② 효과성 ③ 경제성 _{민주성 X}

2 무기관리(경찰장비관리규칙)

(1) 무기 및 탄약관리

정의 (§112)	무기	인명 또는 신체에 위해를 가할 수 있도록 제작된 **권총·소총·도검** 등을 말한다.
	집중 무기고	경찰인력 및 경찰기관별 무기책정기준에 따라 배정된 개인화기와 공용화기를 집중 보관·관리하기 위하여 각 경찰기관에 설치된 시설
	탄약고	경찰탄약을 집중 보관하기 위하여 타용도의 사무실, 무기고 등과 **분리** 설치된 보관시설
	간이 무기고	경찰기관의 각 기능별 운용부서에서 효율적 사용을 위하여 집중무기고로부터 무기·탄약의 일부를 대여 받아 별도로 보관·관리하는 시설
설치 (§115)	① 집중무기고는 다음 각 호의 경찰기관에 설치한다. 1. 경찰청 2. 시·도경찰청 3. 경찰대학, 경찰인재개발원, 중앙경찰학교 및 경찰수사연수원 4. 경찰서 5. 경찰기동대, 방범순찰대 및 경비대 6. 의무경찰대 7. 경찰특공대 8. 기타 경찰청장이 지정하는 경찰관서 ② 무기고와 탄약고는 견고하게 만들고 환기·방습장치와 방화시설 및 총가시설 등이 완비되어야 한다. ③ **탄약고는 무기고와 분리, 가능한 본 청사와 격리된 독립 건물로 하여야 한다.** ④ 무기고와 탄약고의 환기통 등에는 손이 들어가지 않도록 쇠창살 시설, 출입문은 **2중**으로 하여 **각 1개소 이상씩 자물쇠**를 설치하여야 한다. ⑤ 무기·탄약고 비상벨은 상황실과 숙직실 등 초등조치 가능장소와 연결하고, 외곽에는 철조망 장치와 조명등 및 순찰함을 **설치하여야 한다.** _(설치할 수 있다 X) ⑥ 간이무기고는 근무자가 24시간 상주하는 지구대, 파출소, 상황실 및 112타격대(이하 "지구대 및 상황실 등"이라 한다) 등 경찰기관의 장이 필요하다고 인정하는 상당한 이유가 있는 장소에 **설치할 수 있다.** _(설치하여야 한다 X)

| 무기·탄약고
열쇠의 보관
(§117) | ① 무기고와 탄약고의 열쇠는 관리 책임자가 보관한다.
② 집중무기·탄약고와 간이무기고는 다음 각 호의 관리자가 보관 관리한다. 다만, 휴가, 비번 등으로 관리책임자 공백시는 별도 관리책임자를 지정하여야 한다.
  1. 집중무기·탄약고의 경우
    가. 일과시간의 경우 무기 관리부서의 장(정보화장비과장, 운영지원과장, 총무과장, 경찰서 경무과장 등)
    나. 일과시간 후 또는 토요일·공휴일의 경우 당직 업무(청사방호) 책임자(상황관리관 등 당직 근무자)
  2. 간이무기고의 경우
    가. 상황실 간이무기고는 112종합상황실(팀)장
    나. 지구대 등 간이무기고는 지역경찰관리자
    다. 그 밖의 간이무기고는 일과시간의 경우 설치부서 책임자, 일과시간 후 또는 토요일·공휴일의 경우 당직 업무(청사방호) 책임자 |

(2) 무기 · 탄약 회수 · 보관(§120)

즉시 회수해야 할 사유	① 경찰기관의 장은 무기를 휴대한 자 중에서 다음 각 호에 해당하는 자가 발생한 때에는 **즉시** _{무기 소지 적격 심의 위원회의 심의를 거쳐 X} 대여한 무기·탄약을 **회수해야 한다.** (회수할 수 있다 X) 다만, 대상자가 이의신청을 하거나 소속 부서 장이 무기 소지 적격 여부에 대해 심의를 요청하는 경우에는 무기 소지 적격 심의위원회(이하 '심의위원회'라 한다.)의 심의를 거쳐 대여한 무기·탄약의 회수여부를 결정한다. 1. 직무상의 비위 등으로 인하여 **중징계** 의결 요구된 자 2. **사**의를 표명한 자 중사
회수할 수 있는 사유	② 경찰기관의 장은 무기를 휴대한 자 중에서 다음 각 호에 해당하는 자가 있을 때에는 **심의위원회의 심의를 거쳐** 대여한 무기·탄약을 **회수할 수 있다.** (회수하여야 한다 X) 다만, 심의위원회를 개최할 시간적 여유가 없거나 사고 방지 등을 위해 신속한 회수가 필요하다고 인정되는 경우에는 대여한 무기·탄약을 즉시 회수**할 수 있으며**(하여야 한다 X), 회수한 날부터 7일 이내에 심의위원회를 개최하여 회수의 타당성을 심의하고 계속 회수 여부를 결정한다. 1. 직무상의 비위 등으로 인하여 감찰조사의 대상이 되거나 **경징계**의결 요구 또는 **경징계** 처분 중인 자 2. 형사사건의 수사 대상이 된 자 3. 경찰공무원 직무적성검사 결과 고위험군에 해당되는 자 4. 정신건강상 문제가 우려되어 치료가 필요한 자 5. 정서적 불안 상태로 인하여 무기 소지가 적합하지 않은 자로서 소속 부서장의 요청이 있는 자 6. 그 밖에 경찰기관의 장이 무기 소지 적격 여부에 대해 심의를 요청하는 자 ③ 경찰기관의 장은 ①과②에 규정한 사유들이 소멸되면 직권 또는 당사자 신청에 따라 무기 소지 적격 심의위원회의 심의를 거쳐 무기 회수의 해제 조치를 할 수 있다.
보관 해야 할 사유	④ 경찰기관의 장은 무기를 휴대한 자 중에서 다음 각 호에 해당하는 경우에는 대여한 무기·탄약을 무기고에 보관하도록 **해야 한다.** (할 수 있다 X) 1. **술**자리 또는 연회장소에 출입할 경우 2. **상사**의 사무실을 출입할 경우 3. 기타 정황을 판단하여 필요하다고 인정되는 경우 술상사

(3) 권총사용의 4대 안전수칙(§123)

> 가. 총구는 **공중 또는 지면(안전지역)**(전방 X)을 향한다.
> 나. 실탄 장전시 반드시 안전장치(방아쇠울에 설치 사용)를 장착한다.
> 다. 1탄은 공포탄, 2탄 이하는 실탄을 장전한다. 다만, 대간첩작전, 살인 강도 등 중요범인이나 무기·흉기 등을 사용하는 범인의 체포 및 위해의 방호를 위하여 불가피한 경우에 1탄부터 실탄을 장전할 수 있다.
> 라. 조준시는 **대퇴부**(허리 X) 이하를 향한다.

3 차량관리(경찰장비관리규칙)

차량의 구분(§88)	**용도별**로 전용·지휘용·**업무용**·순찰용·**특수용** 차량으로 구분 ↳ 차량별 X ↳ 행정용 X ↳ 수사용 X
차량소요 계획서제출(§90)	부속기관 및 시·도경찰청의 장은 다음 연도에 소속기관의 차량정수를 증감시킬 필요가 있을 때에는 **매년 3월 말**까지 다음 연도 차량정수 소요계획을 경찰청장에게 제출하여야 한다. ↳ 매년 11월 말 X
교체대상 차량의 불용처리 (§94)	① 차량교체를 위한 불용 대상차량은 부속기관 및 시·도경찰청에 배정되는 수량의 범위 내에서 내용연수 경과 여부 등 **차량사용기간**을 최우선적으로 고려하여 선정한다. ↳ 주행거리 X ② 사용기간이 동일한 경우에는 **주행거리**와 차량의 노후상태, 사용부서 등을 종합적으로 검토 예산낭비 요인이 없도록 신중하게 선정한다. ↳ 차량사용기간 X ③ 단순한 내용연수 경과를 이유로 일괄교체 또는 불용처분하는 것을 지양하고 성능이 양호하여 운행가능한 차량은 교체순위에 불구하고 연장 사용할 수 있다. ④ 불용처분된 차량은 부속기관 및 시·도경찰청별로 실정에 맞게 **공개매각**을 원칙으로 하되, 공개매각이 불가능한 때에는 폐차처분을 할 수 있다. 다만, 매각을 할 때에는 경찰 표시도색을 제거하는 등 필요한 조치를 하여야 한다.
차량의 집중관리 (§95)	① 각 경찰기관의 업무용차량은 운전요원의 부족 등 불가피한 사유가 없는 한 **집중관리를 원칙**으로 한다. 〈단서 생략〉
차량의 관리책임 (§98)	② 경찰기관의 장은 차량이 책임 있게 관리되도록 차량별 관리담당자를 지정하여야 한다. ③ 차량운행 시 책임자는 **1차 운전자**, 2차 선임탑승자(사용자), 3차 경찰기관의 장으로 한다. ↳ 1차 선임탑승자 X
운전원 교육 (§102)	② 전·의경 신임운전요원은 4주 이상 운전교육을 실시한 후에 운행하도록 하여야 한다.

Chapter **07**

1 서론

의의	협의	국가의 안전보장을 위하여 국가가 보호를 필함요로 하는 비밀이나 인원·문서·자재·시설·지역 등을 보호하는 **소극적 예방활동**을 말한다. └ 불순분자 색출 X
	광의	국가안전보장을 해치고자 하는 간첩, 태업이나 전복으로 국가를 위태롭게 하는 불순분자에 대하여 탐지·조사·체포하는 등의 **적극적인 예방활동**을 포함한다.
법적근거		**국가정보원법**, 정보 및 보안업무기획·조정규정, 보안업무규정, 보안업무규정 시행규칙, 보안업 └ 국가보안법 X 무규정 시행 세부규칙 등이 있음
보안의 주체		국가
보안의 객체 (대상)		① 인원 : 지위고하 불문, 내방 중인 외국인도 포함한다. ② 문서 및 자재 : 내용의 중요성과 가치의 정도에 따라 각급으로 분류한다. ③ 시설 : 중요산업시설로서 특별히 보호가 요청되는 시설이다. ④ 지역 : 국가안전보장상 특별히 보호가 요청되는 지역이다.

2 보안의 원칙

알사람만 알아야 하는 원칙(한정의 원칙)	보안의 대상이 되는 사실을 전파함에 있어서 전파의 필요성을 신중히 검토하여 꼭 필요로 하는 사람에게만 전파하여야 한다는 원칙
부분화의 원칙	**한 번에 다량의 비밀이나 정보가 유출되지 않도록 하는 원칙**
보안과 효율의 조화 원칙	보안과 업무효율은 반비례 관계가 있으므로 양자의 적절한 조화를 유지하는 방법을 강구해야 함

③ 보안업무규정(대통령령)상 비밀

(1) 비밀의 구분

비밀 의의(§2)	「국가정보원법」 제4조 제1항 제2호에 따른 국가 기밀로서 이 영에 따라 비밀로 분류된 것을 말한다.	
분류기준(§4)	**중요성과 가치 정도**에 따라 분류	
구분	Ⅰ급 비밀	누설될 경우 대한민국과 **외교관계가 단절**되고 **전쟁**을 일으키며, 국가의 방위계획·정보활동 및 국가방위에 반드시 필요한 과학과 기술의 개발을 위태롭게 하는 등의 우려가 있는 비밀　**일전**
	Ⅱ급 비밀	누설될 경우 국가안전보장에 **막대한 지장**을 끼칠 우려가 있는 비밀　**이막**
	Ⅲ급 비밀	누설될 경우 국가안전보장에 **해**를 끼칠 우려가 있는 비밀　**삼해**
비밀의 분류 (§11)	비밀을 생산하거나 관리하는 사람은 비밀의 작성을 완료하거나 비밀을 접수하는 즉시 그 비밀을 분류하거나 재분류할 책임이 있다. 예 P경찰서 **경비과**에서는 중요시설 경비대책이란 제목으로 비밀문건을 생산하였다면, 비밀을 생산한 **경비과**에 비밀분류의 책임이 있다.	
암호자재 제작· 공급 및 반납(§7)	① **국가정보원장**은 암호자재를 제작하여 필요한 기관에 공급한다. 다만, 국가정보원장이 　　　└ 경찰청장 X 　　필요하다고 인정하는 암호자재의 경우 그 암호자재를 사용하는 기관은 **국가정보원장이 인가하는 암호체계의 범위에서 암호자재를 제작할 수 있다.** ② 암호자재를 사용하는 기관의 장은 사용기간이 끝난 암호자재를 지체 없이 그 **제작기관의 장**에게 반납하여야 한다. 　　　　　└ 국가정보원장 X	

※ 대외비 : 보안업무 규정 제4조에 따른 **비밀 외**에 「공공기관의 정보공개에 관한 법률」 제9조 제1항 제3호부터
　　　　　　　　　　　　　　　　└ 비밀 중 X
제8호까지의 비공개 대상 정보 중 직무 수행상 특별히 보호가 필요한 사항은 이를 "대외비"로 한다(보안
업무규정 시행규칙 §16).

※ "암호자재"란 비밀의 보호 및 정보통신 보안을 위하여 암호기술이 적용된 장치나 수단으로서 Ⅰ급, Ⅱ급 및 Ⅲ급비밀 소통용 암호자재로 구분되는 장치나 수단을 말한다.

(2) 비밀취급 인가권자(보안업무규정 시행세부규칙)

Ⅱ급 및 Ⅲ급 ↳ ⅰ급X 비밀취급인가권 (§11①)	1. 경찰청장 2. 경찰대학장 3. 경찰인재개발원장 4. 중앙경찰학교장, 5. 경찰수사연수원장, 6 경찰병원장 7. 시·도경찰청장(경찰청 생활안전국장 X)
Ⅱ급 및 Ⅲ급 비밀취급인가권 위임(§11②③)	① 시·도경찰청장 → 경찰서장, 기동대장에게 **위임한다.** ② 시·도경찰청장 → **경정 이상**의 경찰공무원을 장으로 하는 경찰기관의 장에게도 **위임할 수 있다.** ③ Ⅱ급 및 Ⅲ급 비밀취급인가권을 위임받은 기관의 장은 이를 **다시 위임할 수 없다.** (있다X)
특별인가 (§15)	① 모든 경찰공무원(의무경찰순경을 **포함**)은 **임용과 동시** Ⅲ급 **비밀취급권**을 가진다. ② 경찰공무원 중 다음 각 호의 부서에 근무하는 자[의무경찰순경을 **포함**]는 그 보직발령과 동시에 Ⅱ급 **비밀취급권**을 인가받은 것으로 한다. 1. 경비, 경호, 작전, 항공, 정보통신 담당부서(기동대의 경우는 행정부서에 한한다) 2. **정보, 안보, 외사부서** 3. 감찰, 감사 담당부서 4. 치안상황실, 발간실, 문서수발실 5. 경찰청 각 과의 서무담당자 및 비밀을 관리하는 보안업무 담당자 6. 부속기관, 시·도경찰청, 경찰서 각 과의 서무담당자 및 비밀을 관리하는 보안업무 담당자 ③ 비밀의 취급인가를 받은 자에 대하여는 **별도로 비밀취급인가증을 발급하지 않는다.** 다만, 업무상 필요한 경우에는 발급할 수 있다. ④ 각 경찰기관의 장은 제2항 각호의 부서에 근무하는 경찰공무원중 신원특이자에 대하여는 **위원회 또는 자체 심의기구**에서 Ⅱ급 비밀취급의 인가여부를 심의하고, 비밀취급 ↳ 각 기관장 X 이 불가능하다고 의결된 자에 대하여는 즉시 인사조치한다.

4 문서보안

(1) 비밀분류의 원칙(보안업무규정 제12조)

과도 또는 과소 분류의 금지 원칙	비밀은 적절히 보호할 수 있는 **최저 등급**으로 분류하되, 과도하거나 과소하게 분류 해서는 아니된다. ⌐ 최고 X
독립분류의 원칙	비밀은 **그 자체의 내용과 가치의 정도에 따라 분류**하여야 하며, 다른 비밀과 관련하 여 분류해서는 아니된다.
외국 또는 국제기구의 비밀 존중의 원칙	외국 정부나 국제기구로부터 접수한 비밀은 **그 생산기관이 필요로 하는 정도**로 보호 할 수 있도록 분류하여야 한다. ⌐ 접수기관 X

(2) 비밀의 보관(보안업무규정 시행규칙)

보관기준 (§33)	① 비밀은 일반문서나 암호자재와 혼합하여 보관하여서는 아니된다. ② Ⅰ급비밀은 반드시 금고에 보관하여야 하며, 다른 비밀과 혼합하여 보관하여서는 아니 된다. ③ Ⅱ급비밀 및 Ⅲ급비밀은 금고 또는 이중 철제캐비닛 등 잠금장치가 있는 안전한 용기에 보관하 여야 하며, 보관책임자가 Ⅱ급비밀 취급 인가를 받은 때에는 **Ⅱ급비밀과 Ⅲ급비밀**을 같은 용기 에 혼합하여 보관할 수 있다.　　　　　　　　　　　　⌐ Ⅰ급비밀 X ④ 보관용기에 넣을 수 없는 비밀은 **제한구역 또는 통제구역**에 보관하는 등 그 내용이 노출되지 아니하도록 특별한 보호대책을 마련하여야 한다.　⌐ 제한지역 X
보관용기 (§34)	① 비밀의 보관용기 외부에는 비밀의 보관을 알리거나 나타내는 어떠한 표시도 해서는 아니된다. ② 보관용기의 잠금장치의 종류 및 사용방법은 보관책임자 외의 사람이 알지 못하도록 특별한 통제를 하여야 하며, 다른 사람이 알았을 때에는 즉시 이를 변경하여야 한다.

(3) 비밀의 보호

1) 보안업무규정

보안심사위원회 (§3의3)	중앙행정기관등에 비밀의 공개 등 해당 기관의 보안 업무 수행에 관한 중요 사항을 심의하기 위하여 보안심사위원회를 둔다.
비밀관리 기록부 (§22)	① 각급기관의 장은 비밀의 작성·분류·접수·발송 및 취급 등에 필요한 모든 관리사항을 기록하기 위하여 비밀관리기록부를 작성하여 갖추어 두어야 한다. 다만, **I급비밀관리기록부는 따로 작성하여 갖추어 두어야 하며**, 암호자재는 암호자재 관리기록부로 관리한다. ② 비밀관리기록부와 암호자재 관리기록부에는 모든 비밀과 암호자재에 대한 보안책임 및 보안관리 사항이 **정확히 기록·보존되어야 한다.**

비밀의
복제·복사 제한
(§23)
	① 비밀의 일부 또는 전부나 암호자재에 대해서는 모사(模寫)·타자(打字)·인쇄·조각·녹음·촬영·인화(印畵)·확대 등 그 원형을 재현(再現)하는 **행위를 할 수 없다.** 다만, 다음 각 호의 구분에 따른 비밀의 경우에는 그러하지 아니하다.
	  1. I급비밀 : <u>그 생산자의 허가</u>를 받은 경우
	      ↳ 사용자 X
	  2. II급비밀 및 III급비밀 : 그 생산자가 특정한 제한을 하지 아니한 것으로서 해당 등급의 비밀취급 인가를 받은 사람이 공용(共用)으로 사용하는 경우
	  3. 전자적 방법으로 관리되는 비밀 : 해당 비밀을 보관하기 위한 용도인 경우
	② <u>각급기관의 장은 보안 업무의 효율적인 수행을 위하여 필요하다고 인정되는 경우</u>에는 해당
	  ↳ 국가정보원장의 승인 X
	비밀의 보존기간 내에서 제1항 단서에 따라 그 사본을 제작하여 보관할 수 있다.
	③ ②에 따라 비밀의 사본을 보관할 때에는 그 예고문이나 비밀등급을 변경해서는 아니 된다. 다만, 「공공기록물 관리에 관한 법률 시행령」 제68조 제6항에 따라 비밀을 재분류하는 경우에는 그러하지 아니하다.

비밀의 열람 (§24)	① 비밀은 해당 등급의 비밀취급 인가를 받은 사람 중 그 비밀과 업무상 **직접 관계가 있는 사람만** 열람할 수 있다. ② 비밀취급 인가를 받지 아니한 사람에게 비밀을 열람하거나 취급하게 할 때에는 **국가정보원장**이 정하는 바에 따라 **소속 기관의 장(비밀이 군사와 관련된 사항인 경우에는 국방부장관)**이 미리 열람자의 인적사항과 열람하려는 비밀의 내용 등을 확인하고 열람 시 비밀 보호에 필요한 자체 보안대책을 마련하는 등의 보안조치를 **하여야 한다.** 다만, I급비밀의 보안조치에 관하여는 **국가정보원장**과 미리 협의하여야 한다.

비밀의 공개
(§25)
	① 중앙행정기관의 장은 다음 각 호의 어느 하나에 해당하는 사유가 있을 때에는 그가 생산한 비밀을 **보안심사위원회의 심의를 거쳐 공개할 수 있다.** 다만, I급비밀의 공개에 관하여는 **국가정보원장**과 미리 협의해야 한다.
	  1. 국가안전보장을 위하여 국민에게 긴급히 알려야 할 필요가 있다고 판단될 때
	  2. 공개함으로써 국가안전보장 또는 국가이익에 현저한 도움이 된다고 판단될 때
	② 공무원 또는 공무원이었던 사람은 **법률에서 정하는 경우를 제외(어떠한 경우에도 X)**하고는 **소속 기관의 장이나 소속되었던 기관의 장의 승인 없이** 비밀을 공개해서는 아니 된다.

비밀의 반출 (§27)	비밀은 보관하고 있는 시설 밖으로 반출해서는 아니 된다. 다만, 공무상 반출이 필요할 때에는 **소속 기관의 장**의 승인을 받아야 한다. ↳ 중앙행정기관의 장 X

2) 보안업무규정 시행규칙

비밀의 대출 및 열람(§45)	① 비밀보관책임자는 보관비밀을 대출하는 때에는 별지 제15호서식의 비밀대출부에 관련 사항을 기록·유지한다. ② 개별 비밀에 대한 열람자 범위를 파악하기 위하여 각각의 비밀문서 끝 부분에 별지 제16호서식의 비밀열람기록전을 첨부한다. 이 경우 문서 형태 외의 비밀에 대한 열람기록은 따로 비밀열람기록전(철)을 비치하고 기록·유지한다. ③ ②에 따른 비밀열람기록전은 그 비밀의 생산기관이 첨부하며, **비밀을 파기하는 때에는 비밀에서 분리하여 따로 철하여 보관하여야 한다.** ④ 비밀열람자는 비밀을 열람하기에 앞서 비밀열람기록전에 정해진 사항을 기재하고 서명 또는 날인한 후 비밀을 열람하여야 한다. ⑤ 비밀의 발간업무에 종사하는 사람은 작업일지에 작업에 관한 사항을 기록·보관해야 한다. 이 경우 작업일지는 비밀열람기록전을 갈음하는 것으로 본다.
비밀 및 암호 자재 관련 자료의 보관 (§70)	① 다음 각 호의 자료는 비밀과 함께 철하여 보관·활용하고, 비밀의 보호기간이 만료되면 비밀에서 분리한 후 각각 편철하여 **5년간** 보관해야 한다. 1. 비밀접수증　　　2. 비밀열람기록전　　　3. 배부처 ② 다음 각 호의 자료는 새로운 관리부철로 옮겨서 관리할 경우 기존 관리부철을 **5년간** 보관해야 한다. 1. 비밀관리기록부　　2. 비밀 접수 및 발송대장 3. 비밀대출부　　　　4. 암호자재 관리기록부 ③ 서약서는 서약서를 작성한 비밀취급인가자의 인사기록카드와 함께 철하여 인가 해제 시까지 보관하되, 인사기록카드와 함께 철할 수 없는 경우에는 별도로 편철하여 보관해야 한다. ④ 암호자재 증명서는 해당 암호자재를 반납하거나 파기한 후 **5년간** 보관해야 한다. ⑤ 암호자재 점검기록부는 최근 **5년간**의 점검기록을 보관해야 한다. ⑥ 제1항부터 제5항까지의 규정에 따른 보관기간이 지나면 해당 자료는 「공공기록물 관리에 관한 법률」에 따른 기록물관리기관으로 이관해야 한다.

5 시설보안

보호지역 설정·관리 (보안업무규정 §34)	① 각급기관의 장과 관리기관 등의 장은 국가안전보장에 관련되는 인원·문서·자재·시설의 보호를 위하여 필요한 장소에 일정한 범위의 보호지역을 설정할 수 있다. ② ①에 따라 설정된 보호지역은 그 중요도에 따라 **제한지역, 제한구역 및 통제구역**으로 나눈다. ③ 보호지역에 접근하거나 출입하려는 사람은 **각급기관의 장 또는 관리기관 등의 장의 승인**을 받아야 한다. ④ 보호지역을 관리하는 사람은 ③에 따른 승인을 받지 않은 사람의 보호지역 접근이나 출입을 제한하거나 금지할 수 있다.
보호지역 구분 (동시행규칙 §54)	**제한지역** 비밀 또는 국·공유재산의 보호를 위하여 울타리 또는 방호·경비인력에 의하여 승인을 받지 않은 사람의 접근이나 **출입에 대한 감시**가 필요한 지역
	제한구역 비인가자가 비밀, 주요시설 및 Ⅲ급 비밀 소통용 암호자재에 접근하는 것을 방지하기 위하여 **안내를 받아** 출입하여야 하는 구역　**제구안내**
	통제구역 보안상 매우 중요한 구역으로서 **비인가자의 출입이** **금지**되는 구역　**통구이금지**

TIP 보호구역의 설정기준(보안업무규정 시행 세부규칙 §60)

제한구역	통제구역
• 전자교환기(통합장비)실, **정보통신실** • 발간실(비밀 발간실과 구분) • 송신 및 중계소, **정보통신관제센터** • 경찰청 및 시·도경찰청 항공대 • 작전·경호·정보·안보업무 담당 부서 전역 • 과학수사센터	• **무기**창·무기고 및 탄약고 • **암호**취급소 • **암호**장비관리실 • **비밀**발간실 • **정보**보안기록실 • **정보**상황실 • **종합**조회처리실 • **종합**상황실·치안상황실 **무기암호 비밀정보(정보통신X) 종합**

문서관리(행정업무의 운영 및 혁신에 관한 규정(대통령령))

1 용어의 정의(§3)

공문서	행정기관에서 공무상 작성하거나 시행하는 문서(도면·사진·디스크·테이프·필름·슬라이드·전자문서 등의 특수매체기록을 **포함**)와 행정기관이 접수한 모든 문서를 말한다. ↳ 제외 X
전자문서	컴퓨터 등 정보처리능력을 가진 장치에 의하여 전자적인 형태로 작성, 송수신 또는 저장된 문서
서 명	기안자 등이 **전자문서를 제외한** 공문서상에 자필로 자기의 성명을 다른 사람이 알아볼 수 있도록 한글로 표시하는 것
전자이미지서명	기안자·검토자·협조자·결재권자 또는 발신명의인이 전자문서상에 **전자적인 이미지 형태**로 된 자기의 성명을 표시하는 것
업무관리시스템	행정기관이 **업무처리의 모든 과정**을 과제관리카드 및 문서관리카드 등을 이용하여 전자적으로 관리하는 시스템을 말한다.
행정정보시스템	행정기관이 **행정정보**를 생산·수집·가공·저장·검색·제공·송신·수신하고 활용할 수 있도록 하드웨어·소프트웨어·데이터베이스 등을 통합한 시스템을 말한다.

2 공문서의 종류(§4)

법규문서	**헌법·법률·대통령령·총리령·부령·조례·규칙** 등에 관한 문서
지시문서	**훈령·지시·예규·일일명령 등** 행정기관이 그 하급기관이나 소속 공무원에 대하여 일정한 사항을 지시하는 문서
공고문서	**고시·공고 등** 행정기관이 일정한 사항을 일반에게 알리는 문서
비치문서	행정기관이 일정한 사항을 기록하여 행정기관 내부에 **비치**하면서 업무에 활용하는 대장, 카드 등의 문서
민원문서	**민원인**이 행정기관에 허가, 인가, 그 밖의 처분 등 특정한 행위를 요구하는 문서와 그에 대한 처리문서
일반문서 ↳ 대내문서 X	법규·지시·공고·비치·민원문서에 **속하지 않는 모든 문서**

3 문서의 성립 및 효력 발생(§6)

① 문서는 **결재권자**가 해당 문서에 서명(전자이미지서명, 전자문자서명 및 행정전자서명을 포함)의 방식으로 **결재함**으로써 성립한다.
② 문서는 **수신자에게 도달**(전자문서의 경우는 수신자가 관리하거나 지정한 전자적 시스템 등에 입력되는 것을 말함)됨으로써 **효력을 발생**한다.
③ ②에도 불구하고 공고문서는 그 문서에서 효력발생 시기를 구체적으로 밝히고 있지 않으면 그 고시 또는 공고 등이 있은 날부터 **5일**이 경과한 때에 효력이 발생한다.

TIP 문서의 효력발생 시기에 관한 학설

표백주의	시행문서의 작성이 완료한 때에 효력이 발생한다는 견해
발신주의	시행문서를 발송한 시점에서 효력이 발생한다는 견해
도달주의	시행문서가 상대방에게 도달된 때에 효력이 발생한다는 견해(**통설 및 판례**)
요지주의	시행문서가 상대방에게 전달되어 상대방이 내용을 보고 알았을 때에 효력이 발생한다는 견해

4 문서 작성의 일반원칙(동규정 §7, 동규정 시행규칙 §2, 4)

제7조(문서 작성의 일반원칙) ① 문서는 「국어기본법」 제3조 제3호에 따른 어문규범에 맞게 한글로 작성하되, 뜻을 정확하게 전달하기 위하여 필요한 경우에는 괄호 안에 한자나 그 밖의 외국어를 함께 적을 수 있으며, 특별한 사유가 없으면 가로로 쓴다.

② 문서의 내용은 간결하고 명확하게 표현하고 일반화되지 않은 약어와 전문용어 등의 사용을 피하여 이해하기 쉽게 작성하여야 한다.

③ 문서에는 음성정보나 영상정보 등이 수록되거나 연계된 바코드 등을 표기할 수 **있다(없다 X)**.

④ 문서에 쓰는 숫자는 특별한 사유가 없으면 아라비아 숫자를 쓴다.

⑤ 문서에 쓰는 날짜는 숫자로 표기하되, 연·월·일의 글자는 생략하고 그 자리에 온점을 찍어 표시하며, 시·분은 24시각제에 따라 숫자로 표기하되, 시·분의 글자는 생략하고 그 사이에 쌍점을 찍어 구분한다. 다만, 특별한 사유가 있으면 다른 방법으로 표시할 수 있다.

⑥ 문서 작성에 사용하는 용지는 특별한 사유가 없으면 가로 **210밀리미터, 세로 297밀리미터**의 직사각형 용지로 한다.

⑦ 제1항부터 제6항까지에서 규정한 사항 외에 문서 작성에 필요한 사항은 **행정안전부령**으로 정한다.

> **동법 시행령 제2조(공문서 작성의 일반원칙)** ① 공문서(이하 "문서"라 한다)의 내용을 둘 이상의 항목으로 구분할 필요가 있으면 그 항목을 순서(항목 구분이 숫자인 경우에는 오름차순, 한글인 경우에는 가나다순을 말한다)대로 표시하되, 상위 항목부터 하위 항목까지 1., 가., 1), 가), (1), (가), ①, ㉮의 형태로 표시한다. 다만, 필요한 경우에는 ㅁ, ㅇ, -, · 등과 같은 특수한 기호로 표시할 수 있다.
>
> ② 문서에 금액을 표시할 때에는 「행정업무의 운영 및 혁신에 관한 규정」(이하 "영"이라 한다) 제7조 제4항에 따라 아라비아 숫자로 쓰되, 숫자 다음에 괄호를 하고 다음과 같이 한글로 적어야 한다.
>
> 예 금113,560원(금일십일만삼천오백육십원)

동법 시행령 제4조(기안문의 구성) ⑤ 본문의 마지막에는 다음과 같이 "끝" 표시 등을 한다.

1. 본문의 내용(본문에 붙임이 있는 경우에는 붙임을 말한다)의 마지막 글자에서 한 글자 띄우고 "끝" 표시를 한다. 다만, 본문의 내용이나 붙임에 적은 사항이 오른쪽 한계선에 닿은 경우에는 다음 줄의 왼쪽 기본선에서 한 글자 띄우고 "끝" 표시를 한다.

2. 제1호에도 불구하고, 본문의 내용이 표 형식으로 끝나는 경우에는 표의 마지막 칸까지 작성되면 표 아래 왼쪽 기본선에서 한 글자를 띄운 후 "끝" 표시를 하고, 표의 중간까지만 작성된 경우에는 "끝" 표시를 하지 않고 마지막으로 작성된 칸의 다음 칸에 "이하 빈칸"으로 표시한다.

5 기안자 등의 표시(행정업무의 운영 및 혁신에 관한 규정 시행규칙 제6조)

① 기안문에는 발의자와 보고자의 직위나 직급의 앞 또는 위에 **발의자는 ★표시를, 보고자는 ⊙표시를** 한다.

② 기안문에 첨부되는 계산서·통계표·도표 등 작성상의 책임을 밝힐 필요가 있다고 인정되는 첨부물에는 작성자를 표시하여야 한다.

③ 기안자, 검토자 또는 협조자는 기안문의 해당란에 직위나 직급을 표시하고 서명하되, 검토자나 협조자가 영 제9조 제3항 또는 제4항에 따라 다른 의견을 표시하는 경우에는 직위나 직급 다음에 **"(의견 있음)"**이라고 표시하여야 한다.

④ 총괄책임자는 총괄책임자가 총괄하는 단위업무를 분담하는 사람이 기안한 경우 그 기안문을 검토하고 검토자란에 서명을 하되, 다른 의견이 있으면 직위나 직급 다음에 **"(의견 있음)"**이라고 표시하고 기안문 또는 별지에 그 의견을 표시할 수 있다. 다만, 총괄책임자가 출장 등의 사유로 검토할 수 없는 등 부득이한 경우에는 검토를 생략할 수 있으며 서명란에 출장 등 검토할 수 없는 사유를 적어야 한다.

6 문서의 결재(행정업무의 운영 및 혁신에 관한 규정 시행규칙 제7조)

① 결재권자의 서명란에는 **서명날짜를 함께 표시한다.**

② **위임전결**하는 경우에는 전결하는 사람의 서명란에 "전결" 표시를 한 후 서명하여야 한다.

③ **대결(代決)**하는 경우에는 대결하는 사람의 서명란에 "대결" 표시를 하고 서명하되, 위임전결사항을 대결하는 경우에는 전결하는 사람의 서명란에 "전결" 표시를 한 후 대결하는 사람의 서명란에 "대결" 표시를 하고 서명하여야 한다.

④ 제2항과 제3항의 경우에는 서명 또는 **"전결"** 표시를 하지 아니하는 사람의 서명란은 만들지 아니한다.

경찰에 대한 통제

1 홍보유형

소극적 홍보	협의의 홍보(PR)	인쇄매체, 유인물 등 각종 대중매체를 통하여 경찰의 긍정적인 점을 일방적으로 알리는 활동을 의미
	언론관계 (Press Relations)	신문, TV 등 뉴스 프로그램의 보도기능에 대응하는 활동으로 대개 사건·사고에 대한 기자들의 질의에 답하는 대응적이고 소극적인 홍보활동
적극적 홍보	지역공동체 관계 (CR)	**지역사회** 내의 각종 기관, 단체 및 주민들과 유기적인 연락 및 협조체제를 구축·유지하여 **지역사회** 각계각층의 요구에 부응하는 경찰활동을 하는 동시에, 경찰활동의 긍정적인 측면을 지역사회에 널리 알리는 종합적인 지역사회 홍보체계
	대중매체 관계	각종 대중매체 제작자와 긴밀한 협조관계를 구축·유지하여 대중매체의 필요를 충족시키는 한편, 경찰의 긍정적인 측면을 널리 알리는 홍보활동
	기업 이미지지식 경찰홍보	① 소비자주권시대를 맞아 주민을 소비자로 보는 관점에서 발달한 개념 ② 영미를 중심으로 발달한 적극적인 홍보활동으로 경찰이 더 이상 독점적 기구가 아니라는 인식에 근거 ③ **포돌이처럼 상징물(캐릭터)을 개발·전파**하는 등 조직 이미지를 고양하여 높아진 주민 지지도를 바탕으로 예산획득, 형사사법 환경 하의 협력확보 등의 목적을 달성하는 종합적이고 계획적인 홍보활동

TIP 경찰과 대중매체 관계

로버트 마크 (Robertmark)	경찰과 대중매체의 관계를 "단란하고 행복스럽지는 않더라도, 오래 지속되는 결혼생활"에 비유
크랜든(Cradon)	'경찰과 대중매체가 서로를 필요로 하기 때문에 둘 사이에는 **공생관계가 발달**한다.'고 주장
에릭슨 (Ericson)	① 경찰과 대중매체는 서로 얽혀서 범죄와 정의문제 및 사회질서의 현실을 해석하고 규정짓는 **사회적 기구로서의 역할**을 하고 있다고 봄 ② 경찰과 대중매체는 서로 연합하여 그 사회의 일탈에 대한 개념을 규정하며, 도덕성과 정의를 규정짓는 **사회적 엘리트 집단을 구성**한다고 주장

2 적극적 홍보전략

대중매체의 이용	① 영미 등 선진 경찰에서는 경찰을 필요로 하는 대중매체의 속성을 파악, 적극적으로 대중매체를 이용하는 홍보전략 수립·시행함 ② 홍보업무에 전직 언론인이나 문화산업 종사자를 채용하여 적극적으로 활용함
공개주의와 비밀최소화의 원칙	북아일랜드 사태로 인해 실제적인 테러위협에 직면해 있는 영국의 경찰청이 '필요최소한을 제외하고는 모두 공개'하는 공개정책 천명 → 적극적인 공개를 통해 경찰에 대한 신뢰를 향상시키고 경찰조직과 지역사회를 유기적으로 연결하는 공격적 홍보전략을 내세움
언론접촉장려 (전 경찰의 홍보요원화)	영미 등 선진 경찰에서는 신임순경교육부터 고급간부교육과정까지 전 경찰교육과정에 이론과 실습을 겸한 언론대응훈련 실시 → 경찰관들이 자신 있는 태도로 언론을 대할 수 있는 역량을 구비함
홍보와 타기능의 연계를 통한 총체적 홍보전략	영미 등 선진 경찰에서는 전 기능에서 처리하는 업무가 실시간으로 언론홍보실 컴퓨터 모니터에 뜨는 전산체계 구축 → 언론홍보실에서 대 언론관계의 창구역할을 수행함

3 언론 모니터링

의의	언론에 비친 경찰의 모습을 돌아보는 태도를 말하며, 즉 공청(Public Hearing)활동이다.
대상	종합일간지, 통신사, 지상파TV, 라디오, CATV, 지방지(지방지 제외 X)
내용	① 통신 및 인터넷 매체 등을 수시 점검(매 30분)하여 메인 뉴스 및 매 시간 뉴스, 보도예상뉴스 등을 검색한다. ② 보도예상보고에는 취재자(언론사, 기자명), 일시, 장소, 전화 또는 방문 취재 여부, 질문사항, 답변내용, 취재의도, 보도예상 일시 등을 빠짐없이 상세히 보고해야 한다. ③ 진상보고와 관련하여 해당 기능이나 관할 시·도경찰청(서)에서는 즉시 홍보담당관실에 진상을 알리고, 감찰에서는 확인된 내용과 함께 조치사항을 홍보담당관에게 통보하여야 한다. ④ 진상보고와 관련하여 가장 중요한 것은 신속성(정확성 X)이며 보고서를 만드느라 시간을 허비하는 경우가 없도록 하고 진상이 파악되는 즉시 구두보고부터 해야 한다.

언론보도와 피해 구제(언론중재 및 피해구제 등에 관한 법률)

1 정정보도청구 및 반론보도청구

주요 용어 (§2)	정정보도	언론의 보도 내용의 전부 또는 일부가 **진실하지 아니한 경우** 이를 진실에 부합되게 고쳐서 보도하는 것을 말한다.
	반론보도	언론의 보도 내용의 **진실 여부와 관계없이** 그와 대립되는 반박적 주장을 보도하는 것을 말한다.
청구요건	정정보도 (§14)	① **사실적 주장**에 관한 언론보도등이 진실하지 아니함으로 인하여 피해자는 언론보도등이 있음을 안 날부터 3개월 이내, 언론보도등이 있은 후 6개월 이내에 정정보도를 청구할 수 있다. ② 정정보도 청구에는 언론사등의 **고의·과실이나 위법성을 필요로 하지 아니한다.**
	반론보도 (§16)	① 사실적 주장에 관한 언론보도등으로 인하여 피해를 입은 자는 그 보도 내용에 관한 반론보도를 언론사등에 청구할 수 있다. ② **언론사등의 고의·과실이나 위법성을 필요로 하지 아니하며, 보도 내용의 진실 여부와 상관없이 그 청구**를 할 수 있다. ③ 반론보도 청구에 관하여는 따로 규정된 것을 제외하고는 정정보도 청구에 관한 이 법의 규정을 준용한다(청구기간은 정정보도와 동일).
	추후보도 (§17)	① 언론등에 의하여 범죄혐의가 있거나 형사상의 조치를 받았다고 보도 또는 공표된 자는 그에 대한 형사절차가 무죄판결 또는 이와 동등한 형태로 종결되었을 때에는 그 사실을 안 날부터 3개월 이내에 언론사등에 이 사실에 관한 추후보도의 게재를 청구할 수 있다.
정정보도 청구권의 행사 (§15)		① 정정보도청구는 언론사등의 대표자에게 **서면**으로 하여야 하며, 청구서에는 피해자의 성명· └구두X 주소·전화번호 등의 연락처를 기재하고 정정의 대상인 언론보도등의 내용 및 정정을 구하는 이유와 청구하는 정정보도문을 명시하여야 한다. ② ①의 청구를 받은 언론사등의 대표자는 3일 이내에 그 수용 여부에 대한 통지를 청구인에게 발송하여야 한다. ③ 언론사등이 ①의 청구를 수용하는 경우에는 지체 없이 피해자 또는 그 대리인과 정정보도의 내용·크기 등에 대하여 협의한 후 그 청구를 받은 날부터 7일 내에 정정보도문을 방송 또는 게재(인터넷신문 및 인터넷뉴스서비스의 경우 ①의 단서에 따른 해당 언론보도등 내용의 정정을 포함한다)하여야 한다. 〈단서 생략〉
정정 보도청구 거부사유 (§15 ④)		다음 어느 하나에 해당하는 사유가 있는 경우 언론사등은 정정보도 청구를 거부할 수 있다. 1. 피해자가 정정보도청구권을 행사할 정당한 이익이 없는 경우 2. 청구된 정정보도의 내용이 명백히 사실과 다른 경우 3. 청구된 정정보도의 내용이 명백히 위법한 내용인 경우 4. 정정보도의 청구가 **상업적인** 광고만을 목적으로 하는 경우 　└공익적인X 5. 청구된 정정보도의 내용이 국가·지방자치단체 또는 **공공단체의 공개회의**와 법원의 공개재판 절차의 사실보도에 관한 것인 경우 　　　　　　　　　　　　　　　　　　　└비공개X

2 조정 및 중재

조정신청 (§18)	① 정정보도청구등과 관련하여 분쟁이 있는 경우 피해자 또는 언론사등은 중재위원회에 조정을 신청할 수 있다. ② 정정보도청구등과 손해배상의 조정신청은 당해 언론보도가 있음을 안 날부터 3개월 이내, 있은 후부터 6개월 이내에 **구술, 서면, 전자문서 등**으로 하여야 한다. ③ 피해자가 언론사등에 먼저 정정보도청구등을 한 경우에는 피해자와 언론사등 사이에 협의가 불성립된 날(기준 − 언론사의 수용여부 통지서를 **피해자가 수령한 날**)부터 14일 이내에 하여야 한다.
조정절차 (§19)	① 조정은 관할 중재부에서 한다. 관할구역을 같이 하는 중재부가 여럿일 경우에는 중재위원회 위원장이 중재부를 지정한다. ② 조정은 신청 접수일부터 14일 이내에 하여야 하며, 중재부의 장은 조정신청을 접수하였을 때에는 **지체 없이** 조정기일을 정하여 당사자에게 출석을 요구하여야 한다. ┗ 3일 이내 X ③ 출석요구를 받은 **신청인**이 2회에 걸쳐 출석하지 아니한 경우에는 **조정신청을 취하한 것으로 보며**, 피신청 **언론사등**이 2회에 걸쳐 출석하지 아니한 경우에는 조정신청 취지에 따라 **정정보도등을 이행하기로 합의한 것**으로 본다. ⑤ 조정기일에 중재위원은 조정 대상인 분쟁에 관한 사실관계와 법률관계를 당사자들에게 설명·조언하거나 절충안을 제시하는 등 **합의를 권유할 수 있다.** ┗ 합의를 권유해서는 안된다 X ⑧ 조정은 **비공개**를 원칙으로 한다.
직권조정결정 (§22)	③ 직권조정결정에 불복하는 자는 결정 정본을 송달받은 날부터 7일 이내에 불복 사유를 명시하여 **서면**으로 중재부에 이의신청을 할 수 있다. **이 경우 그 결정은 효력을 상실한다.**
조정에 의한 합의 등의 효력 (§23)	다음 각 호의 어느 하나의 경우에는 **재판상 화해와 같은 효력**이 있다. 1. 조정 결과 당사자 간에 합의가 성립한 경우 2. 합의가 이루어진 것으로 보는 경우 3. 직권조정결정에 대하여 이의신청이 없는 경우
중재	① 당사자 양쪽은 정정보도청구 등 또는 손해배상의 분쟁에 관하여 중재부의 종국적 결정에 따르기로 합의하고 중재를 신청할 수 있다(§24①). ② 중재결정은 **확정판결과 동일한 효력**이 있다(§25①).

Chapter **08**

3 언론중재위원회(§7)

설치	① 언론 등의 보도 또는 매개로 인한 분쟁의 조정·중재 및 침해사항을 심의하기 위하여 언론중재위원회를 둔다.	
심의내용	② 중재위원회는 다음 각 호의 사항을 심의한다. 　1. 중재부의 구성에 관한 사항 　2. **중재위원회규칙의 제정·개정 및 폐지에 관한 사항** 　3. 제11조 제2항에 따른 사무총장의 임명 동의 　4. 제32조에 따른 시정권고의 결정 및 그 취소결정 　5. 그 밖에 중재위원회 위원장이 회의에 부치는 사항	
구성	**위원수**	③ **40**명 이상 **90**명 이내, 중재위원으로 구성하며, 중재위원은 다음사람 중에서 **문화체육관광부장관**이 위촉한다.　(언론 49 낮어요)
	위원 자격	1. 법관의 자격이 있는 사람 중에서 **법원행정처장**이 추천한 사람 2. 변호사의 자격이 있는 사람 중에서 「변호사법」 제78조에 따른 대한변호사협회의 장이 추천한 사람 3. 언론사의 취재·보도 업무에 10년 이상 종사한 사람 4. 그 밖에 언론에 관하여 학식과 경험이 풍부한 사람 ※ 제1호부터 제3호까지의 위원은 각각 중재위원 정수의 5분의 1 이상이 되어야 함
	위원장 등	④ 위원장 1명과 2명 이내의 부위원장 및 2명 이내의 감사를 두며, 각각 중재위원 중에서 **호선(互選)**한다.
임기	⑤ 위원장·부위원장·감사 및 중재위원의 임기는 각각 3년으로 하며, **한 차례만 연임할 수 있다.**	

TIP 언론보도와 피해 구제 절차 정리

오보발생 피해자 —정정(반론)보도신청→ **언론사 등**	• 안 날 3개월 이내(있은 날 6개월) • 서면신청
⇩	
언론사 등	• 청구인에게 수용 여부 통지 : 3일 이내 • 청구 수용 시 : 7일 이내 보도문 방송·게재
⇩	
피해자 or 언론사등 —조정신청→ **중재위원회**	• 안 날 3개월 이내(있은 날 6개월) • 협의 불성립된 날로부터 14일 이내 • 구술, 서면, 전자문서 등 신청
⇩	
중재위원회의 조정	• 조정은 신청 접수일부터 14일 이내 • 조정에 의한 합의는 **재판상 화해**와 동일한 효력

※ 정정보도 청구와, 반론보도 청구 절차는 동일

THEME 03 경찰에 대한 통제

1 통제의 의의와 필요성

의의	① 경찰의 공공의 안녕과 질서유지라는 기본적 업무수행과정은 국민의 기본적 인권과 충돌할 가능성이 많다. ② 경찰통제의 필요성 : 경찰의 조직과 활동을 점검하고 감시하는 제도적 장치 또는 활동을 통해 조직과 활동의 적정성을 도모한다.
필요성	① 경찰의 민주적 운영 : 국자법(§1)에서 규정한 기본이념 → 국자법은 국가경찰위원회 제도와 자치경찰제 시행을 통해 경찰에 대한 민주적 통제의 기반을 마련함 ② 경찰의 정치적 중립 확보(능률성 확보 X) ③ 경찰활동의 법치주의 도모 ④ 국민의 인권보호(강력한 경찰권 확보 X) ⑤ 조직 자체의 부패를 방지하고 건강성 유지 ※ 경찰의 통제는 경찰의 기본이념과 직결되어 있고, 경찰활동의 적정성을 도모하는데 기여하며, 이를 벗어났을 경우에는 책임문제가 뒤따른다.

2 경찰통제의 기본요소

권한의 분산 (집중X)	① 권한이 중앙이나 일부에 집중되어 있을 때 남용되기 쉽고, 특히 정치적 유혹 또는 이용의 대상이 되기 쉽다. ② 권한의 분산은 반드시 자치경찰제의 시행만을 의미하는 것이 아니며, 경찰의 중앙조직과 하위조직 권한의 분산, 상위계급자와 하위계급자 간의 권한의 분산이 더 필요하다.
공개	① **정보공개는 행정통제의 근본이다.** ② 행정의 독선과 부패는 정보독점과 폐쇄성에서 기인 → 경찰기관의 정보는 공개되어야 한다. ③ 「**공공기관의 정보공개에 관한 법률」에서 정보공개의 원칙 명시**하였다. ④ 오늘날 국민의 알 권리를 보장하고 국정에 대한 국민의 참여와 국정운영의 투명성 확보를 목적으로 공공기관의 정보공개에 대한 관심이 증대된다. ⑤ 경찰행정은 공개를 전제로 투명하게 처리하려는 자세전환이 필요하다.
참여	① 종래 행정은 실체적 권리에 관심을 둔 나머지, 절차적 권리 보호에 소홀했다. ② 행정참여의 보장을 통해 행정의 공정성·투명성 및 신뢰성을 확보할 수 있다. ③ 자치경찰제도가 시행되면 경찰행정에 대한 주민참여의 폭은 **더 넓어지게 된다.** ᄂ 좁어들게 되었다 X ④ 경찰의 경우 국민의 개별적 참여절차 외에 국가경찰위원회 등 간접적 참여장치도 마련되어 있다.
책임	① Responsibility : 경찰에 대한 통제 과정에서 잘못으로 드러난 문제에 대해서는 분명히 책임을 추궁해야 한다(형사책임, 민사책임, 징계책임 등). ② Accountability : 경찰기관의 행정에 대해서 조직으로서 책임을 져야 한다(설명책임). ③ **경찰조직의 정책과오에 대해서 둔감한 반면**, 경찰공무원 개인의 비위 문제에 대해서는 민감하게 반응하는 경향이 있다. ④ 경찰공무원 개인의 징계책임뿐만 아니라 관리자의 정책결정 책임이나 조직을 개혁하지 않은 책임도 관심의 대상이 되어야 한다. ⑤ 경찰공무원 개인의 징계책임이 언제나 형사책임과 일치하는 것은 아니다.
환류	경찰통제는 경찰행정의 목표와 관련하여 그 수행과정의 적정 여부를 확인하는 과정 → 이의 확인 결과에 따라 책임을 추궁하고, 나아가 **환류를 통하여 순환을 발전적으로 유도**하여야 함

THEME 04 경찰통제의 유형

1 대륙법계와 영미법계의 경찰통제의 방법

대륙법계	① 사법심사(**행정소송, 국가배상제도**) 시스템을 구축하고 있다. ② 사후적 통제가 발달되어 있다. ③ 법원의 통제를 **확대** : **열기주의**에서 **개괄주의**로 전환 **열개** └ 축소X

열기주의	행정소송이 가능한 사항만 몇 가지 열거하는 방식
개괄주의	개괄주의는 포괄적으로 행정소송의 가능성을 인정하는 방식

영미법계	① 경찰조직의 민주성을 확보하기 위한 제도적 장치를 통해 시민이 직접 또는 그 대표기관을 통한 참여와 감시를 가능케 하는 시스템을 구축했다. ② **경찰위원회, 경찰책임자의 선거, 자치경찰제도**의 시행 등(행정소송 X)

2 경찰의 통제유형

민주적 통제	① 국가경찰위원회(행정안전부장관의 **재의요구권** : 실질적 역할에 한계) → 국가경찰위원회는 명실상부한 민주적 통제장치로 보기 어렵다. ② 국민감사청구 : **18세 이상**의 국민은 경찰을 비롯한 공공기관의 사무처리가 법령위반 또는 부 └ 19세 이상 X 패행위로 인하여 공익을 현저히 해하는 경우 300인 이상의 **연서**로 **감사원**에 감사를 청구할 수 └ 법원 X 있음 ③ 자치경찰제도 : 자치경찰제 전면 시행으로 경찰행정에 대한 주민참여가 더욱 확대될 것임 주의 우리나라의 경우는 민주적 통제로서 **경찰책임자의 선거제도는 시행되지 않고 있다.**
사법적 통제	행정소송, 국가배상 등 → 사법적 통제는 사후적 통제이자 외부적 통제
사전통제	행정절차법(청문, 행정상 입법예고·행정예고 등), **국회의 입법권·예산심의권** 등

사후통제	**사법부**	사법심사에 의한 통제
	입법부	**국회의 예산결산권, 국정감사·조사권** 등
	행정부	행정심판, 징계책임, 상급기관의 하급기관에 대한 감사권 등

Chapter **08**

내부(자체) 통제	(청문) 감사인권관제도	① 1999년 **대국민 신뢰제고**를 위해 신설된 **경찰서의 감찰·감사업무**를 담당하는 제도임 ② 민원인의 고충 등을 상담·해소해 주고 **경찰서 내의 인권보호** 상황을 확인·점검하는 임무를 수행 보충 경찰청의 **감사관**, 시·도경찰청의 **청문감사인권담당관**, 경찰서의 **청문감사인권관**
	훈령권	상급기관이 하급기관에 대하여 지시권·감독권 행사
	직무명령권	상급자가 하급 경찰공무원에 대하여 직무명령을 통해 행위를 통제
외부통제	국가경찰위원회	경찰의 주요정책 등에 대한 심의·의결권을 통해 통제(행정부 통제) (민주적 통제이자 외부적 통제)
	국회에 의한 통제	경찰의 입법과정, 예산 책정과 결산과정 및 경찰행정에 대하여 감사·조사함으로써 통제
	사법통제	위법한 처분의 취소 등을 통하여 시정하게 할 뿐만 아니라, 공무원 개인에게도 민사상·형사상의 책임을 물을 수 있다는 측면에서 경찰 통제 가능함
	행정부에 의한 통제	대통령, 행정안전부장관, 국민권익위원회, 중앙행정심판위원회 재결, **소청심사위원회** 등에 의한 통제
	감사원에 의한 통제	감사원은 국회·법원 및 헌법재판소를 **제외한** 모든 국가기관 및 그에 소속한 공무원의 사무를 감찰하여 비위를 적발하고 시정(행정부 통제)
	국가인권위원회에 의한 통제	독립기관이므로 '**광의**의 행정부'에 의한 통제임 └ 협의 X
	민중통제	여론, 이익집단, 언론기관, 정당 등을 통한 직·간접적인 통제로서 특히, 언론기관의 영향력이 큼

3 부패방지 및 국민권익위원회의 설치와 운영에 관한 법률

부패행위의 신고 (§55)	누구든지 부패행위를 알게 된 때에는 이를 위원회에 <u>신고할 수 있다.</u> └ 신고하여야 한다 X
공직자의 부패행위 신고의무(§56)	공직자는 그 직무를 행함에 있어 다른 공직자가 부패행위를 한 사실을 알게 되었거나 부패행위를 강요 또는 제의받은 경우에는 지체 없이 이를 수사기관·감사원 또는 위원회에 <u>신고하여야 한다.</u> └ 신고할 수 있다 X
신고자의 성실의무 (§57)	신고자가 신고의 내용이 **허위라는 사실**을 알았거나 알 수 있었음에도 **불구하고** 신고한 경우에는 이 법의 보호를 받지 못한다.
신고의 방법 (§58)	신고를 하려는 자는 본인의 인적사항과 신고취지 및 이유를 기재한 **기명의 문서**로써 하여야 하며, 신고대상과 부패행위의 증거 등을 함께 제시하여야 한다. └ 무기명 X

비실명 대리신고 (§58의2)	① 신고자는 자신의 인적사항을 밝히지 아니하고 변호사를 선임하여 신고를 대리하게 할 수 있다. 이 경우 신고자의 인적사항 및 기명의 문서는 변호사의 인적사항 및 변호사 이름의 문서로 갈음한다. ② ①에 따른 신고는 위원회에 하여야 하며, 신고자 또는 신고자를 대리하는 변호사는 그 취지를 밝히고 신고자의 인적사항, 신고자임을 입증할 수 있는 자료 및 위임장을 위원회에 함께 제출하여야 한다. ③ 위원회는 ②에 따라 제출된 자료를 봉인하여 보관하여야 하며, 신고자 본인의 동의 없이 이를 열람하여서는 아니 된다.
신고내용의 확인 및 이첩 등 (§59)	① 위원회는 접수된 신고사항에 대하여 신고자를 상대로 신고자의 인적사항, 신고의 경위 및 취지 등 신고내용의 특정에 필요한 사항을 확인할 수 있다. ② 위원회는 ①의 사항에 대한 진위여부를 확인하는데 필요한 범위에서 신고자에게 필요한 자료의 제출을 요구할 수 있다. ③ 위원회는 접수된 신고사항에 대하여 감사·수사 또는 조사가 필요한 경우 이를 감사원, 수사기관 또는 해당 공공기관의 조사기관에 **이첩하여야 한다.** 위원회는 접수된 신고사항에 대하여 감사·수사 또는 조사가 필요한 경우 이를 감사원, 수사기관 또는 해당 공공기관의 감독기관(감독기관이 없는 경우에는 해당 공공기관을 말한다. 이하 "조사기관"이라 한다)에 **이첩하여야 한다.** 다만, 신고가 다음 각 호의 어느 하나에 해당하는 경우에는 이를 **조사기관에 이첩하지 아니하고 종결할 수 있다.** 1. 신고의 내용이 명백히 거짓인 경우 2. 신고자의 인적사항을 알 수 없는 경우 3. 신고자가 신고서나 증명자료 등에 대한 보완 요청을 2회 이상 받고도 위원회가 정하는 보완요청기간 내에 보완하지 아니한 경우 4. 신고에 대한 처리 결과를 통지받은 사항에 대하여 정당한 사유 없이 다시 신고한 경우 5. 신고의 내용이 언론매체 등을 통하여 공개된 내용에 해당하고 공개된 내용 외에 새로운 증거가 없는 경우 6. 다른 법령에 따라 해당 부패행위에 대한 감사·수사 또는 조사가 시작되었거나 이미 끝난 경우 7. 그 밖에 부패행위에 대한 감사·수사 또는 조사가 필요하지 아니한 경우로서 대통령령으로 정하는 경우 ④ 위원회는 접수된 신고사항이 제3항에 따른 이첩 또는 종결처리의 대상인지 명백하지 아니한 경우로서 조사기관에서 처리하는 것이 타당하다고 인정하는 경우에는 이를 조사기관에 **송부할 수 있다.** ⑥ 위원회에 신고가 접수된 당해 부패행위의 혐의대상자가 다음에 해당하는 고위공직자로서 부패혐의의 내용이 형사처벌을 위한 수사 및 공소제기의 필요성이 있는 경우에는 위원회의 명의로 검찰, 수사처, 경찰 등 관할 수사기관에 고발을 **하여야 한다.** 3. **경무관급 이상**의 경찰공무원 〈1,2,4~6 생략〉
조사결과의 처리 (§60)	① 조사기관은 신고를 이첩 또는 송부받은 날부터 60일 이내에 감사·수사 또는 조사를 종결하여야 한다. 다만, 정당한 사유가 있는 경우에는 그 기간을 연장할 수 있으며, 위원회에 그 연장사유 및 연장기간을 통보하여야 한다. ② 신고를 이첩 또는 송부받은 조사기관은 감사·수사 또는 조사결과를 감사·수사 또는 조사 종료 후 10일 이내에 위원회에 통보하여야 한다.

1 정보공개의 절차 정리

청구인 —공개청구→ 공공기관	• 모든 국민(법) / 외국인(대통령령) • **구술 또는 서면**으로 청구	
공공 기관	결정	10일 이내 공개 여부 결정 (다음 날 부터 10일 연장 가능, 지체없이 연장사유 서면통지)
	통지 ⟹ 제3자	제3자와 관련 시 **지체없이** 3자에게 통지하여야 함
청구인 —불복→ 공공기관	① 결정에 불복이 있거나 ② 청구 후 20일이 경과 하도록 결정 없는 경우 　⟹ 30일 이내 문서로 이의신청 가능 　⟹ 행정심판, 행정소송 청구가능	
제3자 —불복→ 공공기관	• 3일 이내 공공기관에 비공개 요청 • 제3자의 비공개 요청에도 공공기관의 공개결정 　→ 불복 : 행정심판 / 행정소송, 이의신청(단, 이의신청은 7일 이내) 가능 • 공공기관의 공개결정 **최소30일** 정보공개실시일 　　　　　　⟷	

2 정의(§2)

정보(제1호)	공공기관이 직무상 작성 또는 취득하여 관리하고 있는 문서(전자문서를 포함) 및 전자매체를 비롯한 모든 형태의 매체 등에 기록된 사항을 말한다.
공개(제2호)	공공기관이 이 법에 따라 정보를 열람하게 하거나 그 사본·복제물을 제공하는 것 또는 「전자정부법」 제2조 제10호에 따른 정보통신망을 통하여 정보를 제공하는 것 등을 말한다.
공공기관 (제3호)	가. 국가기관 　1) 국회, 법원, 헌법재판소, 중앙선거관리위원회 　2) 중앙행정기관(대통령 소속 기관과 국무총리 소속 기관을 포함) 및 그 소속 기관 　3) 「행정기관 소속 위원회의 설치·운영에 관한 법률」에 따른 위원회 나. 지방자치단체 다. 「공공기관의 운영에 관한 법률」 제2조에 따른 공공기관 라. 「지방공기업법」에 따른 지방공사 및 지방공단 마. 그 밖에 대통령령으로 정하는 기관 주의 정보공개를 하게 되어 있는 공공기관은 국가 또는 지방자치단체에 한정한다 X

3 청구권자 등

국민(§5 ①)	모든 국민(자연인, **법인** 등도 포함) └→ 판례로 인정	
외국인 (§5 ②)	**외국인**의 정보공개 청구에 관하여는 **대통령령**으로 정한다. **동법 시행령 제3조(외국인의 정보공개 청구)** 법 제5조 제2항에 따라 정보공개를 청구할 수 있는 외국인은 다음 각 호의 어느 하나에 해당하는 자로 한다. 1. 국내에 **일정한 주소**를 두고 거주하거나 학술·연구를 위하여 **일시적**으로 체류하는 사람 2. 국내에 사무소를 두고 있는 법인 또는 단체	
청구 방법 (§10)	① 정보의 공개를 청구하는 자("청구인")는 해당 정보를 보유하거나 관리하고 있는 공공기관에 다음 각 호의 사항을 적은 정보공개 **청구서를 제출(서면)하거나 말로써** 정보의 공개를 청구할 수 있다. 1. 청구인의 성명·생년월일·주소 및 연락처(전화번호·전자우편주소 등을 말한다. 이하 이 조에서 같다). 다만, 청구인이 법인 또는 단체인 경우에는 그 명칭, 대표자의 성명, 사업자등록번호 또는 이에 준하는 번호, 주된 사무소의 소재지 및 연락처를 말한다. 2. 청구인의 주민등록번호(본인임을 확인하고 공개 여부를 결정할 필요가 있는 정보를 청구하는 경우로 한정한다) 3. 공개를 청구하는 정보의 내용 및 공개방법	
공개원칙 (§3)	공공기관이 보유·관리하는 정보는 국민의 알권리 보장 등을 위하여 이 법에서 정하는 바에 따라 **적극적**으로 공개**하여야 한다.** └→ 소극적 X └→ 할 수 있다 X	
비용부담 (§17)	**부담권자**	실비의 범위에서 **청구인**이 부담
	비용감면	공개를 청구하는 정보의 사용 목적이 **공공복리의 유지·증진**을 위하여 필요하다고 인정되는 경우에는 비용을 감면할 수 있다. └→ 질서유지 X

4 정보공개 여부결정

공개여부 결정기간 및 연장(§11)	① 공공기관은 정보공개의 청구를 받으면 그 청구를 받은 날부터 10일 이내에 공개 여부를 결정하여야 한다. ② 공공기관은 부득이한 사유로 10일 이내에 공개 여부를 결정할 수 없을 때에는 **그 기간이 끝나는 날의 다음 날**부터 기산하여 10일의 범위에서 공개 여부 결정기간을 연장할 수 있다. 이 _{↳ 끝나는 날부터 X} 경우 공공기관은 연장된 사실과 연장 사유를 청구인에게 지체없이 **문서**로 통지하여야 한다.
제3자 통지 (§11)	공공기관은 공개 청구된 공개 대상 정보의 전부 또는 일부가 제3자와 관련이 있다고 인정할 때에는 그 사실을 제3자에게 **지체없이**(3일 이내 X) 통지하여야 하며, 필요한 경우에는 그의 의견을 들을 수 있다. (들어야 한다 X) [제3자의 이의신청 (§21)] ① 공개 청구된 사실을 통지받은 제3자는 그 통지를 받은 날부터 3일 이내에 해당 공공기관에 대하여 자신과 관련된 정보를 공개하지 아니할 것을 요청할 수 있다. ② 비공개 요청에도 불구하고 공공기관이 공개결정을 할 때에는 공개결정 이유와 공개 실시일을 분명히 밝혀 **지체없이** 문서로 통지하여야 하며, 제3자는 해당 공공기관에 문서로 이의신청을 하거나 행정심판 또는 행정소송을 제기할 수 있다. 이 경우 이의신청은 통지를 받은 날부터 7일 이내에 하여야 한다. ③ 공공기관은 공개 결정일과 공개 실시일 사이에 최소한 30일의 간격을 두어야 한다.
정보공개 여부 결정의 통지 (§13)	① 공공기관은 정보의 공개를 결정한 경우에는 공개의 일시 및 장소 등을 분명히 밝혀 청구인에게 통지하여야 한다. ② 공공기관은 청구인이 사본 또는 복제물의 교부를 원하는 경우에는 이를 교부하여야 한다. ③ 다만, 공개 대상 정보의 양이 너무 많아 정상적인 업무수행에 현저한 지장을 초래할 우려가 있는 경우에는 정보의 사본·복제물을 일정 기간별로 나누어 제공하거나 열람과 병행하여 제공**할 수 있다.** (할 수 없다 X) ④ 공공기관은 ①에 따라 정보를 공개하는 경우에 그 정보의 원본이 더럽혀지거나 파손될 우려가 있거나 그 밖에 상당한 이유가 있다고 인정할 때에는 그 정보의 사본·복제물을 공개할 수 있다. ⑤ 공공기관은 제11조에 따라 정보의 비공개 결정을 한 경우에는 그 사실을 청구인에게 지체 없이 문서로 통지하여야 한다. 이 경우 제9조 제1항 각 호 중 어느 규정에 해당하는 비공개 대상 정보인지를 포함한 비공개 이유와 불복(不服)의 방법 및 절차를 구체적으로 밝혀야 한다.

5 비공개 대상정보(§9)

① 공공기관이 보유·관리하는 정보는 공개 대상이 됨. 다만, 다음에 해당하는 정보는 공개하지 아니할 수 있다.

1. 다른 법률 또는 법률에서 위임한 명령(국회규칙·대법원규칙·헌법재판소규칙·중앙선거관리위원회규칙·대통령령 및 조례로 한정한다)에 따라 비밀이나 비공개 사항으로 규정된 정보

2. 국가안전보장·국방·통일·외교관계 등에 관한 사항으로서 공개될 경우 국가의 중대한 이익을 현저히 해칠 우려가 있다고 인정되는 정보(예 **경찰의 보안관찰 관련 통계자료**)

3. 공개될 경우 국민의 생명·신체 및 재산의 보호에 현저한 지장을 초래할 우려가 있다고 인정되는 정보

4. 진행 중인 재판에 관련된 정보와 범죄의 예방, 수사, 공소의 제기 및 유지, 형의 집행, 교정, 보안처분에 관한 사항으로서 공개될 경우 그 직무수행을 현저히 곤란하게 하거나 형사피고인의 공정한 재판을 받을 권리를 침해한다고 인정할 만한 상당한 이유가 있는 정보(예 **폭력단체 현황**)

5. 감사·감독·검사·시험·규제·입찰계약·기술개발·인사관리에 관한 사항이나 **의사결정 과정** 또는 내부 검토 과정에 있는 사항 등으로서 공개될 경우 업무의 공정한 수행이나 연구·개발에 **현저한 지장을 초래한다고 인정할 만한 상당한 이유가 있는 정보**. 다만, 의사결정 과정 또는 내부검토 과정을 이유로 비공개할 경우에는 제13조 제5항에 따라 통지를 할 때 의사결정 과정 또는 내부검토 과정의 단계 및 종료 예정일을 함께 안내하여야 하며, 의사결정 과정 및 내부검토 과정이 종료되면 제10조에 따른 청구인에게 이를 통지하여야 한다.

6. 해당 정보에 포함되어 있는 성명·주민등록번호 등 「개인정보 보호법」 제2조 제1호에 따른 개인정보로서 공개될 경우 사생활의 비밀 또는 자유를 침해할 우려가 있다고 인정되는 정보(단, 다음에 열거한 사항은 제외함)

> 가. 법령에서 정하는 바에 따라 열람할 수 있는 정보
> 나. 공공기관이 공표를 목적으로 작성하거나 취득한 정보로서 사생활의 비밀 또는 자유를 부당하게 침해하지 아니하는 정보
> 다. 공공기관이 작성하거나 취득한 정보로서 공개하는 것이 공익이나 개인의 권리 구제를 위하여 필요하다고 인정되는 정보
> 라. **직무를 수행한 공무원의 성명·직위**
> 마. 공개하는 것이 공익을 위하여 필요한 경우로서 법령에 따라 국가 또는 지방자치단체가 업무의 일부를 위탁 또는 위촉한 개인의 성명·직업

7. 법인·단체 또는 개인의 경영상·영업상 비밀에 관한 사항으로서 공개될 경우 법인등의 정당한 이익을 현저히 해칠 우려가 있다고 인정되는 정보(단, 다음에 열거한 정보는 제외함)

> 가. 사업활동에 의하여 발생하는 위해로부터 사람의 생명·신체 또는 건강을 보호하기 위하여 공개할 필요가 있는 정보
> 나. 위법·부당한 사업활동으로부터 국민의 재산 또는 생활을 보호하기 위하여 공개할 필요가 있는 정보

8. 공개될 경우 부동산 투기, 매점매석 등으로 특정인에게 이익 또는 불이익을 줄 우려가 있다고 인정되는 정보

② 공공기관은 ①의 각 호 어느 하나에 해당하는 정보가 기간의 경과 등으로 인하여 **비공개의 필요성이 없어진 경우에는 그 정보를 공개 대상으로 하여야 한다.**

Chapter **08**

6 정보공개심의회와 정보공개위원회

정보공개 심의회 (§12)	설치	국가기관, 지방자치단체, 공기업 및 준정부기관 「지방공기업법」에 따른 지방공사 및 지방공단은 정보공개 여부 등을 심의하기 위하여 정보공개심의회를 설치·운영한다. 이 경우 국가기관등의 규모와 업무성격, 지리적 여건, 청구인의 편의 등을 고려하여 소속 상급기관에서 협의를 거쳐 심의회를 통합하여 설치·운영할 수 있다.
	구성	위원장 1명을 포함하여 **5명 이상 7명 이하**의 위원으로 구성함
	위원의 위촉	심의회의 위원은 소속 공무원, 임직원 또는 외부 전문가로 지명하거나 위촉하되, 그 중 **3분의 2**는 해당 국가기관등의 업무 또는 정보공개의 업무에 관한 지식을 가진 외부 전문가로 위촉하여야 한다.
	위원장	위원 중에서 국가기관등의 장이 지명하거나 위촉함
정보공개 위원회 (§22,23)	설치	다음 각 호의 사항을 **심의·조정**하기 위하여 **행정안전부장관 소속**으로 정보공개위원회(이하 "위원회"라 한다)를 둔다. 1. **정보공개에 관한 정책 수립 및 제도 개선에 관한 사항** 2. 정보공개에 관한 기준 수립에 관한 사항 3. 제12조에 따른 심의회 심의결과의 조사·분석 및 심의기준 개선 관련 의견제시에 관한 사항 4. 제24조 제2항 및 제3항에 따른 공공기관의 정보공개 운영실태 평가 및 그 결과 처리에 관한 사항 5. 정보공개와 관련된 불합리한 제도·법령 및 그 운영에 대한 조사 및 개선권고에 관한 사항 6. 그 밖에 정보공개에 관하여 대통령령으로 정하는 사항
	구성	성별을 고려하여 위원장과 부위원장 **각 1명**을 포함한 **11명의 위원**으로 구성함
	위원 위촉	위원회의 위원은 다음의 사람이 됨(**위원장을 포함한 7명은 공무원이 아닌 사람**으로 위촉하여야 함) 1. 대통령령으로 정하는 관계 중앙행정기관의 차관급 공무원이나 고위공무원단에 속하는 일반직공무원 2. 정보공개에 관하여 학식과 경험이 풍부한 사람으로서 **행정안전부장관**이 위촉하는 사람 3. 시민단체(비영리민간단체를 말함)에서 추천한 사람으로서 **행정안전부장관**이 위촉하는 사람
	위원 임기	위원장·부위원장 및 위원(위 ①의 위원은 제외)의 임기는 **2년**으로 하며, **연임가능**
제도 총괄 (§24)		① **행정안전부장관**은 이 법에 따른 정보공개제도의 정책 수립 및 제도 개선 사항 등에 관한 기획·총괄 업무를 관장한다. ② **행정안전부장관**은 위원회가 정보공개제도의 효율적 운영을 위하여 필요하다고 요청하면 공공기관(국회·법원·헌법재판소 및 중앙선거관리위원회는 **제외**)의 정보공개제도 운영실태를 평가할 └ 포함 X 수 있다.

7 불복구제절차

이의 신청 (§18)	신청 기간	공공기관의 비공개 결정 또는 부분 공개 결정에 대하여 불복이 있거나 정보공개 청구 후 20일이 경과하도록 정보공개 결정이 없는 때에는 공공기관으로부터 정보공개 여부의 결정 통지를 받은 날 또는 정보공개 청구 후 20일이 **경과한 날부터 30일 이내**에 해당 공공기관에 **문서**로 이의신청을 할 수 있다.
	심의회 개최	국가기관등은 이의신청이 있는 경우에는 심의회를 개최하여야 한다. 다만, 다음 각 호의 어느 하나에 해당하는 경우에는 심의회를 개최하지 아니할 수 있으며 개최하지 아니하는 사유를 청구인에게 문서로 통지하여야 한다. 1. 심의회의 심의를 이미 거친 사항 2. **단순·반복적인** 청구 3. 법령에 따라 비밀로 규정된 정보에 대한 청구
	결정 기간	공공기관은 이의신청을 받은 날부터 **7일 이내**에 그 이의신청에 대하여 결정하고 그 결과를 청구인에게 **지체 없이** 문서로 통지하여야 한다. 다만, 부득이한 사유로 정하여진 기간 이내에 결정할 수 없을 때에는 그 기간이 **끝나는 날의 다음 날부터** 기산하여 7일의 범위에서 연장할 수 있으며, 연장 사유를 청구인에게 통지하여야 한다.
행정 심판 (§19)		① 청구인이 정보공개와 관련한 공공기관의 결정에 대하여 불복이 있거나 정보공개 청구 후 20일이 경과하도록 정보공개 결정이 없는 때에는 「행정심판법」에서 정하는 바에 따라 행정심판을 청구할 수 있다. 이 경우 국가기관 및 지방자치단체 외의 공공기관의 결정에 대한 감독행정기관은 관계 중앙행정기관의 장 또는 지방자치단체의 장으로 한다. ② 청구인은 **이의신청 절차를 거치지 아니하고** 행정심판을 청구할 수 있다.
행정 소송 (§20)		청구인이 정보공개와 관련한 공공기관의 결정에 대하여 불복이 있거나 정보공개 청구 후 20일이 경과하도록 정보공개 결정이 없는 때에는 「행정소송법」에서 정하는 바에 따라 행정소송을 제기할 수 있다.

경찰작용에 대한 구제

1 사전적 구제제도(행정절차법)

(1) 적용범위와 송달

적용 범위 (§3)	**처분, 신고, 확약, 위반사실 등의 공표, 행정계획, 행정상 입법예고, 행정예고 및 행정지도**의 절차에 관하여 다른 법률에 특별한 규정이 있는 경우를 제외하고는 이 법에서 정하는 바에 따른다. → 행정조사(행정조사기본법), 공법상 계약(행정기본법)은 행정절차법에 규정 X
송달 (§14)	① **송달**은 우편, 교부 또는 정보통신망 이용 등의 방법으로 하되, 송달받을 자(대표자 또는 대리인을 포함한다)의 주소·거소(居所)·영업소·사무소 또는 전자우편주소(이하 "주소등"이라 한다)로 한다. 다만, 송달받을 자가 동의하는 경우에는 그를 만나는 장소에서 송달할 수 있다. ② **교부에 의한 송달**은 수령확인서를 받고 문서를 교부함으로써 하며, 송달하는 장소에서 송달받을 자를 만나지 못한 경우에는 그 사무원·피용자(被傭者) 또는 동거인으로서 사리를 분별할 지능이 있는 사람(이하 이 조에서 "사무원등"이라 한다)에게 문서를 교부할 수 있다. 다만, 문서를 송달받을 자 또는 그 사무원등이 정당한 사유 없이 송달받기를 거부하는 때에는 그 사실을 수령확인서에 적고, 문서를 송달할 장소에 놓아둘 수 있다. ③ **정보통신망을 이용한 송달은 송달받을 자가 동의하는 경우에만** 한다. 이 경우 송달받을 자는 송달받을 전자우편주소 등을 지정하여야 한다. ④ 다음 각 호의 어느 하나에 해당하는 경우에는 송달받을 자가 알기 쉽도록 관보, 공보, 게시판, **일간신문 중 하나 이상에 공고하고 인터넷에도 공고하여야 한다.** 1. 송달받을 자의 주소등을 통상적인 방법으로 확인할 수 없는 경우 2. 송달이 불가능한 경우
송달의 효력 발생 (§15)	① 송달은 다른 법령등에 특별한 규정이 있는 경우를 제외하고는 해당 문서가 송달받을 자에게 **도달됨으로써 그 효력이 발생**한다. ② 제14조 제3항에 따라 정보통신망을 이용하여 전자문서로 송달하는 경우에는 송달받을 자가 지정한 컴퓨터 등에 **입력된 때**에 도달된 것으로 본다. ③ 제14조 제4항의 경우에는 다른 법령등에 특별한 규정이 있는 경우를 제외하고는 **공고일부터** 14일이 지난 때에 그 효력이 발생한다. 다만, 긴급히 시행하여야 할 특별한 사유가 있어 효력 발생 시기를 달리 정하여 공고한 경우에는 그에 따른다.

(2) 의견청취제도

청문	**청문의 적용** (§22①)	1. **다른 법령등에서 청문을 하도록 규정하고 있는 경우** 2. 행정청이 필요하다고 인정하는 경우 3. 인허가 등의 취소, 신분·자격의 박탈, 법인이나 조합 등의 설립허가의 취소
	청문의 공개 (§30)	① **공개할 수 있다.** (비공개 X, 하여야 한다 X) ② 다만, 공익 또는 제3자의 정당한 이익을 현저히 해칠 우려가 있는 경우에는 공개하여서는 아니됨
공청회	**개최 요건** (§22 ②)	1. 다른 법령등에서 공청회를 개최하도록 규정하고 있는 경우 2. 해당 처분의 영향이 광범위하여 널리 의견을 수렴할 필요가 있다고 행정청이 인정하는 경우 3. 국민생활에 큰 영향을 미치는 처분으로서 **대통령령으로 정하는 처분**에 대하여 **대통령령으로 정하는 수**(30명) 이상의 당사자 등이 공청회 개최를 요구하는 경우
의견제출		① 행정청이 당사자에게 의무를 부과하거나 권익을 제한하는 처분을 할 때 청문을 실시하거나 공청회를 개최하는 경우 **외에는** 당사자등에게 의견제출의 기회를 주어야 한다(§22 ③). ② 당사자등은 처분 전에 그 처분의 관할 행정청에 **서면이나 말로 또는 정보통신망을 이용**하여 의견제출을 할 수 있다(§27 ①). ③ 행정청은 처분을 할 때에 당사자등이 제출한 의견이 **상당한 이유가 있다고 인정하는 경우에는 이를 반영하여야 한다**(§27의2 ①). 　　↳ 할 수 있다 X ④ 당사자등은 **의견제출의 경우에는** 처분의 사전 통지가 있는 날부터 의견제출기한까지, **청문의 경우에는** 청문의 통지가 있는 날부터 청문이 끝날 때까지 행정청에 해당 사안의 조사결과에 관한 문서와 그 고밖에 해당 처분과 관련되는 **문서의 열람 또는 복사**를 요청할 수 있다. 이 경우 **행정청은 다른 법령에 따라 공개가 제한되는 경우를 제외하고는 그 요청을 거부할 수 없다**(§37 ①).

(3) 처분 등

처분의
사전 통지
(§21)
	① 행정청은 당사자에게 의무를 부과하거나 권익을 제한하는 처분을 하는 경우에는 미리 다음
	각 호의 사항을 당사자등에게 통지하여야 한다.
	  1. **처분의 제목**
	  2. 당사자의 성명 또는 명칭과 주소
	  3. 처분하려는 원인이 되는 사실과 처분의 내용 및 법적 근거
	  4. 제3호에 대하여 의견을 제출할 수 있다는 뜻과 의견을 제출하지 아니하는 경우의 처리방법
	  5. 의견제출기관의 명칭과 주소
	  6. 의견제출기한
	  7. 그 밖에 필요한 사항
	② 행정청은 청문을 하려면 청문이 시작되는 날부터 **10일 전**까지 제1항 각 호의 사항을 당사자
	등에게 통지하여야 한다.

처분의
이유제시
(§23)
	① 행정청은 **처분을 할 때**에는 다음 각 호의 어느 하나에 해당하는 경우를 제외하고는 당사자에
	게 그 근거와 이유를 **제시하여야 한다.**
	  1. 신청 내용을 모두 그대로(상당부분X) 인정하는 처분인 경우
	  2. 단순·반복적인 처분 또는 경미한 처분으로서 당사자가 그 이유를 명백히 알 수 있는 경우
	  3. 긴급히 처분을 할 필요가 있는 경우
	  ┗→ *처분 후에 당사자가 요청하면 그 근거와 이유를 제시하여야 한다.*

예고기간 (§43)	입법예고기간은 예고할 때 정하되, 특별한 사정이 없으면 **40일**(자치법규는 **20일**) 이상으로 한다.

(4) 위반사실 등의 공표 등(§40의3)

> ① 행정청은 법령에 따른 의무를 위반한 자의 성명·법인명, 위반사실, 의무 위반을 이유로 한 처분사실 등
(이하 "위반사실등"이라 한다)을 법률로 정하는 바에 따라 일반에게 공표할 수 있다.
② 행정청은 위반사실등의 공표를 하기 전에 사실과 다른 공표로 인하여 당사자의 명예·신용 등이 훼손되지
아니하도록 객관적이고 타당한 증거와 근거가 있는지를 확인하여야 한다.
③ 행정청은 위반사실등의 공표를 할 때에는 **미리 당사자**에게 그 사실을 통지하고 **의견제출의 기회를 주어야 한다.**
다만, 다음 각 호의 어느 하나에 해당하는 경우에는 그러하지 아니하다.
  1. 공공의 안전 또는 복리를 위하여 긴급히 공표를 할 필요가 있는 경우
  2. 해당 공표의 성질상 의견청취가 현저히 곤란하거나 명백히 불필요하다고 인정될 만한 타당한 이유가
  있는 경우
  3. **당사자가 의견진술의 기회를 포기한다는 뜻을 명백히 밝힌 경우**
④ 제3항에 따라 의견제출의 기회를 받은 당사자는 공표 전에 관할 행정청에 **서면이나 말 또는 정보통신망**을
이용하여 의견을 제출할 수 있다.
⑥ 위반사실등의 공표는 관보, 공보 또는 인터넷 홈페이지 등을 통하여 한다.
⑦ 행정청은 위반사실등의 공표를 하기 전에 당사자가 공표와 관련된 의무의 이행, 원상회복, 손해배상 등의
조치를 마친 경우에는 위반사실등의 **공표를 하지 아니할 수 있다.**
⑧ 행정청은 공표된 내용이 사실과 다른 것으로 밝혀지거나 공표에 포함된 처분이 취소된 경우에는 그 내용
을 정정하여, 정정한 내용을 지체 없이 해당 공표와 같은 방법으로 공표된 기간 이상 공표하여야 한다.
다만, 당사자가 원하지 아니하면 공표하지 아니할 수 있다.

2 사후적 구제제도

(1) 행정심판(행정심판법)

방식	① 행정심판사항을 정하는 방식에는 **개괄주의와 열기주의**가 있다. ② 현행 「행정심판법」은 특정사항에 한정하지 않고 행정청의 위법·부당한 처분 또는 부작위에 대하여 일반적으로 행정심판을 제기할 수 있게 하는 **개괄주의**를 채택하여 국민의 권리구제 범위를 **확대**하였다. 　└ 축소 X　　　　　　　└ 열기주의 X
정의(§2)	**"처분"**이란 행정청이 행하는 구체적 사실에 관한 법집행으로서의 공권력의 행사 또는 그 거부, 그 밖에 이에 준하는 행정작용을 말한다.
행정심판의 대상(§3)	① **행정청의 처분 또는 부작위에 대하여는** 다른 법률에 특별한 규정이 있는 경우 외에는 이 법에 따라 행정심판을 청구할 수 있다. ② **대통령의 처분 또는 부작위에 대하여는** 다른 법률에서 행정심판을 청구할 수 있도록 정한 경우 외에는 행정심판을 청구할 수 없다.
행정심판 위원회의 설치(§6)	② 다음 각 호의 행정청의 처분 또는 부작위에 대한 심판청구에 대하여는 「부패방지 및 국민권익위원회의 설치와 운영에 관한 법률」에 따른 **국민권익위원회**에 두는 **중앙행정심판위원회**에서 심리·재결한다.　└ 경찰청 X　　　　　　　└ 행정심판위원회 X 　1. 제1항에 따른 행정청 외의 국가행정기관의 장 또는 그 소속 행정청 〈제2호, 제3호 생략〉

(2) 행정소송(행정소송법)

집행정지 대상여부	**거부처분이나 부작위는** 집행을 정지시킬 처분등이 존재하는 경우가 아니기 때문에 **집행정지의 대상이 되지 아니한다.** 즉, 거부처분이나 부작위에 대하여는 집행정지처분의 이익이 인정되지 아니한다. → **불허가처분이나 거부처분** 등과 같은 소극적 처분에 대한 **집행정지는**(이는 곧 적극적 처분의 이행을 의미하므로)**할 수 없다는 것이 통설**
집행정지 (§23)	① 취소소송의 제기는 처분등의 효력이나 그 집행 또는 절차의 속행에 **영향을 주지 아니한다.** ② 취소소송이 제기된 경우에 처분등이나 그 집행 또는 절차의 속행으로 인하여 생길 회복하기 어려운 손해를 예방하기 위하여 긴급한 필요가 있다고 인정할 때에는 본안이 계속되고 있는 **법원은 당사자의 신청 또는 직권에 의하여** 처분등의 효력이나 그 집행 또는 절차의 속행의 전부 또는 일부의 정지(이하 "집행정지"라 한다)를 **결정할 수 있다.** 다만, 처분의 효력정지는 처분등의 집행 또는 절차의 속행을 정지함으로써 목적을 달성할 수 있는 경우에는 허용되지 아니한다. ③ **집행정지는 공공복리에 중대한 영향을 미칠 우려가 있을 때에는 허용되지 아니한다.** ④ ②의 규정에 의한 집행정지의 결정을 신청함에 있어서는 그 이유에 대한 소명이 있어야 한다. ⑤ ②의 규정에 의한 집행정지의 **결정 또는 기각의 결정에 대하여는 즉시항고할 수 있다.** 이 경우 집행정지의 결정에 대한 즉시항고에는 결정의 집행을 정지하는 효력이 없다.

Chapter
08

(3) 손해배상(국가배상법)

배상책임 **(§2)**	① **국가나 지방자치단체**는 공무원 또는 공무를 위탁받은 사인이 직무를 집행하면서 고의 또는 　(공공단체 X) 과실로 법령을 위반하여 타인에게 손해를 입히거나, 「자동차손해배상 보장법」에 따라 손 해배상의 책임이 있을 때에는 이 법에 따라 그 손해를 배상하여야 한다. 다만, **군인·군무** **원·경찰공무원 또는 예비군대원**이 전투·훈련 등 직무 집행과 관련하여 전사·순직하거나 공 　(전투경찰순경도 포함) 상을 입은 경우에 본인이나 그 유족이 다른 법령에 따라 재해보상금·유족연금·상이연금 등의 보상을 지급받을 수 있을 때에는 **국가배상법 및 「민법」에 따른 손해배상을 청구할 수 없** **다**(면책조항, 이중배상 금지). ② 제1항 본문의 경우에 공무원에게 **고의 또는 중대한 과실**이 있으면 국가나 지방자치단체는 그 공무원에게 **구상(求償)**할 수 있다.

구별	헌법(§29)	국가배상법
배상 주체	국가 또는 **공공단체**	국가 또는 **지방자치단체**(공공단체 X)

양도 등 금지 **(§4)**	생명·신체(재산 X)의 침해로 인한 국가배상을 받을 권리는 양도하거나 압류하지 못한다.
공공시설 **등의 하자로** **인한 책임** **(§5)**	① 도로·하천, 그 밖의 공공의 **영조물**의 설치나 관리에 하자가 있기 때문에 타인에게 손해를 발생하게 하였을 때에는 **국가나 지방자치단체**는 그 손해를 배상하여야 한다. → **영조물의 설치·관리상 하자의 책임은 공무원의 과실을 불문함**(무과실책임) → 영조물 : 도로 등 인공공물뿐만 아니라 하천 등 자연공물도 **영조물**에 포함됨 　　　　　　(경찰차량 등 동산 및 동물도 영조물에 포함) ② 제1항을 적용할 때 손해의 원인에 대하여 책임을 질 자가 따로 있으면 국가나 지방자치단 체는 그 자에게 **구상**할 수 있다.
비용부담자 **등의 책임** **(§6)**	① 국가나 지방자치단체가 손해를 배상할 책임이 있는 경우 : 공무원의 선임·감독 또는 영조 물의 설치·관리를 맡은 자와 공무원의 봉급·급여, 그 밖의 비용 또는 영조물의 설치·관리 비용을 부담하는 자가 동일하지 아니한 때 **그 비용을 부담하는 자**도 손해를 배상 ② ①의 경우에 손해를 배상한 자는 내부관계에서 그 손해를 배상할 책임이 있는 자에게 구상할 수 있다. 판례 지방자치단체장이 설치하여 관할 시·도경찰청장에게 관리권한이 위임된 교통신호기의 고장으로 교통사고가 발생한 경우 궁극적인 배상책임은 영조물의 설치·관리 권한자로 서 그 권한을 위임한 **지방자치단체**라 할 것이나, 경찰관들의 봉급을 부담하는 '**국가도 비** **용을 부담하는 자**'로서 손해를 배상하여야 한다(대판 99다11120).
외국인에 대한 **책임(§7)**	이 법은 외국인이 피해자인 경우에는 해당 **국가와 상호 보증**이 있을 때에만 적용한다.

감찰관의 결격사유 (§5)	다음 어느 하나에 해당하는 사람은 **감찰관이 될 수 없다.** 1. 직무와 관련한 금품 및 향응 수수, 공금횡령·유용, 「성폭력범죄의 처벌 등에 관한 특례법」에 따른 성폭력범죄로 징계처분을 **받은 사람** 2. 제1호 이외의 사유로 **징계처분**을 받아 말소기간이 **경과하지 아니한 사람** 3. **질병** 등으로 감찰관으로서의 업무수행이 어려운 사람 4. 기타 감찰관으로서 적합하지 아니하다고 판단되는 사람
감찰관의 신분보장 (§7)	① 경찰기관의 장은 감찰관이 결격사유에 해당되는 것으로 밝혀졌을 경우와 다음에 해당하는 경우를 제외하고는 <u>2년 이내</u>에 본인의 의사에 반하여 전보하여서는 아니 된다. 다만, └ 3년 이내 X 승진 등 인사관리상 필요한 경우에는 그러하지 아니하다. 1. 징계사유가 있는 경우 2. 형사사건에 계류된 경우 3. 질병 등으로 감찰업무를 수행할 수 없거나 직무수행 능력이 현저히 부족하다고 판단되는 경우 **4. 고압·권위적인 감찰활동을 반복하여 물의를 야기한 경우** ② 경찰기관의 장은 1년 이상 성실히 근무한 감찰관에 대해서는 희망부서를 고려하여 전보한다.
감찰활동의 관할 (§12)	원칙 : 감찰관은 소속 경찰기관의 **관할구역 안**에서 활동하여야 한다. **예외 : <u>상급 경찰기관의 장</u>**의 지시가 있는 경우에는 **관할구역 밖**에서도 활동할 수 있다. └ 경찰기관의 장 X
특별감찰 (§13)	**경찰기관의 장**은 의무위반행위가 자주 발생하거나 그 발생 가능성이 높다고 인정되는 시기, 업무분야 및 경찰관서 등에 대하여는 일정기간 동안 전반적인 조직관리 및 업무추진 실태 등을 **집중 점검할 수 있다.**
교류감찰 (§14)	경찰기관의 장은 상급경찰기관장 **지시**에 따라 소속 감찰관으로 하여금 일정기간 동안 다른 경찰기관 소속 직원의 복무실태, 업무추진 실태 등을 점검하게 할 수 있다.
감찰활동 착수 (§15)	① 감찰관은 소속공무원의 의무위반행위에 관한 **단서**(현장인지, 진정·탄원 등을 **포함**한다)를 수집·접수한 경우 소속 경찰기관의 **<u>감찰부서장</u>**에게 보고하여야 한다. └ 소속 경찰기관의 장 X ② 감찰부서장은 ①에 따른 보고를 받은 경우 감찰 대상으로서의 적정성을 검토한 후 감찰활동 착수 여부를 결정하여야 한다.

자료 제출 요구 등 (§17)	① 감찰관은 직무상 다음 각 호의 요구를 할 수 있다. **다만, 제2호 및 제3호의 경우에는 필요 최소한의 범위 내에서 요구하여야 한다.** 　1. 조사를 위한 출석 　2. 질문에 대한 답변 및 진술서 제출 　3. 증거품등 자료 제출 　4. 현지조사의 협조 ② **경찰공무원 등은 감찰관으로부터 ①에 따른 요구를 받은 때에는 정당한 사유가 없는 한 그 요구에 응하여야 한다.** (응할 수 있다 X)
감찰관 증명서 등 제시(§18)	감찰관은 제17조에 따른 요구를 할 경우 소속 경찰기관의 장이 발행한 별지 제3호 서식의 감찰관 증명서 또는 경찰공무원증을 제시하여 신분을 밝히고 감찰활동의 목적을 설명하여야 한다.
감찰활동 결과의 보고 및 처리(§19)	① 감찰관은 감찰활동 결과 **소속공무원**의 의무위반행위, 불합리한 제도·관행, 선행·수범 직원 등을 발견한 경우 이를 **소속 경찰기관의 장**에게 보고하여야 한다. ② 경찰기관의 장은 ①의 결과에 대하여 문책 요구, 시정·개선, 포상 등 필요한 조치를 하여야 한다.
출석요구 (§25)	감찰관은 감찰조사를 위해서 조사대상자의 **출석**을 요구할 때에는 조사기일 3일 전까지 **출석요구서** 또는 **구두**로 조사일시, 의무위반행위사실 요지 등을 통지하여야 한다. 다만, **사안이 급박한 경우 또는 조사대상자의 요청이 있는 경우에는 즉시 조사에 착수할 수 있다.**
조사 참여 (§28)	① 감찰관은 조사대상자가 다음 각 호의 사항을 신청할 경우 이에 해당하는 사람을 참여하게 하거나 동석하도록 하여야 한다. 　1. 다음 각 목의 **사람의 참여** 　　가. 다른 감찰관 　　나. 변호인 　2. 다음 각 목의 **사람의 동석** 　　가. 조사대상자의 동료공무원 　　나. 조사대상자의 직계친족, 배우자, 가족 등 조사대상자의 심리적 안정과 원활한 의사소통에 도움을 줄 수 있는 자
감찰조사 전 고지 (§29)	① 감찰관은 감찰조사를 실시하기 전에 조사대상자에게 의무위반행위 사실의 요지를 알려야 한다. ② 제1항의 경우 감찰관은 조사대상자에게 제28조 제1항 각 호의 사항을 신청할 수 있다는 사실을 고지하여야 한다.
조사시 유의사항 (§31)	⑤ 감찰부서장은 성폭력·성희롱 피해 여성에 대하여는 피해자의 의사에 반하지 않는 한 여성 경찰공무원이 조사하도록 하여야 하고, 조사 과정에서 피해자의 인격이나 명예가 손상되거나 사적인 비밀이 침해되지 않도록 하여야 한다.
심야조사의 금지 (§32)	① 감찰관은 심야(자정부터 오전 6시까지를 말한다)에 조사를 하여서는 아니 된다. ② ①에도 불구하고 감찰관은 조사대상자 또는 그 변호인의 별지 제6호 서식에 의한 **심야조사 요청**이 있는 경우에는 예외적으로 심야조사를 할 수 있다. 이 경우 심야조사의 사유를 **조서에 명확히 기재**하여야 한다.

민원사건의 처리 (§35)	① **감찰관은 소속공무원**의 의무위반사실에 대한 **민원**을 접수한 경우 **접수일로부터** 2개월 내에 신속히 처리하여야 한다. 다만, 소속 경찰기관의 감찰부서장에게 보고하여 그 처리기간을 연장할 수 있다.
기관통보사건의 처리 (§36)	① 감찰관은 다른 경찰기관 또는 검찰, 감사원 등 **다른 행정기관**으로부터 통보받은 소속 공무원의 의무위반행위에 대해서는 **통보받은 날로부터** 1개월 이내에 신속히 처리하여야 한다. ② 감찰관은 검찰·경찰, 그 밖의 수사기관으로부터 수사개시 통보를 받은 경우에는 징계의결요구권자의 결재를 받아 해당 기관으로부터 수사결과의 통보를 받을 때까지 감찰조사, 징계의결요구 등의 절차를 **진행하지 아니 할 수 있다.**
감찰관의 징계 등 (§40)	② 감찰관의 의무위반행위에 대해서는 「경찰공무원 징계령 세부시행규칙」의 징계양정에 정한 기준보다 **가중**하여 **징계조치한다.**

종류(§4①)		감사의 종류는 **종합감사, 특정감사, 재무감사, 성과감사, 복무감사, 일상감사**로 구분한다.
주기(§4②)		종합감사의 주기는 **1년에서 3년까지** 하되 치안수요 등을 고려하여 조정 실시한다.
감사결과 처리 기준 등 (§10)	징계 또는 문책 요구	국가공무원법과 그 밖의 법령에 규정된 징계 또는 문책 사유에 해당하거나 정당한 사유 없이 자체감사를 **거부하거나 자료의 제출을 게을리**한 경우
	시정 요구	감사결과 위법 또는 부당하다고 인정되는 사실이 있어 추징·회수·환급·추급 또는 **원상복구 등이 필요하다고 인정되는 경우**
	경고·주의 요구	감사결과 위법 또는 부당하다고 인정되는 사실이 있으나 그 정도가 **징계 또는 문책사유에 이르지 아니할 정도로 경미**하거나, 감사대상기관 또는 부서에 대한 제재가 필요한 경우
	개선 요구	감사결과 법령상·제도상 또는 행정상 모순이 있거나 그 밖에 **개선할 사항**이 있다고 인정되는 경우
	권고	감사결과 문제점이 인정되는 사실이 있어 그 대안을 제시하고 감사대상기관의 장 등으로 하여금 **개선방안을 마련**하도록 할 필요가 있는 경우
	통보	감사결과 비위 사실이나 위법 또는 부당하다고 인정되는 사실이 있으나(징계 ~ 권고)까지의 요구를 하기에 부적합하여 감사대상기관 또는 부서에서 **자율적으로 처리**할 필요가 있다고 인정되는 경우
	변상명령	「회계관계직원 등의 책임에 관한 법률」이 정하는 바에 따라 **변상책임**이 있는 경우
	고발	감사결과 **범죄 혐의**가 있다고 인정되는 경우
	현지조치	감사결과 경미한 지적사항으로서 **현지에서 즉시** 시정·개선조치가 필요한 경우

인권의 의의, 특성, 유형

THEME 09

인권 의의	① 인권의 개념은 자연법과 사회계약론에 기원을 두고 있는 것으로 '인간이면 누구나 누릴 수 있는 당연한 권리' 즉, '사람이기 때문에 당연히 가지는 권리'를 말한다. **보충**「국가인권위원회법」제2조에 의하면, **인권이란**「대한민국헌법」 및 법률에서 보장하거나 대한민국이 가입·비준한 국제인권조약 및 국제관습법에서 인정하는 인간으로서의 존엄과 가치 및 자유와 권리를 말한다. **헌법**에서는 '국가는 개인이 가지는 불가침의 기본적 인권을 확인하고 이를 보장할 의무를 진다'고 규정하고 있다. ② 기본적 인권은 박탈할 수도 없고, 양도할 수도 없는, 인간이 인간답게 생존할 수 있는 기본적인 권리를 뜻하는 것으로서 이를 '천부인권사상'이라고 한다. ③ 인권과 기본권의 차이 <table><tr><td>인권</td><td>인권사상을 바탕으로 하여 인간이 인간이기 때문에 당연히 누리는 인간의 생래적·천부적 권리 즉 자연권을 의미</td></tr><tr><td>기본권</td><td>「헌법」이 보장하는 국민의 기본적 권리를 의미</td></tr></table>
인권 특성	<table><tr><td>정당성 판단의 기준</td><td>인권은 법률 및 관습의 정당성을 판단하는 기준이 되어 근본적으로는 국가권력을 제한함</td></tr><tr><td>보편성</td><td>인권은 모든 장소의 모든 인간이 평등하게 향유하는 것이어야 함</td></tr><tr><td>상호 의존성 └ 독립성 X</td><td>어떤 특수한 입장에 있는 개인이나 집단의 권리는 다른 사람의 권리나 공동의 이익을 위하여 필요한 만큼만 제한되어야 함</td></tr><tr><td>불가분성</td><td>인권은 그 내재된 권리 중 일부의 구현으로는 보장될 수 없고, 전체가 실현될 때만 완전히 보장된다고 할 수 있음</td></tr></table>
인권 유형	<table><tr><td>시민적·정치적 권리</td><td>인간의 존엄성과 자유, 국가의 강압으로부터의 자유를 지향하는 것</td></tr><tr><td>경제적·사회적· 문화적 권리</td><td>의식주의 보장, 노동조건의 보장, 교육받을 권리 및 사회보장의 혜택 누릴수 있는 권리의 보장 등</td></tr><tr><td>법적 권리</td><td>합법적인 절차에 의해 대우받을 권리이며 절차적 권리 또는 규범적 권리와 연관됨(법 앞의 평등, 무죄추정, 공정한 재판, 소급입법 방지, 접견교통권 등 형사사법 절차에서 주로 문제됨)</td></tr><tr><td>차별받지 않을 권리</td><td>국적, 인종, 피부색, 성, 종교, 사상 등에 의해서 차별받지 않을 권리</td></tr></table>

Chapter

18

구금·보호시설 (§2)	① 경찰서 유치장 및 사법경찰관리가 그 직무수행을 위하여 사람을 조사하고 유치하거나 수용하는 데에 사용하는 시설 ② 다수인 보호시설(많은 사람을 보호하고 수용하는 시설로서 대통령령으로 정하는 시설을 말한다) 동형 시행령 제2조(다수인 보호시설) 「국가인권위원회법」 제2조 제2호마목에서 "대통령령으로 정하는 시설"이란 다음 각 호의 시설을 말한다. 1. 아동복지시설 : 「아동복지법」 제52조 제1항 제1호부터 제5호까지의 규정에 따른 아동양육시설·아동일시보호시설·아동보호치료시설·공동생활가정 및 자립지원시설
적용범위 (§4)	이 법은 대한민국 **국민**과 대한민국의 영역에 있는 **외국인**에 대하여 적용한다.
시설의 방문조사 (§24)	① 위원회(상임위원회와 소위원회를 포함한다)는 필요하다고 인정하면 그 의결로써 구금·보호시설을 방문하여 조사할 수 있다. → 「국가인권위원회법」은 국가인권위원회가 경찰서 유치장 및 사법경찰관리가 그 직무수행을 위하여 사람을 조사하고 유치하거나 수용하는 데에 사용하는 시설을 방문하여 조사할 수 있는 법적 근거임
조사 목적의 한계 (§35)	② 국가인권위원회는 개인의 사생활을 침해하거나 계속 중인 재판 또는 수사 중인 사건의 소추에 부당하게 관여할 목적으로 조사를 하여서는 아니 된다.

경찰 인권보호 규칙(경찰청 훈령)

정의 (§2)	1. **"경찰관등"**이란 경찰청과 그 소속기관의 경찰공무원, 일반직공무원, **무기계약근로자 및 기간제근로자, 의무경찰을 의미**(제외 X)한다. 2. **"인권침해"**란 경찰관등이 직무를 수행하는 과정에서 **모든 사람**(특정인 X)에게 보장된 인권을 침해하는 것을 말한다.
위원회 설치(§3)	경찰 활동 전반에 걸친 민주적 통제를 구현하여 경찰력 오·남용을 예방하고, 경찰 행정의 인권지향성을 높여 인권을 존중하는 경찰 활동을 정립하기 위해 경찰청장 및 시·도경찰청장의 **자문기구**로서 각각 **경찰청 인권위원회, 시·도경찰청 인권위원회**(이하 "위원회"라 한다)를 └ 심의·의결기구 X　　　└ 경찰서 인권위원회 X 설치하여 운영한다.
위원회 구성 (§5)	① 위원회는 위원장 1명을 포함하여 **7명 이상 13명 이하**의 위원으로 구성 　이때, 특정 성별이 전체 위원 수의 10분의 6을 초과하지 아니해야 한다. ② 위원장은 위원회에서 호선하며, 위원은 당연직 위원과 위촉 위원으로 구분한다. ③ 당연직 위원은 **경찰청은 감사관, 시·도경찰청은 청문감사인권담당관**으로 한다.
경찰 인권정책 기본계획의 수립(§18)	① **경찰청장**은 국민의 인권보호와 증진을 위하여 경찰 인권정책 기본계획(이하 "기본계획"이라 한다)을 **5년마다** 수립해야 한다.
인권교육계획의 수립 (§18조의2)	① **경찰청장**은 경찰관등(**경찰공무원으로 신규 임용될 사람을 포함**한다. 이하 이 조, 제20조, 제20조의2 및 제20조의3에서 같다)이 근무하는 동안 지속적·체계적으로 교육을 받을 수 있도록 **3년 단위**로 다음 각 호의 사항을 포함한 **인권교육종합계획**을 수립하여 시행해야 한다. 1. 경찰 인권교육의 기본방향과 추진목표 2. ~ 5. 〈생략〉 ② **경찰관서의 장**은 ①의 내용을 반영하여 **매년 인권교육 계획**을 수립하여 시행하여야 한다.
인권영향평가의 실시(§21)	**경찰청장**은 인권침해를 예방하고, 인권친화적인 치안 행정이 구현되도록 다음 각 호의 사항에 대하여 인권영향평가를 실시하여야 한다. 1. 제·개정하려는 법령 및 행정규칙 2. 국민의 인권에 영향을 미치는 정책 및 계획 3. 참가인원, 내용, 동원 경력의 규모, 배치 장비 등을 고려하여 인권침해 가능성이 높다고 판단되는 집회 및 시위
평가 절차 (§23)	경찰청장은 각 호의 구분에 따른 기한 내에 인권영향평가를 실시하여야 한다. 1. 제·개정하려는 법령 및 행정규칙 : 국가경찰위원회에 상정하기 60일 이전 2. 국민의 인권에 영향을 미치는 정책 및 계획 : 확정되기 이전 3. 인권침해 가능성이 높다고 판단되는 집회 및 시위 : 종료일로부터 30일 이전

Chapter
08

점 검 (§24)	**인권보호담당관**은 반기 1회 이상 인권영향평가의 이행 여부를 점검하고, 이를 <u>**경찰청 인권위원회**</u>에 제출하여야 한다. └ 국가경찰위원회 X
진단사항 (§25)	**인권보호담당관**은 인권침해를 예방하고 제도를 개선하기 위해 **연 1회** 이상 다음 각 호의 사항을 진단하여야 한다. 1. 인권 관련 정책 이행 실태 2. 인권교육 추진 현황 3. 경찰청과 소속기관의 청사 및 부속 시설 전반의 인권침해적 요소의 존재 여부
진정의 각하 (§29)	경찰청 및 그 소속기관의 장은 각 호의 어느 하나에 해당할 경우에는 그 **진정을 각하할 수 있다.** 1. 진정 내용이 **인권침해**에 해당하지 아니하는 것이 **명백**한 경우 2. 진정 내용이 **명백히** 사실이 아니거나 이유가 없다고 인정되는 경우 3. 피해자가 아닌 사람이 한 진정으로서 피해자가 조사를 원하지 않는다는 의사표시를 **명백하게** 한 경우 4. 진정의 원인이 된 사실이 공소시효, 징계시효 및 민사상 시효 등이 **모두 완성**된 경우 5. 진정의 원인이 된 사실에 관하여 법원이나 헌법재판소의 재판, 수사기관의 수사 또는 그 밖에 법률에 따른 권리 구제절차가 진행 중이거나 종결된 경우(기간의 경과 등 형식 요건을 제대로 갖추지 못하여 종결된 경우는 제외한다) 6. 진정이 익명이나 가명으로 제출된 경우 7. 진정인이 진정을 취소한 경우 8. 기각 또는 각하된 진정과 동일한 내용으로 다시 진정한 경우 9. 진정 내용이 추상적이거나 관계자를 근거 없이 비방하는 등 업무를 방해할 의도로 진정한 것으로 판단되는 경우 10. 진정의 취지가 그 진정의 원인이 된 사실에 관한 법원의 확정 판결이나 헌법재판소의 결정에 반대되는 경우 11. 국가인권위원회에서 진정서의 내용과 같은 사실을 이미 조사 중이거나 조사한 사실이 확인된 경우(진정인의 진정 취소를 이유로 각하 처리된 사건은 제외한다)
물건 등의 보관 등 (§32)	① 조사담당자는 사건 조사 과정에서 진정인·피진정인 또는 참고인 등이 임의로 제출한 물건 중 사건 조사에 필요한 물건은 보관할 수 있다. ③ 조사담당자는 제출받은 물건에 사건번호와 표제, 제출자 성명, 물건 번호, 보관자 성명 등을 적은 표지를 붙인 후 봉투에 넣거나 포장하여 **안전하게 보관**하여야 한다. ④ 조사담당자는 제출자가 보관 중인 물건의 반환을 요구하는 경우에는 반환하여야 하며, 다음 각 호의 어느 하나에 해당하는 경우에는 <u>**제출자가 요구하지 않더라도**</u> 반환할 수 있다. └ 요구하는 경우에 한하여 X 1. 진정인이 진정을 취소한 사건에서 진정인이 제출한 물건이 있는 경우 2. **사건이 종결되어 더 이상 보관할 필요가 없는 경우** 3. 그 밖에 물건을 계속 보관하는 것이 적절하지 않은 경우

조사 중지 (§35)	① 조사담당자는 인권침해 사건을 조사하는 과정에서 다음 각 호의 어느 하나에 해당하는 사유로 사건 조사를 진행할 수 없는 경우에는 **조사를 중지할 수 있다.** 다만, 확인된 인권침해 사실에 대한 구제 절차는 계속하여 이행할 수 있다. 1. 진정인이나 피해자의 소재를 알 수 없는 경우 2. 사건 해결과 진상 규명에 핵심적인 중요 참고인의 소재를 알 수 없는 경우 3. 그 밖에 제1호 또는 제2호와 유사한 사정으로 더 이상 사건 조사를 진행할 수 없는 경우 4. **감사원의 조사, 경찰·검찰 등 수사기관에서 조사 또는 수사가 개시된 경우**
진정의 기각 (§37)	경찰청 및 그 소속기관의 장은 진정 내용을 조사한 결과 다음 각 호의 어느 하나에 해당하는 경우에는 그 **진정을 기각할 수 있다.** 1. 진정 내용이 사실이 아니거나 사실 여부를 확인하는 것이 불가능한 경우 2. 진정 내용이 이미 피해회복이 이루어지는 등 따로 구제조치가 필요하지 아니하다고 인정되는 경우 3. 진정 내용은 사실이나 **인권침해**에 해당하지 아니하는 경우

인권보호 원칙 (§1)	경찰관은 국민이 국가의 주인임을 명심하고 모든 사람의 인권과 인간으로서의 존엄과 가치를 존중하고 보호할 책임이 있다.
적법절차 준수 (§2)	경찰관은 헌법과 법령에 의하여 적법절차에 따라 공정하고 객관적으로 직무를 수행하여야 하며, 권한을 남용하거나 그 권한의 범위를 넘어서는 아니 된다.
비례 원칙 (§3)	경찰권 행사는 그 목적을 달성하는 데 필요한 한도에 그쳐야 하며 이로 인한 사익의 침해가 경찰권 행사가 추구하는 공익보다 크지 아니하여야 한다. 특히 물리력 행사는 법령에 정하여진 엄격한 요건을 충족하는 경우에 한하여 **필요 최소한의 범위** 내에서 이루어져야 한다.
무죄추정 원칙 및 가혹행위 금지 (§4)	경찰관은 누구든지 유죄가 확정되기 전에는 유죄로 간주하는 언행이나 취급을 하여서는 아니 되고, 직무를 수행하는 과정에서 고문을 비롯한 비인도적인 신체적·정신적 가혹 행위를 하여서도 아니 되며, 이러한 행위들을 용인하여서도 아니 된다.
부당 지시 거부 및 불이익 금지 (§5)	경찰관은 인권을 침해하는 행위를 하도록 지시받거나 강요받았을 경우 이를 거부해야 하고, 법령에 정한 절차에 따라 이의를 제기할 수 있으며, 이를 이유로 불이익한 처우를 받지 아니한다.
차별 금지 및 약자·소수자 보호 (§6)	경찰관은 직무를 수행하는 과정에서 합리적인 이유 없이 **성별, 종교, 장애, 병력(病歷), 나이, 사회적 신분, 국적, 민족, 인종, 정치적 견해 등**을 이유로 누구도 차별하여서는 아니 ↳ 성적 지향 X 되고, 신체적·정신적·경제적·문화적인 차이 등으로 특별한 보호가 필요한 사람의 인권을 보호하여야 한다.
개인 정보 및 사생활 보호(§7)	경찰관은 직무를 수행하는 과정에서 취득한 개인 정보와 사생활의 비밀을 보호하고, 명예와 신용이 훼손되지 않도록 유의하여야 한다.
범죄피해자 보호 (§8)	경찰관은 범죄피해자의 명예와 사생활의 평온을 보호하고, 추가적인 피해 방지와 신체적·정신적·경제적 피해의 조속한 회복 및 권익증진을 위하여 노력하여야 한다.
위험 발생의 방지 및 조치 (§9)	경찰관은 사람의 생명·신체에 위해를 끼치거나 재산에 중대한 손해를 끼칠 우려가 있는 때에는 이를 방지하기 위한 필요한 조치를 하여야 한다. 특히 자신의 책임 및 보호하에 있는 사람의 건강 보호를 위해 노력하여야 하며, 필요한 경우 지체 없이 응급조치, 진료의뢰 등 보호받는 사람의 생명권 및 건강권을 보장하기 위한 조치를 하여야 한다.
인권교육 (§10)	경찰관은 인권 의식을 함양하고 인권 친화적인 경찰 활동을 할 수 있도록 인권교육을 이수하여야 하며, 경찰관서의 장은 정례적으로 소속 직원에게 인권교육을 하여야 한다.

경찰과 윤리

치안의 의의	① 역사적으로 치안은 공동체 내에서의 특정 권력기관에 의한 법 집행의 의미를 강하게 지녔다고 볼 수 있다. ② 경찰활동의 민주화와 경쟁력 강화 요청에 따라 치안서비스라는 용어가 전면에 부각되고 있다.
치안활동의 주체	① 치안활동은 반드시 공적으로 제공되어야 하는 것은 아니며 사설경비업체, 사설경호 등 사설기관에 의해 이루어지기도 한다. ② 오늘날 <u>공적 기관이 주된 치안활동</u>을 하고 시민은 부수적·보조적으로 치안활동에 참가한다. ↳ 시민들이 주된 치안활동 X ③ 최근 범죄가 증가하면서 민간경비업체의 서비스에 가입하는 사람들이 증가하고 있다. → 공적 치안서비스가 경쟁이 없는 상태에서 이루어지기 때문에 민간부문보다 **효율성, 성실성, 친절성** 측면에서 더 떨어질 수 있기 때문
치안의 유형	① **치안을 누가 담당**할 것인가에 대하여 사적조직(민간치안)과 공적조직(공적치안)으로 구분할 수 있다. ② **치안의 비용을 누가 부담**할 것인가에 대하여 사적비용(개인비용)과 공적비용(공공재정)으로 구분할 수 있다. ③ 사적조직원칙과 사적비용 지불유형은 시장의 효율성을 높일 수 있지만 경제적 약자는 치안서비스를 제공받을 수 없어 형평성의 문제가 제기된다. ④ **공적조직원칙과 공적비용 지불유형은 형평성을 높일 수 있지만**, 치안서비스에 대한 불만과 비효율성의 문제가 제기된다. → 이런 문제점을 해결하기 위해 가장 이상적인 방법은 공적조직을 원칙으로 하되, 사적치안을 가미하는 **절충형 형태**라고 볼 수 있음
시민의 치안활동	① 시민의 신고, 고소, 고발, 현행범체포 등은 자발적 참여형태이다. ② 시민들은 대부분 자발적으로 치안활동에 참여하고 있으나 <u>치안활동에 참여하는 것이 강제되는 경우</u>도 있다. ↳ 자율로만 참여 X 예 「경범죄 처벌법」 제3조(경범죄의 종류) '공무원 원조불응' 등 ③ 최근 민경협력치안을 위해 **'지역사회 경찰활동'**이 강조되고 있다. → 지역사회 경찰활동은 종래 경찰이 보여 왔던 모습인 법 집행과 질서유지라는 소극적 임무를 넘어 사회봉사 및 지역사회 발전 등 적극적 경찰상을 정립하려는 경찰활동의 새로운 패러다임을 말함

THEME 02 바람직한 경찰의 역할모델

1 범죄와 싸우는 경찰 모델(the crimefighter model)

개념	수사, 형사 등 법 집행을 통한 범법자 제압측면을 강조한 모델로서 시민들은 **범인을 제압하는 것이 경찰의 주된 임무**라고 인식함
장점	경찰역할을 뚜렷이 인식시켜 **'전문직화'에 기여**('전문직화'에 장애 X)
단점	① 전체 경찰 업무를 포괄하는 것이 **불가능**(전 부분을 포괄하는 용어 X) ② 법 집행에 있어서 흑백논리에 따른 **이분법적**(범법자 : 적/경찰 : 정의의 사자) 오류에 빠질 우려 → 인권침해 등의 우려가 있음 ③ 범죄진압 이외의 업무에 종사하는 경찰인들의 사기 저하

2 치안서비스 제공자로서의 경찰 모델(service worker model)

개념	치안서비스란 경찰활동의 전 부분을 포괄하는 용어로 가장 바람직한 모델 ※ 범죄와의 싸움도 치안서비스의 한 부분에 불과 → 시민에 대한 서비스 활동과 사회봉사활동의 측면을 강조
경찰의 활동	① **대역적(代役的) 권위(Stand-in authority)에 의한 활동** : 공식적이고 명백하게 권한의 근거가 없는 경우에도 **비공식적으로 또는 관행적으로 사회봉사활동에 관여**하는 것을 의미 → 일시적이며 임시 방편(지속적, 적극적 X) ※ 경찰은 24시간 근무와 지역적으로 널리 퍼져 있는 조직을 갖춤 – 사고현장이나 응급조치가 필요한 경우 가장 먼저 접근 가능 ② 비권력적 치안서비스의 적극제공 : 우범지역 순찰, 교통정보제공, 지리안내 등 ③ 사회적 갈등 해결 및 갈등발생의 개연성 최소화 : 이미 일어난 문제해결뿐 아니라 일어날 개연성 있는 문제를 사전에 발견해서 해결을 시도 ④ 지역사회 경찰활동(community policing)과 일맥상통 ⑤ 오늘날 경찰은 강제력의 행사보다 사회의 봉사자이자 치안서비스의 제공자로서 인정받아야 함

3 바람직한 경찰모델의 설정

① 경찰 업무전체를 포괄하기 위해서는 시민에 대한 서비스 활동과 사회봉사활동 측면을 강조하는 치안서비스 모델이 바람직하다.
② 경찰은 강제력을 사용하기 때문에 권위를 인정받기보다는 사회의 진정한 봉사자로서, 치안서비스의 제공자로서 그 권위를 인정받아야 한다.

1 고전적 전문직의 특징(클라이니히)

공공서비스의 제공	전통적인 법, 의학, 건축, 교육 등의 전문직업인은 사회에 가치 있는 공공서비스를 제공한다.
윤리강령의 제정	전문직업인들은 윤리강령을 제정하여 자신을 스스로 통제하고 수혜자로부터 신뢰를 획득하기 위하여 서비스를 개선시키려고 노력한다.
전문지식과 전문기술	전문직 종사자는 길고 험난한 학습과정을 통하여 자신의 분야에서 특수한 전문지식과 전문기술을 가진다.
고등교육의 이수	① 전문직의 직위는 대학이나 대학원의 성공적인 이수를 요구한다. ② 전문직은 이러한 고등교육을 통하여 전문지식과 기술을 습득한다.
자율적 자기통제	전문직 종사자들은 자신들이 제공하는 서비스의 품질을 보장하기 위하여 스스로 기준을 만들어 놓고 통제한다.

TIP 관료제적 특성이 전문직업화의 미치는 영향

① 관료제 조직은 법규만능, 책임회피, 문서주의 등의 단점이 있다.
② 관료제의 획일적 명령체계는 비판을 요구하는 전문화를 **저해**한다.
　　　　　　　　　　　　　　　　　　　　　└ 촉진 X
③ 관료제의 엄격한 규칙적용은 직업전문화를 저해한다.
④ 직업전문화를 위하여 건전한 비판문화가 조성되어야 한다.

2 전문직업화

추진	경찰이 높은 사회적 지위를 얻기 위하여 **미국의 오거스트 볼머(August Vollmer), 실베스타**에 의하여 전문직업화가 추진	
장점	경찰위상·사기의 제고와 긍지 함양, 경찰에 대한 공중의 존경 증대, 효율성 증대, 부정부패 척결, 훌륭한 인적자원이 확보되어 서비스 질이 **향상**	
문제점	**부권주의** **(父權主義)**	아버지가 자식의 문제를 모두 결정하듯이 전문가 상대방의 입장을 고려하지 않고 일방적으로 결정 예 심장전문의 乙은 환자의 치료법에 대하여 환자의 입장을 고려하지 않고 자신의 우월적 의학적 지식만 고려하여 일방적으로 치료방법을 결정하는 것
	사적인 이익을 └ 공적 X **위한 이용**	전문직들은 그들의 지식과 기술을 때때로 공익보다는 **사적**인 이익을 위해서만 이용하기도 함
	소외	나무는 보고 숲은 보지 못하듯 전문가가 자신의 국지적 분야만 보고 전체적인 맥락을 보지 못함 예 사회복지정책 전문직 공무원 甲은 복지정책을 결정하면서 정부정책의 기본방침을 고려하지 않고 자신이 속한 보건복지부 입장만 고려한 채 정책결정을 하는 것
	차별	전문직이 되는 데 장기간의 교육과 비용이 들어, 가난한 사람은 전문가가 되는 **기회를 상실함** → 초임순경 공채시험 학력을 대졸 이상으로 제한하는 것

경찰의 일탈

작은호의	**허용론**	① **당연성** : 비록 자신이 해야 할 일을 하는 경우이지만 고마움을 표시하는 것은 당연 ② **자발성** : 강제된 것이 아닌 자발적 ③ **이성과 지능** : 경찰관은 호의와 뇌물을 구분할 수 있으며, 작은 호의로 인해 편파적으로 업무를 처리하지 않음 ④ **사회형성재 이론** : 작은 호의를 통하여 지역주민들과 친밀해질 수 있음 ⑤ **관행성** : 공짜 커피 같은 뿌리 깊은 관행을 완전히 없애는 것은 불가능
	금지론	① **부작용** : 작은 호의가 점점 더 멈추기 어려운 부패로 이어짐(바늘도둑이 소도둑 된다는 논리) → 미끄러지기 쉬운 경사로 이론 ② **구별곤란** : 작은 호의와 뇌물을 구별하기 곤란하다. ③ **특권의식** : 작은 호의를 통해 경찰관의 특권의식이 싹틈 ④ **불순의도** : 공짜 커피 등 호의를 전하는 사람들은 대개 불순한 의도를 가진 경우가 많음
미끄러지기 쉬운 경사로 이론		① **셔먼**이 주장 ② **부패에 해당하지 않는** 작은 선물 등의 사소한 호의를 허용하면 나중에는(선한 후속행위를 하는 상황 X) └ 부패에 해당하는 X 엄청난 부패로 이어진다는 이론 예 지구대에 근무하는 경찰관 A는 순찰 도중 동네 슈퍼마켓 주인으로부터 음료수를 얻어 마시면서 친분을 유지하다가 나중에는 폭행사건처리 무마 청탁을 받고 큰돈까지 받게 되었다.
	펠드버그	〈셔먼의 견해 비판〉 ① 대부분의 경찰관들이 사소한 호의와 뇌물을 구별할 수 있으므로 '미끄러지기 쉬운 경사로 이론'은 비현실적이고, 더 나아가 경찰관의 지능에 대한 모독이라고 주장한다. ② 작은 호의를 받았다고 해서 반드시 경찰이 큰 부패를 범하는 것은 아니라고 비판한다.
	델라트르	〈펠드버그의 견해 비판〉 일부 경찰이 이 이론에 따라 큰 부패로 이어진다고 하더라도 결코 이를 무시하거나 **간과할 수 없다는** 점에서 **작은 호의를 금지해야 한다**고 주장한다.

TIP 사회 형성재이론(building block)

① '사회 형성재(building block) 이론'은 작은 사례나 호의는 시민과의 **긍정적인**(부정적인 X) 사회관계를 만들어주는 형성재라는 것으로, 작은 호의의 **긍정적인** 효과를 강조하는 이론이다.
② 작은 사례나 호의는 강제된 것이 아니며 **자발적인 것**이라는 점을 강조한다.
└ 비자발적 X

THEME
05 경찰부패

1 「부패방지 및 국민권익위원회의 설치와 운영에 관한 법률」상 부패 개념(§2)

> 4. **"부패행위"**란 다음 각 목의 어느 하나에 해당하는 행위를 말한다.
> 　가. 공직자가 직무와 관련하여 그 지위 또는 권한을 남용하거나 법령을 위반하여 **자기 또는 제3자의 이익**
> 　　　을 도모하는 행위　　　↳ 제3자의 이익 제외 X
> 　나. 공공기관의 예산사용, 공공기관 재산의 취득·관리·처분 또는 공공기관을 당사자로 하는 계약의 체결
> 　　　및 그 이행에 있어서 법령에 위반하여 공공기관에 대하여 재산상 손해를 가하는 행위
> 　다. 가목과 나목에 따른 행위나 그 은폐를 강요, 권고, 제의, 유인하는 행위
> 　**보충** 부정부패의 개념에 대하여 학자들은 권한의 남용은 물론 적법한 권한행사라도 사적인 이익의 동기가
> 　　　개입되고 사적이익이 결부되면 부정부패라고 규정한다.
>
> **[부패의 특징]**
> ① 단속, 규제, 감시, 조사 등 경찰활동에서 경찰은 시민보다 우월한 위치를 점하게 되고 시민들은 경찰로부
> 　터 유리한 결정을 이끌기 위해 뇌물을 제공한다.　　↳ 부패를 방지하는 에커니즘 X
> ② 경찰조직의 **위계구조와 충성문화의 강조**는 부패를 조장하는 **부패의 좋은 토양**이 된다.
> ③ 경찰인 자신을 권력집단의 일부로 인식하고 뇌물을 당연한 관행으로 받아들이면서 권력의 단맛을 느껴
> 　부패가 진행된다.
> ④ 경찰이 서로의 부정을 함께 나눔으로써 공범관계가 형성되고, 부정행위가 발각되었을 때 생길 책임회피
> 　를 위해 덮어주기가 만연된다.
> ⑤ 공권력 행사기관, 부패의 중독현상, 당연한 관행이나 특권의식, 경찰업무의 특수성의 대가로 인식, 침묵
> 　의 문화, 충성 문화 등이 부패 생성의 원인이 된다.

2 부패의 유형(하이덴하이머의 분류)

백색부패	이론상 일탈행위로 규정될 수 있으나, 구성원의 다수가 **어느 정도 용인**하는 선의의 부패 또는 관례화된 부패를 의미 예 경기가 밑바닥 상태인데도 국민들의 동요나 기업활동의 위축을 방지하기 위해서 경기가 살아나고 있다고 관련 **공직자가 거짓말**을 한 경우
회색부패	① **백색부패와 흑색부패의 중간에 위치하는 유형**으로서 얼마든지 흑색부패로 발전할 수 있는 잠재성을 지닌 것 예 정치권에 대한 후원금, 떡값 같은 적은 액수의 호의표시나 선물 또는 순찰 경찰관에게 주민들이 제공하는 음료수나 과일 ② 일부집단은 처벌을 원하지만, 다른 일부집단은 처벌을 원하지 않는 경우의 부패
흑색부패	사회 전체에 심각한 해를 끼치는 부패로 **구성원 모두가 인정하고 처벌을 원하는** 부패 예 업무와 관련된 대가성 있는 뇌물수수

Chapter
09

3 하이덴하이머의 부정부패 개념 정의 및 분류(부패가 일어나는 영역에 따른 정의)

관직(공직)중심적 정의 (public-office-centered)	부패는 뇌물수수행위와 특히 결부되어 있지만, 반드시 금전적인 형태일 필요가 없는 사적 이익을 고려한 결과로 권위를 남용하는 경우를 포괄하는 용어이다.
시장중심적 정의 (market-centered)	① 부패는 강제적인 가격모델로부터 자유시장 모델로의 변화와 관련이 있다. ② 고객들은 잘 알려진 위험을 감수하고라도 원하는 이익을 받는 것을 확실히 하기 위하여 높은 가격(뇌물)을 지불하는 결과로 부패가 발생한다.
공익중심적 정의 (public-interest-centered)	공직자가 법적으로 규정되어 있지 않은 금전적인 또는 다른 형태의 보수에 의하여 그 보수를 제공한 사람들에게 이로운 행위를 함으로써 공중의 이익에 손해를 끼칠 때 부패가 발생한다.

TIP 경찰관의 권한 남용

① 적을 다루듯이 범법자를 다룰 때 권한남용이 발생할 수 있다.

② 범법자에 대한 불신과 의심이 있을 경우 권한남용이 발생할 수 있다.

③ 법과 현실이 괴리될 때 경찰이 불법을 자행할 염려가 있다.

④ 경찰인의 심리적, 물질적 만족을 위한 **권한남용이 자주 발생**한다.
  └ 권한 남용은 있을 수 없다 ✕

4 경찰부패의 원인가설(델라트르의 설명)

전체사회 가설	① **월슨**은 시카고 시민이 경찰을 부패시켰다고 주장하였는데, 이는 **시민사회의 부패가 경찰부패의 주원인이라고 보는 이론** ② 전 뉴욕시경 국장 패트릭 머피는 '봉급을 제외하고 깨끗한 돈이라는 건 없다'고 했으며, 월슨은 '경찰인은 어떤 작은 호의, 심지어 한 잔의 공짜 커피도 받도록 허용되어서는 안된다'고 말함 → '이끄러지기 쉬운 경사로 이론'과 유사 예 주류판매로 단속된 노래연습장 업주가 담당경찰관 C에게 사건무마를 청탁하며 뇌물수수를 시도하였다. 예 파출소에 근무하는 O순경은 순찰 중 주민으로부터 커피를 공짜로 마시고, 몇 달 후 식사를 대접받더니, 이제는 뇌물을 받는 습관을 들였다.
구조원인 가설	① 부패원인 : **부패한 조직 전통 속에서 신임경찰이 사회화**되어 부패경찰이 됨 → 조직의 체계적 원인 ② **니더호퍼, 로벅, 바커 등이 주장** ③ 구조화된 조직적 부패는 서로가 문제점을 알면서도 눈감아주는 '**침묵의 규범**'을 형성 예 경찰관 A는 동료경찰관들이 유흥업소 업주들로부터 접대를 받은 사실을 알고도 모른 체했다. ④ 부패가 구조화된 조직에서는 '법규와 현실의 괴리현상'이 발생한다. 예 많은 이가 혼자 출장 가면서도 두 사람 출장비를 공공연하게 청구하는 경우나, 많은 이가 퇴근 후에 잠깐 들러서 시간외근무를 조작하는 경우
썩은사과 가설	① 부패원인 : **개인적 결함 문제** 조직의 체계적 원인 X ② 썩은 사과 한 개가 상자에 있는 모든 사과를 썩게 만들 듯이 부정부패할 가능성이 있는 **경찰관 일부가 조직에 유입되어 전체가 부패한다는 이론** ③ 모집단계에서 부패가능성 있는 자의 배제 중시

5 경찰인의 부패화 과정(경찰직업에 대한 회의로 시작되는 부패 과정의 이론)

1단계	대부분의 신임경찰은 경찰직을 사회에 봉사하려는 수단으로 경찰에 입문한다.
2단계	낮은 봉급, 경찰에 대한 **낮은** 사회인식, 승진좌절 등에 대한 한계의식으로 현실의 벽을 느끼고 좌절한다. 높은 X
3단계	현실의 벽을 느끼고 좌절한 경찰인은 경찰 역할이 무의미해져 냉소적으로 되면서 체념하게 된다.
4단계	의미를 잃어버린 경찰생활 속에서 경찰직을 사익과 안락을 추구하는 수단으로 이용하면서 부패화된다.

6 내부고발(whistle blowing)

정의	① **동료나 상사의 부정에 대하여 감찰이나 외부의 언론매체를 통하여 공표**하는 내부고발 행위 ② 내부고발을 함에 있어서는 **조직에 대한 충성의 의무와 국민을 위한 공공의 이익** 두 가지를 고려
원인 (엘레스톤)	① 개인은 정보를 공표하기 위하여 의도된 일련의 행동을 수행 ② 정보는 공적인 기록사항으로 됨 ③ 정보는 '조직 내에서 발생이 가능한 잘못', '현실적인 잘못', '사소하지 않은 잘못'에 관한 것 ④ 행위를 수행하는 개인은 조직의 현재 또는 과거의 구성원
내부고발의 정당화 요건 (클라이니히)	1. 적절한 도덕적 동기 2. 내부고발자는 특별한 경우를 제외하고 공표를 하기 전에 자신의 이견을 표시하기 위한 **모든 내부적 채널을 다 사용**(최후수단성) 3. 내부고발자는 부적절한 행동을 하도록 지시되었다는 자신의 신념이 **합리적 증거**에 근거하였는지 확인해야 함 4. 내부고발자는 도덕적 위반이 얼마나 중대한가, 도덕적 위반이 얼마나 급박한가 등의 **세심한 고려**가 있어야 함(급박성) 5. <u>**어느 정도**</u>의 성공가능성 ↳ 높은 정도 X

7 용어정리

비지바디니스 (busybodiness)	남의 비행에 대하여 일일이 참견하여 도덕적 충고를 하는 것
침묵의 규범	**휘슬 블로잉과 반대로** 동료의 부정부패에 대하여 눈감아 주는 것
모랄 해저드 (Moral hazard)	도덕적 가치관이 붕괴되어 동료의 부패를 부패라고 인식하지 못하는 것을 의미하며, 부패를 잘못된 행위로 인식하고 있지만 동료라서 모르는 척하는 침묵의 규범과는 구별되는 개념
예기적 사회화 과정 (anticipatory socialization)	① 경찰인이 되고자 하는 지원자는 그가 경찰이 되기 전에 경찰에 대한 정보 등을 통해 경찰에 대한 사회화를 미리 할 수 있다는 것으로 통상적으로 경찰에 대한 자신의 직접경험과 친구나 가족들을 통한 간접경험, 나아가 언론매체를 통한 경찰의 이미지 등을 통해서 이루어진다. 그래서 경찰예비자들은 자기가 경찰인이 되면 어떻게 하겠다라는 '예기적 사회화과정'을 거칠 수 있는 것 ⑩ 경찰시험을 준비하는 甲은 언론에서 경찰공무원의 부정부패 기사를 보고 '나는 경찰이 되면 저런 행위를 하지 않겠다'는 생각 가짐 ② **공식적 사회화 과정**(경찰업무의 절차, 상사의 지침 등)보다는 **비공식적 사회화 과정**(고참이나 동료들에게서 배우는 관례 등)**의 영향**을 더 많이 받음

THEME 06 부정청탁 및 금품등 수수의 금지에 관한 법률(청탁금지법)

1 청탁금지법 개요

공공기관 정의 (§2 제1호)	가. **국회**, 법원, 헌법재판소, 선거관리위원회, 감사원, 국가인권위원회, 고위공직자범죄수사처, 　└ 국회의원 포함 　중앙행정기관(대통령·국무총리 소속기관 **포함**)과 그 소속 기관 및 지방자치단체 　　　　　　　　　　　　　　└ 제외 X 나. 「공직자윤리법」 제3조의2에 따른 공직유관단체 다. 「공공기관의 운영에 관한 법률」 제4조에 따른 기관 라. 「초·중등교육법」, 「고등교육법」, 「유아교육법」 및 그 밖의 다른 법령에 따라 설치된 각급 학교 　및 「**사립학교법**」에 **따른 학교법인** 마. 「언론중재 및 피해구제 등에 관한 법률」 제2조 제12호에 따른 **언론사**
적용대상	① **공직자등**(공직자 또는 공적 업무 종사자) 　가. 「**국가공무원법**」 또는 「**지방공무원법**」에 따른 공무원과 그 밖에 다른 법률에 따라 그 자격·임용· 　　**교육훈련·복무·보수·신분보장** 등에 있어서 공무원으로 인정된 사람 　나. 공직유관단체 및 기관의 장과 그 임직원 　다. 각급 학교의 장과 교직원 및 학교법인의 임직원 　라. 언론사의 대표자와 그 임직원(대기업 임원 X, 변호사 X) ② 공무수행사인 : 각종 법정위원회 위원, 권한위임 단체·개인 등 ③ 공직자등의 배우자(**법률혼** 배우자만을 의미) 및 일반인 　　　　　　　　　　└ 사실혼 X

2 부정청탁 규율 대상(제5조)

규율 대상	① **모든 청탁이 아니라** 인·허가 등 **14가지 부패** 빈발분야의 직무와 관련하여, 누구든지 직접 또는 제3 자를 통하여 직무를 수행하는 공직자등에게 법령을 위반하게 하거나 지위·권한을 남용하여 처리 하도록 하는 부정청탁만 규율대상 1. 인·허가 2. 처벌의 감경·면제 3. 인사 개입 4. 위원 선정 5. 수상·포상 6. 직무상 비밀누설 7. 계약 체결 8. 보조금·기금 등 업무 9. 재화·용역의 처분 10. 성적 조작 11. 병무 12. 각종 평가·판정 13. 행정지도·단속 14. 수사·재판·중재
예외	② 아래의 7가지 예외사유에 해당하는 경우에는 **청탁금지법을 적용하지 않으며,** 또한 직접 자신을 위하 여 하는 부정청탁은 과태료 부과대상 제외 1. 법령·기준에서 정한 절차에 따라 요구 2. 공개적으로 특정한 행위를 요구 3. **선출직**공직자, 정당, 시민단체 등이 **공익적목적**으로 제3자의 고충민원 전달 　　└ 임명직 X　　　　　　　　　　　└ 사익적 X 4. 진행상황 등 문의 5. 확인·증명을 신청 6. 질의·상담형식으로 설명 요구 7. 그 밖에 사회상규에 반하지 않는 행위

3 부정청탁에 따른 직무수행 금지 및 신고의무

직무수행 금지(§6)	부정청탁을 받은 공직자등은 그에 따라 직무를 수행해서는 아니 된다.
신고의무(§7)	① 부정청탁을 한 자에게 부정청탁임을 알리고 이를 거절하는 의사를 명확히 표시하여 야 한다. ② ①에 따른 조치를 하였음에도 불구하고 동일한 부정청탁을 다시 받은 경우에는 이를 **소속기관장**에게 **서면**(전자문서 포함)으로 신고하여야 한다. 　　　　　　　　　　　└ 구두 X

4 금품 등 수수의 금지

원칙 **(§8)**	① 공직자등은 직무 관련 여부 및 기부·후원·증여 등 그 **명목에 관계없이** 동일인으로부터 1회에 100만원 또는 매 회계연도에 300만원을 초과하는 금품등을 받거나 요구 또는 약속해서는 아니 된다. ┌ 대가성이 인정되면 금액에 상관없이 형법상 뇌물죄 성립 가능 ② 공직자등은 **직무와 관련**하여 <u>대가성 여부를 불문</u>하고 ①에서 정한 금액 이하의 금품등을 받거나 요구 또는 약속해서는 아니 된다. 예 **외부강의등의 대가**로서 매 회계연도 300만원을 초과하는 사례금을 수수하는 경우에 청탁금지법 제10조의 외부강의등에 관한 사례금은 ①,②**에서 수수를 금지하는 금품등에 해당하지 않는다**(동법 §8③). 따라서, 외부강의등의 대가로서 한번의 강의에서 청탁금지법 시행령 [별표 2]에서 정하는 금액을 초과하는 것이 아니라면 매 **회계연도 300만원을 초과하더라도 청탁금지법에 위반되지 않는다**.
예외	③ 외부강의등에 관한 사례금 또는 다음의 어느 하나에 해당하는 금품등의 경우에는 수수를 금지하는 금품등에 해당하지 아니한다. 1. 공공기관이 소속 공직자등이나 파견 공직자등에게 지급하거나 상급 공직자등이 **위로·격려·포상 등의 목적**으로 하급 공직자등에게 제공하는 금품등 예 기관장이 소속 직원에게 업무추진비로 화환(10만원)을 보내고 별도로 사비로 경조사비(10만원)를 주는 경우 청탁금지법 위반이 아니다. 2. **원활한 직무수행 또는 사교·의례 또는 부조의 목적**으로 제공되는 음식물·경조사비·선물 등으 ┌ 원활한 직무수행, 사교, 의례, 부조의 목적을 벗어나면 가액기준 내라도 허용되지 않음 로서 대통령령으로 정하는 가액 범위 안의 금품등 다만, 선물 중 「농수산물 품질관리법」상 농수산물 및 농수산가공품(농수산물을 원료 또는 재료의 50퍼센트를 넘게 사용하여 가공한 제품만 해당한다)은 대통령령으로 정하는 설날·추석을 포함한 기간에 한정하여 그 가액 범위를 두배로 한다. 3. 사적 거래(**증여는 제외**(포함X))로 인한 채무의 이행 등 **정당한 권원**에 의하여 제공되는 금품등 4. 공직자등의 **친족**(「민법」 제777조에 따른 친족을 말함)이 제공하는 금품등 ┌ 8촌이내의 혈족, 4촌이내의 인척, 배우자 5. 공직자등과 관련된직원상조회·동호인회·동창회·향우회·친목회·종교단체·사회단체 등이 정하는 기준에 따라 구성원에게 제공하는 금품등 및 그 소속 구성원 등 공직자등과 특별히 장기적·지속적인 친분관계를 맺고 있는 자가 질병·재난 등으로 어려운 처지에 있는 공직자등에게 제공하는 금품등 예 월 정기 회비를 납부하는 같은 소속 직원들로 구성된 모임에서 회원의 경조사가 발생하여 회칙에 따라 **50만원을 지급하는 것은 가능**하다. 6. 공직자등의 직무와 관련된 공식적인 행사에서 주최자가 참석자에게 **통상적인 범위에서 일률적으로 제공**하는 교통, 숙박, 음식물 등의 금품등 7. **불특정** 다수인에게 배포하기 위한 **기념품 또는 홍보용품 등이나 경연·추첨**을 통하여 받는 보상 ┌ 특정 X 또는 상품 등 8. 그 밖에 다른 법령·기준 또는 사회상규에 따라 허용되는 금품등

TIP 음식물·경조사비·선물 등의 가액 범위 [동법 시행령 별표 1]

음식물	3만원 예 공직자가 직무관련자로부터 **3만원 상당의 식사를 제공받고** 옆에 있는 카페로 옮겨 **6천원 상당의 커피를 다시 제공받았다면** 식사 접대행위와 음료수 접대행위가 시간적, 장소적으로 근접성이 있어 1회로 평가 가능하며, 음식물 3만원 가액기준을 초과하였으므로 **청탁금지법 위반임** 예 **직무관련자가 식당에 미리 결제를** 해 두고 공직자에게 연락하여 해당 식당에서 **3만원 이하의 식사를** 하게 하는 경우일지라도 **제공자와 공직자가 함께 하는 식사 등을 의미**하므로 법에서 허용하는 음식물에 해당하지 않아 **청탁금지법 위반임**
경조사비	① 축의금·조의금은 5만원 　다만, 축의금·조의금을 대신하는 화환·조화는 10만원 ② 축의금·조의금과 화환·조화를 함께 받은 경우 : 합산한 금액이 10만원을 초과해서는 안되며, 합산금액이 10만원을 초과하지 않더라도 축의금·조의금이 5만원을 초과해서는 안됨(조의금 6만원 + 조화 4만원 = 10만원 범위 내이지만 위법) 예 직무관련자가 공직자등의 **돌잔치에 와서 5만원을 주는 경우** 경조사의 범위에 해당하지 않기 때문에 **청탁금지법 위반**. 경조사의 범위는 본인 결혼, 직계존·비속의 결혼, 배우자 장례, 본인과 배우자의 직계 존·비속의 장례에 한정. 그러므로 생일, 돌, 회갑, 집들이, 승진, 전보, 퇴직, 출판기념회 등은 **경조사에 해당하지 않음**. 다만, 위 사례에서 직무관련자가 공직자등의 **돌잔치에 와서 5만원 이내의 선물을 주었다면** 사교, 의례 등의 목적을 충족하였을 경우 **가능할 수 있음**
선 물	다음 각 목의 금품등을 제외한 일체의 물품, 상품권(물품상품권 및 용역상품권만 해당) 및 그 밖에 이에 준하는 것은 5만원. 다만, 「농수산물 품질관리법」 제2조 제1항 제1호에 따른 농수산물 및 같은 항 제13호에 따른 농수산가공품(농수산물을 원료 또는 재료의 50퍼센트를 넘게 사용하여 가공한 제품만 해당)과 농수산물·농수산가공품 상품권은 15만원[설날·추석은 30만원(2배)] ※ "대통령령으로 정하는 설날·추석을 포함한 기간"이란 설날·추석 전 24일부터 설날·추석 후 5일까지(그 기간 중에 우편 등을 통해 발송하여 그 기간 후에 수수한 경우에는 그 수수한 날까지)를 말한다(부정청탁 및 금품등 수수의 금지에 관한 법률 시행령 제17조 제2항). 가. 금전 나. 유가증권(상품권은 제외한다) 다. 제1호의 음식물 라. 제2호의 경조사비 예 **선물은** 금전, 유가증권(상품권은 제외), 음식물 및 경조사비를 제외한 일체의 물품, 그 밖에 이에 준하는 것에 한정됨. 따라서 접대·향응에 해당하는 **골프접대는 선물로 볼 수 없어 가액기준 5만원 이하라도 다른 예외사유가 없는 한 허용되지 않아 청탁금지법 위반임** → **물품상품권**(가액범위 내에서 물품을 구입할 수 있는 온라인 상품권과 기프티콘 같은 모바일 상품권)과 **용역상품권**(연극, 영화, 공연, 스포츠 등 문화관람권)은 **선물이 가능**하지만, 백화점상품권·온누리상품권·지역사랑상품권·문화상품권 등 일정한 금액이 기재되어 소지자가 해당 금액에 상응하는 물품 또는 용역을 제공받을 수 있는 증표인 **금액상품권은 가액에 상관 없이 선물할 수 없음**

5 외부강의등의 사례금 수수 제한(§10)

내용	① 공직자등은 자신의 직무와 관련되거나 그 지위·직책 등에서 유래되는 사실상의 영향력을 통하여 요청받은 교육·홍보·토론회·세미나·공청회 또는 그 밖의 회의 등에서 한 **강의**·강연· 〔외부강의 등을 하는 시점을 기준〕 **기고** 등(이하 "외부강의등"이라 한다)의 대가로서 대통령령으로 정하는 금액을 초과하는 사례 〔원고를 보내는 시점을 기준〕 금을 받아서는 아니 된다.→ **시험출제위원으로 시험문제를 출제하는 것, 방송 프로그램에 출연하는 것, 방송·다큐멘터리 등의 원고를 작성하는 것은 외부강의등에 해당하지 않음**
기준금액 (별표2)	1. 공직자등별 사례금 상한액 　가. **공무원 및 유관단체 등**은 외부강의 시간당 상한액은 직급 구분없이 40만원 　나. **각급 학교의 장·언론사 대표 및 임직원 : 100만원** 　예 각급 학교의 교직원 및 언론인은 1시간 100만원으로 규정하고 있으므로 국가공무원이면서 국립대학교 교직원인 **국립대학교 교수**의 외부강의 등 사례금 상한액은 **1시간당 100만원임** 　다. 국제기구, 외국정부, 외국대학, 외국연구기관, 외국학술단체, 그 밖에 이에 준하는 외국 기관에서 지급하는 외부강의 등의 사례금 상한액은 **사례금을 지급하는 자의 지급기준에 따른다.** 2. 적용기준 　나. 사례금 총액은 강의시간에 관계없이 1시간 상한액의 **1.5배(150/100)를** 초과하지 못함 　　→ 60만원 초과 X 　다. 상한액에는 **강의료, 원고료, 출연료 등** 명목에 관계없이 외부강의등과 관련하여 공직자등에게 제공하는 일체의 사례금을 포함 　라. 다목에도 불구하고 **별도로 교통비, 숙박비, 식비 등** 여비를 **실비수준으로 추가로 받을 수 있음**
신고	② 공직자등은 사례금을 받는 외부강의등을 할 때에는 대통령령으로 정하는 바에 따라 외부강의등의 요청 명세 등을 소속기관장에게 그 외부강의등을 마친 날부터 10일 이내에 **서면**으로 신고하여야 한다. 〔구두, 말 X〕 ※ 외부강의를 신고할 때 사례금 등 일부 사항을 알 수 없는 경우 : 해당 사항을 제외한 사항을 먼저 신고한 후, 해당사항을 안 날부터 5일 이내에 신고를 보완하여야 한다(시행령 §26). { 신고 O | 사례금을 받는 외부강의와 근무시간이 아닌 시간의 외부강의 } { 신고 X | •사례금을 받지 않는 외부강의 •사례금을 받더라도 외부강의등을 요청한 자가 **국가나 지방자치단체** }
외부강의 제한	④ 소속기관장은 ②에 따라 공직자등이 신고한 외부강의등이 공정한 직무수행을 저해할 수 있다고 판단하는 경우에는 그 공직자등의 외부강의등을 제한**할 수 있다.** 〔제한하여야 한다 X〕

Chapter **09**

	⑤ 공직자등은 ①에 따른 금액을 초과하는 사례금을 받은 경우에는 대통령령으로 정하는 바에 따라 소속기관장에게 신고하고, <u>제공자</u>에게 그 초과금액을 **지체 없이** 반환하여야 한다. └ 소속기관장 X
초과금액 반환	**초과사례금의 신고방법 등(시행령 §27)** ① 상한액을 초과하여 사례금을 받은 경우, 초과사례금을 받은 사실을 안 날부터 **2일 이내**에 <u>서면</u>으로 신고하여야 한다. └ 구두, 말 X ② 신고를 받은 소속기관장은 초과사례금을 반환하지 아니한 공직자등에 대하여 신고사항을 확인 후 **7일 이내**에 반환하여야 할 초과 사례금 액수를 산정하여 통지하여야 한다. ③ 통지를 받은 공직자등은 **지체 없이** 초과사례금(신고자가 초과사례금의 일부를 반환한 경우에는 그 차액으로 한정한다)을 제공자에게 반환하고 그 사실을 **소속기관장**에게 알려야 한다.

6 금품수수 및 외부강의 관련 위반시 제재(§22, 23)

행위유형	제재
• 직무관련성, 대가성과 관계 없이 1회 100만원 초과 또는 회계연도 기준 연간 300만원을 초과한 금품등을 수수한 공직자등 *제공자도 공직자등과 동일 *배우자가 직무와 관련 위 금액의 금품등을 수수한 사실을 알고도 신고 또는 반환하지 않은 공직자등도 동일(배우자 처벌 규정 없음)	**3년 이하의 징역** 또는 **3천만원 이하의 벌금** (몰수·추징 병과) (§22 ①)
• 부정청탁을 받고 그에 따라 직무를 수행한 공직자 등(공무수행 사인 포함)	**2년 이하의 징역** 또는 **2천만원 이하의 벌금** (§22 ②)
• 직무 관련 1회 100만원 이하 금품등을 수수한 공직자등 *제공자도 공직자등과 동일 *배우자(**법률상의 배우자만을 의미**)가 직무와 관련 위 금액의 금품등을 수수한 사실을 알고도 신고 또는 반환하지 않은 공직자등도 동일 **(청탁금지법상 배우자 처벌 규정없음)**	수수액의 **2배 이상 5배 이하 과태료** (징계부가금, 형사처벌 받은 경우 과태료 미부과) (§23 ⑤)
• 외부강의등 초과사례금 수수 후 미신고·미반환 공직자등	**500만원 이하 과태료** (§23 ④)

7 위반시 제재(§22·23) 이사공 1·2·3

행위 주체	행위유형	제재 수준	
이해당사자	직접 **자신을 위하여** 부정청탁하는 경우	**제재 없음**, (공직자등)징계가능	질서벌
	제3자를 통하여 부정청탁하는 경우	**1천**만원 이하의 과태료(§23 ③)	
사인(私人)	제3자를 위하여 부정청탁하는 경우	**2천**만원 이하의 과태료(§23 ②)	
공직자등	제3자를 위하여 부정청탁하는 경우	**3천**만원 이하의 과태료(§23 ①)	
	부정청탁에 따라 직무 수행	2년 이하의 징역 또는 2천만원 이하의 벌금 (§22 ②)	형벌

8 신고 및 신고처리

위반행위의 신고 (§13)	① **누구든지** 이 법의 위반행위가 발생하였거나 발생하고 있다는 사실을 알게 된 경우에는 다음 각 호의 어느 하나에 해당하는 기관에 **신고할 수 있다.** (하여야 한다 X) 1. 이 법의 위반행위가 발생한 공공기관 또는 그 감독기관 2. 감사원 또는 수사기관 3. 국민권익위원회(국가인권위원회 X) ③ ①에 따라 신고를 하려는 자는 자신의 인적사항과 신고의 취지·이유·내용을 적고 서명한 문서와 함께 신고 대상 및 증거 등을 제출하여야 한다.
비실명 대리 신고(§13의2)	① 제13조 제3항에도 불구하고 같은 조 제1항에 따라 신고를 하려는 자는 자신의 인적사항을 밝히지 아니하고 **변호사를 선임하여 신고를 대리하게 할 수 있다.** 이 경우 제13조 제3항에 따른 신고자의 인적사항 및 신고자가 서명한 문서는 변호사의 인적사항 및 변호사가 서명한 문서로 갈음한다.
신고의 처리 (§14)	① 조사기관은 같은 신고를 받거나 국민권익위원회로부터 신고를 이첩받은 경우에는 그 내용에 관하여 필요한 **조사·감사 또는 수사를 하여야 한다.** (할 수 있다 X) ③ 조사기관은 ①에 따라 조사·감사 또는 수사를 마친 날부터 10일 이내에 그 결과를 신고자와 국민권익위원회에 통보(국민권익위원회로부터 이첩받은 경우만 해당한다)하고, 조사·감사 또는 수사 결과에 따라 **공소 제기**, 과태료 부과 대상 위반행위의 통보, 징계 처분 등 필요한 조치를 하여야 한다. ④ 국민권익위원회는 ③에 따라 조사기관으로부터 조사·감사 또는 수사 결과를 통보받은 경우에는 지체 없이 신고자에게 조사·감사 또는 수사 결과를 알려야 한다. ⑤ ③ 또는 ④에 따라 조사·감사 또는 수사 결과를 통보받은 신고자는 조사기관에 이의신청을 할 수 있으며, ④에 따라 조사·감사 또는 수사 결과를 통지받은 신고자는 국민권익위원회에도 **이의신청**을 할 수 있다. ⑥ 국민권익위원회는 조사기관의 조사·감사 또는 수사 결과가 충분하지 아니하다고 인정되는 경우에는 조사·감사 또는 수사 결과를 통보받은 날부터 30일 **이내에 새로운 증거자료의 제출 등 합리적인 이유를** 들어 조사기관에 재조사를 요구할 수 있다. ⑦ ⑥에 따른 재조사를 요구받은 조사기관은 재조사를 종료한 날부터 7일 이내에 그 결과를 국민권익위원회에 통보하여야 한다. 이 경우 국민권익위원회는 통보를 받은 즉시 신고자에게 재조사 결과의 요지를 알려야 한다.

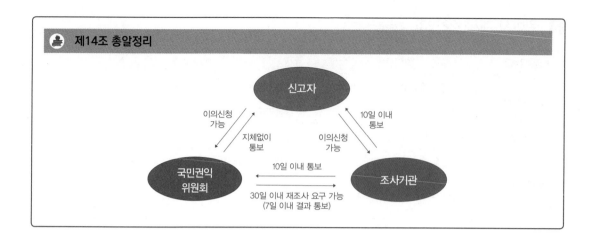

1 한국경찰문화의 특징

일반적 특징	한국의 행정문화는 경찰행정에도 투입되어 권위주의, 형식주의, 일반주의, 정적 인간주의 등이 나타난다.
대외적 특징	① 법을 집행할 때 경찰은 국민과 대치(against) 하는 경향이 있다. ② 경찰은 법을 집행할 때 공중의 적극적인 지원을 받지 못할 때가 많다. ③ 경찰이 조직내부 연대성이 지나친 경우 폐쇄성을 띄는 경우가 있음. 이런 경우 우리는 우리이고 저들은 저들이라는 **'우리–저들 의식(us–them mentality)'**이 생겨날 수 있으며, 이러한 우리–저들 의식이 지배하게 되면, 일상에서 직장동료에 대한 '의리'가 강조되고, 그 결과 동료의 비리 등 부적절한 행위에 대해서도 관용과 침묵이 의리적 행위로 수용될 수 있다. └ 대내적 특징 X
대내적 특징	① 경찰문화는 다른 행정관료의 행정문화와 다른 점이 있다. ② 경찰내부에서도 정복 부서와 사복 부서의 문화 차이가 있다. ③ 경찰은 자신과 관련된 정보의 공개를 꺼려하는 문화가 있다. ④ 사복경찰은 상대적으로 정복경찰에 비해 엘리트 의식을 가진다.
경찰문화의 나아가야할 방향	기존의 경찰문화로는 21세기 민주화 시대와 4차 산업혁명의 시대에 부응할 수 없으므로 치안서비스의 극대화를 위해서는 직무기술의 개발, 창의력과 자발성의 존중, 봉사함으로써 직무만족을 얻는 풍토가 조성되어야 한다.

> **심화** 경찰문화의 저변에 흐르고 있는 유교문화
>
> ① 유교문화는 역사적 대면관계에 의한 친분을 강조한다.
> ② 유교문화는 낯선 것과 익숙한 것의 구별을 중시한다.
> ③ 유교문화는 상급자와 하급자의 위계질서를 강조한다.
> ④ 한국사회의 행정문화에 영향을 끼친 문화로는 유교문화와 군사문화를 들 수 있다. 유교문화는 농경사회를 기반으로 친분관계, 위계질서를 중시하고, **군사문화**는 획일적 사고와 흑백논리를 특징으로 한다.
> └ 유교문화 X

2 경찰문화

권위주의 문화	① 권위주의는 다른 의견에 대하여 관용적 태도를 취하지 않는다. ② 권위주의는 유교사회의 가부장제도와 밀접한 관련을 가진다. ③ 권위주의 문화 속에서는 **토론문화가 형성**되지 않기 때문에 모든 행정결정이 상사의 독단에 의해 이루어지는 경향이 있다. └ 토론을 활성화 X ④ 권위주의 문화 속에서는 능동성과 창의성이 발휘되기 힘들다.
의식주의	① 의식주의 또는 형식주의는 형식과 절차를 과도하게 중시하는 풍조 : 선례답습주의, 맹목적 절차중시주의, 보수주의 병폐를 야기 ② '실제 일하는 것보다 서류를 잘 작성하는 것이 더 중요하다.'라고 알려주는 경우
정적 인간주의	① 의식적, 인위적으로 다른 사람과 긴밀한 관계를 유지하고 또 이런 정을 바탕으로 사무를 처리 하는 것 ② 사건청탁을 받은 경찰관이 "다른 사람은 안 되지만, 너하고 친하니까 잘 봐줄게."라며 수락하 는 경우
대응성	① 경찰청은 2007. 4월 고객만족모니터센터를 개소하여, 주요 치안정책에 대한 여론조사를 토대 로 치안고객인 국민의 요구(Needs)를 치안정책에 반영하고 있다. ② 이는 민주주의 사회에서 시민에 대한 **대응성(responsiveness)을 제고**하는 것으로 대응성은 시민 들의 투입(input)에 정치체제나 행정체제가 반응하는 것을 말한다.

3 냉소주의의 문제와 극복

냉소주의	① 조직의 냉소주의는 공중의 생활이 위선으로 가득 차 있다고 생각할 때(**기존의 사회체계에 대한 신념이 결여**) 그리고 경찰조직이 하급직원에 대하여 무리한 요구를 할 때 나타난다. ② 냉소주의는 충성의 도덕적 규범으로부터 해방시켜 조직에 대한 반발과 일탈현상을 초래한다. 예 A순경은 국민을 위해 충성을 다하여 봉사하겠다는 각오로 경찰이 되었으나, 국민이 도덕적으 로 타락하였다고 생각하여 점차 회의가 들기 시작했다. ③ 니더호퍼는 냉소주의를 도덕적 아노미(anomie)로 보았다.
냉소주의 폐해	① 경찰문화의 냉소주의의 가장 큰 문제점은 극단적이고 객관성이 결여되어 모든 것을 부정적으로 보는 문화를 조장한다는 것이다. ② 조직 내 팽배한 냉소주의는 경찰의 전문직업화를 저해하는 기제로 작동할 수 있다.
냉소주의 극복방안	① 의사결정 과정에의 참여 ② 상사와 부하의 신뢰회복 ③ 커뮤니케이션 과정의 개선 ④ 부하가 잘한 일에 대하여 칭찬을 많이 하고, 부하의 잘못에 대하여 조용히 타이른다. ⑤ 중요 의사결정 때 부하의 의견을 청취한다. ⑥ 하의상달(상의하달 X) ⑦ Y이론에 입각한 행정관리 보충 맥그리거(Mcgregor)의 인간관 중 **X이론**은 인간을 게으르고 부정직한 것으로 보아 권위적으 로 관리해야 한다는 이론이고, **Y이론**은 인간이 책임감 있고 민주적인 관리를 해야 한다는 주장으로 **Y이론**에 의한 관리가 냉소주의를 극복하는 방안이 된다

4 냉소주의와 회의주의 차이

구분	냉소주의	회의주의
공통점	불신	
대 상	대상이 특정 **X** → 정치일반, 경찰제도 전반을 대상	대상이 특정 **O**
의 심	아무런 근거 없이 신뢰하지 않음	특정대상을 합리적으로 의심
개선의지	대상을 개선시키겠다는 의지가 **없음**	대상을 개선시키겠다는 의지가 **있음**

1 시민의 상식과 윤리표준

윤리표준의 의의	① 경찰은 다른 국가기관보다 구체적인 시민생활에서 자신의 권위를 행사할 기회를 많이 가지고 있고 그 영향력도 지대하여 경찰권의 행사에는 법적·조직적 한계가 있음. 그러나 경찰권의 행사에 있어서는 광범위한 재량이 있어 다양한 선택과 결정의 여지가 있기 때문에 행위준칙의 준수가 요구됨. 경찰의 재량권 행사는 **범법자뿐만 아니라 여타 시민들의 생활에 직접적인 영향**을 미치기 때문에 건전한 상식과 윤리적 표준을 준수해야 한다. _{↳ 범법자에게만 영향 X} ② 민주사회의 윤리표준은 **사회계약설에서 근거**를 두고, **건전한 시민감정과 상식에 바탕**을 둔다고 할 수 있음. 시민의 건전한 상식은 경찰력 행사의 범위와 기준으로 작용하며, 나아가 **강제력을 허용하거나 제한하는 준거점**이 될 수 있다. ③ 서비스 제공보다도 강제력의 행사에 더욱더 요청된다고 할 수 있다.
로크의 사회계약설	① 자연상태에서 사람들은 자유를 가지고 있으나 **안전이 결여**되어 있다. ② 자연상태의 결함으로 인해 개인들은 '**계약**'을 통해 시민사회를 결성한다. ③ 사회계약을 통해 개인의 권리(생명과 재산) 보호를 위해 힘을 사용할 권한을 정부(정치기구)에 부여한다.

2 사회계약설로부터 도출되는 경찰활동의 기준 → 코헨과 펠드버그가 주장

(1) 공공의 신뢰

의의	공중의 신뢰는 시민들이 자신의 권리행사를 제한하고 치안을 경찰에게 믿고 맡겼다는 것을 인식하고 경찰이 거기에 부응하는 것이다.
내용	① 시민은 경찰이 **반드시 법을 집행할 것을 신뢰**해야 한다. ② 시민은 경찰이 강제력을 행사할 때 필요한 만큼의 **최소한도로 사용**할 것을 신뢰해야 한다. ③ 시민은 경찰이 **사익을 위해 공권력을 사용하지 않을 것**을 믿고 있어야 한다. 예 경찰관이 절도범 추격 중 범인의 등 뒤에 권총을 쏘아 사망케 한 경우 예 경찰관 E는 혼자 순찰 중 강도가 칼을 들고 편의점 직원을 위협하는 것을 보고 신변의 위협을 느껴 모른 척하고 지나갔다. 예 목욕탕에서 금반지를 잃어버린 손님 M은 다른 손님 S가 매우 의심스러웠으나 직접 추궁하지 않고 경찰에 신고하여 체포하도록 했다. 예 1주일간 출장을 마치고 집에 돌아온 A는 자신의 TV가 없어진 것을 발견하였다. 그래서 여기저기 찾아보던 중에 평소부터 사이가 좋지 않던 옆집의 B가 A의 TV를 몰래 훔쳐가 사용 중인 것을 창문너머로 확인하였다. 이때 A는 몽둥이를 들고 가서 직접 자기의 TV를 찾아오려다가 그만두고, 경찰에 신고하여 TV를 되찾았다.

(2) 생명과 재산의 안전

의의	생명과 재산의 안전은 경찰목적이 시민의 생명과 재산의 보호에 있으므로 경찰이 이 목적을 행위의 지표로 삼는다.
내용	① 법 집행은 수단이므로 **법 집행으로 인해 시민의 생명과 재산이 위협되어서는 안 된다.** ② 법 집행의 양보 불가능한 상황 하에서는 **잠재적 위험보다 현재적 위험**을 먼저 해소해야 한다. ③ **경찰활동의 궁극적인 목적**은 시민의 생명과 재산의 안전이므로 교통단속과 같이 시민의 생명에 대한 위험이 급박하지 않다면 법 집행을 위하여 시민의 생명을 희생시켜서는 안 된다. 경찰의 엄정한 법 집행이 시민의 생명과 충돌할 경우 시민의 생명이 우선시되어야 한다는 것이 원칙이다. 圓 인질이 된 사람의 목숨을 구하는 것이 교통법규의 준수보다 우선한다. 圓 불법오토바이를 단속하던 A순경은 정지명령에 불응하는 오토바이를 향하여 과도하게 추격한 결과, 운전자가 전신주를 들이받고 사망한 사례는 생명과 재산의 안전에 위배된다.

(3) 공정한 접근

의의	① 공정한 접근이란 치안서비스는 일종의 사회적 공공재로서 <u>**누구나 차별 없이 제공**</u>되어야 하는 것이다. └→ 나이, 전과의 유무 등에 의해 서비스의 제공을 거부금지 ② 시민이 경찰의 출동을 요구할 경우 원칙적으로 공정한 접근에 의하여 경찰활동은 재량행위가 된다. → 경찰의 개입을 원할 때 개입여부는 원칙적으로 **재량행위**이다. 그러나 경찰권의 행사에 있어서 눈앞의 상황이 매우 중대하고 긴박하고, 그로 인하여 시민의 중대한 법익이 침해될 경우 경찰개입만이 의무에 합당한 것이 되는데 이를 '**재량권의 영으로의 수축**'이라고 한다.
저해 요인	① 편들기(圓 잘 아는 경찰관의 음주운전 무마 사례) ② **서비스 제공의 해태**(게으름)와 무시(圓 순찰근무 중 가난한 구역 순찰 누락, 장애인과 비장애인에 대한 치안서비스 제공에 차별을 두는 행위)

(4) 역할한계와 팀워크(협동성)

의의	① 역할한계와 팀워크는 경찰에게 부여된 사회적 역할범위 내에서 행동해야 하며 **상호 협력**을 통해 경찰목적이 달성되어야 한다는 것이다. 圓 광역수사대 형사 B는 수배자 C가 자기 관내에 있다는 첩보를 입수하고도 이를 팀장과 광역수사대장에게 보고하지 않고 단독으로 검거하려다 실패하였다. ② 경찰의 역할은 사건을 수사하여 검찰의 기소와 판사의 재판을 가능하게끔 하는 데 있다. 범법자를 좋은 사람과 나쁜 사람 등으로 판단하는 것은 **경찰의 역할한계를 벗어난 것**이다.

(5) 냉정하고 객관적인 자세(객관성)

의의	객관성이란 경찰이 공적인 역할을 수행함에 있어서 **사사로운 감정에 사로잡히지 않고 공평하고 사심이 없어야 한다**는 것이다. 예 이순경은 어렸을 적 아버지로부터 가정폭력을 경험하였는데, 가정폭력 사건을 처리하면서 모든 잘못은 남편에게 있다고 단정 지었다.
저해요인	① 경찰관의 **지나친 열정이나 개인적 편견, 개인적 선호**는 객관성을 해치므로 냉정하고 객관적으로 판단해야 한다. 예 도둑맞은 경험의 경찰관이 절도범을 조사하면서 폭행하는 사례 ② 그러나 객관성이 과도하게 나타날 경우에는 **냉소주의**가 나타날 수 있으므로 주의해야 함 → 지나친 관여나 열정의 반대적인 행위인 냉소주의 역시 객관성의 저해요소임

THEME 09 경찰윤리강령 (선언적 효력 O, 법적 효력 X)

1 제정과정

경찰윤리헌장(1966년) → 새경찰신조(1980년) → 경찰헌장(1991년) → 경찰서비스헌장(1998년)

※ **1945년 국립경찰의 탄생 시** 경찰의 이념적 좌표가 된 경찰정신은 미군정의 **영미법계**(대륙법계 X) 영향을 받은 **'봉사와 질서'**임

2 경찰헌장(1991년 제정)
└ 친의공근깨

- 우리는 모든 사람의 인격을 존중하고 누구에게나 **따**뜻하게 봉사하는 **친**절한 경찰이다. **친따**
- 우리는 정의의 이름으로 진실을 추구하며 어떠한 불의나 불법과 **타**협하지 않는 **의**로운 경찰이다. **의타**
- 우리는 국민의 신뢰를 바탕으로 오직 **양**심에 따라 법을 집행하는 **공**정한 경찰이다. **공양**
- 우리는 건전한 상식 위에 전문지식을 갈고 닦아 맡은 일을 **성**실하게 수행하는 **근**면한 경찰이다. **근성**
- 우리는 화합과 단결 속에 항상 규율을 지키며 **검**소하게 생활하는 **깨**끗한 경찰이다. **깨검**

3 경찰서비스헌장(1998)

우리는 국민의 생명과 재산을 보호하고 법과 질서를 수호하는 국민의 경찰로서 모든 국민이 안전하고 평온한 삶을 누릴 수 있도록 다음과 같이 실천하겠습니다.
1. 범죄와 사고를 철저히 예방하고 법을 어긴 행위는 단호하고 엄정하게 처리하겠습니다.
1. 국민이 필요하면 어디든지 바로 달려가 도와드리겠습니다.
1. 모든 민원은 친절하고 신속, 공정하게 처리하겠습니다.
1. 국민의 안전과 편의를 먼저 생각하며 성실히 직무를 수행하겠습니다.
1. 인권을 존중하고 권한을 남용하는 일이 없도록 하겠습니다.
1. 잘못된 업무는 즉시 확인하여 바로잡겠습니다.

Chapter 09

4 경찰윤리강령의 대내외적 기능

대외적	• 서비스 수준의 보장 • 국민과의 신뢰관계 형성 • 과도한 요구에 대한 책임 제한
대내적	• 경찰공무원 개인적 기준 설정 • 경찰조직의 기준 제시 • 조직구성원의 자질통제 기준 • 경찰조직에 대한 소속감 고취 • 경찰조직구성원에 대한 교육자료 제공

※ '경찰윤리강령'의 발전을 가져온 주된 배경 중 하나는 **경찰의 전문직업적 지위를 향한 열망**이라는 점에는 의심의 여지가 없다. 미국의 학자 **쿠큰**은 경찰이 자신이 제시한 윤리강령을 생활화함에 따라서 경찰직이 곧 전문직이라는 높은 위상을 차지하기를 기대한다고 주장한다.

5 윤리강령의 문제점

실행가능성의 문제	법적 강제력이 없기 때문에 위반했을 경우 제재할 방법이 미흡 → 선언적 규정
냉소주의의 문제	민주적 참여에 의한 제정보다는 위에서 제정되고 **일방적으로 하달되어 냉소주의를 불러** **일으키는 단점**
최소주의의 위험	강령에 제시된 바람직한 행위 그 이상의 **자기희생을 하지 않으려는 최소주의의 위험문** **제** 야기
비진정성의 조장	경찰윤리강령은 경찰관의 도덕적 자각에 따른 자발적인 행동이 아니라 외부로부터 요 구된 것으로서 **타율성으로 인해 진정한 봉사가 이루어지지 않을 수 있음** → 윤리적 불감증 야기 가능
우선순위 미결정	경찰윤리강령이 구체적인 경우 상세하지만 그보다 더 곤란한 현실문제에 있어서 무엇을 먼저하고 무엇을 나중에 해야 할지 우선순위를 결정하는 기준이 못 된다.
행위중심적 성격	경찰윤리강령이 행위중심적으로 규정되어 있어 행위 이전의 의도나 동기를 소홀히 함

목적(§1)	이 규칙은 「부패방지 및 국민권익위원회의 설치와 운영에 관한 법률」 제8조 및 공무원 행동강령에 따라 경찰청(소속기관, 시·도경찰청, 경찰서를 포함)소속 공무원(이하 "공무원"이라 한다)이 준수하여야 할 행동기준을 규정하는 것을 목적으로 한다. → **공무원 행동강령(대통령령)**에 경찰청의 특수성을 반영하여 제정한 **경찰청 공무원 행동강령이 경찰청 훈령**으로 규정
정의(§2)	1. **"직무관련자"**란 공무원의 소관 업무와 관련되는 자로서 다음 각 목의 어느 하나에 해당하는 개인[공무원이 사인의 지위에 있는 경우에는 개인으로 본다] 또는 법인·단체를 말한다. 다. 수사, 감사(監査), 감독, 검사, 단속, 행정지도 등의 대상인 개인 또는 법인·단체 차. 경찰관서에 복무중인 **전투경찰순경·의무경찰의 부모·형제자매**(해당하지 않는다 X) 2. **"직무관련공무원"**이란 공무원의 직무수행과 관련하여 이익 또는 불이익을 직접적으로 받는 다른 공무원(기관이 이익 또는 불이익을 받는 경우에는 그 기관의 관련 업무를 담당하는 공무원을 말한다) 중 다음 각 목의 어느 하나에 해당하는 공무원을 말한다. 가. **상급자와 직무상 지휘명령을 받는 당해 업무의 하급자** 3. **"금품등"**이란 다음 각 목의 어느 하나에 해당하는 것을 말한다. 가. 금전, 유가증권, 부동산, 물품, 숙박권, 회원권, 입장권, 할인권, 초대권, 관람권, 부동산 등의 사용권 등 일체의 재산적 이익 나. 음식물·주류·골프 등의 접대·향응 또는 **교통·숙박 등의 편의 제공** (포함되지 않는다 X) 다. 채무 면제, 취업 제공, 이권(利權) 부여 등 그 밖의 유형·무형의 경제적 이익
공정한 직무수행을 해치는 지시에 대한 처리 (§4)	① 공무원은 상급자가 자기 또는 타인의 부당한 이익을 위하여 공정한 직무수행을 현저하게 해치는 지시를 하였을 때에는 별지 제1호 서식 또는 전자우편 등의 방법으로 그 사유를 상급자에게 소명하고 지시에 따르지 아니하거나, 별지 제2호 서식 또는 전자우편 등의 방법으로 **행동강령책임관과 상담할 수 있다.** (하여야 한다 X) ② ①에 따라 지시를 이행하지 아니하였는데도 같은 지시가 **반복될 때에는 즉시 행동강령책임관과 상담하여야 한다.** (할 수 있다 X) ③ ①이나 ②에 따라 상담 요청을 받은 행동강령책임관은 지시 내용을 확인하여 지시를 **취소하거나 변경**할 필요가 있다고 인정되면 소속 기관의 장에게 보고하여야 한다. 다만, 지시 내용을 확인하는 과정에서 부당한 지시를 한 상급자가 스스로 그 지시를 취소하거나 변경하였을 때에는 소속 기관의 장에게 보고하지 **아니할 수 있다.** (아니한다 X)
부당한 수사 지휘에 대한 이의 제기(§4의2)	① 공무원은 「범죄수사규칙」 제30조에 따른 경찰관서 내 **수사 지휘에 대한 이의제기와 관련**하여 행동강령책임관에게 상담을 **요청할 수 있다.** (하여야 한다 X)

특혜의 배제 (§6)	공무원은 직무를 수행함에 있어 지연·혈연·학연·종교 등을 이유로 특정인에게 특혜를 주어서는 아니 된다.
예산의 목적 외 사용금지(§7)	공무원은 여비, 업무추진비 등 공무 활동을 위한 예산을 목적 외의 용도로 사용하여 소속 기관에 재산상 손해를 입혀서는 아니 된다.
정치인 등의 부당한 요구에 대한 처리 (§8)	① 공무원은 정치인이나 정당 등으로부터 부당한 직무수행을 강요받거나 청탁을 받은 경우에는 별지 제9호 서식 또는 전자우편 등의 방법으로 **소속 기관의 장에게 보고하**거나 **행동강령책임관과 상담하여야 한다. (할수있다 X)**
경찰유관단체원의 부정행위에 대한 처리 (§8의2)	경찰유관단체원이 다음 각 호의 어느 하나에 해당하는 행위를 한 경우 행동강령책임관은 해당 경찰유관단체 운영 **부서장과** **협의**하여 **소속기관장에게** 경찰유관단체원의 해촉 등 필요한 조치를 **건의하여야** 하며, 보고를 받은 소속기관장은 적절한 조치를 **취하여야한다.** 1. 경찰 업무와 관련하여 금품을 수수 또는 경찰관에게 금품을 제공하거나, 이를 알선한 경우
인사 청탁 등의금지 (§9)	① 공무원은 자신의 임용·승진·전보 등 인사에 부당한 영향을 미치기 위하여 타인으로 하여금 인사업무 담당자에게 청탁을 하도록 해서는 아니 된다.
이권 개입 등의 금지(§10)	공무원은 자신의 직위를 직접 이용하여 부당한 이익을 얻거나 타인이 부당한 이익을 얻도록 해서는 아니 된다.
직위의 사적 이용 금지 (§10의2)	공무원은 직무의 범위를 벗어나 **사적 이익**을 위하여 소속기관의 명칭이나 직위를 공표·게시하는 등의 방법으로 이용하거나 이용하게 하여서는 아니 된다. → **사적이익이란** 법령이 보호하려는 법익 및 공익과 관련 없는 모든 이익을 의미하는 것으로, **자기 또는 제3자**를 위한 경제적 이익은 물론 금전으로 가액을 산정할 수 없는 것도 포함될 수 있으며, 사적이익이 반드시 **불법적인 이익이어야 할 것을 요구하지도 않는다.** 예 **P경찰서 생활안전과장 A는** 자신의 절친한 고향후배가 관내에서 룸살롱을 개업한다고 하면서 '축, 발전/P경찰서 생활안전과장 A'라는 문구를 넣어서 대형화환을 보내주면 후일 보답하겠다는 요청을 받고 **화환을 보내주었다.** 이 경우 생활안전과장 A는 풍속영업 단속대상인 룸살롱에 사적인 이익을 위하여 자신의 소속기관과 직위를 공표·게시하는 방법으로 이용한 경우에 해당하여 **직위를 사적으로 이용하게 된 경우**이다.
알선·청탁 등의 금지(§11)	② 공무원은 직무수행과 관련하여 자기 또는 타인의 부당한 이익을 위하여 직무관련자를 다른 직무관련자나 공직자에게 소개해서는 아니 된다.
직무 관련 정보를 이용한 거래 등 제한(§12)	공무원은 직무수행 중 알게 된 정보를 이용하여 유가증권, 부동산 등과 관련된 재산상 거래 또는 **투자를 하거나 타인에게 그러한 정보를 제공하여 재산상 거래 또는 투자를** 돕는 행위를 해서는 아니 된다.
사적 노무 요구 금지 (§13의2)	공무원은 자신의 직무권한을 행사하거나 지위·직책 등에서 유래되는 사실상 영향력을 행사하여 직무관련자 또는 직무관련공무원으로부터 사적 노무를 제공받거나 요구 또는 약속해서는 아니 된다. **다만, 다른 법령 또는 사회상규에 따라 허용되는 경우에는 그러하지 아니하다.**

직무권한 등을 행사한 부당 행위의 금지(갑질 금지) (§13의3)	공무원은 자신의 직무권한을 행사하거나 지위·직책 등에서 유래되는 사실상 영향력을 행사하여 다음 각 호의 어느 하나에 해당하는 부당한 행위를 해서는 안 된다. 1. 인가·허가 등을 담당하는 공무원이 그 **신청인에게 불이익**을 주거나 **제3자에게 이익** 　　└ 이익 X 　　**또는 불이익**을 주기 위하여 부당하게 그 신청의 접수를 지연하거나 거부하는 행위 2. 직무관련공무원에게 직무와 관련이 없거나 직무의 범위를 벗어나 부당한 지시·요구를 하는 행위 3. 공무원 자신이 소속된 기관이 체결하는 물품·용역·공사 등 계약에 관하여 직무관련자에게 자신이 소속된 기관의 의무 또는 부담의 이행을 부당하게 전가하거나 자신이 소속된 기관이 집행해야 할 업무를 부당하게 지연하는 행위 4. 공무원 자신이 소속된 기관의 소속 기관 또는 산하기관에 자신이 소속된 기관의 업무를 부당하게 전가하거나 그 업무에 관한 비용·인력을 부담하도록 부당하게 전가하는 행위 5. 그 밖에 직무관련자, 직무관련공무원, 공무원 자신이 소속된 기관의 소속 기관 또는 산하기관의 권리·권한을 부당하게 제한하거나 의무가 없는 일을 부당하게 요구하는 행위
금품등을 받는 행위의 제한 (§14)	① 공무원은 직무 관련 **여부 및 기부·후원·증여 등** 그 **명목에 관계없이** 동일인으로부터 1회에 100만원 또는 매 회계연도에 300만원을 초과하는 금품등을 받거나 요구 또는 약속해서는 아니 된다. ② 공무원은 **직무와 관련하여** 대가성 여부를 불문하고 제1항에서 정한 금액 이하의 금품등을 받거나 요구 또는 약속해서는 아니 된다. ③ 제15조의 외부강의등에 관한 사례금 또는 다음 각 호의 어느 하나에 해당하는 금품등은 제1항 또는 제2항에서 수수를 금지하는 금품등에 해당하지 아니한다. 　1. 소속 기관의 장등이 소속 공무원이나 파견 공무원에게 지급하거나 상급자가 위로·격려·포상 등의 목적으로 하급자에게 제공하는 금품등 　2. 원활한 직무수행 또는 사교·의례 또는 부조의 목적으로 제공되는 음식물·경조사비·선물 등 　3. 사적 거래(**증여는 제외**)로 인한 채무의 이행 등 정당한 권원에 의하여 제공되는 금품등 　　　└ 포함 X 　4. 공무원의 친족(「민법」 제777조에 따른 친족을 말한다)이 제공하는 금품등 　5. 공무원과 관련된 직원상조회·동호인회·동창회·향우회·친목회·종교단체·사회단체 등이 정하는 기준에 따라 구성원에게 제공하는 금품등 및 그 소속 구성원 등 공무원과 특별히 장기적·지속적인 친분관계를 맺고 있는 자가 질병·재난 등으로 어려운 처지에 있는 공무원에게 제공하는 금품등 　6. 공무원의 직무와 관련된 공식적인 행사에서 주최자가 참석자에게 통상적인 범위에서 일률적으로 제공하는 교통, 숙박, 음식물 등의 금품등 　7. **불특정**(특정 X) 다수인에게 배포하기 위한 기념품 또는 홍보용품 등이나 경연·추첨을 통하여 받는 보상 또는 상품 등 　8. 그 밖에 사회상규에 따라 허용되는 금품등 ⑤ 공무원은 **자신의 배우자나 직계 존속·비속이 자신의 직무와 관련하여** ① 또는 ②에 따라 공무원이 받는 것이 금지되는 금품등(이하 "수수 금지 금품등"이라 한다)을 받거나 요구하거나 제공받기로 약속하지 아니하도록 하여야 한다.

감독기관의 부당한 요구 금지 (§14의2)	① 감독·감사·조사·평가를 하는 기관(이하 "감독기관"이라 한다)에 소속된 공무원은 자신이 소속된 기관의 출장·행사·연수 등과 관련하여 **감독·감사·조사·평가를 받는 기관**(이하 "피감기관"이라 한다)에 다음 각 호의 어느 하나에 해당하는 부당한 요구를 해서는 안 된다. 1. 법령에 근거가 없거나 예산의 목적·용도에 부합하지 않는 금품등의 제공 요구 2. 감독기관 소속 공무원에 대하여 **정상적인 관행**을 벗어난 예우·의전의 요구 ↳ 정상적인 관행의 범위 안에서 예우·의전 가능 ② ①에 따른 부당한 요구를 받은 피감기관 소속 공직자는 그 이행을 거부해야 하며, 거부했음에도 불구하고 감독기관 소속 공무원으로부터 **같은 요구를 다시 받은 때**에는 그 사실을 **피감기관의 행동강령책임관**(피감기관이「공직자윤리법」제3조의2제1항에 따른 공직유관단체인 경우에는 행동강령에 관한 업무를 담당하는 직원을 말한다. 이하 이 조에서 같다)에게 **알려야 한다.** 이 경우 행동강령책임관은 그 요구가 제1항 각 호의 어느 하나에 해당하는 경우에는 지체 없이 **피감기관의 장**에게 보고해야 한다. ↳ 감독기관 X ③ ②의 후단에 따른 보고를 받은 **피감기관의 장**은 ①의 각호 어느 하나에 해당하는 경우에는 그 사실을 **해당 감독기관의 장**에게 알려야 하며, 그 사실을 통지받은 감독기관의 장은 해당 요구를 한 소속 공무원에 대하여 **징계 등 필요한 조치를 해야 한다.**
외부강의등의 사례금 수수 제한(§15)	① 공무원은 자신의 직무와 관련되거나 그 지위·직책 등에서 유래되는 사실상의 영향력을 통하여 요청받은 교육·홍보·토론회·세미나·공청회 또는 그 밖의 회의 등에서 한 강의·강연·기고 등(이하 "외부강의등"이라 한다)의 대가로서 별표 2에서 정하는 금액(직급 구분 없이 40만원)을 초과하는 사례금을 받아서는 아니 된다. ② 공무원은 사례금을 받는 외부강의등을 할 때에는 소속 기관의 장에게 그 외부강의등을 마친 날부터 10일 이내에 신고하여야 한다. **다만, 외부강의등을 요청한 자가 국가나 지방자치단체인 경우에는 그러하지 아니하다.** ④ 공무원이 대가를 받고 수행하는 외부강의등은 월 3회를 초과할 수 없다. **국가나 지방자치단체에서 요청하거나 겸직 허가를 받고 수행하는 외부강의등은 그 횟수에 포함하지 아니한다.**
초과사례금의 신고등 (§15의2)	① 공무원은 금액을 초과하는 사례금을 받은 경우에는 그 사실을 안 날로부터 2일 이내에 소속기관의 장에게 신고하여야 하며, **제공자에게** 그 초과금액을 지체 없이 반환하여야 한다. ② ①에 따른 신고를 받은 소속 기관의 장은 초과사례금을 반환하지 아니한 공무원에 대하여 신고사항을 확인한 후 7일 이내에 반환하여야 할 초과사례금의 액수를 산정하여 해당 공무원에게 통지하여야 한다. ③ ②에 따라 통지를 받은 공무원은 **지체 없이** 초과사례금(신고자가 초과사례금의 일부를 반환한 경우에는 그 차액으로 한정한다)을 제공자에게 반환하고 그 사실을 소속 기관의 장에게 알려야 한다.
직무관련자에게 협찬 요구 금지(§16의2)	공무원은 직무관련자에게 직위를 이용하여 행사 진행에 필요한 직·간접적 경비, 장소, 인력, 또는 물품 등의 협찬을 요구하여서는 아니 된다.
직무관련자와 사행성 오락 금지(§16의4)	공무원은 직무관련자와 마작, 화투, 카드 등 우연의 결과나 불확실한 승패에 의하여 금품 등 경제적 이익을 취할 목적으로 하는 사행성 오락을 같이 하여서는 아니 된다.

경조사의 통지 제한 (§17)	공무원은 직무관련자나 직무관련공무원에게 경조사를 알려서는 아니 된다. **다만, 다음 각 호의 어느 하나에 해당하는 경우에는 경조사를 알릴 수 있다.** 1. 친족(「민법」 제767조에 따른 친족을 말한다)에게 알리는 경우 2. 현재 근무하고 있거나 과거에 근무하였던 기관의 소속 직원에게 알리는 경우 3. **신문**, 방송 또는 제2호에 따른 직원에게만 열람이 허용되는 **내부통신망** 등을 통하여 알리는 경우 4. 공무원 자신이 소속된 종교단체·친목단체 등의 회원에게 알리는 경우

1 적극행정 근거규정

헌법(§7)	공무원은 국민전체에 대한 봉사자이며, 국민에 대하여 책임을 진다.
국가공무원법(§56)	모든 공무원은 법령을 준수하며 성실히 직무를 수행하여야 한다.
적극행정 운영규정 (대통령령)(§2)	**"적극행정"**이란 공무원이 불합리한 규제를 개선하는 등 공공의 이익을 위하여 **창의 성과 전문성**을 바탕으로 적극적으로 업무를 처리하는 행위를 말한다. └ 신속성 X
공무원 징계령 시행규칙 (총리령)(§3조의2)	① 징계위원회는 고의 또는 중과실에 의하지 않은 비위로서 다음 각 호의 어느 하나에 해당되는 경우에는 징계의결 또는 징계부가금 부과 의결(이하 "징계의결 등"이라 한다)을 하지 아니한다. 　1. 불합리한 규제의 개선 등 공공의 이익을 위한 정책, 국가적으로 이익이 되고 국민생활에 편익을 주는 정책 또는 소관 법령의 입법목적을 달성하기 위하여 필수적인 정책 등을 수립·집행하거나, 정책 목표의 달성을 위하여 업무처리 절차·방식을 창의적으로 개선하는 등 **성실하고 능동적**으로 업무를 처리하는 과정에서 발생한 것으로 인정되는 경우　└ 수동적 X 　2. 국가의 이익이나 국민생활에 큰 피해가 예견되어 이를 방지하기 위하여 정책을 적극적으로 수립·집행하는 과정에서 발생한 것으로서 정책을 수립·집행할 당시의 여건 또는 그 밖의 사회통념에 비추어 적법하게 처리될 것이라고 기대하기가 극히 곤란했던 것으로 인정되는 경우 ② 징계위원회는 징계등 혐의자가 다음 각 호의 사항에 모두 해당되는 경우에는 해당 비위가 **고의 또는 중과실**에 의하지 않은 것으로 추정한다. 　1. 징계등 혐의자와 비위 관련 직무 사이에 사적인 이해관계가 없을 것 　2. 대상 업무를 처리하면서 **중대한**(사소한 X) 절차상의 하자가 없었을 것
경찰청 적극행정 면책제도 운영규정(훈령)	**제1조(목적)** 이 규정은 경찰청 소속 공무원 등이 공익을 증진하기 위해 **성실하고 능동적**으로 업무를 처리하는 과정에서 부분적인 절차상 하자 등의 부작용이 발생하였더라도 일정 요건을 충족한 경우 관련 공무원 등에 대하여 징계 등 불이익한 처분 및 처분요구 등을 하지 않거나 감경 처리하는「적극행정 면책제도」의 적용대상과 요건, 운영절차 등을 정함을 목적으로 한다. **제2조(정의)** 　1. **"적극행정"**이란, 경찰청 및 그 소속기관의 공무원 또는 산하단체의 임·직원(이하 "경찰청 소속 공무원 등"이라 함)이 국가 또는 공공의 이익을 증진하기 위해 **성실하고 능동적**으로 업무를 처리하는 행위를 말한다.

경찰청 적극행정 면책제도
운영규정(훈령)
	2. **"면책"**이란, 적극행정 과정에서 발생한 부분적인 절차상 하자 또는 비효율, 손실 등과 관련하여 그 업무를 처리한 경찰청 소속 공무원 등에 대하여 다음 각 목의 어느 하나에 해당하는 **책임을 묻지 않거나 감면하는 것을 말한다.**
	  가. 「경찰청 감사규칙」 제10조 제1호부터 제3호까지 및 제6호
	  나. 「경찰공무원 징계령」에 따른 징계 및 징계부가금
	3. **"감사 책임자"**란, 현장에서 감사활동을 지휘하는 자를 말하여 감사단장 등 현장 지휘자가 없을 경우에는 감사담당관 또는 감찰담당관을 말한다.
	4. **"사전컨설팅 감사"**란 불합리한 제도 등으로 인해 적극적인 업무 수행이 어려운 경우, 해당 업무의 수행에 앞서 업무 처리 방향 등에 대하여 미리 감사의견을 듣고 이를 업무처리에 반영하여 적극행정을 추진하는 것을 말한다.
	5. **"사전컨설팅 대상 기관 및 대상 부서의 장"**이란 각 시·도경찰청장, 부속기관의 장, 산하 공직유관단체의 장 및 경찰청 관·국의 장을 말한다.

2 「적극행정 운영규정(대통령령)」상 적극행정의 판단기준

공공의 이익 증진을 위한 행위	업무의 목적과 처리 방법이 **국민편익** 증진, 국민불편 해소, 경제 활성화, 행정효율 향상 등 ↳ 공무원 편익 X 공공의 이익을 증진하기 위해서 하는 행위이다.
적극적인 행위	① 평균적인 공무원에게 통상적으로 요구되는 정도의 노력이나 주의의무 이상을 기울여 업무를 처리하는 행위를 의미하고, 적극적인 행위에 해당하는지는 행위의 결과가 발생한 시점이 아니라 **업무를 추진할 당시를 기준**으로 판단한다. ② **적극행정은 행위 자체에 초점**을 두며, 업무처리로 인해 **긍정적인 효과가 발생**해야만 적극행정에 **해당되는 것은 아니다.**
창의성과 전문성을 바탕으로 한 행위	① **'창의성'**은 어떤 문제에 대해 기존과 다른 시각으로 새로운 아이디어를 생각해 내는 특성을 의미하고, **'전문성'**은 자신이 맡은 일을 잘 수행하기 위해 필요한 지식과 경험, 역량을 말한다. ② 창의성이 **참신한 해결책**을 마련하도록 돕는다면, 전문성은 그러한 **해결책의 현실 적합성**을 높여 주게 된다.
징계 등 면제 (§17①)	공무원이 적극행정을 추진한 결과에 대해 그의 행위에 **고의 또는 중대한 과실**이 없는 경우에는 징계 관련 법령에 따라 징계의결 또는 징계부가금 부과의결(이하 "징계의결등"이라 한다)을 하지 않는다.
소극행정 신고 (§18의3)	① 누구든지 공무원의 소극행정을 소속 중앙행정기관의 장이나 **국민권익위원회(국가인권위원회 X)**가 운영하는 소극행정 신고센터에 신고할 수 있다. ③ **국민권익위원회**는 중앙행정기관 소속 공무원의 소극행정 예방 및 근절을 위해 소극행정 신고센터를 운영하고, 중앙행정기관의 장에게 ①에 따른 신고사항에 대해 적절한 조치를 하도록 권고할 수 있다.

3 적극행정의 대상·범위 및 유형

대상	공공 재화와 서비스의 제공, 규제혁신 등 정부의 정책, 공무원이 직무를 수행하는 **모든 방식과 행위**를 대상으로 한다.	
범위	적극행정이 특정 분야의 정책이나 특정한 업무처리 방식을 **지칭하는 것은 아니다.** (지칭한다 X)	
유형	행태적 측면	통상적으로 요구되는 정도의 노력이나 **주의의무 이상을 기울여** 맡은 바 임무를 최선을 다해 수행하는 행위
	규정의 해석·적용측면	불합리한 규정과 절차, 관행을 <u>스스로</u> 개선하는 행위 ↳ 타의로 X

4 적극행정의 보호 주요제도(경찰청 적극행정 면책제도 운영규정)

적극행정 면책요건(§5)	① 자체 감사를 받는 사람이 적극행정면책을 받기 위해서는 다음 각 호의 요건을 모두 갖추어야 한다. 　1. 감사를 받는 사람의 업무처리가 불합리한 규제의 개선, 공익사업의 추진 등 **공공의 이익을 위한 것일 것** 　2. 감사를 받는 사람이 대상 **업무를 적극적으로 처리**한 결과일 것 　3. 감사를 받는 사람의 행위에 **고의나 중대한 과실이 없을 것** ② 제1항 제3호의 요건을 적용하는 경우 자체감사를 받는 사람이 다음 각 호의 요건을 모두 갖추어 업무를 처리한 것으로 인정되는 경우에는 그 행위에 **고의나 중대한 과실이 없는 경우**에 해당하는 것으로 추정한다. 　1. 자체감사를 받는 사람과 대상 업무 사이에 **사적인 이해관계가 없을 것** 　2. 대상 업무를 처리하면서 **중대한 절차상의 하자가 없었을 것**
면책 대상 제외(§6)	제5조(적극행정 면책요건)에도 불구하고 업무처리과정에서 기본적으로 지켜야 할 의무를 다하지 않았거나 다음 각 호에 해당하는 경우에는 **면책대상에서 제외**한다. 　1. 금품을 **수수한 경우** 　2. 고의·중과실, 무사안일 및 업무태만의 경우 　3. 자의적인 법 해석 및 집행으로 법령의 본질적인 사항을 위반한 경우 　4. 위법·부당한 민원을 수용한 특혜성 업무처리를 한 경우 　5. 그 밖에 위 각 호에 준하는 위법·부당한 행위를 한 경우
사전컨설팅을 거친 경우에 대한 징계면제 제도	사전컨설팅 의견대로 업무를 처리한 경우에는 징계를 면제함. 다만, **대상 업무와 관련하여 사적인 이해관계가 있거나, 감사원이나 자체감사기구가 의견을 제시하기 위해 판단에 필요한 정보를 충분히 제공하지 않은 경우에는 징계를 면제하지 않음**

사전컨설팅 대상 (§15)	① 사전컨설팅 대상 기관등의 장은 다음 각 호의 어느 하나에 해당하는 업무를 수행하기 전에 감사관에게 사전컨설팅 감사를 신청할 수 있다. 　1. 인가·허가·승인 등 규제관련 업무 　2. 법령·행정규칙 등의 해석에 대한 이견 등으로 인하여 능동적인 업무처리가 곤란한 경우 　3. 그 밖에 적극행정 추진을 위해 감사관이 필요하다고 인정하는 경우 ② **행정심판, 소송, 수사 또는 타 기관에서 감사 중인 사항, 타 법령에서 정하고 있는 재심의 절차를 거친 사항 등은 사전컨설팅 감사 대상에서 제외한다.** 　　　　　　　　　　　　　　　　　　　　　└ 포함 X
적극행정 지원위원회를 거친 경우에 대한 징계 면제 제도	① 공무원의 적극행정 의사결정을 지원하기 위해 각 기관별로 적극행정 지원위원회를 두도록 하고 있음(경찰청은 규제심사위원회에서 병행) ② 공무원 단독 또는 부서 자체적으로 판단하기 어려운 사안에 대해 공무원은 적극행정 지원위원회에 해당 업무의 처리방향 등에 관한 의견의 제시를 요청할 수 있음 ③ 공무원은 인가·허가·등록·신고 등과 관련한 규제나 **불명확한 법령** 등으로 인해 업무를 적극적으로 추진하기 곤란한 경우에는 위원회에 직접 해당 업무의 처리 방향 등에 관한 의견의 제시를 요청할 수 있으며, 그 의견대로 업무를 처리한 경우에는 징계를 면제. 다만, 대상 업무와 관련하여 사적인 이해관계가 있거나, 위원회가 의견을 제시하기 위해 판단에 필요한 정보를 충분히 제공하지 않은 경우에는 징계를 면제하지 않음
고도의 정책사항에 대한 실무직(담당자)의 징계면제 제도	'정책결정사항 중 중요사항(고도의 정책사항)'을 추진하는 과정에서 발생한 결과에 대해서 **실무직(담당자)의 고의나 중대한 과실이 없는 경우**에는 문책기준에서 **제외**하고 있음 　　　　　　　　　　　　　└ 어떠한 경우에도 X
적극행정 등에 대한 징계면제(공무원 징계령 시행규칙 (총리령)(§3조의2))	① 징계위원회는 **고의 또는 중과실에 의하지 않은 비위**로서 다음 각 호의 어느 하나에 해당되는 경우에는 징계의결 또는 징계부가금 부과 의결을 하지 아니한다. 　1. 불합리한 규제의 개선 등 공공의 이익을 위한 정책, 국가적으로 이익이 되고 국민생활에 편익을 주는 정책 또는 소관 법령의 입법목적을 달성하기 위하여 필수적인 정책 등을 수립·집행하거나, 정책목표의 달성을 위하여 업무처리 절차·방식을 창의적으로 개선하는 등 성실하고 **능동적**으로 업무를 처리하는 과정에서 발생한 것으로 인정되는 경우　　　└ 수동적 X 　2. 국가의 이익이나 국민생활에 큰 피해가 예견되어 이를 방지하기 위하여 정책을 적극적으로 수립·집행하는 과정에서 발생한 것으로서 정책을 수립·집행할 당시의 여건 또는 그 밖의 사회통념에 비추어 적법하게 처리될 것이라고 기대하기가 극히 곤란했던 것으로 인정되는 경우 ② 징계위원회는 징계등 혐의자와 비위 관련 직무 사이에 **사적인** 이해관계가 없을 것과 　　　　　　　　　　　　　　　　　　　　　　　　　└ 공적인 X 대상 업무를 처리하면서 **중대한** 절차상의 하자가 없었을 경우에는 해당 비위가 고의 　　　　　　　　　　└ 어떠한 X 또는 중과실에 의하지 않은 것으로 추정한다.
적극행정에 대한 면책 (공공감사에 관한 법률 §23의2)	자체감사를 받는 사람이 불합리한 규제의 개선 등 **공공의 이익을 위하여** 업무를 **적극적**으로 처리한 결과에 대하여 그의 행위에 **고의나 중대한 과실이 없는 경우**에는 이 법에 　　　　　　　　　　　　　　　　　　　　　　　　└ 경미한 X 따른 징계 요구 또는 문책 요구 등 **책임을 묻지 아니한다.**

Chapter
09

5 소극행정

정의	① 소극행정이란 공무원이 부작위 또는 직무태만 등 소극적 업무행태로 국민의 권익을 침해하거나 국가재정상 손실을 발생하게 하는 행위를 의미함 ② 여기에서 부작위는 공무원이 **상당한 기간 내(짧은 기간 X)**에 이행해야 할 직무상 의무가 있는데도 이를 이행하지 아니하는 것을 의미함 ③ 직무태만은 통상적으로 요구되는 정도의 노력이나 주의의무를 기울이지 않고, 업무를 부실·부당하게 처리하는 것을 의미함	
유형	**적당편의**	문제해결을 위해 **노력하지 않고**, 적당히 형식만 갖추어 부실하게 처리하는 행태
	업무해태	**합리적인 이유없이** 주어진 업무를 게을리하여 불이행하는 행태
	탁상행정	법령이나 지침 등의 변화에도 불구하고 과거 규정에 따라 업무를 처리하거나, 기존의 불합리한 업무관행을 그대로 답습하는 행태
	기타 관 중심행정	직무권한을 이용하여 부당하게 업무를 처리하거나, 국민 편익을 위해서가 아닌 자신과 소속 기관의 이익을 위해 **자의적**으로 처리하는 행태

※ 다만, 하나의 업무행태가 두 가지 이상의 유형에 해당될 수 있음.

경찰청의 적극행정 실행계획

1 추진여건

안전과 사회질서에 대한 국민적 요청 강화	① 포스트 코로나 시대에는 '안전'과 '사회질서'에 대한 관심이 어느 때보다 높아지고, 인간의 생명과 존엄을 중시하는 **'인간안보'** 개념이 재조명
	※ **인간안보** : 전통적인 국가안보에서 벗어나 인간의 생명·존엄을 중시하는 새로운 패러다임으로, 안보의 개념이 인간이 생명·존엄을 유지하는 데 필요한 요소들에 대한 안전 보장으로 확대
	② 위험사회로부터 안전확보를 위한 문제해결 역량의 중요성이 대두되는 가운데, 치안행정 분야에서도 적극행정이 긴요한 시점
	③ 공동체의 결속이 약화되고 각종 갈등, 사회적 불안감이 증가하는 현대사회에서 '공동체 회복을 위한 촉매제'로서 경찰활동 강화 필요
	④ **기관장(중간관리자 X)**이 선도하는 적극행정문화를 강조한다.
새로운 치안환경이 도래	코로나 뉴노멀이 등장하고 언택트 생활양식이 정착하는 등 국민적 인식과 행동의 변화가 예상되므로 선제적 적극행정 필요

2 경찰청 적극행정 면책심사위원회

설치	경찰청
구성	• 위원회는 위원장 1명을 포함하여 5명 이상 7명 이내로 성별을 고려하여 구성하며 위원장은 **감사관**으로 하고 위원은 **심사안건 관련 부서장(감사담당관 또는 감찰담당관)**을 포함하여 회의 개최 시 마다 위원장이 **경찰청 소속 과장급 공무원 중에서 지명하는 사람**으로 한다. 다만, 위원 중 1인은 경감 이하 경찰공무원 또는 6급 이하 일반직공무원으로 한다.
	• 위원회의 사무를 처리하기 위하여 **간사 1명**을 두되, **감사관실 업무소관 부서 공무원**으로 한다.
정족수	재적위원 과반수의 찬성으로 개의하고, 출석위원 과반수의 찬성으로 의결

3 경찰청 적극행정지원위원회

구성·운영	경찰청 규제심사위원회와 겸임하여 병행 운영
위원장	**경찰청 차장**과 민간위원이 공동위원장 ↳ 경찰청장 X
구성	총 **14명**(정부 5명, 민간 9명)
정족수	재적위원 과반수의 출석으로 개의하고, 출석위원 과반수의 찬성으로 의결
개최	원칙적으로 **격월 회의**(매월 X) 개최, 필요시 수시 개최
기능	적극행정과 관련하여 아래 사항을 심사하며, 특히 적극행정 관련 현안을 심의하여 소속 공무원의 의사결정을 지원 • 경찰청 적극행정 실행계획 수립에 관한 사항 • 소속 공무원이 인가·허가·등록·신고 등에 관련한 규제나 불명확한 법령 등으로 인해 업무를 적극적으로 추진하기 곤란하여 위원회에 직접 의견 제시를 요청한 사항 • 소속 공무원이 감사관실에서 운영하는 사전컨설팅감사의 방식으로 의견 제시를 요청한 내용이 국민생활에 미치는 영향이 크거나 여러 이해관계자와 관련되는 등 신중한 검토가 필요하여 감사관이 자문을 요청한 사항 • 적극행정 우수공무원 선발 및 우수사례 선정에 관한 사항 • 기타 적극행정과 관련, 경찰청장이 필요하다고 인정하여 위원회에 부의하는 사항

4 사전컨설팅 제도의 활성화

사전컨설팅 제도 개요	개념	적극행정을 추진하는 과정에서 규정·지침 해석의 어려움 등으로 인해 의사결정에 애로를 겪는 경우 감사 기구에 의견을 구하면, 감사 기구에서는 그에 대한 답변을 제시하는 제도
	근거	「공공감사에 관한 법률 시행령」 제13조2, 「적극행정 운영규정」 제5조, 「적극행정면책 등 감사소명제도의 운영에 관한 규칙」 제5조 제2항
	절차	소속기관·부서에서는 자체 감사기구에 사전컨설팅을 신청하고, 자체 감사기구에서 판단이 어려운 경우 감사원에 컨설팅 신청
	효력	감사원·자체감사기구의 컨설팅 의견대로 업무를 처리하면 특별한 사정이 없는 한 적극행정 면책기준을 **충족한** 것으로 추정 ↳ 사안이 동일하고, 사전컨설팅 시 충분히 정보제공을 하였으며, 사적인 이해관계가 없어야 함
경찰청 자체 사전 컨설팅 제도 운영	대상 업무	① 인가·허가·승인 등 규제관련 업무 ② 법령·행정규칙 등의 해석에 대한 이견 등으로 인하여 능동적인 업무처리가 곤란한 경우 ③ 그 밖에 적극행정 추진을 위해 감사관이 필요하다고 인정하는 경우
	신청 방법	사전컨설팅 대상 기관의 장등(**각 시·도경찰청장, 부속기관의 장, 산하 공직유관단체의 장 및 경찰청 관·국장**)은 컨설팅 대상 업무에 대해 충분한 자체 검토를 거친 후 컨설팅 ↳ 과장 X 신청서를 작성하여 감사관에게 제출
	심사 기준	① 공공의 이익을 위한 경우로서 사적 이익 취득이나 특정인에 대한 특혜 부여 등의 비위가 없을 것 ② 법령상의 의무 이행 등 모든 여건에 비추어 해당 업무를 추진·처리해야 할 **필요성과 타당성**이 있을 것 ↳ 시급성 X
	실시 방법	**서면감사를 원칙**으로 하되, 필요 시 실지감사를 할 수 있으며, 신중한 검토가 필요한 사항은 경찰청 규제심사위원회의 자문을 거칠 수 있음
	결과 처리	감사관은 사전컨설팅 **감사 접수일**로부터 30일 이내에 사전컨설팅 감사 의견서를 작성하여 ↳ 감사 실시일 X 신청서를 제출한 기관의 장 등에게 통보
	효력	사전컨설팅 감사 의견을 반영하여 적극행정을 추진한 결과에 대해서는 자체감사규정에 따른 감사 시 책임을 묻지 아니함
	이행 결과	사전컨설팅 대상 기관의 장 등은 사전컨설팅 감사 의견을 업무에 반영·처리한 결과를 감사관에게 제출

1 개관

(1) 용어의 정의(§2)

공공기관 (제1호)	국회, 법원, 헌법재판소, 선거관리위원회, 중앙행정기관, **지방자치단체**, **지방의회**, 교육청, 공직유관단체, 각급 국립 공립학교 등 모든 공공기관
공직자 (제2호)	공무원, 공직유관단체 또는 공공기관의 장과 그 임직원, **각급 국립·공립 학교의 장과 교직원** [비교] **청탁금지법** 적용대상에서 언론사, 사립학교를 포함하나 **이해충돌방지법**에서는 언론사, <u>사립학교를 제외</u> 　└ 사립학교 교직원 포함 X ※ **공무수행사인**은 공무수행과 관련하여 공직자와 같이 이해충돌방지법의 일부 규정을 준용하여 적용한다(동법§16①).
이해충돌 (제4호)	공직자가 직무를 수행할 때에 자신의 사적 이해관계가 관련되어 공정하고 청렴한 직무수행이 저해되거나 저해될 우려가 있는 상황 → 사적인 이익과 공적인 이익이 충돌한다는 뜻
직무관련자 (제5호)	공직자가 법령(조례·규칙을 포함)·기준(제1호라목부터 바목까지의 공공기관의 규정·사규 및 기준 등을 포함)에 따라 수행하는 직무와 관련되는 자로서 **개인·법인·단체 및 공직자**를 말한다.
사적이해 관계자 (제6호)	가. **공직자 자신** 또는 그 가족(「민법」 제779조에 따른 가족) 나. **공직자 자신** 또는 그 가족이 임원·대표자·관리자 또는 사외이사로 재직하고 있는 법인 또는 단체 다. **공직자 자신**이나 그 가족이 대리하거나 고문·자문 등을 제공하는 개인이나 법인 또는 단체 라. 공직자로 채용·임용되기 전 2년 이내에 **공직자 자신이 재직하였던 법인 또는 단체** 마. 공직자로 채용·임용되기 전 2년 이내에 공직자 자신이 대리하거나 고문·자문 등을 제공하였던 개인이나 법인 또는 단체 바. 공직자 자신 또는 그 가족이 대통령령으로 정하는 일정 비율 이상의 주식·지분 또는 자본금 등을 소유하고 있는 법인 또는 단체 〈이해충돌방지법 시행령 제3조 제1항〉 1. 공직자 자신이나 그 가족이 단독으로 또는 합산하여 발행주식 총수의 100분의 30 이상을 소유하고 있는 법인 또는 단체 2. 공직자 자신이나 그 가족이 단독으로 또는 합산하여 출자지분 총수의 100분의 30 이상을 소유하고 있는 법인 또는 단체 3. 공직자 자신이나 그 가족이 단독으로 또는 합산하여 자본금 총액의 100분의 50 이상을 소유하고 있는 법인 또는 단체 사. 최근 2년 이내에 퇴직한 공직자로서 퇴직일 전 2년 이내에 제5조 제1항 각 호의 어느 하나에 해당하는 직무를 수행하는 공직자와 국회규칙, 대법원규칙, 헌법재판소규칙, 중앙선거관리위원회규칙 또는 대통령령으로 정하는 범위의 부서에서 같이 근무하였던 사람 아. 그 밖에 공직자의 사적 이해관계와 관련되는 자로서 국회규칙, 대법원규칙, 헌법재판소규칙, 중앙선거관리위원회규칙 또는 대통령령으로 정하는 자

(2) 이해충돌방지를 위한 10개 행위기준

이 법에서는 공직자의 직무수행 과정에서 발생할 수 있는 부정한 사익추구를 예방할 수 있도록 공직자가 해야 할 5개의 신고·제출 의무와 하지 말아야 할 5개의 제한 및 금지행위 등 총10개의 행위기준을 규정하고 있다.

신고·제출 의무	제한·금지행위
1. 사적이해관계자 신고 및 회피·기피신청(§5)	6. 직무 관련 외부활동 제한(§10)
2. 공공기관 직무관련 부동산 보유·매수신고(§6)	7. 가족 채용 제한(§11)
3. 고위공직자 민간부문 업무활동 내역 제출 및 공개(§8)	8. 수의계약 체결 제한(§12)
4. 직무관련자와의 거래 신고(§9)	9. 공공기관 물품 등의 사적 사용·수익 금지(§13)
5. 퇴직자 사적 접촉 신고(§15)	10. 직무상 비밀 등 이용 금지(§14)

2 신고·제출 의무

사적이해관계자 신고 및 회피·기피신청 (§5)	회피신청	① 다음 각 호의 어느 하나에 해당하는 직무를 수행하는 **공직자는** 직무관련자 (직무관련자의 **대리인을 포함**)가 사적이해관계자임을 안 경우 안 날부터 14일 _{제외 X} 이내에 **소속기관장에게** 그 사실을 **서면(전자문서를 포함)**으로 신고하고 **회피를** _{구두 X} **신청하여야 한다.** 1. 인가·허가·면허·특허·승인·검사·검정·시험·인증·확인, 지정·등록, 등재·인정·증명, 신고·심사, 보호·감호, 보상 또는 이에 준하는 직무 2. 행정지도·단속·감사·조사·감독에 관계되는 직무(3호~7호, 9호~16호 생략) 8. 사건의 수사·재판·심판·결정·조정·중재·화해 또는 이에 준하는 직무
	기피신청	② 직무관련자 또는 공직자의 직무수행과 관련하여 직접적인 이해관계가 있는 자는 해당 공직자에게 제1항에 따른 신고 및 회피 의무가 있거나 그 밖에 공정한 직무수행을 저해할 우려가 있는 사적 이해관계가 있다고 판단하는 경우에는 그 공직자의 소속기관장에게 기피를 신청**할 수 있다.** (하여야 한다 X)
	적용제외	③ 다음 각 호의 어느 하나에 해당하는 경우에는 ① 및 ②을 적용하지 아니한다. 1. ① 각 호에 해당하는 직무와 관련하여 **불특정다수**를 대상으로 하는 법률이나 대통령령의 제정·개정 또는 폐지를 수반하는 경우 2. 특정한 사실 또는 법률관계에 관한 확인·증명을 신청하는 민원에 따라 해당 서류를 발급하는 경우 ④ ① 각 호에 해당하는 직무와 관련된 다른 법령·기준에 제척·기피·회피 등 이해충돌 방지를 위한 절차가 마련되어 있어 공직자가 그 절차에 따른 경우, ①에 따른 신고·회피 의무를 다한 것으로 본다.
공공기관 직무 관련 부동산 보유·매수 신고 (§6)		① 부동산을 **직접적**으로 취급하는 대통령령으로 정하는 공공기관의 공직자는 다음 각 호의 _{간접적 X} 어느 하나에 해당하는 사람이 소속 공공기관의 업무와 관련된 **부동산을 보유하고 있거나 매수하는 경우** 소속기관장에게 그 사실을 **서면**으로 신고하여야 한다. _{구두 X} 1. 공직자 자신, 배우자 2. 공직자와 생계를 같이하는 직계존속·비속(배우자의 직계존속·비속으로 생계를 같이하는 경우를 **포함**한다)

Chapter **09**

공공기관 직무 관련 부동산 보유·매수 신고 (§6)	② ①에 따른 공공기관 외의 공공기관의 공직자는 소속 공공기관이 택지개발, 지구 지정 등 대통령령으로 정하는 부동산 개발 업무를 하는 경우 ①의 각 호 어느 하나에 해당하는 사람이 그 부동산을 보유하고 있거나 매수하는 경우 **소속기관장**에게 그 사실을 서면으로 신고**하여야 한다.** (할수있다 X) ③ ① 및 ②에 따른 신고는 부동산을 보유한 사실을 알게 된 날부터 **14일 이내**, 매수 후 등기를 완료한 날부터 **14일 이내**에 하여야 한다.
고위공직자의 민간 부문 업무 활동 내역 제출 및 공개 (§8)	① 고위공직자는 그 직위에 임용되거나 임기를 개시하기 전 3년 이내에 민간 부문에서 업무 활동을 한 경우, 그 활동 내역을 그 직위에 임용되거나 임기를 **개시한 날부터**(다음 날부터 X) **30일 이내**에 **소속기관장**에게 제출하여야 한다. ② ①에 따른 업무활동 내역에는 다음 각 호의 사항이 포함되어야 한다. 　1. 재직하였던 법인·단체 등과 그 업무 내용 　2. 대리, 고문·자문 등을 한 경우 그 업무 내용 　3. 관리·운영하였던 사업 또는 **영리행위**의 내용 　　　　　　　　　　└→ 비영리 제외 ③ 소속기관장은 ①에 따라 제출된 업무활동 내역을 보관·관리하여야 한다. ④ 소속기관장은 다른 법령에서 정보공개가 금지되지 아니하는 범위에서 ②의 업무활동 내역을 공개할 수 있다. ⑤ ①부터 ④까지에서 규정한 사항 외에 업무활동 내역 제출, 보관·관리 및 공개에 필요한 사항은 대통령령으로 정한다. → 위반시 **1천만원 이하의 과태료**를 부과한다(§28③).
직무관련자와의 거래 신고 (§9)	① 공직자는 자신, 배우자 또는 **직계존속·비속**(배우자의 직계존속·비속으로 생계를 같이하는 **경우를 포함**) 또는 **특수관계사업자**(자신, 배우자 또는 직계존속·비속이 대통령령으로 정하는 **일정 비율 이상의 주식·지분 등을 소유하고 있는 법인 또는 단체를 말한다**)가 공직자 자신의 직무관련자(「민법」 제777조에 따른 친족인 경우는 **제외**한다)와 다음 각 호의 어느 하나에 해당하는 행위를 한다는 것을 사전에 안 경우에는 안 날부터 **14일 이내**에 **소속기관장**에게 그 사실을 **서면**으로 **신고하여야 한다.** 　1. 금전을 빌리거나 빌려주는 행위 및 유가증권을 거래하는 행위. 다만, 「금융·실명거래 및 비밀보장에 관한 법률」에 따른 금융회사등, 「대부업 등의 등록 및 금융이용자 보호에 관한 법률」에 따른 대부업자등이나 그 밖의 금융회사로부터 통상적인 조건으로 금전을 빌리는 행위 및 유가증권을 거래하는 행위는 제외한다. 　2. 토지 또는 건축물 등 부동산을 거래하는 행위. 다만, **공개모집에 의하여 이루어지는 분양이나 공매·경매·입찰을 통한 재산상 거래 행위는 제외**(포함 X)한다. 　3. 제1호 및 제2호의 거래 행위 외의 물품·용역·공사 등의 계약을 체결하는 행위. 다만, 공매·경매·입찰을 통한 계약 체결 행위 또는 거래관행상 불특정다수를 대상으로 반복적으로 행하여지는 계약 체결 행위는 제외한다. ② 공직자는 ① 각 호에 따른 행위가 있었음을 사후에 알게 된 경우에도 안 날부터 **14일 이내**에 **소속기관장**에게 그 사실을 **서면**으로 신고하여야 한다.
퇴직자 사적 접촉 신고 (§15)	① 공직자는 직무관련자인 소속 기관의 퇴직자(공직자가 아니게 된 날부터 **2년**이 지나지 아니한 사람만 해당한다)와 사적 접촉(골프, 여행, 사행성 오락을 같이 하는 행위를 말한다)을 하는 경우 **소속기관장**에게 신고하여야 한다. 다만, **사회상규에 따라 허용되는 경우에는 그러하지 아니하다.** → 위반시 **1천만원 이하의 과태료**를 부과한다(§28③).

3 제한·금지행위

직무관련 외부활동 제한 (§10)	공직자는 다음 각 호의 행위를 하여서는 아니 된다. 다만, 「국가공무원법」 등 다른 법령·기준에 따라 허용되는 경우는 그러하지 아니하다. 1. 직무관련자에게 **사적**으로 노무 또는 조언·자문 등을 제공하고 **대가를 받는 행위** ⌐ 공식적 X 대가를 받지 않는다면 본 조항 위반에 해당하지 않음 ⌐ 2. 소속 공공기관의 소관 직무와 관련된 지식이나 정보를 타인에게 제공하고 대가를 받는 행위. 다만, 「부정청탁 및 금품등 수수의 금지에 관한 법률」 제10조에 따른 **외부강의등의 대가로서 사례금 수수가 허용되는 경우와 소속기관장이 허가한 경우는 제외**한다. 3. 공직자가 소속된 공공기관이 당사자이거나 **직접적인** 이해관계를 가지는 사안에서 자신이 소속된 공공기관의 상대방을 대리하거나 그 상대방에게 조언·자문 또는 정보를 제공하는 행위 4. 외국의 기관·법인·단체 등을 대리하는 행위. 다만, **소속기관장이 허가한 경우는 제외** 5. 직무와 관련된 다른 직위에 취임하는 행위. 다만, **소속기관장이 허가한 경우는 제외** → 위반시 2천만원 이하의 과태료를 부과한다(§28②).

가족 채용 제한
(§11)
	① 공공기관(공공기관으로부터 출연금·보조금 등을 받거나 법령에 따라 업무를 위탁받는 산하 공공기관과 「상법」 제342조의2에 따른 자회사를 포함한다)은 다음 각 호의 어느 하나에 해당하는 **공직자의 가족을 채용할 수 없다.**
	1. 소속 고위공직자
	2. 채용업무를 담당하는 공직자
	3. 해당 산하 공공기관의 감독기관인 공공기관 소속 고위공직자
	4. 해당 자회사의 모회사인 공공기관 소속 고위공직자
	→ 채용이 제한되는 가족의 범위는 사적이해관계자(동법 제2조 제6호 가목)신고 의무의 가족(「민법」 제779조에 따른 가족)범위와 동일함
	② 다음 각 호의 어느 하나에 해당하는 경우에는 ①을 적용하지 아니한다.
	  2. 「국가공무원법」 등 다른 법령에 따라 다수인을 대상으로 시험을 실시하는 것이 적당하지 아니하여 다수인을 대상으로 하지 아니한 시험으로 공무원을 채용하는 경우로서 다음 각 목의 어느 하나에 해당하는 경우
	  다. 국가공무원을 그 직급·직위에 해당하는 지방공무원으로 임용하거나, **지방공무원을 그 직급·직위에 해당하는 국가공무원으로 임용하는 경우**
	③ ① 각 호의 어느 하나에 해당하는 공직자는 ①을 위반하여 자신의 가족이 채용되도록 지시·유도 또는 묵인을 하여서는 아니 된다.
	④ ① 및 ③에도 불구하고 다른 법률에서 이 법의 적용을 받는 공공기관이 ① 각 호의 어느 하나에 해당하는 공직자의 가족을 채용할 수 있도록 허용하고 있는 경우에는 그 법률의 규정에 따른다.
	→ 가족이 채용되도록 지시·유도 또는 묵인을 한 공직자에게는 **징계 및 3천만원 이하의 과태료를 부과한다**(§28① 제1호).

수의계약 체결제한 (§12)	① 공공기관(공공기관으로부터 출연금·보조금 등을 받거나 법령에 따라 업무를 위탁받는 산하 공공기관과 「상법」 제342조의2에 따른 자회사를 포함한다)은 다음 각 호의 어느 하나에 해당하는 자와 물품·용역·공사 등의 수의계약을 체결할 수 없다. 다만, 해당 물품의 생산자가 **1명뿐인 경우** 등 대통령령으로 정하는 불가피한 사유가 있는 경우에는 그러하지 아니하다. 1. 소속 고위공직자 2. 해당 계약업무를 법령상·사실상 담당하는 소속 공직자 3. 해당 산하 공공기관의 감독기관 소속 고위공직자 4. 해당 자회사의 모회사인 공공기관 소속 고위공직자 5. 해당 공공기관이 「국회법」 제37조에 따른 상임위원회의 소관인 경우 해당 상임위원회 위원으로서 직무를 담당하는 국회의원 6. 「지방자치법」 제41조에 따라 해당 지방자치단체 등 공공기관을 감사 또는 조사하는 지방의회의원 7. 제1호부터 제6호까지의 어느 하나에 해당하는 **공직자의 배우자 또는 직계존속·비속(배우자의 직계존속·비속으로 생계를 같이하는 경우를 포함한다.)** 8. 제1호부터 제7호까지의 어느 하나에 해당하는 사람이 대표자인 법인 또는 단체 9. 제1호부터 제7호까지의 어느 하나에 해당하는 사람과 관계된 특수관계사업자
공공기관 물품 등의 사적 사용·수익금지 (§13)	공직자는 공공기관이 소유하거나 임차한 물품·차량·선박·항공기·건물·토지·시설 등을 사적인 용도로 사용·수익하거나 제3자로 하여금 사용·수익하게 하여서는 아니 된다. 다만, 다른 법령·기준 또는 사회상규에 따라 허용되는 경우에는 그러하지 아니하다.
직무상 비밀 등 이용금지 (§14)	① 공직자(공직자가 아니게 된 날부터 **3년**이 경과하지 아니한 사람을 포함하되, 다른 법률에서 이와 달리 규정하고 있는 경우에는 그 법률에서 규정한 바에 따른다)는 직무수행 중 알게 된 **비밀(법령에 의해 비밀로 규정된 것 뿐만 아니라, 실질적으로 비밀로서 보호할 가치가 있는 일체의 정보)** 또는 소속 공공기관의 미공개정보(재물 또는 재산상 이익의 취득 여부의 판단에 중대한 영향을 미칠 수 있는 정보로서 **불특정** 다수인이 알 수 있도록 공개되기 전의 것을 말한다.)를 이용하여 재물 또는 재산상의 이익을 취득하거나 제3자로 하여금 재물 또는 재산상의 이익을 **취득**하게 하여서는 아니 된다. → 공직자 규정 ② 공직자로부터 직무상 비밀 또는 소속 공공기관의 미공개정보임을 알면서도 제공받거나 부정한 방법으로 취득한 자는 이를 이용하여 재물 또는 재산상의 이익을 **취득**하여서는 아니 된다. → 제3자 규정 ③ 공직자는 직무수행 중 알게 된 비밀 또는 소속 공공기관의 미공개정보를 사적 이익을 위하여 이용하거나 제3자로 하여금 이용하게 하여서는 아니 된다.

(※ "3년" 아래 주석: 5년 X)

관련조문	행위기준별 가족의 범위
사적이해관계자 신고(§5)	• 배우자, 직계혈족 및 형제자매 • 생계를 같이하는 직계혈족의 배우자
가족채용 제한(§11)	• 생계를 같이하는 배우자의 직계혈족 • 생계를 같이하는 배우자의 형제자매
직무관련자 거래신고(§9)	• 공직자 본인, 배우자
수의계약 체결제한(§12)	• 직계존속·비속 • 생계를 같이하는 배우자의 직계존속·비속
부동산 보유·매수 신고(§6)	• 공직자 본인, 배우자 • 생계를 같이하는 직계존속·비속 • 생계를 같이하는 배우자의 직계존속·비속

TIP 이해충돌방지규정 위반에 따른 징계·벌칙

구분	위반행위	제재내용
징계	이법 또는 이법에 따른 명령을 위반한 공직자(§26)	징계처분
형벌	직무상 비밀·소속기관의 미공개 정보를 이용, 재물 또는 재산상 **이득을 취한 공직자**(§27①)	7년 이하 징역 또는 7천만원 이하 벌금(**병과 가능**)
	공직자로부터 제공받거나 부정 취득한 비밀·미공개 정보를 이용하여 재물·재산상 **이익 취득한 자**(§27②)	5년 이하 징역 또는 5천만원 이하 벌금(**병과 가능**)
	사적 이익을 위해 직무상 비밀 또는 미공개 정보를 이용하거나 제3자가 이용하도록 한 공직자(§27③)	3년 이하 징역 또는 3천만원 이하 벌금
	신고등을 방해하거나 신고등을 취소하도록 강요한 자와 불이익조치를 한 자	2년 이하의 징역 또는 2천만원 이하의 벌금
과태료	공공기관(산하기관, 자회사)에 **가족**이 채용되도록 지시·유도 또는 묵인을 한 공직자(§28①1) **가수**	3천만원
	공공기관(산하기관, 자회사)이 제12조 제1항 각 호의 자와 **수의계**약을 체결하도록 지시·유도·묵인을 한 공직자(§28①2)	
	사적 이해관계를 신고하지 않은 공직자(§28②1)	2천만원
	부동산 보유·매수를 신고하지 않은 공직자(§28②2)	
	직무관련자와의 거래를 신고하지 않은 공직자(§28②3)	
	직무관련 외부활동을 한 공직자(§28②4)	
	공공기관 물품을 사적으로 사용·수익하거나 제3자로 하여금 사용·수익하게 한 공직자(§28②5)	
	임용·임기 개시 전 **업**무활동내역을 제출하지 않은 고위공직자(§28③)	1천만원
	직무관련인 소속기관의 퇴직자와의 사적 접촉을 신고하지 아니한 공직자(§28③) **퇴업**	

Chapter **09**

PART 2

각 론

범죄예방대응과
생활안전활동

1 범죄의 개념

상대적 개념	① 각 시대의 사회적, **문화적, 역사적 상황**과 환경에 따라 다른 모습을 하게 되는 **상대적 개념** (G. M. Sykes) ② 범죄는 도덕적이고 윤리적인 의미는 포함하고 있지 않음	
법률적 개념	범죄는 법규를 위반하는 행위라고 정의 (Martin R. Haskell & Lewis Yablonsky) → 다원화되고 변화 속도가 빠른 현대 사회에서 법률이 변화를 모두 반영할 수 없다는 한계	
비법률적 개념	낙인이론적 개념	① **정치적 시각**에서의 범죄개념 ② 범죄란 범죄를 정의할 권한이나 힘을 가진 자들에 의해 규정되며, 일탈이라는 낙인이 부착된 사람을 일탈자라 하고, 사람들에 의해 일탈한 것이라고 낙인찍힌 행위를 일탈행위라고 규정(Howard Becker) ※ 비판 – 범죄나 일탈의 개념이 너무 사회적 반응에 의존하고 매우 수동적인 개념으로 규정하고 있으나 실제는 그렇지 않음(David Bordua)
	해악기준 개념	① **사회학적 시각**에서의 범죄(범죄의 **가치적인 측면을 강조**) ② **화이트칼라 범죄성 : 상위계층(화이트칼라)**에 의한 범죄가 기존에 다루어지는 범죄보다 실질적인 해악이 더 크다(Sutherland). ③ **인권침해 행위 범죄성** : 인간의 기초적 인권을 침해하는 해악적 행위가 범죄 (Herman & Schwendinger) ④ **사회적 해악행위 범죄성** : 범죄에는 불법행위뿐만 아니라 이와 유사하나 법적으로 규정되지 않은 **사회적 해악행위도 포함(용인)**되어야 함(Raymand Michalowski)
법제정 및 집행상 개념	법제정 과정상 개념	특정행위를 범죄로 규정할 수 있는 **법규를 새로 형성하게 되는 과정**에서 범죄의 개념을 정의하게 되는 것을 말함
	법집행 과정상 개념	사회적 이슈나 정책에 따라 **법집행기관의 범죄단속에 대한 기준**과 개념 달라지게 됨 → 사법기관이 주로 범죄에 대해 정의, 시간과 국가별로 실체적 내용이 상이한 경우 있음 예 아동을 대상으로 한 성범죄가 급증하자 아동·청소년성착취물을 다운로드 받는 행위도 아동·청소년성착취물소지로 보아 처벌하겠다는 정책을 결정하는 경우

2 범죄원인을 구성하는 기본요소

범죄유발 4요소 실리(J. F. Shely)	① **범죄유발 4요소** : ㉠ 범행의 **동기** ㉡ 사회적제재로부터의 **자유** ㉢ 범행의 기술 ㉣ 범행의 기회 **동자술회** ② 네 가지 요소 중 하나하나는 범행에 있어서 필요한 조건이지만, 어떠한 범행을 하기 위해서는 **네 가지 요소가 동시에 상호작용** └ 충분조건		
소질과 환경	범인성 소질 (내인성)	**선천적** 원시요소와 **후천적** 발전요소 등에 의해 형성된다. └ 유전자 경향 └ 체질과 성격이상, 연령, 지능	
	범인성 환경 (외인성)	① 인간의 행동에 직접 또는 간접으로 영향을 미치는 물질과 심리적 구조, 과정 등의 외부적 사정과 경험 등을 포함하는 개념 ② 범죄와 관련된 환경 = 범인성 환경	
		개인적 환경	알콜중독, 가정의 해체, 교육의 부재 등
		사회적 환경	경제변동, 전쟁 등
	소질과 환경의 관계	**내인성 범죄**	성격이나 신체 이상으로 인한 소질적 범죄
		외인성 범죄	환경적 요인에 의한 범죄
	대표자 : Luxemburger - 범죄는 소질과 환경에 **모두 영향**을 받게 됨		

TIP 범죄원인에 관한 이론

THEME 02 범죄원인론(개인적 수준의 범죄원인)

1 고전주의와 실증주의(개인적 원인)

└→ 1960년대의 일반예방이론(억제이론)과 합리적 선택이론에 영향을 미침

고전주의	구분	실증주의
자유의지(free will)	범죄 원인	정신이상, 낮은 지능, 모방학습 ┐ 범죄는 자유의지가 아닌 외적 요소(**생물학적·심리학적·** 사회적)에 의해 강요됨　　└→ 인상, 골격, 체형
의사비(非)결정론	인간관	의사결정론
개인책임	책임	사회책임
일반예방효과(무조건 형벌) └→ 범인에게 형벌을 과함으로써 일반인을 위하 여 범죄의 발생을 예방함이 형벌의 목적	목적	**특별예방효과** └→ 형벌의 목적을 범죄인을 개선 교화하고 사회복귀 시킴으로서 더 이상 범죄를 저지르지 않도록 하는 것
범죄행위	관점	범죄자
응보와 형벌(사법제도)	수단	치료·갱생(과학적 방법)

2 고전주의와 실증주의 범죄학의 대표적 학자

고전주의	베카리아 (Beccaria)	① 범죄와 형벌 저술 ② 형벌은 범죄에 비례하여 부과를 주장(사형, 고문제도 폐지 주장)
	벤담 (Bentham)	① **공리주의**(최대다수의 최대행복) 주장 ② 형벌을 통한 범죄의 통제를 주장
실증주의	생물학적 이론	① 롬브로조(Lombroso) : 생래적 범죄인설 ② **인간의 인상, 골격, 체형 등** 타고난 생물적 특성으로 인해 범죄 발생
	심리학적 이론	범죄원인은 **정신이상, 낮은 지능, 모방학습**에 기인함

THEME 03 범죄원인론(사회적 수준의 범죄원인)

1 사회구조원인

이론	학자/학파	내용
아노미(긴장) 이론	Durkheim	범죄는 정상적인 것이며 불가피한 사회적 행위라는 입장에서 사회 규범의 붕괴로 인해 범죄가 발생(**범죄는 아노미 상태에서 발생**) ※ 아노미 : 급격한 사회변화로 인해 규범이 붕괴되고 작동치 않는 상태
	Merton	**목표와 그 목표를 이루기 위한 수단과의 간극이 커지면서 아노미 조건이 유발**되어 분노와 좌절이라는 긴장이 초래(긴장유발이론)되고, 그 목적을 달성하기 위한 수단으로서 범죄를 선택(하위계층의 목표달성에 대한 좌절)
사회 해체 이론	의 의	산업화, 도시화로 인한 조직의 해체와 지역의 환경적 측면을 설명 예 甲 지역은 건물유리창이 깨진 채 방치되어 있고 길거리에 낙서가 가득하며 마약 및 알코올 중독자나 부랑자가 눈에 많이 띄는 틈새지역이다.
	Shaw & Macay	① 도시의 특정지역에서 범죄가 일반화되는 이유는 인구의 유입보다는 지역사회의 내부에 있으며, 지역구성원이 바뀌더라도 비행발생률은 **감소되지 않음** ② 특정 지역에서의 범죄가 다른 지역에 비해서 많이 발생하는 이유를 규명하고자 하였으며, 연구결과 전이지역(transitional zone)은 타 지역에 비해 범죄율이 상대적으로 높게 나타났다. 또한 '**낮은 경제적 지위**', '**민족적 이질성**', '**거주 불안정성**'을 중요한 3요소로 제시하였으며, 이로 인해 지역 주민은 서로를 모르기 때문에 공동체 의식이 발달하지 못하고 사회적 통제가 약화된다고 보았음
	Burgess & Park	시카고 지역을 5개의 동심원지대로 나누어 각 지대별 특성과 범죄의 관련성을 연구한 결과 빈곤, 인구유입, 실업 등과 관련이 있다고 규정
하위문화 이론	Cohen	하류계층의 청소년들이 목표와 수단의 괴리를 통해 중류계층에 대한 저항으로 비행을 저지르며 목표달성의 어려움을 극복하기 위해 자신들만의 하위문화를 만들게 되며 범죄는 이러한 하위문화에 의해 저질러지는 것임
	Miller	범죄는 하위문화의 가치와 규범이 **정상적으로 반영**된 것
문화갈등 이론	**시카고 학파**	각 지역사회의 문화적 갈등을 통해 범죄나 비행이 발생
	T. Sellin	범죄는 문화적 갈등을 통한 심리적 갈등으로 인해 발생
문화전파이론	① 범죄에 대한 구조적·문화적인 유인에 대한 **자기통제의 상실**을 범죄의 원인으로 봄 ② 범죄는 문화와 같이 부모로부터 아이에게 전해짐	

2 사회과정원인

(1) 사회학습이론

이론	학자	내용
차별적 접촉이론	Sutherland	① 범죄는 범죄적 전통을 가진 사회(물리적 환경)에서 많이 발생하며 이러한 사회에서 개인은 범죄에 **접촉, 참가, 동조하면서 차등적으로 학습**(범죄행위는 학습의 산물)한다. ② 범죄행위도 범죄적인 행동양식을 받는 집단에서 **정상적인** 학습을 통하여 터득한 정상적인 행동양식이라 주장 └ 비정상적 X 예 A는 학교폭력을 저지르는 B의 무리와 자주 만나며 친하게 지냈다. B로부터 오토바이 절도에 관한 기술도 배워 상습적으로 범행을 저지르게 되었다.
차별적 동일시이론	Glaser	청소년들이 **영화의 주인공을 모방하고 자신과 동일시**하면서 범죄를 학습한다고 주장 예 청소년인 甲은 영화 'ㅇㅇㅇ 습격사건'을 보고 "영화 속 주인공이 멋있다"며 닮고 싶다는 생각에 주인공의 행동을 그대로 따라 하다가 절도까지 저지르게 되었다.
차별적 강화이론	Burgess & Akers	청소년의 비행행위는 **처벌이 없거나 칭찬받게 되면 반복적으로 저질러**진다고 주장
중화기술 이론	Matza & Sykes	① 청소년은 비행의 과정에서 **합법적, 전통적 관습, 규범, 가치관 등을 중화**시킨다. ② 중화기술에는 책임의 부인, 피해자의 부정, 피해발생 부인, 비난자에 대한 비난, 보다 높은 충성심에의 호소로 분류하였다.

책임의 부인(회피)	**자신이 아닌 다른 것에 책임을 전가** 예 "나와 같은 사회적 배경을 가졌다면 어느 누가 그렇게 하지 않을 수 있겠는가?"라고 자문하면서 비행의 책임을 열악한 가정환경, 빈곤 등의 외부적 요인으로 전가하는 것
피해발생의 부인 (가해의 부정)	**자신의 행위가 누구에게도 피해를 주지 않았다는 합리화** 예 자전거를 훔치다가 상점 주인에게 발각되자 잠시만 빌려 타고 다시 돌려주면 되지 않냐며 합리화하는 경우 예 남의 물건을 손괴해놓고 국가에서 다 보상해줄 텐데 손해 본게 무엇이 있냐며 합리화하는 경우
피해자의 부정	**피해를 받아 마땅하거나 자신의 행위가 정의로운 응징으로 보는 것** 예 다른 사람을 폭행하면서 이 사람이 먼저 때리려고 했기 때문에 선수를 치지 않을 수 없었다든지, 상점물건을 훔치면서 가게주인이 정직하지 못한 사람이라는 식으로 합리화하는 것
비난자에 대한 비난	**사회통제기관은 부패하여 나를 심판할 자격이 없다고 생각** 예 조그만 잘못을 저지른 비행청소년이 자신보다 단속하는 경찰관이 더 나쁜 사람'이라고 합리화하는 경우
보다 높은 충성심에의 호소	**집단에 대한 충성심 또는 도리를 위하여 불가피하게 범죄행위를 하였다고 생각** 예 친구와의 소중한 우정을 지키기 위해서는 오토바이 절도가 무슨 대수냐고 합리화하는 경우

(2) 사회통제이론

이론	학자	내용
견제이론	Reckless	① 좋은 자아관념은 주변의 범죄적 환경에도 불구하고 비행행위에 가담하지 않도록 하는 중요한 요소가 됨 ② 범죄유발요소 <table><tr><td>외적압력</td><td>가난, 비행하위문화, 퇴폐환경, 차별적 기회구조</td></tr><tr><td>내적압력</td><td>좌절, 욕구, 분노, 열등감</td></tr></table>
동조성전념 이론	Briar & Piliavin	① 사람들은 행위와 가치에 영향을 미치는 단기유혹에 노출되며 노출이 끝나면 다시 정상적인 상태로 돌아가고 범죄를 행했을 때 **자신에게 돌아오는 처벌의 두려움, 자신의 이미지, 사회에서의 지위와 활동에 미치는 영향 등을 염려하는 동조성에 대한 전념**을 가지고 있음 ② 동조성에 대한 전념은 부모와 선생님 등 다른 사람과의 대인관계를 통해 얻어지게 됨
사회유대 이론	Hirschi	① 범죄의 원인은 사회적인 유대가 약화되어 통제되지 않기 때문 ② 사회적 통제의 결속요소 : **애착, 참여, 전념, 신념**(기회 X) 등 예 범죄학 전문가는 한 사건에 대해 사회적인 유대를 강화함으로써 범죄를 통제하는 것이 중요하다고 강조함

(3) 낙인이론

① 범죄자로 만드는 것은 행위의 질적인 면이 아닌 **사람들의 인식**
② 탄넨바움(Tannenbaum) – 낙인이론을 통해 범죄자라는 낙인이 어떠한 결과를 낳는가에 관심을 가짐 **(악의 극화라고 표현)**
③ Lemert – **일차적 일탈**과 **이차적 일탈**로 구분하여 설명한다.
　　　　　↳ 일시적 일탈　　↳ 경력적 일탈
예 A경찰서는 관내에서 폭행으로 적발된 청소년을 형사입건하는 대신, 학교전담경찰관이 외부 전문가와 함께 3일 동안 다양한 활동으로 구성된 선도프로그램을 제공함으로써 해당 청소년에게 스스로 잘못을 뉘우치고 장차 지역사회로 다시 통합될 수 있는 기회를 제공
예 중학생 A는 친구들과 호기심에 처음으로 편의점에서 과자를 몇 개 훔쳤다. 그 후 이 일이 발각되자 동네 어른들은 A를 볼 때마다 "도둑"이라며 "커서 뭐가 되려고 그러냐", "바늘 도둑이 소도둑 되는 거다"라고 했다.

THEME 04 ▶ 범죄통제(예방)이론

1 범죄통제 방법의 변천

응보와 복수(근세 이전) → 형벌과 제재(고전주의) → 교정과 치료(실증주의) → 범죄예방(20C)

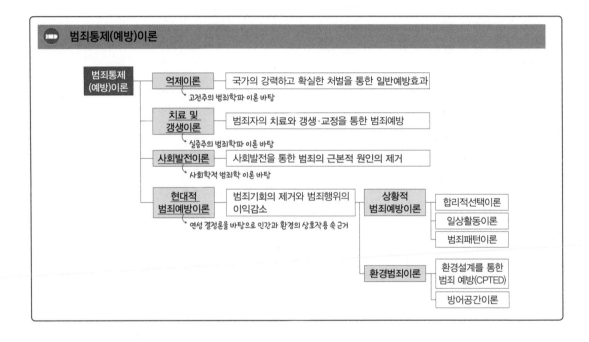

2 범죄 통제(예방)이론의 특징 및 비판

억제이론	① **고전학파 범죄이론을 바탕**으로 자유의지를 가진 합리적 범죄자를 기본가정으로 하는 예방이론 ② 범죄를 **개인 스스로의 책임**으로 인식 ↳ 사회책임 X, 의사비결정론 ③ 범죄에 대한 강력하고 확실한 처벌(엄중성, 확실성, 신속성)을 주장 ④ 범죄를 저지르면 반드시 처벌된다는 처벌의 확실성을 일반 공중에게 보여줌으로써 **일반예방효과**가 발생하고, 범죄자에게 엄격하고 강력한 처벌을 할 때 **특별예방효과**가 나타난다고 봄 ⑤ **비판** : 폭력범죄 등 충동적 범죄에는 적용하기가 어려움
치료 및 갱생이론	① **실증주의 범죄이론(생물학·심리학적 범죄이론)을 바탕**으로 한 예방이론 ② 범죄를 사회의 책임으로 인식 ③ 결정론적 인간관 → 인간의 자유의지 부정 ④ **범죄행위가 아닌 범죄자**의 치료와 갱생을 통하여 특별예방효과에 중점 ⑤ **비판** : 치료 및 갱생활동에 많은 비용이 소모, 적극적 범죄예방활동에 한계
사회발전을 통한 예방이론	① **사회학적 범죄학에 근거**한 범죄예방이론 ② 사회발전을 통한 범죄의 근본적 원인의 제거 → 범죄자의 사회적 환경을 범죄자의 내재적 성향보다 더 중요한 범죄원인으로 봄 ③ **비판** : 막대한 인적·물적자원이 필요, 범죄예방프로그램은 사회를 실험대상으로 이용 → 개인이나 소규모 조직체에 의해 수행될 수 없음
생태학적 이론 (오스카 뉴먼)	① 한 지역사회가 지배·침입·승계의 과정을 통해 다른 지역사회를 지배하게 되는 과정을 설명 ② 범죄발생을 용이하게 하는 환경적 요소를 파악하여 주택 및 도시건설 설계단계부터 범죄환경을 최소화하는 등 범죄취약요인을 제거함으로써 기회성 범죄를 줄여 범죄를 예방하려는 이론 ③ 범죄발생을 용이하게 하는 환경적 요소를 개선하거나 제거함으로써 기회성 범죄를 줄이려는 범죄예방론으로 대표적인 예로 **환경설계를 통한 범죄예방(CPTED)**이 있음

3 상황적 범죄예방이론 의의

① 범죄행위에 대한 위험과 어려움을 높여 범죄기회를 줄이고 범죄이익을 감소시킴으로써 범죄를 예방하는 이론
② Clark이 주장 → Clark은 뉴먼의 방어공간과 제퍼리의 CPTED에 영향을 받음

4 상황적 범죄예방이론의 종류

합리적 선택이론 (클락 & 코니쉬)	① 범죄행위는 비용과 이익을 고려하여 합리적으로 선택함 → 신고전주의 ② 자유의지 인정하는 **비결정론적** 인간관에 입각하여 범죄자는 비용과 이익을 계산하고 　└ 결정론 X 　 자신에게 유리한 경우에 범죄를 행함 ③ **범죄자의 입장**에서 선택할 수 있는 기회를 미리 진단하여 예방함(범죄기회의 제거) 　→ 체포의 위험성과 처벌의 확실성을 높여 효과적으로 범죄를 예방
일상활동이론 (코헨과 펠슨)	① 범죄의 요소 3가지 → 모든 개인을 정상적인 잠재적 범죄자로 파악 　동기가 부여된 잠재적 **범죄자**(motivated offender) 　적절한 **대상**(suitable target) 　보호자(감시자)의 **부재**(absence of capable guardianship)　범대부 ② VIVA 모델 (범죄자 입장에서 범행을 결정하는데 고려되는 요소) 　가치(Value), 이동의 용이성(Inertia), 가시성(Visibility), 접근성(Access) ③ 범죄발생의 요소를 고려하여 범죄에 대응함 ④ **구체적**이고 **미시적**인 분석을 토대로 구체적인 상황에 맞는 범죄예방활동을 하고 　　　　　 └ 거시적 X 　 자 함
범죄패턴이론 (브랜팅햄)	① 범죄에는 일정한 **장소적 패턴**이 있음 – 여가활동장소, 이동경로, 이동수단 　　　　　　　　　 └ 시간적 X ② **지리적 프로파일링**을 통한 범행지역의 예측 활성화에 기여함

5 상황적 범죄예방이론에 대한 비판

전이효과 (풍선효과)	범죄를 예방하는 장치나 수단 등은 실제로 범죄예방에 효과가 없으며, 범죄기회를 줄인다고 하더라도 **실제적으로 범죄가 줄어드는 것이 아니라 다른 곳으로 전이됨**
부정적 사회현상	범죄의 기회를 줄이기 위하여 사회에 대한 국가권력의 과도개입을 초래하게 되고, '**요새화된 사회**'를 형성하게 되며, 인권을 침해할 수 있음

6 환경범죄이론(Jacobs, Oscar Newman, Jeffery)

방어공간이론 (영역성의 강조)	주거에 대한 영역성의 **강화**를 통해 주민들이 살고 있는 지역이나 장소를 자신들의 영역 └→ 약화X 이라 생각하고 감시를 게을리하지 않으면 어떤 지역이든 범죄로부터 안전할 수 있다고 주장하는 이론
CPTED (환경설계를 통한 범죄예방)	① **오스카 뉴먼**이 제창한 방어공간이라는 이론을 **제퍼리**가 확장시켜 체계적으로 정립하여 **현재 CPTED라는 용어 사용** ② 주로 잠재적 범죄인이 환경의 변화에 비교적 쉽게 적응해간다는 측면에서 비판

TIP CPTED(환경설계를 통한 범죄예방)의 5가지 기본원리

원 리	개 념	예
자연적 감시	건축물이나 시설물 등의 설계시에 **가시권을 최대로 확보**하고, 외부침입에 대한 감시기능을 확대함으로써 범죄행위의 발견 가능성을 증가시키고, 범죄기회를 감소시켜 범죄를 예방하고 억제할 수 있다는 원리	**가시권 확대**를 위한 건물의 배치 및 조명·조경 설치 등
자연적 접근통제	일정한 지역에 접근하는 사람들을 **정해진 공간으로 유도**하거나 **출입하는 사람들을 통제**하도록 설계함으로써 접근에 대한 심리적 부담을 증대시켜 범죄를 예방할 수 있다는 원리	통행로의 설계, 출입구의 최소화, 차단기·잠금장치·방범창 등의 설치
영역성의 강화 └→ 약화X	사적 공간에 대한 **경계선을 표시**(제거X)하여 거주자들의 소유·책임의식을 **강화**(강소X)시킴으로써 범죄에 대항·예방하게 하고, 외부인들에게는 침입에 대한 불법사실을 인식시켜 범죄기회를 차단하는 원리	울타리·표지판의 설치, 사적·반(半)사적·공적 공간의 구분
활동의 활성화	공공장소에 대한 주민들의 활발한 사용을 유도함으로써 '**거리의 눈**(eyes on the street)'에 의한 자연스러운 감시를 강화시키고 접근통제의 기능을 확대하는 원리	놀이터·공원의 설치, 체육시설의 접근성과 이용의 증대, 벤치·정자의 위치 및 활용성에 대한 설계
유지관리	어떤 시설물이나 공공장소를 처음 설계된 대로 **지속적으로 이용될 수 있도록 관리**함으로써 범죄예방을 위한 환경설계의 장기적이고 지속적인 효과를 유지하는 원리(깨진 유리창 이론과 유사)	파손의 즉시보수, 청결유지, 조명·조경의 관리

TIP 범죄요소에 관한 설명

범죄의 3요소	VIVA 모델	Sheley의 범죄발생 4가지 조건
• **범**죄자 • **대**상 • 감시의 **부**재 **범대부**	• 가치(**V**alue) • 이동의 용이성(**I**nertia) • 가시성 (**V**isibility) • 접근성(**A**ccess) ※ 영문 두문자 기억	• 범행의 **동**기 • 사회적 제재로부터의 **자**유 • 범행의 기**술** • 범행의 기**회** **동자술회**

TIP 멘델슨(Mendelsohn)의 범죄피해자 유형

유형	피해자의 개념	예
완전히 책임 없는 피해자	순수한 피해자(무자각 피해자)	영아살해죄의 영아, 약취유인된 유아
책임이 조금 있는 피해자	무지(無智)에 의하여 책임이 적은 피해자	무지에 의한 낙태여성, 인공유산을 시도하다 사망한 임산부
가해자와 같은 정도의 책임이 있는 피해자	자발적인 피해자	촉탁살인에 의한 피해자, 자살미수 피해자, 동반자살 피해자
가해자보다 더 책임이 있는 피해자	피해자의 행위가 범죄자의 가해행위를 유발시킨 피해자	자신의 부주의로 인한 피해자, 부모에게 살해된 패륜아
가장 책임이 높은 피해자	타인을 공격하다 반격을 당한 피해자	정당방위의 상대자가 되는 공격적 피해자, 무고죄의 범인같은 기만적 피해자

1 전통적 경찰활동과 지역사회 경찰활동의 비교

구분	전통적 경찰활동	지역사회 경찰활동
경찰의 의의	**경찰은** 법집행의 책임이 있는 **유일한 정부**기관	경찰이 곧 대중이고, **경찰과 시민 모두**에게 범죄방지 의무가 있음
경찰의 역할	**범죄를 해결**하는 것	폭넓은 **지역문제를 해결**하는 것
경찰의 능률측정	**체포율(검거율)**과 적발건수	범죄와 무질서의 감소율
경찰업무 우선순위	범죄(강도, 절도, 폭력 등)퇴치	지역사회질서를 문란시키는 **요인 해결**
경찰의 효율성 평가	범죄신고에 대한 **반응시간**	대중의 경찰업무에의 **협조도**
대상	범죄사건	시민의 문제와 걱정거리
강조점	집중화된 조직구조, 법과 규범에 의해 규제, 법을 엄격히 준수하는 책임 강조	① 지역사회의 요구에 부응하는 분권화된 **경찰관 개개인의 능력 강조** ② 정책결정과정에서 주민의 참여를 증대하고 **경찰의 권한을 분산**하는 것을 기본요소로 함
가장 중요한 정보	**범죄사건 정보**(특정 범죄 또는 일련의 범죄와 관련되는 정보)	**범죄자 정보**(개인 또는 집단의 정보)
타 기관과의 관계	갈등	원활한 협조

2 지역사회 경찰활동 내용

(1) 지역중심 경찰활동(Community-Oriented Policing : COP)

학자	트로야노비치&버케로
내용	① 지역사회와 경찰 사이의 새로운 관계를 증진시키는 **조직적인 전략**이고 원리 ② 지역사회에서의 **전반적인 삶의 질 향상을 목표** ③ **사전 예방적 대응**을 강조 ④ 경찰과 지역사회 구성원과 함께 마약·범죄와 범죄에 대한 두려움, 사회적·물리적 무질서 그리고 전반적인 지역의 타락과 같은 당면의 **문제들을 확인**하고 **우선순위를 정하여 해결**하고자 함께 노력

(2) 문제지향적 경찰활동(Problem-Oriented Policing : POP)

학자	골드슈타인
내용	① 경찰관이 단순한 법집행자의 역할에서 지역사회 범죄문제의 근원적 원인을 확인하고 해결하는 역할로 전환할 것을 추구 → **형법의 적용은 여러 대응수단 중 하나에 불가하고, 사안들에 있어서 그 상황에 맞는 대안을 개발하기 위해 노력하는 활동에 주력** ② 지역사회의 문제를 해결하기 위한 여러 가지 방안을 중점으로 우선순위를 재평가, 각각의 문제에 따른 형태별 대응을 강조 ③ **에크와 스펠만**의 SARA 모델 문제해결 과정조사 (Scanning) → 분석 (Analysis) → 대응 (Response) → 평가 (Assessment) ↳ Access x ④ 일선경찰관에 대한 문제해결권한과 필요한 시간을 부여하고 범죄분석 자료를 제공, 대중정보와 비평을 적극적으로 수용 ⑤ 경찰은 지역사회 유지를 위한 책임보다는 **촉진자의 역할을 강조** ⑥ 지역문제들에 대한 효과적인 대응 전략들을 고려하면서, 필요시에는 경찰과 지역사회의 협력 전략에 보다 높은 가치를 부여 → 지역중심 경찰활동과 문제지향적 경찰활동은 병행되어 실시될 때 효과성이 제고 됨

(3) 이웃지향적 경찰활동(Neighborhood-Oriented Policing : NOP)

학자	윌리엄스
내용	① 지역에서 범죄는 **비공식적 사회통제의 약화**와 경제적 궁핍이 소외를 정당화하기 때문에 일어난다고 봄 ② 지역조직은 경찰관에게서 중요한 역할을 부여받으며, 서로를 위해 감시하고 **공식적인 민간순찰**을 실시 → 경찰과 주민의 의사소통을 활성화하고 주민들에 의한 순찰을 실시하는 등 지역사회에 기초를 둔 범죄예방 활동 등을 위해 노력 ③ 지역조직은 거주자들에게 지역에 관한 정보를 제공하며 경찰과 협동해서 범죄를 억제하는 기능을 수행

3 집합효율성이론, 깨진유리창이론

집합효율성 이론 (로버트 샘슨)	① 집합효율성이란 **지역주민간**의 상호신뢰 또는 연대감과 범죄에 대한 적극적인 개입과 결합을 의미한다. 　　_{└ 경찰관X} ② 지역사회 구성원들이 범죄문제를 해결하기 위해 적극적으로 참여하는 것이 중요한 범죄예방의 열쇠이다. ③ 단점 : 공식적 사회통제(경찰 등 법집행기관)를 간과했다는 점에서 경찰 등이 배제된 주민자치는 일정한 한계가 있다.
깨진유리창이론 (윌슨과 켈링, 켈링과 브래튼)	① 무질서한 행위와 환경을 그대로 방치하면 주민들은 공공장소를 회피하게 되고 범죄에 대한 두려움은 증가하며 범죄와 무질서가 심각해지므로, 무질서에 대한 엄격한 통제관리가 요구된다. ② 무관용 정책과 집합효율성의 강화가 범죄를 예방하는 데 중요한 기여를 하게 된다. ③ 한편으로 시민들에게 파괴되거나 더럽혀진 주변 환경에 대한 신속한 회복을 요청하였고, **지역주민 간의 상호협력을 통한 범죄와 무질서의 예방노력이 함께 어우러진 결과로 효과적인 범죄예방의 기능을 수행할 수 있었다.** ④ 미국 뉴욕시는 1990년대 깨진 유리창 이론의 실천을 통해 범죄예방 성과를 달성하게 되었음 예 B경찰서는 지역사회에 만연해 있는 경미한 주취소란에 대해서도 예외없이 엄격한 법집행을 실시

THEME 06 지역경찰

1 「지역경찰의 조직 및 운영에 관한 규칙」상 관련 내용

정의 (§2)	1. **"지역경찰관서"**란 「국가경찰과 자치경찰의 조직 및 운영에 관한 법률」제30조 제3항 및 「경찰청과 그 소속기관 직제」 제43조에 규정된 **지구대 및 파출소**를 말한다.
복장 및 휴대장비 (§20)	③ **지역경찰관서장 및 순찰팀장**(이하 **"지역경찰관리자"라 함)**은 필요한 경우 지역경찰의 복장 및 휴대장비를 조정할 수 있다.
근무형태 및 시간 (§21)	③ 순찰팀장 및 순찰팀원은 **상시·교대근무**(일근근무 X)를 원칙으로 하며, 근무교대 시간 및 휴게시간, 휴무횟수 등 구체적인 사항은 「국가공무원 복무규정」 및 「경찰기관 상시근무 공무원의 근무시간 등에 관한 규칙」이 규정한 범위 안에서 **시·도경찰청장**(경찰서장 X)이 정한다.
일일근무 지정 (§29)	① **지역경찰관서장은** 지역경찰관서 및 치안센터의 설치목적, 근무인원, 치안수요, 기타 업무량 등을 고려하여 근무의 종류 및 실시 기준을 정한다. ④ 순찰근무의 근무종류 및 근무구역은 지역 치안이 효율적으로 수행될 수 있도록 시간대별·장소별 치안수요, 각종 사건사고 발생, 순찰 인원 및 가용 장비, 관할 면적 및 교통·지리적 여건 사항을 고려하여 **지정하여야 한다.** ⑥ 지역경찰관리자는 신고출동태세 유지 등을 위해 필요한 경우에는 **휴게 및 식사시간도 <u>대기</u> 근무로 지정할 수 있다.** └ 기타근무 X
지역경찰의 동원 (§31)	지역경찰 동원은 **근무자 동원을 원칙**으로 하되, 불가피한 경우에 한하여 **비번자, 휴무자 순**으로 동원할 수 있다.
정원관리(§37)	**시·도경찰청장은** 소속 시·도경찰청의 지역경찰 정원 충원 현황을 **연 2회 이상** 점검하고 현원이 정원에 미달할 경우, 지역경찰 정원충원 대책을 수립, 시행하여야 한다.
교육(§39)	① **시·도경찰청장 및 경찰서장**은 지역경찰의 올바른 직무수행 및 자질 향상을 위해 필요한 교육을 실시하여야 한다. ② 교육시간, 방법, 내용 등 지역경찰 교육과 관련된 세부적인 기준은 **경찰청장**이 따로 정한다. └ 시·도경찰청장 X
근무일지의 기록·보관(§42)	① 지역경찰은 근무 중 주요사항을 **근무일지(을지)**에 기재하여야 한다. ③ 근무일지는 3년간 **보관한다.**

2 경찰기관 상시근무 공무원의 근무시간 등에 관한 규칙

제2조(정의) 이 규칙에서 사용하는 용어는 다음과 같다.

1. **"상시근무"**라 함은 일상적으로 24시간 계속하여 대응·처리해야 하는 업무를 수행하거나 **긴급하고 중대한 치안상황에 대비하기 위하여 야간, 토요일 및 공휴일에 관계없이 상시적으로 업무를 수행하는 근무형태**를 말한다.

2. **"교대근무"**라 함은 **근무조를 나누어 일정한 계획에 의한·반복주기에 따라 교대로 업무를 수행**하는 근무형태를 말한다.

3. **"휴무"**라 함은 근무일에 해당함에도 불구하고 누적된 피로 회복 등 건강유지를 위하여 **일정시간 동안 근무에서 벗어나 자유롭게 쉬는 것**을 말한다.

4. **"비번"**이라 함은 교대근무자가 일정한 계획에 따라 다음 근무시작 전까지 자유롭게 쉬는 것을 말한다.

5. **"휴게시간"**이라 함은 **근무도중 자유롭게 쉬는 시간**을 말하며 **식사시간을 포함**한다.

6. **"대기"**라 함은 신고사건 출동 등 치안상황에 대응하기 위하여 **일정시간 지정된 장소에서 근무태세를 갖추고 있는 형태**의 근무를 말한다.

3 지역경찰의 직무(지역경찰의 조직 및 운영에 관한 규칙 §5~8)

구 분	직 무
지역경찰관서장 (지구대장, 파출소장) (치안센터 X)	1. 관내 치안상황의 분석 및 대책 수립 2. **지역경찰관서의 시설·예산·장비의 관리** 3. **소속 지역경찰의 근무와 관련된 제반사항에 대한 지휘 및 감독** 4. 경찰 중요 시책의 홍보 및 협력치안 활동
순찰팀장	1. 근무교대 시 주요 취급사항 및 장비 등의 **인수**인계 확인 2. **관리팀원 및 순찰팀원에 대한 일일근무 지정 및 지휘·감독** 3. 관내 중요 사건 발생 시 **현장** 지휘 4. 지역경찰관서장 부재 시 업무 **대행** 5. 순찰팀원의 업무역량 향상을 위한 **교육**　　　　**인수팀장 일일현장대행교육**
관리팀	문서의 접수 및 처리, **시설 및 장비의 관리**, 예산의 집행 등 지역경찰관서의 행정업무
순찰팀	순찰팀은 범죄예방 순찰, 각종 사건사고에 대한 초동조치 등 현장 치안활동을 담당
부팀장	순찰팀장을 보좌하고 순찰팀장 부재 시 업무를 대행

4 지역경찰 근무의 종류(§22~28)

구 분	근무 내용
행정근무	1. 문서의 접수 및 처리 2. 시설·장비의 관리 및 예산의 집행 3. 각종 현황, 통계, 자료, 부책 관리 4. 기타 행정업무 및 지역경찰관서장이 지시한 업무　　　문예부지
상황근무	1. 시설 및 장비의 작동 여부 확인 2. 방문민원 및 각종 신고사건의 접수 및 처리 3. 요보호자 또는 피의자에 대한 보호·감시 4. 중요 사건·사고 발생 때 보고 및 전파 5. 기타 필요한 문서의 작성
순찰근무	1. 주민여론 및 범죄첩보 수집 2. 각종 사건·사고 발생 때 초동조치 및 보고, 전파 3. 범죄 예방 및 위험발생 방지 활동 4. 범법자의 단속 및 검거　　※ 112순찰근무 및 야간 순찰근무는 반드시 2인 이상 합동 지정하여야 한다. 5. 경찰방문 및 방범진단 6. 통행인 및 차량에 대한 검문검색 등
경계근무 (반드시 2인 이상 합동 지정)	1. 범법자 등 단속·검거하기 위한 통행인 및 차량, 선박 등에 대한 검문검색 및 후속조치 2. 비상 및 작전사태 등 발생할 때 차량, 선박 등의 통행 통제
대기근무	② 대기근무의 장소는 지역경찰관서 및 치안센터 내로 한다. 단, 식사시간을 대기 근무로 지정한 경우에는 식사 장소를 대기 근무 장소로 지정할 수 있다. ③ 대기근무를 지정된 장소에서 휴식을 취하되, 무전기를 청취하며 10분 이내 출동이 가능한 상태를 유지
기타 근무	치안상황에 효과적으로 대응하기 위하여 지역경찰 관리자가 지정하는 근무로 위의 근무형태에 해당하지 않는 근무

행상순경대기

5 치안센터(지역경찰의 조직 및 운영에 관한 규칙)

검문소형 치안센터 (§16)	① 검문소형 치안센터는 적의 침투 예상로 또는 주요 간선도로의 취약요소 등에 교통통제 요소 등을 고려하여 설치한다.
출장소형 치안센터 (§17)	② 출장소형 치안센터 근무자의 임무는 다음 각호와 같다. 　1. 관할 내 주민여론 청취 등 지역사회 경찰활동 　2. 방문 민원 접수 및 처리 　3. 범죄예방 순찰 및 위험발생 방지 　4. 지역경찰관서에서 즉시 출동하기 어려운 사건·사고 발생 시 초동조치 ③ 경찰서장은 도서, 접적지역 등 지리적 여건상 필요한 경우에는 출장소형 치안센터에 검문소형 치안센터의 임무를 **병행토록 할 수 있다.** (병행하도록 해서는 안된다 X)
직주일체형 치안센터 (§18)	① 직주일체형 치안센터는 **출장소형 치안센터** 중 근무자가 치안센터 내에서 거주하면서 근무하는 형태의 치안센터를 말한다. ② 직주일체형 치안센터에는 배우자와 함께 거주함을 원칙으로 하며, 배우자는 근무자 부재시 방문 민원 접수·처리 등 보조 역할을 수행한다. ③ 직주일체형 치안센터에 배치된 근무자는 근무 종료 후에도(**휴무일은 제외**) 관할구역 내에 위치하며 지역경찰관서와 연락체계를 유지하여야 한다.　↳ 포함 X
직주일체형 치안센터 근무자의 특례(§19)	**경찰서장**은 직주일체형 치안센터에서 거주하는 근무자의 배우자에게 조력사례금을 **지급하여야 하며**, 지급 기준 및 금액은 **경찰청장**이 정한다.

THEME 07 112 신고

1 112신고의 운영 및 처리에 관한 법률

정의(§2)	1. "112"란 「전기통신사업법」 제48조에 따른 전기통신번호자원 관리계획에 따라 부여하는 특수번호인 112를 말한다. 2. **"112신고"**란 범죄나 각종 사건·사고 등 위급한 상황이 발생하였거나 발생할 것이 예상될 때 그 피해자 또는 이를 인지한 사람이 112를 이용한 음성, 문자 신고와 그 밖의 인터넷, 영상, 스마트기기 등을 통하여 신고하는 것을 말한다.
국민의 권리와 의무 (§4)	② 누구든지 범죄나 각종 사건·사고 등 위급한 상황에 대응하기 위한 목적 외의 다른 목적으로 112신고를 하거나 이를 거짓으로 꾸며 112신고를 하여서는 아니 된다. → 위반하여 범죄나 각종 사건·사고 등 위급한 상황을 거짓으로 꾸며 112신고를 한 사람에게는 **500만원 이하의 과태료**를 부과한다(§18①).
112신고에 대한 조치(§8)	③ 경찰관은 필요한 조치를 할 때 사람의 생명·신체 또는 재산에 대한 급박한 위해가 발생할 우려가 있는 경우에는 그 위해를 방지하거나 피해자를 구조하기 위하여 부득이하다고 인정하면 합리적으로 판단하여 필요한 한도에서 다른 사람의 토지·건물 또는 그 밖의 물건을 일시사용, 사용의 제한 또는 처분을 하거나 다른 사람의 토지·건물·배 또는 차에 출입할 수 있다. → 정당한 사유 없이 토지·물건 등의 일시사용, 사용의 제한, 처분 또는 토지·건물·배 또는 차에 출입을 거부 또는 방해한 자에게는 **300만원 이하의 과태료**를 부과한다(§18②). ④ 경찰청장등은 112신고를 처리하는 과정에서 재난·재해, 범죄 또는 그 밖의 위급한 상황이 발생하여 사람의 생명·신체를 위험하게 할 것으로 인정할 때에는 일정한 구역을 정하여 그 구역에 있는 사람에게 그 구역 밖으로 피난할 것을 명할 수 있다. → 정당한 사유 없이 피난 명령을 위반한 자에게는 **100만원 이하의 과태료**를 부과한다(§18③).
112신고자에 대한 보호 등 (§10)	② 경찰청장등은 다음 각 호의 어느 하나에 해당하는 경우를 제외하고 112신고에 사용된 전화번호, 112신고자의 이름·주소·성별·나이·음성과 그 밖에 112신고자를 특정하거나 유추하는 데 사용될 수 있는 일체의 정보(이하 "112신고자 정보"라 한다)를 **수집·이용 또는 제공하여서는 아니 된다.** 1. 112신고의 처리를 위하여 112신고자 정보를 활용하는 경우 2. 112신고자가 동의하는 경우 3. 이 법 또는 다른 법률에 특별한 규정이 있는 경우 ③ 누구든지 ②에 따른 112신고자 정보를 112신고 접수·처리 이외의 목적에 이용하여서는 아니 된다. → 위반하여 112신고자 정보를 목적 외의 용도로 이용한 자는 **5년 이하의 징역 또는 5천만원 이하의 벌금**에 처한다(§17).
출동 현장의 촬영·관리 (§11)	① 경찰청장등은 112신고를 처리할 때 112치안종합상황실에서 출동 현장의 상황 등을 실시간으로 확인하고 지휘하기 위한 목적으로 순찰차 등에 영상촬영장치를 설치하여 출동 현장을 촬영할 수 있다.

2 112치안종합상황실 운영 및 신고처리 규칙

근무자 선발 원칙 및 근무기간(§6)	① 시·도경찰청장 및 경찰서장은 112요원을 배치할 때에는 관할구역 내 지리감각, 언어 능력 및 상황 대처능력이 뛰어난 경찰공무원을 선발·배치하여야 한다. ② 112요원의 근무기간은 **2년 이상**(1년 이상 X)으로 한다.
신고의 접수 (§8)	① 112신고는 현장출동이 필요한 지역의 관할과 관계없이 신고를 받은 112치안종합상황실에서 접수한다. ② 국민이 112신고 이외 경찰관서별 일반전화 또는 직접 방문 등으로 경찰관의 현장출동을 필요로 하는 사건의 신고를 한 경우 해당 신고를 받은 자가 접수한다. 이 때 **접수한 자는 112시스템에 신고내용을 입력해야 한다.**

112신고의 분류(§9)	② 접수자는 신고내용을 토대로 사건의 긴급성과 출동필요성에 따라 다음 각 호와 같이 112신고의 대응코드를 분류한다.
	   1. code 0 신고 : code 1 신고 중 이동성 범죄, 강력범죄 현행범인 등 **실시간 전파가 필요한 경우**
	   2. code 1 신고 : 생명·신체에 대한 위험 발생이 **임박, 진행 중, 직후인 경우** 또는 **현행범인인 경우**
	   3. code 2 신고 : 생명·신체에 대한 **잠재적 위험**이 있는 경우 또는 범죄예방 등을 위해 필요한 경우
	   4. code 3 신고 : **즉각적인 현장조치는 불필요**하나 수사, 전문상담 등이 필요한 경우
	   5. code 4 신고 : 긴급성이 없는 **민원·상담 신고**
	 ③ 접수자는 불완전 신고로 인해 정확한 신고내용을 파악하기 힘든 경우라도 신속한 처리를 위해 우선 **임의의 코드로 분류하여 하달 할 수 있다.**
	 ④ 시·도경찰청·경찰서 지령자 및 현장 출동 경찰관은 접수자가 제2항부터 제3항과 같이 코드를 분류한 경우라도 **추가 사실을 확인하여 코드를 변경할 수 있다.**

지령(§10)	② 112요원은 접수한 신고의 내용이 code 4 신고의 유형에 해당하는 경우에는 출동요소에 지령하지 않고 자체 종결하거나, 소관기관이나 담당 부서에 신고내용을 통보하여 처리하도록 조치해야 한다.
현장출동 (§14)	③ 모든 출동요소는 사건 장소와의 거리, 사건의 유형 등을 고려하여 신고 대응에 가장 적합한 상태에 있다고 판단될 경우 별도의 출동 지령이 없더라도 스스로 출동의사를 밝히고 출동하는 등 112신고에 적극적으로 대응해야 한다.

112신고처리의 종결(§18)	112요원은 다음 각 호의 경우 112신고처리를 종결할 수 있다. 다만, **타 부서의 계속적 조치가 필요한 경우 해당부서에 사건을 인계한 이후 종결해야 한다.**
	   1. **사건이 해결된 경우**
	   2. 신고자가 신고를 취소한 경우. 다만, 신고자와 취소자가 동일인인지 여부 및 취소의 사유 등을 파악하여 신고취소의 진의 여부를 확인하여야 한다.
	   3. 추가적 수사의 필요 등으로 사건 해결에 장시간이 소요되어 해당 부서로 인계하여 처리하는 것이 효과적인 경우
	   4. 허위·오인으로 인한 신고 또는 경찰 소관이 아닌 내용의 사건으로 확인된 경우
	   5. 현장에 출동하였으나 사건 내용을 확인할 수 없으며, 사건이 실제 발생하였다는 사실도 확인되지 않는 경우
	   6. 그 밖에 상황관리관, 112종합상황실(팀)장이 초동조치가 종결된 것으로 판단하는 경우

자료보존기간 (§24)	① 112치안종합상황실 자료의 보존기간은 다음 각 호의 기준에 따른다. 1. 112신고 접수처리 입력자료는 1년간 보존 2. 112신고 접수 및 무선지령내용 녹음자료는 24시간 녹음하고 3개월간 보존 3. 그 밖에 문서 및 일지는 「공공기관의 기록물 관리에 관한 법률」에서 정하는 바에 따라 보존

3 112신고처리 업무와 관련한 측위기술(LBS)

LBS란 Location Based Services의 약자로 휴대전화 등의 위치를 기반으로 한 서비스를 통칭하는 용어이며 **일반적으로 휴대전화 위치추적의 의미**로도 사용된다.

TIP 측위기술의 종류 및 특징(112신고 접수·지령 매뉴얼)

구 분	측위 방식	특 징
Cell 방식	휴대전화가 접속한 기지국의 위치를 기반으로 위치판단	모든 휴대전화에 대해 사용 가능, 실내·지하 등에서도 측위 가능, 수백m(도심지) ~ 수km(개활지)의 위치오차 발생
GPS 방식	인공위성을 통해 휴대전화에 내장된 GPS의 위치를 측정	기본 오차가 수십m로 정확한 측위가 가능하지만, 휴대전화에 GPS가 설치되어 있지 않거나(2G폰) GPS를 꺼 놓은 경우, 건물내부, 지하 등에서는 측위 불가능 주의 단, 신고자가 아파트 등 건물의 창가, 베란다, 옥상과 같이 개방된 곳에 위치시 측위 가능함으로 GPS위치 결과값이 건물과 근접한 경우에는 건물내부에 신고자가 위치한 경우도 있음에 유의
Wi-Fi 방식	휴대전화 Wi-Fi가 연결된 무선 AP(무선인터넷 공유기)의 위치를 통한 측위	GPS 방식보다는 떨어지나 Cell방식보다는 상대적으로 정확한 측위 가능(기본 오차 수십m), 지하나 건물 내에서도 측위 가능하지만, AP가 많이 설치되어 있지 않은 시외지역에서는 측위 곤란 주의 Cell값과 Wi-Fi 위치가 현격히 차이나는 경우 **Cell값** 위치를 신고자 위치로 추정 _Wi-Fi값 X_ ※ Cell값은 서울, Wi-Fi값은 부산으로 확인되는 경우는 Wi-Fi AP(인터넷 무선공유기) 소유자가 부산에 거주하다가 서울로 이주를 하였으나 통신사 데이터베이스 갱신이 되지 않은 경우 등은 Cell값과 Wi-Fi값 위치가 현격히 차이나는 경우가 있음

4 112신고 접수시 위치정보 조회 가능여부

상황별 구분	내 용	가능여부
범죄 피해자 (요구조자)	납치·감금, 강도, 성폭력 등 생명·신체를 위협하는 범죄 피해를 입거나 예상되는 경우	가능
치매환자, 지적장애인, 실종아동(18세미만)	보호자의 보호 없이는 정상적인 생활이 불가능한 자로써 현재 보호 상태를 이탈하여 생명·신체에 대한 위험이 예상	가능
자살기도	자살을 암시하는 유서가 발견되거나, 음성·문자 등을 타인에게 전송한 경우	가능
조 난	자연재해로 인하거나 산중·해상 등 자연적 환경에 적절한 보호수단이 없이 방치되어 생명·신체에 대한 위험이 예상	가능
단순가출 행방불명·연락두절	보호자의 보호 상태를 이탈하기는 하였으나, **생명·신체에 대한 위험을 추정할 특별한 징후를 발견치 못한 경우**	추가 단서 확보시까지 위치정보 조회 곤란

5 112신고 접수 지령 관련 위치정보조회

구 분	통신수사	위치정보조회
관련근거	**통신비밀보호법** 제13조의 통신사실확인자료 제공요청	**위치정보보호및이용등에관한법률** 제29조
요 건	검사, 사법경찰관이 수사 또는 형의 집행을 위해 필요한 경우	112, 119를 통해 긴급구조 요청 접수된 경우
조회대상	대상자가 통신한 기지국 주소	**대상자가 현재 위치한 기지국 주소, 또는 GPS 등 위치정보**
절 차	지방법원. 지원 허가, 긴급한 경우(사후허가 가능)	112신고 접수시스템 연계 위치정보 요청 및 정보수신
소요시간	약 30분 내외(FAX 전송 등)	수초 이내

THEME 08 경비업(경비업법)

1 경비업 종류(§2 제1호)

시설경비	경비를 필요로 하는 **시설 및 장소**(경비대상시설)에서의 도난·화재 그 밖의 혼잡 등으로 인한 위험발생을 방지하는 업무
호송경비 └ 호위 X	**운반 중**에 있는 현금·유가증권·귀금·상품 그 밖의 **물건**에 대하여 도난·화재등 위험발생을 방지하는 업무
신변보호	**사람**의 생명이나 **신체**(재산 X)에 대한 위해의 발생을 방지하고 그 **신변**을 보호하는 업무
기계경비	경비대상시설에 설치한 기기에 의하여 감지·송신된 정보를 그 **경비대상시설 외**(내 X)의 장소에 설치한 관제시설의 기기로 수신하여 도난·화재 등 위험발생을 방지하는 업무 ※ 기계경비업의 허가를 받은 법인이 기계경비업무의 수행을 위한 관제시설을 신설·이전 또는 폐지한 때에는 시·도경찰청장에게 **신고**(허가 X)하여야 함
특수경비	**공항**(항공기를 **포함**(제외 X))등 대통령령이 정하는 국가중요시설의 경비 및 도난·화재 그 밖의 위험발생을 방지하는 업무

신송시특기

2 집단민원 현장(§2 제5호)

"집단민원현장"이란 다음 각 목의 장소를 말한다.

가. 「노동조합 및 노동관계조정법」에 따라 노동관계 당사자가 노동쟁의 조정신청을 한 사업장 또는 쟁의행위가 발생한 사업장

나. 「도시 및 주거환경정비법」에 따른 정비사업과 관련하여 이해대립이 있어 다툼이 있는 장소

다. 특정 시설물의 설치와 관련하여 민원이 있는 장소

라. 주주총회와 관련하여 이해대립이 있어 다툼이 있는 장소

마. 건물·토지 등 부동산 및 동산에 대한 소유권·운영권·관리권·점유권 등 법적 권리에 대한 이해대립이 있어 다툼이 있는 장소

바. **100명 이상**의 사람이 모이는 국제·문화·예술·체육 행사장

사. 「행정대집행법」에 따라 대집행을 하는 장소

※ **집단민원현장이 아닌 장소** : 여러 사람이 공동의 목적을 가지고 광장 등 일반인이 자유로이 통행할 수 있는 곳에서 행진 등으로 불특정한 여러 사람의 의견에 영향을 주고 있는 장소, 「집회 및 시위에 관한 법률」에 따른 집회 또는 시위가 금지되는 장소

3 경비업법 주요내용

경비업의 허가 (§4)	① 경비업을 영위하고자 하는 법인은 도급받아 행하고자 하는 경비업무를 특정하여 그 법인의 주사무소의 소재지를 관할하는 <u>**시·도경찰청장의 허가**</u>를 받아야 한다. 　　　　　　　　　　　　　　　↳ 경찰서장의 허가 X 　 도급받아 행하고자 하는 경비업무를 변경하는 경우에도 또한 같다. ② ①에 따른 허가를 받으려는 법인은 다음 각 호의 요건을 갖추어야 한다. 　 2. 다음 각 목의 경비인력 요건 　　 가. 시설경비업무: 경비원 **10명 이상** 및 **경비지도사 1명 이상** 　　〈1., 3., 4. 생략〉　　　　　↳ 20명 이상 X ③ ①의 규정에 의하여 경비업의 허가를 받은 법인은 다음 각호의 1에 해당하는 때에는 **시·도경찰청장**에게 <u>**신고**</u>하여야 한다. 　　　　　　　　　　↳ 허가 X 　 1. 영업을 폐업하거나 휴업한 때 　 2. 법인의 명칭이나 대표자·임원을 변경한 때 　 3. 법인의 주사무소나 출장소를 신설·이전 또는 폐지한 때 　 **4. 기계경비업무의 수행을 위한 관제시설을 신설·이전 또는 폐지한 때** 　 5. 특수경비업무를 개시하거나 종료한 때 　 6. 그 밖에 대통령령이 정하는 중요사항을 변경한 때
허가의 제한 (§4의2)	① 누구든지 제4조 제1항에 따른 허가를 받은 경비업체와 동일한 명칭으로 경비업 **허가**를 받을 수 없다.
경비지도사 및 경비원의 결격사유(§10)	① 다음 각 호의 어느 하나에 해당하는 자는 **경비지도사 또는 일반경비원**이 될 수 없다. 　 1. 18세 미만인 사람 또는 피성년후견인 　 **2. 파산선고를 받고 복권되지 아니한 자** 　 3. 금고 이상의 실형의 선고를 받고 그 집행이 종료(집행이 종료된 것으로 보는 경우를 포함한다)되거나 집행이 면제된 날부터 5년이 지나지 아니한 자 　 **4. 금고 이상의 형의 집행유예선고를 받고 그 유예기간중에 있는 자** 　 5. 다음 각 목의 어느 하나에 해당하는 죄를 범하여 벌금형을 선고받은 날부터 10년이 지나지 아니하거나 금고 이상의 형을 선고받고 그 집행이 종료된(종료된 것으로 보는 경우를 포함) 날 또는 집행이 유예·면제된 날부터 10년이 지나지 아니한 자 　　 다. 「형법」 **제297조(강간)**, 제297조의2(유사강간), 제298조(강제추행)부터 제301조(강간 등 상해·치상)까지, 제301조의2(강간등 살인·치사), 제302조(미성년자 등에 대한 간음), 제303조(업무상위력 등에 의한 간음), 제305조(미성년자에 대한 간음, 추행), 제305조의2(상습범)의 죄 　　〈6. ~ 8. 생략〉 ② 다음 각 호의 어느 하나에 해당하는 자는 **특수경비원**이 될 수 없다. 　 1. 18세 미만이거나 60세 이상인 사람 또는 피성년후견인 　 2. 심신상실자, 알코올 중독자 등 대통령령으로 정하는 정신적 제약이 있는 자 　 **3. 제1항 제2호(파산선고를 받고 복권되지 아니한 자)부터 제8호까지의 어느 하나에 해당하는 자** 　 **4. 금고 이상의 형의 선고유예를 받고 그 유예기간중에 있는 자** 　 5. 행정안전부령으로 정하는 신체조건에 미달되는 자

특수경비원의 당연 퇴직 (§10의2)	특수경비원이 제10조 제2항에 따른 결격사유에 해당하게 될 때에는 **당연 퇴직된다.** 다만, (중략) **제10조 제2항 제4호(금고 이상의 형의 선고유예를 받고 그 유예기간중에 있는 자)**는 「성폭력범죄의 처벌 등에 관한 특례법」 제2조, 「아동·청소년의 성보호에 관한 법률」 제2조 제2호 및 직무와 관련하여 「형법」 제355조(횡령, 배임) 또는 제356조(업무상의 횡령과 배임)에 규정된 죄를 범한 사람으로서 금고 이상의 형의 선고유예를 받은 경우만 해당한다.

경비업 허가의 취소 등(§19)	① 허가관청은 경비업자가 다음 각 호의 어느 하나에 해당하는 때에는 그 허가를 취소하여야 한다.
	  3. 제7조 제9항(특수경비업자는 대통령령이 정하는 경비관련업외의 영업을 하여서는 아니됨)의 규정에 위반하여 경비업 및 경비관련업외의 영업을 한 때
	  5. 정당한 사유없이 최종 도급계약 종료일의 **다음 날부터 2년 이내**에 경비 도급실적이 없을 때
	  〈1., 2., 4., 6. ~ 8. 생략〉
	② 허가관청은 경비업자가 다음 각 호의 어느 하나에 해당하는 때에는 대통령령으로 정하는 행정처분의 기준에 따라 그 허가를 취소하거나 6개월 이내의 기간을 정하여 영업의 전부 또는 일부에 대하여 영업정지를 명할 수 있다.
	  1. 제4조 제1항 후단을 위반하여 시·도경찰청장의 허가 없이 경비업무를 변경한 때
	  〈2. ~ 16. 생략〉
	③ 허가관청은 ① 및 ②에 의하여 허가취소 또는 영업정지처분을 하는 때에는 경비업자가 허가받은 **경비업무중 허가취소 또는 영업정지사유에 해당되는 경비업무에 한하여** 처분을 하여야 한다. 〈단서 생략〉

1 풍속영업의 범위

1. 「게임산업진흥에 관한 법률」상 **게임제공업 및 복합유통게임제공업**
2. 「영화 및 비디오물의 진흥에 관한 법률」상 **비디오물감상실업**
3. 「음악산업진흥에 관한 법률」상 **노래연습장업**
4. 「공중위생관리법」상 **숙박업, 목욕장업, 이용업** 중 대통령령으로 정하는 것
5. 「식품위생법」상 **단란주점영업 및 유흥주점영업**
6. 「체육시설의 설치·이용에 관한 법률」상 **무도학원업 및 무도장업**, 골프장, 골프연습장
7. **여성가족부장관**이 고시한 영업
     (예) 성기구 취급업소, 키스방, 대딸방, 전립선마사지, 유리방, 성인PC방, 휴게텔, 인형체험방)
→ 티켓다방, 농어촌 민박, 이용업, 카페, 사행행위영업, 일반음식점영업 등은 풍속영업이 아님

2 풍속영업자의 금지 사항 및 처벌

금지 사항	처벌
1. 「성매매알선 등 행위의 처벌에 관한 법률」 제2조 제1항 제2호에 따른 **성매매알선 등행위**	3년 이하의 징역 또는 3천만원 이하의 벌금
2. 음란행위를 하게 하거나 이를 알선 또는 제공하는 행위 3. 음란한 문서·도화·영화·음반·비디오물, 그 밖의 음란한 물건에 대한 다음 행위 　가. **반포·판매·대여**하거나 이를 하게 하는 행위 　나. 관람·열람하게 하는 행위 　다. 반포·판매·대여·관람·열람의 목적으로 진열하거나 보관하는 행위 4. **도박이나 그 밖의 사행(射倖)행위를 하게 하는 행위**	3년 이하의 징역 또는 2천만원 이하의 벌금

3 풍속영업규제에 관련된 판례

1. 나이트클럽 무용수인 피고인이 무대에서 공연하면서 **겉옷을 모두 벗고 성행위와 유사한 동작을 연출하거나 속옷에 부착되어 있던 모조 성기를 수차례 노출**한 경우, 풍속영업법 제3조 제1호의2[개정법 제2호]에서 정한 **음란행위에 해당한다**(대판 2010도10171).

2. 풍속영업소인 **숙박업소에서 음란한 외국의 위성방송프로그램을 수신하여 투숙객 등으로 하여금 시청하게 하는 행위**는 풍속영업법제3조 제2호에 규정된 **'음란한 물건'을 관람하게 하는 행위에 해당한다**(대판 2009도4545).

3. 모텔에 동영상 파일 재생장치인 **디빅 플레이어(DivX Player)를 설치**하고 투숙객에게 그 비밀번호를 가르쳐 주어 저장된 음란 동영상을 관람하게 한 경우, 이는 풍속영업법 제3조 제2호[개정법 제3호]가 금지하고 있는 **음란한 비디오물을 풍속영업소에서 관람하게 한 행위에 해당한다**(대판 2008도3975).

4. '풍속영업을 영위하는 장소' 또는 '풍속영업을 영위하는 자'라고 함은 식품위생법 등 개별 법률에서 정한 영업허가나 신고, 등록의 유무를 묻지 아니하고 같은 법 제2조에서 정한 풍속영업의 범위에 속하는 영업이 실제로 이루어지고 있는 장소 또는 그와 같은 영업을 자신의 책임과 계산하에 실제로 하는 자를 각 의미한다고 보아야 하고, **영업허가 등을 받아 적법하게 영업을 하는 장소나 영업자만을 의미한다고 볼 것은 아니다**(대판 96도3404).

4 식품접객업의 종류(식품위생법 시행령 §21 제8호)

구 분	내 용
휴게음식점영업	주로 다류(茶類), 아이스크림류 등을 조리·판매하거나 패스트푸드점, 분식점 형태의 영업 등 음식류를 조리·판매하는 영업으로서 음주행위가 허용되지 아니하는 영업 〈단서 생략〉
일반음식점영업	음식류를 조리·판매하는 영업으로서 식사와 함께 부수적으로 음주행위가 허용되는 영업
단란주점영업	주로 주류를 조리·판매하는 영업으로서 손님이 노래를 부르는 행위가 허용되는 영업
유흥주점영업	주로 주류를 조리·판매하는 영업으로서 유흥종사자를 두거나 유흥시설을 설치할 수 있고 손님이 노래를 부르거나 춤을 추는 행위가 허용되는 영업
위탁급식영업	집단급식소를 설치·운영하는 자와의 계약에 따라 그 집단급식소에서 음식류를 조리하여 제공하는 영업
제과점영업	주로 빵, 떡, 과자 등을 제조·판매하는 영업으로서 음주행위가 허용되지 아니하는 영업

5 「음악산업진흥에 관한 법률」 주요내용

정의(§2)	13. **"노래연습장업"**이라 함은 연주자를 두지 아니하고 반주에 맞추어 노래를 부를 수 있도록 하는 영상 또는 무영상 반주장치 등의 시설을 갖추고 공중의 이용에 제공하는 영업을 말한다. 14. **"청소년"**이란 「청소년 보호법」 제2조 제1호에 따른 청소년(19세 미만)을 말한다.

노래연습장업자의 준수사항 등(§22)	① 노래연습장업자는 다음 각 호의 사항을 지켜야 한다.
	  2. 해당 영업장소에 대통령령이 정하는 출입시간(오전 9시부터 오후 10시까지)외에 청소년이 출입하지 아니하도록 할 것. 다만, **부모 등 보호자를 동반하거나 그의 출입동의서를 받은 경우** 그 밖에 대통령령(해당 청소년의 성년인 친족, 「초·중등교육법」에 따른 소속학교의 교원 또는 이에 준하여 해당 청소년을 지도·감독할 수 있는 지위에 있는 자를 동반하는 경우)이 정하는 경우에는 그러하지 아니하다.
	  4. **접대부(남녀를 불문한다)**를 고용·알선하거나 호객행위를 하지 아니할 것

양벌규정(§35)	법인의 대표자나 법인 또는 개인의 대리인, 사용인, 그 밖의 종업원이 그 법인 또는 개인의 업무에 관하여 제34조의 **위반행위를 하면 그 행위자를 벌하는 외에** 그 법인 또는 개인에게도 해당 조문의 **벌금형을 과(科)한다.** 다만, 법인 또는 개인이 그 위반행위를 방지하기 위하여 해당 업무에 관하여 상당한 주의와 감독을 게을리하지 아니한 경우에는 그러하지 아니하다. 예 노래연습장에서 종업원이 성매매 알선 행위를 한 경우, 해당 업주 또는 대표자는 행위자의 위반 행위 조문에 해당하는 벌금형을 과하는 **'양벌규정'의 적용을 받는다.**

6 식품위생법 관련 판례

1. 식품위생법령상 유흥시설을 설치한 유흥주점은 주로 주류를 조리·판매하는 곳으로 춤을 출 수 있도록 무도장을 설치한 장소를 가리킨다. **설치장소가 실내로 제한되는 것은 아니고 실외에 설치된 것도 유흥주점에 포함된다**(대판 2016도8070).
2. **유흥접객원**이란 적어도 하나의 직업으로 특정업소에서 손님과 함께 술을 마시거나 노래 또는 춤으로 손님의 유흥을 돋우어 주고 주인으로부터 보수를 받거나 손님으로부터 팁을 받는 **부녀자를 가리킨다**(대판 2008도10118).
3. 음식을 나르기 위하여 고용된 종업원이 **손님의 거듭되는 요구에 못이겨 할 수 없이 손님과 합석**하여 술을 마시게 된 경우 **유흥접객원에 포함되지 아니한다**(대판 2008도10118).
4. 단순히 놀러오거나 손님으로 왔다가 다른 남자손님과 합석하여 술을 마신 부녀자는 **유흥종사자에 포함되지 아니한다**(대판 2001도5837).
5. 유흥접객원 적어도 하나의 직업으로 특정업소에서 손님과 함께 술을 마시거나 노래 또는 춤으로 손님의 유흥을 돋우어 주고 주인으로부터 보수를 받거나 손님으로부터 팁을 받는 부녀자를 가리키는 것이므로 시중원(바텐더)으로 일하면서 **일시적으로 손님들이 권하는 술을 받아 마셨다는 사정만으로는 이를 유흥접객원으로 볼 수는 없다**(대판 2008도9647).
6. 특정다방에 대기하는 이른바 '티켓걸'이 노래연습장에 티켓영업을 나가 시간당 정해진 보수를 받고 그 손님과 함께 춤을 추고 노래를 불러 유흥을 돋우게 한 경우, 손님이 직접 전화로 티켓걸을 부르고 그 티켓비를 손님이 직접 지급하였더라도 **업소 주인이 이러한 사정을 알고서 이를 용인하였다면 '유흥종사자를 둔' 경우에 해당한다**(대판 2005도9114).

THEME 10 성매매알선 등 행위의 처벌에 관한 법률(성매매처벌법)

1 용어의 정의(§2)

성매매(제1호)	**불특정인**(특정인 X)을 상대로 **금품 그 밖의 재산상의 이익을 수수·약속**하고 다음 각목의 어느 하나에 해당하는 행위를 하거나 그 상대방이 되는 것 가. **성교행위** 나. 구강·항문 등 신체의 일부 또는 도구를 이용한 **유사성교행위**
성매매 알선 등 행위(제2호)	가. 성매매를 알선·권유·유인 또는 강요하는 행위 나. 성매매의 **장소를 제공**하는 행위 다. 성매매에 제공되는 **사실을 알면서** 자금·토지 또는 건물을 제공하는 행위
성매매피해자 (제4호)	가. 위계, 위력, 그 밖에 이에 준하는 방법으로 성매매를 강요당한 사람 나. 업무관계, 고용관계, 그 밖의 관계로 인하여 보호 또는 감독하는 사람에 의하여 「마약류관리에 관한 법률」 제2조에 따른 마약·향정신성의약품 또는 대마("마약등")에 중독되어 성매매를 한 사람 다. 미성년자, 사물을 변별하거나 의사를 결정할 능력이 없거나 미약한 사람 또는 대통령령으로 정하는 중대한 장애가 있는 사람으로서 성매매를 하도록 알선·유인된 사람 라. 성매매 목적의 인신매매를 당한 사람

2 판례

1. 성매매업소 업주 A가 성매매를 알선하였으나 손님이 성매매 여성이 마음에 들지 않는다며 거절하여 **성교에 이르지 못하였더라도** 당사자간 의사연결로 더이상 알선자의 개입 없이도 윤락행위에 이를 정도라면 **알선행위로 처벌할 수 있다**(대판 2004도8808).
2. 성매매처벌법 제19조에서 정한 성매매알선죄는 성매매죄 정범에 종속되는 종범이 아니라 성매매죄 정범의 존재와 관계없이 그 자체로 독자적인 정범을 구성하므로, 알선자가 위와 같은 주선행위를 하였다면 **성매수자에게 실제로는 성매매에 나아가려는 의사가 없었다고 하더라도** 위 법에서 정한 **성매매알선죄가 성립한다**(대판 2020도3626).
3. 성매매의 상대방에 대해 '**불특정인을 상대로**'라는 것은 행위 당시에 상대방이 특정되지 않았다는 의미가 아니라, 그 행위의 **대가인 금품 기타 재산상의 이익에 주목적**을 두고 상대방의 특정성을 중시하지 않는다는 의미라고 보아야 한다(대판 2015도1185).

정의(§2)	1. **"게임물"**이라 함은 컴퓨터프로그램 등 정보처리 기술이나 기계장치를 이용하여 오락을 할 수 있게 하거나 이에 부수하여 여가선용, 학습 및 운동효과 등을 높일 수 있도록 제작된 영상물 또는 그 영상물의 이용을 주된 목적으로 제작된 기기 및 장치를 말한다. 다만, 다음 각 목의 어느 하나에 해당하는 것은 **제외**한다. 　가. 사행성게임물 6. **"게임제공업"**이라 함은 공중이 게임물을 이용할 수 있도록 이를 제공하는 영업을 말한다. 다만, 다음 각 목의 어느 하나에 해당하는 경우는 **제외**한다. 　라. 제7호에 따른 인터넷컴퓨터게임시설제공업의 경우 6의2. 제6호의 게임제공업 중 일정한 물리적 장소에서 필요한 설비를 갖추고 게임물을 제공하는 영업은 다음 각 호와 같다. 　가. 청소년게임제공업 : 제21조의 규정에 따라 등급분류된 게임물 중 **전체이용가 게임물**을 설치하여 공중의 이용에 제공하는 영업 　나. 일반게임제공업 : 제21조의 규정에 따라 등급분류된 게임물 중 **청소년이용불가 게임물과 전체이용가 게임물**을 설치하여 공중의 이용에 제공하는 영업 7. **"인터넷컴퓨터게임시설제공업"**이라 함은 컴퓨터 등 필요한 기자재를 갖추고 공중이 게임물을 이용하게 하거나 부수적으로 그 밖의 정보제공물을 이용할 수 있도록 하는 영업을 말한다. 다만, 제4호(게임제작업)부터 제6호(게임제공업)까지, 제6호의2, 제7호(인터넷컴퓨터게임시설제공업) 및 제8호(복합유통게임제공업)에서 규정한 영업 외의 영업을 하면서 고객의 유치 또는 광고 등을 목적으로 컴퓨터 등 필요한 기자재를 갖추고 해당 영업소의 고객이 게임물을 이용하게 하거나 부수적으로 정보제공물을 이용할 수 있도록 하는 경우로서 대통령령으로 정하는 종류 및 방법 등에 따라 게임물을 제공하는 경우는 **제외**한다. 8. **"복합유통게임제공업"**이라 함은 청소년게임제공업 또는 인터넷컴퓨터게임시설제공업과 이 법에 의한 다른 영업 또는 다른 법률에 의한 영업을 동일한 장소에서 함께 영위하는 영업을 말한다. 9. **"게임물 관련사업자"**라 함은 제4호부터 제6호까지, 제6호의2, 제7호 및 제8호의 영업을 하는 자를 말한다. 다만, 제6호다목 및 제7호 단서에 따른 영업을 하는 자는 제28조의 적용에 한정하여 게임물 관련사업자로 본다.
게임물 관련 영업자 준수사항 (§28)	1. 제9조 제3항의 규정에 의한 유통질서 등에 관한 교육을 받을 것 2. **게임물을 이용하여 도박 그 밖의 사행행위를 하게 하거나 이를 하도록 내버려 두지 아니할 것** [판례] 게임산업진흥에 관한 법률 제28조 제2호의 의미는 게임이용자로 하여금 게임물을 이용하여 도박 그 밖의 사행행위를 실제로 하게 하거나 도박 그 밖의 사행행위가 이루어지고 있음에도 이를 방조 또는 방치하는 것을 의미하고, 단순히 게임물을 설치하여 게임이용자로 하여금 도박 그 밖의 사행행위를 할 수 있는 상태에 두는 것은 이에 해당하지 아니한다.

게임물 관련 영업자 준수사항 (§28)	2의2. 게임머니의 화폐단위를 한국은행에서 발행되는 화폐단위와 동일하게 하는 등 게임물의 내용구현과 밀접한 관련이 있는 운영방식 또는 기기·장치 등을 통하여 사행성을 조장하지 아니할 것 3. 경품 등을 제공하여 사행성을 조장하지 아니할 것(원칙). 다만, **청소년게임제공업의 전체이용가 게임물**(전체이용가 게임물X)에 대하여 대통령령이 정하는 경품의 종류(완구류 및 문구류 등. 다만, **현금, 상품권 및 유가증권은 제외한다**)·지급기준·제공방법 등에 의한 경우에는 그러하지 아니하다. 4. 제2조 제6호의2 가목의 규정에 따른 청소년게임제공업을 영위하는 자는 **청소년이용불가 게임물을 제공하지 아니할 것** 5. 제2조 제6호의2 나목의 규정에 따른 일반게임제공업 또는 제2조제8호에 따른 복합유통게임제공업(「청소년 보호법」에 따라 청소년(19세 미만) 출입을 허용하는 경우는 제외한다)을 영위하는 자는 게임장에 청소년을 출입시키지 아니할 것 5의2. 인터넷컴퓨터게임시설제공업을 영위하는 자는 이용자가 제21조제2항 각 호의 등급구분을 위반하여 게임물을 이용하지 아니하도록 할 것 6. 게임물 및 컴퓨터 설비 등에 문화체육관광부장관이 고시하는 음란물 및 사행성게임물 차단 프로그램 또는 장치를 설치할 것. 다만, 음란물 및 사행성게임물 차단 프로그램 또는 장치를 설치하지 아니하여도 음란물 및 사행성게임물을 접속할 수 없게 되어 있는 경우에는 그러하지 아니하다. 7. 대통령령이 정하는 영업시간 및 청소년의 출입시간을 준수할 것 8. 그 밖에 영업질서의 유지 등에 관하여 필요한 사항으로서 대통령령이 정하는 사항을 준수할 것
불법게임물 등의 유통 금지 등(§32)	① 누구든지 게임물의 유통질서를 저해하는 다음 각 호의 행위를 하여서는 아니 된다. 다만, 제4호의 경우 「사행행위 등 규제 및 처벌특례법」에 따라 사행행위영업을 하는 자를 제외한다. 1. 제21조 제1항 또는 제21조의10 제1항의 규정에 의하여 등급을 받지 아니한 게임물을 유통 또는 이용에 제공하거나 이를 위하여 진열·보관하는 행위 → **단순히 창고에 보관하는 행위는 처벌 대상이 아니다.** 4. 제22조 제2항의 규정에 따라 사행성게임물에 해당되어 등급분류가 거부된 게임물을 유통시키거나 이용에 제공하는 행위 또는 유통·이용제공의 목적으로 진열·보관하는 행위 → **등급분류를 받지 않았거나(제32조 제1항 제1호), 등급분류가 거부된 게임물을 이용에 제공하는 행위(제32조 제1항 제4호)는 모두 등급을 받지 아니한 게임물을 이용에 제공한 행위로 의율하여 처벌하는 것이 아니라 별도의 조항에 따라 이용에 제공한 행위로 처벌한다.** 6. 제33조 제1항 또는 제2항의 규정을 위반하여 등급 및 게임물내용정보 등의 표시사항을 표시하지 아니한 게임물 또는 게임물의 운영에 관한 정보를 표시하는 장치를 부착하지 아니한 게임물을 유통시키거나 이용에 제공하는 행위 → **모든 게임물은 등급 및 게임물내용정보 등의 표시사항을 표시하여야 한다.** 7. 누구든지 게임물의 이용을 통하여 획득한 유·무형의 결과물(점수, 경품, 게임 내에서 사용되는 가상의 화폐로서 대통령령이 정하는 게임머니 및 대통령령이 정하는 이와 유사한 것을 말한다)을 환전 또는 환전 알선하거나 재매입을 업으로 하는 행위 → **1회성 손님의 환전행위는 환전을 '업'으로 하여야 처벌대상으로 삼고 있어 처벌할 수 없다.**

THEME 12 | 총포·도검·화약류 등의 안전관리에 관한 법률

1 용어 정리(§2)

총포	① 권총, 소총, 기관총, 포, 엽총, 금속성 탄알이나 가스 등을 쏠 수 있는 장약총포, 공기총(가스를 이용하는 것을 **포함**) 및 **총포신·기관부 등 그 부품**으로서 **대통령령**으로 정하는 것을 말한다. ※ '**총**'은 **권총, 소총, 기관총(구경 20밀리미터 미만)**, 엽총을 포함한 개념이다(동법 시행령 §3).
도검	② 칼날의 길이가 15센티미터 이상인 칼·검·창·치도·비수 등으로서 성질상 흉기로 쓰이는 것과 칼날의 길이가 15센티미터 미만이라 할지라도 흉기로 사용될 위험성이 뚜렷한 것 중에서 대통령령으로 정하는 것을 말한다.
화약류	③ 화약, 폭약 및 **화공품**을 말한다.
분사기	④ 사람의 활동을 일시적으로 곤란하게 하는 최루 또는 질식 등을 유발하는 작용제를 분사할 수 있는 기기를 말한다(총포형, 막대형, 만년필형, 기타 휴대형). 다만, **살균·살충용 및 산업용 분사기를 제외**한다.
전자충격기	⑤ 사람의 활동을 일시적으로 곤란하게 하거나 인명에 위해를 주는 전류를 방류할 수 있는 기기로서 **대통령령**으로 정하는 것을 말한다. └ 총포형, 막대형, 기타 휴대형 다만, 산업용 및 의료용 전자충격기를 제외
석궁	⑥ 활과 총의 원리를 이용하여 화살 등의 물체를 발사하여 인명에 위해를 줄 수 있는 것으로서 대통령령으로 정하는 것을 말한다.

총도분석전화

2 소지의 금지(§10)

누구든지 다음 각 호의 어느 하나에 해당하는 경우를 제외하고는 허가 없이 **총포·도검·화약류·분사기·전자충격기·석궁**을 소지하여서는 아니 된다.
1. 법령에 따라 직무상 총포·도검·화약류·분사기·전자충격기·석궁을 소지하는 경우
2. 제조업자가 자신이 제조한 총포·도검·화약류·분사기·전자충격기·석궁을 소지하는 경우
3. 제4조 제3항 단서에 따라 화약류를 제조한 자가 자신이 제조한 화약류를 소지하는 경우
4. 판매업자가 총포·도검·화약류·분사기·전자충격기·석궁을 소지하는 경우
5. 총포 판매업자가 제6조 제2항 단서에 따라 판매하는 총포의 실탄 또는 공포탄을 소지하는 경우
5의2. 임대업자가 총포·도검·분사기·전자충격기·석궁을 소지하는 경우(화약류 X)
6. 제9조 제1항 또는 제2항에 따라 수출입허가를 받은 자가 그 총포·도검·화약류·분사기·전자충격기를 소지하는 경우(석궁 X)
7. 제18조 제1항에 따른 화약류의 사용허가를 받은 자(제18조 제1항 단서에 따라 사용허가를 받지 아니하여도 되는 자를 포함한다)가 그 화약류를 소지하는 경우
8. 제21조 제1항에 따른 화약류의 양수허가를 받은 자(제21조 제1항 단서에 따라 양수허가를 받지 아니하여도 되는 자를 포함한다)가 그 화약류를 소지하는 경우
9. 제2호부터 제8호까지의 어느 하나에 해당하는 자의 종업원이 그 직무상 총포·도검·화약류·분사기·전자충격기·석궁을 소지하는 경우
10. 대통령령으로 정하는 자가 총포·도검·화약류·분사기·전자충격기·석궁을 소지하는 경우

THEME 13 ▸ 경범죄 처벌법

1 종류(§3)

① 10만원 이하의 벌금·구류·과료	40개 조항	① 범칙행위 O (통고처분 가능) ② 주거가 일정한 경우 현행범체포 불가능 [판례] 버스정류장 등지에서 소매치기를 할 생각으로 은밀히 성명불상자들의 뒤를 따라다녔다 하더라도 성명불상자들이 이를 의식하지 못한 이상 **불안감조성에 해당하지 아니한다**(99도2034).
② 20만원 이하의 벌금·구류·과료	1. **업**무방해 2. 거짓**광고** 3. **암표**예매 4. 출판물의 **부당**게재 **부업으로 암표광고**	① 범칙행위 O (통고처분 가능) ② 주거가 일정한 경우 현행범체포 **불가능**
③ 60만원 이하의 벌금·구류·과료	1. 관공서에서의 **주취소란** 2. **거짓신고**	① **경범죄 제3조 제3항은 통고처분 항목에 해당되지 않는다.** → 범칙행위 X (통고처분 불가능) ② 주거가 일정한 경우라도 **현행범체포 가능** (형사소송법 제214조가 적용되지 않아 **주거불명 여부와 관계없이 현행범 체포가 가능함에 유의**)

2 범칙자와 통고처분

범칙자 (§6)	**범칙자**	범칙행위를 한 사람으로서 제외대상을 **제외**한 사람을 말한다.
	제외자 상구피18	1. 범칙행위를 **상습적**으로 하는 사람 2. 죄를 지은 동기나 수단 및 결과를 헤아려볼 때 **구류처분**을 하는 것이 적절하다고 인정되는 사람 3. **피해자**가 있는 행위를 한 사람 4. **18**세 미만인 사람
통고 처분 (§7)		① **경찰서장**, 해양경찰서장 및 제주특별자치도지사 또는 철도특별사법경찰대장은 범칙자로 인정되는 └→ 경찰청장 X 사람에 대하여 서면으로 범칙금을 납부할 것을 통고**할 수 있다.** 다만, 다음 각 호의 어느 하나에 └→ 하여야 한다 X 해당하는 사람에게는 통고하지 아니한다. 1. 통고처분서 받기를 거부한 사람 2. 주거 또는 신원이 확실하지 아니한 사람 3. 그 밖에 통고처분을 하기가 매우 어려운 사람 ③ 제주특별자치도지사, 철도특별사법경찰대장은 ①에 따라 통고처분을 한 경우에는 **관할 경찰서장** 제주특별자치도경찰청장 X ┘ 에게 그 사실을 통보하여야 한다.

3 범칙금의 납부 및 즉결심판 청구(§8~§9)

1차 납부	① 통고처분서를 받은 사람은 통고처분서를 받은 날부터 **10일 이내**에 경찰청장·해양경찰청장 또는 철도특별사법경찰대장이 지정한 은행, 그 지점이나 대리점, 우체국 또는 제주특별자치도지사가 지정하는 금융기관이나 그 지점에 범칙금을 납부하여야 한다. 다만, 천재지변이나 그 밖의 부득이한 사유로 말미암아 그 기간 내에 범칙금을 납부할 수 없을 때에는 그 부득이한 사유가 없어지게 된 날부터 **5일 이내**에 납부하여야 한다. ② 범칙금을 납부한 사람은 그 범칙행위에 대하여 다시 처벌받지 아니한다. ※ **분할납부 할 수 없음, 승인일이 납부일**임
2차 납부	1차 납부의 기간내에 납부하지 아니한 사람은 납부기간의 마지막 날의 **다음 날부터 20일 이내**에 통고받은 범칙금의 100분의 20을 더한 금액을 납부하여야 한다.
즉결심판 청구	① **경찰서장, 해양경찰서장 및 제주특별자치도지사**는 다음 어느 하나에 해당하는 사람에 대하여는 **지체없이** 즉결심판을 청구하여야 한다. 다만, 즉결심판이 청구되기 전까지 통고받은 범칙금에 그 금액의 100분의 50을 더한 금액을 납부한 사람에 대하여는 그러하지 아니한다. 1. 통고처분서 받기를 거부한 사람 2. 주거 또는 신원이 확실하지 아니한 사람 3. 그 밖에 통고처분을 하기가 매우 어려운 사람 4. 납부기간에 범칙금을 납부하지 아니한 사람 ② 즉결심판이 청구된 피고인이 통고받은 범칙금에 그 금액의 100분의 50을 더한 금액을 납부하고 그 증명서류를 **즉결심판 선고 전**까지 제출하였을 때에는 경찰서장, 해양경찰서장 및 제주특별자치도지사는 그 피고인에 대한 즉결심판 청구를 **취소하여야 한다. (할 수 있다 X)**

4 즉결심판에 관한 절차법

즉결심판의 대상(§2)	지방법원, 지원 또는 시·군법원의 판사는 즉결심판절차에 의하여 피고인에게 20만원 이하의 **벌금, 구류 또는 과료**에 처할 수 있다. ↳ 자격상실 X, 자격정지 X
청구의 기각 등 (§5)	① 판사는 사건이 즉결심판을 할 수 없거나 즉결심판절차에 의하여 심판함이 적당하지 아니하다고 인정할 때에는 결정으로 **즉결심판의 청구를 기각하여야 한다.** ② ①의 결정이 있는 때에는 경찰서장은 지체없이 사건을 **관할 지방검찰청 또는 지청의 장**에게 송치**하여야 한다.** ↳ 법원 X
개정 (§7)	즉결심판절차에 의한 심리와 재판의 선고는 **공개된 법정**에서 행하되, 그 법정은 경찰관서 **외**의 장소에 설치되어야 한다. ↳ 비공개 X
불출석심판 (§8의2)	② 피고인 또는 즉결심판출석통지서를 받은 자(이하 "피고인등"이라 한다)는 법원에 불출석심판을 청구할 수 있고, 법원이 이를 허가한 때에는 피고인이 출석하지 아니하더라도 심판할 수 있다.
정식재판의 청구 (§14)	① 정식재판을 청구하고자 하는 피고인은 즉결심판의 선고·고지를 받은 날부터 7일 이내에 정식재판청구서를 **경찰서장**에게 제출하여야 한다. ↳ 판사 X ② 경찰서장은 판사가 **무죄·면소 또는 공소기각**을 선고하였을 때에는 7일 이내에 정식재판을 청구할 수 있다. ↳ 청구 기각 결정 X ③ 판사는 정식재판청구서를 받은 날부터 7일 이내에 **경찰서장**에게 정식재판청구서를 첨부한 사건기록과 증거물을 송부한다.
즉결심판의 효력(§16)	즉결심판은 정식재판의 청구기간의 경과, 정식재판청구권의 포기 또는 그 청구의 취하에 의하여 **확정판결과 동일한 효력이 생긴다.**

5 관련 판례

1. 즉결심판이 범증이 명백하고 죄질이 경미한 범죄사건을 신속·적정하게 심판하기 위한 입법적 고려에서 **공소장일본주의가 배제되도록 한 것**이라고 보아야 한다(대판 2008도7375).
2. 원심이 즉결심판절차에서 허용되는 범위를 넘는 벌금 30만 원의 즉결심판을 선고한 것은 심판이 **법령에 위반한 경우에 해당**한다고 판시하였다(대판 2014오3).
3. 즉결심판에 대하여 피고인만이 정식재판을 청구한 사건에 대하여도 **즉결심판의 형보다 무거운 형을 선고하지 못한다**(대판 98도2550).

구분	내용
습득신고(§1)	타인이 유실한 물건을 습득한 자는 이를 신속하게 유실자 또는 소유자, 그 밖에 물건회복의 청구권을 가진 자에게 반환하거나 경찰서(지구대·파출소 등 소속 경찰관서를 포함) 또는 제주특별자치도의 자치경찰단 사무소(이하 "자치경찰단"이라 한다)에 제출하여야 한다.
습득물 매각(§2)	경찰서장은 보관한 **물건이 멸실되거나 훼손될 우려가 있을 때** 또는 **보관에 과다한 비용이나 불편이 수반될 때**에는 경찰서 인터넷홈페이지에 유실물에 관한 정보를 게시하는 방법으로 매각할 수 있다.
보상금 (§4,6)	물건의 반환을 받는 자는 물건가액의 100분의 5 이상 100분의 20 이하의 범위에서 보상금을 습득자에게 지급해야 한다. 다만, **국가지방자치단체 기타 대통령령이 정하는 공공기관은 보상금을 청구할 수 없다.** [유실물습득자의 보상금 청구가 불가능한 경우] 1. 습득한 유실물, 장물 등을 횡령함으로써 처벌당한 자 2. 습득일로부터 7일 이내에 습득물을 반환 또는 제출하지 않은 자 3. 국가, 지방자치단체(타인X)가 습득한 경우 4. 착오로 인하여 점유한 타인의 물건인 경우
습득신고	① 습득자는 미리 신고하여 습득물에 관한 모든 권리를 포기하고 의무를 지지 아니할 수 있다(§7). ② 물건을 반환받을 자는 그 권리를 포기하고 제3조(비용 부담)의 비용과 제4조(보상금)의 보상금 지급의 **의무를 지지 아니할 수 있다**(§8). ③ 습득일부터 7일 이내에 절차를 밟지 아니한 자는 보상금을 받을 권리 및 습득물의 소유권을 취득할 권리를 상실한다(§9).
선박, 차량, 건축물 등에서의 습득 (§10)	① 관리자가 있는 선박, 차량, 건축물, 그 밖에 일반인의 통행을 금지한 구내에서 타인의 물건을 습득한 자는 그 물건을 관리자에게 인계하여야 한다. ② ①의 경우에는 선박, 차량, 건축물 등의 점유자를 습득자로 한다. 자기가 관리하는 장소에서 타인의 물건을 습득한 경우에도 같다. ③ 이 경우에 보상금은 ②의 **점유자와 실제로 물건을 습득한 자가 반씩 나누어야 한다.**
준유실물 (§14)	이 법 및 「민법」 제253조, 제254조에 따라 물건의 소유권을 취득한 자가 그 취득한 날부터 3개월 이내에 물건을 경찰서 또는 자치경찰단으로부터 받아가지 아니할 때에는 그 소유권을 상실한다. 보충 민법 제253조(유실물의 소유권취득) 유실물은 법률에 정한 바에 의하여 공고한 후 6개월 내에 **그 소유자가 권리를 주장하지 아니하면 습득자가 그 소유권을 취득한다.**

THEME 15 「실종아동등의 보호 및 지원에 관한 법률」과 「실종아동등 및 가출인 업무처리 규칙」

1 실종아동등의 보호 및 지원에 관한 법률(§2)

아동등	① **실종 당시** 18세 미만의 아동 ↳ 신고 당시 X ② 「장애인복지법」 제2조의 장애인 중 **지적장애인·자폐성장애인 또는 정신 장애인** ③ 「치매관리법」 제2조 제2호 **치매환자**
실종 아동등	약취·유인 또는 유기되거나 사고를 당하거나 가출하거나 길을 잃는 등의 사유로 인하여 **보호자**로부터 이탈된 아동
보호자	① 친권자·후견인, 그 밖에 다른 법률에 의하여 아동등 보호 또는 부양할 의무가 있는 자 ② **보호시설의 장 또는 종사자는 제외**
보호시설	① 「사회복지사업법」 제2조 제4호에 따른 사회복지시설 ② **인가·신고 등이 없이** 아동등을 보호하는 시설로서 사회복지시설에 준하는 시설

2 실종아동등 및 가출인 업무처리 규칙(§2)

찾는 실종아동등	보호자가 찾고 있는 실종아동등
보호 실종아동등	보호자가 **확인되지 않아** 경찰관이 보호하고 있는 실종아동등
장기 실종아동등	보호자로부터 <u>신고를 접수한지</u> 48시간이 경과한 후에도 발견되지 않은 찾는 실종아동등 ↳ 실종된 지 X
가출인	**신고 당시 보호자로부터 이탈된** 18세 이상의 사람
발생지	① 실종아동등 및 가출인이 실종·가출 전 최종적으로 **목격되었거나, 목격되었을 것으로 추정**하여 신고자 등이 진술한 장소 ② 신고자 등이 최종 목격 장소를 진술하지 못하거나, 목격되었을 것으로 추정되는 장소가 대중교통시설 등일 경우 또는 실종·가출 발생 후 1개월이 경과한 때에는 실종아동등 및 가출인의 **실종 전 최종 주거지**
발견지	① 실종아동등 또는 가출인을 발견하여 **보호 중인 장소** ② 발견한 장소와 보호 중인 장소가 **서로 다른 경우 – 보호 중인 장소** ↳ 발견한 장소 X
국가경찰 수사 범죄	「자치경찰사무와 시·도자치경찰위원회의 조직 및 운영 등에 관한 규정」 제3조 제1호부터 제5호까지 또는 제6호 나목의 범죄가 **아닌 범죄**
실종·유괴경보 문자메시지	실종·유괴경보가 발령된 경우 「실종아동등의 보호 및 지원에 관한 법률 시행령」(이하 "영"이라 한다) 제4조의5 제7항에 따른 공개정보(이하 "공개정보"라 한다)를 시민들에게 널리 알리기 위하여 **휴대폰에 전달하는 문자메시지**

3 「실종아동등 및 가출인 업무처리 규칙」상 정보시스템 운영(규칙 §6)

① **경찰청 생활안전교통국장**은 법 제8조의2 제1항에 따른 정보시스템으로 **실종아동등 프로파일링시스템** 및 **실종아동찾기센터 홈페이지(이하 "인터넷 안전드림"이라 한다)**를 운영한다.
② **실종아동등 프로파일링시스템**은 경찰관서 내에서만 사용할 수 있도록 제한하고, **인터넷 안전드림**은 누구든 사용할 수 있도록 공개 하는 등 분리하여 운영한다. 다만, 자료의 전송 등을 위해 필요한 경우 상호 연계할 수 있다.
③ 경찰관서의 장은 **실종아동등 프로파일링시스템**에 업무담당자 등 필요하다고 인정되는 사람만 접근할 수 있도록 권한을 부여하는 등의 방법으로 통제·관리하여야 한다.
④ **인터넷 안전드림**은 실종아동등의 신고 또는 예방·홍보 등과 관련된 정보를 제공한다.

4 실종아동등 프로파일링 시스템 주요 내용(규칙 §7)

입력대상 보실가	① 실종아동등 프로파일링시스템에 입력하는 대상은 다음 각 호와 같다. 1. **실**종아동등 2. **가**출인 3. **보**호시설입소자중 보호자가 확인되지 않는 사람(보호시설 무연고자)
반드시 입력하지 않을 수 있는 대상	② 경찰관서의 장은 실종아동등 또는 가출인에 대한 신고를 접수한 후 신고대상자가 다음 각 호의 어느 하나에 해당하는 경우에는 신고 내용을 실종아동등 프로파일링시스템에 입력하지 않을 수 있다. 1. 채무관계 해결, 형사사건 당사자 소재 확인 등 실종아동등 및 가출인 발견 외 다른 목적으로 신고된 사람 2. 수사기관으로부터 지명수배 또는 지명 통보된 사람 3. 허위로 신고된 사람 4. 보호자가 가출시 동행한 아동 5. 그 밖에 신고내용을 종합하였을 때 입력대상이 아니라고 판단되는 사람
등록된 자료의 보존기관	③ 실종아동등 프로파일링시스템에 등록된 자료의 보존기간은 다음 각 호와 같다. 다만, 대상자가 사망하거나 보호자가 삭제를 요구한 경우는 **즉시 삭제**하여야 한다. 1. 발견된 18세 미만 아동 및 가출인 : 수배 해제 후로부터 **5년간 보관** 2. 발견된 지적·자폐성·정신 장애인 등 및 치매환자 : 수배 해제 후로부터 10년간 보관 3. 미발견자 : **소재 발견 시**까지 보관 4. 보호시설 무연고자 : 본인 요청시
등록된 자료의 해제 (§8)	③ 경찰관서의 장은 다음 각 호의 어느 하나에 해당하는 경우에는 등록된 자료를 해제하여야 한다. 1. 찾는실종아동등 및 가출인의 소재를 발견한 경우 2. 보호실종아동등의 신원을 확인하거나 보호자를 확인한 경우 3. 허위 또는 오인신고인 경우 4. 지명수배 또는 지명통보 대상자임을 확인한 경우 5. 보호자가 해제를 요청한 경우 - **해제 요청 사유의 진위 여부를 확인한 후 해제**

5 신고의무자(실종아동등의 보호 및 지원에 관한 법률)

신고의무자 (§6①)	신고의무자는 그 직무를 수행하면서 실종아동등임을 알게 되었을 때에는 **경찰청장**이 구축하여 운영하는 신고체계(경찰신고체계)로 **지체없이** 신고하여야 함 → 위반 시 200만 원 이하의 과태료(§19 ②) 1. **보호시설의 장 또는 그 종사자** 2. 아동복지법 제13조에 따른 **아동복지전담공무원** 3. 청소년 보호법 제35조에 따른 **청소년 보호·재활센터의 장 또는 그 종사자** 4. 사회복지사업법 제14조에 따른 **사회복지전담공무원** 5. 의료법 제3조에 따른 **의료기관에서 업무를 하는 의료인, 종사자 및 의료기관의 장** 6. 업무·고용 등의 관계로 사실상 아동등을 보호·감독하는 사람
미신고 보호행위의 금지(§7)	누구든지 정당한 사유 없이 실종아동등을 경찰관서의 장에게 신고하지 아니하고 보호할 수 없음 → 위반 시 5년 이하의 징역 또는 5천만 원 이하의 벌금(§17)

6 실종 · 유괴경보 체계의 구축 · 운영 등(규칙 §23)

② **시·도경찰청장**은 실종·유괴경보와 관련하여 다음 각 호의 업무를 수행한다.
  1. 협약기관과의 협조체계 구축·운영
  2. 실종·유괴경보의 발령 및 해제
  3. **타 시·도경찰청장의 발령 요청 등에 대한 협조**
  4. 소속 경찰관에 대한 교육
  5. 그 밖에 실종·유괴경보 발령 및 해제와 관련된 제반사항
③ **경찰서장**은 다음 각 호의 업무를 수행한다.
  1. 협약기관과의 협조체계 구축·운영
  2. **실종·유괴경보의 발령 요청**
  3. 소속 경찰관에 대한 교육
④ **시·도경찰청장과 경찰서장**은 실종·유괴경보와 관련한 업무를 수행하기 위하여 다음 각 호의 구분에 따라 운영책임자를 둔다.
  1. 실종경보 운영책임자
    가. **시·도경찰청 : 여성청소년과장(미직제시 생활안전교통과장)**
    나. **경찰서 : 여성청소년과장(미직제시 생활안전과장 또는 생활안전교통과장)**
  2. 유괴경보 운영책임자
    가. **시·도경찰청 : 형사과장(미직제시 수사과장)**
    나. **경찰서 : 형사과장(미직제시 수사과장)**

7 실종아동등의 수색 및 결과 조치(실종아동등의 보호 및 지원에 관한 법률 §9)

① **경찰관서의 장은** 실종아동등의 발생 신고를 접수하면 <u>**지체 없이**</u> 수색 또는 수사의 실시 여부를 결정하여야 한다.
↳ 24시간 X

② **경찰관서의 장은** 실종아동등**(범죄로 인한 경우를 제외)**의 조속한 발견을 위하여 실종아동등의 위치 확인에 필요한 「위치정보의 보호 및 이용 등에 관한 법률」 제2조 제2호에 따른 개인위치정보, **「인터넷주소자원에 관한 법률」** 제2조 제1호에 따른 **인터넷주소**(인터넷주소는 지나친 개인정보로써 제외대상이다 X) 및 「통신비밀보호법」 제2조 제11호마목·사목에 따른 통신사실확인자료(이하 "개인위치정보등"이라 함)의 제공을 요청할 수 있다.

③ ②의 요청을 받은 자는 그 실종아동등의 **동의 없이 개인위치정보등을 수집할 수 있으며**, 실종아동등의 **동의가 없음을 이유**로 경찰관서의 장의 요청을 거부하여서는 아니 된다.

④ 경찰관서의 장과 경찰관서에 종사하거나 종사하였던 자는 실종아동등을 찾기 위한 목적으로 제공받은 개인위치정보등을 실종아동등을 찾기 위한 **목적 외의 용도로 이용하여서는 아니 되며**, 경찰관서의 장은 목적을 달성하였을 때에는 지체 없이 파기하여야 한다.

⑤ **경찰관서의 장은** 실종아동등에 대하여 현장 탐문 및 수색 후 그 결과를 즉시 보호자에게 통보하여야 한다. 이후에는 실종아동등 프로파일링시스템에 등록한 날로부터 1개월까지는 15일에 1회, 1개월이 경과한 후부터는 분기별 1회 보호자에게 추적 진행사항을 통보한다(실종아동등 및 가출인 업무처리 규칙(§11 ⑤).

THEME 16 청소년 보호법

1 청소년 유해업소(§2)

청소년 출입·고용금지업소	청소년 고용금지업소(출입은 가능)
① **일반게임제공업 및 복합유통게임제공업** 중 대통령령으로 정하는 것	① **청소년게임제공업 및 인터넷컴퓨터게임시설제공업**
② 사행행위영업(예 복권발행업, 현상업, 회전판돌리기업, 추첨업, 경품업)	② 숙박업(민박, 휴양콘도미니엄업, 국제회의산업육성에 관한 법률 적용받는 숙박시설 제외)
③ 유흥주점영업, 단란주점영업	③ 이용업(다만, 다른 법령에 따라 취업이 금지되지 아니한 남자 청소년을 고용하는 경우는 제외)
④ **비디오물감상실업·제한관람가비디오물소극장업 및 복합영상물제공업**	④ **목욕장업** 중 안마실을 설치하여 영업을 하거나 또는 개별실로 구획하여 하는 영업
⑤ 노래연습장업(다만, 청소년실은 출입 가능)	⑤ 티켓다방, **소주방, 호프, 카페**(식품위생법)
⑥ 무도학원업 및 무도장업	⑥ **비디오물소극장업**
⑦ 전기통신설비를 갖추고 불특정한 사람들 사이의 음성대화 또는 화상대화를 매개하는 것을 주된 목적으로 하는 영업(예 전화방, 화상대화방)	⑦ 유해화학물질 영업(유독물을 직접 사용하지 아니하는 장소에서 이루어지는 영업 제외)
⑧ 성적 서비스를 제공하는 영업	⑧ **유료 만화대여업**
⑨ 성기구 판매업소	
⑩ 「한국마사회법」 따른 장외발매소	
⑪ 「경륜·경정법」 따른 장외매장	
⑫ 여성가족부장관이 고시한 영업(예 성기구 취급업소, 키스방, 대딸방, 전립선마사지, 유리방, 성인PC방, 휴게텔, 인형체험방)	

※ 업소의 구분은 그 업소가 영업을 할 때 다른 법령에 따라 요구되는 허가·인가·등록·신고 등의 여부와 관계없이 **실제로 이루어지고 있는 영업행위를 기준**으로 한다.

2 청소년유해행위와 위반자에 대한 처벌(§30, §55~58)

청소년유해행위	처벌
1. 영리를 목적으로 청소년으로 하여금 신체적인 접촉 또는 은밀한 부분의 노출등 성적 접대행위를 하게 하거나 이러한 행위를 알선·매개하는 행위(**성적접대행위금지**)	1년 이상 10년 이하의 징역
2. 영리를 목적으로 청소년으로 하여금 손님과 함께 술을 마시거나 노래 또는 춤 등으로 손님의 유흥을 돋우는 접객행위를 하게 하거나 이러한 행위를 알선·매개하는 행위(**유흥접객행위금지**) 3. 영리나 흥행을 목적으로 청소년에게 음란한 행위를 하게 하는 행위(**음란행위금지**)	10년 이하의 징역
4. 영리나 흥행을 목적으로 청소년의 장애나 기형 등의 모습을 일반인들에게 관람시키는 행위(**장애기형관람행위금지**) 5. 청소년에게 구걸을 시키거나 청소년을 이용하여 구걸하는 행위(**구걸행위금지**) 6. 청소년을 학대하는 행위(**청소년학대행위금지**)	5년 이하의 징역
7. 영리를 목적으로 청소년으로 하여금 거리에서 손님을 유인하는 행위를 하게 하는 행위 8. 청소년을 남녀 혼숙하게 하는 등 풍기를 문란하게 하는 영업행위를 하거나 이를 목적으로 장소를 제공하는 행위 9. 주로 차 종류를 조리·판매하는 업소에서 청소년으로 하여금 **영업장을 벗어나**(영업장 내X) 차종류를 배달하는 행위를 하게 하거나 이를 조장하거나 묵인하는 행위	3년 이하의 징역 또는 3천만원 이하의 벌금

→ 청소년으로 하여금 시장·군수·구청장이 지정한 청소년 통행금지구역 또는 청소년 통행제한구역을 통행하게 하는 행위는 특별히 청소년유해행위라고 할 수 없음

3 「청소년 보호법」 관련 판례

1. 18세 미만의 청소년에게 술을 판매함에 있어 민법상 법정대리인의 동의 : **행위가 정당화될 수는 없다**(대법원 99도2151).
2. 일반음식점의 실제의 영업형태 중에서는 주간에는 주로 음식류를 조리·판매하고 야간에는 주로 주류를 조리·판매하는 형태도 있을 수 있는데,
   - **주류를 조리·판매하는 야간의 영업형태** : 청소년보호법상 청소년고용금지업소에 해당
   - **주로 음식류를 조리·판매하는 주간의 영업형태** : 청소년보호법상 청소년고용금지업소에 해당하지 아니한다 (대법원 2003도6282).
3. 청소년이 '티켓걸'로서 노래연습장 또는 유흥주점에서 손님들의 흥을 돋우어 주고 시간당 보수를 받은 사안 : 청소년보호법위반(대법원 2005도3801)
4. 「청소년 보호법」상의 '청소년'에 해당하는지의 판단 기준 : **실제의 나이를 기준**(호적 등 공부상의 나이가 아님) (대구지방법원 2009노1765)

4 식품접객업소 업태별 청소년 출입, 고용제한 연령 비교

대상 업소		연령 제한	처벌 법규
유흥주점 단란주점	출입	연 19세 미만	청소년 보호법 제29조 제2항, 제59조 제8호
	고용	연 19세 미만	청소년 보호법 제29조 제1항, 제58조 제4호
다방 (고용만 제한)	일반다방	15세 미만	근로기준법 제64조(취직인허증 필요) 근로기준법 시행령 제35조 : 취직인허증을 받은 13세 이상인 자는 고용 가능
		18세 미만	근로기준법 제66조(연소자증명서 비치)
일반 음식점 (고용만 제한)	소주방, 호프, 카페	연 19세 미만	청소년 보호법 제29조 제1항, 제58조 제4호
	일반식당	15세 미만	근로기준법 제64조(취직인허증 필요) 근로기준법 시행령 제35조 : 취직인허증을 받은 13세 이상인 자는 고용 가능
		18세 미만	근로기준법 제66조(연소자증명서 비치)
청소년 주류 제공		연 19세 미만	청소년 보호법 제28조 제1항, 제59조 제6호

※ "청소년"이란 만 19세 미만인 사람을 말한다. 다만, 만 19세가 되는 해의 1월 1일을 맞이한 사람은 제외한다. = 연 19세 미만

5 소년법

소년 및 보호자(§2)	이 법에서 "**소년**"이란 19세 미만인 자를 말하며, "**보호자**"란 법률상 감호교육(監護敎育)을 할 의무가 있는 자 또는 현재 감호하는 자를 말한다.
보호의 대상과 송치 및 통고(§4)	① 다음 각 호의 어느 하나에 해당하는 소년은 소년부의 보호사건으로 **심리한다.** 　1. 죄를 범한 소년 　2. 형벌 법령에 저촉되는 행위를 한 10세 이상 14세 미만인 소년 　3. 다음 각 목에 해당하는 사유가 있고 그의 성격이나 환경에 비추어 앞으로 형벌 법령에 저촉되는 행위를 할 우려가 있는 10세 이상인 소년 　　가. 집단적으로 몰려다니며 주위 사람들에게 불안감을 조성하는 성벽(性癖)이 있는 것 　　나. **정당한 이유 없이 가출하는 것** 　　다. 술을 마시고 소란을 피우거나 유해환경에 접하는 성벽이 있는 것 ② 제1항 **제2호 및 제3호**에 해당하는 소년이 있을 때에는 **경찰서장**은 직접 **관할 소년부**에 송치하여야 한다.
보호처분의 결정(§32)	① 소년부 판사는 심리 결과 보호처분을 할 필요가 있다고 인정하면 결정으로써 다음 각 호의 어느 하나에 해당하는 처분을 하여야 한다. 　1. 보호자 또는 보호자를 대신하여 소년을 보호할 수 있는 자에게 감호 위탁 　2. 수강명령 　3. 사회봉사명령 　10. 장기 소년원 송치 〈4. ~ 9. 생략〉 ③ 제1항 제3호의 처분은 **14세 이상의 소년**에게만 할 수 있다. ④ 제1항 제2호 및 제10호의 처분은 **12세 이상의 소년**에게만 할 수 있다.
보호처분의 취소(§38)	① 보호처분이 계속 중일 때에 사건 본인이 처분 당시 19세 이상인 것으로 밝혀진 경우에는 소년부 판사는 결정으로써 그 보호처분을 취소하고 법률에 따른 별도의 방법으로 처리하여야 한다.

아동·청소년의 성보호에 관한 법률

1 성매매와 아동·청소년의 성을 사는 행위의 비교

구분	성매매(성매매처벌법)	아동·청소년의 성을 사는 행위(아청법)
대상	불특정인	특정인이라도 무관
행위	① 성교행위 ② 구강, 항문 등 신체의 일부 또는 도구를 이용한 유사 성교 행위	① 성교행위 ② 구강·항문 등 신체의 일부나 도구를 이용한 유사 성교 행위 ③ 신체의 전부 또는 일부를 접촉·노출하는 행위로서 일반인의 성적 수치심이나 혐오감을 일으키는 행위 ④ 자위행위
대상자	제한 없음	19세 미만의 아동·청소년
처벌	1년 이하의 징역이나 300만원 이하의 벌금·구류 또는 과료(성을 산 사람과 판 사람 모두 처벌)	1년 이상 10년 이하의 징역 또는 2천만원 이상 5천만원 이하의 벌금(성을 산 사람만 처벌하고, 판 아동·청소년은 불벌)
적용	성매매알선 등 행위의 처벌에 관한 법률에서 규정한 사항에 관하여 아동·청소년의 성보호에 관한 법률에 특별한 규정이 있는 경우에는 아동·청소년의 성보호에 관한 법률이 정하는 바에 따른다.	

2 위반행위 및 미수처벌

위반행위	미수 처벌
① 폭행 또는 협박으로 아동·청소년을 강간한 사람(§7①~⑤) ② 아동·청소년에 대하여 폭행이나 협박으로 다음 각 호의 어느 하나에 해당하는 행위를 한 자 　　1. 구강·항문 등 신체(성기는 제외한다)의 내부에 성기를 넣는 행위 　　2. 성기·항문에 손가락 등 신체(성기는 제외한다)의 일부나 도구를 넣는 행위 ③ 아동·청소년에 대하여 「형법」 제298조(강제추행)의 죄를 범한 자 ④ 아동·청소년에 대하여 「형법」 제299조(준강간, 준강제추행)의 죄를 범한 자 ⑤ 위계(僞計) 또는 위력으로써 아동·청소년을 간음하거나 아동·청소년을 추행한 자	O
아동·청소년성착취물을 제작·수입 또는 수출한 자(§11①) (소지 X)	O
영리를 목적으로 아동·청소년성착취물을 판매·대여·배포·제공하거나 이를 목적으로 소지·운반하거나 공연히 전시 또는 상영한 자(§11②)	X
아동·청소년의 성을 사는 행위 또는 아동·청소년성착취물을 제작하는 행위의 대상이 될 것을 알면서 아동·청소년을 매매 또는 국외에 이송하거나 국외에 거주하는 아동·청소년을 국내에 이송한 자(§12①)	O
① 아동·청소년의 성을 사는 행위를 한 자(§13①②) ② 아동·청소년의 성을 사기 위하여 아동·청소년을 유인하거나 성을 팔도록 권유한 자	X
① 다음 각 호의 어느 하나에 해당하는 자(§14①1호~4호) 　1. 폭행이나 협박으로 아동·청소년으로 하여금 아동·청소년의 성을 사는 행위의 상대방이 되게 한 자 　2. 선불금(先拂金), 그 밖의 채무를 이용하는 등의 방법으로 아동·청소년을 곤경에 빠뜨리거나 위계 또는 위력으로 아동·청소년으로 하여금 아동·청소년의 성을 사는 행위의 상대방이 되게 한 자 　3. 업무·고용이나 그 밖의 관계로 자신의 보호 또는 감독을 받는 것을 이용하여 아동·청소년으로 하여금 아동·청소년의 성을 사는 행위의 상대방이 되게 한 자 　**4. 영업으로 아동·청소년을 아동·청소년의 성을 사는 행위의 상대방이 되도록 유인·권유한 자** ② 제1항 제1호부터 제3호까지의 죄를 범한 자가 그 대가의 전부 또는 일부를 받거나 이를 요구 또는 약속한 때(§14②)	O
아동·청소년의 성을 사는 행위의 상대방이 되도록 유인·권유한 자(§14③)	X

3 특례규정 등

정의(§2)	1. "**아동·청소년**"이란 19세 미만의 자를 말한다. 다만, 19세에 도달하는 연도의 1월 1일을 맞이한 자는 제외한다.
13세 이상 16세 미만 아동·청소년에 대한 간음 등(§8의2)	① 19세 이상의 사람이 13세 이상 16세 미만인 아동·청소년(제8조에 따른 장애 아동·청소년으로서 16세 미만인 자는 제외한다. 이하 이 조에서 같다)의 궁박(窮迫)한 상태를 이용하여 해당 아동·청소년을 **간음**하거나 해당 아동·청소년으로 하여금 **다른 사람을 간음하게 하는** 경우에는 3년 이상의 유기징역에 처한다. ② 19세 이상의 사람이 13세 이상 16세 미만인 아동·청소년의 궁박한 상태를 이용하여 해당 아동·청소년을 **추행**한 경우 또는 해당 아동·청소년으로 하여금 **다른 사람을 추행**하게 하는 경우에는 10년 이하의 징역 또는 5천만원 이하의 벌금에 처한다.
아동·청소년의 성을 사는 행위 등 (§13)	③ 16세 미만의 아동·청소년 및 장애 아동·청소년을 대상으로 제1항(아동·청소년의 성을 사는 행위) 또는 제2항(아동·청소년의 성을 사기 위하여 아동·청소년을 유인하거나 성을 팔도록 권유한 자)의 죄를 범한 경우에는 그 죄에 정한 형의 2분의 1까지 가중처벌한다.
형법상 감경규정에 관한 특례 (§19)	음주 또는 약물로 인한 심신장애 상태에서 아동·청소년대상 성폭력범죄를 범한 때에 「형법」 제10조 제1항·제2항(심신장애인) 및 제11조(청각 및 언어 장애인)를 **적용하지 아니할 수 있다.**
공소시효에 관한 특례(§20)	③ 13세 미만의 사람 및 신체적인 또는 정신적인 장애가 있는 아동·청소년에 대하여 다음 각 호의 죄를 범한 경우에는 제1항과 제2항에도 불구하고 「형사소송법」 제249조부터 제253조까지 및 「군사법원법」 제291조부터 제295조까지에 규정된 공소시효를 적용하지 아니한다. 3. 「성폭력범죄의 처벌 등에 관한 특례법」 제6조 제2항, 제7조 제2항·제5항, 제8조, 제9조의 죄
증거보전의 특례(§27)	① 아동·청소년대상 성범죄의 피해자, 그 법정대리인 또는 경찰은 피해자가 공판기일에 출석하여 증언하는 것에 현저히 곤란한 사정이 있을 때에는 그 사유를 소명하여 제26조에 따라 촬영된 영상물 또는 그 밖의 다른 증거물에 대하여 해당 성범죄를 수사하는 검사에게 증거보전의 청구를 할 것을 요청할 수 있다.

4 아동 · 청소년대상 디지털 성범죄의 수사 특례

신분비공개수사 (§25의2)	내용	① 사법경찰관리는 디지털 성범죄에 대하여 **신분을 비공개**하고 범죄현장(정보통신망을 포함한다) 또는 **범인으로 추정되는 자들에게 접근**하여 범죄행위의 증거 및 자료 등을 수집(신분비공개수사)할 수 있다. ━━━━━━━━━━━━━━━━━━━━━━━━━━━━━━ **신분비공개수사의 방법(아청법 시행령 §5의3)** ① 신분 비공개는 경찰관임을 밝히지 않거나 부인(**경찰관 외의 신분을 고지하는 방식을 포함**(제외 x)한다)하는 방법으로 한다. ② 법 제25조의2 제1항에 따른 접근은 대화의 구성원으로서 관찰하는 등 대화에 참여하거나 아동·청소년 성착취물, 「성폭력범죄의 처벌 등에 관한 특례법」 제14조 제2항의 촬영물 또는 복제물(복제물의 복제물을 포함한다)을 구입하거나 무상으로 제공받는 등의 방법으로 한다. ━━━━━━━━━━━━━━━━━━━━━━━━━━━━━━
	비공개 수사대상 범죄	1. 제11조(아동·청소년성착취물의 제작·배포 등) 및 제15조의 2(아동·청소년에 대한 성착취 목적 대화 등) 2. 아동·청소년에 대한 「성폭력범죄의 처벌 등에 관한 특례법」 상 제14조(카메라 등을 이용한 촬영) 제2항 및 제3항의 죄
신분위장수사 (§25의2)	내용	② 사법경찰관리는 디지털 성범죄를 계획 또는 실행하고 있거나 실행하였다고 의심할 만한 충분한 이유가 있고, 다른 방법으로는 그 범죄의 실행을 저지하거나 범인의 체포 또는 증거의 수집이 어려운 경우에 한정하여 수사목적을 달성하기 위하여 부득이한 때에는 다음 각 호의 행위를 **할 수 있다.**
	위장행위	1. 신분을 위장하기 위한 문서, 도화 및 전자기록 등의 작성, 변경 또는 행사 2. 위장 신분을 사용한 계약·거래 3. 아동·청소년성착취물 또는 「성폭력범죄의 처벌 등에 관한 특례법」 제14조 제2항의 촬영물 또는 복제물(복제물의 복제물을 포함)의 소지, 판매 또는 광고
아동·청소년대상 디지털 성범죄의 수사 특례에 따른 사법경찰관리의 준수사항 (동법 시행령§5의2)		사법경찰관리는 법 제25조의2 제1항에 따른 **신분비공개수사** 또는 같은 조 제2항에 따른 **신분위장수사**를 할 때 다음 각 호의 사항을 준수해야 한다. 1. 수사 관계 법령을 준수하고, 본래 범의를 가지지 않은 자에게 범의를 유발하는 행위를 하지 않는 등 적법한 절차와 방식에 따라 수사할 것 2. 피해아동·청소년에게 추가 피해가 발생하지 않도록 주의할 것 3. 법 제25조의2 제2항 제3호에 따른 행위를 하는 경우에는 피해아동·청소년이나 「성폭력방지 및 피해자보호 등에 관한 법률」 제2조 제3호의 성폭력피해자에 관한 자료가 유포되지 않도록 할 것

5 「아동·청소년의 성보호에 관한 법률」 관련 판례

1. 제작한 영상물이 객관적으로 아동·청소년이 등장하여 성적 행위를 하는 내용을 표현한 영상물에 해당하는 한 대상이 된 **아동·청소년의 동의하에 촬영한 것이라거나 사적인 소지·보관을 1차적 목적으로 제작한 것**이라고 하여 '아동·청소년성착취물'에 해당하지 아니한다거나 이를 '제작'한 것이 아니라고 할 수 없다(대판 2014도17346).

2. **아동·청소년이 이미 성매매 의사를 가지고 있었던 경우에도** 그러한 아동·청소년에게 금품이나 그 밖의 재산상 이익, 직무·편의제공 등 대가를 제공하거나 약속하는 등의 방법으로 성을 팔도록 권유하는 행위는 '**성을 팔도록 권유하는 행위**'에 포함된다(대판 2011도3934).

3. 성을 사는 행위를 알선하는 행위를 업으로 하는 자가 성매매알선을 위한 종업원을 고용하면서 **고용대상자에 대하여 연령확인의무의 이행을 다하지 아니한 채** 아동·청소년을 고용하였다면, 특별한 사정이 없는 한 적어도 아동·청소년의 성을 사는 행위의 알선에 관한 **미필적 고의는 인정된다**(대판 2014도5173).

4. 링크의 게시를 포함한 일련의 행위가 **불특정 또는 다수인**에게 다른 웹사이트 등을 단순히 소개·연결하는 정도를 넘어 링크를 이용하여 별다른 제한 없이 아동·청소년성착취물에 바로 접할 수 있는 상태를 실제로 조성한다면, 이는 **아동·청소년성착취물을 직접 '배포'하거나 '공연히 전시'한 것과 실질적으로 다를 바 없다고 평가할 수 있으므로**, 아동·청소년성착취물을 배포하거나 공연히 전시한다는 구성요건을 충족한다(대판 2023도5757).

5. (1) 아동·청소년의 성을 사는 행위를 알선하는 행위를 업으로 하는 사람이 알선의 대상이 **아동·청소년임을 인식하면서 알선행위를 하였다면**, 아동·청소년의 성을 사는 행위를 한 사람이 **상대방이 아동·청소년임을 인식하고 있었는지 여부는 알선행위를 한 사람의 책임에 영향을 미칠 이유가 없다.**

   (2) 아동·청소년의 성을 사는 행위를 알선하는 행위를 업으로 하여 아동·청소년의 성보호에 관한 법률 제15조 제1항 제2호의 위반죄가 성립하기 위해서는 알선행위를 업으로 하는 사람이 아동·청소년을 알선의 대상으로 삼아 그 성을 사는 행위를 알선한다는 것을 인식하여야 하지만, 이에 더하여 알선행위로 아동·청소년의 **성을 사는 행위를 한 사람이 상대방이 아동·청소년임을 인식하여야 한다고 볼 수는 없다**(대판 2015도15664).

6. 성인 남성 A가 가출하여 잘 곳이 없는 **15세 여고생과 사전에 대가를 주고 성관계를 하자는 약속 없이** 만나 숙소와 차비 명목의 금전을 제공하고 성관계를 한 경우, A의 행위는 법령에서 규정한 아동·청소년의 성을 사는 행위의 대가 중 '**편의제공'에 속한다**(대판 2002도83). 즉, 청소년의 성을 사는 행위를 한 것으로 볼 수 있다.

7. 성인 남성 B가 인터넷 채팅사이트를 통하여, 성매매 의사를 가지고 성매수자를 찾고 있던 청소년 갑과 성매매 장소, 대가 등에 관하여 구체적으로 정한 후 약속장소 인근에 도착하여 甲에게 전화로 요구 사항을 지시하였지만 **성관계를 하지 못했다 하더라도** 사전에 성매매의사를 가진 청소년이었고, 실제 성관계 여부와 상관없이 '**성을 팔도록 권유한 행위**'에 해당한다(대판 2011도3934).

8. 아동·청소년 등이 일상적인 생활을 하면서 신체를 노출한 것일 뿐 적극적인 성적 행위를 한 것이 아니더라도 이를 몰래 촬영하는 방식 등으로 성적 대상화하였다면 이와 같은 행위를 표현한 영상 등은 **아동·청소년성착취물에 해당**한다(대판 2021도4265). → 아동·청소년이용음란물에서 아동·청소년성착취물로 용어가 바뀜

CHAPTER **02**

범죄수사

THEME 01 ▸ 수사의 기본개념

1 수사의 조건

의의			① 수사의 조건이란 수사권의 **발동(개시)**과 **행사(실행)의 조건**을 말한다. ② 수사는 수사기관의 **주관적 혐의**에 의하여 개시된다. ↳ 객관식 혐의 X ③ **수사의 조건**은 수사권의 발동을 통제하기 위한 조건이므로, **탄핵주의** 소송구조에서 중시된다. ↳ 규문주의 X ④ 수사의 조건은 수사의 필요성과 수사의 상당성을 내용으로 한다. ⑤ 체포·구속을 위한 범죄혐의는 **객관적 혐의**를 말하며 **증거에 의하여 증명되는 혐의**를 말한다. ↳ 일반인 기준에서 범죄혐의가 인정되는 것 X ⑥ 친고죄의 경우 고소의 가능성이 있는 경우에는 임의수사와 강제수사가 모두 허용된다. [조문] **제54조(친고죄의 긴급수사착수)** 경찰관은 친고죄에 해당하는 범죄가 있음을 인지한 경우에 즉시 수사를 하지 않으면 향후 증거수집 등이 현저히 곤란하게 될 우려가 있다고 인정될 때에는 고소권자의 고소가 제출되기 전에도 수사할 수 있다. **다만, 고소권자의 명시한 의사에 반하여 수사할 수 없다.** [판례] 친고죄에 있어서 고소는 이른바 **소추조건에 불과**하고 **당해 범죄의 성립요건**이나 **수사의 조건은 아니므로** 고소나 고발이 있기 전에 수사를 하였다 하더라도 그 수사가 장차 고소나 **고발이 있을 가능성이 없는 상태하에서 행해졌다는 등의 특단의 사정이 없는 한 고소나 고발이 있기 전에 수사를 하였다는 이유만으로 그 수사가 위법하다고 할 수 없다**(대판 2008도7724).		
내용	수사의 필요성 (허용의 측면)	의의	수사의 목적을 달성함에 필요한 경우에 한하여 허용된다.
		임의수사	피의자신문, 참고인조사, 감정·통역·번역의 위촉 등은 수사에 필요한 때에 한하여 허용된다.
		강제수사	① 「형사소송법」에 특별한 규정이 없으면 허용되지 않는다. ② 체포의 필요성, 구속의 필요성, 압수·수색·검증의 필요성
		소송조건	소송조건의 결여로 공소제기 가능성이 없는 때에는 수사의 필요성도 부인된다. [예] 친고죄·반의사불벌죄 사건에 대한 **고소가 취소된 경우**
	수사의 상당성 (실행의 측면)	수사개시	수사기관의 범죄인지가 수사비례의 원칙에 의해 상당해야 한다. [예] 피해가 극히 경미한 사건에 대한 범죄인지는 범죄인지권의 남용임
		수사방법	① 수사의 방법이 사회통념상 상당하다고 인정되어야 한다. ② 함정수사의 허용여부 　– **기회제공형**은 적법·허용된다. 　– **범의유발형**은 **상당성(신의칙)에** 반하여 허용되지 않음. 공소제기 시 공소는 무효이므로 법원은 공소기각판결을 선고한다.

2 수사실행의 5대 원칙

수사자료 완전수집의 원칙	수사기관은 사건해결의 관건이 되는 자료를 누락하거나 멸실시키는 일이 없도록 **전력을 다하여 자료를 수집**하여야 한다는 원칙 → 수사실행의 5원칙 중 제1법칙
수사자료 감식· 검토의 원칙	수사는 단순한 수사관의 상식적 검토나 판단에만 그칠 것이 아니라 **감식과학이나 과학적 지식 또는 그 시설장비를 유용하게 최대한 이용**해야 한다는 원칙
적절한 추리의 원칙	추측시에 수집된 자료를 기초로 **합리적인 판단**을 하고, 추측은 가상적인 판단(가설) 이므로 그 진실성이 확인될 때까지는 추측을 진실이라고 주장·확신해서는 안 된다는 원칙
검증적 수사의 원칙	① 여러 가지 추측 중에서 과연 어떤 추측이 정당한 것인가를 가리기 위하여 그들 **추측 하나 하나를 모든 각도에서 검토해야 한다**라는 원칙 ② 수사**사**항의 결정 → 수사**방**법의 결정 → 수사**실**행 순서로 검토해야 한다. 사방실 ③ 추측을 확인하는 작업인 동시에 또 다른 측면에서 새로운 자료수집이라고 할 수 있음
사실판단 증명의 원칙	① 수사에 의해 획득한 확신 있는 판단은 모두에게 **판단이 진실이라는 것을 객관적으로 증명할 수 있어야 한다**는 원칙 ② 수사기관은 자신의 판단이 진실이라는 이유 또는 객관적 증거를 제시해야 함

수사 주체로서의 경찰

1 검사와 사법경찰관의 상호협력과 일반적 수사준칙에 관한 규정

고소·고발 **사건의 수리 등** **(§16의2)**	① 검사 또는 사법경찰관은 고소 또는 고발을 받은 경우에는 이를 수리해야 한다. ② 검사 또는 사법경찰관은 고소 또는 고발에 따라 범죄를 수사하는 경우에는 고소 또는 고발을 **수리한 날부터** 3개월 이내에 수사를 마쳐야 한다.
수사경합에 **따른 사건송치** **(§49)**	① 검사는 사법경찰관에게 사건송치를 요구할 때에는 그 내용과 이유를 구체적으로 적은 **서면**으로 해야 한다. ② 사법경찰관은 제1항에 따른 **요구를 받은 날부터** 7일 이내에 사건을 검사에게 송치해야 한다. 이 경우 관계 서류와 증거물을 함께 송부해야 한다.
보완수사 요구 **(§59)**	① **검사는** 사법경찰관으로부터 송치받은 사건에 대해 보완수사가 필요하다고 인정하는 경우에는 **직접 보완수사를 하거나** 법 제197조의2 제1항 제1호에 따라 **사법경찰관에게 보완수사를 요구할 수 있다.** 다만, 송치사건의 공소제기 여부 결정에 필요한 경우로서 다음 각 호의 어느 하나에 해당하는 경우에는 특별히 사법경찰관에게 보완수사를 요구할 필요가 있다고 인정되는 경우를 제외하고는 검사가 직접 보완수사를 하는 것을 원칙으로 한다. 1. 사건을 수리한 날(이미 보완수사요구가 있었던 사건의 경우 보완수사 이행 결과를 통보받은 날을 말한다)부터 1개월이 경과한 경우 2. 사건이 송치된 이후 검사가 해당 피의자 및 피의사실에 대해 상당한 정도의 보완수사를 한 경우 3. 법 제197조의3(시정조치요구 등) 제5항, 제197조의4(수사의 경합) 제1항 또는 제198조의2(검사의체포·구속장소감찰) 제2항에 따라 사법경찰관으로부터 사건을 송치받은 경우 4. 제7조 또는 제8조에 따라 검사와 사법경찰관이 사건 송치 전에 수사할 사항, 증거수집의 대상 및 법령의 적용 등에 대해 협의를 마치고 송치한 경우
보완수사요구의 **방법과 절차** **(§60)**	① 검사는 보완수사를 요구할 때에는 그 이유와 내용 등을 구체적으로 적은 **서면과 관계 서류 및 증거물을 사법경찰관에게 함께 송부해야 한다.** 다만, 보완수사 대상의 성질, 사안의 긴급성 등을 고려하여 관계 서류와 증거물을 송부할 필요가 없거나 송부하는 것이 적절하지 않다고 판단하는 경우에는 **해당 관계 서류와 증거물을 송부하지 않을 수 있다.** ② 보완수사를 요구받은 사법경찰관은 ① 단서에 따라 송부받지 못한 관계 서류와 증거물이 보완수사를 위해 필요하다고 판단하면 **해당 서류와 증거물을 대출하거나 그 전부 또는 일부를 등사**(검사에게 송부요청 X) **할 수 있다.** ③ 사법경찰관은 보완수사요구가 **접수된 날부터** 3개월 이내에 보완수사를 마쳐야 한다. ④ 사법경찰관은 보완수사를 이행한 경우에는 그 이행 결과를 **검사에게 서면으로 통보해야 하며,** ①의 본문에 따라 관계 서류와 증거물을 송부받은 경우에는 그 서류와 증거물을 함께 반환해야 한다. 다만, 관계 서류와 증거물을 반환할 필요가 없는 경우에는 **보완수사의 이행 결과만을 검사에게 통보할 수 있다.** ⑤ 사법경찰관은 보완수사를 이행한 결과 **법 제245조의5제1호(범죄의 혐의가 있다고 인정되는 경우에는 지체 없이 검사에게 사건을 송치하고, 관계 서류와 증거물을 검사에게 송부하여야 한다.)**에 해당하지 않는다고 판단한 경우에는 사건을 불송치하거나 수사중지할 수 있다.

Chapter 02 범죄수사 **353**

재수사요청	검사의 요청 (§63)	① 검사는 형사소송법 제245조의8에 따라 사법경찰관에게 재수사를 요청하려는 경우에는 동법 제245조의5 제2호에 따라 관계 서류와 증거물을 **송부받은 날부터 90일 이내**에 해야 한다. 다만, 다음 각 호의 어느 하나에 해당하는 경우에는 관계 서류와 증거물을 송부받은 날부터 **90일이 지난 후에도 재수사를 요청할 수 있다.** 1. 불송치 결정에 영향을 줄 수 있는 명백히 새로운 증거 또는 사실이 발견된 경우 2. 증거 등의 허위, 위조 또는 변조를 인정할 만한 상당한 정황이 있는 경우 ② **검사는** ①에 따라 재수사를 요청할 때에는 그 내용과 이유를 구체적으로 적은 서면으로 해야 한다. 이 경우 형사소송법 제245조의5 제2호에 따라 **송부받은 관계 서류와 증거물을 사법경찰관에게 반환해야 한다.** ④ 사법경찰관은 법 제245조의8 제1항에 따른 재수사의 요청이 **접수된 날부터 3개월 이내**에 재수사를 마쳐야 한다.
	재수사 결과처리 (§64)	① **사법경찰관**은 형사소송법 제245조의8 제2항에 따라 **재수사를 한 경우** 다음 각 호의 구분에 따라 처리한다. 1. **범죄의 혐의가 있다고 인정되는 경우:** 동법 제245조의5 제1호에 따라 검사에게 사건을 송치하고 관계 서류와 증거물을 송부 2. **기존의 불송치 결정을 유지하는 경우:** 재수사 결과서에 그 내용과 이유를 구체적으로 적어 검사에게 통보 ② 검사는 사법경찰관이 제1항 제2호에 따라 **재수사 결과를 통보한 사건에 대해서 다시 재수사를 요청하거나 송치 요구를 할 수 없다.** 다만, 검사는 사법경찰관이 사건을 송치하지 않은 위법 또는 부당이 시정되지 않아 사건을 송치받아 수사할 필요가 있는 다음 각 호의 경우에는 법 제197조의3에 따라 사건송치를 요구할 수 있다. 1. 관련 법령 또는 법리에 위반된 경우 2. 범죄 혐의의 유무를 명확히 하기 위해 재수사를 요청한 사항에 관하여 그 이행이 이루어지지 않은 경우. 다만, 불송치 결정의 유지에 영향을 미치지 않음이 명백한 경우는 제외한다. 3. 송부받은 관계 서류 및 증거물과 재수사 결과만으로도 범죄의 혐의가 명백히 인정되는 경우 4. 공소시효 또는 형사소추의 요건을 판단하는 데 오류가 있는 경우 ③ 검사는 제2항 각 호 외의 부분 단서에 따른 사건송치 요구 여부를 판단하기 위해 필요한 경우에는 사법경찰관에게 관계 서류와 증거물의 송부를 요청할 수 있다. 이 경우 요청을 받은 사법경찰관은 이에 협력해야 한다. ④ 검사는 재수사 결과를 통보받은 날(제3항에 따라 관계 서류와 증거물의 송부를 요청한 경우에는 관계 서류와 증거물을 송부받은 날을 말한다)부터 30일 이내에 제2항 각 호 외의 부분 단서에 따른 사건송치 요구를 해야 하고, 그 기간 내에 사건송치 요구를 하지 않을 경우에는 송부받은 관계 서류와 증거물을 사법경찰관에게 반환해야 한다.
수사서류 등의 열람·복사(§69)		③ 피의자 또는 그 변호인은 필요한 사유를 소명하고 고소장, 고발장, 이의신청서, 항고장, 재항고장(이하 "고소장등"이라 한다)의 열람·복사를 신청할 수 있다. 이 경우 열람·복사의 범위는 **피의자에 대한 혐의사실 부분**으로 한정하고, 그 밖에 사건관계인에 관한 사실이나 개인정보, 증거방법 또는 고소장등에 첨부된 서류 등은 **제외**한다.

2 검사의 시정조치 요구 등과 사법경찰관의 사건송치 등(형사소송법)

검사의 수사 (§196)	② 검사는 제197조의3 제6항, 제198조의2 제2항 및 제245조의7 제2항에 따라 사법경찰관으로부터 송치받은 사건에 관하여는 해당 사건과 **동일성을 해치지 아니하는 범위** 내에서 수사할 수 있다. └ 동일성의 범위를 벗어나서도 X
시정조치 요구 등 (§197의3)	① 검사는 **사법경찰관리**의 수사과정에서 법령위반, 인권침해 또는 현저한 수사권 남용이 의심되는 사실의 신고가 있거나 그러한 사실을 인식하게 된 경우에는 **사법경찰관에게 사건기록 등본의 송부를 요구할 수 있다.** ② ①의 송부 요구를 받은 **사법경찰관은** 지체 없이 **검사에게** 사건기록 등본을 송부하여야 한다. ③ ②의 송부를 받은 검사는 필요하다고 인정되는 경우에는 사법경찰관에게 시정조치를 요구할 수 있다. ④ 사법경찰관은 ③의 시정조치 요구가 있는 때에는 정당한 이유가 없으면 **지체 없이** 이를 이행하고, 그 결과를 검사에게 **통보하여야 한다.** ⑤ ④의 통보를 받은 검사는 ③에 따른 시정조치 요구가 정당한 이유 없이 이행되지 않았다고 인정되는 경우에는 사법경찰관에게 사건을 송치할 것을 요구할 수 있다. ⑥ ⑤의 송치 요구를 받은 사법경찰관은 검사에게 사건을 **송치하여야 한다.**
사법경찰관의 사건송치 등 (§245의5)	사법경찰관은 고소·고발 사건을 포함하여 범죄를 수사한 때에는 다음 각 호의 구분에 따른다. 1. 범죄의 혐의가 있다고 인정되는 경우에는 지체 없이 검사에게 사건을 송치하고, 관계 서류와 증거물을 검사에게 송부하여야 한다. 2. 그 밖의 경우에는 그 이유를 명시한 서면과 함께 관계 서류와 증거물을 지체 없이 검사에게 송부하여야 한다. 이 경우 검사는 송부받은 날부터 90일 이내에 사법경찰관에게 반환하여야 한다.
고소인 등에 대한 송부통지 (§245의6)	사법경찰관은 **제245조의5제2호**의 경우에는 그 송부한 날부터 **7일 이내**(14일 이내 X)에 서면으로 고소인·고발인·피해자 또는 그 법정대리인(피해자가 사망한 경우에는 그 배우자·직계친족·형제자매를 **포함**한다)에게 사건을 검사에게 송치하지 아니하는 취지와 그 이유를 **통지하여야 한다.**
고소인 등의 이의신청 (§245의7)	① 제245조의6의 통지를 받은 사람(고발인을 제외한다)은 해당 사법경찰관의 소속 관서의 장에게 **이의를 신청할 수 있다.** ② 사법경찰관은 ①의 신청이 있는 때에는 **지체 없이 검사에게** 사건을 송치하고 관계 서류와 증거물을 송부하여야 하며, 처리결과와 그 이유를 ①의 신청인에게 **통지하여야 한다.**
재수사요청 등 (§245의8)	① **검사는** 제245조의5제2호의 경우에 사법경찰관이 사건을 송치하지 아니한 것이 위법 또는 부당한 때에는 그 이유를 문서로 명시하여 **사법경찰관에게 재수사를 요청할 수 있다.** ② 사법경찰관은 ①의 요청이 있는 때에는 사건을 재수사하여야 한다.
재수사 중의 이의신청 (수사준칙 §65)	사법경찰관은 **형사소송법 제245조의8제2항**에 따라 재수사 중인 사건에 대해 **동법 제245조의7 제1항**에 따른 이의신청이 있는 경우에는 **재수사를 중단해야 하며**, 해당 사건을 지체 없이 검사에게 송치하고 관계 서류와 증거물을 송부해야 한다.

THEME 03 수사절차

1 입건 전 조사(입건 전 조사 사건 처리에 관한 규칙)

의 의	① 입건 전 조사는 **수사개시 이전 단계**의 활동이다. ② 입건 전 조사단계에서는 영장에 의한 체포·구속은 **원칙적으로 허용되지 않는다.** 판례 수사기관에 의한 **진술거부권 고지의 대상이 되는 피의자의 지위**는 수사기관이 범죄인지서를 작성하는 등의 **형식적인 사건수리 절차를 거치기 전이라도** 조사대상자에 대하여 범죄의 혐의가 있다고 보아 **실질적으로 수사를 개시하는 행위를 한 때**에 인정된다. 특히 조사대상자의 진술 내용이 단순히 제3자의 범죄에 관한 경우가 아니라 자신과 제3자에게 공동으로 관련된 범죄에 관한 것이거나 제3자의 피의사실뿐만 아니라 자신의 피의사실에 관한 것이기도 하여 **실질이 피의자신문조서의 성격을 가지는 경우**에 수사기관은 진술을 듣기 전에 미리 진술거부권을 고지하여야 한다(대판 2014도5939).
조사의 기본 (§2)	② 경찰관은 신속·공정하게 조사를 진행하여야 하며, 관련 혐의 및 관계인의 정보가 정당한 사유 없이 외부로 유출되거나 공개되는 일이 없도록 하여야 한다. ③ 조사는 임의적인 방법으로 하는 것을 원칙으로 하고, <u>대물적 강제 조치를 실시하는 경우</u>에는 ↳ 강제처분은 할 수 없다 X 법률에서 정한 바에 따라 **필요 최소한의 범위**에서 남용되지 않도록 유의하여야 한다.

조사의 분류
(§3)
	조사사건은 다음 각 호와 같이 분류한다.
	1. **진정사건** : 범죄와 관련하여 진정·탄원 또는 투서 등 서면으로 접수된 사건
	2. **신고사건** : 범죄와 관련하여 112신고·방문신고 등 서면이 아닌 방법으로 접수된 사건
	3. **첩보사건**
	  가. 경찰관이 대상자, 범죄혐의 및 증거 자료 등 조사 단서에 관한 사항을 작성·제출한 범죄첩보 사건
	  나. 범죄에 관한 정보, 풍문 등 진상을 확인할 필요가 있는 사건
	4. **기타조사사건** : 제1호부터 제3호까지를 제외한 범죄를 의심할 만한 정황이 있는 사건

조사사건의 수리(§4)	① 조사사건에 대해 수사의 단서로서 조사할 가치가 있다고 인정되는 경우에는 이를 수리하고, **소속 수사부서장에게 보고**하여야 한다. ② ①에 따라 사건을 수리하는 경우 **형사사법정보시스템에 관련 사항을 입력하여야 하며** 별지 제1호서식의 입건 전 조사사건부에 기재하여 관리하여야 한다.
첩보사건의 착수(§5)	① 경찰관은 첩보사건의 조사를 착수하고자 할 때에는 별지 제2호서식의 입건 전 조사착수보고서를 작성하고, **소속 수사부서의 장에게 보고하고 지휘를 받아야 한다.**
조사 사건의 이송·통보(§6)	경찰관은 관할이 없거나 범죄 특성 등을 고려하여 소속 관서에서 조사하는 것이 적당하지 않은 사건을 다른 경찰관서 또는 기관에 **이송 또는 통보할 수 있다.**

조사의 보고· 지휘·방식 등 (§7)	② 신고·진정·탄원에 대해 입건 전 조사를 개시한 경우, 경찰관은 다음 각 호의 어느 하나에 해당하는 날부터 7일 이내에 진정인·탄원인·피해자 또는 그 법정대리인(피해자가 사망한 경우에는 그 배우자·직계친족·형제자매를 포함한다. 이하 "진정인등"이라 한다)에게 조사 진행상황을 통지해야 한다. 다만, 진정인등의 연락처를 모르거나 소재가 확인되지 않으면 연락처나 소재를 **알게된 날로부터** 7일 이내에 조사 진행상황을 통지해야 한다. 1. 신고·진정·탄원에 따라 조사에 착수한 날 2. 제1호에 따라 조사에 착수한 날부터 매 1개월이 지난 날 ③ 경찰관은 조사 기간이 **3개월(1개월X)** 을 초과하는 경우 별지 제4호서식의 입건 전 조사진행 상황보고서를 작성하여 **소속 수사부서의 장**에게 보고하여야 한다.
수사절차로의 전환(§8)	경찰관은 조사 과정에서 범죄혐의가 있다고 판단될 때에는 **지체없이 범죄인지서를 작성하여 소속 수사부서장의 지휘**를 받아 수사를 개시하여야 한다.
불입건 결정 지휘(§9)	수사부서의 장은 조사에 착수한 후 6개월 이내에 수사절차로 전환하지 않은 사건에 대하여 「경찰수사규칙」 제19조 제2항 제2호부터 제5호까지의 사유에 따라 **불입건 결정 지휘를 하여야 한다.** 다만, 다수의 관계인 조사, 관련자료 추가확보·분석, 외부 전문기관 감정 등 계속 조사 가 필요한 사유가 소명된 경우에는 6개월의 범위내에서 조사 기간을 연장할 수 있다.
수사의 개시 (수사준칙 §16)	③ **검사 또는 사법경찰관**은 입건 전에 범죄를 의심할 만한 정황이 있어 수사 개시 여부를 결정 하기 위한 사실관계의 확인 등 **필요한 조사를 할 때에는 적법절차를 준수**하고 사건관계인의 **인권을 존중**하며, 조사가 부당하게 장기화되지 않도록 신속하게 진행해야 한다. ④ **검사 또는 사법경찰관**은 제3항에 따른 조사 결과 **입건하지 않는 결정을 한 때에는** 피해자에 대한 보복범죄나 2차 피해가 우려되는 경우 등을 **제외하고는 피혐의자 및 사건관계인에게 통지해야 한다.**
불입건 결정 통지 (경찰수사규칙 §20)	① 사법경찰관은 **수사준칙 제16조 제4항**에 따라 피혐의자(제19조 제2항 제2호에 따라 입건 전 조사 종결한 경우만 해당한다)와 진정인·탄원인·피해자 또는 그 법정대리인(피해자가 사 망한 경우에는 그 배우자·직계친족·형제자매를 포함한다. 이하 "진정인등"이라 한다)에게 입건하지 않는 결정을 통지하는 경우에는 그 **결정을 한 날부터** 7일 이내에 통지해야 한다. 다만, 피혐의자나 진정인등의 연락처를 모르거나 소재가 확인되지 않으면 연락처나 소재를 알게 된 날부터 **7일 이내(14일 이내 X)** 에 통지해야 한다. ④ 사법경찰관은 ①에도 불구하고 통지로 인해 보복범죄 또는 2차 피해 등이 우려되는 다 음 각 호의 경우에는 **불입건 결정을 통지하지 않을 수 있다.** 이 경우 그 사실을 입건 전 조사 보고서로 작성하여 사건기록에 편철해야 한다. 1. 혐의 내용 및 동기, 진정인 또는 피해자와의 관계 등에 비추어 통지로 인해 진정인 또는 피해자의 생명·신체·명예 등에 위해(危害) 또는 불이익이 우려되는 경우 2. 사안의 경중 및 경위, 진정인 또는 피해자의 의사, 피진정인·피혐의자와의 관계, 분쟁 의 종국적 해결에 미치는 영향 등을 고려하여 통지하지 않는 것이 타당하다고 인정되 는 경우

입건 전 조사 (경찰수사 규칙 §19)	① **사법경찰관은** 수사준칙 제16조 제3항에 따른 입건 전에 범죄를 의심할 만한 정황이 있어 수사 개시 여부를 결정하기 위한 사실관계의 확인 등 필요한 조사(입건 전 조사)에 착수하기 위해서는 그 사건을 수리하고, 해당 사법경찰관이 **소속된 경찰관서의 수사 부서의 장(소속수사부서장)의 지휘를 받아야 한다.** ② 사법경찰관은 입건 전 조사한 사건을 다음 각 호의 구분에 따라 처리해야 한다. 　1. **입건**: 범죄의 혐의가 있어 수사를 개시하는 경우 　2. **입건 전 조사 종결(혐의없음, 죄가안됨 또는 공소권없음):** 제108조 제1항 제1호부터 제3호까지의 규정에 따른 사유가 있는 경우 　3. **입건 전 조사 중지** : 피혐의자 또는 참고인 등의 소재불명으로 입건 전 조사를 계속할 수 없는 경우 　4. **이송**: 관할이 없거나 범죄특성 및 병합처리 등을 고려하여 다른 경찰관서 또는 기관(해당 기관과 협의된 경우로 한정한다)에서 입건 전 조사할 필요가 있는 경우 　5. **공람 후 종결:** 진정·탄원·투서 등 서면으로 접수된 신고가 다음 각 목의 어느 하나에 해당하는 경우 　　가. **같은 내용으로 3회 이상 반복하여 접수되고 2회 이상 그 처리 결과를 통지한 신고와 같은 내용인 경우**(처리경과를 통지하였는데 같은 내용인 경우X) 　　나. 이름을 적지 않거나 또는 거짓 이름으로 접수된 경우 　　다. 단순한 풍문이나 인신공격적인 내용인 경우 　　라. 완결된 사건 또는 재판에 불복하는 내용인 경우 　　마. **민사소송 또는 행정소송에** 관한 사항인 경우 　　바. 본인의 진정한 의사에 의한 것인지 여부가 확인되지 않은 경우 　　사. 내용이 불분명하거나 구체적 사실이 적시되어 있지 않은 경우 　　아. 특정사건과 관련 없는 청원 또는 정책건의를 내용으로 하는 경우 　　자. 동일한 사실에 관하여 고소 또는 고발이 있는 경우 　　차. 처벌을 희망하는 의사표시가 없거나 처벌을 희망하는 의사표시가 취소된 경우 ③ 제1항 및 제2항에서 규정한 사항 외에 입건전조사 사건의 분류, 수리 및 조사의 진행과 기록관리 등에 필요한 세부사항은 **경찰청장이** 정한다.

2 수사개시

① 수사기관은 범죄의 혐의가 있다고 인식한 때에는 범인, 범죄사실과 증거에 관하여 수사를 개시하여야 한다.
② 수사개시는 형식상 사건번호를 부여하는 **'입건(立件)'이라는 행위**를 통해 이루어진다. 즉, **입건이란** 수사기관이 사건을 수리하여 수사를 개시하는 것을 말한다.

3 수사진행

① 수사개시 후 실체적 진실 발견을 위한 수사활동을 진행하게 된다.
② 수사의 방법에는 임의수사와 강제수사가 있다.
③ 임의수사가 원칙이며 강제수사는 법률에 특별한 규정이 있는 경우에 한하여 허용(형사소송법 §199 ①)

1) 불송치 결정(경찰수사규칙 §108①)

혐의없음 (1호)	가. 혐의없음(범죄인정안됨): **피의사실이 범죄를 구성하지 않거나 범죄가 인정되지 않는 경우** 나. 혐의없음(증거불충분): 피의사실을 인정할 만한 충분한 증거가 없는 경우
죄가안됨 (2호)	피의사실이 **범죄구성요건에 해당하나** 법률상 범죄의 성립을 **조각하는 사유가 있어 범죄를 구성하지 않는 경우**(수사준칙 제51조 제3항 제1호(「형법」 제10조(심신장애인) 제1항에 따라 벌할 수 없는 경우)는 **제외한다)**
공소권없음 (3호)	가. **형을 면제한다고 법률에서 규정한 경우** 나. 판결이나 이에 준하는 법원의 재판·명령이 확정된 경우 다. 통고처분이 이행된 경우 라. 사면이 있는 경우 마. 공소시효가 완성된 경우 바. 범죄 후 법령의 개정·폐지로 형이 폐지된 경우 사. 「소년법」, 「가정폭력범죄의 처벌 등에 관한 특례법」, 「성매매알선 등 행위의 처벌에 관한 법률」 또는 「아동학대범죄의 처벌 등에 관한 특례법」에 따른 보호처분이 확정된 경우(보호처분이 취소되어 검찰에 송치된 경우는 제외한다) 아. 동일사건에 대하여 재판이 진행 중인 경우(수사준칙 제51조 제3항 제2호는 제외한다) 자. 피의자에 대하여 재판권이 없는 경우 차. 친고죄에서 고소가 없거나 고소가 무효 또는 취소된 경우 카. **공무원의 고발이 있어야 공소를 제기할 수 있는 죄에서 고발이 없거나 고발이 무효 또는 취소된 경우** 타. 반의사불벌죄(피해자의 명시한 의사에 반하여 공소를 제기할 수 없는 범죄를 말한다)에서 처벌을 희망하지 않는 의사표시가 있거나 처벌을 희망하는 의사표시가 철회된 경우, 「부정수표 단속법」에 따른 수표회수, 「교통사고처리 특례법」에 따른 보험가입 등 법률에서 정한 처벌을 희망하지 않는 의사표시에 준하는 사실이 있는 경우 파. 동일사건에 대하여 공소가 취소되고 다른 중요한 증거가 발견되지 않은 경우 하. 피의자가 사망하거나 피의자인 법인이 존속하지 않게 된 경우
각하 (4호)	**고소·고발로 수리한 사건에서** 다음 각 목의 어느 하나에 해당하는 사유가 있는 경우 가. 고소인 또는 고발인의 진술이나 고소장 또는 고발장에 따라 제1호부터 제3호까지의 규정에 따른 사유에 해당함이 명백하여 더 이상 수사를 진행할 필요가 없다고 판단되는 경우 나. **동일사건에 대하여 사법경찰관의 불송치 또는 검사의 불기소가 있었던 사실을 발견한 경우에 새로운 증거 등이 없어 다시 수사해도 동일하게 결정될 것이 명백하다고 판단되는 경우** 다. 고소인 또는 고발인이 고소·고발장을 제출한 후 혐의 확인을 위한 수사기관의 출석요구, 자료제출 요청 등에 불응하거나 고소인·고발인의 소재가 확인되지 않는 등 고소·고발사실에 대한 수사를 개시·진행할 구체적인 근거가 없는 경우 라. 고발이 진위 여부가 불분명한 언론 보도나 인터넷 등 정보통신망의 게시물, 익명의 제보, 고발 내용과 직접적인 관련이 없는 제3자로부터의 전문(傳聞)이나 풍문 또는 고발인의 추측만을 근거로 한 경우 등으로서 수사를 개시할 만한 구체적인 사유나 정황이 충분하지 않은 경우 마. 법 제223조, 제225조부터 제228조까지의 규정에 따른 고소권자가 아닌 자가 고소한 경우 바. 법 제224조, 제232조 제2항 또는 제235조를 위반한 고소·고발의 경우

2) 사건 이송과 수사중지결정(경찰수사규칙)

사건 이송(§96)	① **사법경찰관은** 사건이 다음 각 호의 어느 하나에 해당하는 경우에는 해당 사건을 다른 **경찰관서 또는 기관에** 이송해야 한다. 1. 사건의 관할이 없거나 다른 기관의 소관 사항에 관한 것인 경우 2. 법령에서 다른 기관으로 사건을 이송하도록 의무를 부여한 경우
수사중지 결정 (§98)	① 사법경찰관은 다음 각 호의 구분에 해당하는 경우에는 그 사유가 해소될 때까지 수사준칙 제51조 제1항 제4호에 따른 수사중지 결정을 할 수 있다. 1. 피의자중지: 다음 각 목의 어느 하나에 해당하는 경우 　가. 피의자가 소재불명인 경우 　나. **2개월**(1개월X) **이상** 해외체류, 중병 등의 사유로 상당한 기간 동안 피의자나 참고인에 대한 조사가 불가능하여 수사를 종결할 수 없는 경우
수사중지 결정에 대한 이의제기 절차(§101)	① 수사준칙 제54조(수사중지 결정에 대한 이의제기 등)제1항에 따라 이의제기를 하려는 사람은 수사중지 결정을 통지받은 날부터 30일 이내에 해당 **사법경찰관이 소속된 바로 위 상급경찰관서의 장**("소속상급경찰관서장")에게 별지 제110호서식의 수사중지 결정 이의제기서를 제출해야 한다. ② ①에 따른 이의제기서는 해당 사법경찰관이 소속된 경찰관서에 제출할 수 있다. 이 경우 이의제기서를 제출받은 경찰관서의 장은 이를 지체 없이 **소속상급경찰관서장에게 송부해야 한다.**

3) 사법경찰관의 결정과 사건송치(수사준칙)

사법경찰관의
결정(§51)
	① 사법경찰관은 사건을 수사한 경우에는 다음 각 호의 구분에 따라 결정해야 한다.
	  1. 법원송치
	  2. 검찰송치
	  3. 불송치
	    가. 혐의없음
	      1) 범죄인정안됨
	      2) 증거불충분
	    나. 죄가안됨
	    다. 공소권없음
	    라. 각하
	  4. 수사중지
	    가. 피의자중지
	    나. 참고인중지
	  5. 이송
	③ **사법경찰관**은 불송치결정(죄가안됨 또는 공소권없음)에 해당하는 사건이 다음 각 호의 어느 하나에 해당하는 경우에는 해당 사건을 **검사에게 이송**한다.
	  1. 「형법」 제10조 제1항(심신장애)에 따라 벌할 수 없는 경우
	  2. 기소되어 사실심 계속 중인 사건과 포괄일죄를 구성하는 관계에 있거나 「형법」 제40조에 따른 상상적 경합 관계 있는 경우
	④ 사법경찰관은 **수사중지 결정을 한 경우** 7일 이내에 사건기록을 검사에게 송부해야 한다. 이 경우 검사는 사건기록을 **송부받은 날부터** 30일 이내에 반환해야 하며, **그 기간 내에 시정조치요구를 할 수 있다.**

사법경찰관의 사건송치(§58)	① 사법경찰관은 관계 법령에 따라 검사에게 사건을 송치할 때에는 송치의 이유와 범위를 적은 송치 결정서와 압수물 총목록, 기록목록, 범죄경력 조회 회보서, 수사경력 조회 회보서 등 관계 서류와 증거물을 함께 송부해야 한다.

4 수사의 종결(형사소송법 §245의5)

사법경찰관은 고소·고발 사건을 포함하여 범죄를 수사한 때에는 다음 각 호의 구분에 따른다.
1. 범죄의 혐의가 있다고 인정되는 경우에는 **지체 없이** 검사에게 사건을 송치하고, 관계 서류와 증거물을 **검사에게 송부하여야 한다.**
2. 그 밖의 경우에는 그 이유를 명시한 서면과 함께 관계 서류와 증거물을 지체 없이 검사에게 송부하여야 한다. 이 경우 검사는 송부받은 날부터 90일 이내에 **사법경찰관에게** 반환하여야 한다.
※ 위 제2호의 불송치 결정의 주문은 **혐의없음('범죄인정안됨' 또는 '증거불충분'), 죄가안됨, 공소권없음, 각하로** 함(경찰수사규칙 §108 ①).

범죄첩보의 특징	시한성	범죄첩보의 가치는 시간이 경과함에 따라 **감소** 함 └ 증가 X
	결과지향성	범죄첩보에 기초한 수사 후 **현출되는 결과**가 있어야 함
	가치변화성	범죄첩보의 가치는 수사기관의 **필요성**에 따라 달라짐
	결합성	범죄첩보는 **여러 첩보가 서로 결합**되어 이루어짐
	혼합성	범죄첩보는 그 속에 **원인과 결과를 내포**하고 있음
정의(§2)		2. 「**범죄첩보**」라 함은 대상자, 혐의 내용, 증거자료 등이 특정된 입건 전 조사(이하 "조사"라 한다) 단서 자료와 범죄 관련 동향을 말하며, 전자를 **범죄사건첩보**, 후자를 **범죄동향첩보**라고 한다.
제출방법(§6)		① 경찰공무원은 수집한 수사첩보를 보고할 경우 **수사첩보분석시스템**을 통하여 작성 및 제출하여야 한다. ② 경찰공무원은 허위의 사실을 수사첩보로 제출해서는 아니 된다.
평가 및 기록 관리 책임자 (§7)		③ **평가 책임자**는 제출된 수사첩보의 정확한 평가를 위하여 **제출자에게 사실 확인을 요구할 수** 있다. ④ 평가 책임자는 제출된 수사첩보의 내용이 부실하여 보충할 필요성이 있는 경우 제출자에게 **보완을 요구할 수 있다.** (반려할 수 있다 X) ⑤ 평가 책임자는 제출된 수사첩보를 **비공개**(공개 X)하여야 한다. 다만 범죄예방 및 검거 등 수사목적상 수사첩보 내용을 공유할 필요가 있다고 인정할 경우 **수사첩보분석시스템상**에서 공유하게 할 수 있다.
수사첩보 처리(§8)		① 경찰공무원이 입수한 모든 수사첩보는 **수사첩보분석시스템**을 통하여 처리되어야 한다. ③ 입수된 수사첩보와 관련하여 당해 관서에서 처리하기가 적합하지 않다고 인정될만한 사유가 있는 경우에 한하여 **상급관서**에서 처리할 수 있도록 **지체없이 보고한다.**
이송 (§9)		① 수집된 수사첩보는 수집관서에서 처리하는 것을 원칙으로 한다. 다만, 평가 책임자는 수사첩보에 대해 범죄지, 피조사자의 주소·거소 또는 현재지 중 어느 1개의 관할권도 없는 경우 이송할 수 있다. ② 전항과 같이 이송을 하는 수사첩보의 평가 및 처리는 **이송 받은 관서**의 평가 책임자가 담당한다. └ 첩보를 수집한 관서 X

평가
(§11)
	① 범죄첩보의 평가결과 및 그 기준은 다음 각 호와 같다.
	
	   1. **특보** – 가. 전국단위 기획수사에 활용될 수 있는 첩보
	
	            나. **2개 이상의 시·도경찰청과 연관된 중요 사건 첩보 등 경찰청에서 처리해야 할 첩보**
	
	   2. **중보** – **2개 이상 경찰서와 연관된 중요 사건 첩보 등 시·도경찰청 단위에서 처리해야 할 첩보**
	
	   3. **통보** – 경찰서 단위에서 조사할 가치가 있는 첩보
	
	   4. **기록** – 조사할 정도는 아니나 추후 활용할 가치가 있는 첩보
	
	   5. **참고** – 단순히 수사업무에 참고가 될 뿐 사용가치가 적은 첩보

포 상 (§12)	① 수사첩보에 의해 사건해결 또는 중요범인을 검거하였을 경우 수사첩보 제출자를 사건을 해결한 자 또는 검거자와 **동등하게 특별승진 또는 포상할 수 있다.** ② 일정기간 동안 개인별로 수사첩보 성적을 평가하여 포상 및 특별승진 등 기준으로 사용할 수 있다. ③ 제출한 수사첩보에 의해 수사시책 개선발전에 기여한 자는 **별도 포상한다.** └ 별도로 포상하지 아니한다 X ④ 범죄정보과에서는 범죄첩보 **마일리지 제도**를 통해 별도 포상을 실시할 수 있다.

Chapter 02

1 개념

의 의	수사의 단서란 수사개시의 자료 또는 범죄발각의 원인을 말함
수사기관의 체험에 의한 단서	**현행범인의 체포**, 변사자 검시, **불심검문**, 신문·출판물·풍설 등 └ 형사소송법 근거 └ 경직법 근거
타인의 체험에 의한 단서	고소·고발, 자수, 피해신고 등(익명신고 포함), 투서 등 ※ **비친고죄**에서의 고소는 수사의 단서에 불과하나, **친고죄**의 경우에는 수사의 단서로 될 뿐만 아니라 소송조건도 됨

2 변사사건 처리 요령

(1) 경찰수사규칙

변사자의 검시·검증 (§27)	① 사법경찰관은 **검시**를 하는 경우에는 **의사를 참여**시켜야 하며, 그 의사로 하여금 **검안서**를 작성하게 해야 한다. 이 경우 사법경찰관은 **검시 조사관**을 참여시킬 수 있다. ② 사법경찰관은 검시 또는 검증 결과 사망의 원인이 **범죄로 인한 것으로 판단하는 경우**에는 신속하게 **수사를 개시해야 한다.**
검시의 주의사항 (§29)	사법경찰관리는 검시할 때에는 다음 각 호의 사항에 주의해야 한다. 1. 검시에 착수하기 전에 변사자의 위치, 상태 등이 변하지 않도록 현장을 보존하고, 변사자 발견 당시 변사자의 주변 환경을 조사할 것 2. 변사자의 소지품이나 그 밖에 변사자가 남겨 놓은 물건이 수사에 필요하다고 인정되는 경우에는 이를 보존하는 데 유의할 것 3. **검시하는 경우에는 잠재지문 및 변사자의 지문 채취에 유의할 것** 4. 자살자나 자살로 의심되는 사체를 검시하는 경우에는 교사자또는 방조자의 유무와 유서가 있는 경우 그 진위를 조사할 것 5. 등록된 지문이 확인되지 않거나 부패 등으로 신원확인이 곤란한 경우에는 디엔에이(DNA) 감정을 의뢰하고, 입양자로 확인된 경우에는 입양기관 탐문 등 신원확인을 위한 보강 조사를 할 것 6. 신속하게 절차를 진행하여 유족의 장례 절차에 불필요하게 지장을 초래하지 않도록 할 것
검시와 참여자 (§30)	사법경찰관리는 검시에 특별한 지장이 없다고 인정하면 변사자의 가족·친족, 이웃사람·친구, 시·군·구·읍·면·동의 공무원이나 그 밖에 필요하다고 인정하는 사람을 검시에 **참여시켜야** 한다.
사체의 인도 (§31)	① 사법경찰관은 변사자에 대한 검시 또는 검증이 종료된 때에는 사체를 소지품 등과 함께 신속히 유족 등에게 인도한다. 다만, 사체를 인수할 사람이 없거나 변사자의 신원이 판명되지 않은 경우에는 사체가 현존하는 지역의 특별자치시장·특별자치도지사·시장·군수 또는 자치구의 구청장에게 인도해야 한다.

(2) 범죄수사규칙

변사사건 발생보고 (§56)	경찰관은 변사자 또는 변사로 의심되는 시체를 발견하거나 시체가 있다는 신고를 받았을 때에는 즉시 **소속 경찰관서장**에게 보고하여야 한다.
변사자의 검시 (§57)	① 「경찰수사규칙」 제27조 제1항에 따라 검시에 참여한 **검시조사관**은 별지 제15호서식의 변사자조사결과보고서를 작성하여야 한다. ② 경찰관은 「형사소송법」 제222조 제1항 및 제3항에 따라 검시를 한 때에는 의사의 검안서, 촬영한 사진 등을 **검시조서**에 첨부하여야 하며, 변사자의 가족, 친족, 이웃사람, 관계자 등의 진술조서를 작성한 때에는 그 조서도 첨부하여야 한다. ③ 경찰관은 검시를 한 경우에 범죄로 인한 사망이라 인식한 때에는 신속하게 수사를 개시하고 <u>소속 경찰관서장</u>에게 보고하여야 한다. └ 관할 지방검찰청 또는 지청의 검사 X ※ 사법경찰관은 법 제222조 제1항 및 제3항에 따라 검시를 했을 경우에는 검시조서를, 검증영장이나 같은 조 제2항 및 제3항에 따라 검증을 했을 경우에는 검증조서를 각각 작성하여 검사에게 송부해야 한다(수사준칙 §17③).
시체의 인도 (§59)	① 「경찰수사규칙」 제31조 제1항에 따라 시체를 인도하였을 때에는 인수자에게 별지 제16호서식의 **검시필증을 교부해야 한다.** ② 변사체는 후일을 위하여 **매장함을 원칙**으로 한다.

3 고소 · 고발

고소의 의의	① 고소는 **수사기관**에 범죄사실을 신고하여 범인의 처벌을 요구하는 의사표시이다. └ 법원 X ② 피고소인의 성명, 연령 등 인적사항을 **구체적으로 특정하여야만 고소할 수 있는 것은** 아니다.
비피해자인 고소권자 (형사소송법 §225)	① 피해자의 법정대리인은 **독립하여 고소할 수 있다.** ② 피해자가 사망한 때에는 그 배우자, 직계친족 또는 형제자매는 고소할 수 있다. **단, 피해자의 명시한 의사에 반하지 못한다.**
고소·고발의 각하 대상 사건 검토 (범죄수사규칙§50)	① 고소·고발을 수리한 경찰관은 지체 없이 고소·고발 내용이 「경찰수사규칙」 제108조 제1항 제4호(각하사유)에 해당하는지 검토한다. ② 경찰관은 「경찰수사규칙」 제108조 제1항 제4호(각하사유)에 해당한다고 판단하는 경우 사건 수리일로부터 2개월 이내(필요한 경우 소속수사부서장의 결재 후 연장 가능)에 고소·고발인을 상대로 증거, 정황자료 등 근거자료 제출 요구 등을 통하여 계속 수사를 진행할 필요가 있는지 조사한다.

(1) 디지털 증거의 처리 등에 관한 규칙 용어정리(§2)

전자정보	전기적 또는 자기적 방법으로 저장되거나 네트워크 및 유·무선 통신 등을 통해 전송되는 정보를 말한다.
디지털포렌식	전자정보를 수집·보존·운반·분석·현출·관리하여 범죄사실 규명을 위한 증거로 활용할 수 있도록 하는 **과학적인 절차와 기술을 말한다.**
디지털 증거	범죄와 관련하여 증거로서의 가치가 있는 전자정보를 말한다.
정보저장매체등	전자정보가 저장된 컴퓨터용 디스크, 그 밖에 이와 비슷한 정보저장매체를 말한다.
정보저장매체등 원본	전자정보 압수·수색·검증을 목적으로 **반출의 대상이 된** 정보저장매체등을 말한다.
복제본	정보저장매체등에 저장된 전자정보 **전부(일부 X)**를 하드카피 또는 이미징 등의 기술적 방법으로 별도의 다른 정보저장매체에 저장한 것을 말한다.
디지털 증거분석 의뢰물	범죄사실을 규명하기 위해 디지털 증거분석관에게 분석의뢰된 전자정보, 정보저장매체등 **원본, 복제본**을 말한다.
디지털 증거분석관	디지털 증거분석 의뢰를 받고 이를 수행하는 사람을 말한다.
디지털증거 통합관리시스템	디지털 증거분석 의뢰와 분석결과 회신 등을 포함한 디지털포렌식 업무를 종합적으로 관리하기 위하여 구축된 전산시스템을 말한다.

(2) 디지털 증거의 처리 등에 관한 규칙 주요내용

디지털 증거 처리의 원칙 (§5)	① 디지털 증거는 **수집 시부터 수사 종결 시까지** 변경 또는 훼손되지 않아야 하며, 정보저장매체등에 저장된 전자정보와 **동일성이 유지**되어야 한다. ② 디지털 증거 처리의 각 단계에서 업무처리자 변동 등의 이력이 관리되어야 한다. ③ 디지털 증거의 처리 시에는 디지털 증거 처리과정에서 이용한 장비의 기계적 **정확성**, 프로그램의 **신뢰성**, 처리자의 전문적인 **기술능력과 정확성**이 담보되어야 한다.
압수·수색·검증 영장의 신청(§12)	① 경찰관은 압수·수색·검증영장을 신청하는 때에는 전자정보와 정보저장매체등을 구분하여 판단하여야 한다.
압수·수색·검증 시 참여 보장(§13)	① 전자정보를 압수·수색·검증할 경우에는 피의자 또는 변호인, 소유자, 소지자, 보관자의 참여를 보장하여야 한다. 이 경우, 압수·수색·검증 장소가 「형사소송법」 제123조 제1항, 제2항에 정한 장소에 해당하는 경우에는 「형사소송법」 제123조에 정한 참여인의 참여를 함께 보장하여야 한다.
전자정보 압수· 수색·검증의 집행 (§14)	① 경찰관은 압수·수색·검증 현장에서 전자정보를 압수하는 경우에는 **범죄 혐의사실과 관련된 전자정보에 한하여** 문서로 출력하거나 휴대한 정보저장매체에 해당 전자정보만을 복제하는 방식(이하 "선별압수"라 한다)으로 하여야 한다. 이 경우 **해시값 확인 등** 디지털 증거의 **동일성, 무결성**을 담보할 수 있는 적절한 방법과 조치를 취하여야 한다.

복제본의 획득· 반출 (§15)	① 경찰관은 다음 각 호의 사유로 인해 압수·수색·검증 현장에서 제14조 제1항 전단에 따라 **선별압수** 하는 방법이 불가능하거나 압수의 목적을 달성하기에 현저히 곤란한 경우에는 **복제본을 획득하여 외부로 반출한 후** 전자정보의 압수·수색·검증을 진행할 수 있다. 1. 피압수자 등이 협조하지 않거나, 협조를 기대할 수 없는 경우 2. 혐의사실과 관련될 개연성이 있는 전자정보가 삭제·폐기된 정황이 발견되는 경우 3. 출력·복제에 의한 집행이 피압수자 등의 영업활동이나 사생활의 평온을 침해한다는 이유로 피압수자 등이 요청하는 경우 4. 그 밖에 위 각 호에 준하는 경우 ② 경찰관은 제1항에 따라 획득한 복제본을 반출하는 경우에는 **복제본의 해시값을 확인**하고 피압수자 등에게 전자정보 탐색 및 출력·복제과정에 참여할 수 있음을 고지한 후 별지_제3호서식의 복제본 반출(획득) 확인서를 작성하여 피압수자 등의 확인·서명을 받아야 한다. 이 경우, 피압수자 등의 확인·서명을 받기 곤란한 경우에는 그 사유를 해당 확인서에 기재하고 기록에 편철한다.
정보저장매체등 원본 반출 (§16)	① 경찰관은 압수·수색·검증현장에서 다음 각 호의 사유로 인해 제15조 제1항에 따라 **복제본을 획득·반출하는 방법이 불가능하거나** 압수의 목적을 달성하기에 현저히 곤란한 경우에는 정보저장매체등 **원본을 외부로 반출한 후** 전자정보의 압수·수색·검증을 진행할 수 있다. 1. 영장 집행현장에서 하드카피·이미징 등 복제본 획득이 물리적·기술적으로 불가능하거나 극히 곤란한 경우 2. 하드카피·이미징에 의한 집행이 피압수자 등의 영업활동이나 사생활의 평온을 침해한다는 이유로 피압수자 등이 요청하는 경우 3. 그 밖에 위 각 호에 준하는 경우
현장 외 압수 시 참여 보장절차(§17)	① 경찰관은 제15조 또는 제16조에 따라 복제본 또는 정보저장매체등 원본을 반출하여 현장 이외의 장소에서 전자정보의 압수·수색·검증을 계속하는 경우(이하 "현장 외 압수"라고 한다) 피압수자 등에게 **현장 외 압수 일시와 장소를 통지하여야 한다.** 단, 제15조 제2항 또는 제16조 제2항에 따라 참여할 수 있음을 고지받은 자가 참여하지 아니한다는 의사를 명시한 때 또는 참여가 불가능하거나 급속을 요하는 때에는 예외로 한다. ③ ①에 따른 통지를 받은 피압수자 등은 현장 외 압수 일시의 변경을 요청할 수 **있다.** 없다 X
별건 혐의와 관련된 전자정보의 압수(§20)	경찰관은 제14조부터 제17조, 제19조까지의 규정에 따라 혐의사실과 관련된 전자정보를 탐색하는 과정에서 별도의 범죄 혐의(이하 "별건 혐의"라 한다)를 발견한 경우 **별건 혐의와 관련된 추가 탐색을 중단하여야 한다.** 다만, **별건 혐의에 대해 별도 수사가 필요한 경우**에는 압수·수색·검증영장을 **별도로 신청·집행하여야 한다.**
임의제출(§22)	③ 경찰관은 정보저장매체등을 임의로 제출 받아 압수하는 경우에는 피압수자의 **자필서명**으로 그 임의제출 의사를 확인하고, 제출된 전자정보가 증거로 사용될 수 있음을 설명하고 제출받아야 한다.

1 　영장에 의한 압수 · 수색(형사소송법)

압수, 수색, 검증(§215)	① 사법경찰관이 범죄수사에 필요한 때에는 피의자가 죄를 범하였다고 의심할 만한 정황이 있고 해당 사건과 관계가 있다고 인정할 수 있는 것에 한정하여 검사에게 신청하여 검사의 청구로 **지방법원판사가 발부한 영장에 의하여** 압수, 수색 또는 검증을 할 수 있다. ② 경찰관은 ①에 따라 압수·수색·검증영장을 신청할 때에는 별지 제57호서식의 압수·수색·검증영장신청부에 신청의 절차, 발부 후의 상황 등을 명확히 적어야 한다(범죄수사규칙 §134).
영장의 제시와 사본교부(§118)	압수·수색영장은 처분을 받는 자에게 **반드시 제시하여야** 하고, 처분을 받는 자가 피고인인 경우에는 그 **사본을 교부하여야** 한다. 다만, 처분을 받는 자가 현장에 없는 등 영장의 제시나 그 사본의 교부가 현실적으로 불가능한 경우 또는 처분을 받는 자가 영장의 제시나 사본의 교부를 거부한 때에는 예외로 한다.
영장의 집행(§115)	① 압수·수색영장은 검사의 지휘에 의하여 사법경찰관리가 집행한다. 단, 필요한 경우에는 재판장은 법원사무관등에게 그 집행을 명할 수 있다. ② 압수·수색 또는 검증의 처분을 받는 자가 여럿인 경우에는 **모두에게 개별적으로 영장을 제시**해야 한다. 이 경우 피의자에게는 개별적으로 해당 영장의 사본을 교부해야 한다(수사준칙 §38 ②).

2 　영장주의의 예외(형사소송법)

체포·구속 목적 타인주거 등 수색 (§216)	① 검사 또는 사법경찰관은 피의자를 체포 또는 구속하는 경우에 필요한 때에는 **영장 없이 다음 처분을 할 수 있다.** 　1. 타인의 주거나 타인이 간수하는 가옥, 건조물, 항공기, 선차 내에서의 피의자 수색. 다만, 피의자를 체포 또는 구속하는 경우의 피의자 수색은 미리 수색영장을 발부받기 어려운 긴급한 사정이 있는 때에 한정한다. → 피의자가 존재할 개연성이 있고 사전영장을 발부받기 어려운 긴급한 사정이 있다면 피의자의 주거지가 아닌 제3자의 주거지도 영장 없이 피의자를 수색할 장소에 포함된다. 　2. 체포현장에서의 압수, 수색, 검증 ③ 사후에 지체없이 영장을 받아야 한다. ※ 피의자를 수색하였으나 발견하지 못하였다면 체포에 착수했다고 보기 어려워 그 장소에서 범죄와 관련된 물건을 발견하였다 하더라도 **압수영장 없이 압수할 근거가 없다.**
체포·구속 현장에서 압수·수색·검증 (§217)	① 검사 또는 사법경찰관은 **제200조의3(긴급체포)** 에 따라 체포된 자가 소유·소지 또는 보관하는 물건에 대하여 **긴급히 압수할 필요가 있는 경우**에는 체포한 때부터 24시간 이내(12시간 이내 X)에 한하여 영장 없이 압수·수색 또는 검증을 할 수 있다. ② 압수한 물건을 **계속 압수할 필요가 있는 경우**에는 **지체 없이 압수수색영장을 청구하여야 한다.** 이 경우 압수수색영장의 청구는 체포한 때부터 48시간 이내에 하여야 한다.

3 압수 등

영장에 의하지 아니한 압수(형사소송법 §218)	검사, 사법경찰관은 피의자 기타인의 유류한 물건이나 소유자, 소지자 또는 보관자가 임의로 제출한 물건을 **영장없이 압수할 수 있다.**
증명서의 교부 (형사소송법 §128)	수색한 경우에 증거물 또는 몰취할 물건이 없는 때에는 그 취지의 증명서를 교부하여야 한다.
압수목록의 교부 (형사소송법 §129)	압수한 경우에는 목록을 작성하여 소유자, 소지자, 보관자 기타 이에 준할 자에게 교부하여야 한다.
압수조서 등 (경찰수사규칙 §139)	수사준칙 제41조 제1항에 따른 전자정보에 대한 압수목록 교부서는 전자파일의 형태로 복사해 주거나 전자우편으로 전송하는 등의 방식으로 교부할 수 있다.
압수조서와 압수목록 (수사준칙 §40)	검사 또는 사법경찰관은 증거물 또는 몰수할 물건을 압수했을 때에는 압수의 일시·장소, 압수 경위 등을 적은 **압수조서**와 압수물건의 품종·수량 등을 적은 **압수목록**을 **작성해야 한다.** 다만, 피의자신문조서, 진술조서, 검증조서에 압수의 취지를 적은 경우 〔↳ 예외없이 작성해야 한다 X〕 에는 그렇지 않다.
소유권 포기서 (범죄수사규칙 §139)	경찰관은 압수물의 소유자가 그 물건의 소유권을 포기한다는 의사표시를 하였을 때에는 별지 제60호서식의 **소유권포기서를 제출받아야 한다.**
압수·수색 또는 검증 영장의 제시 (범죄수사규칙 §136)	경찰관은 부득이한 사유로 피압수자에게 「형사소송법」 제219조에서 준용하는 같은 법 제118조에 따라 **영장을 제시할 수 없을 때에는 참여인에게 이를 제시하여야 한다.**
제3자의 참여 (범죄수사규칙 §137)	① 경찰관은 「형사소송법」 제123조 제1항(공무소 등) 및 제2항(타인의 주거 등) 이외의 장소에서 압수·수색 또는 검증영장을 집행하는 경우에도 **되도록 제3자를 참여하게 하여야 한다.** ② ①의 경우에 제3자를 참여시킬 수 없을 때에는 **다른 경찰관**을 참여하게 하고 〔↳ 이웃 사람 또는 지방공공단체의 직원 X〕 압수·수색 또는 검증을 하여야 한다.
임의 제출물의 압수 등 (범죄수사규칙 §142)	② 경찰관은 소유자등이 임의 제출한 물건을 압수할 때에는 제출자에게 임의제출의 취지 및 이유를 적은 별지 제62호서식의 임의제출서를 받아야 하고, 「경찰수사규칙」 제64조 제1항의 압수조서와 같은 조 제2항의 압수목록교부서를 작성하여야 한다. 이 경우 **제출자에게 압수목록교부서를 교부하여야 한다.** ③ 경찰관은 임의 제출한 물건을 압수한 경우에 소유자등이 그 물건의 소유권을 포기한다는 의사표시를 하였을 때에는 제2항의 임의제출서에 그 취지를 작성하게 하거나 별지 제60호서식의 **소유권포기서를 제출하게 하여야 한다.**

4 압수물 처리

압수물의 환부, 가환부 (형사소송법 §218의2)		① **검사는** 사본을 확보한 경우 등 압수를 계속할 필요가 없다고 인정되는 압수물 및 증거에 사용할 압수물에 대하여 **공소제기 전이라도** 소유자, 소지자, 보관자 또는 제출인의 청구가 있는 때에는 환부 또는 가환부하여야 한다. ② ①의 청구에 대하여 검사가 이를 거부하는 경우에는 신청인은 **해당 검사의 소속 검찰청에 대응한 법원**에 압수물의 환부 또는 가환부 결정을 청구할 수 있다. (소속 검찰청에 X) ③ ②의 청구에 대하여 법원이 환부 또는 가환부를 결정하면 검사는 신청인에게 압수물을 환부 또는 가환부하여야 한다. ④ 사법경찰관의 환부 또는 가환부 처분에 관하여는 ①부터 ③까지의 규정을 준용한다. 이 경우 사법경찰관은 검사의 지휘를 받아야 한다.
압수물의 대가보관 (형사소송법 §132)		① 몰수하여야 할 압수물로서 멸실·파손·부패 또는 현저한 가치 감소의 염려가 있거나 보관하기 어려운 압수물은 **매각하여 대가를 보관할 수 있다.** ② 환부하여야 할 압수물 중 환부를 받을 자가 누구인지 알 수 없거나 그 소재가 불명한 경우로서 그 압수물의 멸실·파손·부패 또는 현저한 가치 감소의 염려가 있거나 보관하기 어려운 압수물은 **매각하여 대가를 보관할 수 있다.**
압수물의 보관 등	경찰수사 규칙 §67	② **사법경찰관은** 법 제219조에서 준용하는 법 제130조 제1항에 따라 압수물을 다른 사람에게 보관하게 하려는 경우에는 별지 제75호서식의 압수물 처분 지휘요청서를 작성하여 **검사에게 제출해야 한다.** ③ 사법경찰관은 ②에 따라 압수물을 다른 사람에게 보관하게 하는 경우 적절한 보관인을 선정하여 성실하게 보관하게 하고 보관인으로부터 별지 제76호서식의 **압수물 보관 서약서를 받아야 한다.**
	범죄수사 규칙 §145	① 경찰관은 압수물을 보관할 때에는 「경찰수사규칙」 제67조 제1항에 따라 압수물에 사건명, 피의자의 성명 및 압수목록에 적은 순위·번호를 기입한 표찰을 붙여 견고한 상자 또는 보관에 적합한 창고 등에 보관하여야 한다. ② 경찰관은 압수금품 중 현금, 귀금속 등 중요금품과 유치인으로부터 제출받은 임치 금품은 **별도로 지정된 보관담당자로 하여금 금고**에 보관하게 하여야 한다. (순위·번호를 기입한 표찰을 붙여 견고한 상자 또는 보관에 적합한 창고 등에 보관 X) ③ 경찰관은 압수물이 유가증권일 때에는 원형보존 필요 여부를 판단하고, 그 취지를 수사보고서에 작성하여 수사기록에 편철하여야 한다.
압수물의 폐기	경찰수사 규칙 §68	① 사법경찰관은 법 제219조에서 준용하는 법 제130조 제2항 및 제3항에 따라 압수물을 폐기하려는 경우에는 별지 제77호서식의 압수물 처분 지휘요청서를 작성하여 검사에게 제출해야 한다. ③ 사법경찰관은 법 제219조에서 준용하는 법 제130조 제3항에 따라 압수물을 폐기하는 경우에는 소유자 등 권한 있는 사람으로부터 별지 제79호서식의 압수물 폐기 동의서를 제출받거나 진술조서 등에 그 취지를 적어야 한다.
	범죄수사 규칙 §146	「경찰수사규칙」 제68조 제1항에 따른 폐기는 재생이 불가능한 방식으로 하여야 하며, 다른 법령에서 폐기에 관하여 별도의 규정을 두고 있는 경우는 그에 따라야 한다.

판례 **압수·수색**

1. 수사기관이 압수·수색에 착수하면서 그 장소의 관리책임자에게 영장을 제시하였더라도, 물건을 소지하고 있는 다른 사람으로부터 이를 압수하고자 하는 때에는 **그 사람에게 따로 영장을 제시하여야 한다**(대판 2015도12400).

2. 압수·수색영장을 집행하는 수사기관은 피압수자로 하여금 법관이 발부한 영장에 의한 압수·수색이라는 사실을 확인함과 동시에 형사소송법이 압수·수색영장에 필요적으로 기재하도록 정한 사항이나 그와 일체를 이루는 사항을 **충분히 알 수 있도록 압수·수색영장을 제시하여야 한다**(대판 2015도12400).

3. **전자정보가 담긴 저장매체 또는 복제본을 수사기관 사무실 등으로 옮겨 복제·탐색·출력하는 경우**에도, 그와 같은 일련의 과정에서 피압수자나 변호인에게 참여의 기회를 보장하고 혐의사실과 무관한 전자정보의 임의적인 복제 등을 막기 위한 적절한 조치를 취하는 등 **영장주의 원칙과 적법절차를 준수하여야 한다**(대판 2011모1839).

4. 형사소송법 제118조는 "압수·수색영장은 처분을 받는 자에게 반드시 제시하여야 한다."고 규정하고 있으나, 이는 영장제시가 현실적으로 가능한 상황을 전제로 한 규정으로 보아야 하므로, **영장제시가 현실적으로 불가능한 경우에는 영장을 제시하지 아니한 채 압수·수색을 하더라도 위법하다고 볼 수 없다**(대판 2014도10978).

판례 **혈액채취(대판 2011도15258)**

1. 수사기관이 범죄 증거를 수집할 목적으로 **피의자의 동의 없이 피의자의 혈액을 취득·보관하는 행위**는 법원으로부터 감정처분허가장을 받아 형사소송법에 의한 '**감정에 필요한 처분**'으로도 할 수 있지만, 형사소송법 제219조, 제106조 제1항에 정한 압수의 방법으로도 할 수 있고, 압수의 방법에 의하는 경우 혈액의 취득을 위하여 **피의자의 신체로부터 혈액을 채취하는 행위는 혈액의 압수를 위한 것으로서 형사소송법 제219조, 제120조 제1항에 정한 '압수영장의 집행에 있어 필요한 처분'에 해당한다.**

2. 음주운전 중 교통사고를 야기한 후 피의자가 의식불명 상태에 빠져 있는 등으로 도로교통법이 음주운전의 제1차적 수사방법으로 규정한 호흡조사에 의한 음주측정이 불가능하고 혈액 채취에 대한 동의를 받을 수도 없을 뿐만 아니라 법원으로부터 혈액 채취에 대한 감정처분허가장이나 사전 압수영장을 발부받을 시간적 여유도 없는 긴급한 상황이 생길 수 있다. 피의자의 생명·신체를 구조하기 위하여 **사고현장으로부터 곧바로 후송된 병원 응급실 등의 장소는 형사소송법 제216조 제3항의 범죄 장소에 준한다 할 것이므로**, 검사 또는 사법경찰관은 피의자의 혈중알코올농도 등 증거의 수집을 위하여 의료법상 의료인의 자격이 있는 자로 하여금 의료용 기구로 의학적인 방법에 따라 필요최소한의 한도 내에서 피의자의 혈액을 채취하게 한 후 그 혈액을 영장 없이 압수할 수 있다. 다만 사후에 지체 없이 강제채혈에 의한 압수의 사유 등을 기재한 영장청구서에 의하여 법원으로부터 압수영장을 받아야 한다.

금융실명거래 및 비밀보장에 관한 법률 제4조

① 금융회사등에 종사하는 자는 **명의인**(신탁의 경우에는 **위탁자 또는 수익자를 말한다**)의 서면상의 **요구나 동의를 받지 아니하고는** 그 금융거래의 내용에 대한 정보 또는 자료(이하 "거래정보등"이라 한다)를 타인에게 제공하거나 누설하여서는 아니 되며, 누구든지 금융회사등에 종사하는 자에게 거래정보등의 제공을 요구하여서는 아니 된다. 다만, 다음 각 호의 어느 하나에 해당하는 경우로서 그 사용 목적에 필요한 최소한의 범위에서 거래정보등을 제공하거나 그 제공을 요구하는 경우에는 그러하지 아니하다.

　1. **법원의 제출명령 또는 법관이 발부한 영장에 따른 거래정보등의 제공**

　　① 피의자가 은행에 거래내역 확인을 위하여 서면으로 요구하는 방법

　　② 피의자가 은행 거래내역 확인과 관련하여 수사기관에 동의서를 제출하는 방법

　　③ 수사관이 피의자 명의 계좌에 대한 압수·수색영장을 발부받는 방법

　　→ **①, ②, ③**이 은행에 개설된 피의자 명의의 계좌 거래내역을 확인할 수 있는 방법

※ 은행 계좌 거래내역 등 금융거래의 내용에 대한 정보·자료는 영장주의를 따르므로 **경찰서장 명의의 수사협조의 뢰공문을 은행에 발송하는 방법으로는 불가**하다. 따라서 영장이 아닌 공문 등에 근거하여 거래정보 등의 제공을 요구해서는 안 되며, 영장에 근거하지 아니하고서 거래정보 등의 제공을 요구하게 되면 그러한 요구행위 만으로 제6조 제1항(5년 이하의 징역 또는 5천만원 이하의 벌금)에 의해 처벌된다.

범죄수사규칙 제149조(영장에 의한 금융거래정보 요구 시 주의사항)

① 경찰관은 「금융실명거래 및 비밀보장에 관한 법률」 제4조 제1항 제1호에 따라 금융거래의 내용에 대한 정보 또는 자료(이하 "거래정보등"이라 한다)를 제공받을 때에는 **압수·수색·검증영장(금융계좌 추적용)을 발부받아 해당 금융기관에 금융거래정보 등을 요구하여야 한다.**

② 제1항에 따라 거래정보 등을 제공받은 경찰관은 「금융실명거래 및 비밀보장에 관한 법률」 제4조 제4항에 따라 범죄수사목적 외의 용도로 이를 이용하거나 타인에게 제공 또는 누설하여서는 아니 된다.

③ 경찰관은 금융기관이 '거래정보 등을 제공하였다는 사실'을 거래명의자에게 통보하는 것이 「금융실명거래 및 비밀보장에 관한 법률」 제4조의2 제2항 각 호에 해당하는 경우에는 해당 금융기관에 대하여 명의자에게 통보하는 것을 유예하도록 신청하여야 한다.

THEME 08 강제수사(체포)

1 체포 절차

① 체포영장을 소지하지 아니한 경우에 급속을 요하는 때에는 피의자에 대하여 피의사실의 요지와 영장이 발부되었음을 알리고 **집행할 수 있다**(형사소송법 §200의6, §85 ③).

② **체포한 때**로부터 24시간 이내에 체포통지를 해야 한다(수사준칙 §33 ①).
　└ 경찰서에 인치한 시점 X

③ 검사 또는 사법경찰관은 현행범인을 석방했을 때에는 석방 일시와 사유 등을 적은 피의자 석방서를 작성해 사건기록에 편철한다. 이 경우 사법경찰관은 석방 후 **지체 없이** 검사에게 석방 사실을 통보해야 한다(수사준칙 §28 ②).

④ 사법경찰관은 긴급체포 후 12시간 내에 검사에게 긴급체포의 승인을 요청해야 한다(수사준칙 §27 ①).

[판례] 피고인이 경찰관들과 마주하자마자 도망가려는 태도를 보이거나 먼저 폭력을 행사하며 대항한 바 없는 등 경찰관들이 체포를 위한 실력행사에 나아가기 전에 체포영장을 제시하고 미란다 원칙을 고지할 여유가 있었음에도 **애초부터 미란다 원칙을 체포 후에 고지할 생각으로 먼저 체포행위에 나선 행위는 적법한 공무집행이라고 보기 어렵다**(대판 2017도10866).

2 영장에 의한 체포(형사소송법 §200의2)

피의자가 죄를 범하였다고 의심할 만한 상당한 이유가 있고, 정당한 이유 없이 제200조의 규정에 의한 **출석요구에 응하지 아니하거나 응하지 아니할 우려가 있는 때**에는 검사는 관할 지방법원판사에게 청구하여 체포영장을 발부받아 피의자를 체포할 수 있고, 사법경찰관은 검사에게 신청하여 검사의 청구로 관할지방법원판사의 체포영장을 발부받아 피의자를 체포할 수 있다. 다만, **다액 50만원 이하의 벌금, 구류 또는 과료에 해당하는 경미사건의 피의자**는 형사소송법 제200조의2 제1항 단서에 의하여 **일정한 주거가 없거나 수사기관의 출석요구에 정당한 이유 없이 불응한 때**에 한하여 영장에 의한 체포의 대상이 될 수 있다.

→ **경미사건의 경우 출석요구에 응하지 아니할 우려가 있는 때는** 포함되지 않음.

→ **불안감조성**(경범죄처벌법 제3조 제1항 제19호)은 법정형이 10만 원 이하의 벌금, 구류 또는 과료이므로 **경미사건에 해당**

THEME 09 통신수사(통신비밀보호법)

1 개념 및 대상범죄

정의(§2)	6. **"검열"**이라 함은 우편물에 대하여 당사자의 동의없이 이를 개봉하거나 기타의 방법으로 그 내용을 지득 또는 채록하거나 유치하는 것을 말한다. 7. **"감청"**이라 함은 전기통신에 대하여 당사자의 동의없이 전자장치·기계장치등을 사용하여 통신의 음향·문언·부호·영상을 청취·공독하여 그 내용을 지득 또는 채록하거나 전기통신의 송·수신을 방해하는 것을 말한다.
통신 및 대화비밀의 보호(§3)	② 우편물의 검열 또는 전기통신의 감청("통신제한조치")은 범죄수사 또는 국가안전보장을 위하여 **보충적인 수단으로 이용되어야 하며,** 국민의 통신비밀에 대한 침해가 **최소한에 그치도록 노력하여야 한다.** → 위반시 1년 이상 10년 이하의 징역과 5년 이하의 자격정지에 처함(§16①)
증거사용 금지(§4)	제3조의 규정에 위반하여, **불법검열에 의하여 취득한 우편물이나 그 내용 및 불법감청에 의하여 지득 또는 채록된 전기통신의 내용**은 재판 또는 징계절차에서 증거로 사용할 수 없다.
대상범죄	<table><tr><th>통신제한 조치 대상 범죄 O</th><th>통신제한 조치 대상 범죄 X</th></tr><tr><td>① 협박죄 ② 살인의 죄 ③ 미성년자의제강간죄(제305조) ④ 경매, 입찰 방해죄 ⑤ 폭처법상 '단체등의협박죄'</td><td>① 존속협박죄 ② 상해와 폭행의 죄 (상해치사죄 포함) ③ 미성년자 등에 대한 간음죄(제302조) ④ 업무방해죄 ⑤ 폭처법상 '공동협박죄' ⑥ 공무방해에 관한 죄</td></tr></table>

범죄수사를 위한 통신제한조치의 허가절차(§6)	① 검사는 제5조 제1항(범죄수사를 위한 통신제한조치의 허가요건)의 요건이 구비된 경우에는 법원에 대하여 각 피의자별 또는 각 피내사자별로 통신제한조치를 허가하여 줄 것을 청구할 수 있다. ② 사법경찰관은 제5조 제1항(범죄수사를 위한 통신제한조치의 허가요건)의 요건이 구비된 경우에는 검사에 대하여 **각 피의자별** 또는 **각 피내사자별(각 사건별 X)**로 통신제한조치에 대한 허가를 신청하고, 검사는 법원에 대하여 그 허가를 청구할 수 있다. ③ ① 및 ②의 통신제한조치 청구사건의 관할법원은 그 **통신제한조치를 받을** 통신당사자의 쌍방 또는 일방의 주소지·소재지, 범죄지 또는 통신당사자와 공범관계에 있는 자의 주소지·소재지를 관할하는 지방법원 또는 지원으로 한다. ⑦ 통신제한조치의 기간은 **2개월(1개월 X)**을 초과하지 못하고, 그 기간 중 통신제한조치의 목적이 달성되었을 경우에는 즉시 종료하여야 한다. 다만, 제5조 제1항(범죄수사를 위한 통신제한조치의 허가요건)의 허가요건이 존속하는 경우에는 소명자료를 첨부하여 ① 또는 ②에 따라 2개월의 범위에서 통신제한조치기간의 연장을 청구할 수 있다. ⑧ 검사 또는 사법경찰관이 ⑦의 단서에 따라 통신제한조치의 연장을 청구하는 경우에 통신제한조치의 총 연장기간은 **1년을 초과할 수 없다.** 다만, 다음 각 호의 어느 하나에 해당하는 범죄의 경우에는 통신제한조치의 총 연장기간이 **3년을 초과할 수 없다.** 1. 「형법」 제2편 중 제1장 내란의 죄, 제2장 외환의 죄 중 제92조부터 제101조까지의 죄, 제4장 국교에 관한 죄 중 제107조, 제108조, 제111조부터 제113조까지의 죄, 제5장 공안을 해하는 죄 중 제114조, 제115조의 죄 및 제6장 폭발물에 관한 죄 2. 「군형법」 제2편 중 제1장 반란의 죄, 제2장 이적의 죄, 제11장 군용물에 관한 죄 및 제12장 위령의 죄 중 제78조·제80조·제81조의 죄 3. 「국가보안법」에 규정된 죄 4. 「군사기밀보호법」에 규정된 죄 5. 「군사기지 및 군사시설보호법」에 규정된 죄
국가안보 목적 절차(§7)	① 정보수사기관의 장 → **고등법원 수석판사의 허가** : 통신의 일방 또는 쌍방당사자가 **내국인** ② 서면으로 **대통령의 승인** : 대한민국에 적대하는 국가, 반국가활동의 혐의가 있는 외국의 기관·단체와 외국인, 대한민국의 통치권이 사실상 미치지 아니하는 한반도내의 집단이나 외국에 소재하는 그 산하단체의 구성원의 통신인 때 및 작전수행을 위한 군용전기통신인 때 ③ 통신제한조치의 기간 – **4개월**(목적이 달성되었을 경우에는 즉시 종료)

2 통신제한조치의 집행 등

통신제한조치의 집행(§9)	① 제6조 내지 제8조의 통신제한조치는 이를 청구 또는 신청한 검사·사법경찰관 또는 정보수사기관의 장이 집행한다. 이 경우 체신관서 기타 관련기관등("통신기관등")에 그 집행을 위탁하거나 집행에 관한 협조를 요청할 수 있다. ② 통신제한조치의 집행을 위탁하거나 집행에 관한 협조를 요청하는 자는 통신기관등에 통신제한조치허가서(제7조제1항제2호의 경우에는 대통령의 승인서를 말한다.) 또는 긴급감청서등의 **표지의 사본을 교부**하여야 하며, 이를 위탁받거나 이에 관한 협조요청을 받은 자는 통신제한조치허가서 또는 긴급감청서등의 표지 사본을 대통령령이 정하는 기간동안 보존하여야 한다. → 위반하여 **통신제한조치허가서 또는 긴급감청서등의 표지의 사본을 교부하지 아니하고** 통신제한조치의 집행을 위탁하거나 집행에 관한 협조를 요청한 자 또는 통신제한조치허가서 또는 긴급감청서등의 표지의 사본을 교부받지 아니하고 위탁받은 통신제한조치를 집행하거나 통신제한조치의 집행에 관하여 협조한 자는 10년 이하의 징역에 처한다(§16). → 위반하여 통신제한조치허가서 또는 긴급감청서등의 표지의 사본을 보존하지 아니한 자는 5년 이하의 징역 또는 3천만원 이하의 벌금(§17) ③ 통신제한조치를 집행하는 자와 이를 위탁받거나 이에 관한 협조요청을 받은 자는 당해 통신제한조치를 청구한 목적과 그 집행 또는 협조일시 및 대상을 기재한 대장을 대통령령이 정하는 기간(3년)동안 비치하여야 한다. → 위반시 5년 이하의 징역 또는 3천만원 이하의 벌금에 처함(§17)
통신제한조치의 집행에 관한 통지 (§9의2)	② 사법경찰관은 통신제한조치를 집행한 사건에 관하여 검사로부터 공소를 제기하거나 제기하지 아니하는 처분(**기소중지 또는 참고인중지 결정은 제외**)의 통보를 받거나 검찰송치를 하지 아니하는 처분(**수사중지 결정은 제외**) 또는 내사사건에 관하여 입건하지 아니하는 처분을 한 때에는 그 날부터 30일 이내에 우편물 검열의 경우에는 그 대상자에게, 감청의 경우에는 그 대상이 된 전기통신의 가입자에게 통신제한조치를 집행한 사실과 집행기관 및 그 기간 등을 **서면으로 통지**하여야 한다. → 위반시 3년 이하의 징역 또는 1천만원 이하의 벌금에 처함(§17②) ④ 통신제한조치의 집행에 관한 통지 규정에 불구하고 다음 각호의 1에 해당하는 사유가 있는 때에는 그 **사유가 해소될 때까지 통지를 유예**할 수 있다. 　1. 통신제한조치를 통지할 경우 국가의 안전보장·공공의 안녕질서를 위태롭게 할 현저한 우려가 있는 때 　2. 통신제한조치를 통지할 경우 사람의 생명·신체에 중대한 위험을 초래할 염려가 현저한 때 ⑤ 검사 또는 사법경찰관은 ④에 따라 통지를 유예하려는 경우에는 소명자료를 첨부하여 미리 **관할지방검찰청검사장의 승인**을 받아야 한다. 〈단서 생략〉 ⑥ 검사, 사법경찰관 또는 정보수사기관의 장은 제4항 각호의 사유가 해소된 때에는 그 사유가 해소된 날부터 30일 이내에 제1항 내지 제3항의 규정에 의한 통지를 하여야 한다.

압수·수색·검증의 집행에 관한 통지 (§9의3)	② 사법경찰관은 송·수신이 완료된 전기통신에 대하여 압수·수색·검증을 집행한 경우 그 사건에 관하여 검사로부터 공소를 제기하거나 제기하지 아니하는 처분(기소중지 또는 참고인중지 결정은 **제외**한다)의 통보를 받거나 검찰송치를 하지 아니하는 처분(수사중지 결정은 **제외**한다) 또는 내사사건에 관하여 입건하지 아니하는 처분을 한 때에는 그 날부터 30일 이내에 수사대상이 된 가입자에게 압수·수색·검증을 집행한 사실을 서면으로 통지하여야 한다.
통신제한조치로 취득한 자료의 사용제한(§12)	통신제한조치의 집행으로 인하여 취득된 우편물 또는 그 내용과 전기통신의 내용은 **다음 각호의 경우 외에는 사용할 수 없다.** 1. 통신제한조치의 목적이 된 제5조 제1항에 규정된 범죄나 이와 관련되는 **범죄를 수사·소추하거나 그 범죄를 예방**하기 위하여 사용하는 경우 2. 제1호의 범죄로 인한 **징계절차에 사용하는 경우** 3. 통신의 당사자가 제기하는 **손해배상소송**에서 사용하는 경우 4. 기타 다른 법률의 규정에 의하여 사용하는 경우

3 긴급통신제한조치

① **검사, 사법경찰관 또는 정보수사기관의 장**은 국가안보를 위협하는 음모행위, 직접적인 사망이나 심각한 상해의 위험을 야기할 수 있는 범죄 또는 조직범죄등 중대한 범죄의 계획이나 실행 등 긴박한 상황에 있고 제5조 제1항 또는 제7조 제1항 제1호의 규정에 의한 요건을 구비한 자에 대하여 제6조 또는 제7조 제1항 및 제3항의 규정에 의한 절차를 거칠 수 없는 긴급한 사유가 있는 때에는 **법원의 허가없이 통신제한조치**를 할 수 있다.

② **검사, 사법경찰관 또는 정보수사기관의 장**은 긴급통신제한조치의 집행에 착수한 후 **지체없이** 제6조(범죄수사를 위한 통신제한조치의 허가절차)(제7조 제3항에서 준용하는 경우를 포함)에 따라 **법원에 허가청구**를 하여야 한다.

③ **사법경찰관이** 긴급통신제한조치를 할 경우에는 **미리 검사의 지휘**를 받아야 한다. 다만, 특히 급속을 요하여 미리 지휘를 받을 수 없는 사유가 있는 경우에는 긴급통신제한조치의 집행착수후 **지체없이 검사의 승인**을 얻어야 한다.
↳ 24시간 이내 X

⑤ **검사, 사법경찰관 또는 정보수사기관의 장**은 긴급통신제한조치의 집행에 착수한 때부터 36시간 이내에 법원의 허가를 받지 못한 경우에는 해당 조치를 즉시 중지하고 해당 조치로 **취득한 자료를 폐기**하여야 한다.

⑥ **검사, 사법경찰관 또는 정보수사기관의 장**은 ⑤에 따라 긴급통신제한조치로 취득한 자료를 폐기한 경우 폐기이유·폐기범위·폐기일시 등을 기재한 자료폐기결과보고서를 작성하여 **폐기일부터 7일 이내**에 ②에 따라 허가청구를 한 법원에 송부하고, 그 부본(副本)을 피의자의 수사기록 또는 피내사자의 내사사건기록에 첨부하여야 한다.

⑧ **정보수사기관의 장**은 국가안보를 위협하는 음모행위, 직접적인 사망이나 심각한 상해의 위험을 야기할 수 있는 범죄 또는 조직범죄등 중대한 범죄의 계획이나 실행 등 긴박한 상황에 있고 제7조 제1항 제2호에 해당하는 자에 대하여 대통령의 승인을 얻을 시간적 여유가 없거나 통신제한조치를 긴급히 실시하지 아니하면 국가안전보장에 대한 위해를 초래할 수 있다고 판단되는 때에는 소속 장관(국가정보원장을 포함한다)의 승인을 얻어 통신제한조치를 할 수 있다.

⑨ 정보수사기관의 장은 통신제한조치의 집행에 착수한 후 지체 없이 대통령의 승인을 얻어야 한다.

⑩ 정보수사기관의 장은 제8항에 따른 통신제한조치의 집행에 착수한 때부터 36시간 이내에 대통령의 승인을 얻지 못한 경우에는 해당 조치를 즉시 중지하고 해당 조치로 취득한 자료를 폐기하여야 한다. → 위반하여 통신제한조치를 즉시 중지하지 아니한 자는 3년 이하의 징역 또는 1천만원 이하의 벌금에 처한다(§17②).

4 통신사실확인자료

(1) 통신사실 확인자료제공 절차(§13)

① 검사 또는 사법경찰관은 수사 또는 형의 집행을 위하여 필요한 경우 **전기통신사업법에 의한 전기통신사업자**(**"전기통신사업자"**)에게 통신사실 확인자료의 열람이나 제출("통신사실 확인자료제공")을 요청할 수 있다.

② 검사 또는 사법경찰관은 제1항에도 불구하고 수사를 위하여 통신사실확인자료 중 **다음 각 호의 어느 하나에 해당하는 자료가 필요한 경우에는 다른 방법으로는 범죄의 실행을 저지하기 어렵거나 범인의 발견·확보 또는 증거의 수집·보전이 어려운 경우에만** 전기통신사업자에게 해당 자료의 열람이나 제출을 요청할 수 있다. 다만, 제5조 제1항 각 호의 어느 하나에 해당하는 범죄 또는 전기통신을 수단으로 하는 범죄에 대한 통신사실 확인자료가 필요한 경우에는 제1항에 따라 열람이나 제출을 요청할 수 있다.
  1. 제2조 제11호 바목·사목 중 **실시간 추적자료**
  2. **특정한 기지국에 대한 통신사실확인자료**

③ ① 및 ②에 따라 통신사실 확인자료제공을 요청하는 경우에는 요청사유, 해당 가입자와의 연관성 및 필요한 자료의 범위를 기록한 **서면**으로 관할 지방법원(군사법원을 포함한다) 또는 지원의 허가를 받아야 한다. 다만, 관할 지방법원 또는 지원의 허가를 받을 수 없는 긴급한 사유가 있는 때에는 통신사실 확인자료제공을 요청한 후 **지체 없이** 그 허가를 받아 전기통신사업자에게 송부하여야 한다.

④ ③의 단서에 따라 긴급한 사유로 통신사실확인자료를 제공받았으나 **지방법원 또는 지원의 허가를 받지 못한 경우에는 지체 없이** 제공받은 **통신사실확인자료를 폐기하여야 한다.**

(2) 통신사실 확인자료제공 통지(§13의3)

① 검사 또는 사법경찰관은 제13조에 따라 통신사실 확인자료제공을 받은 사건에 관하여 다음 각 호의 구분에 따라 정한 기간 내에 통신사실 확인자료제공을 받은 사실과 제공요청기관 및 그 기간 등을 통신사실 확인자료제공의 대상이 된 당사자에게 **서면으로 통지하여야 한다.**
  1. 공소를 제기하거나, 공소제기·검찰송치를 하지 아니하는 처분(기소중지·참고인중지 또는 수사중지 결정은 **제외**한다) 또는 입건을 하지 아니하는 처분을 한 경우: 그 처분을 한 날부터 **30일 이내.** 〈단서 생략〉
  2. 기소중지·참고인중지 또는 수사중지 결정을 한 경우: 그 결정을 한 날부터 **1년**(제6조 제8항 각 호의 어느 하나에 해당하는 범죄인 경우에는 **3년**)이 경과한 때부터 **30일 이내.** 〈단서 생략〉
  3. 수사가 진행 중인 경우: 통신사실 확인자료제공을 받은 날부터 **1년**(제6조 제8항 각 호의 어느 하나에 해당하는 범죄인 경우에는 **3년**)이 경과한 때부터 **30일 이내**

② **제1항 제2호 및 제3호(제1호 X)에도** 불구하고 다음 각 호의 어느 하나에 해당하는 사유가 있는 경우에는 그 **사유가 해소될 때까지 같은 항에 따른 통지를 유예할 수 있다.**
  1. 국가의 안전보장, 공공의 안녕질서를 위태롭게 할 우려가 있는 경우
  2. 피해자 또는 그 밖의 사건관계인의 생명이나 신체의 안전을 위협할 우려가 있는 경우
  3. **증거인멸, 도주, 증인 위협 등 공정한 사법절차의 진행을 방해할 우려가 있는 경우**
  4. 피의자, 피해자 또는 그 밖의 사건관계인의 명예나 사생활을 침해할 우려가 있는 경우

5 통신이용자정보(전기통신사업법)와 통신사실확인자료(통신비밀보호법)

전기통신 사업법	**제2조(정의)** 8. **"전기통신사업자"**란 이 법에 따라 등록 또는 신고(신고가 면제된 경우를 포함한다)를 하고 전기통신역무를 제공하는 자를 말한다. 9. **"이용자"**란 전기통신역무를 제공받기 위하여 전기통신사업자와 전기통신역무의 이용에 관한 계약을 체결한 자를 말한다. **제83조(통신비밀의 보호)** ③ **전기통신사업자는** 법원, 검사 또는 **수사관서의 장**(군 수사기관의 장, 국세청장 및 지방국세청장을 포함한다), 정보수사기관의 장이 재판, **수사**, 형의 집행 또는 국가안전보장에 대한 위해를 방지하기 위한 정보수집을 위하여 다음 각 호의 자료(이하 "통신이용자정보"라 한다)의 열람 또는 제출("통신이용자정보 제공")을 요청하면 그 요청에 **따를 수 있다.** 1. 이용자의 성명　　2. 이용자의 주민등록번호　3. 이용자의 주소 4. 이용자의 전화번호　5. 이용자의 아이디 6. **이용자의 가입일 또는 해지일**(발·착신 통신번호 등 상대방의 가입자번호 X) ④ ③에 따른 통신이용자정보 제공 요청은 요청사유, 해당 이용자와의 연관성, 필요한 통신이용자정보의 범위를 기재한 서면("정보제공요청서")으로 하여야 한다. 다만, 서면으로 요청할 수 없는 긴급한 사유가 있을 때에는 서면에 의하지 아니하는 방법으로 요청할 수 있으며, 그 사유가 없어지면 **지체 없이** 전기통신사업자에게 정보제공요청서를 제출하여야 한다. ⑨ 정보제공요청서에 대한 결재권자의 범위(**경찰의 경우에는 총경 이상의 공무원**(경정이 관서의 장인 경우에는 경정을 포함))등에 관하여 필요한 사항은 **대통령령**으로 정한다. **제83조의2(통신이용자정보 제공을 받은 사실의 통지)** ① 제83조 제3항에 따라 통신이용자정보 제공을 받은 검사, 수사관서의 장, 정보수사기관의 장(이하 "수사기관등"이라 한다)은 그 통신이용자정보 제공을 받은 날(제2항에 따라 통지를 유예한 경우에는 제3항에 따른 통지유예기간이 끝난 날을 말한다)부터 **30일 이내**에 다음 각 호의 사항을 통신이용자정보 제공의 대상이 된 당사자에게 서면 또는 문자메시지, 메신저 등 전자적 방법으로 통지하여야 한다. 1. 통신이용자정보 조회의 주요 내용 및 사용 목적 2. 통신이용자정보 제공을 받은 자 3. 통신이용자정보 제공을 받은 날짜 [판례] 전기통신사업자는 수사관서의 장의 요청이 있더라도 이에 응하지 아니할 수 있고 아무런 제재도 받지 아니한다. 따라서 **임의수사**(강제수사 X)로 본다(헌재 2010헌마439). [판례] 전기통신사업법(2010. 3. 22. 법률 제10166호로 전부개정된 것) 제83조 제3항 중 '검사 또는 수사관서의 장, 정보수사기관의 장의 수사, 형의 집행 또는 국가안전보장에 대한 위해 방지를 위한 정보수집을 위한 **통신자료**(현행 통신이용자정보) 제공요청'에 관한 부분은 헌법에 **합치되지 아니한다.** 위 법률조항은 2023. 12. 31.을 시한으로 입법자가 개정할 때까지 계속 적용된다(헌법불합치 2016헌마388). 그러나 시한의 경과로 **정보수집 관련 부분만 효력 상실**

통신비밀 보호법 (§2)	11. **"통신사실확인자료"**라 함은 다음 각목의 어느 하나에 해당하는 전기통신사실에 관한 자료 를 말한다. 　가. **가입자의 전기통신일시** 　나. 전기통신개시·종료시간 　다. **발·착신 통신번호 등 상대방의 가입자번호** 　라. 사용도수 　마. 컴퓨터통신 또는 인터넷의 사용자가 전기통신역무를 이용한 사실에 관한 컴퓨터통신 　　또는 **인터넷의 로그기록자료** 　바. 정보통신망에 접속된 정보통신기기의 위치를 확인할 수 있는 발신기지국의 위치추적자료 　사. 컴퓨터통신 또는 인터넷의 사용자가 정보통신망에 접속하기 위하여 사용하는 정보통신 　　기기의 위치를 확인할 수 있는 접속지의 추적자료

6 특정중대범죄 피의자 등 신상정보 공개에 관한 법률

정의(§2)	이 법에서 **"특정중대범죄"**란 다음 각 호의 어느 하나에 해당하는 죄를 말한다. 1. 「형법」 제2편 제1장 내란의 죄 및 같은 편 제2장 외환의 죄 2. 「형법」 제114조(범죄단체 등의 조직)의 죄 3. 「형법」 제119조(폭발물 사용)의 죄 4. 「형법」 제164조(현주건조물 등 방화)제2항의 죄 5. 「형법」 제2편 제25장 상해와 폭행의 죄 중 제258조(중상해, 존속중상해), 제258조의2(특 　수상해), 제259조(상해치사) 및 제262조(폭행치사상)의 죄. 다만, 제262조(폭행치사상)의 　죄의 경우 중상해 또는 사망에 이른 경우에 한정한다. 6. **「특정강력범죄의 처벌에 관한 특례법」** 제2조의 특정강력범죄 7. **「성폭력범죄의 처벌 등에 관한 특례법」** 제2조의 성폭력범죄 8. 「아동·청소년의 성보호에 관한 법률」 제2조 제2호의 아동·청소년대상 성범죄. 다만, 같은 　법 제13조, 제14조 제3항, 제15조 제2항·제3항 및 제15조의2의 죄는 제외한다. 9. 「마약류 관리에 관한 법률」 제58조의 죄. 다만, 같은 조 제4항의 죄는 제외한다. 10. 「마약류 불법거래 방지에 관한 특례법」 제6조 및 제9조제1항의 죄 11. 제1호부터 제10호까지의 죄로서 다른 법률에 따라 가중처벌되는 죄
피의자의 신상정보 공개(§4)	① 검사와 사법경찰관은 다음 각 호의 요건을 모두 갖춘 특정중대범죄사건의 **피의자의 얼굴, 성명 및 나이(이하 "신상정보"라 한다)를 공개할 수 있다. 다만, 피의자가 미성년자인 경우에는 공 개하지 아니한다.** 　1. 범행수단이 잔인하고 중대한 피해가 발생하였을 것(제2조 제3호부터 제6호까지의 죄 　　에 한정한다) 　2. 피의자가 그 죄를 범하였다고 믿을 만한 충분한 증거가 있을 것 　3. 국민의 알권리 보장, 피의자의 재범 방지 및 범죄예방 등 오로지 공공의 이익을 위하 　　여 필요할 것

피의자의 신상정보 공개(§4)	④ ①에 따라 **공개하는 피의자의 얼굴**은 특별한 사정이 없으면 공개 결정일 전후 30일 이내의 모습으로 한다. 이 경우 검사와 사법경찰관은 다른 법령에 따라 적법하게 수집·보관하고 있는 사진, 영상물 등이 있는 때에는 이를 활용하여 공개할 수 있다. ⑤ 검사와 사법경찰관은 ①에 따라 피의자의 얼굴을 공개하기 위하여 필요한 경우 피의자를 식별할 수 있도록 피의자의 얼굴을 촬영할 수 있다. 이 경우 피의자는 이에 따라야 한다. ⑧ 검사와 사법경찰관은 정보통신망을 이용하여 그 신상정보를 30일간 공개한다.
피고인의 신상정보 공개(§5)	① 검사는 공소제기 시까지 특정중대범죄사건이 아니었으나 재판 과정에서 특정중대범죄사건으로 공소사실이 변경된 사건의 피고인으로서 제4조제1항 각 호의 요건을 모두 갖춘 피고인에 대하여 피고인의 현재지 또는 최후 거주지를 관할하는 법원에 신상정보의 공개를 청구할 수 있다. 다만, 피고인이 미성년자인 경우는 제외한다.
피의자에 대한 보상(§6)	① 피의자로서 이 법에 따라 신상정보가 공개된 자 중 검사로부터 불기소처분을 받거나 사법경찰관으로부터 불송치결정을 받은 자는 「형사보상 및 명예회복에 관한 법률」에 따른 형사보상과 별도로 국가에 대하여 신상정보의 공개에 따른 보상을 청구할 수 있다. 다만, 신상정보가 공개된 이후 불기소처분 또는 불송치결정의 사유가 있는 경우와 해당 불기소처분 또는 불송치결정이 종국적인 것이 아니거나 「형사소송법」 제247조(기소편의주의)에 따른 것일 경우에는 그러하지 아니하다. ② 다음 각 호의 어느 하나에 해당하는 경우에는 제1항에 따른 **보상의 전부 또는 일부를 지급하지 아니할 수 있다.** 　1. 본인이 수사 또는 재판을 그르칠 목적으로 거짓 자백을 하거나 다른 유죄의 증거를 만듦으로써 신상정보가 공개된 것으로 인정되는 경우 　2. 보상을 하는 것이 선량한 풍속이나 그 밖에 사회질서에 위배된다고 인정할 특별한 사정이 있는 경우
	③ ①에 따른 보상을 할 때에는 1천만원 이내에서 모든 사정을 고려하여 타당하다고 인정하는 금액을 보상한다. 이 경우 신상공개로 인하여 발생한 재산상의 손실액이 증명되었을 때에는 그 손실액도 보상한다.
신상정보 공개심의 위원회(§8)	① 검찰총장 및 경찰청장은 제4조에 따른 신상정보 공개 여부에 관한 사항을 심의하기 위하여 신상정보공개심의위원회를 둘 수 있다. ② 신상정보공개심의위원회는 위원장을 포함하여 10인 이내의 위원으로 구성한다. ③ 신상정보공개심의위원회는 신상정보 공개 여부에 관한 사항을 심의할 때 피의자에게 의견을 진술할 기회를 주어야 한다. ④ 신상정보공개심의위원회 위원 또는 위원이었던 사람은 심의 과정에서 알게 된 비밀을 외부에 공개하거나 누설하여서는 아니 된다. → 위반시 1년 이하의 징역이나 금고 또는 1천만원 이하의 벌금에 처함

7 특정강력범죄의 처벌에 관한 특례법

제2조(적용 범위) ① 이 법에서 "특정강력범죄"란 다음 각 호의 어느 하나에 해당하는 죄를 말한다.
1. 「형법」 제2편 제24장 살인의 죄 중 제250조[살인·존속살해(尊屬殺害)], 제253조[위계(僞計)등에 의한 촉탁살인(囑託殺人)등] 및 제254조(미수범. 다만, 제251조 및 제252조의 미수범은 제외한다)의 죄
2. 「형법」 제2편 제31장 약취(略取), 유인(誘引) 및 인신매매의 죄 중 제287조부터 제291조까지 및 제294조(제292조제1항의 미수범은 제외한다)의 죄
3. 「형법」 제2편 제32장 강간과 추행의 죄 중 제301조(강간등 상해·치상), 제301조의2(강간등 살인·치사)의 죄 및 흉기나 그 밖의 위험한 물건을 휴대하거나 2명 이상이 합동하여 범한 제297조(강간), 제297조의2(유사강간), 제298조(강제추행), 제299조(준강간·준강제추행), 제300조(미수범) 및 제305조(미성년자에 대한 간음, 추행)의 죄
4. 「형법」 제2편제32장 강간과 추행의 죄, 「성폭력범죄의 처벌 등에 관한 특례법」 제3조부터 제10조까지 및 제15조(제13조의 미수범은 제외한다)의 죄 또는 「아동·청소년의 성보호에 관한 법률」 제13조의 죄로 두 번 이상 실형을 선고받은 사람이 범한 「형법」 제297조, 제297조의2, 제298조부터 제300조까지, 제305조 및 「아동·청소년의 성보호에 관한 법률」 제13조의 죄
5. 「형법」 제2편 제38장 절도와 강도의 죄 중 제333조(강도), 제334조(특수강도), 제335조(준강도), 제336조(인질강도), 제337조(강도상해·치상), 제338조(강도살인·치사), 제339조(강도강간), 제340조(해상강도), 제341조(상습범) 및 제342조(미수범. 다만, 제329조부터 제331조까지, 제331조의2 및 제332조의 미수범은 제외한다)의 죄
6. 「폭력행위 등 처벌에 관한 법률」 제4조(단체 등의 구성·활동)의 죄

TIP 신상정보 등록과 신상정보의 제출 의무(성폭력범죄의 처벌 등에 관한 특례법)

신상정보 등록대상자 (§42)	① 등록대상 성범죄로 **유죄판결이나 약식명령이 확정된 자** 또는 **공개명령이 확정된 자**는 신상정보 등록대상자(이하 "등록대상자"라 함)가 된다. 다만, 제12조(성적 목적을 위한 다중이용장소 침입행위)·제13조(통신매체를 이용한 음란행위)의 범죄 및 「아동·청소년의 성보호에 관한 법률」 제11조 제3항(**아동·청소년성착취물의 배포·제공하거나 이를 목적으로 광고·소개하거나 공연히 전시 또는 상영한 자**) 및 제5항(아동·청소년성착취물을 구입하거나 아동·청소년성착취물임을 알면서 이를 소지·시청한 자)의 범죄로 **벌금형을 선고받은 자는 제외(포함 X)한다.**
신상정보의 제출 의무 (§43)	① 등록대상자는 제42조 제1항의 판결이 확정된 날부터 **30일 이내**에 다음 각 호의 신상정보(이하 "기본신상정보"라 함)를 자신의 **주소지를 관할하는 경찰관서의 장에게 제출하여야 한다.** 〈단서 생략〉 1. 성명 2. 주민등록번호 3. 주소 및 실제거주지 4. 직업 및 직장 등의 소재지 5. 연락처(전화번호, 전자우편주소를 말한다) 6. 신체정보(키와 몸무게) 7. 소유차량의 등록번호

제4조(수사사건등의 공개금지 원칙) 사건관계인의 명예, 신용, 사생활의 비밀 등 인권을 보호하고 수사내용의 보안을 유지하기 위하여, 수사사건등에 관하여 관련 법령과 규칙에 따라 **공개가 허용되는 경우를 제외하고는** 피의사실, 수사사항 등을 공개하여서는 안 된다.

제5조(예외적인 공개) ① 제4조에도 불구하고, 다음 각 호의 어느 하나에 해당하는 경우에는 수사사건등의 피의사실 등을 공개할 수 있다.

1. 범죄유형과 수법을 국민들에게 알려 유사한 범죄의 재발을 방지할 필요가 있는 경우

2. 신속한 범인의 검거 등 인적·물적 증거의 확보를 위하여 국민들에게 정보를 제공받는 등 범죄수사규칙 제101조부터 제103조에 따라 협조를 구할 필요가 있는 경우("공개수배")

3. 공공의 안전에 대한 급박한 위험이나 범죄로 인한 피해의 급속한 확산을 방지하기 위하여 대응조치 등을 국민들에게 즉시 알려야 할 필요가 있는 경우

4. 오보 또는 추측성 보도로 인하여 사건관계인의 인권이 침해되거나 수사에 관한 사무에 종사하는 경찰공무원("수사업무 종사자")의 업무에 지장을 초래할 것이 명백하여 신속·정확하게 사실관계를 바로 잡을 필요가 있는 경우

제10조(공보의 방식) ① 수사사건등에 대한 공보는 <u>서면</u>으로 하여야 한다.
> └ 브리핑 X

② 수사사건등을 공보하는 서면에는 예외적인 공보 사유 중 어떤 사유에 해당하는지를 명시해야 한다.

제11조(브리핑·인터뷰에 의한 공보) ① 제10조에도 불구하고 공보책임자는 다음 각 호의 어느 하나의 사유에 해당하는 경우에는 브리핑 또는 인터뷰 방식으로 수사사건등을 공보할 수 있다.

3. 언론의 취재에 대하여 즉시 답변하지 않으면 사건관계인의 명예, 신용 또는 사생활의 비밀 등 인권을 침해할 우려가 있거나 수사에 지장을 초래할 우려가 있는 오보 또는 추측성 보도를 방지할 필요가 있는 경우

제척 (§8)	경찰관은 다음 경우에 수사직무(조사 등 직접적인 수사 및 수사지휘를 포함)의 집행에서 **제척된다.** 1. 경찰관 본인이 피해자인 때 2. 경찰관 본인이 피의자나 피해자의 친족이거나 친족관계가 있었던 자인 때 3. 경찰관 본인이 피의자나 피해자의 법정대리인이나 후견감독인인 때	
기피	원인과 신청권자 (§9)	① **피의자, 피해자와 그 변호인은** 다음 각 호의 어느 하나에 해당하는 때에는 **경찰관에 대해 기피를 신청할 수 있다.** 다만, 변호인은 피의자, 피해자의 명시한 의사에 반하지 아니하는 때에 한하여 기피를 신청할 수 있다. 1. 경찰관이 제8조(제척) 각 호의 어느 하나에 해당되는 때 2. 경찰관이 불공정한 수사를 하였거나 그러한 염려가 있다고 볼만한 객관적·구체적 사정이 있는 때 ② 기피 신청은 경찰관서에 접수된 고소·고발·진정·탄원·신고 사건에 한하여 신청할 수 있다.
	신청 방법과 대상 (§10)	① 제9조(기피 원인과 신청권자)에 따라 기피 신청을 하려는 사람은 별지 제1호서식의 기피신청서를 작성하여 **기피 신청 대상 경찰관이 소속된 경찰관서 내 감사부서의 장**에게 제출하여야 한다. 이 경우 해당 감사부서의 장은 **소속 수사부서장**에게 지체없이 기피 신청 사실을 **구두로 전달**하고, **3일 이내**(5일 이내 X)에 공문으로도 통보하여야 한다. ② ①의 기피 신청을 하려는 사람은 기피 신청을 한 날부터 3일 이내에 기피사유를 서면으로 소명하여야 한다.
	기피 신청 처리 (§11)	① 기피 신청을 접수한 **감사부서의 장은** 다음 각 호의 어느 하나에 해당하는 경우 해당 신청을 **수리하지 않을 수 있다.** 〈1., 3.~5. 생략〉 2. 동일한 사건에 대해 이미 기피 신청하였던 경우. 다만, 기존과 다른 사유로 기피 신청하는 것을 소명할 경우에는 추가로 한 차례만 기피 신청할 수 있다. ② **소속 수사부서장**은 기피 신청 사실을 통보받은 후 지체 없이 별지 제2호서식의 의견서를 작성하여 **감사부서의 장에게** 제출하여야 한다. 다만, 해당 기피 신청을 수리하지 않는 경우에는 그러하지 아니하다. ④ **소속 수사부서장이** 기피 신청을 이유 있다고 인정하지 않는 때에는 **감사부서의 장은** 기피 신청 접수일부터 7일(공휴일과 토요일은 산입하지 않는다) 이내에 공정수사위원회를 개최하여 기피 신청 수용 여부를 결정하여야 한다. 다만, 부득이한 경우 **7일**(3일 X)의 범위에서 한 차례만 위원회 개최를 연기할 수 있다. ⑥ 공정수사위원회는 재적위원 전원의 출석으로 개의하고 출석위원 과반수의 찬성으로 의결한다.

회피	① **검사 또는 사법경찰관리는** 피의자나 사건관계인과 친족관계 또는 이에 준하는 관계가 있거나 그 밖에 **수사의 공정성**을 의심 받을 염려가 있는 사건에 대해서는 **소속 기관의 장**의 허가를 받아 그 수사를 회피해야 한다(수사준칙 §11). ↳ 소속 수사부서의 장 X ② 사법경찰관리는 ①에 따라 수사를 회피하려는 경우에는 별지 제8호서식의 회피신청서를 **소속경찰관서장**에게 제출해야 한다(경찰수사규칙 §10). ↳ 소속 수사부서장 X ③ ②의 회피신청서는 신청인, 사건번호, 회피사유, 증빙서류 기재란으로 구성되어 있다(동규칙 별지 제8호서식). ④ 소속 경찰관서장이 ①에 따른 회피 신청을 허가한 때에는 회피신청서를 제출받은 날로부터 3일 이내에 사건 담당 경찰관을 **재지정하여야 한다**(범죄수사규칙 §12).
기 타	① 사법경찰관은 다음 각 호의 어느 하나에 해당하는 날부터 7일 이내에 고소인·고발인·피해자 또는 그 법정대리인(피해자가 사망한 경우에는 그 배우자·직계친족·형제자매를 포함한다. 이하 "고소인등"이라 한다)에게 수사 진행상황을 통지해야 한다. 다만, 고소인등의 연락처를 모르거나 소재가 확인되지 않으면 연락처나 소재를 알게 된 날부터 7일 이내에 수사 진행상황을 통지해야 한다(경찰수사규칙 §11). 1. 신고·고소·고발·진정·탄원에 따라 수사를 개시한 날 2. 제1호에 따른 수사를 개시한 날부터 3개월이 지난 날 3. 제2호에 따른 통지를 한 날부터 매 1개월이 지난 날 ② 경찰관은 ①의 통지대상자가 사망 또는 의사능력이 없거나 미성년자인 경우에는 법정대리인·배우자·직계친족·형제자매 또는 가족("법정대리인등")에게 통지하여야 하며, 통지대상자가 미성년자인 경우에는 본인에게도 통지하여야 한다(범죄수사규칙 §13). ③ 사법경찰관리는 범죄 인지 후 **1년이 지난 사건에 대해서는** 수사준칙 제51조 제1항에 따른 결정 **(법원송치, 검찰송치, 불송치, 수사중지, 이송)을 해야 한다.** 다만, 다수의 사건관계인 조사, 관련 자료 추가확보·분석, 외부 전문기관 감정의 장기화, 범인 미검거 등으로 계속하여 수사가 필요한 경우에는 해당 사법경찰관리가 소속된 **바로 위 상급경찰서 수사부서의 장의 승인**을 받아 연장할 수 있다(경찰수사규칙 §95 ①). ④ 사법경찰관은 수사준칙 제53조에 따라 피의자와 고소인등에게 수사 결과를 통지하는 경우에는 사건을 송치하거나 사건기록을 송부한 날부터 7일 이내에 해야 한다. 다만, 피의자나 고소인등의 연락처를 모르거나 소재가 확인되지 않는 경우에는 연락처나 소재를 안 날부터 7일 이내에 통지를 해야 한다(경찰수사규칙 §97 ①).

THEME 11 현장수사활동

1 초동수사

수사기관이 범죄 발생 직후에 그 현장에서 행하는 피해자 구호, 안전 및 응급조치, 출입자 통제 등 조치와 범인 체포, 피해자 및 목격자 확인과 면담 등 긴급한 수사활동

2 현장관찰

의의	① 현장에 도착한 수사관이 '범죄'라는 역사적 사실을 재구성하거나 범인을 찾기 위한 흔적을 수집하기 위하여 현장에 있는 물체의 존재·상태를 살펴보는 활동 ② 수사·형사 등 사건수사팀과 과학수사팀의 상호보완적 관찰이 중요
현장관찰의 순서	① 숲을 먼저 보고 나무를 보는 전략(발생지로부터 먼 곳부터 가까운 곳으로 관찰)을 통해 범인, 범행일시·장소·동기·방법 등을 추정한다. ② **현장 위치 파악 → 부근 상황 관찰 → 현장 외부 관찰 → 현장 내부 관찰** 순서로 행한다.
현장 관찰 기록 작성 요령	① 현장관찰 활동을 **시간 순**으로 기록하고 필요시 영상 녹화한다. ② 방향·거리 등 공간 특정을 위하여 기록해 둘 사물은 **고정된 물건을 2개 이상** 선정하고 그 물건을 기준으로 정확하게 측정하여 그 위치를 명백히 기록한다. ③ 물체의 크기나 거리는 **실측하는 것이 원칙**이고 부득이 실측할 수 없을 때는 목측(目測)임을 명백히 한다. ④ 수사의 단서가 되는 **적극적인 요소**(범인의 유류품 등)는 물론 수사의 방향을 정하는 데에 도움이 되는 **소극적인 요소(예 욕실 출입 흔적이 없음)**도 기록한다. ⑤ 명칭이나 용도를 알 수 없는 물건은 그 자리에서 가족 등 참여인에게 물어서 명확히 기록한다.

3 탐문수사

의 의	수사관이 범인을 발견하고 범죄의 증거를 수집하기 위하여 **범인 이외의** 사람들로부터 범죄에 대한 정보를 수집하는 수사기법	
사전준비	**평소의 준비**	**탐문대상 등 기초자료 정비**, 평소의 좋은 협력자를 확보, 기재(소형녹음기 등)를 활용할 수 있도록 정비한다.
	목적의 확정	**탐문의 목적은 무엇인가**, 또 그 목적달성을 위해 어떠한 방법을 취해야 할 것인가를 검토한다.
	상대방의 선정과 분석	직접 체험하고 관찰한 자로 선정, 상대방의 성격·입장·취미 등을 파악하여 상대방을 이해하고, 면접순서 결정(가장 공정한 위치에 있는 사람 우선), 탐문의 요점 사항을 정리한다. → 탐문은 많이 한다고 좋은 것이 아니라, 누구를 탐문할 것인가를 신중히 가리고 탐문의 상대방은 직접 관찰한 사람이 될 수 있어야 하고 탐문의 순위를 정하는 것이 좋다.
	계획수립	**탐문시간** **상대방의 형편에 알맞은 시간** 및 업무시간을 고려한다. **탐문장소** **가능한 한 상대방에게 편리한 장소**나 정숙한 분위기의 장소로 정한다. **탐문방법** 탐문의 방법을 어떻게 할 것인가 사전검토한다.
질문방법	**전체법**	'무엇인가 수상한 점이 없었습니까?' 등으로 막연하게 질문하는 방법이고, 암시·유도가 되지 않아 자연스러운 답변을 얻을 수 있다. → **답변의 정리가 어려움**
	일문일답법	질문자가 듣고 싶은 점을 하나하나 묻는 방법이다. → **질문 이외의 정보를 얻기가 어려움**
	자유응답법	질문에 대하여 자유로이 대답하게 하는 방법이다.
	선택 응답법	질문자가 미리 준비한 몇 개의 답변 중에서 하나를 선택해서 답변하게 하는 방법이다. → **암시, 유도의 염려가 있음**
	부정문	'A는 아니겠지요?' 등으로 부정어를 가지고 질문하는 것이다.
	긍정문	긍정어를 가지고 확인하는 방향으로 질문하는 것이다. → **긍정문과 부정문의 질문은 암시, 유도가 되기는 쉽고 정답을 얻기는 매우 어려움**
질문 시기	• 상대방이 생략한 것 또는 불충분한 점을 다시 상세하게 질문할 때 • 이야기 중에서 애매한 점을 분명히 하려고 할 때 • 중요한 점을 확실히 하려고 할 때 • 이야기 하는 사람이 불안감이나 공포를 보일 때 • 탐문의 목적이 빗나갔을 때	

질문의 용어	• 상대방에게 알맞은 언어를 씀 • 상대방이 이해할 수 없는 **전문용어는 사용하지 않음** • 상대방의 체면을 손상시키는 언어는 사용하지 않음 • 의미가 분명한 언어를 사용함 • 상대방이 꺼리거나 싫어하는 언어는 사용하지 않음
기타	• 상대방이 안도할 수 있도록 간단히 탐문의 목적을 알려 줌 • 암시·유도가 되지 않도록 하고, 대화 도중 비평은 삼가함 • 상대방이 대답할 때는 상대방의 표정을 관찰하여 간과하지 않음

판례 범인식별 절차

1. 범인식별 절차에 있어 목격자의 진술의 신빙성을 높게 평가할 수 있게 하려면, ㉠ 범인의 인상착의 등에 관한 목격자의 진술 내지 묘사를 사전에 상세히 기록화한 다음, ㉡ 용의자를 포함하여 그와 인상착의가 비슷한 **여러 사람을 동시에 목격자와 대면시켜** 범인을 지목하도록 하여야 하고, ㉢ 용의자와 목격자 및 비교대
   ↳ 차례로 대면 X
   상자들이 상호 사전에 접촉하지 못하도록 하여야 하며, ㉣ 사후에 증거가치를 평가할 수 있도록 대질 과정과 결과를 문자와 사진 등으로 서면화하는 등의 조치를 취하여야 한다(대판 2007도5201).
2. **범죄 발생 직후 목격자의 기억이 생생하게 살아있는 상황**에서 현장이나 그 부근에서 범인식별 절차를 실시하는 경우에는 목격자에 의한 생생하고 정확한 식별의 가능성이 열려 있고 범죄의 신속한 해결을 위한 즉각적인 대면의 필요성도 인정할 수 있으므로 **용의자와 목격자의 일대일 대면도 허용된다**(대판 2008도12111).
3. 범인식별 절차에 있어 목격자 진술의 신빙성이 높게 평가되려면 일정한 절차적 요건이 충족되어야 하고, 사진제시에 의한 범인식별 절차에 있어서도 기본적으로 그러한 원칙이 적용되나, 사진제시에 의하여 이루어진 범인식별에 관한 목격자의 진술이 **그 절차상의 하자에도 불구하고 높은 정도의 신빙성이 인정되는 경우라면**, 그 지목된 자를 범인으로 인정할 수 있다(대판2003도7033).
   → 사진제시에 의하여 이루어진 범인식별에 관한 목격자의 검찰 진술이 그 절차상의 하자에도 불구하고 높은 정도의 신빙성을 인정할 수 있다는 이유로 피고인을 범인으로 인정한 사례

4 수배차량 등 검색시스템(수배차량등검색시스템 운영 규칙)

제2조(정의) 이 규칙에서 사용하는 용어의 뜻은 다음과 같다.

1. **"수배차량등검색시스템"**(이하 "검색시스템"이라 한다)이란 차량방범용 CCTV, 차량번호자동판독기 및 경찰 순찰용 차량의 다기능 차량번호인식기와 연계하여 실시간 알림·전파 기능 또는 동선검색 기능을 통해 차량의 수배 및 추적을 지원하는 시스템을 말한다.

6. **"차량사진정보"**란 CCTV 및 판독기가 설치된 장소를 통과한 차량의 차량번호를 촬영한 사진을 통하여 차량을 알아 볼 수 있는 정보를 말한다.

7. **"차량번호정보"**란 차량사진정보에서 문자로 인식된 차량번호를 말한다.

8. **"수배차량"**이란 범죄관련차량, 요구조자차량, 재난관련차량 중 실시간 알림·전파가 필요하여 검색시스템에 수배입력된 차량을 말한다.

9. **"범죄관련차량"**이란 다음 각 목의 어느 하나에 해당한다고 인정할 만한 사유가 있어 수배차량으로 지정하거나 동선검색이 필요한 차량을 말한다.

　가. **범죄행위(별표에 규정된 범죄로 인한 행위에 한정)**에 제공하였거나 제공하려고 하는 차량

　→ 형법 제42장 손괴의 죄는 제369조(특수손괴)의 범죄만 여기에 해당

　나. 범죄행위로 취득한 차량

　다. 범죄행위의 용의자나 피의자가 이용한 차량

　라. 다목에 따른 차량 이외에 법정형이 사형·무기 또는 장기 3년 이상의 징역이나 금고에 해당하는 죄를 범하였다고 의심할 만한 상당한 이유가 있어 체포영장 또는 구속영장이 발부되거나 긴급체포 대상인 자가 이용한 차량

　〈2. ~ 5., 10. ~ 13. 생략〉

제5조(수집·이용 및 파기) ① 차량번호정보는 경찰청 통합서버에 저장하고 차량사진정보는 경찰관서 연계서버에 저장한다. 이 경우, 차량사진정보는 수배차량 또는 동선검색 대상 차량의 CCTV·판독기 통과여부가 확인된 경우에만 열람이 가능하다.

② 사건의 담당자는 **수배 입력**이 필요한 경우 수배차량 (입력, 해제) 의뢰서를 작성하고 **소속 부서장 승인**을 받아 단말기 운영담당자에게 입력을 요청한다. 다만, **야간 또는 토요일·공휴일에는 당해 경찰관서 상황관리관의 승인**으로 할 수 있다.

⑤ 사건담당자는 **동선검색**이 필요한 경우 동선검색 의뢰서를 작성하고 **소속 시·도경찰청장 승인**을 받아 경찰관서 단말기 운영담당자에게 검색을 요청할 수 있다. 다만, **야간 또는 토요일·공휴일에는 시·도경찰청 상황관리관의 승인**으로 할 수 있다.

⑧ 검색시스템을 운영하는 과정에서 수집한 자료의 보유기간은 **30일**(60일 x)로 한다.

5 수법수사

(1) 의의

> **동일한 수단·방법을 반복하여 범행하는 특성**을 이용하여 발생한 범죄와 기존에 범죄수법 유형을 수집·분석하여 축적한 범죄수법자료를 비교함으로써 범인을 특정하거나 추적하고 여죄를 파악하는 수사활동을 말한다.

(2) 수법원지(범죄수법공조자료관리규칙)

전산 입력(§3)	① 경찰서장(경찰청, 시·도경찰청에서 처리한 사건에 대하여는 '경찰청장, 시·도경찰청장'을 포함)은 다음 각 호에 해당하는 피의자를 검거하였거나 인도받아 조사하여 구속 송치할 때에는 제2조 제3호의 "수법·수배·피해통보 전산자료 입력코드번호부"에 규정된 내용에 따라 경찰시스템을 활용하여 수법원지를 전산입력하여 **경찰청장에게 전산송부하여야 한다.** 다만 **불구속 피의자도 재범의 우려**가 있다고 인정되는 자에 대하여는 전산입력 <u>**할 수 있다.**</u> 하여야 한다 X 1. 강도 2. 절도 3. 사기 4. 위조·변조(통화, 유가증권, 우편, 인지, 문서, 인장) 5. 약취·유인 6. 공갈 7. 방화 8. 강간 9. 제1호 내지 제8호중 특별법에 위반하는 죄 10. 장물 ② ①의 피의자가 여죄가 있고 그것이 범죄수법 소분류가 각각 상이한 유형의 수법일 때에는 **그 수법마다 수법원지를 전산입력하여야 한다.** ③ 수법원지는 해당 범인을 수사하거나 조사 송치하는 **경찰공무원이 직접 전산입력**하여야 한다.
전산입력 방법(§4)	14. 범행(수법)개요는 피의자의 주된 범행수단과 방법이 부각되도록 **상세히**(간단히 X) 입력 → 필적은 수법원지의 입력사항이 아님 〈1. ~ 13. 생략〉
수리한 수법 원지의 처리 및 보관(§6)	경찰청장은 수법원지의 전산송부를 받았을 때에는 법원지는 성별, 수법 소분류별, 생년월일 순으로 보관하여야 한다.
삭제 (§12)	① 수법원지가 다음 각 호에 해당할 때에는 전산자료를 삭제하여야 한다. 1. 피작성자가 **사망**하였을 때 2. 피작성자가 **80세 이상**이 되었을 때 3. 작성자의 수법분류번호가 동일한 원지가 2건 이상 **중복**될 때 1건을 제외한 자료
기 타	범인조회 및 수법조회에 활용된다(여죄조회 X, 장물조회 X).

(3) 피해통보표(범죄수법공조자료관리규칙)

전산 입력 (§7)	① **경찰서장**은 '수법원지 작성 대상 범죄'의 범죄의 신고를 받았거나 또는 인지하였을 때에는 지체 없이 제2조 제3호의 "수법·수배·피해통보 전산자료 입력코드번호부"에 수록된 내용에 따라 경 찰시스템을 활용하여 **피해통보표**(수법원지 X)를 전산입력하여 **경찰청장에게 전산송부하여야 한다.** 다만 **당해 범죄의 피의자가 즉시 검거되었거나 피의자의 성명·생년월일·소재 등 정확한 신원이 판명 된 경우에는 그러하지 아니한다.** ② 피해통보표는 반드시 **당해 사건을 담당하는 수사경찰관**이 전산입력하여야 한다. ③ 사건 담당과장은 사건발생보고서 검토시 경찰청 및 시·도경찰청에 보고되는 속보 사건을 포함 한 해당 범죄의 피해통보표의 입력여부 및 입력된 피해통보표 내용의 오류나 입력사항 누락여 부를 검토, 수정하여야 한다.
관리 및 활용 (§8)	① 피해통보표를 입력한 담당경찰관은 입력누락 여부를 수시로 확인하고, 입력된 전산자료를 관리하여야 한다. ② 범행수법이 동일한 피해통보표를 **2건 이상** 입력하였을 때에는 동일범에 의한 범죄여부, 재범 우려 등을 종합분석하여 수사자료로 활용한다. ③ 피해통보표는 동일한 수법범죄의 발생여부, 검거피의자의 여죄와 중요장물의 수배, 통보, 조회 등 수사자료로 활용한다.
삭제 (§12)	② 피해통보표가 다음 각 호에 해당할 때에는 전산자료를 삭제하여야 한다. 1. 피의자가 **검거**되었을 때 2. 피의자가 **사망**하였을 때 3. 피해통보표 전산입력 후 10년이 경과하였을 때
기타 (§10)	① 재산범죄 사건의 피해품은 경찰시스템 피해통보표의 피해품 란에 각각 전산입력하여 **장물조회 등의 수사자료로 활용**한다. ② 피해통보표에 전산입력한 피해품은 장물수배로 본다.

6 유류품 수사

의의	범죄현장 및 그 부근에 남겨져 있는 범인의 흉기, 착의 등 유류품에 대하여 그 출처를 역으로 추적해 범인을 찾아내는 수사방법으로 현장관찰의 결과로 이어지는 활동	
착안점	동일성	**유류품과 범행과의 관계**, 즉 유류품이 직접 범행에 사용된 것인가를 검사 •물건의 존재의 경과가 명확할 것 •물건의 특징이 합치될 것 •유류상황과 진술이 합치될 것 •흉기 등의 경우 상해부위와 합치될 것
	관련성	**유류품과 범인과의 관계**, 즉 유류품이 범인의 물건이 확실한가를 검사 •범인이 유류품 및 그의 일부라고 인정할 만한 것과 동종의 물건을 소유하거나 휴대하고 있었을 것 •유류품에 존재하는 사용버릇을 가지고 있는 인물일 것
	기회성	**현장과 유류품과의 관계**, 즉 범인이 현장에 유류의 기회가 있었는가를 검사 •범인이 현장에 갈 수 있었을 것 •유류의 기회가 있었을 것 •범인이 범행시각에 근접하여 현장 및 그 부근에 있었을 것
	완전성	**범행 때와 유류품의 관계**, 즉 유류품이 범행 때와 동일한 상태로 보전되어 있는가를 검사 •유류품이 범행 때와 같은 성질을 가지고 있을 것

7 장물수사

(1) 의의 및 조회

의의	장물수사란 재산범죄가 발생하였을 때 피해자를 통해 확인한 피해품의 이동경로를 따라 범인을 발견하는 수사방법을 말한다.
장물 수배	수사중인 사건의 장물에 관하여 다른 경찰관서에 그 발견을 요청하는 수배로 「범죄수법공조자료관리규칙」 제10조의 **피해통보표에 전산입력한 피해품은 장물수배로 본다**(범죄수사규칙 §108).

(2) 장물수배서(범죄수사규칙 §109)

특별중요장물 수배서	수사본부를 설치하고 수사하고 있는 사건에 관하여 발하는 경우의 장물수배서로서 **홍색 용지**를 사용한다.
중요장물수배서	수사본부를 설치하고 있는 사건 이외의 중요한 사건에 관하여 발하는 장물수배서로서 **청색용지**를 사용한다. ※ 중요장물수배서의 피해품 • 중요문화재 기타 이에 준하는 피해품 • 외교사절 등에 관련된 사건의 피해품, 기타 사회적 영향이 큰 사건의 피해품 • 살인·강도 등의 중요사건에 관한 피해품 • 다액절도 또는 특이한 수법이나 상습범이라고 인정되는 침입절도사건의 피해품 • 기타 중요 또는 특이사건의 피해품
보통장물수배서	그 밖의 사건에 관하여 발하는 경우의 장물수배서로서 **백색용지**를 사용한다.

(3) 장물 발견 시 수사사항

① 장물이 피해품이 맞는지 변형·파손된 부분은 없는지 확인한다.
② 장물을 임의제출 받거나 영장을 발부받아 압수한다.
③ 장물의 소지자로부터 입수 경위를 확인하여 역으로 추적한다.
※ 실무에서는 압수를 하며 소유권포기서를 제출받는 경우가 적지 않으나 **소유권포기서는 반드시 제출받아야
하는 서류가 아니다.** 소지자에게 소유권 포기 여부를 물어볼 수는 있지만 이를 **강요하거나 권유해서는 안 된
다.** 소지자는 **장물취득죄**(형법 제362조 제1항)의 용의자일 수도 있지만 장물인 정을 알지 못하였다면 **선의
취득**(민법 제249조)으로 소유권이 인정될 수도 있다.

8 알리바이(Alibi) 수사

의의	① 알리바이란 혐의자가 범행 시각에 범죄현장에 없었음을 증명하는 것을 말하며 '현장부재(現場不在) 증명'이라고도 한다. ② 범인이 누구인지 밝혀지지 않은 사건에서 혐의자들을 상대로 알리바이가 성립할 경우 용의선에서 제외함으로써 범인을 특정해나갈 수 있다.
종류	**절대적 알리바이**: 범죄가 행하여진 시각에 혐의자가 범죄현장 이외의 장소에 있었다는 사실이 **명확하게 입증**되는 경우
	상대적 알리바이: **범행 전후** 혐의자가 범죄현장 이외의 제3의 장소에 있었다는 사실이 명확하게 입증되는 한편, 혐의자가 그 제3의 장소에서 범행시각까지 범죄현장에 도착하거나 범죄현장에서 범행을 마친 후 그 시각까지 **제3의 장소에 도착하는 것은 불가능했다고 판단되는 경우**
	위장 알리바이: 사전에 계획적으로 **자기의 존재를 확실히 인상 깊게 해놓고** 극히 짧은 시간 내에 범죄를 감행하는 경우를 말함
	청탁 알리바이: **범행 후**, 자신이 그 시각 범죄현장에 있었다는 사실을 은폐하기 위하여 가족, 동료, 친지에게 **허위의 알리바이 증언을 청탁**하는 경우

THEME 12 ▶ 수배

1 지명수배(범죄수사규칙)

지명수배 (경찰수사규칙 §45)	① **사법경찰관리는** 다음 각 호의 어느 하나에 해당하는 사람의 **소재를 알 수 없을 때에는** 지명수배를 <u>할 수 있다</u>. ↳ 하여야 한다 X 1. 법정형이 사형, 무기 또는 장기 3년 이상의 징역이나 금고에 해당하는 죄를 범했다고 의심할 만한 상당한 이유가 있어 체포영장 또는 구속영장이 발부된 사람 2. 제47조에 따른 지명통보의 대상인 사람 중 지명수배를 할 필요가 있어 체포영장 또는 구속영장이 발부된 사람 ② 제1항에도 불구하고 법 제200조의3제1항에 따른 **긴급체포를** 하지 않으면 수사에 현저한 지장을 초래하는 경우에는 **영장을 발부받지 않고 지명수배할 수 있다.** 이 경우 지명수배 후 신속히 체포영장을 발부 **받아야** 하며, 체포영장을 발부받지 못한 때에는 즉시 지명수배를 해제해야 한다.
지명수배자 발견 시 조치 (경찰수사규칙 §46)	① 사법경찰관리는 **제45조 제1항에** 따라 지명수배된 사람(이하 "지명수배자"라 한다)을 발견한 때에는 체포영장 또는 구속영장을 제시하고, 수사준칙 제32조 제1항에 따라 권리 등을 고지한 후 체포 또는 구속하며 별지 제36호서식의 권리 고지 확인서를 받아야 한다. 다만, 체포영장 또는 구속영장을 소지하지 않은 경우 **긴급하게 필요하면** 지명수배자에게 영장이 발부되었음을 고지한 후 체포 또는 구속할 수 있으며 **사후에 지체 없이 그 영장을** 제시해야 한다. ② 사법경찰관은 제45조 제2항에 따라 **영장을 발부받지 않고** 지명수배한 경우에는 지명수배자에게 긴급체포한다는 사실과 수사준칙 제32조 제1항에 따른 **권리 등을 고지한 후 긴급체포해야** 한다. 이 경우 지명수배자로부터 별지 제36호서식의 **권리 고지 확인서를 받고** 제51조 제1항에 따른 **긴급체포서를 작성해야** 한다.
지명수배된 사람 발견 시 조치사항 (§98)	① 경찰관은 「경찰수사규칙」 제46조 제1항에 따라 지명수배자를 체포 또는 구속하고, **지명수배한 경찰관서(이하 "수배관서"라 한다)에 인계하여야** 한다. ② **도서지역에서** 지명수배자가 발견된 경우에는 지명수배자 등이 **발견된 관할 경찰관서("발견관서")의** 경찰관은 지명수배자의 소재를 계속 확인하고, **수배관서와 협조하여** 검거 시기를 정함으로써 검거 후 구속영장청구시한(**체포한 때부터 48시간**)이 경과되지 않도록 하여야 한다. ③ **지명수배자를 검거한 경찰관은** 구속영장 청구에 대비하여 피의자가 도망 또는 증거를 인멸할 염려에 대한 소명자료 확보를 위하여 필요하다고 판단되는 경우에는 체포의 과정과 상황 등을 별지 제35호서식의 지명수배자 검거보고서에 작성하고 이를 **수배관서에 인계**하여 수사기록에 편철하도록 하여야 한다. ④ 검거된 지명수배자를 인수한 **수배관서의 경찰관은 24시간 내에** 「형사소송법」 제200조의6 또는 제209조에서 준용하는 법 제87조 및 「수사준칙」 제33조 제1항에 따라 체포 또는 구속의 통지를 하여야 한다. 다만, 지명수배자를 수배관서가 위치하는 특별시, 광역시, 도 **이외의 지역**에서 지명수배자를 검거한 경우에는 **지명수배자를 검거한 경찰관서("검거관서")**에서 통지를 하여야 한다. ↳ 수배관서 X

지명수배자 인수순서 (§99)	① **경찰관서장**은 검거된 지명수배자에 대한 신속한 조사와 호송을 위하여 미리 출장조사 체계 및 자체 호송계획을 수립하여야 한다.
	② **수배관서의 경찰관**은 다음 각 호의 어느 하나에 해당하는 경우를 **제외하고는 검거관서로부터 검거된 지명수배자를 인수하여야 한다.** 다만, 수배관서와 검거관서 간에 서로 합의한 때에는 이에 따른다.
	1. 수배대상 범죄의 죄종 및 죄질과 비교하여 동등하거나 그 이상에 해당하는 다른 범죄를 검거관서의 관할구역 내에서 범한 경우
	2. 검거관서에서 지명수배자와 관련된 범죄로 이미 정범이나 공동정범인 피의자의 일부를 검거하고 있는 경우
	3. 지명수배자가 단일 사건으로 수배되고 불구속 수사대상자로서 검거관서로 출장하여 조사한 후 신속히 석방함이 타당한 경우
	③ 경찰관은 검거한 지명수배자에 대하여 **지명수배가 여러 건인 경우**에는 다음 각호의 수배관서 순위에 따라 검거된 지명수배자를 인계받아 조사하여야 한다.
	1. 공소시효 만료 **3**개월 이내이거나 **공범**에 대한 수사 또는 재판이 진행 중인 수배관서
	2. 법정형이 **중한 죄명**으로 지명수배한 수배관서
	3. 검거관서와 **동일한 지방검찰청** 또는 지청의 관할구역에 있는 수배관서
	4. 검거관서와 거리 또는 교통상 가장 **인접한** 수배관서 **3중동인**
	囫 검거한 지명수배자에 대하여 '검거관서와 거리가 가장 인접하나 타 지방검찰청의 관할구역에 있는 A수배관서'와 '비교적 멀리 떨어져 있으나 동일한 지방검찰청의 관할구역에 있는 B 수배관서'가 경합하는 경우, 동일한 지방검찰청의 관할구역에 있는 B수배관서가 우선적으로 지명수배자를 인수하게 된다(단, 두 건의 지명수배는 공소시효 잔기, 공범에 대한 수사·재판 진행 여부, 법정형의 경중에 있어 각 차이가 없다).
중요지명피의자 종합 공개수배 (§101)	① **시·도경찰청장**은 지명수배를 한 후, 6월이 경과하여도 검거하지 못한 사람들 중 다음 각 호에 해당하는 **중요지명피의자**를 매년 **5월(4월X)과 11월(10월X)** 연 2회 선정하여 **국가수사본부장**에게 **중요지명피의자 종합 공개수배 보고서**에 따라 보고하여야 한다.
	1. 강력범(살인, 강도, 성폭력, 마약, 방화, 폭력, 절도범을 말한다)
	2. 다액·다수피해 경제사범, 부정부패 사범
	3. 그 밖에 신속한 검거를 위해 전국적 공개수배가 필요하다고 판단되는 자
	② **국가수사본부장**은 공개수배 위원회를 개최하여 ①의 중요지명피의자 종합 공개수배 대상자를 선정하고, 매년 6월과 12월 중요지명피의자 종합 공개수배 전단을 중요지명피의자 종합 공개수배에 따라 작성하여 게시하는 방법으로 **공개수배 한다.**
	③ **경찰서장**은 ②의 중요지명피의자 종합 공개수배 전단을 다음 각 호에 따라 게시·관리하여야 한다.
	1. 관할 내 다중의 눈에 잘 띄는 장소, 수배자의 은신 또는 이용·출현 예상 장소 등을 선별하여 게시한다.
	2. 관할 내 교도소·구치소 등 교정시설, 읍·면사무소·주민센터 등 관공서, 병무관서, 군 부대 등에 게시한다.
	3. 검거 등 사유로 종합 공개수배를 해제한 경우 즉시 검거표시 한다.
	4. 신규 종합 공개수배 전단을 게시할 때에는 전회 게시 전단을 회수하여 폐기한다.
	④ 중요지명피의자 종합 공개수배 전단은 언론매체·정보통신망 등에 게시할 수 있다.

중요지명피의자 종합 공개수배 (§101)	판례 **법률상** 지명수배에 관한 구체적이고 **명시적인 규정이 없다**(지명수배에 관하여 규정하고 있는 범죄수사규칙(경찰청훈령)이 행정규칙이라는 점). 헌법재판소는 "수사과정에서의 **비공개 지명수배 조치**는 수사기관 내부의 단순한 공조 내지 의사연락에 불과할 뿐이고 그 자체만으로는 아직 **국민에 대하여 직접 효력**을 가지는 것이라 할 수 없다."라는 점을 논거로 **지명수배 조치**를 헌법소원심판의 대상이 되는 **공권력의 행사에 해당한다고 볼 수 없다고 판시**한 바 있다(헌재 99헌마181).
긴급 공개수배 (§102)	① **경찰관서의 장**은 법정형이 사형·무기 또는 장기 3년 이상 징역이나 금고에 해당하는 죄를 범하였다고 의심할만한 상당한 이유가 있고, 범죄의 상습성, 사회적 관심, 공익에 대한 위험 등을 고려할 때 신속한 검거가 필요한 자에 대해 긴급 공개수배 할 수 있다. ② 긴급 공개수배는 사진·현상·전단 등의 방법으로 할 수 있으며, 언론매체·정보통신망 등을 이용할 수 있다.
언론매체·정보 통신망 등을 이용한 공개 수배(§103)	① 언론매체·정보통신망 등을 이용한 공개수배는 공개수배 위원회의 심의를 거쳐야 한다. 단, 공개수배 위원회를 개최할 시간적 여유가 없는 긴급한 경우에는 **사후 심의할 수 있으며**, 이 경우 지체 없이 위원회를 개최하여야 한다.
공개수배 위원회(§104)	① 국가수사본부는 중요지명피의자 종합 공개수배, 긴급 공개수배 등 공개수배에 관한 사항을 심의하기 위하여 **공개수배위원회를** 둘 수 있다. ⑥ 국가수사본부 공개수배 위원회 회의는 <u>위원 5명 이상의 출석과 출석위원 과반수 찬성으로 의결</u>한다. ↳ 출석위원 과반수 찬성으로 의결 X
공개수배 시 유의사항(§105)	① 공개수배를 할 때에는 그 죄증이 명백하고 공익상의 필요성이 현저한 경우에만 실시하여야 한다. ③ 공개수배의 필요성이 소멸된 경우에는 즉시 공개수배를 해제하여야 한다.

2 지명통보

경찰수사 규칙	**지명통보(§47)**	사법경찰관리는 다음 각 호의 어느 하나에 해당하는 사람의 소재를 알 수 없을 때에는 **지명통보를 할 수 있다.** 1. 법정형이 장기 3년 미만의 징역 또는 금고, 벌금에 해당하는 죄를 범했다고 의심할 만한 상당한 이유가 있고, 출석요구에 응하지 않은 사람 2. 법정형이 장기 3년 이상의 징역이나 금고에 해당하는 죄를 범했다고 의심되더라도 사안이 경미하고, 출석요구에 응하지 않은 사람
	지명통보자 발견 시 조치 (§48)	사법경찰관리는 제47조에 따라 지명통보된 사람("지명통보자")을 발견한 때에는 지명통보자에게 지명통보된 사실, 범죄사실의 요지 및 지명통보한 경찰관서("통보관서")를 고지하고, 발견된 날부터 **1개월 이내**에 통보관서에 출석해야 한다는 내용과 정당한 사유 없이 출석하지 않을 경우 지명수배되어 체포될 수 있다는 내용을 통지해야 한다.
범죄수사 규칙	**지명통보된 사람 발견 시 조치(§106)**	① 경찰관은 **지명통보된 사람(이하 "지명통보자"라 한다)**을 발견한 때에는 「경찰수사규칙」 제48조에 따라 지명통보자에게 지명통보된 사실 등을 고지한 뒤 별지 제38호서식의 지명통보사실 통지서를 교부하고, 별지 제39호서식의 지명통보자 소재발견 보고서를 작성한 후 「경찰수사규칙」 제96조에 따라 사건이송서와 함께 **통보관서에 인계하여야 한다.** 다만, 지명통보된 사실 등을 고지받은 지명통보자가 지명통보사실통지서를 교부받기 거부하는 경우에는 그 취지를 지명통보자 소재발견 보고서에 기재하여야 한다.
	지명통보자에 대한 특칙(§107)	제106조에도 불구하고 행정기관 고발사건 중 법정형이 **2년 이하**(3년 이하 X)의 징역에 해당하는 범죄로 수사중지된 자를 발견한 발견관서의 경찰관은 통보관서로부터 수사중지결정서를 팩스 등의 방법으로 송부받아 피의자를 조사한 후 조사서류만 통보관서로 보낼 수 있다. 다만, 피의자가 상습적인 법규위반자 또는 전과자이거나 위반사실을 부인하는 경우에는 그러하지 아니 하다.

THEME 13 수사면담(조사)

1 조사시 임의성 확보를 위한 유의사항(범죄수사규칙)

① 경찰관은 조사를 할 때에는 고문, 폭행, 협박, 신체구속의 부당한 장기화 그 밖에 진술의 임의성에 관하여 의심받을 만한 방법을 취하여서는 아니 된다(§63 ①).

② 경찰관은 조사를 할 때에는 희망하는 진술을 상대자에게 시사하는 등의 방법으로 진술을 유도하거나 진술의 대가로 이익을 제공할 것을 약속하거나 그 밖에 진술의 진실성을 잃게 할 염려가 있는 방법을 취하여서는 아니 된다(63 ②).

③ 경찰관은 조사를 할 때에는 경찰관서 사무실 또는 조사실에서 하여야 하며 부득이한 사유로 그 이외의 장소에서 하는 경우에는 **소속 경찰관서장의 사전 승인**을 받아야 한다(§62 ①).

2 조사대상자의 인권 보장을 위한 유의사항

심야조사 제한
(수사준칙 §21)
	① 검사 또는 사법경찰관은 조사, 신문, 면담 등 그 명칭을 불문하고 피의자나 사건관계인에 대해 **오후 9시부터 오전 6시까지 사이에 조사("심야조사")를 해서는 안 된다.** 다만, 이미 작성된 조서의 열람을 위한 절차는 자정 이전까지 진행할 수 있다.
	② 제1항에도 불구하고 **다음 각 호의 어느 하나에 해당하는 경우에는 심야조사를 할 수 있다.** 이 경우 심야조사의 사유를 조서에 명확하게 적어야 한다.
	  1. 피의자를 체포한 후 48시간 이내에 구속영장의 청구 또는 신청 여부를 판단하기 위해 불가피한 경우
	  2. 공소시효가 임박한 경우
	  3. 피의자나 사건관계인이 출국, 입원, 원거리 거주, 직업상 사유 등 재출석이 곤란한 구체적인 사유를 들어 심야조사를 요청한 경우(변호인이 심야조사에 동의하지 않는다는 의사를 명시한 경우는 제외한다)로서 해당 요청에 상당한 이유가 있다고 인정되는 경우
	  4. 그 밖에 사건의 성질 등을 고려할 때 심야조사가 불가피하다고 판단되는 경우 등 법무부장관, 경찰청장 또는 해양경찰청장이 정하는 경우로서 검사 또는 사법경찰관의 소속 기관의 장이 지정하는 인권보호 책임자의 허가 등을 받은 경우
	※ 사법경찰관은 수사준칙 제21조제2항제4호에 따라 심야조사를 하려는 경우에는 심야조사의 내용 및 심야조사가 필요한 사유를 **소속 경찰관서에서 인권보호 업무를 담당하는 부서의 장에게 보고하고 허가를 받아야 한다**(경찰수사규칙 §36).

장시간 조사 제한
(수사준칙 §22)
	① 검사 또는 사법경찰관은 조사, 신문, 면담 등 그 명칭을 불문하고 피의자나 사건관계인을 조사하는 경우에는 대기시간, 휴식시간, 식사시간 등 모든 시간을 합산한 조사시간(이하 "총조사시간"이라 함)이 12시간을 초과하지 않도록 해야 한다. 다만, 다음 각 호의 어느 하나에 해당하는 경우에는 예외로 한다.
	  1. 피의자나 사건관계인의 서면 요청에 따라 조서를 열람하는 경우
	  2. 제21조 제2항 각 호의 어느 하나에 해당하는 경우
	② 검사 또는 사법경찰관은 특별한 사정이 없으면 총조사시간 중 **식사시간, 휴식시간 및 조서의 열람시간 등을 제외**한 실제 조사시간이 **8시간**(10시간 X)을 초과하지 않도록 해야 한다.
	③ 검사 또는 사법경찰관은 피의자나 사건관계인에 대한 조사를 마친 때부터 8시간이 지나기 전에는 다시 조사할 수 없다. 다만, 제1항 제2호에 해당하는 경우에는 예외로 한다.

진술거부권 고지 (범죄수사규칙 §64)	「형사소송법」 제244조의3에 따른 진술거부권의 고지는 조사를 상당 시간 중단하거나 회차를 달리하거나 담당 경찰관이 교체된 경우에도 다시 하여야 한다.

주의사항
(동규칙 §73)
	① 경찰관은 피의자신문조서와 진술조서를 작성할 때에는 다음 각 호의 사항에 주의하여야 한다.
	  1. 형식에 흐르지 말고 추측이나 과장을 배제하며 범의 착수의 방법, 실행행위의 태양, 미수·기수의 구별, 공모사실 등 범죄 구성요건에 관한 사항에 대하여는 특히 명확히 기재할 것
	  2. 필요할 때에는 진술자의 진술 태도 등을 기입하여 진술의 내용뿐 아니라 진술 당시의 상황을 명백히 알 수 있도록 할 것
	② 경찰관은 조사가 진행 중인 동안에는 수갑·포승 등을 해제하여야 한다. 다만, 자살, 자해, 도주, 폭행의 우려가 현저한 사람으로서 담당경찰관 및 유치인 보호주무자가 수갑·포승 등 사용이 반드시 필요하다고 인정한 사람에 대하여는 예외로 한다.

3 피의자신문

변호인 참여	① 사법경찰관리는 피의자 또는 그 변호인·법정대리인·배우자·직계친족·형제자매의 신청이 있는 경우 변호인의 참여로 인하여 **신문이 방해되거나, 수사기밀이 누설되는 등 정당한 사유가 있는 경우를 제외**하고는 피의자에 대한 신문에 **변호인을 참여하게 해야 한다**(경찰수사규칙 §12 ①). ② 검사 또는 사법경찰관은 피의자 또는 그 변호인·법정대리인·배우자·직계친족·형제자매의 신청에 따라 변호인을 피의자와 접견하게 하거나 정당한 사유가 없는 한 피의자에 대한 신문에 참여하게 하여야 한다(형사소송법 §243의2 ①). ③ 신문에 참여하고자 하는 변호인이 2인 이상인 때에는 피의자가 신문에 참여할 변호인 1인을 지정한다. 지정이 없는 경우에는 **검사 또는 사법경찰관**이 이를 **지정할 수 있다**(동법 §243의2 ②).
신문중 변호인 참여의 제한	① 사법경찰관리는 변호인의 참여로 증거를 인멸·은닉·조작할 위험이 구체적으로 드러나거나, 신문 방해, **수사기밀 누설 등 수사에 현저한 지장을 초래하는 경우**에는 피의자신문 중이라도 변호인의 참여를 **제한할 수 있다.** 이 경우 피의자와 변호인에게 변호인의 참여를 제한 ┗ 제한하여야 한다 X 하는 처분에 대해 법 제417조에 따른 준항고를 제기할 수 있다는 사실을 고지해야 한다(경찰수사규칙 §13 ①). ② ①에 따라 변호인 참여를 제한하는 경우 사법경찰관리는 피의자 또는 변호인에게 그 사유를 설명하고 의견을 진술할 기회와 다른 변호인을 참여시킬 기회를 주어야 하며, 변호인의 참여를 제한한 후 그 사유가 해소된 때에는 변호인을 신문에 참여하게 해야 한다(동규칙 §13 ②③).
신뢰관계 있는 자의 동석	피의자가 신체적 또는 정신적 장애로 사물을 변별하거나 의사를 결정·전달할 능력이 미약한 때에는 직권 또는 신청에 따라 신뢰관계에 있는 자를 동석하게 할 수 있다(형사소송법 §244의5 제1호).
영상녹화	피의자의 진술은 영상녹화할 수 있다. 이 경우 미리 **영상녹화사실을 알려주어야 하며**, 조사의 ┗ 피의자 동의 X **개시부터 종료까지**의 전 과정 및 객관적 정황을 영상녹화하여야 한다(형사소송법 §244의2 ①). ※ 검사 또는 사법경찰관은 수사에 필요한 때에는 **피의자가 아닌 자**의 출석을 요구하여 진술을 들을 수 있다. 이 경우 그의 **동의를 받아 영상녹화할 수 있다**(형사소송법 §221 ①).

개념	① REID 테크닉은 미국의 John E. Reid(존 리드)가 개발한 **혐의가 명백·확실한 용의자**의 심리 변화를 유도하여 자백을 얻는 수사기법임 ② 범죄자의 유형을 감정적·비감정적 범죄자로 나누고 피의자는 수사가 시작되면 5단계의 스트레스 반응이 나오는데 이에 상응하는 설득방법을 9단계로 분류하여 진행함	
피의자 유형	**감정적 피의자**	① 범죄 후 상당한 죄책감, 정신적 고통, 양심의 가책을 경험함 ② 동정적인 신문 전략이 가장 효과적임
	비감정적 피의자	① 범죄 후 양심의 가책을 느끼지 않음 ② 범죄의 사실적 분석(factual-analysis) 전략과 기법이 가장 효과적임
스트레스 반응 5단계	① 분노: 피의자가 조사과정에서 통제력을 얻거나 유지하려는 지배적인 기분 ② 우울: 외부로 표출하던 공격방향이 자신을 향함 ③ 부인: 현실을 거부하려는 피의자의 노력 ④ 거래: 자신의 상황인식에 대하여 수사관의 동의를 구하려는 시도 ⑤ 수용: 결과를 받아들임	
9단계 신문방법	1단계	•**직접적 대면** •수사관이 용의자가 범인이라는 심증을 갖고 있다는 것을 명확하게 알려준다.
	2단계	•**신문 화제의 전개** •용의자에게 범행에 대한 합리화·정당화 사유를 제공하여 비난가능성을 줄여주는 화제를 언급한다.
	3단계	•**부인(否認) 다루기** •용의자가 수사관의 신문화제 전개를 방해하는 혐의를 부인하는 진술을 하지 못하게 억지한다.
	4단계	•**반대논리 격파** •수사관이 주도하는 신문의 화제를 흐리는 용의자의 진술을 압도한다.
	5단계	•**관심 이끌어내기** •4단계가 효과적이라면 피의자가 수사관을 회피하기 쉬우므로 시선을 맞추고 화제를 계속 회복하는 동시에 피의자의 긍정적 측면을 부각한다.
	6단계	•**우울한 기분 달래주기** •사실대로 말할 것을 촉구하며 동정과 이해를 표시한다.
	7단계	•**양자택일적 질문하기** •어느 것을 선택해도 혐의가 인정되는 2가지 선택의 질문을 던진다.
	8단계	•**세부사항 질문** •용의자가 수사관의 질문에 선택적으로 답하는 단계를 지나 적극적으로 범행에 대하여 진술하도록 함
	9단계	•**구두 자백의 서면화** •피의자가 진술로 자백한 내용을 서면으로 확보한다.

직접 신문한 부인 반대 관심 가지니 우울한 양세구

THEME 14 수사서류 작성

1 수사서류 작성방법(범죄수사규칙)

기명날인 또는 서명 등 (§39)	③ 수사서류에는 **매장마다 간인**한다. 다만, 전자문서 출력물의 간인은 면수 및 총면수를 표시하는 방법으로 한다. ⑤ 피의자신문조서와 **진술조서는 진술자**로 하여금 간인한 후 기명날인 **또는 서명**하게 한다. 다만, 진술자가 기명날인 또는 서명을 할 수 없거나 이를 거부할 경우, 그 사유를 조서말미에 적어야 한다.
문자의 삽입·삭제 (§42)	① 경찰관은 수사서류를 작성할 때에는 임의로 문자를 고쳐서는 아니 되며, 다음 각 호와 같이 고친 내용을 알 수 있도록 하여야 한다. 　1. 문자를 삭제할 때에는 삭제할 문자에 두 줄의 선을 긋고 날인하며 그 왼쪽 여백에 "몇자 삭제"라고 적되 삭제한 부분을 해독할 수 있도록 자체를 존치하여야 함 　2. 문자를 삽입할 때에는 행의 상부에 삽입할 문자를 기입하고 그 부분에 날인하여야 하며 그 **왼쪽** 여백에 "몇자 추가"라고 적음 　　└ 오른쪽 X 　3. 1행 중에 두 곳 이상 문자를 삭제 또는 삽입하였을 때에는 각 자수를 합하여 "몇자 삭제" 또는 "몇자 추가"라고 기재 　4. 여백에 기재할 때에는 기재한 곳에 날인하고 "몇자 추가"라고 적음

2 송치서류 작성방법

(1) 송치서류

편철순서 (경찰수사규칙 §103)	② 송치 서류는 다음 순서에 따라 편철한다. 　1. **사**건송치서 　2. **압**수물 총목록 　3. **기**록목록 　4. **송**치 결정서 　5. **그** 밖의 서류　　　**사압기송그** ③ 수사준칙 제58조(사법경찰관의 사건송치)에 따라 사건을 송치하는 경우에는 소속경찰관서장 또는 소속수사부서장의 명의로 한다. ④ 송치 결정서는 사법경찰관이 작성해야 한다.
면수기입 등 (범죄수사규칙 §229)	① '그 밖의 서류'는 접수 또는 작성순서에 따라 편철하고 '**송치 결정서와 그 밖의 서류**'는 각 장마다 면수를 기입하고 같은 조 같은 항 제2호부터 제4호까지의 서류에는 송치명의인으로 간인하여야 한다. ② '**송치 결정서**(그 밖의 서류 X)'에는 각 장마다 면수를 기입하되, 1장으로 이루어진 때에는 1로 표시하고, 2장 이상으로 이루어진 때에는 1-1, 1-2, 1-3의 **방법**으로 하여야 한다. ③ 경찰관은 「수사준칙」 제58조(사법경찰관의 사건송치)에 따라 사건을 송치할 때에는 소속 경찰관서장인 사법경찰관의 명의로 하여야 한다. 다만, 소속 경찰관서장이 사법경찰관이 아닌 경우에는 수사주무과장인 사법경찰관 명의로 하여야 한다.

(2) 피의자 기재 및 죄명표시

피의자 기재	피의자가 2명 이상인 경우는 1, 2, 3으로 번호를 매긴다.
죄명표시	① **죄명**은 경합범인 경우에는 **가나다순**으로 하되, **형이 중하거나 공소시효가 장기인 순**으로 함 ② **형법범의 죄명** – 대검찰청이 정한 죄명표에 의하고, 미수범·교사범·방조범은 죄명 다음에 미수·교사·방조라 표시함 ③ **특별법위반** – 'OOO법위반'으로 표시함(미수는 표시 X), 교사, 방조는 'OOO법위반 교사' 또는 'OOO법위반 방조'로 표시함. 다만, **미수에 관하여는 'OOO법위반'으로 표시**함 ④ 대검예규 별표에 있는 법률에 대해서는 'OOO법위반' 뒤에 괄호를 하고 구체적인 죄명을 표시하여야 함 예 「성폭력범죄의처벌등에관한특례법」위반(특수 강간 등)

TIP 일부조항에 대하여 죄명 구분표시를 하는 특별법

특정범죄가중처벌등에관한법률, 특정경제범죄가중처벌등에관한법률,공연법, **국가보안법**, 보건범죄단속에관한특별조치법, 성폭력범죄의처벌등에관한 특례법, 성폭력방지및피해자보호등에관한법률, 수산업법, 화학물질관리법, **도로교통법**, **마약류관리에관한법률**, **폭력행위등처벌에관한법률**, 성매매알선등행위의처벌에관한법률, 아동·청소년의성보호에관한법률, 정보통신망이용촉진및정보보호등에관한법률, 부정경쟁방지및영업비밀보호에관한법률, 국민체육진흥법, 한국마사회법, 아동학대범죄의처벌등에관한특례법, 아동복지법, **교통사고처리특례법**, 중대재해처벌등에관한법률 각 위반사건 죄명표시는 '○○○법위반'뒤에 괄호를 하고 **구체적인 죄명을 표시하여야** 한다.
예 중대재해 처벌 등에 관한 법률 위반(산업재해치사)

---

(3) 적용법조 기재방법

① 구체적인 법률의 해당조문, 항, 호까지 기재하여야 하며 적용법조는 범죄사실, 죄명과 일치하여야 한다.
② 적용법조는 **처벌규정을 먼저** 기재하고, 행위규정을 나중에 기재
③ 「형법」 총칙 규정 : ㉠ **공**범[공동정범, 교사범, 종범] ㉡ **상**상적 경합범 ㉢ **누**범 ㉣ **경**합범 ㉤ 필요적 **몰**수 (뇌물죄 등)의 순서로 기재   **공상누경몰**
④ **임의적 몰수**, 추징, 총칙상 미수조항, 임의적 감경·감면 규정, 「벌금 등 임시조치법」은 기재하지 않는다.
⑤ 처벌규정 또는 금지규정에서 다른 조문을 인용할 때에는 피인용조문(항)도 기재한다.
⑥ 같은 법률조문을 계속 열거할 때에는 최초에만 법률명을 기재한다.
예 「형법」 제337조, 제355조 제2항
⑦ 법률조문과 법률조문 사이에 다른 말이 들어갈 경우 법률명을 재차 기재하지 않고 '같은 법'으로 기재한다.
예 피의자 甲은 「형법」 제234조 제1항, 제231조에, 같은 乙은 같은 법 제347조 제1항, 제260조 제1항에···
⑧ 같은 조문(항)은 같은 피의자에 대하여 중복 기재하지 않는다.

TIP 가명조서 및 신원관리카드 등 수사서류 작성 방법(특정범죄신고자 등 보호법, 동법 시행령)

인적 사항의 기재 생략 (법 §7)	① 검사 또는 사법경찰관은 범죄신고등과 관련하여 조사나 그 밖의 서류를 작성할 때 범죄신고자등이나 그 친족등이 보복을 당할 우려가 있는 경우에는 그 취지를 조서 등에 기재하고 범죄신고자등의 성명·연령·주소·직업 등 신원을 알 수 있는 사항은 **기재하지 아니한다.** ④ ①에 따라 조서등에 성명을 기재하지 아니하는 경우에는 범죄신고자등으로 하여 금 조서등에 서명은 가명(假名)으로, 간인(間印) 및 날인(捺印)은 무인(拇印)으로 하 게 하여야 한다. 이 경우 **가명으로 된 서명은 본명(本名)의 서명과 동일한 효력이 있다.**
신원관리카드 기재사항 (시행령 §4)	② 범죄신고자등이 조서등에 **가명으로 서명한 때에는** 검사 또는 사법경찰관은 조서에 기 재한 가명을 신원관리카드에 기재하고 범죄신고자등으로 하여금 본명과 가명의 서명 을 신원관리카드에 기재하고 **무인하게 하여야 한다.**
신원관리카드 관리 (시행령 §5)	① 사법경찰관이 사건을 송치하는 때에는 **수사서류와 별도로 신원관리카드를 봉인하여** 사건기록과 함께 관할 검찰청에 이를 제출하여야 한다.

TIP 「발달장애인 권리보장 및 지원에 관한 법률」의 수사기관 관련 부분

신뢰관계에 있는 사람 동석 (§12)	③ 법원은 발달장애인을 증인으로 신문하는 경우 발달장애인 본인, 검사, 보호자, 발달 장애인지원센터의 장의 신청이 있는 때에는 재판에 중대한 지장을 줄 우려가 있는 등 부득이한 경우가 아니면 발달장애인과 신뢰관계에 있는 사람을 **동석하게 하여야 한다.** ④ 수사기관이 발달장애인을 조사하는 경우에도 ③을 따라야 한다.
발달장애인에 대한 전담조사제 (§13)	② 경찰청장은 각 경찰서장으로 하여금 발달장애인 전담 사법경찰관을 지정하도록 하여 특별한 사정이 없으면 이들로 하여금 발달장애인을 조사 또는 심문하게 하여야 한다.
현장조사 (§16)	① 발달장애인에 대한 유기등의 신고를 접수한 발달장애인지원센터의 직원이나 사법경찰 관리는 지체 없이 그 현장에 출동하여야 한다. 이 경우 **발달장애인지원센터의 장이나 수 사기관의 장**은 서로 발달장애인에 대한 유기등의 현장에 동행하여 줄 것을 요청할 수 └ 출동한 발달장애인 지원센터 직원이나 사법경찰관리 X 있고 요청받은 발달장애인지원센터의 장이나 수사기관의 장은 정당한 사유가 없으면 그 소속 직원이나 사법경찰관리가 동행하도록 조치하여야 한다. ④ 누구든지 발달장애인지원센터의 직원이나 사법경찰관리가 제1항 및 제2항에 따른 업 무를 수행할 때에 폭행이나 협박을 하거나 현장조사를 거부하는 등 업무수행을 방해 하는 행위를 하여서는 아니 된다. → 정당한 사유 없이 이를 위반하여 현장조사를 거부·기피하는 등 업무 수행을 방해한 자에게는 300만원 이하의 과태료를 부과(§44 ① 제2호)

1 유치장 관리

관리책임 (§4)	① 경찰서장은 피의자의 유치 및 유치장의 관리에 전반적인 지휘·감독을 하여야 하며 그 책임을 져야 한다. ② 경찰서 주무과장(유치인보호 주무자)은 경찰서장을 보좌하여 유치인 보호 및 유치장 관리를 담당하는 경찰관(유치인보호관)을 지휘·감독하고 피의자의 유치 및 유치장의 관리에 관한 책임을 진다. ③ 경찰서장이 지정하는 자는 유치인보호 주무자를 보조하여 피의자의 유치에 관한 사무를 수행하고 유치장을 적절히 관리하여야 한다. ④ 일과시간 후 또는 토요일·공휴일에는 상황관리관(상황관리관의 임무를 수행하는 자를 포함한다) 또는 경찰서장이 지정하는 자가 유치인보호 주무자의 직무를 대리하여 그 책임을 진다.
피의자의 유치 등(§7)	① 피의자를 유치장에 입감시키거나 출감시킬 때에는 유치인보호 주무자가 발부하는 별지 제2호서식의 피의자 입감·출감 지휘서에 의하여야 하며 동시에 **3명 이상**(2명 이상 X)의 피의자를 입감시킬 때에는 **경위 이상** 경찰관이 입회하여 순차적으로 입감시켜야 한다. ② 형사범과 구류 처분을 받은 자, 19세 이상의 사람과 19세 미만의 사람, 신체장애인 및 사건 관련의 공범자 등은 유치실이 허용하는 범위 내에서 분리하여 유치하여야 하며, 신체장애인에 대하여는 신체장애를 고려한 처우를 하여야 한다.
신체 등의 검사 (§8)	① 유치인보호관은 피의자를 유치하는 과정에서 유치인의 생명 신체에 대한 위해를 방지하고, 유치장내의 안전과 질서를 유지하기 위하여 필요하다고 인정될 때에는 유치인의 신체, 의류, 휴대품 및 유치실을 검사할 수 있다. ② 신체, 의류, 휴대품('신체 등')의 검사는 동성의 유치인보호관이 실시하여야 한다. 다만, 여성 유치인보호관이 없을 경우에는 미리 지정하여 신체 등의 검사방법을 교양 받은 여성경찰관으로 하여금 대신하게 할 수 있다. {{TABLE2}} ⑥ 신체 등의 검사를 하는 경우에는 부당하게 이를 지연하거나 신체에 대한 굴욕감을 주는 언행 등으로 유치인의 고통이나 수치심을 유발하는 일이 없도록 주의하여야 하며, 그 결과를 근무일지에 기재하고 특이사항에 대하여는 경찰서장과 유치인보호주무자에게 즉시 보고하여야 한다.

내부 표:

외표 검사	죄질이 경미하고 동작과 언행에 특이사항이 없으며 위험물 등을 은닉하고 있지 않다고 판단되는 유치인에 대하여는 신체 등의 외부를 눈으로 확인하고 **손으로 가볍게 두드려** 만져 검사한다.
간이 검사	일반적으로 유치인에 대하여는 탈의막 안에서 **속옷은 벗지 않고 신체검사의를 착용**(유치인의 의사에 따른다)하도록 한 상태에서 위험물 등의 은닉여부를 검사한다.
정밀 검사	살인, 강도, 절도, 강간, 방화, 마약류, 조직폭력 등 죄질이 중하거나 근무자 및 다른 유치인에 대한 위해 또는 자해할 우려가 있다고 판단되는 유치인에 대하여는 **탈의막 안에서 속옷을 벗고 신체검사의로 갈아입도록 한 후 정밀하게 위험물 등의 은닉여부를 검사**하여야 한다.

2 호송

(1) 용어의 정의(§46)

호송관(제1호)	피호송자의 호송을 담당하는 경찰관을 말한다.
호송관서(제2호)	피호송자를 호송하고자 하는 경찰관서를 말한다.
인수관서(제3호)	호송된 피호송자를 인수하는 관서를 말한다.
이감호송(제4호)	피호송자의 수용장소를 다른 곳으로 이동하거나 특정관서에 인계하기 위한 호송을 말한다.
왕복호송(제5호)	피호송자를 특정장소에 호송하여 필요한 용무를 마치고 다시 발송관서 또는 호송관서로 호송하는 것을 말한다.
집단호송(제6호)	한번에 다수의 피호송자를 호송하는 것을 말한다.
비상호송(제7호)	전시, 사변 또는 이에 준하는 국가비상 사태나 천재, 지변에 있어서 피호송자를 다른 곳에 수용하기 위한 호송을 말한다.

3 호송 출발 전의 조치

지휘감독관 지정(§48)	③ 호송관서의 장은 호송관이 5인 이상이 되는 호송일 때에는 **경위 이상** 계급의 1인을 지휘감독관으로 지정해야 한다. ↳ 경강 이상 X
피호송자의 신체검사 (§49)	① 호송관은 반드시 호송주무관의 지휘에 따라 **포박하기 전에** 피호송자에 대하여 안전호송에 필요한 신체검색을 실시하여야 한다. ↳ 출발하기 전에 X ② 여자인 피호송자의 신체검색은 여자경찰관이 행하거나 성년의 여자를 참여시켜야 한다.
피호송자에 대한 수갑 등의 사용(§50)	① 호송관은 호송주무관의 허가를 받아 「경찰관 직무집행법」 제10조의2 제1항 및 「위해성 경찰장비의 사용기준 등에 관한 규정」 제4조에 따라 필요한 한도에서 호송대상자에 대하여 **수갑 또는 수갑·포승을 사용할 수 있다.** 다만, 구류선고 및 감치명령을 받은 자와 미성년자, 고령자, 장애인, 임산부 및 환자 중 주거와 신분이 확실하고 도주의 우려가 없는 자에 대하여는 수갑 또는 수갑·포승을 채우지 아니한다. ② 미체포 피의자가 구속 전 피의자심문에 임의로 출석한 경우에는 원칙적으로 수갑 및 포승을 사용하지 아니한다. 다만, 도주 우려 등 사정변경이 생겨 수갑 및 포승 사용이 필요하다고 인정되는 상당한 이유가 있는 경우는 예외로 한다. ④ 호송관은 수갑 또는 수갑·포승을 사용하는 피호송자가 2인 이상일 때에는 호송수단에 따라 2인내지 5인을 1조로 하여 상호 연결시켜 포승으로 포박한다.
인수관서 통지(§52)	① 호송관서는 미리 인수관서에 피호송자의 성명, 호송일시 및 호송방법을 통지하여야 한다.
호송시간(§54)	호송은 일출전 또는 일몰후에 할 수 없다. 다만, 기차, 선박 및 차량을 이용하는 때 또는 특별한 사유가 있는 때에는 그러하지 아니한다.
호송수단(§55)	① 호송수단은 경찰호송차 기타 경찰이 보유하고 있는 차량("경찰차량")에 의함을 원칙으로 하여야 한다. ③ 집단호송은 가능한 경찰차량을 사용하여야 한다.

4 사고발생시의 조치(§65)

도주 시 (제1호)	가. 즉시 사고발생지 관할 경찰서에 신고하고 도주 피의자 수배 및 수사에 필요한 사항을 알려주어야 하며, 소속장에게 전화, 전보 기타 신속한 방법으로 보고하여 그 지휘를 받아야 한다. 이 경우에 즉시 보고할 수 없는 때에는 신고 관서에 보고를 의뢰할 수 있다. 나. 호송관서의 장은 보고받은 즉시 상급경찰서에 보고 및 인수관서에 통지하고 도주 피의자의 수사에 착수하여야 하며, 사고발생지 관할 경찰서장에게 수사를 의뢰하여야 한다. 다. 도주한 자에 관한 호송관계서류 및 금품은 **호송관서**에 보관하여야 한다. 　　↳ 가까운 경찰관서 X
발병 시 (제3호)	가. **경증**으로서 호송에 큰 지장이 없고 당일로 호송을 마칠 수 있을 때에는 호송관이 적절한 응급조치를 취하고 호송을 계속하여야 한다. 나. **중증**으로써 호송을 계속하거나 곤란하다고 인정될 때에 피호송자 및 그 서류와 금품을 발병지에서 **가까운 경찰관서에 인도하여야 한다.** 다. 전 "나"호에 의하여 인수한 경찰관서는 즉시 질병을 치료하여야 하며, 질병의 상태를 호송관서 및 인수관서에 통지하고 질병이 치유된 때에는 **호송관서**에 통지함과 동시에 **치료한 경찰관서에서** 　　　　　　　　　　　　　　　　　　　　　　　　　　　　　　　　↳ 인수관서 X **지체 없이 호송하여야 한다.** 다만, 진찰한 결과 24시간 이내에 치유될 수 있다고 진단되었을 때에는 치료후 호송관서의 호송관이 호송을 계속하게 하여야 한다.

5 호송 시 관리방법

구 분	내 용
영치금품의 처리 (§53)	1. 금전, 유가증권은 **호송관서**에서 **인수관서**에 **직접 송부**한다. 3. 물품은 **호송관**에게 **탁송**한다.
식량 등의 자비부담 (§67)	① 피호송자가 식량, 의류, 침구 등을 자신의 비용으로 구입할 수 있을 때에는 호송관은 물품의 구매를 허가할 수 있다.
호송비용 부담 (§68)	① 호송관 및 피호송자의 여비, 식비, 기타 호송에 필요한 비용은 호송관서에서 이를 부담하여야 한다. ② 피호송자가 사망하였거나 발병하였을 때의 비용은 **각각 그 교부를 받은 관서**가 부담하여야 한다. 　　　　　　　　　　　　　　　　　　　　　　↳ 호송하는 관서 X ③ 피호송자를 교정시설이나 경찰관서에 숙식하게 한 때에는 그 비용은 교정시설이나 경찰관서가 부담한다(수형자 등 호송 규정 §13 ① 단서).
호송비용 산정 (§69)	피호송자를 교도소 또는 경찰서 유치장이 아닌 장소에서 식사를 하게 한 때의 비용은 「공무원 여비 규정」 제30조 및 별표 9 제5호를 준용한다.
분사기 등의 휴대 (§70)	① 호송관은 호송근무를 할 때에는 분사기를 휴대하여야 한다. ② 호송관서의 장은 특별한 사유가 있는 경우 호송관이 총기를 휴대하도록 할 수 있다.
정기교육(§73)	경찰서장은 유치인보호관에 대하여 피의자의 유치에 관한 관계법령 및 규정 등을 **매월 1회 이상**(2회 이상 X) 정기적으로 교육하고 유치인보호관은 이를 숙지하여야 한다.

주요 강력범죄 출소자등에 대한 정보수집에 관한 규칙

목적 (§1)	주요 강력범죄 출소자등의 재범방지 및 피해자 보호를 위한 정보를 수집함으로써 공공안녕에 대한 위험의 예방 및 대응을 목적으로 한다.	
정의 (§2)	**주요 강력범죄**	**출소자등**
	① **살인**, **방화**, **약취**·유인 **금실좋은 부부약방살인**	①의 범죄로 **금**고 이상의 **실형**을 받은 사람
	② **강도**, **절도**, **마약류** 범죄 **강절마3금**	②의 범죄로 **3**회 이상 **금**고형 이상의 실형을 받은 사람
	③ 범죄단체의 조직원 또는 불시에 조직화가 우려되는 조직성 폭력배가 범한 범죄	③의 범죄로 **벌금형 이상**의 형을 선고받은 사람
정보수집 기간(§4)	① 경찰공무원은 대상자에 대하여 출소하거나 보호관찰이 종료한 때부터 다음 각 호의 기간(이하 "정보수집 기간"이라 함) 동안 재범방지 및 피해자 보호(이하 "재범방지등"이라 함)를 위해 필요한 정보를 수집한다. 　1. **마약류** 범죄 출소자등 : 3년 　2. 그 밖의 주요 강력범죄 출소자등 : 2년	
정보수집 (§5)	③ 경찰서장은 형사(수사)과 직원 중 총괄 업무 담당자와 대상자별 담당자를 지정하고, 지구대장(파출소장)은 대상자별 담당자를 지정하여야 한다. ⑥ 형사(수사)과 담당자는 대상자에 대해서 정보수집 기간의 개시 후 1년 동안 매 분기별 1회 이상 재범방지등을 위한 정보를 수집하여야 한다. ⑦ 지구대(파출소) 담당자는 정보수집 기간 동안 대상자에 대해서 매 분기별 1회 이상 재범방지등을 위한 정보를 수집하여야 한다.	

용어의 정의 (§3)	1. "과학수사"란, 과학적으로 검증된 지식·기술·기법·장비·시설 등을 활용하여 객관적 증거를 확보하기 위한 수사활동을 말한다. 3. "현장감식"이란 사건과 관련된 현장에 임하여 현장상황의 관찰, 증거물의 수집·채취 등을 통해 범행 당시의 현장을 재구성하는 활동을 말한다. 4. **"증거물의 수집"**이란 증거물의 추가적인 분석이나 감정을 위하여 원상의 변경 없이 현장에서 증거물을 수거하는 것을 말한다. 5. **"증거물의 채취"**란 현장이나 그 밖의 장소에서 원상의 증거물 등으로부터 지문을 현출하거나, 미세증거물·디엔에이 감식 시료 등을 전이하는 것을 말한다. 6. 과학적범죄분석시스템(SCAS:Scientific Crime Analysis System)이란 현장감식 및 증거물 수집·채취에 관한 정보, 증거물 감정 정보, 범죄분석을 위한 과학수사 데이터 등을 관리하는 전산시스템을 말한다. 7. 지문자동검색시스템(AFIS:Automated Fingerprint Identification System)이란 주민등록증 발급신청서·외국인의 생체정보·수사자료표의 지문을 원본 그대로 암호화하여 데이터베이스에 저장하고, 채취한 지문과의 동일성 검색에 활용하는 전산시스템을 말한다.
감식의 분류	전국에서 수집한 기초자료를 컴퓨터 등에 수록하여 집중관리함으로써 범인의 추정, 범증자료의 판별 등에 활용하는 것을 말한다 예 지문자료에 의한 신원·범죄경력 확인, 피의자 사진에 의한 범인추정, 수법원지, 족흔적 자료에 의한 용의자 추정 등 법의학, 물리·화학·심리학 등 자연과학의 지식·기술, 최신기자재 등을 활용하여 현장에서 수사자료 등을 채집·검사하고 감정하여 범인 발견·범증 확보를 하기 위한 수사활동을 말한다 예 지문·족흔적·혈흔·모발·섬유·미물 등의 법의학·이화학 자료의 채취·검사·감정, 사진 촬영, 말소문자의 검출, 폴리그래프 사용 등
범죄감식의 중요성	범죄사실의 인정은 증거에 의하여야 하는 한편(형사소송법 제307조 제1항), 범인의 자백이 그에게 불이익한 유일한 증거인 때에는 이를 유죄의 증거로 하지 못하는바(동법 제310조), 범죄감식을 통한 물증의 확보가 형사사건해결의 요체이다.
과학수사 기본원칙(§5)	① 과학수사를 통해 확보한 증거물은 수집·채취 단계부터 감정, 송치 또는 수사종결 시까지 업무처리자 변동 등 모든 단계의 이력이 연속적으로 관리함으로써 증거물의 연계성을 확보해야 한다.
증거물 수집· 채취 방법(§18)	① 과학수사관은 증거의 특성 및 현장상황에 맞는 최적의 방법으로 증거물을 수집·채취하여 그 원형을 최대한 유지해야 한다. 이 경우 수집·채취 전후의 상황을 사진 또는 동영상 촬영하는 등 증거물의 동일성 및 진정성을 입증할 수 있는 조치를 해야 한다.
증거물 관리 (§25)	③ 과학수사관은 증거물의 감정 등을 위하여 증거물을 이송하는 경우 직접 운반해야 한다. 다만, 직접 운반이 현저히 곤란한 경우 증거물이 오염·훼손되지 않고 운반 이력이 확인될 수 있는 방법을 이용할 수 있다.

THEME 18 과학수사(지문)

1 주요 내용(지문 및 수사자료표 등에 관한 규칙)

정의(§2)	1. **"지문"**이라 함은 손가락 끝마디의 안쪽에 피부가 융기(隆起)한 선 또는 점("융선")으로 형성된 무늬를 말한다. 2. "지문자동검색시스템(AFIS: Automated Fingerprint Identification System)"이란 주민등록증발급신청서·외국인의 생체정보·수사자료표의 지문을 원본 그대로 암호화하여 데이터베이스에 저장하고, 채취한 지문과의 동일성 검색에 활용하는 전산시스템을 말한다. 3. **"전자수사자료표시스템(E-CRIS: Electronic Criminal Record Identification System)"**이란 피의자의 지문으로 신원을 확인하고 수사자료표를 전자문서로 작성해 암호화하여 데이터베이스에 저장·관리하는 전산시스템을 말한다. 4. **"범죄경력관리시스템(CRIMS: Criminal Records Information Management System)"**이란 작성된 수사자료표를 범죄·수사경력으로 구분·암호화하여 데이터베이스에 저장해 범죄·수사경력 조회·회보·관리에 활용하는 전산시스템을 말한다. 5. **"현장지문"**이라 함은 범죄현장에서 채취한 지문을 말한다. 6. **"준현장지문"**이라 함은 범죄현장 이외의 장소에서 채취된 지문을 말한다.
수사자료표의 작성시 지문채취 및 신원확인(§4)	① 사법경찰관이 「지문을채취할형사피의자의범위에관한규칙」 제2조에 따른 피의자의 지문을 채취할 때에는 별지 제1호 서식 또는 제2호 서식에서 서명 등의 방법(전자수사자료표시스템을 통한 작성을 포함한다)으로 피의자의 동의를 받는다. ② ①에도 불구하고 **법관이 발부한 검증영장 또는 형사소송법 제216조(영장에 의하지 아니한 강제처분)**에 따라 체포·구속에 부수되어 이루어지는 강제처분으로 지문을 채취할 때에는 피의자의 동의없이 지문을 채취할 수 있다. ③ 사법경찰관은 ① 또는 ②에 따라 채취한 지문으로 신원을 확인한다. 다만, 채취한 지문으로 신원을 확인할 수 없거나 ②에 따른 강제처분으로도 지문을 채취할 수 없는 경우에는 가족관계증명서·주민등록증·운전면허증·여권 등 신원확인에 필요한 각종 자료로 신원을 확인한다.
지문 채취방법 (§14)	② 수사자료표 지문란에는 **오른손 첫째 손가락**의 지문을 채취하되 손가락의 절단·손상 등의 사유로 지문을 채취할 수 없는 경우에는 다음 각 호에 정한 순서에 의하여 지문을 채취한다. 1. **왼손 첫째 손가락** 2. 오른손 둘째·셋째·넷째·다섯째 손가락 3. 왼손 둘째·셋째·넷째·다섯째 손가락

2 종류와 채취방법

종류			의의	채취방법
현장지문	현재지문	의의	가공을 하지 않고서도 육안으로 식별되는 지문	• 먼지지문 : 사진촬영, 전사법, 실리콘러버법 • 혈액지문 : 사진촬영, 전사법
		정상지문	혈액·잉크·먼지 등이 손가락에 묻은 후 피사체에 인상된 지문이므로 무인했을 때의 지문과 동일	
		역지문	먼지 쌓인 물체, 연한 점토, 마르지 않은 도장면에 인상된 지문을 가리키는 것으로 이 경우 선의 **고랑과 이랑이 반대로 현출**됨	
	잠재지문		인상된 그대로의 상태로는 육안으로 식별되지 않고 **이화학적 가공을 하여야 비로소 가시상태로 되는 지문**	고체법, 액체법, 기체법 등
준현장 지문			피의자 검거를 위하여 범죄현장 이외의 장소에서 채취한 지문	
관계자 지문			현장지문 또는 준현장지문 중에서 **범인 이외의 자**(피해자, 현장 출입자 등)가 남긴 것으로 추정되는 지문	
유류지문			현장지문 또는 준현장지문 중에서 관계자지문을 제외하고 남은 지문으로 **범인지문으로 추정되는 지문**	

3 지문의 분류

궁상문 (弓狀紋)	궁(弓)은 활을 뜻한다. 궁상문이란 활 모양의 궁상선으로 형성된 지문으로 중심부의 특징이 없고, **삼각도도 없다.** ① 보통궁상문 : 평탄하게 흐른 궁상선으로 형성된 지문 ② 돌기궁상문 : 돌기한 궁상선으로 형성된 지문
제상문 (蹄狀紋)	제(蹄)는 말발굽을 뜻함. 제상문이란 말발굽 모양의 제상선으로 형성된 지문으로 융선이 흐르는 반대측에 1개의 삼각도가 있다. ① 갑종제상문 : **좌수(左手)**의 지문을 찍었을 때 **삼각도가 좌측**에 있거나 **우수(右手)**의 지문을 찍었을 때 **삼각도가 우측**에 있는 지문 ② 을종제상문 : **좌수(左手)**의 지문을 찍었을 때 **삼각도가 우측**에 있거나 **우수(右手)**의 지문을 찍었을 때 **삼각도가 좌측**에 있는 지문
와상문 (渦狀紋)	와상문이란 와상선, 환상선, 이중제상선, 제상선 기타 융선이 독립 또는 혼재되어 있는 2개 이상의 삼각도가 있는 지문을 말한다. **단, 유태제형 와상문은 삼각도가 1개이다.**
변태문 (變態紋)	변태문이란 궁상문, 제상문, 와상문에 속하지 않아 정상적으로 분류번호를 부여할 수 없는 지문을 말한다. **육손가락과 합지(合指)도 이에 포함된다.**

TIP 미세증거물의 효용

① 미세증거물은 **범인 추적의 한 수단이 되거나 수사방향 설정**에 도움을 줄 수도 있다.

② 미세증거물은 용의자가 **범행에 연관된 것인지 여부를 입증**하는 수단이 되기도 한다.

③ 미세증거물은 피의자 신문의 보조 수단으로 이용할 수 있다.

※ 미세증거물은 유전자와 같이 개인 식별이 가능한 감정자료는 아니다. 따라서 미세증거물로 확실한 범인임을 특정 짓는 것은 무리다.

TIP 과학수사 관련 제 원칙

Locard의 원리	모든 사물은 접촉할 때 반드시 흔적을 남긴다는 원리(완전 범죄는 없다)
Moritz의 공식	직장온도로 사후 경과시간을 추정하는데 활용됨
Nysten의 법칙	시체군음의 순서를 정하는 데 활용됨
Henry의 방법	지문분류법의 체계를 세운 방법. ※ Henry는 1901년 지문분류법의 체계를 세운 영국인

시체현상

| 초기현상 | 체온의 냉각, 시체건조, 각막의 혼탁, 시체얼룩, 시체굳음 |
| 후기현상 | 자가용해, 부패, 미라화, 시체밀랍, 백골화 |

1 시체의 초기현상(물리적 변화)

체온의 냉각	① 사망 후에는 체열이 방출만 되므로 시간이 경과할수록 체온이 주위의 온도와 같아지게 된다. 경우에 따라서는 수분 증발로 주위의 온도보다 더 낮아질 수 있다. ② 체온은 항문에 검온기를 삽입하여 곧창자 내의 온도 측정
시체건조	① 사망 후에는 수분의 공급이 정지되므로 몸의 표면은 습윤성을 잃고 건조해진다. ② 피부·입술·항문 등 외부에 노출된 부위의 피혁상화(皮革狀化)
각막의 혼탁	각막은 일반적으로 사후 12시간 **전후부터** 흐려지기 시작하고, **24시간 경과**하면 현저하게 흐려지게 되고, **48시간 경과**하면 완전히 불투명하게 된다.
시체얼룩	① 사망으로 혈액순환이 정지되고 중력에 의하여 적혈구가 신체의 낮은 곳으로 모이게 되는 혈액침전 현상 때문에 시체의 피부 하부가 멍이 든 것처럼 암적갈색으로 변하는 현상을 말한다. ② 시체얼룩은 주위 온도가 **높을수록** 빠르게 나타난다. ↳낮을수록 X ③ 시체얼룩을 통해 사망 당시의 시체 상황을 파악할 수 있다.

사망 당시 시체 상황	시체얼룩
목맴 등 특이사항이 없는 시체	암적갈색
익사나 저체온사, **일산화탄소 중독**, **청산가리(사이안화칼륨) 중독**	선홍색
염소산칼륨 중독, 아질산소다 중독	암갈색(황갈색)
황화수소가스 중독	녹갈색

| 시체굳음 | ① 사망 후 일정한 시간이 지나 근육이 경직되고 관절이 고정되어 시체가 뻣뻣해지는 현상을 말한다.
② 턱관절에서 경직되기 시작하여 사후 12시간 정도면 전신에 미친다.
③ Nysten 법칙에 의할 때 시체굳음은 일반적으로 **턱관절 → 어깨관절 → 팔다리 → 손가락·발가락 순으로(신체의 상부에서 하부로)** 진행된다. |

2 시체의 후기현상(화학적 변화)

자가용해 (자가분해)	사후에는 **미생물의 관여 없이도** 세포 가운데의 **자가효소에 의해 분해**가 일어나 세포구성 성분은 분해되어 변성되고 세포 간 결합의 붕괴로 조직이 연화된다. → 부패균의 작용과는 관계가 없음
부패	① 부패는 **부패균의 작용**에 의하여 질소화합물의 분해 현상을 말하는데, 쉽게 말하면 시체가 썩는 현상 ② 부패의 3대 조건은 다음과 같다. 　- **공기의 유통이 좋을수록** 부패가 잘 됨 　- **온도가 20~30℃ 사이일 때** 부패가 잘 됨(30℃ 이상의 고온에서는 건조가 부패보다 빨리 진행됨) 　- **습도가 60~66% 사이일 때** 부패가 잘 됨
미라화	고온·건조한 지역에서 **시체의 건조가 부패·분해보다 빠를 때** 생기는 현상을 말한다.
시체밀랍	화학적 분해에 의해 고체 형태의 지방산 혹은 그 화합물로 변화한 상태, **비정형적 부패 형태로 수중 또는 수분이 많은 지중(地中)에서** 형성되는 현상을 말한다.
백골화	부패가 진행되어 시체가 뼈만 남은 상태를 말함. 일반적으로 소아는 사후 4~5년, 성인은 사후 7~10년이 지나면 완전히 백골화가 된다.

3 손상사(損傷死)

의의		손상사란 기계적 외력에 의한 기계적 손상으로 사망한 것을 말한다.
총기에 의한 손상	관통총창	**총알입구**(탄환이 피부를 뚫고 들어간 부위), **사출구**(뚫고 나온 부위), **사창관**(체내로 지나간 길)이 모두 있는 경우 ※ 총알입구, 사출구, 사창관이 모두 있는 관통총창이 대부분이나 발사각도 등에 따라 맹관총창, 찰과총창, 반도총창, 회선총창이 있을 수 있음
	맹관총창	총알입구와 사창관만 있고 탄환이 체내에 남아 있는 경우
	찰과총창	탄두가 체표만 찰과한 경우
	반도총창	탄환의 속도가 떨어져 피부를 뚫지 못하고 피부까짐이나 피부밑출혈만 형성한 경우
	회선총창	탄환이 골격에 맞았으나 천공시키지 못하고 뼈와 연부조직 사이를 우회한 경우
주저흔 방어흔	주저흔	자살할 때 치명상이 아닌, 주저하다 자해로 생긴 경미한 상처
	방어흔	• **능동적 방어흔** : 사람이 타인으로부터 공격을 당하면 무의식적으로 방어를 하게 되는데 이렇게 방어하면서 입은 상처 • **수동적 방어흔** : 도망 다니면서 입은 상처

4 디엔에이신원확인정보의 이용 및 보호에 관한 법률

사무관장 (§4)	① **검찰총장**은 **제5조(수형인)**에 따라 채취한 디엔에이감식시료로부터 취득한 디엔에이신원확인정보에 관한 사무를 총괄한다. ② **경찰청장**은 **제6조(구속피의자)** 및 **제7조(범죄현장등)**에 따라 채취한 디엔에이감식시료로부터 취득한 디엔에이신원확인정보에 관한 사무를 총괄한다.
감식시료 채취대상 범죄(§5)	살인, 강간, 강제추행 등 동법 제5조 제1항 제1호부터 제11호까지 규정된 죄
감식시료채취영장 (§8)	③ 채취대상자가 동의하는 경우에는 영장 없이 디엔에이감식시료를 채취할 수 있다. 이 경우 미리 채취대상자에게 채취를 거부할 수 있음을 고지하고 <u>서면으로 동의를 받아</u> └ 구두로 동의 X 야 한다.
감식시료의 폐기 (§12)	① 디엔에이신원확인정보담당자가 디엔에이신원확인정보를 **데이터베이스에 수록한 때에**는 제5조 및 제6조에 따라 채취된 디엔에이감식시료와 그로부터 추출한 디엔에이를 **지체 없이 폐기**하여야 한다. └ 3년간 보관 X
디엔에이신원확인 정보의 삭제 (§13)	② **디엔에이신원확인정보담당자는** 구속피의자등이 다음 각 호의 어느 하나에 해당하는 경우에는 **직권 또는 본인의 신청**에 의하여 제6조에 따라 채취되어 데이터베이스에 수록된 디엔에이신원확인정보를 삭제하여야 한다. 1. 검사의 혐의없음, 죄가안됨 또는 공소권없음의 처분이 있거나, 제5조 제1항 각 호의 범죄로 구속된 피의자의 죄명이 수사 또는 재판 중에 같은 항 각 호 외의 죄명으로 변경되는 경우. 다만, **죄가안됨 처분을 하면서 「치료감호법」 제7조 제1호에 따라 치료감호의 독립청구를 하는 경우**는 제외한다. 2. 법원의 무죄, 면소, 공소기각 판결 또는 공소기각 결정이 확정된 경우. **다만, 무죄 판결을 하면서 치료감호를 선고하는 경우**는 제외한다. 3. 법원의 「치료감호법」 제7조 제1호에 따른 치료감호의 독립청구에 대한 청구기각 판결이 확정된 경우

TIP 폴리그래프 검사(과학수사 기본규칙 §36)

① 폴리그래프 검사를 담당하는 감정관(이하 "폴리그래프 검사관"이라 한다)은 피검사자의 심리상태에 따른 호흡, 혈압, 맥박, 피부 전기반응 등 생체 현상을 측정·분석하여 진술의 진위 여부 등을 판단하는 폴리그래프 검사를 실시할 수 있다.

② 폴리그래프 검사관은 다음 각 호의 어느 하나를 위하여 폴리그래프 검사를 실시할 수 있다.

   1. 진술의 진위 확인

   2. 사건의 단서 및 증거 수집

   3. 상반되는 진술의 비교 확인

   → 범행동기, 심리상태 등에 대한 종합적인 분석을 필요로 하는 경우'는 범죄분석의 실시사유에 해당

③ 폴리그래프 검사는 피검사자가 동의하는 경우에 한하여 실시할 수 있으며, 이 경우 별지 제10호서식의 폴리그래프 검사 동의서를 피검사자로부터 제출받아야 한다.

④ 폴리그래프 검사관은 검사를 실시하기 전에 피검사자에게 변호인의 조력을 받을 수 있음을 고지하고, 피검사자가 이를 요청하는 경우 변호인의 조력을 받도록 해야 한다. 다만, 다음 각 호의 경우는 검사의 신뢰성과 독립성 보장을 위하여 변호인의 참여를 제한할 수 있다.

   1. 생리반응을 측정하는 단계

   2. 변호인이 검사를 방해하거나 수사기밀을 누설하는 등 정당한 사유가 있는 경우

TIP 혈흔의 방향성

① 혈흔은 타원형이 될수록 방향성 판단이 쉽다.

② 사람이 다쳐서 피를 흘리며 움직이면 혈흔궤적(trail)이 형성된다.

③ Spine과 자혈흔이 있으면 방향성 판단이 쉽다.

④ 카펫같이 흡수성이 높거나 **목표물 표면이 거칠수록 방향성 판단이 어렵다**(쉽다 X).

※ Spine은 낙하혈에서 볼 수 있는 둥근 혈흔 주변의 가시 같은 모양의 혈흔이고, **자혈흔**은 비산혈에서 볼 수 있는 형태로 원래 혈흔(모혈흔)에서 튀어서 생긴 작은 혈흔이다.

1 대상범죄

대상범죄	미수처벌
① 특수강도강간 등(제3조)	O
② 특수강간 등(제4조)	O
③ 친족관계에 의한 강간 등(제5조)	O
④ 장애인에 대한 강간·강제추행 등(제6조)	O
⑤ 13세 미만의 미성년자에 대한 강간, 강제추행 등(제7조)	O
⑥ 강간 등 상해·치상(제8조)	O
⑦ 강간 등 살인·치사(제9조)	O
⑧ 카메라 등을 이용한 촬영(제14조)	O
⑨ 허위영상물 등의 반포등(제14조의2)	O
⑩ 촬영물 등을 이용한 협박·강요(제14조의3)	O
⑪ **업**무상 위력 등에 의한 추행(제10조)	X
⑫ **공**중 밀집 장소에서의 추행(제11조)	X
⑬ **성적 목적**을 위한 다중이용장소 침입행위(제12조)	X
⑭ **통신매체를 이용한 음란행위(제13조)**	X

공업지구 성적목적 통신매체 미수범 없음

2 내용

특수강간 등(§4)	① 흉기나 그 밖의 위험한 물건을 지닌 채 또는 2명 이상이 합동하여 「형법」 제297조 (강간)의 죄를 범한 사람은 무기징역 또는 7년 이상의 징역에 처한다.
장애인에 대한 강간·강제추행 등(§6)	① 신체적인 또는 정신적인 장애가 있는 사람에 대하여 「형법」 제297조(강간)의 죄를 범한 사람은 무기징역 또는 7년 이상의 징역에 처한다. ③ 신체적인 또는 정신적인 장애가 있는 사람에 대하여 「형법」 제298조(강제추행)의 죄를 범한 사람은 3년 이상의 유기징역 또는 3천만원 이상 5천만원 이하의 벌금에 처한다.
13세 미만의 미성년자에 대한 강간, 강제추행 등(§7)	13세 미만 미성년자를 **강간한 자는** 「성폭력범죄의 처벌 등에 관한 특례법」 제7조 (13세 미만의 미성년자에 대한 강간, 강제추행 등)로 처벌된다. → 13세 미만 미성년자를 간음한 자는 「형법」 제305조(미성년자 의제강간)로 처벌된다.
카메라 등을 이용한 촬영(§14)	① 카메라나 그 밖에 이와 유사한 기능을 갖춘 기계장치를 이용하여 성적 욕망 또는 수치심을 유발할 수 있는 사람의 신체를 촬영대상자의 의사에 반하여 촬영한 자는 7년 이하의 징역 또는 5천만원 이하의 벌금에 처한다. ② ①에 따른 촬영물 또는 복제물(복제물의 복제물을 포함)을 반포·판매·임대·제공 또는 공공연하게 전시·상영한 자 또는 ①의 촬영이 촬영 당시에는 촬영대상자의 의사에 반하지 아니한 경우(자신의 신체를 직접 촬영한 경우를 포함)에도 사후에 그 촬영물 또는 복제물을 촬영대상자의 의사에 반하여 반포등을 한 자는 7년 이하의 징역 또는 5천만원 이하의 벌금에 처한다.
감경규정에 관한 특례 (§20)	**음주 또는 약물로 인한 심신장애 상태**에서 성폭력범죄(음행매개, 음화반포등, 음화제조등, 공연음란의 죄는 **제외**한다)를 범한 때에는 형법상 심신상실자, 심신미약자 및 청각 및 언어 장애인 감경규정을 적용하지 아니할 수 있다. (하여야 한다 X)
공소시효 특례 (§21)	① 미성년자에 대한 성폭력범죄의 공소시효는 성폭력범죄로 피해를 당한 **미성년자가 성년에 달한 날부터** 진행한다. ② 제2조 제3호 및 제4호의 죄(강간, 강제추행, 강간 등 살인·치사 등)와 제3조부터 제9조까지의 죄(특수강간 등)는 디엔에이(DNA)증거 등 그 죄를 증명할 수 있는 과학적인 증거가 있는 때에는 공소시효가 10년 연장된다. ③ 13세 미만의 사람 및 **신체적인 또는 정신적인 장애가 있는 사람**에 대하여 성폭력범죄를 저지른 사람은 **공소시효를 적용하지 아니한다.** ④ ①과 ②에도 불구하고 **강간등 살인·치사 및 강간 등 살인죄는 공소시효를 적용하지 아니한다.**
「특정강력범죄의 처벌에 관한 특례법」의 준용(§22)	성폭력범죄에 대한 처벌절차에는 「특정강력범죄의 처벌에 관한 특례법」 제7조(증인에 대한 신변안전조치), 제8조(출판물 게재 등으로부터의 피해자 보호), 제9조(소송 진행의 협의), 제12조(간이공판절차의 결정) 및 제13조(판결선고)를 준용한다.

전담조사제 (§26)	② **경찰청장**은 각 경찰서장으로 하여금 성폭력범죄 전담 사법경찰관을 지정하도록 하여 특별한 사정이 없으면 이들로 하여금 <u>피해자</u>를 조사하게 **하여야 한다.** 〔피의자 X〕 〔할 수 있다 X〕 ④ 성폭력범죄를 전담하여 조사하는 **사법경찰관**은 19세 미만인 피해자나 신체적인 또는 정신적인 장애로 사물을 변별하거나 의사를 결정할 능력이 미약한 피해자(이하 "19세미만피해자등"이라 함)를 조사할 때에는 피해자의 나이, 인지적 발달 단계, 심리 상태, 장애 정도 등을 종합적으로 고려하여야 한다.
영상물 촬영·보존 (§30)	① **검사 또는 사법경찰관**은 19세미만피해자등의 진술 내용과 조사 과정을 영상녹화장치로 녹화(녹음이 포함된 것을 말하며, 이하 "영상녹화"라 한다)하고, 그 영상녹화물을 보존**하여야 한다.** (할 수 있다 X) ② **검사 또는 사법경찰관**은 19세미만피해자등을 조사하기 전에 다음 각 호의 사실을 피해자의 나이, 인지적 발달 단계, 심리 상태, 장애 정도 등을 고려한 적절한 방식으로 피해자에게 설명하여야 한다. 1. 조사 과정이 영상녹화된다는 사실 2. 영상녹화된 영상녹화물이 증거로 사용될 수 있다는 사실 ③ ①에도 불구하고 19세미만피해자등 또는 그 법정대리인(법정대리인이 가해자이거나 가해자의 배우자인 경우는 **제외**한다)이 이를 원하지 아니하는 의사를 표시하는 경우에는 **영상녹화를 하여서는 아니 된다.** ④ **검사 또는 사법경찰관**은 ①에 따른 영상녹화를 마쳤을 때에는 지체 없이 피해자 또는 변호사 앞에서 봉인하고 피해자로 하여금 기명날인 또는 서명하게 하여야 한다. ⑤ **검사 또는 사법경찰관**은 ①에 따른 영상녹화 과정의 진행 경과를 조서(별도의 서면을 **포함**)에 기록한 후 수사기록에 편철하여야 한다. ⑥ ⑤에 따라 영상녹화 과정의 진행 경과를 기록할 때에는 다음 각 호의 사항을 구체적으로 적어야 한다. 1. 피해자가 영상녹화 장소에 도착한 시각 2. 영상녹화를 시작하고 마친 시각 3. 그 밖에 영상녹화 과정의 진행경과를 확인하기 위하여 필요한 사항 ⑦ **검사 또는 사법경찰관**은 19세미만피해자등이나 그 법정대리인이 신청하는 경우에는 영상녹화 과정에서 작성한 조서의 사본 또는 영상녹화물에 녹음된 내용을 옮겨 적은 녹취서의 사본을 신청인에게 발급하거나 영상녹화물을 재생하여 시청하게 하여야 한다. ⑧ 법원은 중계시설을 통하여 19세미만피해자등을 증인으로 신문하는 경우 그 중계시설은 특별한 사정이 없으면 ①에 따른 영상녹화가 이루어진 장소로 한다. 다만, 피해자가 다른 장소를 원하는 의사를 표시하거나, ①에 따른 영상녹화가 이루어진 장소가 경찰서 등 수사기관의 시설인 경우에는 법원이 중계시설을 지정할 수 있다(§40의3).

영상녹화물의 증거능력 특례(§30의2)	① 제30조 제1항에 따라 19세미만피해자등의 진술이 영상녹화된 영상녹화물은 같은 조 제4항부터 제6항까지에서 정한 절차와 방식에 따라 영상녹화된 것으로서 다음 각 호의 어느 하나의 경우에 증거로 할 수 있다. 　1. 증거보전기일, 공판준비기일 또는 공판기일에 그 내용에 대하여 피의자, 피고인 또는 변호인이 피해자를 신문할 수 있었던 경우. 다만, 증거보전기일에서의 신문의 경우 법원이 피의자나 피고인의 방어권이 보장된 상태에서 **피해자에 대한 반대신문이 충분히 이루어졌다고 인정하는 경우**로 한정한다. 　2. 19세미만피해자등이 다음 각 목의 어느 하나에 해당하는 사유로 공판준비기일 또는 공판기일에 출석하여 진술할 수 없는 경우. 다만, **영상녹화된 진술 및 영상녹화가 특별히 신빙(信憑)할 수 있는 상태에서 이루어졌음이 증명된 경우**로 한정한다. 　　가. 사망　　　나. 외국 거주　　　다. 신체적, 정신적 질병·장애 　　라. 소재불명　　마. 그 밖에 이에 준하는 경우
전문가의 의견 조회 (§33 ④)	피해자가 13세 미만이거나 신체적인 또는 정신적인 장애로 사물을 변별하거나 의사를 결정할 능력이 미약한 경우에는 관련 전문가에게 피해자의 정신·심리 상태에 대한 진단 소견 및 진술 내용에 관한 의견을 조회**하여야 한다.** (할 수 있다 X)
신뢰관계에 있는 사람의 동석 (§34)	① 법원은 다음 각 호의 어느 하나에 해당하는 피해자를 증인으로 신문하는 경우에 검사, 피해자 또는 그 법정대리인이 신청할 때에는 재판에 지장을 줄 우려가 있는 등 부득이한 경우가 아니면 피해자와 신뢰관계에 있는 사람을 동석하게 **하여야 한다.** (할 수 있다 X) 　1. 제3조부터 제8조까지, 제10조, 제14조, 제14조의2, 제14조의3, 제15조(제9조의 미수범은 제외한다) 및 제15조의2에 따른 범죄의 피해자 　2. 19세미만피해자등
수사과정 참여 (§36 ①)	검사 또는 사법경찰관은 성폭력범죄의 피해자가 19세미만피해자등인 경우 형사사법절차에서의 조력과 원활한 조사를 위하여 직권이나 피해자, 그 법정대리인 또는 변호사의 신청에 따라 진술조력인으로 하여금 조사과정에 참여하여 의사소통을 중개하거나 보조하게 **할 수 있다.** (하여야 한다 X) 다만, 피해자 또는 그 법정대리인이 이를 원하지 아니하는 의사를 표시한 경우에는 그러하지 아니하다.
증거보전 특례 (§41)	피해자나 그 법정대리인 또는 사법경찰관은 피해자가 공판기일에 출석하여 증언하는 것에 현저히 곤란한 사정이 있을 때에는 그 사유를 소명하여 제30조에 따라 영상녹화된 영상녹화물 또는 그 밖의 다른 증거에 대하여 해당 성폭력범죄를 수사하는 검사에게 「형사소송법」 제184조(증거보전의 청구와 그 절차) 제1항에 따른 증거보전의 청구를 할 것을 요청**할 수 있다.** 이 경우 피해자가 19세미만피해자등인 경우에는 공판기일에 출석하여 증언하는 것에 현저히 곤란한 사정이 있는 것으로 본다.

1 가정폭력범죄의 개념

정의(§2)	1. **"가정폭력"**이란 가정구성원 사이의 신체적, 정신적 또는 재산상 피해를 수반하는 행위를 말한다. 2. **"가정구성원"**이란 다음 각 목의 어느 하나에 해당하는 사람을 말한다. 　가. 배우자**(사실상 혼인관계에 있는 사람을 포함)** 또는 **배우자였던 사람** 　나. 자기 또는 배우자와 직계존비속관계**(사실상의 양친자관계를 포함)**에 있거나 **있었던 사람** 　다. 계부모와 자녀의 관계 또는 적모(嫡母)와 서자(庶子)의 관계에 있거나 **있었던 사람** 　라. **동거하는 친족** 　　↳ 동거하는 친족 관계에 있었던 자 X 3. **"가정폭력범죄"**란 가정폭력으로서 다음 각 목의 어느 하나에 해당하는 죄를 말한다. 　가. (존속, 중, 특수)상해, (존속, 특수)폭행 등 상해치사 X, 살인 X 　나. (존속, 영아)유기, 학대 등 약취·유인 X 　다. (존속, 중, 특수)체포, 감금 등 　라. 협박 등 　마. 강간, 추행(강간등 살인치사·상)등. 미성년자등에 대한 간음, 유사강간 등 　바. (사자, 출판물)명예훼손, 모욕 등 　사. 주거침입의 죄(주거침입, 퇴거불응, 주거·신체 수색) 　아. 강요죄와 미수범 업무방해 X, 공갈방 X 　자. 공갈죄·특수공갈죄와 미수범 사기 X, 절도 X, 횡령 X 　차. 재물손괴·특수재물손괴 중손괴 X 　카. 카메라 등을 이용한 촬영죄(성폭력처벌법 제14조)와 미수범 　타. 불법정보의 유통금지 등 위반죄(정보통신망법 §74 : 공포심이나 불안감을 유발하는 부호·문언·음향·화상 또는 영상을 반복적으로 상대방에게 도달하도록 하는 내용의 정보를 유통) 　파. 가목부터 타목까지의 죄로서 다른 법률에 따라 가중처벌되는 죄 4. **"가정폭력행위자"**란 가정폭력범죄를 범한 사람 및 가정구성원인 공범을 말한다. 5. **"피해자"**란 가정폭력범죄로 인하여 직접적으로 피해를 입은 사람을 말한다. 6. **"가정보호사건"**이란 가정폭력범죄로 인하여 이 법에 따른 보호처분의 대상이 되는 사건을 말한다. 7. **"보호처분"**이란 법원이 가정보호사건에 대하여 심리를 거쳐 가정폭력행위자에게 하는 처분을 말한다. 7의2. **"피해자보호명령사건"**이란 가정폭력범죄로 인하여 피해자보호명령의 대상이 되는 사건을 말한다. 8. **"아동"**이란 18세 미만인 사람을 말한다.

신고(§4)	① **누구든지** 가정폭력범죄를 알았을 때는 **신고할 수 있다.** (하여야 한다. X)
	
	② 다음 각 호의 어느 하나에 해당하는 사람이 직무를 수행하면서 가정폭력범죄를 알게 된 경우에는 정당한 사유가 없으면 **즉시 수사기관에 신고하여야 한다.**
	
	  1. 아동의 교육과 보호를 담당하는 기관의 종사자와 그 기관장
	
	  2. 아동, 60세 이상의 노인, 그 밖에 정상적인 판단 능력이 결여된 사람의 치료 등을 담당하는 의료인 및 의료기관의 장
	
	  3. 「노인복지법」에 따른 노인복지시설, 「아동복지법」에 따른 아동복지시설, 「장애인복지법」에 따른 장애인복지시설의 종사자와 그 기관장
	
	  4. 「다문화가족지원법」에 따른 다문화가족지원센터의 전문인력과 그 장
	
	  5. 「결혼중개업의 관리에 관한 법률」에 따른 국제결혼중개업자와 그 종사자
	
	  6. 「소방기본법」에 따른 구조대·구급대의 대원
	
	  7. 「사회복지사업법」에 따른 사회복지 전담공무원
	
	  8. 「건강가정기본법」에 따른 건강가정지원센터의 종사자와 그 센터의 장
	
	③ 「아동복지법」에 따른 아동상담소, 「가정폭력방지 및 피해자보호 등에 관한 법률」에 따른 가정폭력 관련 상담소 및 보호시설, **「성폭력방지 및 피해자보호 등에 관한 법률」**에 따른 성폭력피해상담소 및 보호시설(이하 "상담소등"이라 한다)에 근무하는 상담원과 그 기관장은 피해자 또는 피해자의 법정대리인 등과의 상담을 통하여 가정폭력범죄를 알게 된 경우에는 가정폭력피해자의 명시적인 반대의견이 없으면 즉시 신고하여야 한다.

고소의 특례 (§6)	① 피해자 또는 그 법정대리인은 가정폭력행위자를 고소할 수 있다. 피해자의 법정대리인이 가정폭력행위자인 경우 또는 가정폭력행위자와 공동으로 가정폭력범죄를 범한 경우에는 피해자의 친족이 **고소할 수 있다.** (없다 X) ② **피해자**는 가정폭력행위자가 자기 또는 배우자의 **직계존속인 경우에도 고소할 수 있다.** ③ 피해자에게 고소할 법정대리인이나 친족이 없는 경우에 **이해관계인**이 신청하면 **검사**는 10일 이내에 고소할 수 있는 사람을 지정**하여야 한다.** (할수있다 X)

2 「가정폭력범죄의 처벌 등에 관한 특례법」상 가정폭력 신고처리 절차

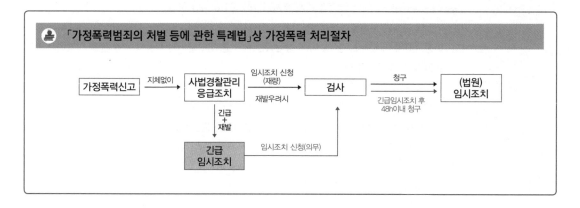

응급조치 (§5)	진행 중인 가정폭력범죄에 대하여 신고를 받은 **사법경찰관리**는 즉시 현장에 나가서 다음 각 호의 조치를 하여야 한다. 1. 폭력행위의 제지, 가정폭력행위자·피해자의 분리 1의2. 「형사소송법」 제212조에 따른 현행범인의 체포 등 범죄수사 2. 피해자를 가정폭력 관련 상담소 또는 **보호시설로 인도** ┌ 피해자가 동의한 경우 3. 긴급치료가 필요한 피해자를 의료기관으로 인도 4. 폭력행위 재발 시 임시조치를 신청할 수 있음을 통보 5. 피해자보호명령 또는 신변안전조치를 청구할 수 있음을 고지
임시조치 청구 (§8)	① 검사는 가정폭력범죄가 **재발될 우려**가 있다고 인정하는 경우에는 **직권**으로 또는 사법경찰관의 **신청**에 의하여 법원에 제29조 제1항 제1호·제2호 또는 제3호의 **임시조치를 청구할 수 있다.** (사법경찰관은 직권으로 법원에 임시조치를 청구할 수 없다.) 1. 피해자 또는 가정구성원의 주거 또는 점유하는 방실로부터의 퇴거 등 격리 2. 피해자 또는 가정구성원이나 그 주거·직장 등에서 100미터 이내의 접근 금지 3. 피해자 또는 가정구성원에 대한 전기통신을 이용한 접근 금지 ② **검사는** 가정폭력행위자가 ①의 청구에 의하여 결정된 임시조치를 위반하여 가정폭력범죄가 **재발**될 우려가 있다고 인정하는 경우에는 직권으로 또는 사법경찰관의 신청에 의하여 **법원에 국가경찰관서의 유치장 또는 구치소에의 유치의 임시조치를 청구할 수 있다.**

긴급임시 조치 (§8의2)	① 사법경찰관은 응급조치에도 불구하고 가정폭력범죄가 **재발될 우려**가 있고, **긴급**을 **요하여** 법원의 **임시조치 결정을 받을 수 없을 때**에는 **직권 또는** 피해자나 그 법정대리인의 신청에 의하여 **긴급임시조치를 할 수 있다.** 1. 피해자 또는 가정구성원의 주거 또는 점유하는 방실로부터의 **퇴거 등 격리** 2. 피해자 또는 가정구성원이나 그 주거·직장 등에서 100미터 이내의 접근 금지 3. 피해자 또는 가정구성원에 대한 「전기통신기본법」 제2조 제1호의 **전기통신을 이용한 접근 금지** ② 사법경찰관은 ①에 따라 긴급임시조치를 한 경우에는 즉시 긴급임시조치결정서를 작성하여야 한다. ③ ②에 따른 긴급임시조치결정서에는 범죄사실의 요지, 긴급임시조치가 필요한 사유 등을 기재하여야 한다.
긴급임시 조치·임시 조치 청구 (§8의3)	① 사법경찰관이 긴급임시조치를 한 때에는 **지체 없이** 검사에게 임시조치를 신청하고, 신청받은 **검사는 법원에 임시조치를 청구하여야 한다.** (청구할 수 있다 X) 이 경우 임시조치의 청구는 긴급임시조치를 한 때부터 48시간 이내에 청구하여야 하며, 긴급임시조치결정서를 첨부하여야 한다. ② ①에 따라 임시조치를 청구하지 아니하거나 법원이 임시조치의 결정을 하지 아니한 때에는 **즉시** 긴급임시조치를 **취소하여야 한다.**
임시조치 (§29)	① **판사는** 가정보호사건의 원활한 조사·심리 또는 피해자 보호를 위하여 필요하다고 인정하는 경우에는 결정으로 가정폭력행위자에게 다음 각 호의 어느 하나에 해당하는 임시조치를 할 수 있다. (하여야 한다 X) 1. 피해자 또는 가정구성원의 주거 또는 점유하는 방실로부터의 퇴거 등 격리 ─┐ 2. 피해자 또는 가정구성원이나 그 주거·직장 등에서 100미터 이내의 접근 금지 │ 2개월 3. 피해자 또는 가정구성원에 대한 전기통신을 이용한 접근 금지 ─┘ (2회연장 가능) 4. 의료기관이나 그 밖의 요양소에의 위탁 ─┐ 5. 국가경찰관서의 유치장 또는 구치소에의 유치 │ 1개월 (1회연장 가능) 6. 상담소등에의 상담위탁 ─┘

THEME 22 · 아동학대범죄의 처벌 등에 관한 특례법

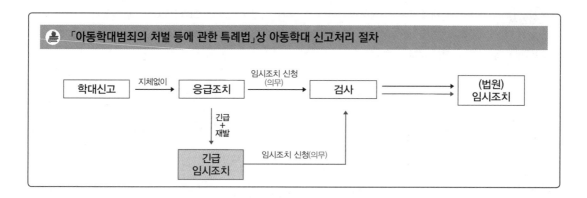

「아동학대범죄의 처벌 등에 관한 특례법」상 아동학대 신고처리 절차

목적 (§1)	아동학대범죄의 처벌 및 그 절차에 관한 특례와 피해아동에 대한 보호절차 및 아동학대행위자에 대한 보호처분을 규정함으로써 아동을 보호하여 아동이 건강한 사회 구성원으로 성장하도록 함을 목적으로 한다.
정의 (§2)	1. **"아동"**이란 18세 미만의 사람을 말한다. 3. **"아동학대"**란 보호자를 포함한 성인이 아동의 건강 또는 복지를 해치거나 정상적 발달을 저해할 수 있는 신체적·정신적·성적 폭력이나 가혹행위를 하는 것과 아동의 보호자가 아동을 유기하거나 방임하는 것을 말한다. 4. **"아동학대범죄"**란 보호자에 의한 아동학대로서 법률에서 정한 각 목의 어느 하나에 해당하는 죄를 말한다. 4의2. **"아동학대범죄신고등"**이란 아동학대범죄에 관한 신고·진정·고소·고발 등 수사 단서의 제공, 진술 또는 증언이나 그 밖의 자료제출행위 및 범인검거를 위한 제보 또는 검거활동을 말한다.
고소의 특례 (§10의4)	① 피해아동 또는 그 법정대리인은 아동학대행위자를 고소할 수 있다. 피해아동의 법정대리인이 아동학대행위자인 경우 또는 아동학대행위자와 공동으로 아동학대범죄를 범한 경우에는 피해아동의 친족이 고소할 수 있다. ② 피해아동은 「형사소송법」 제224조(고소의 제한)에도 불구하고 아동학대행위자가 자기 또는 배우자의 직계존속인 경우에도 **고소할 수 있다.** ③ 피해아동에게 고소할 법정대리인이나 친족이 없는 경우에 이해관계인이 신청하면 **검사**_{수사기관 X}는 10일 이내에 고소할 수 있는 사람을 지정**하여야 한다.** └ 할 수 있다 X

현장출동 (§11)	① 아동학대범죄 신고를 접수한 사법경찰관리나 아동학대전담공무원은 **지체 없이** 아동학대범죄의 현장에 출동하여야 한다. 이 경우 수사기관의 장이나 시·도지사 또는 시장·군수·구청장은 서로 동행하여 줄 것을 요청할 수 있으며, 그 요청을 받은 수사기관의 장이나 시·도지사 또는 시장·군수·구청장은 정당한 사유가 없으면 사법경찰관리나 아동학대전담공무원이 아동학대범죄 현장에 동행하도록 조치하여야 한다. ② 아동학대범죄 신고를 접수한 사법경찰관리나 아동학대전담공무원은 아동학대범죄가 행하여지고 있는 것으로 신고된 현장 또는 **피해아동을 보호하기 위하여 필요한 장소에 출입**하여 아동 또는 아동학대행위자 등 관계인에 대하여 조사를 하거나 질문을 할 수 있다. 〈단서 생략〉 ⑦ ①에 따른 현장출동이 **동행하여 이루어지지 아니한 경우** 수사기관의 장이나 시·도지사 또는 시장·군수·구청장은 현장출동에 따른 <u>조사 등의 결과를 서로에게 통지하여야 한다.</u> 조사경과를 요청하여 공유할 수 있으나 통지해야 할 의무는 부과하지 않았다 ✕
응급조치 (§12)	① 현장에 출동하거나 아동학대범죄 현장을 발견한 경우 또는 학대현장 이외의 장소에서 학대피해가 확인되고 재학대의 위험이 급박·현저한 경우, 사법경찰관리 또는 아동학대전담공무원은 피해아동등의 보호를 위하여 즉시 응급조치를 하여야 한다. 이 경우 제3호의 조치를 하는 때에는 피해아동등의 이익을 최우선으로 고려하여야 하며, 피해아동등을 보호하여야 할 필요가 있는 등 특별한 사정이 있는 경우를 제외하고는 **피해아동등의 의사를 존중**(동의 ✕)하여야 한다. 　1. 아동학대범죄 행위의 제지 　2. 아동학대행위자를 피해아동등으로부터 격리 ┐ 피해아동의 의사존중 　3. 피해아동등을 아동학대 관련 **보호시설로 인도** ┘　　　　　72h 이내 　4. 긴급치료가 필요한 피해아동을 의료기관으로 인도　　(48h연장가능) ② 사법경찰관리나 아동학대전담공무원은 피해아동등을 분리·인도하여 보호하는 경우 지체 없이 피해아동등을 인도받은 보호시설·의료시설을 관할하는 시·도지사 또는 시장·군수·구청장에게 그 사실을 통보하여야 한다. ③ 제1항 **제2호부터 제4호**까지의 규정에 따른 응급조치는 72시간을 넘을 수 없다. 다만, 본문의 기간에 공휴일이나 토요일이 **포함**되는 경우로서 피해아동등의 보호를 위하여 필요하다고 인정되는 경우에는 48시간의 범위에서 그 기간을 연장할 수 있다. ④ ③에도 불구하고 검사가 임시조치를 법원에 청구한 경우에는 법원의 임시조치 결정 시까지 응급조치 기간이 연장된다. ⑤ **사법경찰관리 또는 아동학대전담공무원**이 ①에 따라 응급조치를 한 경우에는 즉시 응급조치결과보고서를 작성하여야 한다. 이 경우 사법경찰관리가 응급조치를 한 경우에는 **관할 경찰관서의 장이 시·도지사 또는 시장·군수·구청장에게**, 아동학대전담공무원이 응급조치를 한 경우에는 소속 시·도지사 또는 시장·군수·구청장이 관할 경찰관서의 장에게 작성된 응급조치결과보고서를 **지체 없이 송부하여야 한다.** ⑧ 사법경찰관리는 제1항 제1호(아동학대범죄 행위의 제지) 또는 제2호(아동학대행위자를 피해아동등으로부터 격리)의 조치를 위하여 다른 사람의 토지·건물·배 또는 차에 출입할 수 있다.

긴급임시조치 (§13)	① **사법경찰관**은 응급조치에도 불구하고 아동학대범죄가 **재발**될 우려가 있고, **긴급**을 요하여 법원의 **임시조치 결정을 받을 수 없을 때**에는 직권이나 피해아동등, 그 법정대리인(아동학대행위자를 제외한다), 변호사, 시·도지사, 시장·군수·구청장 또는 아동보호전문기관의 장의 신청에 따라 제19조제1항제1호부터 제3호까지의 어느 하나에 해당하는 조치를 할 수 있다. ② **사법경찰관**은 긴급임시조치를 한 경우에는 즉시 긴급임시조치결정서를 작성하여야 하고, 그 내용을 **시·도지사 또는 시장·군수·구청장에게 지체 없이** 통지하여야 한다.
임시조치 청구 (§14)	**검사**는 아동학대범죄가 **재발**될 우려가 있다고 인정하는 경우에는 직권으로 또는 사법경찰관이나 보호관찰관의 신청에 따라 **법원에 임시조치를** 청구할 수 있다.
임시조치 (§19)	① 판사는 아동학대범죄의 원활한 조사·심리 또는 피해아동등의 보호를 위하여 필요하다고 인정하는 경우에는 결정으로 아동학대행위자에게 다음 각 호의 어느 하나에 해당하는 조치(이하 "임시조치"라 한다)를 할 수 있다. 1. 피해아동등 또는 가정구성원의 주거로부터 퇴거 등 격리 2. 피해아동등 또는 가정구성원의 주거, 학교 또는 보호시설 등에서 100미터 이내의 접근 금지 3. 피해아동등 또는 가정구성원에 대한 전기통신을 이용한 접근 금지 ⎫ 2개월 (2회연장가능) 4. 친권 또는 후견인 권한 행사의 제한 또는 정지 5. 아동보호전문기관 등에의 상담 및 교육 위탁 6. 의료기관이나 그 밖의 요양시설에의 위탁 7. **경찰관서의 유치장 또는 구치소에의 유치** ⎫ 2개월 (1회연장가능)

THEME 23	스토킹범죄의 처벌 등에 관한 법률

목적(§1)	이 법은 스토킹범죄의 처벌 및 그 절차에 관한 특례와 스토킹범죄 피해자에 대한 보호절차를 규정함으로써 피해자를 보호하고 건강한 사회질서의 확립에 이바지함을 목적으로 한다.
정의 (§2)	**스토킹행위**
	상대방의 **의사에 반(反)하여** 정당한 이유 없이 다음 각 목의 어느 하나에 해당하는 행위를 하여 상대방에게 불안감 또는 공포심을 일으키는 것을 말한다.
	가. 상대방 또는 그의 동거인, 가족(이하 "상대방등"이라 한다)에게 접근하거나 따라다니거나 진로를 막아서는 행위
	나. 상대방등의 주거, 직장, 학교, 그 밖에 일상적으로 생활하는 장소(이하 "상대방등의 주거등"이라 한다) 또는 그 부근에서 기다리거나 지켜보는 행위
	다. 상대방등에게 우편·전화·팩스 또는「정보통신망 이용촉진 및 정보보호 등에 관한 법률」제2조 제1항 제1호의 정보통신망을 이용하여 물건이나 글·말·부호·음향·그림·영상·화상(이하 "물건등"이라 한다)을 도달하게 하거나 정보통신망을 이용하는 프로그램 또는 전화의 기능에 의하여 글·말·부호·음향·그림·영상·화상이 상대방등에게 나타나게 하는 행위
	라. 상대방등에게 직접 또는 제3자를 통하여 물건등을 도달하게 하거나 주거등 또는 그 부근에 물건등을 두는 행위 → 스토킹범죄의 처벌 등에 관한 법률은 **주거 등 침입에 이르지 않는 행위를 스토킹행위로 규율**하고 있다.
	마. 상대방등의 주거등 또는 그 부근에 놓여져 있는 물건등을 훼손하는 행위
	바. 다음의 어느 하나에 해당하는 상대방등의 정보를 정보통신망을 이용하여 제3자에게 제공하거나 배포 또는 게시하는 행위
	1)「개인정보 보호법」제2조 제1호의 개인정보
	2)「위치정보의 보호 및 이용 등에 관한 법률」제2조 제2호의 개인위치정보
	3) 1) 또는 2)의 정보를 편집·합성 또는 가공한 정보(해당 정보주체를 식별할 수 있는 경우로 한정한다)
	사. 정보통신망을 통하여 상대방등의 이름, 명칭, 사진, 영상 또는 신분에 관한 정보를 이용하여 자신이 상대방등인 것처럼 가장하는 행위
	스토킹범죄 지속적 또는 반복적으로 스토킹행위를 하는 것을 말한다.
	피해자 스토킹범죄로 **직접적**인 피해를 입은 사람을 말한다.
	피해자등 피해자 및 스토킹행위의 상대방을 말한다.
응급조치 (§3)	**사법경찰관리**는 진행 중인 스토킹행위에 대하여 신고를 받은 경우 즉시 현장에 나가 다음 각 호의 조치를 하여야 한다.
	1. 스토킹행위의 제지, 향후 스토킹행위의 중단 통보 및 스토킹행위를 지속적 또는 반복적으로 할 경우 처벌 서면경고
	2. 스토킹행위자와 피해자등의 분리 및 범죄수사
	3. 피해자등에 대한 긴급응급조치 및 잠정조치 요청의 절차 등 안내
	4. 스토킹 피해 관련 상담소 또는 보호시설로의 **피해자등 인도**(피해자등 동의 필요)

긴급응급
(임시 X)조치
(§4)
	① **사법경찰관**은 스토킹행위 신고와 관련하여 스토킹행위가 **지속적 또는 반복적**으로 행하여질 우려가 있고 스토킹범죄의 예방을 위하여 **긴급을 요하는 경우** 스토킹행위자에게 직권으로 또는 스토킹행위의 상대방이나 그 법정대리인 또는 스토킹행위를 신고한 사람의 요청에 의하여 다음 각 호에 따른 조치를 할 수 있다.
	
	  1. 스토킹행위의 상대방등이나 그 주거등으로부터 100미터 이내의 접근 금지
	  2. 스토킹행위의 상대방등에 대한 전기통신을 이용한 접근 금지
	
	② 사법경찰관은 ①에 따른 조치(이하 "긴급응급조치"라 한다)를 하였을 때에는 **즉시** 스토킹행위의 요지, 긴급응급조치가 필요한 사유, 긴급응급조치의 내용 등이 포함된 긴급응급조치 결정서를 작성하여야 한다.
	※ **긴급응급조치를 이행하지 아니한 사람은 1년 이하의 징역 또는 1천만원 이하의 벌금에 처한다** (§20③).

긴급응급 조치 승인 신청(§5)	① 사법경찰관은 긴급응급조치를 하였을 때에는 **지체 없이** 검사에게 해당 긴급응급조치에 대한 사후승인을 **지방법원 판사**에게 청구하여 줄 것을 신청하여야 한다. ② ①의 신청을 받은 검사는 긴급응급조치가 있었던 때부터 **48시간 이내**에 지방법원 판사에게 해당 긴급응급조치에 대한 사후승인을 청구한다. 이 경우 긴급응급조치결정서를 첨부하여야 한다. ④ 사법경찰관은 검사가 ②에 따라 긴급응급조치에 대한 사후승인을 청구하지 아니하거나 **지방법원 판사**가 ②의 청구에 대하여 사후승인을 하지 아니한 때에는 즉시 그 긴급응급조치를 취소하여야 한다. ⑤ **긴급응급조치기간은 1개월을 초과할 수 없다.**
긴급응급 조치의 통지 등(§6)	① 사법경찰관은 긴급응급조치를 하는 경우에는 스토킹행위의 상대방등이나 그 법정대리인에게 통지하여야 한다. ② 사법경찰관은 긴급응급조치를 하는 경우에는 해당 긴급응급조치의 대상자에게 조치의 내용 및 불복방법 등을 고지하여야 한다.
긴급응급 조치의 변경 등(§7)	② 스토킹행위의 상대방등이나 그 법정대리인은 제4조제1항제1호의 긴급응급조치가 있은 후 스토킹행위의 상대방등이 주거등을 옮긴 경우에는 **사법경찰관**에게 긴급응급조치의 **변경**을 신청할 수 있다. ③ 스토킹행위의 상대방이나 그 법정대리인은 긴급응급조치가 필요하지 아니한 경우에는 **사법경찰관**에게 해당 긴급응급조치의 **취소**를 신청할 수 있다. ④ **사법경찰관**은 정당한 이유가 있다고 인정하는 경우에는 직권으로 또는 ②부터 ③까지의 규정에 따른 신청에 의하여 해당 긴급응급조치를 취소할 수 있고, **지방법원 판사**의 승인을 받아 ↳ 검사 X 긴급응급조치의 종류를 변경할 수 있다.
잠정조치 청구(§8)	① **검사는** 스토킹범죄가 재발될 우려가 있다고 인정하면 직권 또는 사법경찰관의 신청에 따라 **법원에 제9조 제1항 각 호의 조치(잠정조치)**를 청구할 수 있다. ② 피해자 또는 그 법정대리인은 검사 또는 사법경찰관에게 제1항에 따른 조치의 청구 또는 그 신청을 요청하거나, 이에 관하여 의견을 진술할 수 있다. ③ 사법경찰관은 제2항에 따른 신청 요청을 받고도 제1항에 따른 신청을 하지 아니하는 경우에는 검사에게 그 사유를 보고하여야 하고, 피해자 또는 그 법정대리인에게 그 사실을 지체 없이 알려야 한다. ④ 검사는 제2항에 따른 청구 요청을 받고도 제1항에 따른 청구를 하지 아니하는 경우에는 피해자 또는 그 법정대리인에게 그 사실을 지체 없이 알려야 한다.

잠정조치 (§9)	① 법원은 스토킹범죄의 원활한 조사·심리 또는 피해자 보호를 위하여 필요하다고 인정하는 경우에는 결정으로 스토킹행위자에게 잠정조치를 할 수 있다. 1. 피해자에 대한 스토킹범죄 중단에 관한 **서면(구두X)** 경고 2. 피해자 또는 그의 동거인, 가족이나 그 주거등으로부터 100미터 이내의 접근 금지 ┐ 3. 피해자 또는 그의 동거인, 가족에 대한 전기통신을 이용한 접근 금지 ┤ 3개월 3의2. 위치추적 전자장치(이하 "전자장치"라 한다)의 부착 ┘ (2회연장 가능) 4. 국가경찰관서의 유치장 또는 구치소에의 유치 ─ 1개월 ② ① 각 호의 잠정조치는 병과(倂科)할 수 있다. ⑤ 법원은 잠정조치를 결정한 경우에는 검사와 피해자 또는 그의 동거인, 가족, 그 법정대리인에게 통지하여야 한다. ⑦ 제1항 제2호·제3호 및 제3호의2에 따른 잠정조치기간은 3개월, 같은 항 제4호에 따른 잠정조치기간은 1개월을 초과할 수 없다. 다만, 법원은 피해자의 보호를 위하여 그 기간을 연장할 필요가 있다고 인정하는 경우에는 결정으로 제1항 제2호·제3호 및 제3호의2에 따른 잠정조치에 대하여 두 차례에 한정하여 **각 3개월**의 범위에서 연장할 수 있다. ※ 제9조 제1항 제2호 또는 제3호의 잠정조치를 이행하지 아니한 사람은 **2년 이하의 징역 또는 2천만원 이하의 벌금**에 처한다(§20②).
잠정조치의 집행 등(§10)	① 법원은 잠정조치 결정을 한 경우에는 **법원공무원, 사법경찰관리, 구치소 소속 교정직공무원 또는 보호관찰관**으로 하여금 집행하게 할 수 있다.
스토킹범죄 (§18)	① 스토킹범죄를 저지른 사람은 3년 이하의 징역 또는 3천만원 이하의 벌금에 처한다. ② **흉기 또는 그 밖의 위험한 물건을 휴대하거나 이용**하여 스토킹범죄를 저지른 사람은 5년 이하의 징역 또는 5천만원 이하의 벌금에 처한다.

THEME 24 학교폭력예방 및 대책에 관한 법률

학교폭력 (§2)	학교 **내외**(내 X)에서 학생을 대상으로 발생한 상해, 폭행, 감금, 협박, 약취·유인, 명예훼손·모욕, **공갈**(정도X), 강요·강제적인 심부름 및 **성폭력**(성애매 X), 따돌림, 사이버폭력 등에 의하여 **신체·정신 또는 재산상의 피해**를 수반하는 행위를 말한다.
교육감의 임무(§11)	① 교육감은 시·도교육청에 학교폭력의 예방·대책 및 법률지원을 포함한 통합지원 담당하는 **전담부서를 설치·운영하여야 한다.** → 규정되어 있으나 처벌 기준은 없음
관계 기관과의 협조 등 (§11의3)	① 교육부장관, 교육감, 지역 교육장, 학교의 장은 학교폭력과 관련한 개인정보 등을 경찰청장, 시·도경찰청장, 관할 경찰서장 및 관계 기관의 장에게 요청할 수 있다. ② ①에 따라 정보제공을 요청받은 경찰청장, 시·도경찰청장, 관할 경찰서장 및 관계 기관의 장은 특별한 사정이 없으면 그 요청을 따라야 한다.
학교폭력대책심의 **위원회의 설치·기능**(§12)	① 학교폭력의 예방 및 대책에 관련된 사항을 심의하기 위하여 **학교폭력대책심의위원회를 둔다.** → 규정되어 있으나 처벌 기준은 없음 ③ 심의위원회는 해당 지역에서 발생한 학교폭력에 대하여 조사할 수 있고 학교장 및 관할 경찰서장에게 관련 자료를 요청할 수 있다.
가해학생에 대한 조치 (§17)	심의위원회는 피해학생의 보호와 가해학생의 선도·교육을 위하여 가해학생에 대하여 다음 각 호의 어느 하나에 해당하는 조치(수 개의 조치를 병과하는 경우를 포함한다)를 할 것을 교육장에게 요청하여야 하며, 각 조치별 적용 기준은 대통령령으로 정한다. 다만, 퇴학처분은 의무교육과정에 있는 가해학생에 대하여는 적용하지 아니한다. 1. 피해학생에 대한 **서면사과**(구두사과 X, 반성문 X) 2. 피해학생 및 신고·고발 학생에 대한 접촉, 협박 및 보복행위(정보통신망을 이용한 행위를 포함한다)의 금지 3. 학교에서의 봉사 4. 사회봉사 5. 학내외 전문가, 교육감이 정한 기관에 의한 특별 교육이수 또는 심리치료 6. 출석정지 7. 학급교체 8. 전학 9. **퇴학처분**(의무교육과정에 있는 가해학생에 대하여는 적용하지 아니함)
학교전담경찰관(§20의6)	① 국가는 학교폭력 예방 및 근절을 위하여 학교폭력 업무 등을 전담하는 경찰관을 **둘 수 있다.** (두어야 한다 X) ② ①에 따른 학교전담경찰관의 운영에 필요한 사항은 대통령령으로 정한다.
벌칙규정 (§22, 23)	① 이 법에 따라 학교폭력의 예방 및 대책과 관련된 업무를 수행하거나 수행하였던 자는 그 직무로 인하여 알게 된 비밀 또는 가해학생·피해학생 및 제20조에 따른 신고자·고발자와 관련된 자료를 누설하여서는 아니 된다. → 위반시 1년 이하의 징역 또는 1천만원 이하의 벌금에 처함

THEME 25 마약류사범 수사

1 마약의 개념

개념	강력한 진통작용과 마취작용을 지니며 계속 사용하면 습관성과 탐닉성(정신적·신체적 의존성)이 생기게 하는 물질을 말한다.
종류	① 양귀비, 아편, 코카잎(葉) ② 양귀비·아편 및 코카잎(대마 X)에서 추출되는 모든 알카로이드 및 그와 동일한 화학적 합성품으로서 대통령령으로 정하는 것 ③ ① 및 ②에 열거된 것과 동일하게 남용되거나 또는 해독작용을 일으킬 우려가 있는 화학적 합성품으로서 대통령령으로 정하는 것 ④ ① 내지 ③에 열거된 것을 함유하는 혼합물질 또는 혼합체제. 다만 다른 약물이나 물질과 혼합되어 ①부터 ③까지에 열거된 것으로 다시 제조하거나 제제할 수 없고, 그것에 의하여 **신체적 또는 정신적 의존성을 일으키지 아니하는 것으로서 총리령으로 정하는 것(한외마약)은 제외**한다.

2 마약류의 분류

마약	**천연마약**	양귀비, 생아편, 모르핀, **코데인**, 테바인, **코카인**, 크랙 등
	합성마약	페치딘계, 메사돈계, 프로폭시펜, 아미노부텐, 모리피난, 벤조모르핀 등
	반합성마약	**헤로인**, 히드로모르핀, 옥시코돈, 하이드로폰 등
향정신성의약품	**각성제**	메스암페타민(히로뽕), 암페타민류
	환각제	L.S.D, 페이요트, 사일로사이빈, 메스카린 등
	억제제	바르비탈염제류제, 벤조다이아핀제제
대마	**대마초**	대마의 잎이나 꽃을 말린 것**(마리화나)**
	대마수지(해시시)	대마의 꽃대 부분에서 얻은 진액으로 만든 것
	대마수지기름 (해시시 미네랄 오일)	기름(oil) 형태의 것 ※ **대마초의 종자·뿌리 및 성숙한 대마초의 줄기와 그 제품은 제외**

보충 **용어정리**

> **"원료물질"**이란 마약류가 아닌 물질 중 마약 또는 향정신성의약품의 제조에 사용되는 물질로서 대통령령으로 정하는 것을 말한다.

3 향정신성의약품

메스암페타민 (필로폰, 히로뽕)	① **강한 각성작용**으로 의식이 뚜렷해지고 잠이 오지 않으며 피로감이 없어짐 ② 식욕감퇴, 환시, 환청, 편집증세, 과민반응, 피해망상증 등을 경험함 ③ 복용 등 방법 : 맥혈관 주사, 커피, 우유 등 음료수에 섞어서 음용, 코로 흡입 등
LSD	① LSD는 곡물의 곰팡이, 보리 맥각에서 발견되어 이를 분리·가공·합성한 것으로 **무색·** **무취·무미함** ② **환각제 중 가장 강력한 효과**를 나타내며, 미량을 유당·각설탕·과자·빵 등에 첨가시켜 먹거나 우편·종이 등의 표면에 묻혔다가 뜯어서 입에 넣는 방법으로 복용하기도 함 ③ 동공확대, 심박동 및 혈압상승, 수전증, 오한 등의 증상 ④ LSD는 내성이나 심리적 **의존성이 있지만 금단현상은 일으키지 않는다**고 알려져 있으며, 일부 남용자들은 실제로 사용하지 않는데도 환각현상을 경험하는 **플래시백 현상**을 일으키기도 함
엑스터시	① **엑스터시(MDMA 또는 XTC)**는 1914년 **독일**에서 **식욕감퇴제**로 개발되었으나 1980년대 마약으로 변질됨 ② 기분이 좋아지는 약, **포옹마약(Hug Drug), 클럽마약**, 도리도리 등으로 지칭되며, 복용하 면 신체적 접촉 욕구가 강하게 발생함 ③ 복용자는 테크노, 라이브, 파티장 등에서 막대사탕을 물고 있거나 물을 자주 마시는 등의 행위를 함
야바 (YABA)	① 태국 등 동남아 지역에서 주로 생산되어 유흥업소 종사자, 육체노동자 등을 중심으 로 급속히 확산됨 ② 카페인, 에페드린, 밀가루 등에 필로폰을 혼합한 것으로 **순도가 20~30% 정도로 낮음** ③ 원재료가 화공약품인 관계로 양귀비의 작황에 좌우되는 **헤로인**과는 달리 **안정적인** **밀조가 가능함**
GHB (물뽕)	① 미국, 캐나다, 유럽 등지에서 성범죄에 악용되어 '데이트 강간 약물'이라고도 불림 ② **무색무취**로써 **짠맛**이 나는 액체로 소다수 등의 음료에 타서 복용하며 '물같은 히로뽕' 이라는 뜻에서 '**물뽕**'으로도 불림 ③ 사용 후 15분 후에 효과가 발현되고 그 효과는 3시간 정도 지속됨
덱스트로메트로판 (러미라)	① 진해거담제로서 의사의 처방전으로 약국에서 구입 가능함 ② 강한 중추신경 억제성 진해작용이 있으나 **의존성과 독성은 없어** 코데인 대용으로 널리 시판 ③ 청소년들이 소주에 타서 마시기도 하는데 이를 '**정글쥬스**'라고도 함 ④ 도취감 혹은 환각작용을 맛보기 위해 사용량의 수십배에 해당하는 20~100정을 흔히 남용
카리소프로돌	① 카리소프로돌(일명 S정)은 중추신경에 작용하여 골격근 이완의 효과가 있으며, 과다사 용시 치명적으로 인사불성, 혼수쇼크, 호흡저하를 가져오며 사망에까지 이를 수 있음 ② 금단증상으로는 온몸이 뻣뻣해지고 뒤틀리며, **허꼬부라지는 소리** 등을 하게 됨

프로포폴	프로포폴(propofol)은 흔히 **수면마취제라고 불리는 정맥마취제**로서 수면내시경 등에 사용되나, 환각제 대용으로 오·남용되는 사례가 있어 향정신성의약품으로 지정되어 관리되고 있음
사일로시빈	아열대 지역에서 나는 버섯으로부터 얻어지는 향정신의약품
메스카린	선인장인 페이요트에서 추출·합성

4 대마

개념	테트라히드로칸나비놀(THC)이라는 환각물질을 주성분으로 하는 식물을 말한다. 대마의 잎이나 꽃을 말린 것을 대마초(마리화나)라고 하고, 대마의 꽃대 부분에서 얻은 진액으로 만든 것을 대마수지 또는 해시시(기름(oil) 형태의 것은 해쉬쉬오일)라고 한다(**다만, 대마초의 종자·뿌리 및 성숙한 대마초의 줄기와 그 제품은 제외한다**).
종류	① 대마초와 그 수지 ② 대마초 또는 그 수지를 원료로 하여 제조된 모든 제품 ③ ① 또는 ②에 규정된 것과 동일한 화학적 합성품으로서 대통령령으로 정하는 것 ④ ①부터 ③까지에 규정된 것을 함유하는 혼합물질 또는 혼합제제
대마재배자	섬유 또는 종자를 채취할 목적으로 대마초를 재배하는 자

지식(산업)재산권 침해범죄 수사 등

1 지식(산업)재산권 침해범죄 수사

특허법	특허권을 침해한 죄는 피해자의 명시적 의사에 반하여 공소를 제기할 수 없다. → 반의사불벌죄
실용신안법	실용신안권을 침해한 죄는 피해자의 명시적 의사에 반하여 공소를 제기할 수 없다. → 반의사불벌죄
디자인보호법	디자인권을 침해한 죄는 피해자의 명시적 의사에 반하여 공소를 제기할 수 없다. → 반의사불벌죄
상표법	① 상품외관에 대한 독창적인 표지를 보호하기 위한 권리를 말한다. ② 상표권을 침해한 죄는 **고소가 없어도 공소를 제기할 수 있다.**

2 산업재산권의 보호 기간

실용신안권	설정등록한 날부터 실용신안등록출원일 후 10년
특허권	설정등록한 날부터 특허 출원일 후 20년
디자인권	설정등록한 날부터 발생하여 디자인등록출원일 후 20년
상표권	설정등록이 있는 날부터 10년, 갱신등록신청에 따라 10년씩 갱신

3 중대재해 처벌 등에 관한 법률

정의 (§2)	1. **"중대재해"**란 "중대산업재해"와 "중대시민재해"를 말한다. 2. **"중대산업재해"**란 「산업안전보건법」 제2조 제1호에 따른 산업재해 중 다음 각 목의 어느 하나에 해당하는 결과를 야기한 재해를 말한다. 　**가. 사망자가 1명 이상 발생** 　나. 동일한 사고로 6개월 이상 치료가 필요한 부상자가 2명 이상 발생 　다. 동일한 유해요인으로 급성중독 등 대통령령으로 정하는 직업성 질병자가 1년 이내에 3명 이상 발생 3. **"중대시민재해"**란 특정 원료 또는 제조물, 공중이용시설 또는 공중교통수단의 설계, 제조, 설치, 관리상의 결함을 원인으로 하여 발생한 재해로서 다음 각 목의 어느 하나에 해당하는 결과를 야기한 재해를 말한다. 다만, 중대산업재해에 해당하는 재해는 제외한다. 　가. 사망자가 1명 이상 발생 　나. 동일한 사고로 **2개월 이상** 치료가 필요한 부상자가 10명 이상 발생 　다. 동일한 원인으로 **3개월 이상** 치료가 필요한 질병자가 10명 이상 발생
적용범위 (§3)	상시 근로자가 5명 미만(10명 미만 X)인 사업 또는 사업장의 사업주(개인사업주에 한정한다) 또는 경영책임자등에게는 이 장의 규정을 적용하지 아니한다.
중대산업재해 사업주와 경영 책임자등의 처벌(§6)	① 제4조(사업주와 경영책임자등의 안전 및 보건 확보의무) 또는 제5조(도급, 용역, 위탁 등 관계에서의 안전 및 보건 확보의무)를 위반하여 **제2조 제2호가목**의 중대산업재해에 이르게 한 사업주 또는 경영책임자등은 1년 이상의 징역 또는 10억원 이하의 벌금에 처한다. 이 경우 징역과 벌금을 병과할 수 있다.

4 특정범죄 가중처벌 등에 관한 법률에 규정되어 가중처벌되는 공무원 범죄

제2조(뇌물), 제4조의2(체포, 감금, 독직폭행, 가혹행위), 제4조의3(공무상비밀누설), **제5조(국고 등 손실), 제15조(특수직무유기)** 등임(업무상위력 등에 의한 간음 X)

경비경찰활동

경비경찰의 의의 및 특징

1 경비경찰의 대상

대 상	종 류	내 용
개인적·단체적 불법행위	치안경비	**공안을 해하는 다중범죄** 등 집단적인 범죄사태가 발생하거나 발생할 우려가 있는 경우 적절한 조치로 사태를 예방·경계·진압하는 경찰활동
	특수경비 (대테러경비)	**총포·도검·폭발물** 등에 의한 인질난동·살상 등 사회이목을 집중시키는 중요사건을 예방·경계·진압하는 경찰활동
	경호경비	피경호자의 신변을 보호하는 경찰활동
	중요 시설경비	국가적으로 중대한 영향을 미치는 국가산업시설, 국가행정시설을 방호하기 위한 경찰활동
자연적·인위적 재난	혼잡경비 (행사안전경비)	기념행사·경기대회·경축제례 등에 수반하는 **조직화되지 않은** 군중에 의하여 발생하는 자연적·인위적인 혼란상태를 예방·경계·진압하는 경찰활동
	재난경비	천재지변·화재 등의 **자연적·인위적** 돌발사태로 인하여 인명 또는 재산상 피해가 야기될 경우 이를 예방·경계·진압하는 경찰활동

인자! 재혼해

※ 불법행위와 관련 없는 인위적인 혼란야기, 대규모 자연재해 등도 **경비경찰의 대상**이다.

※ 「폭력행위 등 처벌에 관한 법률」상 집단으로 위력을 보인 경우 → 수사경찰의 대상

※ 금융기관의 도난방지를 위한 경비 → 원칙적으로 생활안전경찰의 대상

2 경비경찰의 특징

복합기능적 활동	경비사태가 발생한 후에 진압뿐만 아니라 특정한 사태가 발생하기 전에 **경계·예방**의 역할을 수행한다는 점에서 복합기능적 활동임
현상유지적 활동	① 경비활동은 기본적으로 현재의 질서상태를 보존하는 것에 가치를 둠 ② 이때 현상유지적 질서유지활동은 정태적·소극적인 개념은 아니며 새로운 변화와 발전을 보장하기 위한 기초를 다진다는 의미에서 **동태적·적극적**인 의미의 **현상유지작용**이라고 볼 수 있음
즉시적(즉응적)활동	경비사태에 대하여 기한을 정하여 진압할 수 없으며 즉시 출동하여 **신속하게 조기제압**을 해야 함
조직적 부대활동	경비경찰은 개인적인 활동으로 이루어지기보다는 **항상 부대활동**으로 훈련을 하고 근무를 하며, 경비사태 발생시 조직적이고 집단적이며 물리적인 힘으로 대처하는 것이 특징
하향적 명령에 의한 활동	① 경비경찰은 지휘관의 **하향적 명령에 의한 활동**(하의상달 X) ② 부대원의 재량은 상대적으로 적고, 계선을 강조하며, 활동 결과에 대한 책임은 지휘관이 지는 경우가 많음 *cf.* 지휘관을 한 사람만 두어야 한다는 것은 조직운영 원리 중에 하나인 '지휘관 단일성의 원칙'을 말함
사회전반적 안녕목적의 활동	경비경찰의 활동대상은 공공의 안녕과 질서를 유지하는 것을 목적으로 하므로 결과적으로 사회전체의 질서를 파괴하는 범죄를 대상으로 작용한다는 점에서 경비경찰의 임무는 **국가목적적** 치안의 수행이라고 할 수 있음

1 근거

「헌법」제37조 제2항은 '국민의 모든 자유와 권리는 국가안전보장·질서유지 또는 공공복리를 위하여 필요한
경우에 한하여 **법률**로써 제한할 수 있으며, 제한할 경우에도 자유와 권리의 본질적인 내용을 침해할 수 없다'
└→ 법령 X
고 규정하고 있다. → 「헌법」의 규정은 경비경찰의 활동을 제한하는 성격도 아울러 가짐

2 경비경찰의 한계

법규상 한계	경비경찰권의 행사는 반드시 그 활동에 대한 **법적인 근거를 요하며**, 그렇지 않은 경우에는 위법한 경찰권의 행사가 되어 **사법심사의 대상이 됨** → 위법한 경비활동으로 인한 손해배상 국가배상법 제2조 / 피고 : 국가(대한민국)
조리상 한계	① 경찰권 행사의 목적·성질에 비추어 필요한 일정 한도 내에서 그쳐야 한다는 조리상의 한계 내 에서 행사되어야 함 ② 경찰 소극목적의 원칙, 경찰공공의 원칙, 경찰비례의 원칙, 경찰책임의 원칙, 경찰평등의 원칙

3 조리상 한계 내용

경찰소극목적 원칙	경찰권은 **사회공공의 질서유지를 위해서만 발동**하는 것이며, 이와 같은 목적의 범위를 일탈하여, 적극적으로 국민의 복리 기타의 명목하에 이를 발동하는 것은 허용되지 않는다. → 경찰목적의 소극성이라고도 함
경찰공공의 원칙	경찰은 사회공공의 질서에 직접 영향을 미치지 아니하는 **개인의 사생활에 관여할 수 없다**(사생활불가침의 원칙, 사주소불간섭의 원칙, 민사상의 법률관계불간섭의 원칙).
경찰비례의 원칙	① 경찰권은 사회공공의 안녕과 질서유지를 위해 개인의 자유를 제한할 경우에 **필요한 최소한도의 범위** 내에서만 발동할 수 있다. ② 경찰비례의 원칙은 ⊙ 적합성의 원칙(목적의 정당성 및 방법의 정당성), ⓒ 필요성의 원칙(최소침해의 원칙), ⓒ 상당성의 원칙(협의의 비례의 원칙)으로 구성되어 있는데, 「경찰관 직무집행법」제1조 제2항에 <u>규정되어 있다.</u> └ 명문규정이 없다 ✗
경찰책임의 원칙	① 경찰권은 원칙적으로 경찰상의 장해의 발생에 관하여 책임이 있는 자에 대하여만 발동할 수 있다. ② 경찰책임은 사회공공의 질서를 유지함에 있어서 장해의 상태가 존재하는 한 **작위·부작위를 가리지 않는다.** ┌ 요건으로 한다 ✗ ③ 경찰책임은 민·형사상의 책임에 있어서와 같은 <u>고의, 과실을 요건으로 하지 않는다.</u> ④ 자신의 보호·감독하에 있는 자의 행위에 대한 책임은 **자기책임**이다. ⑤ 경찰책임의 <u>예외로서</u>, 부득이하고 급박한 경우 경찰책임이 없는 제3자에 대해서 경찰권의 발동이 인정되는 것을 '경찰긴급권'이라고 한다. └ 경찰긴급권은 책임원칙에 부합 ✗ ⑥ 경찰긴급권의 발동은 물론 예외적인 경우이며, 어디까지나 목전의 급박한 위해를 제거하는 경우에 한하며 동시에 **반드시 법령의 근거에 의한다.**
경찰평등의 원칙	경찰권 발동에 있어서 모든 국민에 대해 성별, 종교, 사회적 신분, 인종 등을 이유로 불합리한 차별을 해서는 안 된다.

THEME 03 경비경찰의 조직 및 수단

1 조직운영의 원리

부대단위활동의 원칙	① 부대단위로 활동할 때에는 **반드시 지휘관**이 있어야 한다. ② 부대단위로 업무가 수행되므로 주로 하명에 의하여 임무가 이루어지고 **부대활동의 성패 는 지휘관에 의하여 좌우된다.** → 지휘관 단일성 X ③ 부대는 지휘관, 대원, 장비 보급지원체계를 갖추고 **하명에 의해 임무를 수행**해야 한다.
지휘관 단일성의 원칙	① 긴급하고 **신속한** 경비업무의 효율적인 처리를 위하여 **지휘관을 한 사람만 두어야 한다** 는 의미 → 폭동 진압과 같은 긴급한 상황에서는 지휘관의 신속한 결단과 명확한 지침 이 필요 ② 위원회 또는 집단지휘체제를 구성해서는 효율적인 업무수행이 어렵다는 것을 의미 → 즉, 의사결정은 신중하고 합리적으로 결정해야 하지만, 결정사항에 대한 집행은 지휘 관 한사람에 의해야 한다는 원칙(**의사결정의 과정에서까지 단일해야 한다는 의미는 아님**) ③ **지시는 한 사람**에 의해서 행해져야 하고, **보고도 한 사람**을 통해서 이루어져야 함
체계통일성의 원칙	상하계급 간 일정한 관계가 형성되고 **책임과 임무의 분담이 명확히** 이루어지고 **명령과 복종의** └ 임무의 중복부여 X **체계가 통일**되어야 한다.
치안협력성의 원칙	업무수행과정에서 국민의 경찰에 대한 신뢰를 바탕으로 한 국민과 협력을 이루어야 하고, 협력체계를 조성하는 것은 어디까지나 **임의적으로 하여야** 하고 **강제적 협조는 안** 된다.

2 경비경찰의 수단

(1) 경비수단의 원칙

균형의 원칙	경비수단으로 경찰력을 행사할 때는 상황과 대상에 따라 주력부대와 예비부대를 유효적절하 게 활용, **한정된 경력의 투입으로 최대한의 효과**를 얻을 수 있도록 경력의 운용을 균형있게 하여 야 한다는 원칙이다.
위치의 원칙	사태 진압시의 실력행사에 있어서 **가장 유리한 지형·지물·위치 등을 확보**하여 작전수행이나 진압 을 용이하게 한다는 원칙이다.
적시(시점)의 원칙	**상대방의 저항력이 가장 허약한 시점**을 포착하여 집중적이고 강력한 실력행사를 하여야 한다는 원칙이다(적시타의 묘).
안전의 원칙	작전시의 변수의 발생은 사회적으로 큰 파장을 미칠 수 있으므로 경찰병력이나 군중들을 사고 없이 안전하게 진압하여야 한다는 원칙이다.

(2) 경비수단의 종류

방법	종류	내용 및 근거
간접적 실력행사	경고	① 사실상의 통지행위(주의 및 일정한 행위 촉구)이며 **임의처분**에 해당 ② 근거: 「**경찰관 직무집행법**」 제5조(위험발생의 방지) ③ 경비사태를 **예방·경계·진압**하기 위하여 발할 수 있는 조치임
직접적 실력행사	제지	① 직접적 실력행사(**대인적 즉시강제**) → 행정상 강제집행에 해당 X ② 근거: 「**경찰관 직무집행법**」 제6조 ③ 제지의 방법 : 반드시 필요한 한도 내에서 그쳐야 함(비례의 원칙) ④ 무기 사용가능 : 무기사용요건 및 **합리성·필요성·상당성·보충성의 원칙** 등이 엄격히 　적용됨
	체포	① 직접적 실력행사(상대방의 신체를 구속하는 강제처분) ② 근거 : 「**형사소송법**」 제212조 　↳ 경찰관 직무집행법 X ③ 체포는 명백한 위법일 때 실력을 행사하는 행위임

※ 실력행사에는 **정해진 순서는 없음**(주어진 경비상황이 경비수단의 행사요건에 해당하는지 여부에 따라 적절
　히 행사할 수 있음)

THEME 04 행사안전경비(혼잡경비)

1 의의

① 대규모의 공연, 기념행사, 경기대회, 제례의식 등 기타 각종 행사를 위해 모인 **미조직된 군중**에 의하여 발생
하는 인위적·자연적 혼란상태를 사전에 예방·경계하고 위험한 사태가 발생한 경우 신속히 조치하여 확대
되는 것을 방지하는 경비경찰활동이다.
     └ 조직화된 군중 X
② 특별히 개인이나 단체의 **불법행위를 전제로 하지 않는다.**
③ 국자법 제3조(경찰의 임무), 경찰관 직무집행법 제5조(위험발생의 방지), 제6조(범죄의 예방과 제지), 제7
조(위험방지를 위한 출입), 경비업법 시행령 제30조(경비가 필요한 시설 등에 대한 경비의 요청), 공연법
제11조(재해예방조치) 등이 행사안전경비의 근거가 된다.

2 군중정리의 원칙

밀도의 희박화	① 가급적 많은 사람이 모이는 것을 회피케 함(제한된 면적이 많이 모이면 충돌혼잡야기) ② 모이는 장소에 **사전에 블럭화** 예 바리게이트 설치
이동의 일정화	군중들을 **일정**(여러 X) 방향으로 이동시켜 주위의 상황을 파악할 수 있는 여건을 조성함
경쟁적 사태의 해소	경쟁적 사태는 남보다 먼저 가려고 하는 군중의 심리상태로 순서에 의하여 움직일 때 순조롭게 모든 일이 잘될 수 있다는 것을 납득시켜야 함(**차분한 목소리로 안내방송**)
지시의 철저	계속적이고도 자세한 안내방송으로 지시를 철저히

3 부대의 편성과 배치

① 부대는 군중이 입장하기 **전**에 사전에 배치하고 경력은 단계별로 탄력적으로 운영
② 관중석에 배치되는 예비대는 단시간 내에 혼란예상지역에 도달할 수 있도록 **통로 주변 등**(행사장 앞쪽 X)**에 배치**
       ┌ 주최측 X
③ 예비대의 운용여부 판단은 **경찰판단**하에 실시할 사항이며, 주최 측과 협조할 사항은 행사진행 과정 파악,
경비원 활용 권고, 자율적 질서유지 등이 있음

정의(§2)	1. **"공연"**이란 음악·무용·연극·뮤지컬·연예·국악·곡예 등 예술적 관람물을 실연(實演)에 의하여 공중(公衆)에게 관람하도록 하는 행위를 말한다. 다만, 상품 판매나 선전에 따르는 공연은 제외한다. 4. **"공연장"**이란 공연을 주된 목적으로 설치하여 운영하는 시설로서 대통령령으로 정하는 것을 말한다.
재해예방조치 (§11)	① 공연장운영자는 화재나 그 밖의 재해를 예방하기 위하여 그 공연장 종업원의 임무·배치 등 재해대처계획을 수립하여 매년 **관할 특별자치시장·특별자치도지사·시장·군수·구청장**에게 └ 관할 시·도경찰청장 X 신고하여야 한다. 이 경우 특별자치시장·특별자치도지사·시장·군수·구청장은 신고받은 재해대처계획을 관할 **소방서장**에게 하여야 한다. ② ①을 위반하여 재해대처계획을 신고하지 아니한 자에게는 2천만원 이하의 **과태료** 부과한다 └ 벌금 X (§43 ① 제1호).
피난안내 (§11의5)	① 공연장운영자는 화재 등 재해나 그 밖의 위급한 상황의 발생 시 관람자가 안전하게 피난할 수 있도록 공연장에 피난계단·피난통로, 피난설비 등이 표시되어 있는 피난안내도를 갖추어 두거나 피난 절차, 노약자·장애인 등 거동이 불편한 관람자의 피난 방법, 공연의 특수상황, 그 밖에 비상시에 대비하기 위하여 관람자가 알고 있어야 할 사항을 공연 시작 전 관람자에게 주지시켜야 한다. ② ①을 위반하여 피난안내도를 갖추어 두거나 피난안내에 관한 사항을 주지시키는 것 중에 어느 하나를 하지 아니한 자에게는 300만원 이하의 **과태료**를 부과한다(§43 ④ 제1호). └ 벌금 X
재해대처 계획의 신고 등 (시행령 §9)	② 공연장운영자는 공연법 제11조 제1항에 따라 다음 연도의 재해대처계획을 수립하여 매년 12월 31일까지 관할 특별자치시장·특별자치도지사·시장·군수·구청장에게 신고하여야 하며, 신고한 재해대처계획을 변경하려는 경우에는 그 계획을 적용하기 전에 변경신고를 하여야 한다. 다만, 공연장운영자가 공연장을 등록하는 경우에는 공연장 등록 신청과 함께 해당 연도의 재해대처계획을 신고하여야 한다. ③ **공연장 외의 시설**이나 장소에서 1천명 이상의 관람이 예상되는 공연을 하려는 자는 해당 시설이나 장소 운영자와 공동으로 공연 개시 14일 전까지 재해대처계획을 **관할 특별자치시장·특별자치도지사·시장·군수 또는 구청장**에게 신고하여야 하며, 신고한 사항을 변경하려는 └ 관할 소방서장 X 경우에는 해당 공연 **7일 전**(14일 전 X)까지 **변경신고**를 하여야 한다.
경비업법 시행령 (§30)	시·도경찰청장은 행사장 그 밖에 많은 사람이 모이는 시설 또는 장소에서 혼잡 등으로 인한 위험의 발생을 방지하기 위하여 경비원에 의한 경비가 필요하다고 인정되는 때에는 **행사 개최일 전**에 당해 행사의 주최자에게 경비원에 의한 경비를 실시하거나 부득이한 사유로 그것을 실시할 수 없는 경우에는 행사개최 24시간 전까지 시·도경찰청장에게 그 사실을 통지하여 줄 것을 요청할 수 있다.

THEME 05 선거경비

1 선거경비의 의의 및 기본원칙

의의	**종합적인** 경비활동(행사안전경비, 대테러경비, 경호경비, 다중범죄진압 등)이 요구되는 경비활동 └ 대테러경비에 준하는 X
기본 원칙	통상 선거기간 **개시일**부터 개표 **종료시**까지 **비상근무체제** ① 선거기간 **개시일** ~ 선거 **전일** : 경계강화기간 ② **선거일**(06:00) ~ **개표 종료시** : 갑호비상 실시

2 선거기간 및 선거운동(공직선거법)

선거기간 (§33)	대통령	23일(후보자 등록 마감일의 다음 날부터 선거일까지)
	국회의원 및 지방자치단체 의원 및 장	14일(후보자 등록 마감일 후 6일부터 선거일까지)
선거운동기간 (§59)	① 원칙 : **선거기간 개시일**부터 **선거일 전일**까지에 한하여 할 수 있다. ② 예외 : **예비후보자의 선거운동** 등의 경우에는 이러한 선거운동기간의 예외가 인정	

3 신변보호

대통령후보자	① 후보자 : **을호** 경호 → 당선된 자 : **갑호** 경호 ② 신변보호 기간 : **후보등록 시**부터 당선 확정시 까지 └ 선거공고일 X, 후보자등록의 다음날부터 X ③ 신변보호 방법 : 24시간 근접하여 실시 (대통령선거 후보자가 **경호를 원치 않더라도** 항상 직원을 대기시켜 **유세기간에 근접 배치함**)
국회의원 후보자	후보자가 **원할 경우**에 각 선거구를 관할하는 경찰서에서 신변보호요원을 **적정 수 배치함**
비고	「**공직선거법**」에는 공직후보자에 대한 **신변 보호규정 X** - 보호 필요성이 있을 경우 「**경찰관직무집행법**」상 위험발생방지 차원에서 실시

4 투표소 경비(공직선거법)

투표소 등의 질서유지 (§164)	① **투표관리관 또는 투표사무원**은 투표소의 질서가 심히 문란하여 공정한 투표가 실시될 수 없다고 인정하는 때에는 투표소의 질서를 유지하기 위하여 **정복을 한 경찰공무원** 또는 **경찰관서장**에게 **원조를 요구**할 수 있다. (무장 정복경찰 2명 고정 배치 X) ② 원조요구를 받은 경찰공무원 또는 경찰관서장은 **즉시** 이에 따라야 한다.
투표소내외에서의 소란언동금지(§166)	투표소안에서 또는 투표소로부터 100미터안에서 소란한 언동을 하거나 특정 정당이나 후보자를 지지 또는 반대하는 언동을 하는 자가 있는 때에는 **투표관리관 또는 투표사무원**은 이를 제지하고, 그 명령에 불응하는 때에는 **투표소 또는 그 제한거리 밖으로 퇴거하게 할 수 있다.** 이 경우 투표관리관 또는 투표사무원은 필요하다고 인정하는 때에는 정복을 한 경찰공무원 또는 경찰관서장에게 원조를 요구할 수 있다.

사복 X (정복을 한 경찰공무원 주석)

5 개표소 경비(3선 개념)

제1선 (개표소 내부) (공직선거법 §183)	① **선거관리위원장의 책임** 하에 질서를 유지한다. ② **선거관리위원회위원장이나 위원**은 개표소의 질서가 심히 문란하여 공정한 개표가 진행될 수 없다고 인정하는 때에는 개표소의 질서유지를 위하여 **정복**을 한 **경찰공무원** 또는 **경찰관서장**에게 원조를 요구할 수 있다. ③ 원조요구를 받은 경찰공무원 또는 경찰관서장은 **즉시** 이에 **따라야 한다.** *(따를 수 있다 X / 경찰서장 X)* ④ 요구에 의하여 개표소 안에 들어간 경찰공무원 또는 경찰관서장은 **선거관리위원회위원장**의 지시를 받아야 하며, 질서가 회복되거나 **위원장**의 요구가 있는 때에는 **즉시** 개표소에서 퇴거**하여야 한다.** *(위원 X / 할 수 있다 X)* ⑤ **원조요구를 받은 경찰관의 경우를 제외**하고는 누구든지 개표소 안에서 무기나 흉기 또는 폭발물을 지닐 수 없다. *(원칙적으로 무기등을 휴대 X)*
제2선 (울타리 내곽)	① 선거관리위원회와 **합동**으로 출입자를 통제 ② 2선의 출입문은 되도록 **정문만을 사용**하고 기타 출입문은 시정함
제3선 (울타리 외곽)	검문조·순찰조를 운영하여 위해 불심자 접근을 차단함
안전 유지	선관위 요청시 **경찰**은(선관위원회 X) **소방·한전** 등 유관기관과 협조하여 개표소 내·외곽에 대한 사전 안전검측을 실시하고, 안전을 유지
우발상황의 대비	신속대응팀 및 예비대 출동대기하고 상황발생시 사후 사법처리를 위한 채증조를 운영

THEME 06 집회·시위의 관리

1 다중범죄의 의의

특정 집단의 주의·주장을 관철하기 위한 어느 정도 **조직된**(미조직 X) 다수에 의한 **불법집단**행동임(반드시 지도자가 있어야 하는 것은 아님)

2 다중범죄의 특징

확신적 행동성	자신의 사고가 **정의라는 확신**을 가지고 행동하므로 과감하고 전투적인 경우가 많음 **(투신이나 분신자살 등이 그 대표적인 예)**
조직적 연계성	다중범죄는 **특정한 조직에 기반**을 두고 뚜렷한 목적의식을 가지고 있으므로 소속되어 있는 단체의 설치목적이나 활동방침을 분명하게 파악하는 것이 사태의 진상파악에 도움이 됨
부화뇌동적 파급성	다중범죄의 발생은 군중심리의 영향을 많이 받아 일단 발생하면 **부화뇌동**으로 인하여 갑자기 확대될 수도 있음
비이성적 단순성	시위군중은 행동에 대한 의혹이나 불안을 갖지 않고 과격·단순하게 행동하며 **비이성적**인 ↳ 이성적 X 경우가 많아 **주장 내용이 편협하고 타협, 설득이 어려움**

3 다중범죄의 정책적 치료법(정책적 해결)

선수승화법	특정 사안의 불만집단에 대한 정보활동을 강화하여 **사전에 불만 및 분쟁요인을 찾아내어 해소해** 주는 방법 예 재개발과 관련하여 세입자들의 대규모 시위가 예상되어 사전에 불만을 제거하는 행위
전이법	① 다중범죄의 발생 징후나 이슈가 있을 때 집단이나 국민들의 관심을 집중시킬 수 있는 경이적인 사건을 폭로하거나 규모가 큰 행사를 개최함으로써 **원래의 이슈가 상대적으로 약화**되도록 하는 방법임 예 대규모 반정부 시위가 예고되자, 대통령이 남북정상회담을 공개하는 행위
지연정화법	불만집단의 고조된 주장을 **시간을 끌어** 이성적으로 사고할 기회를 부여하고 정서적으로 감정을 둔화시켜서 **흥분을 가라앉게 하는 방법**임
경쟁행위법	불만집단과 이에 **반대하는 대중의견을 크게 부각**시켜 불만집단이 위압되어 자진해산 분산되도록 하는 방법임 예 지하철 노조 파업시 반대하는 대중의견을 언론에 노출시켜 스스로 파업을 철회하는 경우

4 진압의 원칙(물리적 해결)

(1) 진압의 기본원칙

봉쇄·방어	군중들이 중요시설 등의 점거를 시도할 경우 **사전에 부대가 점령하거나 바리케이드 등으로 봉쇄**
차단·배제	군중이 집결 전 **중간에서 차단**하는 방법(중요 목지점 검문 등)
세력분산	일단 집결한 시위대를 장비 등을 사용하여 수개의 소집단으로 분산
주동자 격리	주모자를 사전에 검거, 군중과 격리를 통해 집단적 결속력 **약화**(강화 X)

(2) 진압의 3대원칙

신속한 해산	시위군중은 군중심리로 격화·확대되기 쉽고 파급성이 강하므로 초기단계부터 신속히 해산
주모자 체포	주동적으로 행동하는 자부터 체포하여 분리
재집결 방지	재집결 가능성 높은 곳에 순찰과 검문검색 강화

신주재

THEME 07 재난 및 안전관리 기본법

1 주요내용

<table>
<tr>
<td rowspan="1">정의
(§3)</td>
<td>

1. "**재난**"이란 국민의 생명·신체·재산과 국가에 피해를 주거나 줄 수 있는 것으로서 다음 각 목의 것을 말한다.

    가. **자연재난**: 태풍, 홍수, 호우(豪雨), 강풍, 풍랑, 해일(海溢), 대설, 한파, 낙뢰, 가뭄, 폭염, 지진, 황사(黃砂), 조류(藻類) 대발생, 조수(潮水), 화산활동, 「우주개발 진흥법」에 따른 자연우주물체의 추락·충돌, 그 밖에 이에 준하는 자연현상으로 인하여 발생하는 재해

    나. **사회재난**(인적재난 X): 화재·붕괴·폭발·교통사고(항공사고 및 해상사고를 포함한다)·화생방사고·환경오염사고·다중운집인파사고 등으로 인하여 발생하는 대통령령으로 정하는 규모 이상의 피해와 국가핵심기반의 마비, 「감염병의 예방 및 관리에 관한 법률」에 따른 감염병 또는 「가축전염병예방법」에 따른 가축전염병의 확산, 「미세먼지 저감 및 관리에 관한 특별법」에 따른 미세먼지, 「우주개발 진흥법」에 따른 인공우주물체의 추락·충돌 등으로 인한 피해   **사자재난**

3. "**재난관리**"란 재난의 **예방·대비·대응 및 복구**를 위하여 하는 모든 활동을 말한다.

4. "**안전관리**"란 재난이나 그 밖의 각종 사고로부터 사람의 생명·신체 및 재산의 안전을 확보하기 위하여 하는 모든 활동을 말한다.

5. "**재난관리책임기관**"이란 재난관리업무를 하는 다음 각 목의 기관을 말한다.

    가. 중앙행정기관 및 지방자치단체(「제주특별자치도 설치 및 국제자유도시 조성을 위한 특별법」 제10조 제2항에 따른 행정시를 포함한다)

    나. 지방행정기관·공공기관·공공단체(공공기관 및 공공단체의 지부 등 지방조직을 포함한다) 및 재난관리의 대상이 되는 중요시설의 관리기관 등으로서 대통령령으로 정하는 기관

5의2. "**재난관리주관기관**"이란 재난이나 그 밖의 각종 사고에 대하여 그 유형별로 예방·대비·대응 및 복구 등의 업무를 주관하여 수행하도록 대통령령으로 정하는 관계 중앙행정기관을 말한다.

6. "**긴급구조**"란 재난이 발생할 우려가 현저하거나 재난이 발생하였을 때에 국민의 생명·신체 및 재산을 보호하기 위하여 긴급구조기관과 긴급구조지원기관이 하는 인명구조, 응급처치, 그 밖에 필요한 모든 긴급한 조치를 말한다.

7. "**긴급구조기관**"이란 소방청·소방본부 및 소방서를 말한다. 다만, 해양에서 발생한 재난의 경우에는 해양경찰청·지방해양경찰청 및 해양경찰서를 말한다.

8. "**긴급구조지원기관**"이란 긴급구조에 필요한 인력·시설 및 장비, 운영체계 등 긴급구조능력을 보유한 기관이나 단체로서 **대통령령으로 정하는 기관**과 단체를 말한다.
    ↳ 동법 시행령 제4조 제1호는 경찰청을 규정

12. "**국가핵심기반**"이란 에너지, 정보통신, 교통수송, 보건의료 등 국가경제, 국민의 안전·건강 및 정부의 핵심기능에 중대한 영향을 미칠 수 있는 시설, 정보기술시스템 및 자산 등을 말한다.

</td>
</tr>
</table>

중앙재난안전대 책본부 등 (§14)	① 대통령령으로 정하는 대규모 재난의 대응·복구("수습") 등에 관한 사항을 총괄·조정하고 필요한 조치를 하기 위하여 **행정안전부**(국무조정실 X)에 **중앙재난안전대책본부**("중앙대책본부")를 둔다. ③ 중앙대책본부의 본부장은 **행정안전부장관**이 되며, 중앙대책본부장은 중앙대책본부의 업무를 총괄하고 필요하다고 인정하면 중앙재난안전대책본부회의를 소집할 수 있다. 다만, 해외재난의 경우에는 **외교부장관**이, 「원자력시설 등의 방호 및 방사능 방재 대책법」 제2조 제1항 제8호에 따른 방사능재난의 경우에는 같은 법 제25조에 따른 **중앙방사능방재대책본부의 장**이 각각 중앙대책본부장의 권한을 행사한다. ④ ③에도 불구하고 재난의 효과적인 수습을 위하여 **국무총리가 범정부적 차원의 통합 대응**이 필요하다고 인정하는 경우에는 **국무총리**가 중앙대책본부장의 권한을 행사할 수 있다 (§14 ④ 제1호).
재난분야 위기 관리 매뉴얼 작성·운용 (§34의5)	① 재난관리책임기관의 장은 재난을 효율적으로 관리하기 위하여 재난유형에 따라 다음 각 호의 위기관리 매뉴얼을 작성·운용하여야 한다. 이 경우 재난대응활동계획과 위기관리 매뉴얼이 서로 연계되도록 하여야 한다. 1. **위기관리 표준매뉴얼**: 국가적 차원에서 관리가 필요한 재난에 대하여 재난관리 체계와 관계 기관의 임무와 역할을 규정한 문서로 위기대응 실무매뉴얼의 작성 기준이 되며, 재난관리주관기관의 장이 작성한다. 다만, 다수의 재난관리주관기관이 관련되는 재난에 대해서는 관계 재난관리주관기관의 장과 협의하여 행정안전부장관이 위기관리 표준매뉴얼을 작성할 수 있다. 2. **위기대응 실무매뉴얼**: 위기관리 표준매뉴얼에서 규정하는 기능과 역할에 따라 실제 재난대응에 필요한 조치사항 및 절차를 규정한 문서로 재난관리주관기관의 장과 관계 기관의 장이 작성한다. 이 경우 재난관리주관기관의 장은 위기대응 실무매뉴얼과 제1호에 따른 위기관리 표준매뉴얼을 통합하여 작성할 수 있다. 3. **현장조치 행동매뉴얼**: 재난현장에서 임무를 직접 수행하는 기관의 행동조치 절차를 구체적으로 수록한 문서로 위기대응 실무매뉴얼을 작성한 기관의 장이 지정한 기관의 장이 작성하되, **시장·군수·구청장**은 재난유형별 현장조치 행동매뉴얼을 통합하여 작성할 수 있다. (경찰서장 X) 다만, 현장조치 행동매뉴얼 작성 기관의 장이 다른 법령에 따라 작성한 계획·매뉴얼 등에 재난유형별 현장조치 행동매뉴얼에 포함될 사항이 모두 포함되어 있는 경우 해당 재난유형에 대해서는 현장조치 행동매뉴얼이 작성된 것으로 본다.
재난사태 선포 (§36)	① **행정안전부장관**은 대통령령으로 정하는 재난이 발생하거나 발생할 우려가 있는 경우 사람 (국무총리 X) 의 생명·신체 및 재산에 미치는 중대한 영향이나 피해를 줄이기 위하여 긴급한 조치가 필요하다고 인정하면 **중앙위원회의 심의**를 거쳐 **재난사태**를 선포할 수 있다. 〈단서 생략〉 (특별재난지역 X)
특별재난지역 (§60)	① **중앙대책본부장**은 대통령령으로 정하는 규모의 재난이 발생하여 국가의 안녕 및 사회질서의 유지에 중대한 영향을 미치거나 피해를 효과적으로 수습하기 위하여 특별한 조치가 필요하다고 인정하거나 지역대책본부장의 요청이 타당하다고 인정하는 경우에는 **중앙위원회의 심의를 거쳐** 해당 지역을 **특별재난지역**으로 선포할 것을 **대통령**에게 건의할 수 있다. ③ 특별재난지역의 선포를 건의받은 **대통령**은 해당 지역을 **특별재난지역**으로 선포할 수 있다.

2 재난관리체계

예방 또는 완화단계	① 재난요인을 사전에 제거하려는 행위, 피해 가능성을 최소화하는 행위, 또한 그 피해를 분산시키는 과정임. ② 정부합동안전 점검, **재난관리체계 등의 평가** 활동이 있음
대비단계	① 재난발생을 예상하여 그 피해를 최소화하고, 원활한 대응을 위한 준비를 수행하는 과정 ② 각 기능별 재난대응 활동계획 작성, **재난분야 위기관리 매뉴얼 작성**, 재난대비훈련 등이 있음
대응단계	① 실제로 재난이 발생했을 때 수행해야 할 행동을 의미함 ② 응급조치, 긴급구조 등이 있음
복구단계	① 재난으로 인한 혼란상태가 상당히 안정되고 응급적인 인명구조와 재산의 보호활동이 이루어진 후에 재난 전의 정상상태로 회복시키기 위한 여러 활동을 말함 ② **재난피해조사, 특별재난지역 선포** 등이 있음

3 위험경보의 발령 및 위험구역 설정

위험경보 발령 (§38)	① **재난관리주관기관의 장**은 대통령령으로 정하는 재난에 대한 징후를 식별하거나 재난발생이 예상되는 경우에는 그 위험 수준, 발생 가능성 등을 판단하여 그에 부합되는 조치를 할 수 있도록 위기경보를 발령할 수 있다. 다만, 예외적인 상황인 경우에는 행정안전부장관이 위기경보를 발령할 수 있다. ② ①에 따른 위기경보는 재난 피해의 전개 속도, 확대 가능성 등 재난상황의 심각성을 종합적으로 고려하여 관심·주의·경계·심각으로 구분할 수 있다. 다만, 다른 법령에서 재난 위기경보의 발령 기준을 따로 정하고 있는 경우에는 그 기준을 따른다. ③ 재난관리주관기관의 장은 **심각**_{ㄴ 경계 X}경보를 발령 또는 해제할 경우에는 행정안전부장관과 사전에 협의하여야 한다. 다만, 긴급한 경우에 재난관리주관기관의 장은 우선 조치한 후 지체 없이 행정안전부장관과 협의하여야 한다.
위험구역 설정 (§41)	① **시장·군수·구청장과 지역통제단장**(대통령령으로 정하는 권한을 행사하는 경우에만 해당)은 재난이 발생하거나 발생할 우려가 있는 경우에 사람의 생명 또는 신체에 대한 위해 방지나 질서의 유지를 위하여 필요하면 위험구역을 설정하고, 응급조치에 종사하지 아니하는 사람에게 다음 각 호의 조치를 명할 수 있다. 1. 위험구역에 출입하는 행위나 그 밖의 행위의 금지 또는 제한 2. 위험구역에서의 퇴거 또는 대피
강제대피조치 (§42)	① **시장·군수·구청장과 지역통제단장**(대통령령으로 정하는 권한을 행사하는 경우에만 해당)은_{ㄴ 경찰관서의 장 X} 대피명령을 받은 사람 또는 위험구역에서의 퇴거나 대피명령을 받은 사람이 그 명령을 이행하지 아니하여 위급하다고 판단되면 그 지역 또는 위험구역 안의 주민이나 그 안에 있는 사람을 강제로 대피 또는 퇴거시키거나 선박·자동차 등을 견인시킬 수 있다. ② 시장·군수·구청장 및 지역통제단장은 ①에 따라 주민 등을 강제로 대피 또는 퇴거시키기 위하여 필요하다고 인정하면 관할 경찰관서의 장에게 필요한 인력 및 장비의 지원을 요청할 수 있다.
통행제한 (§43)	① **시장·군수·구청장과 지역통제단장**(대통령령으로 정하는 권한을 행사하는 경우에만 해당)은 응급조치에 필요한 물자를 긴급히 수송하거나 진화·구조 등을 하기 위하여 필요하면 대통령령으로 정하는 바에 따라 경찰관서의 장에게 도로의 구간을 지정하여 해당 긴급수송 등을 하는 차량 외의 차량의 통행을 금지하거나 제한하도록 요청할 수 있다. ② ①에 따른 요청을 받은 경찰관서의 장은 특별한 사유가 없으면 요청에 따라야 한다.

THEME 08 경찰 재난관리 규칙

1 총칙

목적 (§1)	이 규칙은 「재난 및 안전관리 기본법」에 따른 경찰의 재난관리체계를 확립하고, 경찰의 재난관리에 관한 사항을 규정함을 목적으로 한다.
임무 (§2)	① **치안상황관리관**은 경찰의 재난관리 업무를 총괄·조정한다. ② 재난관리와 관련하여 **경찰청 국·관은 별표 1의 임무**를 수행한다.
다른 규칙과의 관계 (§3)	경찰청과 그 소속기관이 수행하는 각종 재난 및 관리업무에 관하여 **다른 규칙에 특별한 규정이 있는 경우를 제외하고는** 이 규칙에서 정하는 바에 따른다.

보충 경찰청 국·관별 재난관리 임무(§2 [별표 1])

국·관	임무
치안상황관리관	○ 재난대책본부 및 재난상황실 운영 ○ **재난관리를 위한 관계기관과의 협력** ○ 재난피해우려지역 예방 순찰 및 재난취약요소 발견 시 초동조치 ○ 재난지역 주민대피 지원
대변인	○ 경찰의 재난관리 관련 홍보
감사관	○ 재난상황 시 재난관리태세 점검
기획조정관	○ 재난관리와 관련한 예산의 조정·지원
경무인사기획관	○ 경찰관·경찰관서의 피해 예방 및 피해 발생 시 대응·복구 ○ 재난상황 시 직원 복무 및 사기 관리
생활안전국	○ 재난지역 범죄예방활동 ○ 재난지역 총포·화약류 안전관리
교통국	○ 재난대비 교통취약지 예방 순찰 및 취약요소 발견 시 초동조치 ○ 재난지역 교통통제 및 긴급차량 출동로 확보 ○ 재난지역 교통안전시설 관리 ○ 재난 관련 인적·물적자원의 이동 시 교통안전 확보
경비국	○ 재난관리를 위한 **경찰부대 및 장비 동원** ○ 재난관리 필수시설의 안전관리
공공안녕정보국	○ 재난취약요소에 대한 정보활동 ○ 재난상황 시 국민 안전을 확보하기 위한 정보활동
외사국	○ 해외 재난안전정보 수집 ○ 재난지역 체류 외국인 관련 치안활동

형사국	O 재난지역 강도·절도 등 민생침해범죄의 예방 및 검거 O 재난으로 인한 인명피해 발생 시 원인이 되는 불법행위에 대한 수사
수사국	O 재난 관계 법령 위반 행위에 대한 수사 O 매점매석 등 사회혼란 야기 행위에 대한 수사 O 감염병·가축전염병의 확산으로 인한 재난 발생 시 역학조사 지원 O 기타 재난 발생의 원인이 되는 불법행위에 대한 수사
과학수사관리관	O 재난상황으로 인한 사상자 신원확인
사이버수사국	O 온라인상 허위정보의 생산·유포 행위 대응 및 수사 O 온라인상 매점매석 등 사회혼란 야기 행위에 대한 수사
안보수사국	O 재난지역 국가안보 위해요소 점검

※ 경찰청과 그 소속기관 직제 개정(2022년 12월 29일)으로 정보화장비정책관은 폐지가 되고 대신 제10조의2 미래치안정책국으로 신설되어 이 내용을 삭제

2 재난상황실

경찰청 재난 상황실	**구성** (§5)	① 재난상황실에는 재난상황실장 1명을 두며 **상황실장은 위기관리센터장**으로 한다. ② 재난상황실에 **총괄반, 분석반, 상황반**을 둔다.
재난대책본부	**설치(§11)**	**경찰청장**은 인명 또는 재산의 피해정도가 매우 큰 재난 또는 사회적, 경제적으로 광범위한 영향이 있는 재난이 발생하였거나 발생할 우려가 있어 이에 대한 전국적인 관리가 필요하다고 인정하는 경우 경찰청에 재난대책본부를 설치할 수 있다.
	재난대책 본부의 설치 및 운영(§16)	① **시·도경찰청등의 장**은 경찰청에 재난대책본부가 설치되었거나, 관할 지역 내 재난이 발생하였거나 발생할 우려가 있는 경우 시·도경찰청등에 재난대책본부를 설치할 수 있다. ② **시·도경찰청의 본부장**은 시·도경찰청장이 지정하는 차장 또는 부장으로 한다. ③ **경찰서의 본부장**(시·도경찰청의 재난대책본부장 X)은 재난업무를 주관하는 부서의 장으로 한다.
재난관리의 실행	**예방·대비(§17)**	① **시·도경찰청등의 장**(경찰청장 X)은 재난 요인을 사전에 제거하거나 감소시킴으로써 재난 발생 자체를 억제 또는 방지하기 위한 재난예방대책을 수립·시행하여야 한다. ③ **시·도경찰청등의 장**은 재난으로 인해 경찰관서의 고립이 우려되는 경우 사전에 소요물자의 비축 등 필요한 조치를 하여야 한다.
	대응(§18)	① **시·도경찰청등의 장**은 관할 지역에서 재난이 발생하였거나 발생이 임박한 경우 그 피해를 최소화하기 위하여 다음 각 호 중 필요한 조치를 하여야 한다. 1. **현장 접근통제 및 우회로 확보** 2. 교통관리 및 치안질서유지 활동 3. 긴급구조 및 주민대피 지원 4. 그 밖에 재난 대응을 위한 조치
	현장지휘본부의 설치(§20)	① **시·도경찰청등의 장**은 관할 지역 내 재난이 발생한 경우 재난 현장의 대응 활동을 총괄하기 위하여 현장지휘본부를 설치할 수 있다.

3 재난발생 시 현장지휘본부의 기능별 임무(경찰 재난관리 규칙 §20② [별표 2])

지원팀	임 무
전담반	• **현장지휘본부 운영 총괄·조정** • 재난안전상황실 업무협조 • 현장상황 등 보고·전파
112	• 재난지역 및 중요시설 주변 순찰활동 • **피해지역 주민 소개 등 대피 및 접근 통제**
경 무	• 현장지휘본부 사무실, 차량, 유·무선 통신시설 등 설치 • 그 밖에 예산, 장비 등 행정업무 지원
홍 보	• 경찰 지원활동 등 언론대응 및 홍보
경 비	• 재난지역 및 중요시설 등 경비 • **경찰통제선 설정·운용**
교 통	• **비상출동로 지정·운용** • 현장주변에 대한 교통통제 및 우회로 확보 등 교통관리
생 안	• 재난지역 범죄예방활동 • 재난지역 총포, 화약류 안전관리 강화
수 사	• 실종자·사상자 현황 파악 및 수사 • 민생침해범죄의 예방 및 수사활동
정 보	• 재난지역 집단민원 파악 • 관계기관 협조체제 및 대외 협력관계 유지

1 통합방위기구

통합방위 협의회	중앙 (§4)	① **국무총리 소속**(대통령X)으로 중앙 통합방위협의회를 둔다. ② 의장 : **국무총리**
	지역 (§5)	① 시도지사 소속(특별시·광역시·특별자치시·도·특별자치도)으로 통합방위협의회(시·도협의회)를 둔다. ② 의장 : **시·도지사**
통합방위본부 (§8)		① 합동참모본부에 통합방위본부를 둔다. ② 통합방위본부에는 **본부장과 부본부장 1명**씩을 두되, 통합방위본부장은 합동참모의장이 되고 부본부장은 합동참모본부에서 군사작전에 대한 기획 등 작전 업무를 총괄하는 참모 부서의 장이 된다.

2 통합방위사태

유형 (§2)	갑종 사태	일정한 조직체계를 갖춘 적의 대규모 병력 침투 또는 대량살상무기 공격 등의 도발로 발생한 비상사태로서 **통합방위본부장 또는 지역군사령관**의 지휘·통제 하에 통합방위작전을 수행하여야 할 사태를 말한다. **통지**
	을종 사태	일부 또는 여러 지역에서 적이 침투·도발하여 **단기간 내**에 치안이 회복되기 어려워 **지역군사령관**의 지휘·통제 하에 통합방위작전을 수행하여야 할 사태를 말한다. **지**
	병종 사태	적의 침투·도발 위협이 예상되거나 소규모의 적이 침투하였을 때에 **지역군사령관, 시·도경찰청장 또는 함대사령관**의 지휘·통제 하에 통합방위작전을 수행하여 단기간 내에 치안이 회복될 수 있는 사태를 말한다. **지시함**

	사 유	건의권자	선포권자
선포 (§12)	• **갑종**사태에 해당하는 상황이 발생 • 2 이상의 특별시·광역시·특별자치시·도·특별자치도에 걸쳐 **을종**사태에 해당하는 상황이 발생	**국방부장관** ↳ 국무총리를 거쳐	(중앙협의회와 국무회의 심의거쳐) **대통령**
	2 이상의 특별시·광역시·도·특별자치도에 걸쳐 **병종**사태에 해당하는 상황이 발생	**행정안전부장관 또는 국방부장관** ↳ 국무총리를 거쳐	
	을종사태나 병종사태에 해당하는 상황이 발생한 때	**시·도경찰청장, 지역군사령관 또는 함대사령관**	(시·도 협의회의 심의 거쳐) **시·도지사**
통고(§13)		① **대통령**은 통합방위사태를 선포한 때에는 지체 없이 그 사실을 **국회**에 **통고**하여야 한다. ② **시·도지사**는 통합방위사태를 선포한 때에는 지체 없이 그 사실을 **시·도의회에 통고**하여야 한다.	

3 통합방위작전

통합방위작전 (§15)	① 통합방위작전의 관할구역은 다음 각 호와 같이 구분한다. 　　1. 지상 관할구역: 특정경비지역, 군관할지역 및 경찰관할지역 　　2. 해상 관할구역: 특정경비해역 및 일반경비해역 　　3. 공중 관할구역: 비행금지공역(空域) 및 일반공역 ② **지역군사령관**, **시·도경찰청장 또는 함대사령관**은 통합방위사태가 선포된 때에는 즉시 다음 각 호의 구분에 따라 통합방위작전(공군작전사령관의 경우에는 통합방위 지원작전)을 신속하게 수행하여야 한다.　**지시함** 다만, **을종사태가 선포된 경우**에는 **지역군사령관**이 통합방위작전을 수행하고, **갑종사태가 선포된 경우**에는 **통합방위본부장 또는 지역군사령관**이 통합방위작전을 수행한다.　**통지** 　　1. 경찰관할지역: 시·도경찰청장 　　2. 특정경비지역 및 군관할지역: 지역군사령관 　　3. 특정경비해역 및 일반경비해역: 함대사령관 　　4. 비행금지공역 및 일반공역: 공군작전사령관
대피명령(§17)	① **시·도지사 또는 시장·군수·구청장**은 통합방위사태가 선포된 때에는 인명·신체에 대한 위해를 방지하기 위하여 즉시 작전지역에 있는 주민이나 체류 중인 사람에게 **대피할 것을 명할 수 있다.**
검문소의 운용(§18)	① 시·도경찰청장, 지방해양경찰청장(대통령령으로 정하는 해양경찰서장을 포함), 지역군사령관 및 함대사령관은 관할구역 중에서 적의 침투가 예상되는 곳 등에 검문소를 설치·운용할 수 있다. 다만, 지방해양경찰청장이 검문소를 설치하는 경우에는 미리 관할 함대사령관과 협의하여야 한다.
검문소의 설치· 운용 등(시행령 §31)	② 시·도경찰청장은 필요할 때에는 지역군사령관으로부터 예비군을 지원받아 취약지역에 검문소를 설치·운용할 수 있다. ③ 시·도경찰청장등(시·도경찰청장, 지방해양경찰청장, 지역군사령관 및 함대사령관)은 ②에 따라 경찰과 군의 합동검문소를 설치하거나 폐쇄하려면 미리 **통합방위본부장**에게 보고하거나 통보하여야 한다.　↳ 경찰청장 X

4 국가중요시설 경비

정의 **(§2)**	2. **"국가방위요소"**란 통합방위작전의 수행에 필요한 다음 각 목의 방위전력 또는 그 지원 요소를 말한다. 가. 「국군조직법」 제2조에 따른 국군 나. **경찰청·해양경찰청 및 그 소속 기관**과 「제주특별자치도 설치 및 국제자유도시 조성을 위한 특별법」에 따른 자치경찰기구 다. 「소방기본법」 제2조 제5호에 따른 소방대 라. 국가기관 및 지방자치단체(가목부터 다목까지의 경우는 제외한다) 마. 「예비군법」 제3조에 따른 예비군 바. 「민방위기본법」 제17조에 따른 민방위대 사. **제6조에 따라 통합방위협의회를 두는 직장** 10. **"도발"**이란 적이 특정 임무를 수행하기 위하여 대한민국 국민 또는 영역에 위해(危害)를 가하는 모든 행위를 말한다. 11. **"위협"**이란 대한민국을 침투·도발할 것으로 예상되는 적의 침투·도발 능력과 기도(企圖)가 드러난 상태를 말한다. 12. **"방호"**란 적의 각종 **도발**과 **위협**으로부터 인원·시설 및 장비의 피해를 방지하고 모든 기능을 _{└ 경비 X} 정상적으로 유지할 수 있도록 보호하는 작전 활동을 말한다. 13. **"국가중요시설"**이란 공공기관, 공항·항만, 주요산업시설 등 적에 의하여 점령 또는 파괴되거나 기능이 마비될 경우 국가안보와 국민생활에 심각한 영향을 미치는 시설을 말한다.
경비·보안 **및 방호** **(§21)**	① **국가중요시설의 관리자(소유자를 포함)**는 경비·보안 및 방호책임을 지며, 통합방위사태에 대비하여 **자체방호계획**을 수립하여야 한다. 이 경우 국가중요시설의 관리자는 자체방호계획을 수립하기 위하여 필요하면 시·도경찰청장 또는 지역군사령관에게 협조를 **요청할 수 있다.** _{요청하여야 한다 X ◀──┘} ② **시·도경찰청장 또는 지역군사령관**은 통합방위사태에 대비하여 국가중요시설에 대한 **방호지원계획**을 수립·시행하여야 한다. ③ 국가중요시설의 **평시 경비·보안활동**에 대한 지도·감독은 **관계 행정기관의 장과 국가정보원장**이 수 _{시·도경찰청장과 지역군사령관 X} 행한다. ④ 국가중요시설은 **국방부장관**이 관계 행정기관의 장 및 **국가정보원장**과 협의하여 지정한다. _{└ 국가정보원장 X} _{└ 국방부장관 X} ⑤ 국가중요시설의 자체방호, 방호지원계획, 그 밖에 필요한 사항은 **대통령령**으로 정한다.
경비· **보안 및** **방호** **(시행령** **§32)**	국가중요시설의 경비·보안 및 방호를 위하여 **국가중요시설의 관리자(소유자를 포함)**, 시·도경찰청장, 지역군사령관 및 대대 단위 지역책임 부대장은 다음 각 호의 구분에 따른 업무를 수행하여야 한다. 〈제1호 생략〉 2. **시·도경찰청장 및 지역군사령관**의 경우에는 관할 지역 안의 국가중요시설에 대하여 군·경찰·예비군 및 민방위대 등의 국가방위요소를 통합하는 것을 내용으로 하는 방호지원계획의 수립·시행. 이 경우 경찰은 경찰서 단위의 방호지원계획을 수립·시행하고 군은 대대 단위의 방호지원계획을 수립·시행하여야 한다. 3. **관리자, 대대 단위 지역책임 부대장 및 경찰서장**은 국가중요시설의 방호를 위한 역할분담 등에 관한 협정을 체결하고, 자체방호계획 또는 대대 단위나 경찰서 단위의 방호지원계획을 작성하거나 변경하는 때에는 그 사실을 서로 통보한다.

1 총칙

목적(§1)	**경찰 비상업무 규칙(훈령)**은 「경찰공무원 복무규정」 제14조 제2항 및 「국가공무원 복무규칙」 제39조 제3항의 규정에 따라 치안상의 비상상황에 대한 지역별, 기능별 경찰력의 운용과 활동체계를 규정함으로써 비상상황에 효율적으로 대응함을 목적으로 한다.
정의(§2)	1. **"비상상황"**이라 함은 대간첩·테러, 대규모 재난 등의 긴급 상황이 발생하거나 발생할 우려가 있는 경우 또는 다수의 경력을 동원해야 할 치안수요가 발생하여 치안활동을 강화할 필요가 있는 때를 말한다. 2. **"지휘선상 위치 근무"**라 함은 비상연락체계를 유지하며 유사시 1시간 이내에 현장지휘 및 현장근무가 **가능한 장소에 위치**하는 것을 말한다. 3. **"정위치 근무"**라 함은 감독순시·현장근무 및 사무실 대기 등 **관할구역 내에 위치**하는 것을 말한다. 4. **"정착근무"**라 함은 사무실 또는 상황과 관련된 **현장에 위치**하는 것을 말한다. 5. **"필수요원"**이라 함은 전 경찰공무원 및 일반직공무원(이하 "경찰관 등"이라 한다) 중 경찰기관의 장이 지정한 자로 비상소집 시 1시간 이내에 응소하여야 할 자를 말한다. 6. **"일반요원"**이라 함은 필수요원을 **제외한** 경찰관 등으로 비상소집 시 2시간 이내에 응소하여야 할 자를 말한다. 7. **"가용경력"**이라 함은 총원에서 휴가·출장·교육·파견 등을 **제외**하고 실제 동원될 수 있는 모든 인원을 말한다. ↳ 포함 X 8. **"소집관"**이라 함은 비상근무발령권자로부터 권한을 위임받아 비상근무발령에 따른 비상소집을 지휘·감독하는 주무 참모 또는 상황관리관(상황관리관의 임무를 수행하는 자를 포함한다)을 말한다. 9. **"작전준비태세"**라 함은 '경계강화'단계를 발령하기 이전에 **별도의 경력동원 없이** 경찰작전부대의 출동태세 점검, 지휘관 및 참모의 비상연락망 구축 및 신속한 응소체제를 유지하며, 작전상황반을 운영하는 등 필요한 작전 사항을 미리 조치하는 것을 말한다.

2 근무방침과 비상등급 등

근무방침 (§3)	② 비상근무 대상은 **경비·작전·안보·수사·교통 또는 재난관리** 업무와 관련한 비상상황에 국한한다. 다만, **두 종류 이상의 비상상황이 동시에 발생한 경우에는 긴급성 또는 중요도가 상대적으로 더 큰 비상상황(주된 비상상황)의 비상근무로 통합·실시한다.** ③ 적용지역은 전국 또는 일정지역(시·도경찰청 또는 경찰서 관할)으로 구분한다. 다만, 2개 이상의 지역에 관련되는 상황은 **바로 위의 상급 기관에서 주관**하여 실시한다.		
비상근무의 종류 및 등급 (§4)	**비상근무**	1. 경비 소관 : 경비, 작전비상 3. 수사 소관 : 수사비상 5. 치안상황(생활안전X) 소관 : 재난비상	2. 안보 소관 : 안보비상 4. 교통 소관 : 교통비상
	비상등급	1. 갑호 비상 3. 병호 비상 5. 작전준비태세(작전비상시 적용)	2. 을호 비상 4. 경계 강화

3 비상근무 발령 및 해제

발령권자 (§5)	① 비상근무의 발령권자는 다음과 같다. 　1. 전국 또는 2개 이상 시·도경찰청 관할지역 : **경찰청장** 　2. 시·도경찰청 또는 2개 이상 경찰서 관할지역 : **시·도경찰청장** 　3. 단일 경찰서 관할지역 : **경찰서장** ③ ①의 제2호(시·도경찰청 또는 2개 이상 경찰서 관할지역)·3호(단일 경찰서 관할지역)의 경우 비상근무 발령권자는 비상구분, 실시목적, 기간 및 범위, 경력 및 장비동원사항 등을 바로 위의 **상급 기관의 장에게 보고하여 사전에 승인을 얻어야 한다.** 다만, 긴급을 요하는 경우에는 비상근무를 발령하고, 사후에 승인을 얻을 수 있다. ④ 자치경찰사무와 관련이 있는 비상근무가 발령된 경우에는 해당 시·도경찰청장은 자치경찰위원회에 그 발령사실을 통보한다. ⑤ ③의 규정에도 불구하고 '**경계강화, 작전준비태세**'를 발령한 경우에는 **승인을 요하지 아니한다.**
해제 (§6)	① 비상근무의 발령권자는 비상상황이 종료되는 즉시 비상근무를 해제하고, 비상근무 해제 시 제5조 제1항 제2호(시·도경찰청 또는 2개 이상 경찰서 관할지역)·제3호(단일 경찰서 관할지역)의 발령권자는 **6시간 이내**(3시간 이내X)에 해제일시, 사유 및 비상근무결과 등을 **바로 위의 상급 기관의 장에게 보고한다.**

4 근무요령(§7)

	가용경력 동원	지휘관(지구대장, 파출소장은 지휘관에 준함)과 참모의 근무형태
갑호 비상	100%(연가 **중지**)	정착 근무 − 상황과 관련된 현장에 위치
을호 비상	50%(연가 **중지**)	정위치 근무 − 관할구역 내에 위치
병호 비상	30%(연가 **억제**)	**정위치** 또는 **지휘선상** 위치 근무
경계 강화	X	**지휘선상 위치 근무**(정위치 근무 X) − 1시간 이내에 현장지휘 및 현장근무가 가능한 장소에 위치
작전준비태세 (작전비상시 적용)	X	비상연락망 구축하고 신속한 응소체제 유지

5 비상근무의 종류별 정황(§4 ③ [별표1])

구 분		내 용
경비비상	갑호	• 계엄이 선포되기 전의 치안상태 • 대규모 집단사태·테러·재난 등의 발생으로 치안질서가 극도로 혼란하게 되었거나 그 **징후가 현저한 경우** • 국제행사·기념일 등을 전후하여 치안수요의 급증으로 가용경력을 100% 동원할 필요가 있는 경우
	을호	• 대규모 집단사태·테러·재난 등의 발생으로 치안질서가 혼란하게 되었거나 그 **징후가 예견되는 경우** • 국제행사·기념일 등을 전후하여 치안수요가 증가하여 가용경력의 50%를 동원할 필요가 있는 경우
	병호	• 집단사태·테러·재난 등의 발생으로 치안질서의 **혼란이 예견되는 경우** • 국제행사·기념일 등을 전후하여 치안수요가 증가하여 가용경력의 <u>30%</u>를 동원할 필요가 있는 경우 ↳ 50% X
작전비상	갑호	대규모 적정(敵情)이 발생하였거나 발생 **징후가 현저한 경우**
	을호	적정이 발생하였거나 일부 적의 침투가 **예상되는 경우**
	병호	정·첩보에 의해 적 침투에 대비한 고도의 **경계강화가 필요한 경우**
안보비상	갑호	간첩 또는 정보사범 색출을 위한 경계지역 내 검문검색 필요시
	을호	상기 상황하에서 특정지역·요지에 대한 검문검색 필요시
수사비상	갑호	사회이목을 집중시킬만한 중대범죄 발생시
	을호	중요범죄 사건발생시
교통비상	갑호	<u>농무, 풍수설해 및 화재로 극도의 교통혼란 및 사고발생시</u> ↳ 을호 X
	을호	상기 징후가 예상될 시
재난비상	갑호	대규모 재난의 발생으로 치안질서가 극도로 혼란하게 되었거나 그 **징후가 현저한 경우**
	을호	대규모 재난의 발생으로 치안질서가 혼란하게 되었거나 그 징후가 **예견되는 경우**
	병호	재난의 발생으로 치안질서의 **혼란이 예견되는 경우**
경계강화 (기능 공통)		"병호"비상보다는 낮은 단계로, 별도의 경력동원 없이 평상시보다 치안활동을 강화할 필요가 있을 때
작전준비태세 (작전비상시 적용)		"경계강화"를 발령하기 이전에 별도의 경력동원 없이 필요한 작전사항을 미리 조치할 필요가 있을 때

6 비상소집

비상소집(§10)	③ 비상소집을 명할 때에는 비상근무발령서에 의하되, 비상소집 자동전파장치, 유·무선 전화, 팩스, 방송 기타 신속한 방법을 사용한다. ④ 비상근무발령권자가 아닌 경찰기관(경찰청과 그 소속기관 직제 제2조 제1항 및 제2항의 소속기관을 말한다)의 장은 자체 비상상황의 발생으로 소속 경찰관 등을 비상소집하여야 할 필요가 있다고 판단되는 경우 해당 기관의 소속 경찰관 등을 비상소집할 수 있다. → 비상소집시에는 바로 위의 상급 기관의 장의 승인을 요하지 아니함
소집전달(§11)	① 소집 명령이 하달되면 상황관리관 또는 당직 근무자는 해당 과 및 계, 분직, 지구대에 소집내용이 즉시 전달될 수 있도록 조치하여야 한다.
응소(§12)	② 비상소집명령을 전달받은 자와 이를 알게 된 경찰관 등은 소집 장소로 응소하되, **필수요원**은 1시간 이내에 **일반요원**은 2시간 이내에 응소함을 원칙으로 한다. 다만, 교통수단이 두절되거나 없을 때에는 가까운 경찰서에 응소 후 지시에 따른다.

7 지휘본부의 운영

설치(§17)	② 경찰지휘본부는 당해 지휘본부장이 필요하다고 인정할 때에 설치하며 경찰청 및 시·도경찰청은 **치안상황실에 설치함을 원칙**으로 한다. ③ 각종 상황 발생 시 상황의 효율적인 관리를 위해 필요한 경우 현장 인근에 **현장지휘본부를 설치할 수 있다.**
구성(§18)	② 경찰청 지휘본부의 본부장은 경찰청장이, 시·도경찰청장과 경찰서의 본부장은 당해 시·도경찰청장 및 경찰서장이 된다. ③ 참모는 지휘본부 소속 국장(부장)·과장이 된다.
참모의 위치(§21)	참모는 지휘본부에 위치하여 그 임무를 수행하여야 한다. **다만, 본부장은 비상상황에 따라 각 참모로 하여금 평상시의 근무장소에서 임무를 수행하도록 명할 수 있다.** ↳ 임무를 수행할 수 없다. X

8 연락체계의 유지

유지(§25)	① 각 경찰기관에 근무하는 경찰관 등은 근무시간이 아닌 때에도 항상 소재 파악이 가능하도록 비상연락체계를 유지하여야 한다. ② 새로 임용된 자와 숙소 및 부서를 이동한 자(전·출입), 기타 비상연락망을 변경해야 할 사유가 발생한 자는 연락체계의 유지를 위하여 필요한 사항의 변경이 있는 경우 즉시 별지 제5호 서식에 의하여 변경사항을 주무 부서에 신고하여야 한다.
정비·보완(§27)	① 경찰기관의 장은 제25조 제2항의 규정에 의한 신고를 받은 때에는 별지 제6호 서식에 따른 비상소집연락부와 비상소집 자동전파장치를 즉시 보완·입력하여야 하며, **월 1회 이상** 비상소집연락부 또는 비상소집 자동전파장치를 점검하여야 한다. ↳ 분기 1회 이상 X
징계(§30)	비상소집의 신속 정확한 이행을 위하여 다음 각 호의 자를 경고 또는 징계할 수 있다. 1. 비상소집연락망 신고를 불이행한 자와 전출·입 통보 등을 불이행한 담당자

THEME 11 대테러 업무

1 각국의 대테러 조직

구 분	내 용
SAS (영국)	제2차 세계대전 중 북아프리카 전선의 적 후방에서 작전을 하기 위해서 1941년에 창설. 제2차 대전 후에는 테러진압 부대로 운영되었음. 세계 최초의 전문화된 특수부대로서, 오늘날 여러 다른 나라들의 비슷한 특수부대의 모델이 되었음
SWAT (미국)	SWAT(Special Weapons And Tactics)는 미국 각 주립 경찰서 내에 조직된 특공팀으로서 1967년에 창설
GSG-9 (독일)	**1972년 뮌헨올림픽**에서 「검은 9월단」에 의한 이스라엘 선수 테러사건 발생 후 대테러부대의 필요성을 절감한 서독정부는 연방국경경비대(BGS) 안에 200명으로 구성된 특수부대인 GSG-9를 창설하였다.
GIGN (프랑스)	GIGN(Groupement D'Intervention De La Gendermerie Nationale)는 사우디아라비아 대사관 점거사건 직후인 1973년에 창설(**국가헌병(군인)대 : GIGN, 경찰대테러부대 : GIPN**)

2 국민보호와 공공안전을 위한 테러방지법

정의(§2)	1. "테러"란 **국가·지방자치단체 또는 외국 정부**(개인 X)(외국 지방자치단체와 조약 또는 그 밖의 국제적인 협약에 따라 설립된 국제기구를 포함)의 **권한행사를 방해하거나 의무 없는 일을 하게 할 목적** 또는 **공중**을 협박할 목적으로 하는 다음 각 목의 행위를 말한다.
	
	가. 사람을 **살해**하거나 **사람의 신체를 상해하여 생명에 대한 위험**을 발생하게 하는 행위 또는 사람을 체포·감금·약취·유인하거나 인질로 삼는 행위
	
	나. ~ 라. 〈생략〉
	
	마. 1) ~ 2) 〈생략〉
	
	    4) 핵물질이나 **원자력시설을 파괴**·손상 또는 그 원인을 제공하거나 원자력시설의 정상적인 운전을 방해하여 방사성물질을 배출하거나 방사선을 노출하는 행위
	    ↗ 국가정보원 X
	2. **"테러단체"**란 **국제연합(UN)**이 지정한 테러단체를 말한다.
	3. **"테러위험인물"**이란 테러단체의 조직원이거나 테러단체 선전, **테러자금 모금·기부**, 그 밖에 테러 예비·음모·선전·선동을 하였거나 하였다고 의심할 상당한 이유가 있는 사람을 말한다.
	4. **"외국인테러전투원"**이란 테러를 실행·계획·준비하거나 테러에 참가할 목적으로 **국적국이 아닌 국가의 테러단체에 가입하거나 가입하기 위하여 이동 또는 이동을 시도하는 내국인·외국인을 말한다.**
	6. **"대테러활동"**이란 제1호의 테러 관련 정보의 수집, 테러위험인물의 관리, 테러에 이용될 수 있는 위험물질 등 테러수단의 안전관리, 인원·시설·장비의 보호, 국제행사의 안전확보, 테러위협에의 대응 및 무력진압 등 테러 예방과 대응에 관한 제반 활동을 말한다.
	8. **"대테러조사"**란 대테러활동에 필요한 정보나 자료를 수집하기 위하여 현장조사·문서열람·시료채취 등을 하거나 조사대상자에게 자료제출 및 진술을 요구하는 활동을 말한다.

국가테러 대책위원회(§5)	① 대테러활동에 관한 정책의 중요사항을 심의·의결하기 위하여 국가테러대책위원회를 둔다. ② 대책위원회는 국무총리 및 관계기관의 장 중 대통령령으로 정하는 사람으로 구성하고 위원장은 **국무총리**로 한다.
대테러 인권보호관(§7)	관계기관의 대테러활동으로 인한 국민의 기본권 침해 방지를 위하여 대책위원회 소속으로 대테러 인권보호관 1명을 둔다.
테러위험인물에 대한 정보 수집 등(§9)	① **국가정보원장**은 테러위험인물에 대하여 출입국·금융거래 및 통신이용 등 관련 정보를 수집할 수 있다. 이 경우 출입국·금융거래 및 통신이용 등 관련 정보의 수집은 「출입국관리법」, 「관세법」, 「특정 금융거래정보의 보고 및 이용 등에 관한 법률」, 「통신비밀보호법」의 절차에 따른다. ④ **국가정보원장**은 대테러활동에 필요한 정보나 자료를 수집하기 위하여 대테러조사 및 테러위험인물에 대한 추적을 할 수 있다. 이 경우 사전 또는 사후에 **대책위원회 위원장**에게 보고하여야 한다.

외국인테러전투원에 대한 규제(§13)	① 관계기관의 장은 외국인테러전투원으로 출국하려 한다고 의심할 만한 상당한 이유가 있는 내국인·외국인에 대하여 일시 출국금지를 **법무부장관**에게 요청할 수 있다. ② ①에 따른 일시 출국금지 기간은 **90일**로 한다(연장요청 가능).
신고자 보호 및 포상금(§14)	① 국가는 「특정범죄신고자 등 보호법」에 따라 테러에 관한 신고자, 범인검거를 위하여 제보하거나 검거활동을 한 사람 또는 그 친족 등을 보호하여야 한다. ② 관계기관의 장은 테러의 계획 또는 실행에 관한 사실을 관계기관에 신고하여 테러를 사전에 예방할 수 있게 하였거나, 테러에 가담 또는 지원한 사람을 신고하거나 체포한 사람에 대하여 대통령령으로 정하는 바에 따라 포상금을 **지급할 수 있다. (지급하여야 한다 X)**
테러피해의 지원(§15)	① 테러로 인하여 **신체 또는 재산**(명예 X)의 피해를 입은 국민은 관계기관에 즉시 신고하여야 한다. 다만, 인질 등 부득이한 사유로 신고할 수 없을 때에는 법률관계 또는 계약관계에 의하여 보호의무가 있는 사람이 이를 알게 된 때에 즉시 신고하여야 한다. ② 국가 또는 지방자치단체는 제1항의 피해를 입은 사람에 대하여 대통령령으로 정하는 바에 따라 치료 및 복구에 필요한 비용의 전부 또는 일부를 지원할 수 있다. 다만, 「여권법」 제17조 제1항 단서에 따른 외교부장관의 허가를 받지 아니하고 방문 및 체류가 금지된 국가 또는 지역을 방문·체류한 사람에 대해서는 그러하지 아니하다.
테러단체구성죄 (§17)	① 테러단체를 구성하거나 구성원으로 가입한 사람은 다음 각 호의 구분에 따라 처벌한다. 3. 타국의 외국인테러전투원으로 가입한 사람은 5년 이상의 징역 ② 테러자금임을 알면서도 자금을 조달·알선·보관하거나 그 취득 및 발생원인에 관한 사실을 가장하는 등 테러단체를 지원한 사람은 10년 이하의 징역 또는 1억원 이하의 벌금에 처한다. ③ 테러단체 가입을 지원하거나 타인에게 가입을 권유 또는 선동한 사람은 5년 이하의 징역에 처한다. ④ **① 및 ②의 미수범은 처벌한다.** ⑤ ① 및 ②에서 정한 죄를 저지를 목적으로 예비 또는 음모한 사람은 3년 이하의 징역에 처한다. ⑥ 테러단체 구성죄 등의 죄는 대한민국 영역 **밖에서** 범한 외국인에게도 **국내법**을 적용한다(§19).

3 국민보호와 공공안전을 위한 테러방지법 시행령

국가테러대책 위원회 구성(§3)	**경찰청장**은 국가테러대책위원회의 구성원이고, 대책위원회에는 대책위원회의 사무를 처리하기 위하여 간사를 두는데, 간사는 법 제6조에 따른 대테러센터의 장이 된다.
테러사건대책본부 (§14)	① **경찰청장**은 테러가 발생하거나 발생할 우려가 현저한 경우에는 **국내일반 테러사건대책본부**를 설치·운영하여야 한다.
테러경보의 발령 (§22)	① 대테러센터장은 테러 위험 징후를 포착한 경우 테러경보 발령의 필요성, 발령 단계, 발령 범위 및 기간 등에 관하여 실무위원회의 심의를 거쳐 테러경보를 발령한다. 다만, 긴급한 경우 또는 ②에 따른 <u>**주의 이하**</u>의 테러경보 발령 시에는 실무위원회의 심의 절차를 생략할 수 있다. ↳경계 이하 X ② 테러경보는 테러위협의 정도에 따라 **관심·주의·경계·심각**의 4단계로 구분한다. ③ 대테러센터장은 테러경보를 발령하였을 때에는 즉시 위원장에게 보고하고, 관계기관에 전파하여야 한다.
상황 전파 및 초동 조치(§23)	② 관계기관의 장은 테러사건이 발생한 경우 사건의 확산 방지를 위하여 신속히 다음 각 호의 초동 조치를 하여야 한다. 1. **사건 현장의 통제·보존 및 경비 강화** 2. 긴급대피 및 구조·구급 3. 관계기관에 대한 지원 요청 4. 그 밖에 사건 확산 방지를 위하여 필요한 사항 ③ 국내 일반테러사건의 경우에는 대책본부가 설치되기 전까지 테러사건 발생 지역 관할 경찰관서의 장이 ②에 따른 초동 조치를 지휘·통제한다.
테러사건 대응(§24)	① 대책본부의 장은 테러사건에 대한 대응을 위하여 필요한 경우 현장지휘본부를 설치하여 상황 전파 및 대응 체계를 유지하고, 조치사항을 체계적으로 시행한다. ② 대책본부의 장은 테러사건에 신속히 대응하기 위하여 필요한 경우에 관계기관의 장에게 인력·장비 등의 지원을 요청할 수 있다. 이 경우 요청을 받은 관계기관의 장은 특별한 사유가 없으면 요청에 따라야 한다.

4 「테러취약시설 안전활동에 관한 규칙」의 주요 내용

목적(§1)	이 규칙은 「경찰법」 제3조, 「경찰관 직무집행법」 제2조, 「통합방위법」 및 동법 시행령, 「통합방위지침」(대통령훈령), 「국민보호와 공공안전을 위한 테러방지법」 및 동법 시행령, 「외교관계에 관한 비엔나협약」에 따른 테러취약시설에 대한 안전활동에 관하여 필요한 사항을 규정함을 목적으로 한다.
정의(§2)	1. **"테러취약시설"**이란 테러 예방 및 대응을 위해 경찰이 관리하는 다음 각 목의 시설·건축물 등 중 경찰청장이 지정하는 것을 말한다. 　가. 국가중요시설 　나. 다중이용건축물등 　다. 공관지역 　라. 미군 관련 시설 　마. 그 밖에 특별한 관리가 필요하다고 제14조의 테러취약시설 심의위원회에서 결정한 시설 3. **"다중이용건축물등"**이란 「재난 및 안전관리 기본법 시행령」 제43조의8 제1호·제2호에 따른 건축물 또는 시설로서 **관계기관의 장**이 소관업무와 관련하여 **대테러센터장**과 협 　　　　　　　　　　　　　　　　↳ 대테러센터장 X　　　　　　　　↳ 관계기관의 장 X 의하여 지정한 것을 말한다. 4. **"공관지역"**이란 소유자 여하를 불문하고 공관장의 주거를 포함하여 공관의 목적으로 사용되는 건물과 건물의 부분 및 부속토지를 말한다.
심의위원회 구성 및 운영(§14)	심의위원회는 위기관리센터에 비상설로 두며, 위원장은 **경찰청 경비국장**이다.
단계별 경력배치 기준(§16)	시·도경찰청장과 경찰서장("경찰관서장")은 테러취약시설에 대한 경력을 평시, 테러징후시, 테러발생시, 그 밖에 국제행사 등 필요시 상황에 대응하여 별표2의 기준에 따라 **1단계(테러경보 관심→주의), 2단계(테러경보 주의→경계), 3단계(테러경보 경계→심각)**의 단계별로 배치한다.
지도·점검 (§22)	② **시·도경찰청장**은 관할 내 다중이용건축물등 중 일부를 선별하여 해당 시설 관리자의 동의를 받아 **반기 1회 이상** 지도·점검을 실시하여야 한다.
대테러 훈련 방법 (§27)	① 경찰서장은 관할 테러취약시설 중 선정하여 **분기 1회 이상** 대테러 훈련(FTX)을 실시해야 한다. 이 경우 **연 1회 이상**(반기 1회 이상 X)은 관계기관 합동으로 실시한다. ② 시·도경찰청장은 반기 1회 이상 권역별로 대테러 훈련을 실시하여야 한다.
테러예방교실(§29)	① 경찰관서장은 테러취약시설 지도·점검시 병행 또는 필요시 시설 관리자·종사자 및 관계기관 관계자 등을 대상으로 테러예방교실을 운영한다.

5 테러취약시설 중 다중이용건축물등의 분류와 지도·점검(테러취약시설 안전활동에 관한 규칙)

구분	다중이용건축물등의 분류(§9)	다중이용건축물등의 지도·점검(§22)
A등급	**광범위한** 지역의 대테러진압작전이 요구되고, 국민생활에 **결정적인 영향**을 미칠 수 있는 건축물 또는 시설	관할 **경찰서장**은 (해당 시설 관리자의 동의를 받아) 분기 1회 이상 지도·점검하여야 한다.
B등급	**일부 지역**의 대테러진압작전이 요구되고, 국민생활에 **중대한 영향**을 미칠 수 있는 건축물 또는 시설	관할 **경찰서장**은 (해당 시설 관리자의 동의를 받아) 반기 1회 이상 지도·점검하여야 한다.
C등급	**제한된 지역**에서 단기간 대테러진압작전이 요구되고, 국민생활에 **상당한 영향**을 미칠 수 있는 건축물 또는 시설	

광일제

THEME 12 경찰의 인질범 협상

1 인질범 협상과정

① 인질협상은 인질의 생명과 안전을 위하여 범인을 설득하고 흥정하는 과정으로 테러리스트의 입장에서도 반드시 폭력에 의하여만 문제를 해결하려고 하지 않기 때문에 협상의 가능성은 열려 있다고 볼 수 있음
② 협상을 통하여 인질범에 대한 자료와 정보를 수집하고, 다음 대응전략을 위한 시간을 벌 수 있음
③ 인질사건은 협상이 최우선시되어야 하나 협상이 반드시 성공하는 것이 아니므로 **협상의 다음 과정 즉 무력으로 제압하기 위한 예비조치가 될 가능성이 있으며**, 무력제압을 위하여 협상할 때에 각종 정보를 효과적으로 수집하여야 함
④ 협상은 양보와 획득과정임

2 인질협상 과정에서 고려사항

① 보도진의 접근을 차단하고, 협상기법상 탈출로를 열어 두고 협상을 시작할 수 있음
② 신속하고 정확한 통신수단을 마련하고 인질과 대화통로를 단일화하며 인질범의 부모나 여자친구 등은 **현장에서 멀리**하는 것이 바람직함
③ 협상할 때 '절대', '마지막' 등 극단적인 표현이나 심문식 질문을 자제하고 길게 대답을 유도해야 함

3 영국의 Scot Negotiation Institute에서 제시한 인질협상의 8단계

구 분		내 용
1단계	협상 준비	먼저 얻기를 희망하는 것, 얻도록 시도할 것, 꼭 얻어야 할 것을 미리 메모해 둔다.
2단계	논쟁 개시	우리 측에서 줄 수 있는 한계를 분명히 하는 식이 되어서는 안 되고, 상대로 하여금 떼를 쓰고 흥정을 걸어오도록 유도해야 한다.
3단계	신호	협상용의가 있다는 신호를 보낸다.
4단계	제안	구체적인 제안사항, 즉 협상상대, 교신방법, 진행방법, 그리고 절차에 관한 제안을 차근차근 말한다.
5단계	타결안 제시	타결안은 개개 내용에 대한 일괄타결안이 되어야 하며, 여러 가지 내용을 한 덩어리로 취급해서는 안 된다. 즉, 한 가지 사안의 내용별로 조건, 시간, 장소, 전달방식, 식별방법, 인도에 대한 상대방의 요구조건 처리 등을 명확히 하여 일괄하여 협의를 한다는 의미이다.
6단계	흥정	만약 상대가 요구하는 것이 바뀌거나 또 다른 것을 추가로 요구할 때, 이쪽에서는 흥정을 다시 해야 한다. 양보는 협상이 아니므로 공짜는 없어야 한다.
7단계	정리	매번 합의가 이루어질 때마다 내용을 정리하고 상대방에게 확인한다.
8단계	타결	쌍방이 서로의 제의와 그 내용에 대한 합의를 재확인한 후 약속한 절차에 따라 실제 행동에 들어간다.

협상논쟁! 신제타 흥정타

4 리마증후군과 스톡홀롬 증후군

리마 증후군	인질범 → 인질 동화되어 공격적인 태도가 완화되는 현상(페루)
스톡홀롬 증후군	① 인질 → 인질범 동화되어 경찰에 적대감을 갖게 되는 현상(스웨덴) ② 오귀인효과

1 민간경비의 의의

(1) 민간경비의 개념

> ① 공경비에 대비되는 개념으로 각종 위해로부터 개인의 생명·신체·재산 등을 보호하기 위하여 특정 고객으로부터 보수를 받아 경비서비스를 제공하는 개인, 단체, 영리기업의 활동을 말한다.
> ② 우리나라에서는 청원경찰과 「경비업법」에 의한 경비업이 이에 속하며 기능상으로는 **청원경찰은 경비, 경비업은 생활안전 소관업무에 해당**한다.

(2) 민간경비와 공경비의 비교

구분	민간경비	공경비(경찰)
업무의 주체	영리기업	정부기관
대상	특정한 의뢰자	일반시민
서비스의 목적	고객의 손실방지와 재산보호와 같은 **예방적 측면**을 중시	공공의 질서유지 및 범인체포와 같은 **법집행적 측면**을 강조
공권력의 작용	권한이 제한적	법집행에 관한 일반적인 권한 보유
서비스의 질	대가의 유무, 다과에 따라 차등 지급되는 **경합적 서비스**	치안공공재로 **비경합적 소비가 가능**

2 청원경찰(청원경찰법)

(1) 청원경찰의 의의(§2)

> **"청원경찰"**이란 다음 각 호의 어느 하나에 해당하는 기관의 장 또는 시설·사업장 등의 경영자가 경비("청원경찰경비")를 부담할 것을 조건으로 경찰의 배치를 신청하는 경우 그 기관·시설 또는 사업장 등의 경비(警備)를 담당하게 하기 위하여 배치하는 경찰을 말한다.
> 1. 국가기관 또는 공공단체와 그 관리하에 있는 중요 시설 또는 사업장
> 2. 국내 주재(駐在) 외국기관
> 3. 그 밖에 행정안전부령으로 정하는 중요 시설, 사업장 또는 장소
>
> > **동법 시행규칙 제2조(배치 대상)** 「청원경찰법」 제2조 제3호에서 "그 밖에 행정안전부령으로 정하는 중요 시설, 사업장 또는 장소"란 다음 각 호의 시설, 사업장 또는 장소를 말한다.
> > 1. 선박, 항공기 등 수송시설
> > 2. 금융 또는 보험을 업(業)으로 하는 시설 또는 사업장
> > 3. **언론, 통신, 방송 또는 인쇄를 업으로 하는 시설 또는 사업장**
> > 4. **학교 등 육영시설**
> > 5. 「의료법」에 따른 의료기관
> > 6. 그 밖에 공공의 안녕질서 유지와 국민경제를 위하여 고도의 경비(警備)가 필요한 중요 시설, 사업체 또는 장소

(2) 청원경찰의 직무(§3)

> 청원경찰은 **청원경찰의 배치 결정을 받은 자**(→청원주)와 배치된 기관·시설 또는 사업장 등의 구역을 관할하는 **경찰서장**의 감독을 받아 그 경비구역만의 경비를 목적으로 필요한 범위에서 「**경찰관 직무집행법**」에 따른 경찰관의 직무를 수행한다.

(3) 청원경찰의 배치순서

청원주	⇨	시·도경찰청장	⇨	청원주	⇨	시·도경찰청장	⇨	청원주
배치신청		배치결정		임용신청		임용승인		임용

(4) 청원경찰법 및 청원경찰법 시행령

배치신청 (§4)	① 청원경찰을 배치받으려는 자는 대통령령으로 정하는 바에 따라 관할 **시·도경찰청장**에게 청원경찰 배치를 신청하여야 한다. ② 시·도경찰청장은 ①의 청원경찰 배치 신청을 받으면 **지체 없이** 그 배치 여부를 결정하여 신청인에게 알려야 한다. ③ 시·도경찰청장은 청원경찰 배치가 필요하다고 인정하는 기관의 장 또는 시설·사업장의 경영자에게 청원경찰을 배치할 것을 <u>**요청할 수 있다.**</u> ↳ 요청할 수 없다 X
임용 (§5)	① 청원경찰은 **청원주가 임용**하되, 임용을 할 때에는 미리 **시·도경찰청장의 승인**을 받아야 한다. ② 「국가공무원법」 제33조 각 호의 어느 하나의 결격사유에 해당하는 사람은 청원경찰로 임용될 수 없다. ④ 청원경찰의 복무에 관하여는 「**국가공무원법**」 제57조(**복종의 의무**), 제58조 제1항(**직장이탈금지**), 제60조(비밀엄수의무) 및 「**경찰공무원법**」 제24조(거짓 보고등의 금지)를 준용한다.
징계 (§5의2)	① **청원주**는 청원경찰이 직무상의 의무를 위반하거나 직무를 태만히 한 때, 품위를 손상 ↳ 경찰서장 X 하는 행위를 한 때에는 대통령령으로 정하는 징계절차를 거쳐 징계처분을 하여야 한다. ① **청원주**는 청원경찰이 다음 각 호의 어느 하나에 해당하는 때에는 대통령령으로 정하는 ↳ 경찰서장 X 징계절차를 거쳐 징계처분을 하여야 한다. 1. 직무상의 의무를 위반하거나 직무를 태만히 한 때 2. 품위를 손상하는 행위를 한 때 ② 청원경찰에 대한 징계의 종류는 **파면, 해임, 정직, 감봉 및 견책**으로 구분한다. (강등 X) ③ **관할 경찰서장**은 청원경찰이 ①의 어느 하나에 해당한다고 인정되면 청원주에게 해당 청원경찰에 대하여 징계처분을 하도록 **요청할 수 있다**(시행령 §8 ①). ④ 청원주는 청원경찰 배치 결정의 통지를 받았을 때에는 **통지를 받은 날부터 <u>15일 이내</u>에** 30일 이내 X ↗ 청원경찰에 대한 징계규정을 제정하여 관할 시·도경찰청장에게 신고하여야 한다. 징계규정을 변경할 때에도 또한 같다(시행령 §8 ⑤).
제복 착용과 무기 휴대 (§8)	① 청원경찰은 근무 중 제복을 착용하여야 한다. ② 시·도경찰청장은 청원경찰이 직무를 수행하기 위하여 필요하다고 인정하면 청원주의 신청을 받아 관할 경찰서장으로 하여금 청원경찰에게 무기를 대여하여 지니게 할 수 있다. → 청원경찰은 직무수행 중 무기 사용 권한이 있다고 보아야 함
감독 (§9의3)	① **청원주**는 항상 소속 **청원경찰**의 근무 상황을 감독하고, 근무 수행에 필요한 교육을 하여야 한다. ② **시·도경찰청장**은 청원경찰의 효율적인 운영을 위하여 **청원주를** 지도하며 감독상 필요한 명령을 할 수 있다.
쟁의행위의 금지 (§9의4)	청원경찰은 파업, 태업 또는 그 밖에 업무의 정상적인 운영을 방해하는 일체의 쟁의행위를 하여서는 아니 된다. → 위반시 1년 이하의 징역 또는 1천만원 이하의 벌금에 처한다(§11).

직권남용 금지 등 **(§10)**	① 청원경찰이 직무를 수행할 때 직권을 남용하여 국민에게 해를 끼친 경우에는 <u>**6개월 이하**</u>의 징역이나 금고에 처한다. _{1년 이하 X} ② 청원경찰 업무에 종사하는 사람은 「형법」이나 그 밖의 법령에 따른 벌칙을 적용할 때 에는 공무원으로 본다.
배상책임 **(§10의2)**	청원경찰(**국가기관이나 지방자치단체에 근무하는 청원경찰은 제외**한다)의 직무상 불법행위 에 대한 배상책임에 관하여는 「<u>**민법**</u>」의 규정을 따른다. _{국가배상법 X}
의사에 반한 면직 **(§10의4)**	① 청원경찰은 형의 선고, 징계처분 또는 신체상·정신상의 이상으로 직무를 감당하지 못 할 때를 **제외**하고는 그 의사(意思)에 반하여 면직(免職)되지 아니한다. ② 청원주가 청원경찰을 면직시켰을 때에는 그 사실을 **관할 경찰서장을 거쳐 시·도경찰청** **장에게 보고하여야 한다.**

배치의 폐지 등
(§10의5)
	① 청원주는 청원경찰이 배치된 시설이 폐쇄되거나 축소되어 청원경찰의 배치를 폐지하
	거나 배치인원을 감축할 필요가 있다고 인정하면 청원경찰의 배치를 폐지하거나 배치
	인원을 <u>**감축할 수 있다.** 다만, **청원주는 다음 각 호의 어느 하나에 해당하는 경우에는 청원**</u>
	   _{언제나 감축할 수 있다. X}
	경찰의 배치를 폐지하거나 배치인원을 감축할 수 없다.
	1. 청원경찰을 대체할 목적으로 「경비업법」에 따른 특수경비원을 배치하는 경우
	2. 청원경찰이 배치된 기관·시설 또는 사업장 등이 배치인원의 변동사유 없이 다른
	   곳으로 이전하는 경우
	② ①에 따라 청원주가 청원경찰을 폐지하거나 감축하였을 때에는 청원경찰 배치 결정을
	한 경찰관서의 장에게 알려야 하며, 그 사업장이 시·도경찰청장이 청원경찰의 배치를
	요청한 사업장일 때에는 그 폐지 또는 감축 사유를 구체적으로 밝혀야 한다.

임용자격 **(시행령 §3)**	① 청원경찰의 임용자격은 18세 이상인 사람 ② <u>**행정안전부령**</u>으로 정하는 신체조건에 해당하는 사람 _{신체가 건강하고 팔다리가 완전할 것, 시력(교정시력을 포함한다)은 양쪽 눈이 각각 0.8 이상일 것}

THEME 14 경호경비

1 경호의 의의

경호	경호란 경호 대상자의 생명과 신체에 가하여지는 위해를 방지하거나 제거하고, 특정 지역을 경계·순찰 및 방비하는 등의 모든 안전활동으로 **경호는 경비와 호위를 포함한다.**
경비	생명·재산을 보호하기 위하여 **특정한 지역**을 경계·순찰·방비하는 행위
호위	**신체**에 대하여 직접적으로 가해지는 위해를 근접에서 방지 또는 제거하는 행위

2 경호의 4대 원칙

자기희생의 원칙	어떠한 희생을 치르더라도 피경호자의 신변의 안전이 보호·유지되어야 한다는 원칙으로서, 경호원은 피경호자가 위기가 처했을 때는 **육탄방어의 정신으로 피경호자를 보호**하여야 한다.
자기담당구역 책임의 원칙	경호원은 각자가 자기담당구역 내에서 일어나는 어떠한 사태에 대해서도 자신만이 책임을 지고 완벽하게 해결해야 한다는 원칙으로, 자기담당구역이 아닌 타 지역상황은 결코 책임을 질 수도 없고 비록 인근지역에 특별한 상황이 발생되었다고 해서 **자기책임구역을 이탈해서는 안 된다.**
하나의 통제된 지점을 통한 접근의 원칙	피경호자와 접근할 수 있는 통로는 **통제된 유일한 하나이어야 한다는 원칙**으로, 여러 개의 통로는 적에게 접근할 수 있는 기회를 부여하여 취약성을 증가시키게 된다.
목표물 보존의 원칙	피경호자를 암살하거나 위해를 가할 가능성이 있는 자들로부터 분리시켜야 한다는 원칙으로 이를 보안의 원칙이라고도 한다. ① 행차일시·장소·코스는 일반대중에게 알려지지 않아야 한다(**비공개**). ② 동일한 시간과 장소에 대한 행차는 **수시로 변경**시키는 것이 좋다. ③ 대중에게 노출된 도보행차는 **가급적 제한**되어야 한다.

3 국내요인에 대한 경호 등급

갑호	대통령과 그 가족, **대통령 당선인**과 그 가족, 대통령 권한대행과 그 배우자, 전직 대통령과 그 배우자 (퇴임 후 10년 이내)
을호	국회의장, 대법원장, 국무총리, 헌법재판소장, **대통령선거 후보자**, 전직 대통령(퇴임 후 10년 경과)
병호	갑호, 을호 외에 경찰청장이 필요하다고 인정한 사람

4 대통령 등의 경호에 관한 법률

정의(§2)	1. **"경호"**란 경호 대상자의 생명과 재산을 보호하기 위하여 신체에 가하여지는 위해(危害)를 방지하거나 제거하고, 특정 지역을 경계·순찰 및 방비하는 등의 모든 안전 활동을 말한다. 2. **"경호구역"**이란 소속공무원과 관계기관의 공무원으로서 경호업무를 지원하는 사람이 경호활동을 할 수 있는 구역을 말한다. 3. **"소속공무원"**이란 대통령경호처("경호처") 직원과 경호처에 파견된 사람을 말한다. 4. **"관계기관"**이란 경호처가 경호업무를 수행함에 있어 필요한 지원과 협조를 요청하는 국가기관, 지방자치단체 등을 말한다.
경호대상(§4)	① 경호처의 경호대상은 다음과 같다. 　1. 대통령과 그 가족 　2. 대통령 당선인과 그 가족 　3. 본인의 의사에 반하지 아니하는 경우에 한정하여 퇴임 후 10년 이내의 **전직 대통령과 그 배우자**(그가족X). 다만, 대통령이 임기 만료 전에 퇴임한 경우와 재직 중 사망한 경우의 경호 기간은 그로부터 5년으로 하고, 퇴임 후 사망한 경우의 경호 기간은 퇴임일부터 기산(起算)하여 10년을 넘지 아니하는 범위에서 **사망 후 5년**으로 한다. 　4. 대통령권한대행과 그 배우자 　5. 대한민국을 방문하는 외국의 국가 원수 또는 행정수반(行政首班)과 그 배우자 　6. 그 밖에 처장이 경호가 필요하다고 인정하는 국내외 요인(要人)
경호구역의 지정 등(§5)	① **처장**은 경호업무의 수행에 필요하다고 판단되는 경우 **경호구역을 지정할 수 있다.** ② ①에 따른 경호구역의 지정은 경호 목적 달성을 위한 **최소한의 범위로 한정**되어야 한다. ③ 소속공무원과 관계기관의 공무원으로서 경호업무를 지원하는 사람은 경호 목적상 불가피하다고 인정되는 상당한 이유가 있는 경우에만 경호구역에서 질서유지, 교통관리, 검문·검색, 출입통제, 위험물 탐지 및 안전조치 등 위해 방지에 필요한 안전 활동을 할 수 있다.
경호공무원의 사법경찰(§17)	① **경호공무원**(처장의 제청으로 서울중앙지방검찰청 검사장이 지명한 경호공무원을 말한다)은 경호처의 경호대상에 대한 경호업무 수행 중 인지한 그 소관에 속하는 범죄에 대하여 직무상 또는 수사상 긴급을 요하는 한도 내에서 **사법경찰관리의 직무를 수행할 수 있다.**
직권 남용 금지 등(§18)	② 경호처에 파견된 경찰공무원은 이 법에 규정된 임무 외의 경찰공무원의 직무를 수행할 수 없다. → 위반한 사람은 5년(3년X) 이하의 징역이나 금고 또는 1천만원 이하의 벌금에 처한다(§21 ①).

5 행사장 경호

제1선
(안전구역:
내부)
	① 절대안전 확보구역
	② 피경호자가 위치하는 내부로서 옥내일 경우에는 건물자체를 말하며, 옥외일 경우에는 본부석이 통상적으로 해당한다.
	③ 이것은 요인의 승·하차장, 동선 등의 취약개소로 피경호자에게 직접적으로 위해를 가할 수 있는 거리 내의 지역이다.
	④ 경호에 대한 주관 및 책임은 **경호처**이고 경찰은 경호실이 요청한 때 경력 및 장비를 지원한다.
	⑤ 역할
	   ⊙ **출입**자 통제관리
	   ⓒ MD 설치 운용
	   ⓒ **비**표 확인 및 출입자 감시 MB출입

제2선
(경비구역:
내곽)
	① 주경비지역
	② 제1선을 제외한 행사장 중심으로 소총유효사거리 내외의 취약개소
	③ 경호책임은 **경찰**이 담당하고 군부대 내일 경우에는 군이 책임진다.
	④ 역할
	   ⊙ **바**리케이드 등 장애물 설치
	   ⓒ **돌**발사태 대비 예비대 운영 및 **구**급차, **소**방차 대기 돌바구소

제3선
(경계구역:
외곽)
	① 조기경보지역
	② 행사장 중심으로 적의 접근을 조기에 경보하고 차단하기 위하여 설정된 선
	③ 주변 동향파악과 직시고층건물 및 감제고지에 대한 안전확보, **우발사태에 대비책을 강구한다.**
	④ 통상 **경찰**이 책임진다.
	⑤ 역할
	   ⊙ **감**시조 운영
	   ⓒ 도보 등 원거리 **기**동순찰조 운영
	   ⓒ 원거리 불심자 검문**차단** 감기차단

TIP 경호 관련조치 근거법률

대통령 경호 행사장 주변 산악수색 중 수렵허가지역에서 수렵활동 하고 있는 A의 엽총을 인근 파출소에 보관하고 행사종료 후 반환 조치한 경우(단, A의 수렵활동은 모두 적법) 법적 근거 → 「**총포·도검·화약류 등의 안전관리에 관한 법률 제47조**」

Chapter **03**

6 행사장 내부 취약지 근무요령

① 근무 중 육안으로 확인이 되지 않는 의심스러운 물건은 주변 안전조치 후 경찰특공대 등 전문 처리요원에게 인계하여 정밀 검측한다. → 직접 개방하여 세밀히 확인 X
② 기계실·환기구 등은 테러에 매우 취약하므로 허가자 외 출입과 접근을 철저히 차단한다.
③ 경호대상자 이동시 사무실 등에서 나와 진로를 방해하는 사례가 없도록 사전에 협조하고 순간 통제한다.
④ 우발상황에 대비하여 비상대피로와 대피소를 확보한다.

7 행사장 출입자 MD 검색시 근무요령

① 원활한 검색을 위하여 물품 검색과 통과 방법 등을 사전에 안내한다.
② 소지품 검색 시 사전에 상대방에게 협조 후 확인을 하고, 특히 **가방 등은 가급적 본인이 열어 근무자에게 확인시켜 줄 수 있도록 해야 한다.** → 근무자가 직접 개방 X
③ 여성 참석자의 신체와 소지품은 불쾌감이 없도록 **반드시 여경이 검색한다.**
④ 신체와 소지품 검색 후 '협조에 감사' 표현을 한다.

8 경호 활동

① 경호대상에 대한 위해성 요소는 엄격하게 통제하고 비위해성 요소는 불편·거부감이 없도록 차등 조치한다.
② 경호목적 달성을 위한 획일적이고 무분별한 통제 보다는 국민을 존중하고 이해·배려하는 마음으로 근무한다.
③ 행사장·연도 등 취약개소를 면밀히 분석 판단하여 과도한 경력배치를 **지양한다.**
④ 사전 FTX는 수차례의 과도한 실시로 행사보안을 노출하고 국민불편을 야기하기 보다는 구역 책임자 위주의 예행연습을 통해 문제점·대비방안을 마련하고, **1회 정도만 실시하는 것이** 바람직하다. → 수차례 반복 실시 X

9 연도·교통관리 근무 요령

① 연도경호는 물적 위해요소가 방대하여 엄격하고 통제된 3중 경호원리를 적용하기 어렵다.
② 연도·교통관리 근무시 **일률적인 배면근무는 지양**하고 자연스럽게 근무하다가 돌발상황 발생 등 필요시 순간통제하고 미리 서둘러서 차단·제지하는 행위는 지양한다.
③ 횡단보도는 인원·차량이 장시간 대기하여 운집하지 않도록 수신호를 통해 수시로 소통시킨다.
④ 교통 통제 후 정상 소통시까지 최대한 현장 관리하고 시민들에게 '협조에 감사함'을 표시함으로써 불만 해소토록 노력한다.
⑤ 기동로 상 완전 통제를 지양하고 3차로 이상 도로에서는 2개 차로는 확보하되 하위차로는 일반차량의 진행을 보장한다.

CHAPTER **04**

교통경찰활동

1 교통경찰 개관

교통의 영역	① 정보의 장소적 이동을 **제외**한 일반교통의 영역이다. ② 궤도에 의한 철도교통이나 항공교통은 담당 기관에서 취급하므로 **교통경찰의 영역에서 제외**된다. ③ 해상교통은 부분적으로 해양경찰의 영역이 되고 있다. ④ 교통경찰의 주 대상은 **도로교통**이다.
교통 경찰의 임무	① 교통통계 작성·분석 ② 교통사고 조사 ③ 교통안전교육 활동 ※ 과속방지턱과 같은 도로부속물의 설치·관리는 **지방자치단체 등의 임무**이다.
근거 법령	국가경찰과 자치경찰의 조직 및 운영에 관한 법률 제3조, 도로교통법 제1조, 경찰관 직무집행법 제2조 ※ **도로법**은 도로관리의 적정을 기하기 위하여 도로에 관하여 그 노선의 지정 또는 인정, 관리, 시설기준, 보전 및 비용에 관한 사항을 규정하고 있는 법으로써 **교통경찰의 근거 법령으로 관련성이 적다.**

2 경찰공무원을 보조하는 사람의 범위(도로교통법 시행령 §6)

1. **모범운전자**
2. 군사훈련 및 작전에 동원되는 부대의 이동을 유도하는 **군사경찰**
3. 본래의 긴급한 용도로 운행하는 소방차·구급차를 유도하는 **소방공무원**
※ 녹색어머니회 회원, 해병전우회는 **해당 X**

3 도로 외의 장소에서의 단속

① 유료주차장 내에서 **음주운전**을 하다가 적발
② XX대학교 구내에서 **마약을 과다복용**하고 운전을 하다가 적발
③ 아파트 지하주차장에서 보행자를 충격하여 다치게 한 후 **적절한 조치 없이 현장을 이탈**하여 적발
④ 출입금지된 초등학교 교내(특정한 사람만 허용된 장소)에서 운전면허를 취득하기 위해 운전연습을 하다가 신고를 통해 적발
→ ①, ②, ③, ④의 위반장소는 「도로교통법」이 적용되는 도로라고 볼 수는 없다. 다만, **음주·약물 운전 및 조치불이행 교통사고, 음주측정거부의 경우 도로 외의 장소에서 발생하더라도 처벌이 가능**하므로 ①, ②, ③의 경우 단속이 가능한 반면, ④와 같은 무면허 운전은 단속할 수 없다. 단, **형사처벌만 가능하며 운전면허 행정처분은 불가함**

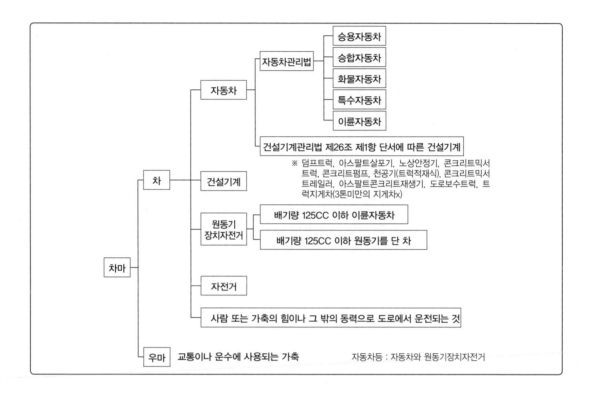

1 도로교통법(제2조)상 용어정리

중앙선(5호)	차마의 통행 방향을 명확하게 구분하기 위하여 도로에 **황색 실선이나 황색 점선 등의 안전표지로 표시한 선 또는 중앙분리대나 울타리 등으로 설치한 시설물**을 말한다. 다만, 제14조 제1항 후단에 따라 가변차로가 설치된 경우에는 신호기가 지시하는 진행방향의 가장 왼쪽에 있는 **황색 점선**을 말한다. ↳ 실선 X
자전거 도로(8호)	안전표지, 위험방지용 울타리나 그와 비슷한 인공구조물로 경계를 표시하여 **자전거 및 개인형 이동장치가** 통행할 수 있도록 설치된 「자전거 이용 활성화에 관한 법률」 제3조 각 호의 도로를 말한다.
보도(10호)	**연석선**, 안전표지나 그와 비슷한 인공구조물로 경계를 표시하여 **보행자**(유모차, 보행보조용 의자차, 노약자용 보행기 등 **행정안전부령**으로 정하는 기구·장치를 이용하여 통행하는 사람 및 제21호의3에 따른 실외이동로봇을 **포함**)가 **통행할 수 있도록 한 도로**의 부분을 말한다. ↳ 제외 X
횡단보도(12호)	보행자가 도로를 횡단할 수 있도록 안전표지로 표시한 도로의 부분을 말한다.

안전표지(16호)		교통안전에 필요한 주의·규제·지시 등을 표시하는 표지판이나 도로의 바닥에 표시하는 기호·문자 또는 선 등을 말한다. **주규지보노**
	주의표지	도로상태가 위험하거나 도로 또는 그 부근에 **위험물이 있는 경우**에 필요한 안전조치를 할 수 있도록 이를 도로사용자에게 알리는 표지
	규제표지	도로교통의 안전을 위하여 각종 제한·금지 등의 **규제를 하는 경우**에 이를 도로사용자에게 알리는 표지
	지시표지	도로의 통행방법·통행구분 등 도로교통의 안전을 위하여 **필요한 지시**를 하는 경우에 도로사용자가 이에 따르도록 알리는 표지
	보조표지	주의표지·규제표지 또는 지시표지의 **주기능을 보충**하여 도로사용자에게 알리는 표지
	노면표시	도로교통의 안전을 위하여 각종 주의·규제·지시 등의 내용을 **노면에 기호· 문자 또는 선으로 도로사용자에게 알리는 표지**

차마(17호)	"차"란 **자동차·건설기계·원동기장치자전거·자전거, 사람 또는 가축의 힘이나 그 밖의 동력으로 도로에서 운전되는 것**. 다만, 철길이나 가설된 선을 이용하여 운전되는 것, 유모차, 보행보조용 의자차, 노약자용 보행기 및 제21호의3에 따른 실외이동로봇 등 행정안전부령으로 정하는 기구·장치는 **제외**한다.
	"우마"란 교통이나 운수에 사용되는 가축을 말한다.
자전거등 (21의2호)	**자전거와 개인형 이동장치**(원동기장치자전거 X)를 말한다.
긴급 자동차(22호)	**소방차·구급차·혈액 공급차량, 그 밖에 대통령령**으로 정하는 자동차로서 그 본래의 긴급한 용도로 사용되고 있는 자동차를 말한다.
어린이 통학버스(23호)	「유아교육법」에 따른 유치원 및 유아교육진흥원, 「초·중등교육법」에 따른 초등학교, 특수학교, 대안학교 및 외국인학교 등의 시설 가운데 어린이(13세 미만의 사람)를 교육대상으로 하는 시설에서 어린이의 통학 등(현장체험학습 등 비상시적으로 이루어지는 교육활동을 위한 이동을 제외한다)에 이용되는 자동차와 여객자동차 운수사업법 제4조 제3항에 따른 여객자동차운송사업의 한정면허를 받아 어린이를 여객대상으로 하여 운행되는 운송사업용 자동차를 말한다. ※ 영유아 - 6세 미만인 사람(§11), 노인 - 65세 이상**인 사람**(§11)
음주운전 방지장치(34호)	술에 취한 상태에서 자동차등을 운전하려는 경우 시동이 걸리지 아니하도록 하는 것으로서 행정안전부령으로 정하는 것을 말한다.

「도로교통법」상 자동차와 차, 건설기계

① 「도로교통법」상 자동차에 해당하는 건설기계는 「**도로교통법**」과 「**건설기계관리법**」(「자동차관리법」X)으로 규정되어 있다.

② 「건설기계관리법」상 27종의 건설기계는 차에 해당하며 특히 「건설기계관리법」 제26조 제1항 단서에 의한 건설기계는 「도로교통법」상 자동차에 해당한다. → 즉, 자동차에 해당하지 않는 건설기계라 하더라도 차에는 해당한다.

④ 「자동차관리법」상 자동차와 「건설기계관리법」 제26조 제1항 단서 제1호에 의한 건설기계를 추가하면 「도로교통법」상 자동차로 정의되어, 「**도로교통법**」상 자동차의 범위가 자동차관리법상 자동차의 범위보다 넓다.

⑤ 특수건설기계로 지정된 건설기계 중 자동차의 범위에 포함되는 것은 도로보수트럭, 콘크리트믹서트레일러, 아스팔트콘크리트재생기, **트럭지게차**가 있다.

2 차량신호등의 신호

녹색의 등화	차마는 직진 또는 우회전할 수 있다.
황색의 등화	차마는 우회전할 수 있고 우회전하는 경우에는 보행자의 횡단을 방해하지 못한다.
황색등화의 점멸	차마는 다른 교통 또는 안전표지의 표시에 주의하면서 진행할 수 있다.
적색등화의 점멸	차마는 정지선이나 횡단보도가 있을 때에는 그 직전이나 교차로의 직전에 **일시 정지한 후** ↳ 서행하면서 X 다른 교통에 주의하면서 진행할 수 있다.

3 교통안전표시 설치

① 유턴금지표지는 차마의 유턴을 금지하는 도로의 구간 또는 필요한 지점에 설치한다.

② 유턴구역선표시는 편도 3차로 이상의 도로에서 차마의 유턴이 허용되는 구간 또는 장소 내의 필요한 지점에 설치한다.

③ 진로변경제한선표시는 교차로 또는 횡단보도 등 차의 진로변경을 금지하는 도로구간에 **백색실선**으로 설치한다. ↳ 백색점선 X

④ 차선 표시는 편도 2차로 이상의 차도 내에 차로 경계를 표시할 필요가 있을 경우에 설치하며 차로경계선은 백색점선으로 한다.

1 법정속도(일반도로)

구분	도로별	최고속도
일반도로	편도 2차로 미만	60km/h이내
	편도 2차로 이상	80km/h 이내

2 이상 기후시 운행속도(도로교통법 시행규칙 §19 ②)

감속운행속도	도로의 상태
최고속도의 100분의 20을 줄인 속도로 운행	① 비가 내려 노면이 젖어있는 경우 ② 눈이 20mm 미만 쌓인 경우
최고속도의 100분의 50을 줄인 속도로 운행	① 폭우·폭설·안개 등으로 가시거리 100m 이내인 경우 ② 노면이 얼어붙은 경우 ③ 눈이 20mm 이상 쌓인 경우 예 편도 2차로 일반국도에서 안개로 인하여 가시거리가 약 60m인 경우는 안개로 인하여 가시거리가 100m 이내인 경우에는 100분의 50 감속을 기준으로 삼아야 하며, 편도 2차로 일반국도의 최고속도는 80km/h이므로 단속의 기준은 40km/h 초과이다.

3 제한속도 위반 단속기준

구분		처벌(일반도로 승용자동차 기준)		
		범칙금(시행령 별표8)	과태료	벌점(시행규칙 별표 28)
속도 위반	60km/h 초과	12만 원	13만 원	60점(60km/h 초과 ~80km/h 이하)
	40km/h 초과 ~60km/h 이하	9만 원	10만 원	30점
	20km/h 초과 ~ 40km/h 이하	6만 원	7만 원	15점
	20km/h 이하	3만 원	4만 원	−

4 초과속운전의 벌칙규정과 행정처분(도로교통법)

초과기준	벌칙규정	행정처분(시행규칙 별표 28)
80km/h 초과 ~ 100km/h 이하	30만 원 이하 벌금·구류(§154)	벌점 80점
100km/h 초과	100만 원 이하 벌금·구류(§153)	벌점 100점
3회 이상 100km/h 초과	1년 이하 징역 또는 500만 원 이하 벌금 (§151의2)	면허취소

5 교차로 통행방법(도로교통법 §25)

① 모든 차의 운전자는 교차로에서 우회전을 하려는 경우에는 미리 도로의 우측 가장자리를 서행하면서 우회전하여야 한다. 이 경우 우회전하는 차의 운전자는 신호에 따라 정지하거나 진행하는 보행자 또는 자전거등에 주의하여야 한다.

② 모든 차의 운전자는 교차로에서 좌회전을 하려는 경우에는 미리 도로의 중앙선을 따라 서행하면서 교차로의 **중심 안쪽**을 이용하여 좌회전하여야 한다. 다만, 시·도경찰청장이 교차로의 상황에 따라 특히 필요 _{바깥쪽 X} 하다고 인정하여 지정한 곳에서는 교차로의 중심 바깥쪽을 통과할 수 있다.

③ ②에도 불구하고 자전거등의 운전자는 교차로에서 좌회전하려는 경우에는 미리 도로의 우측 가장자리로 붙어 서행하면서 교차로의 가장자리 부분을 이용하여 좌회전하여야 한다.

⑥ 모든 차의 운전자는 교통정리를 하고 있지 아니하고 일시정지나 양보를 표시하는 안전표지가 설치되어 있는 교차로에 들어가려고 할 때에는 다른 차의 진행을 방해하지 아니하도록 일시정지하거나 양보하여야 한다.

1 통행방법 특례(§13의2)

① 자전거등의 운전자는 자전거도로(자전거만 통행할 수 있도록 설치된 전용차로를 포함)가 따로 있는 곳에서는 그 자전거도로로 통행하여야 한다.

② 자전거등의 운전자는 자전거도로가 설치되지 아니한 곳에서는 **도로 우측 가장자리**에 붙어서 통행하여야 한다.

③ 자전거등의 운전자는 길가장자리구역(안전표지로 자전거등의 통행을 금지한 구간은 제외)을 통행할 수 있다. 이 경우 자전거등의 운전자는 보행자의 통행에 방해가 될 때에는 **서행하거나 일시정지**하여야 한다.

④ 자전거등의 운전자는 안전표지로 자전거등의 통행이 허용된 경우 등에는 보도를 통행할 수 있다. 이 경우 자전거등의 운전자는 보도 중앙으로부터 차도 쪽 또는 안전표지로 지정된 곳으로 **서행**하여야 하며, 보행자의 통행에 방해가 될 때에는 **일시정지**하여야 한다.

⑤ 자전거등의 운전자는 안전표지로 통행이 허용된 경우를 제외하고는 **2대 이상이 나란히 차도를 통행하여서는 아니 된다.**

⑥ 자전거등의 운전자가 **횡단보도를 이용**하여 도로를 횡단할 때에는 자전거등에서 **내려서 자전거등을 끌거나 들고 보행하여야 한다.**

※ 자전거등의 운전자가 운전 중 휴대전화 사용은 **자동차등 또는 노면전차 운전에 한정**되어 처벌할 수 없으나(§49 ① 제10호), '신호위반, 주차위반, 끼어들기 위반'은 **모든 차를 대상**으로 하고 있으므로 자전거 운전자도 처벌할 수 있다.

※ 자전거등의 운전자는 서행하거나 정지한 다른 차를 앞지르려면 **제1항(좌측으로 통행)**에도 불구하고 **앞차의 우측**으로 통행할 수 있다. 이 경우 자전거등의 운전자는 정지한 차에서 승차하거나 하차하는 사람의 안전에 유의하여 **서행하거나 필요한 경우 일시정지하여야 한다(§21②).**

2 개인형 이동장치(PM)(도로교통법)

① 개인형 이동장치(PM)이란 「도로교통법」상 원동기장치자전거 중 차체중량이 30kg 미만이고 시속 25km 이상으로 운행할 경우 원동기가 작동하지 아니한 것 중 행정안전부령으로 정한 것을 말한다.

② 개인형 이동장치(PM)는 **「특정범죄 가중처벌 등에 관한 법률」상 도주차량 가중처벌 규정이 적용**된다.

　→ 개인형 이동장치는 '**자전거등**'의 범위에 포함되며 또한 '**자동차등**'의 범위에도 포함되는 개념이므로 「특정범죄 가중처벌 등에 관한 법률」상 '자동차등'으로 규정된 조항을 적용받는다. 즉 개인형 이동장치(PM)는 **이중적 지위**를 취하고 있다.

③ 개인형 이동장치(PM)는 음주운전에 해당하는 경우 범칙금 10만원, 측정거부의 경우 범칙금 13만원이 부과된다.

④ **스로틀방식의 전기자전거**의 경우 「자전거이용 활성화에 관한 법률」상 전기자전거에 해당하지 않고, **개인형 이동장치(PM)**에 포함된다.

3 자전거와 개인형이동장치(PM)의 범칙금 [도로교통법 시행령 별표8]

구분	자전거	개인형 이동장치(PM)
음주운전	3만원	10만원
음주측정거부	10만원	13만원

4 정차 및 주차의 금지, 서행, 앞지르기 금지

정차 및 주차의 금지 장소 (§32)	**5 미터 이내의 곳**	1. 교차로의 가장자리나 **도로의 모퉁이**로부터 2. 가. 「**소방**기본법」에 따른 따른 소방용수시설 또는 비상소화장치가 설치된 곳 　나. 「**소방**시설 설치 및 관리에 관한 법률」에 따른 소방시설로서 대통령령으로 정하는 시설이 설치된 곳 **소방모 5m 이내 주정금지** 2.의 범칙행위를 하였을 시 범칙금액(도로교통법 시행령 [별표8]) 　1) 승합자동차등: 9만원　　2) 승용자동차등: 8만원 　3) 이륜자동차등: 6만원　　4) 자전거등 및 손수레등: 4만원
	10 미터 이내의 곳	1. **건널목**의 가장자리 또는 횡단보도로부터 2. **버스**여객자동차의 정류지(停留地)임을 표시하는 기둥이나 표지판 또는 선이 설치된 곳 → 다만, 버스여객자동차의 운전자가 그 버스여객자동차의 운행시간 중에 운행노선에 따르는 정류장에서 승객을 태우거나 내리기 위하여 차를 정차하거나 주차하는 경우에는 그러하지 아니함 3. **안전**지대가 설치된 도로에서는 그 안전지대의 사방으로부터 **버스건널목안전 10m 이내 주정금지**
	*교차로·횡단보도·건널목이나 보도와 차도가 구분된 도로의 보도(주차장법에 따라 차도와 보도에 걸쳐서 설치된 노상주차장은 제외) *시장등이 지정한 어린이 보호구역	
주차 금지 장소 (§33)	**5 미터 이내의 곳**	1. 도로공사 하고 있는 경우에는 그 공사 구역의 양쪽 가장자리 2. **다중이용업소**의 영업장이 속한 건축물로 소방본부장의 요청에 의하여 **시·도경찰청장**이 지정한 곳
	*터널 안 및 다리 위 *시·도경찰청장이 도로에서의 위험을 방지하고 교통의 안전과 원활한 소통을 확보하기 위하여 필요하다고 인정하여 지정한 곳	

주차 위반에 대한 조치 (§35)	① 다음 각 호의 어느 하나에 해당하는 사람은 제32조·제33조 또는 제34조를 위반하여 주차하고 있는 차가 교통에 위험을 일으키게 하거나 방해될 우려가 있을 때에는 차의 운전자 또는 관리 책임이 있는 사람에게 주차 방법을 변경하거나 그 곳으로부터 **이동할 것을 명할 수 있다.** 　1. 경찰공무원 　2. 시장등(도지사를 포함)이 대통령령으로 정하는 바에 따라 임명하는 공무원("시·군공무원") ② **경찰서장이나 시장등은** ①의 경우 차의 운전자나 관리 책임이 있는 사람이 현장에 없을 때에는 도로에서 일어나는 위험을 방지하고 교통의 안전과 원활한 소통을 확보하기 위하여 필요한 범위에서 그 차의 주차방법을 직접 변경하거나 변경에 필요한 조치를 할 수 있으며, 부득이한 경우에는 관할 경찰서나 경찰서장 또는 시장등이 지정하는 곳으로 이동하게 할 수 있다. ③ **경찰서장이나 시장등은** ②에 따라 주차위반 차를 관할 경찰서나 경찰서장 또는 시장등이 지정하는 곳으로 이동시킨 경우에는 선량한 관리자로서의 주의의무를 다하여 보관하여야 한다. ④ **경찰서장, 도지사 또는 시장등은** 차를 견인하였을 때부터 **24시간**(48시간 X)이 경과되어도 이를 인수하지 아니하는 때에는 해당 차의 보관장소 등 행정안전부령이 정하는 사항을 해당 차의 사용자 또는 운전자에게 등기우편으로 통지하여야 한다(동법 시행령 §13 ③).
서행할 장소 (§31)	1. 교통정리가 행하여지고 있지 아니하는 교차로 2. 도로가 구부러진 부근 3. 비탈길의 고개마루 부근 4. 가파른 **비탈길의 내리막** ← 오르막 X 5. **시·도경찰청장이** 도로에서의 위험을 방지하고 교통의 안전과 원활한 소통을 확보하기 위하여 필요하다고 인정하여 안전표지로 지정한 곳

5 횡단 등의 금지(도로교통법 §18)

① 차마의 운전자는 보행자나 다른 차마의 정상적인 통행을 방해할 우려가 있는 경우에는 차마를 운전하여 도로를 횡단하거나 유턴 또는 후진하여서는 아니 된다.
② 시·도경찰청장은 도로에서의 위험을 방지하고 교통의 안전과 원활한 소통을 확보하기 위하여 특히 필요하다고 인정하는 경우에는 도로의 구간을 지정하여 차마의 횡단이나 유턴 또는 후진을 금지할 수 있다.
③ 차마의 운전자는 길가의 건물이나 주차장 등에서 도로에 들어갈 때에는 일단 **정지한 후에 안전한지 확인하면서 서행하여야 한다.**
④ 긴급자동차 또는 도로의 보수, 유지 등의 작업을 하는 자동차 중 고속도로 또는 자동차전용도로에서의 교통상의 위험을 방지, 제거하거나 또는 교통사고에 대한 응급조치 작업에 사용되는 자동차로서 그 목적을 위해 부득이한 경우에는 고속도로 또는 자동차전용도로를 횡단하거나 유턴 또는 후진할 수 있다.

TIP 정비불량차 발견 시 조치

경찰공무원은 운전자에게 자동차등록증 또는 **운전면허증 제시요구 및 그 차의 장치점검**, 정비불량 발견된 경우 **응급조치 후 운전 명령**, 조건(통행구간, 통행로 등)을 정하여 운전을 명할 수 있음 → 단, **시·도경찰청장**은 정비상태가 매우 불량하여 위험발생의 우려가 있는 경우 자동차등록증을 보관하고 운전의 일시 정지를 명할 수 있으며 필요할 때는

└ 사고예경시 X

10일 범위 내 정비 기간을 정하여 그 사용을 정지시킬 수 있음

TIP 교통안전시설의 원상회복(동법 시행규칙 §43)

도로교통법 제69조 제6항에 따라 공사시행자는 공사로 인하여 교통안전시설을 훼손한 때에는 부득이한 사유가 없는 한 해당공사가 끝난 날부터 3일 이내에 이를 원상회복하고 그 결과를 관할경찰서장에게 신고해야 한다.

TIP 점유자등이 없는 경우의 조치(도로교통법 시행령 §36)

① 경찰서장은 공고를 한 날부터 6개월이 지나도 해당 인공구조물 등을 반환받을 점유자등을 알 수 없거나 점유자등이 반환을 요구하지 아니하는 경우에는 그 인공구조물 등을 매각하여 그 대금을 보관할 수 있다.
② ①에 따른 매각대금은 공고한 날부터 5년이 지나도 그 대금을 반환받을 자를 알 수 없거나 점유자등이 반환을 요구하지 아니하는 경우에는 국고에 귀속한다.

TIP 고속도로의 통행

① 긴급자동차는 갓길을 통행할 수 있음
② 자동차는 고속도로 등에서 고장, 사고 등의 예외적인 경우를 제외하고는 원칙적으로 모든 구간은 주·정차가 불가능함
③ 긴급자동차 이외의 자동차는 긴급자동차가 고속도로에 들어가는 때에는 그 진입을 방해하여서는 안됨
④ 고속도로 등을 운전하는 운전자는 고장자동차 표지를 항상 비치하여야 하며 이를 지키지 않을 때는 **과태료**가 부과됨

범칙금 X ↗

TIP 고속도로에 설치된 버스전용차로로 통행할 수 있는 차(동법 시행령 별표1)

9인승 이상 승용자동차 및 승합자동차(승용자동차 또는 12인승 이하의 승합자동차는 6명 이상이 승차한 경우로 한정함)

1. 공사관계로 3m 정도 협소한 도로를 진행하는 차는 후방차량이 추월하리라 예견하여 후방주시할 의무는 없다(대판 82도1853).

2. 앞지르기가 금지된 비탈길의 고갯마루 부근에서 앞차가 진로를 양보하였더라도 앞지르기할 수 없다(대판 2004도8062).

3. 편도 1차로 도로에서 정차한 버스를 앞서가기 위하여 **황색실선의 중앙선**을 넘어가는 행위는 허용되지 않는 것이므로 중앙선침범이 적용된다(대판 97도927).

4. '앞지르기가 금지되는 도로의 구부러진 곳'을 명확한 입법 없이 앞지르기로 인하여 위험을 초래하고 교통 안전에 지장을 줄 수 있는 정도의 구부러진 도로로 한정 해석하는 것은 입법목적, 다른 조항과 비교하여 합리적인 해석의 가능성, 입법 기술상의 한계 등을 고려할 때 어떠한 행위가 이에 해당하는지 의심을 가질 정도로 불명확한 개념이라고 볼 수 없으므로 **죄형법정주의의 한 내용인 형벌법규의 명확성의 원칙에 반한다고 할 수는 없다**(헌재 99헌가4).

5. 신호등이 설치되어 있지 않은 횡단보도로 **실제 중앙선이 그어져 있지 않다고 하더라도** 횡단보도를 제외한 도로에는 황색실선의 중앙선이 곧바로 이어져 설치되어 있기 때문에 좌회전이 금지된 장소인 점을 미루어 짐작할 수 있을 때 횡단보도의 표시를 위하여 부득이 중앙선인 황색실선을 설치하지 못하였다고 하더라도 중앙선의 연장으로 보아 **중앙선침범운행으로 처리하는 것이 합리적이다**(대판 95도512).

6. **부득이한 사정으로 중앙선을 침범**하여 교통사고를 야기한 경우 중앙선침범에 해당하지 않는다(대판 90도1918).

7. 교차로에 **교통섬**이 설치되고 그 오른쪽으로 직진 차로에서 분리된 우회전차로가 설치된 경우, 우회전 차로가 아닌 직진 차로를 따라 우회전하는 행위는 **교차로 통행방법을 위반**한 것이다(대판 2011도9821).

8. 도로 정비작업이 마무리되지 않아 정지선과 횡단보도가 없는 사거리 교차로의 신호등이 황색 등화로 바뀐 상태에서 교차로에 진입하였다가 상대 차량을 충격하여 상해를 입게 함과 동시에 상대차량을 손괴한 경우, 교차로 진입 전 **정지선과 횡단보도가 설치되어 있지 않았더라도 황색 등화를 보고서도 교차로 직전에 정지하지 않았다면 신호를 위반**한 것이다(대판 2018도14262).

9. 회전교차로에 설치된 회전교차로표지 및 유도표시가 화살표 방향과 반대로 진행하지 말 것을 지시하는 내용의 안전표지에 해당하며, 회전교차로에 설치된 **회전교차로 표지 및 유도표시에 표시된 화살표 방향과 반대로 진행하는 것**이 교통사고처리특례법 제3조 제2항 단서 제1호에서 정한 '도로교통법 제5조에 따른 통행금지를 내용으로 하는 **안전표지가 표시하는 지시를 위반하여 운전한 경우**'에 해당한다(대판 2017도9392).

10. 황색실선이나 황색점선으로 된 중앙선이 설치된 도로의 어느 구역에서 좌회전이나 유턴이 허용되어 중앙선이 백색 점선으로 표시되어 있는 경우, 그 지점에서 **안전표지에 따라 좌회전이나 유턴을 하기 위하여 중앙선을 넘어 운행하다가 반대편 차로를 운행하는 차량과 충돌하는 교통사고를 낸 것**이 교통사고처리 특례법에서 규정한 중앙선침범에 해당하지 않는다(대판 2016도18941).

11. 교차로 진입 직전에 백색실선이 설치되어 있으나 **교차로에서의 진로변경을 금지하는 내용의 안전표지가 개별적으로 설치되어 있지 않은 경우**, 자동차 운전자가 교차로에서 진로변경을 시도하다가 야기한 교통사고가 교통사고처리 특례법 제3조 제2항 단서 제1호에서 정한 '도로교통법 제5조에 따른 통행금지를 내용으로 하는 **안전표지가 표시하는 지시를 위반하여 운전한 경우**'에 해당하지 않는다(대판 2015도3107).

의의	긴급자동차란 소방차·구급차·혈액 공급차량, 그 밖에 대통령령(경찰용 자동차 등)으로 정하는 자동차로서 그 본래의 긴급한 용도로 사용되고 있는 자동차	
우선통행 (§29)	① 긴급자동차는 긴급하고 부득이한 경우에는 **도로의 중앙이나 좌측 부분**을 통행할 수 있다. ② 긴급자동차는 이 법이나 이 법에 따른 명령에 따라 정지하여야 하는 경우에도 불구하고 긴급하고 부득이한 경우에는 **정지하지 아니할 수 있다.**	
특례 (§30)	1. 자동차등의 속도 제한. 다만, 긴급자동차에 대하여 속도를 제한한 경우에는 같은 조의 규정을 적용 2. 앞지르기의 금지 3. 끼어들기의 금지	(1~3호) 모든 긴급자동차 **적용하지 아니함** └→ = 특례가 인정됨
	4. 신호위반 5. 보도침범 6. 중앙선 침범 7. 횡단 등의 금지 8. 안전거리 확보 등 9. 앞지르기 방법 등 10. 정차 및 주차의 금지 11. 주차금지 12. 고장 등의 조치	소방차, 구급차, 혈액공급차량 자동차와 대통령령으로 정하는 경찰용 자동차(경찰용 자동차 중 범죄수사, 교통 단속, 그 밖의 긴급한 경찰업무 수행에 사용되는 자동차)에 대해서만 (4~12호) **적용하지 아니함**
감면규정 (§158의2)	긴급자동차[제2조 제22호 가목부터 다목까지의 자동차(소방차, 구급차, 혈액 공급차량)와 대통령령으로 정하는 경찰용 자동차만 해당함]의 운전자가 그 차를 **본래의 긴급한 용도로 운행하는 중**에 교통사고를 일으킨 경우에는 그 긴급활동의 시급성과 불가피성 등 정상을 참작하여 제151조(대물사고) 또는 「교통사고처리 특례법」 제3조 제1항(대인사고) 또는 「특정범죄 가중처벌 등에 관한 법률」 제5조의13에 따른 **형을 감경하거나 면제할 수 있다. (하여야 한다 X)**	

1 보호구역의 지정 및 조치

	관리주체	보호구역의 설치 및 조치
보호구역 지정	**시장 등** (관할 시·도경찰청장 또는 경찰서장과 협의)	• 원칙 : 출입문을 중심 – 반경 300미터 이내 보호구역으로 지정 • 예외 : 필요한 경우 반경 500미터 이내의 도로에 대해서도 보호구역으로 지정가능 → 최대 500m까지 가능
보호구역에서 필요한 조치	**시·도경찰청장**이나 **경찰서장**	• 보호구역에서 구간별·시간대별로 조치를 <u>할 수 있다.</u> └ 하여야 한다 X ① 차마의 통행을 금지하거나 제한하는 것 ② 차마의 정차나 주차를 금지하는 것 ③ 운행속도를 시속 30킬로미터 이내로 제한하는 것 ④ <u>이면도로</u>를 일방통행로로 지정·운영하는 것 └ 간선도로 X

※ 「도로교통법」상 '어린이', 「교통사고처리 특례법」상 '어린이' 「특정범죄 가중처벌 등에 관한 법률」상 '어린이'의 연령기준은 모두 13세 미만으로 같다.

2 어린이보호구역 및 노인 및 장애인 보호구역 안에서 법규위반 가중처벌

적용시간	오전 8시부터 오후 8시까지
적용대상	통행금지·제한위반, 주·정차위반, 속도위반, 신호·지시위반, 보행자보호의무불이행
적용내용	① 범칙금, 과태료, 벌점 가중처벌함 ② 속도위반 20km/h 이내 – 어린이보호구역에서는 벌점 15점을 부과(일반도로에서는 벌점 부과 X) ③ 일반도로 벌점의 2배에 해당하는 경우 – **속도위반**, **신호·지시위반**, **보행자보호의무불이행** 　　　　　　　　　　　　　　　　　　　　　　　　　　　　보행자 신속히 예 어린이보호구역에서 오전 10시 **신호위반**(15점 X 2 = 30점)과 운전중 휴대용 전화 사용(15점)에 대한 행정처분 벌점은 45점이다.

3 어린이 보호구역에서 어린이 치사상의 가중처벌(특가법 §5의13)

> 자동차등의 운전자가 **어린이 보호구역**에서 어린이의 안전에 유의하면서 운전하여야 할 의무를 위반하여 **어린이**(13세 미만인 사람)에게 「교통사고처리 특례법」 제3조 제1항의 죄를 범한 경우에는 다음 각 호의 구분에 따라 가중처벌한다.
>
> 1. 어린이를 **사망**에 이르게 한 경우에는 무기 또는 3년 이상의 징역에 처한다.　　　과태료 X ┐
> 2. 어린이를 **상해**에 이르게 한 경우에는 1년 이상 15년 이하의 징역 또는 500만원 이상 3천만원 이하의 **벌금**
> ※ 본조가 적용되는 경우 「교통사고처리특례법」보다 **우선**하여 적용

07 어린이통학버스

개념	어린이(13세 미만)를 대상으로 하는 시설에서 어린이 통학 등에 이용되는 자동차로서 신고된 자동차
특별보호 (§51)	① 어린이통학버스가 도로에 정차하여 어린이가 타고 내리는 중임을 표시하는 장치를 가동 중인 때에는 어린이통학버스가 정차한 차로와 그 차로의 바로 옆 차로를 통행하는 차의 운전자는 어린이통학버스에 이르기 전에 **일시 정지하여 안전을 확인한 후 서행하여야 한다.** └ 서행 X ② 위 ①의 경우 중앙선이 설치되지 아니한 도로와 편도 1차로인 도로에서는 반대방향에서 진행하는 차의 운전자도 어린이통학버스에 이르기 전에 **일시 정지하여 안전을 확인한 후 서행하여야 한다.** └ 서행 X ③ **모든 차의 운전자**는 어린이 또는 영유아를 태우고 있다는 표시를 하고 도로를 통행하는 '**어린이통학버스**'를 앞지르지 못한다.
어린이 통학버스의 요건 등 (시행령 §31)	① 자동차안전기준에서 정한 어린이운송용 승합자동차의 구조를 갖출 것 ② 어린이통학버스 앞면 창유리 우측상단과 뒷면 창유리 중앙하단의 보기 쉬운 곳에 행정안전부령이 정하는 어린이 보호표지를 부착할 것 ③ 교통사고로 인한 피해를 전액 배상할 수 있도록 「보험업법」 따른 보험 또는 「여객자동차 운수사업법」 에 따른 공제조합에 가입되어 있을 것 ④ 「자동차등록령」등록원부에 법 제2조 제23호 각 목의 시설("어린이교육시설등")의 장의 명의로 등록되어 있는 자동차 **또는 어린이교육시설등의 장이 「여객자동차 운수사업법 시행령」에 따라 전세버스운송사업자와 운송계약을 맺은 자동차일 것**
범칙금 (시행령 별표8)	① 어린이통학버스 운전자의 의무위반(좌석안전띠를 매도록 하지 않은 경우는 제외)에 해당하는 경우 승합자동차의 기준 13만 원의 범칙금이 부과된다. ② 어린이통학버스 특별보호위반의 경우 승합자동차 기준 10만 원의 범칙금이 부과된다. ③ 어린이통학버스 특별보호위반의 경우 승용자동차 기준 9만 원의 범칙금이 부과된다. ④ 어린이통학버스와 비슷한 도색·표지 금지 위반에 해당하는 경우 승합자동차 기준 3만 원의 범칙금이 부과된다.

Chapter
04

THEME 08 음주운전·음주운전방지장치·난폭운전

1 술에 취한 상태에서의 운전 금지(§44)

① 누구든지 술에 취한 상태에서 **자동차등(「건설기계관리법」 제26조제1항 단서에 따른 건설기계 외의 건설기계를 포함(= 모든건설기계)), 노면전차 또는 자전거**를 운전하여서는 아니 된다.

② 경찰공무원은 교통의 안전과 위험방지를 위하여 필요하다고 인정하거나 제1항을 위반하여 술에 취한 상태에서 **자동차등, 노면전차 또는 자전거**를 운전하였다고 인정할 만한 상당한 이유가 있는 경우에는 운전자가 술에 취하였는지를 호흡조사로 측정할 수 있다. 이 경우 운전자는 경찰공무원의 측정에 응하여야 한다.

③ 제2항에 따른 측정 결과에 불복하는 운전자에 대하여는 **그 운전자의 동의**를 받아 혈액 채취 등의 방법으로 다시 측정할 수 있다.

④ 제1항에 따라 운전이 금지되는 술에 취한 상태의 기준은 운전자의 혈중알코올농도가 0.03퍼센트 이상인 경우로 한다.

⑤ 제2항 및 제3항에 따른 측정의 방법, 절차 등 필요한 사항은 **행정안전부령**으로 정한다.

2 음주운전 처벌 기준(§148의2)

혈중알코올농도(음주운전)		형벌기준	행정처분
1회 위반	0.03% 이상 ~ 0.08% 미만	1년 이하의 징역이나 500만원 이하의 벌금	면허정지
	0.08% 이상 ~ 0.20% 미만	1년 이상 2년 이하의 징역이나 500만원 이상 1천만원 이하의 벌금	면허취소
	0.20% 이상	2년 이상 5년 이하의 징역이나 1천만원 이상 2천만원 이하의 벌금	
	음주측정거부	1년 이상 5년 이하의 징역이나 500만원 이상 2천만원 이하의 벌금	
10년 내 (2회이상 음주 또는 측정 거부 위반)	0.03% ~ 0.2% 미만	1년 이상 5년 이하의 징역이나 500만원 이상 2천만원 이하의 벌금	면허취소
	0.2% 이상	2년 이상 6년 이하의 징역이나 1천만원 이상 3천만원 이하의 벌금	
	음주측정거부	1년 이상 6년 이하의 징역이나 500만원 이상 3천만원 이하의 벌금	

3 주취운전단속과 위험운전등 치사상죄

주취운전단속 (교통단속처리지침)	① 피측정자의 입안의 잔류 알콜을 헹궈낼 수 있도록 **음용수 200㎖**을 제공한다. ② 음주측정 **1회**(1인 x)당 1개의 음주측정용 불대(Mouth Piece)를 사용함을 원칙으로 한다. ③ 호흡측정 없이 채혈을 원하는 경우 바로 채혈할 수 있다. ④ 명시적인 의사표시를 하지 않으면서 경찰관이 음주측정 불응에 따른 불이익을 **5분 간격으로 3회 이상 고지**(15분 경과)했음에도 계속 음주측정에 응하지 않은 때에는 음주측정거부자로 처리한다. ⑤ 음주측정기(음주감지기 포함)는 측정결과의 정확도를 유지하기 위하여 연 3회(음주감지기 2회) 이상 검·교정을 받아야 한다.
위험운전 등 치사상 (특정범죄가중법 §5의11)	① **음주 또는 약물의 영향**으로 정상적인 운전이 곤란한 상태에서 **자동차등**을 운전하여 사람을 상해에 이르게 한 사람은 1년 이상 15년 이하의 징역 또는 1천만원 이상 3천만원 이하의 벌금에 처하고, 사망에 이르게 한 사람은 무기 또는 3년 이상의 징역에 처한다. ② 음주운전으로 인피사고를 내었으나 **음주측정에 불응하면** 이 법률 규정으로 **처벌** ③ 덤프트럭 등 「도로교통법」상 자동차로 인정되는 10종의 건설기계도 처벌대상 ④ 운전자가 정상적인 운전이 곤란해야 처벌됨 ⑤ **음주인피사고 후 도주**하면 **「특정범죄 가중처벌 등에 관한 법률」제5조의3**(도주차량 운전자의 가중처벌)과 **「도로교통법」제44조**(술에 취한 상태에서의 운전금지)만 적용하고 이 법률 규정은 적용하지 않음

4 음주운전방지장치

음주운전 방지장치 부착 조건부 운전면 허를 받은 운전자등의 준수사항 (§50의3)	① 제80조의2에 따라 음주운전 방지장치 부착 조건부 운전면허를 받은 사람이 자동차등을 운전하려는 경우 음주운전 방지장치를 설치하고, **시·도경찰청장**에게 등록하여야 한다. 등록한 사항 중 행정안전부령으로 정하는 중요한 사항을 변경할 때에도 또한 같다. 다만, 제2항에 따라 음주운전 방지장치가 설치·등록된 자동차등을 운전하려는 경우에는 그러하지 아니하다. → 등록하지 아니하고 운전한 경우는 운전면허의 취소 사유이다. ② 「여객자동차 운수사업법」에 따른 여객자동차 운수사업자의 사업용 자동차, 「화물자동차 운수사업법」에 따른 화물자동차 운수사업자의 사업용 자동차 및 그 밖에 대통령령으로 정하는 자동차등에 음주운전 방지장치를 설치한 자는 **시·도경찰청장**에게 등록하여야 한다. 등록한 사항 중 행정안전부령으로 정하는 중요한 사항을 변경할 때에도 또한 같다. ③ 제80조의2에 따라 음주운전 방지장치 부착 조건부 운전면허를 받은 사람은 음주운전 방지장치가 설치되지 아니하거나 설치기준에 적합하지 아니한 음주운전 방지장치가 설치된 자동차등을 운전하여서는 아니 된다. → 위반시 1년 이하의 징역이나 300만원 이하의 벌금에 처하고, 운전면허 취소 사유이다.

음주운전 방지장치 부착 조건부 운전면허를 받은 운전자등의 준수사항 (§50의3)	④ 누구든지 다음 각 호의 어느 하나에 해당하는 경우를 제외하고는 자동차등에 설치된 음주운전 방지장치를 해체하거나 조작 또는 그 밖의 방법으로 효용을 해치는 행위를 하여서는 아니 된다. 1. 음주운전 방지장치의 점검 또는 정비를 위한 경우 2. 폐차하는 경우 3. 교육·연구의 목적으로 사용하는 등 대통령령으로 정하는 사유에 해당하는 경우 4. 제82조 제2항 제10호에 따른 음주운전 방지장치의 부착 기간이 경과한 경우 → 4항을 위반하여 음주운전 방지장치를 해체·조작하거나 그 밖의 방법으로 효용을 해친 자는 **3년 이하의 징역 또는 3천만원 이하의 벌금**에 처한다. → 4항을 위반하여 장치가 해체·조작되었거나 효용이 떨어진 것을 알면서 해당 장치가 설치된 자동차등을 운전한 자는 **1년 이하의 징역 또는 300만원 이하의 벌금**에 처하고, 운전면허 취소 사유이다. ⑤ 누구든지 음주운전 방지장치 부착 조건부 운전면허를 받은 사람을 대신하여 음주운전 방지장치가 설치된 자동차등을 운전할 수 있도록 해당 장치에 호흡을 불어넣거나 다른 부정한 방법으로 음주운전 방지장치가 설치된 자동차등에 시동을 거는 행위를 하여서는 아니 된다. → 위반시 **1년 이하의 징역 또는 300만원 이하의 벌금**에 처한다. ⑥ 제1항 및 제2항에 따라 음주운전 방지장치의 설치 사항을 시·도경찰청장에게 등록한 자는 **연 2회 이상** 음주운전 방지장치 부착 자동차등의 운행기록을 시·도경찰청장에게 제출하여야 하며, 음주운전 방지장치의 정상 작동여부 등을 점검하는 검사를 받아야 한다. → 위반시 **500만원 이하의 과태료를 부과**한다. ⑦ 제1항 및 제2항에 따른 음주운전 방지장치 설치 기준·방법 및 등록 기준·등록 절차, 제6항에 따른 운행기록 제출 및 검사의 시기·방법, 그 밖에 필요한 사항은 행정안전부령으로 정한다.
음주운전 방지장치 부착 조건부 운전면허 (§80의2)	① 제44조 제1항 또는 제2항을 위반(자동차등 또는 노면전차를 운전한 경우로 한정한다. 다만, 개인형 이동장치를 운전한 경우는 제외)한 날부터 5년 이내에 다시 같은 조 제1항 또는 제2항을 위반하여 운전면허 취소처분을 받은 사람이 자동차등을 운전하려는 경우에는 시·도경찰청장으로부터 음주운전 방지장치 부착 조건부 운전면허(이하 "조건부 운전면허"라 함)를 받아야 한다. ② 음주운전 방지장치는 제82조 제2항 제1호부터 제9호까지에 따라 조건부 운전면허 발급 대상에게 적용되는 운전면허 결격기간과 같은 기간 동안 부착하며, 운전면허 결격기간이 종료된 다음 날부터 부착기간을 산정한다. ③ 제1항에 따른 조건부 운전면허의 범위·발급·종류 등에 필요한 사항은 행정안전부령으로 정한다.

5 난폭운전(§46의3)

자동차등(개인형 이동장치는 제외한다)의 운전자는 다음 각 호 중 둘 이상의 행위를 연달아 하거나, 하나의 행위를 지속 또는 반복하여 다른 사람에게 위협 또는 위해를 가하거나 교통상의 위험을 발생하게 하여서는 아니 된다.
1. 신호 또는 지시 위반
2. 중앙선 침범
3. 속도의 위반
4. 횡단·유턴·후진 금지 위반
5. 안전거리 미확보, 진로변경 금지 위반, 급제동 금지 위반
6. 앞지르기 방법 또는 앞지르기의 방해금지 위반
7. 정당한 사유 없는 소음 발생
8. 고속도로에서의 앞지르기 방법 위반
9. 고속도로등에서의 횡단·유턴·후진 금지 위반

6 음주운전과 죄수관계

① 무면허 + 음주: 무면허운전죄와 음주운전죄는 **상상적 경합관계**
② 무면허 운전은 **운전한 날마다** 무면허운전죄 성립
③ 음주 + 음주측정거부 : **실체적 경합관계**
④ 특가법(위험운전치사상) + 도교법(음주) : **실체적 경합관계**

판례 **음주운전**

1. 호흡측정기에 의한 음주측정치와 혈액검사에 의한 음주측정치가 불일치할 경우 **혈액검사에 의한 음주측정치가 우선**한다(대판 2003도6905).
2. 「도로교통법」에서 말하는'측정'이란 경찰공무원이 운전자가 술에 취하였는지의 여부를 알아보기 위하여 실시하는 **호흡측정기에 의한 측정**으로 이해하여야 한다(대판 2001도7121).
3. 피고인이 운전 중 교통사고를 내고 의식을 잃은 채 병원 응급실로 호송되자, 출동한 경찰관이 영장 없이 의사로 하여금 채혈을 하도록 한 사안에서, 위 혈액을 이용한 혈중알콜농도에 관한 감정서 등의 증거능력을 부정하여 유죄의 증거로 사용할 수 없다(대판 2009도2109).
4. 음주운전 신고를 받고 출동한 경찰관이 만취한 상태로 시동이 걸린 차량 운전석에 앉아있는 피고인을 발견하고 음주측정을 위해 하차를 요구함으로써 도로교통법 제44조 제2항이 정한 음주측정에 관한 **직무에 착수하였다고 할 것이고**, 피고인이 차량을 운전하지 않았다고 다투자 경찰관이 지구대로 가서 차량 블랙박스를 확인하자고 한 것은 음주측정에 관한 직무 중 '운전' 여부 확인을 위한 임의동행 요구에 해당하고, 피고인이 차량에서 내리자마자 도주한 것을 임의동행 요구에 대한 거부로 보더라도, 경찰관이 음주측정에 관한 직무를 계속하기 위하여 피고인을 추격하여 도주를 제지한 것은 앞서 본 바와 같이 도로교통법상 음주측정에 관한 일련의 직무집행 과정에서 이루어진 행위로써 **정당한 직무집행에 해당한다**(대판 2020도7193).

5. 흉골골절로 인한 통증으로 깊은 호흡을 할 수 없어 십여 차례 음주측정기를 불었으나 끝내 음주측정이 되지 아니한 경우 **음주측정불응죄가 성립하지 아니한다**(대판 2005도7125).

6. 물로 입 안을 헹굴 기회를 달라는 요구를 무시한 채 호흡측정기로 혈중알코올농도를 측정하여 음주운전 단속수치가 나왔다고 하더라도 **음주운전을 하였다고 단정할 수 없다**(대판 2005도7034).

7. 어떤 사람이 자동차를 움직이게 할 의도 없이 다른 목적을 위하여 자동차의 원동기(모터)의 시동을 걸었는데, 실수로 기어 등 자동차의 발진에 필요한 장치를 건드려 원동기의 추진력에 의하여 자동차가 움직이거나 또는 불안전한 주차상태나 도로여건 등으로 인하여 자동차가 움직이게 된 경우는 **자동차의 운전에 해당하지 아니한다**(대판 2004도1109).

8. 음주감지기에서 음주반응이 나온 경우, 그것만으로 술에 취한 상태에 있다고 인정할 만한 상당한 **이유가 있다고 볼 수 없다**(대판 2002도6632).

9. 운전자가 경찰공무원으로부터 음주측정을 요구받고 호흡측정기에 숨을 내쉬는 시늉만 하는 등 형식적으로 음주측정에 응하였을 뿐 경찰공무원의 거듭된 요구에도 불구하고 호흡측정기에 음주 측정수치가 나타날 정도로 숨을 제대로 불어넣지 아니하였다면 이는 **실질적으로 음주측정에 불응한 것과 다를 바 없다**(대판 99도5210).

10. 무면허인데다가 술이 취한 상태에서 오토바이를 운전하였다는 것은 1개의 운전행위라 할 것이므로 두 죄(무면허운전죄와 음주운전죄)는 **상상적 경합관계에 있다**(대판 86도2731).

11. 음주로 인한 특가법위반(위험운전치사상)죄와 도로교통법 위반(음주운전)죄는 입법 취지와 보호법익 및 적용 영역을 달리하는 별개의 범죄로서 양 죄가 모두 성립하는 경우 두 죄는 **실체적 경합관계에 있다**(대판 2008도7143).

12. 음주측정 결과에 불복하고 혈액채취의 요구는 호흡측정결과를 제시하며 확인을 구하는 때로부터 상당 근접시간(30분) 한정되며 상당시간이 경과 후 이의를 제기하면서 혈액채취를 요구하는 것은 **정당한 요구라 할 수 없다**(대판 2001도7121).

13. 음주운전의 정황이 강하게 의심되어 채혈하여야 하는 경우 사전영장 또는 감정처분허가장을 발부받거나 긴급한 경우 채혈 후 사후영장을 반드시 발부받아야 하며 비록 의식이 없는 운전자에 대한 가족의 채혈 사전동의 또는 채혈 후 **운전자나 변호인의 사후 증거동의가 있다 하더라도 이 혈액은 증거로 사용할 수 없다**(대판 2009도10871).

14. **위법한 강제연행 상태에서 호흡측정 방법에 의한 음주측정을 한 다음 강제연행 상태로부터 시간적·장소적으로 단절되었다고 볼 수도 없고 피의자의 심적 상태 또한 강제연행 상태로부터 완전히 벗어났다고 볼 수 없는 상황에서 피의자가 호흡측정 결과에 대한 탄핵을 하기 위하여 **스스로 혈액채취 방법에 의한 측정을 할 것을 요구하여 혈액채취가 이루어졌다고 하더라도** 그 사이에 위법한 체포 상태에 의한 영향이 완전하게 배제되고 피의자의 의사결정의 자유가 확실하게 보장되었다고 볼 만한 다른 사정이 개입되지 않은 이상 **불법체포와 증거수집 사이의 인과관계가 단절된 것으로 볼 수는 없다.** 따라서 그러한 혈액채취에 의한 측정 결과 역시 유죄 인정의 증거로 쓸 수 없다고 보아야 한다. 그리고 이는 수사기관이 위법한 체포 상태를 이용하여 증거를 수집하는 등의 행위를 효과적으로 억지하기 위한 것이므로, **피고인이나 변호인이 이를 증거로 함에 동의하였다고 하여도 달리 볼 것은 아니다**(대판 2010도2094).

15. 음주운전 시점과 혈중알코올농도의 측정 시점 사이에 시간 간격이 있고 그때가 혈중알코올농도의 상승기로 보이는 경우라 하더라도, 그러한 사정만으로 무조건 실제 운전 시점의 혈중알코올농도가 처벌기준치를 초과한다는 점에 대한 **증명이 불가능하다고 볼 수는 없다**(대판 2013도6285).

16. 음주운전을 하다가 교통사고를 야기한 후 그 형사처벌을 면하기 위하여 타인의 혈액을 자신의 혈액인 것처럼 교통사고 조사 경찰관에게 제출하여 감정하도록 한 경우, **위계에 의한 공무집행방해죄가 성립한다** (대판 2003도1609).

17. 음주로 인한 특정범죄 가중처벌 등에 관한 법률 위반(위험운전치사상)죄는 도로교통법 위반(음주운전)죄의 경우와는 달리 형식적으로 혈중알코올농도의 법정 최저기준치를 초과하였는지 여부와는 상관없이 운전자가 '음주의 영향으로 실제 정상적인 운전이 곤란한 상태'에 있어야만 하고, 그러한 상태에서 자동차를 운전하다가 사람을 상해 또는 사망에 이르게 한 행위를 처벌대상으로 하고 있는바, 이는 음주로 인한 특정범죄 가중처벌 등에 관한 법률 위반(위험운전치사상)죄는 업무상과실치사상죄의 일종으로 구성요건적 행위와 그 결과 발생 사이에 인과관계가 요구된다(대판 2017도15519).

18. 경찰관이 술에 취한 상태에서 자동차를 운전한 것으로 보이는 피고인을 「경찰관 직무집행법」에 따른 보호조치 대상자로 보아 경찰관서로 데려온 직후 음주측정을 요구하였는데 피고인이 불응하여 음주측정불응죄로 기소된 사안에서, 위법한 보호조치 상태를 이용하여 음주측정 요구가 이루어졌다는 등의 특별한 사정이 없는 한 피고인의 행위는 **음주측정불응죄에 해당**한다(대판 2011도4328).

19. 음주운전과 관련한 도로교통법 위반죄의 범죄수사를 위하여 미성년자인 피의자의 혈액채취가 필요한 경우에도 피의자에게 의사능력이 있다면 피의자 본인만이 혈액채취에 관한 유효한 동의를 할 수 있고, 피의자에게 의사능력이 없는 경우에도 명문의 규정이 없는 이상 법정대리인이 피의자를 **대리하여 동의할 수는 없다**(대판 2013도1228).

20. 피고인의 음주와 음주운전을 목격한 참고인이 있는 상태에서 음주운전 종료로부터 5시간 경과 후 음주측정을 요구한 데 대하여 불응한 경우 **음주측정불응죄가 성립**한다(대판 2000도6026).

21. 특별한 이유 없이 호흡측정기에 의한 측정에 불응하는 운전자에게 경찰공무원이 혈액채취에 의한 측정방법이 있음을 고지하고 그 선택 여부를 물어야 할 **의무가 있다고는 할 수 없다**(대판 2002도4220).

22. 운전자의 신체 이상 등의 사유로 호흡측정기에 의한 측정이 불가능 내지 심히 곤란한 경우에 운전자가 음주측정수치가 나타날 정도로 숨을 불어넣지 못한 결과 호흡측정기에 의한 음주측정이 제대로 되지 아니하였다고 하더라도 **음주측정에 불응한 것으로 볼 수는 없다**(대판 2010도2935).

23. 음주측정을 위하여 운전자를 강제로 연행할 때 준수하여야 하는 **절차를 위반한 경우 위법한 체포에 해당**하더라도 음주측정 요구에 불응한 행위를 음주측정거부죄와 음주측정 요구과정에서 행하여진 공무집행방해행위는 **적법절차를 위반한 음주측정거부죄와 이에 대한 공무집행방해행위는 처벌받지 않는다**(대판 2012도11162).

24. 운전자가 음주측정을 요구하는 경찰공무원의 1차 측정에만 불응하였을 뿐 곧이어 이어진 2차 측정에는 응한 경우와 같이 측정거부가 일시적인 것에 불과한 경우라면 **음주측정불응죄가 성립한다고 볼 것은 아니다** (대판 2013도8481).

25. 「도로교통법」 제44조 제3항에 규정된 '측정결과에 불복하는 운전자에 대하여는 그 운전자의 동의를 받아 혈액채취 등의 방법으로 다시 측정할 수 있다.'의 해석은 음주운전 혐의가 있는 운전자에게 수사를 위한 호흡측정에도 응할 것을 간접적으로 강제하는 한편 혈액 채취 등의 방법에 의한 재측정을 통하여 호흡측정의 오류로 인한 불이익을 구제받을 수 있는 기회를 보장하는 데 취지가 있으므로, 음주운전에 대한 수사방법으로서의 혈액 채취에 의한 측정의 방법을 운전자가 호흡측정 결과에 불복하는 경우에만 한정하여 허용한 것으로 볼 수 없다(대판 2014도16051).

26. 경찰공무원에게 위드마크 공식의 존재 및 호흡측정에 의한 혈중알코올농도가 음주운전 처벌기준 수치에 미달하더라도 위드마크 공식에 의한 역추산 방식에 의하여 운전당시의 혈중알코올농도를 산출할 경우 그 결과가 음주운전 처벌기준 수치 이상이 될 가능성이 있다는 취지를 운전자에게 **미리 고지하여야 할 의무가 없다**(대판 2017도661).

27. '도로교통법 제44조 제1항을 2회 이상 위반한 사람'에 대하여 비형벌적인 반복 음주운전 방지 수단에 대한 충분한 고려 없이, 가중처벌의 요건이 되는 과거 음주운전 금지규정 위반 전력 등과 관련하여 아무런 제한을 두지 않음으로써 가중처벌할 필요가 없거나 죄질이 비교적 가벼운 유형의 재범 음주운전 행위에 대해서까지 일률적으로 가중처벌하도록 한 것은 형벌 본래의 기능에 필요한 정도를 현저히 일탈하는 과도한 법정형(2년 이상 5년 이하의 징역 또는 1천만 원 이상 2천만 원 이하의 벌금)을 정하고 있다. 그러므로 **책임과 형벌 간의 비례원칙에 위배**된다(헌재 2019헌바446).

28. 음주측정거부 사안에서 '경찰공무원의 측정에 응하지 아니한 경우'란 전체적인 사건의 경과에 비추어 술에 취한 상태에 있다고 인정할 만한 상당한 이유가 있는 운전자가 음주측정에 응할 의사가 없음이 객관적으로 명백하다고 인정되는 때를 의미하며 이는 음주측정을 요구받을 당시의 운전자의 언행이나 태도, 경찰공무원이 음주측정을 요구하게 된 경우, 측정요구의 방법과 정도, 측정불응에 따른 관련서류의 적성여부, 거부한 사유와 태양 및 거부시간 등 전체적 경과를 고려하여 신중하게 판단하여야 한다. 또한 음주측정기에 의한 측정의 전 단계에 실시되는 음주감지기에 의한 시험을 요구하는 경우 그 시험결과에 따라 음주측정기에 의한 측정이 예정되어 있고, 운전자가 그러한 사정을 인식하였음에도 음주감지기에 의한 시험에 불응함으로써 음주측정을 거부하겠다는 의사를 표명한 것으로 볼 수 있다면, **음주감지기에 의한 시험을 거부한 행위도 음주측정기에 의한 측정에 응할 의사가 없음을 객관적으로 명백하게 나타낸 것으로 볼 수 있다**(대판 2016도16121).

THEME 09 운전면허

1 운전면허 구분(§80)

운전면허			운전할 수 있는 차의 종류
종별	구분		
제1종	대형면허		• 승용자동차 • 승합자동차 • 화물자동차 • 건설기계 – 덤프트럭, 아스팔트살포기, 노상안정기 – 콘크리트믹서트럭, 콘크리트펌프, 천공기(트럭적재식) – 콘크리트믹서트레일러, 아스팔트콘크리트재생기 – 도로보수트럭, **3톤 미만의 지게차(트럭지게차 X)** • 특수자동차[대형견인차, 소형견인차 및 구난차를 제외한다] • 원동기장치자전거
	특수 면허	대형 견인차	• 견인형 특수자동차 • 제2종보통면허로 운전할 수 있는 차량
		소형 견인차	• 총중량 **3.5톤** 이하의 견인형 특수자동차 • 제2종보통면허로 운전할 수 있는 차량
		구난차	• 구난형 특수자동차 • 제2종보통면허로 운전할 수 있는 차량
	보통면허		• 승용자동차 • 승차정원 15명 이하의 **승**합자동차 • 적재중량 12톤 미만의 **화**물자동차 • 건설기계(도로를 운행하는 3톤 미만의 지게차에 한함) • 총중량 10톤 미만의 **특**수자동차(구난차등은 제외한다) • 원동기장치자전거
	소형면허		• 3륜화물자동차 • 3륜승용자동차 • 원동기장치자전거
제2종	보통면허		• 승용자동차 • 승차정원 10명 이하의 **승**합자동차 • 적재중량 4톤 이하의 **화**물자동차 • 총중량 3.5톤 이하의 **특**수자동차(구난차등은 제외한다) **승화특** • 원동기장치자전거
	소형면허		• 이륜자동차(측차부를 포함함) → **배기량 125cc 초과의 이륜자동차** • 원동기장치자전거
	원동기장치 자전거면허		• 원동기장치자전거

Chapter

04

연습 면허	제1종 보통	• 승용자동차 • 승차정원 15명 이하의 승합자동차 • 적재중량 12톤 미만의 화물자동차
	제2종 보통	• 승용자동차 • 승차정원 10명 이하의 승합자동차 • 적재중량 4톤 이하의 화물자동차

TIP 자동차의 형식이 변경된 경우 등(동법 시행규칙 별표18)

가. 자동차의 형식이 변경된 경우
  1) 차종이 변경되거나 승차정원 또는 적재중량이 **증가**한 경우 : **변경승인 후**의 차종이나 승차정원 또는 적재중량
  2) 차종의 변경 없이 승차정원 또는 적재중량이 **감소**된 경우 : **변경승인 전**의 승차정원 또는 적재중량
  예 「자동차관리법」에 의해 차종의 변경 없이 승차정원 25인승 자동차를 승차정원 12인승으로 형식이 변경되었을 경우 1종 대형면허로 운전
나. 자동차의 구조 또는 장치가 변경된 경우 : **변경승인 전**의 승차정원 또는 적재중량

2 연습운전면허(§81)

내용	• **시·도경찰청장**이 발급 • 연습운전면허는 그 면허를 받은 날부터 1년 동안 효력을 가짐. 다만, 연습운전면허를 받은 날부터 1년 이전이라도 제1종 보통면허 또는 제2종 보통면허를 받은 경우 연습운전면허는 그 효력을 잃음
준수 사항	• 운전면허를 받은 날부터 2년이 경과한 사람(운전면허 정지 기간 중인 사람을 제외한다. 연습하고자 하는 자동차를 운전할 수 있는 운전면허에 한함)과 함께 타서 그의 지도를 받아야 함 • 사업용자동차를 운전하는 등 주행연습 외의 목적으로 운전하여서는 안됨(시행규칙 제55조 제2호) • '주행연습' 표지를 붙여야 함 ⌐ 무효 X • 준수사항 중 하나라도 위반하면 해당 연습운전면허는 <u>**취소**</u> 됨
위반시 조치	• 시·도경찰청장은 연습운전면허를 발급받은 사람이 운전 중 고의 또는 과실로 교통사고를 일으키거나 「도로교통법」이나 「도로교통법」에 따른 명령 또는 처분을 위반한 경우에는 연습운전면허를 **취소하여야 한다**(§93). • 연습운전면허를 받은 사람이 i) 도로교통공단의 도로주행시험을 담당하는 사람, 자동차운전학원의 강사, 전문학원의 강사 또는 기능검정원의 지시에 따라 운전하던 중 교통사고를 일으킨 경우, ii) 도로가 아닌 곳에서 교통 사고를 일으킨 경우, iii) 교통사고를 일으켰으나 물적 피해만 발생한 경우에는 **연습운전면허를 취소하지 않는다**(시행령 §59).

3 국제운전면허증(§96~98)

의의	국제운전면허는 모든 국가에서 통용되는 것이 아니라 「도로교통에 관한 협약」 등에 가입된 국가에 한하여 통용된다.	
국내에서 발급	신청	운전면허를 받은 사람이 국외에서 운전을 하기 위하여 국제운전면허증을 발급받으려면 **시·도경찰청장**에게 신청하여야 한다.
	유효기간	**발급받은 날**부터 1년
	취소 및 정지	• 국제운전면허증을 발급받은 사람의 국내운전면허의 효력이 없어지거나 취소된 때에는 그 효력을 잃는다. • 국제운전면허증을 발급받은 사람의 국내운전면허의 효력이 정지된 때에는 그 정지기간 동안 그 효력이 정지된다.
국외에서 발급	유효기간	국내에 **입국한 날**부터 1년
	특징	• 국제운전면허증을 외국에서 발급받은 사람 또는 상호인정외국면허증으로 운전하는 사람은 「여객자동차 운수사업법」 또는 「화물자동차 운수사업법」에 따른 **사업용 자동차를 운전할 수 없다.** 다만, **대여사업용 자동차를 임차하여 운전하는 경우**에는 그러하지 아니하다. • 고의·과실로 교통사고를 일으키거나 도로교통법을 위반한 경우 등 주소지를 관할하는 시·도경찰청장은 1년을 넘지 아니하는 범위에서 국제운전면허증에 의한 자동차등의 운전을 <u>금지</u>할 수 있다. 　　└ 취소, 정지 X

4 임시운전증명서(§91)

발급사유	면허증의 재발급, 적성검사, 갱신, 취소 및 정지처분대상이 된 때 발급할 수 있다.
유효기간	① 임시운전증명서의 유효기간은 20일 이내로 하되, 운전면허의 **취소 또는 정지처분** 대상자의 경우에는 40일 이내로 할 수 있다. 다만, **경찰서장**이 필요하다고 인정하는 경우에는 그 유효기간을 1회에 한하여 20일의 범위에서 연장할 수 있다(시행규칙 §88 ②). ② 임시운전증명서는 그 유효기간 중에는 운전면허증과 같은 효력이 **있다.** (없다 X)

5 운전면허증의 갱신과 정기적성검사(§87)

갱신 기간	운전면허 시험에 합격한 날부터 10년이 되는 날이 속하는 해의 1월 1일부터 12월 31일까지 갱신
	<table><tr><td>65세 미만</td><td>65세 이상 75세 미만</td><td>75세 이상</td></tr><tr><td>10년</td><td>5년</td><td>3년</td></tr></table>
적성 검사 기간	① 제1종 운전면허를 받은 사람은 갱신기간에 정기적성검사를 받아야 함 ② 제2종 운전면허를 받은 사람 중 운전면허증 갱신기간에 70세 이상인 사람은 운전면허증 갱신기간에 정기적성검사를 받아야 함

|판례| **운전면허**

1. 운전면허증 소지자가 운전면허증만 꺼내 보아도 쉽게 알 수 있는 정도의 노력조차 기울이지 않고, 적성검사기간 도래 여부에 관한 확인을 게을리하여 기간이 도래하였음을 알지 못하였더라도 적성검사기간 내에 적성검사를 받지 않는 것에 대한 **미필적 고의는 있다 볼 수 있다**(대판 2012도8374).
2. 제1종 보통면허로 운전할 수 있는 차량을 운전면허 정지기간 중에 운전한 경우에 이와 관련된 원동기장치자전거면허까지 **취소할 수 있다**(대판 97누2313).
3. '운전면허를 받지 아니하고'라는 법률문언의 통상적 의미에 '**운전면허를 받았으나 그 후 운전면허의 효력이 정지된 경우**'가 당연히 포함된다 할 수 없다(대판 2011도7725).

내용	제한기간
① 무면허 운전(운전면허 발급제한 기간 중 국제운전면허증으로 자동차 등 운전), 음주운전, 과로·질병·약물운전, 공동위험행위로 사람을 사상한 후 구호조치 없이 도주한 경우 ② 음주운전 하다가 사망사고	5년
5년의 제한사유 **이외의** 사유로 교통사고로 사람을 사상한 후에 구호조치 없이 도주한 경우	4년
① 음주운전(측정거부, 무면허로 음주운전 포함)하다가 2회 이상 교통사고 → 취소된 날부터 ② **자동차등을 이용하여 범죄행위를 하거나 다른 사람의 자동차등을 훔치거나 빼앗은 사람이 무면허 운전하는 경우 → 위반한 날부터**	3년
① 무면허운전, 면허정지기간 중 운전 또는 면허발급제한기간 중 국제운전면허증으로 운전 금지규정을 3회 이상 위반하여 운전 → 위반한 날 또는 취소된 날 ② 2회 이상의 음주운전(측정거부 포함) → 취소된 날부터 ③ 2회 이상의 공동위험행위 → 취소된 날부터 ④ 다른 사람의 자동차를 훔치거나 빼앗은 자 ⑤ **운전면허 대리응시** ⑥ 음주운전 또는 음주측정거부의 규정을 위반하여 운전하다가 **교통사고**	2년
① 무면허운전 ((ㄱ) 정지기간 중 운전, (ㄴ) 운전면허 발급제한 기간 중 국제운전면허증으로 자동차 등 운전한 자 포함) → 위반한 날부터 ② 공동위험행위로 운전면허가 취소된 경우 원동기장치자전거면허 취득 결격기간 ③ 2~5년의 제한사유 이외의 사유로 운전면허가 취소된 자 (※ 단, 적성검사 기간 경과 면허취소 또는 제1종 적성기준 불합격으로 제2종 면허를 받고자 하는 사람 제외) ④ 거짓이나 그 밖의 부정한 수단으로 운전면허 발급(§93①8의2)	1년
1년의 운전면허발급제한기간에 해당하는 사유로 면허가 취소된 자가 **원동기장치자전거 면허**를 취득(단, 공동위험행위로 면허 취소된 자는 제외)	6개월
운전면허의 효력이 정지처분을 받고 있는 경우	**정지처분 기간**
적성검사 미필로 취소된 경우	**제한 받지 않음**

※ 단 벌금 미만의 형 확정, 선고유예판결 확정, 기소유예나 소년법 제32조에 따른 보호처분 결정이 있는 경우 예외

1 적용범위

① 법규위반 또는 사고야기에 대하여 그 위반의 경중, 피해의 정도 등에 따라 벌점을 부여하고, 부여된 벌점에 따라 운전면허 정지 또는 취소 등의 행정처분을 부과함
② 위반의 정도가 중한 경우 1회의 위반으로도 운전면허를 취소할 수 있음
③ 운전면허증 소지자는 면허증의 반납사유가 발생한 날로부터 7일 이내 **반납**하여야 함
④ **운전면허시험에서 부정행위**를 하여 해당 시험이 무효로 처리된 사람은 그 처분이 있는 날부터 2년간 해당 시험에 응시하지 못한다(§84의2).

2 사고에 따른 벌점기준

구 분		벌 점	내 용
인적 피해 교통 사고	사망 1명마다	90	사고발생 시부터 72시간 이내(국내기준)에 사망한 때 (OECD기준 : 30일)
	중상 1명마다	15	3주 이상의 치료를 요하는 의사의 진단이 있는 사고
	경상 1명마다	5	3주 미만 5일 이상의 치료를 요하는 의사의 진단이 있는 사고
	부상신고 1명마다	2	5일 미만의 치료를 요하는 의사의 진단이 있는 사고

3 착한운전마일리지 및 교통사고 야기 시 조치불이행의 행정처분

무위반·무사고 서약 (착한운전마일리지)	무위반·무사고 서약을 하고 1년간 이를 실천한 운전자에게 실천할 때마다 1년을 기준으로 10점의 특혜점수를 부여하여 **기간과 관계없이** 그 운전자가 정지처분을 받게 될 경우 누산점에서 이를 공제함(10점 단위)
교통사고 야기 시 조치불이행의 행정처분	① 인적 피해가 있는 도주사고의 경우 면허가 취소됨 ② 인적 피해가 있는 도주사고 시 자수하면 행정처분이 감경됨 ③ 물적 피해가 있는 도주사고의 경우 벌점은 15점임 ④ 물적 피해가 있는 도주사고 시 **자수**하더라도 **감경제도는 없음**

대상	무사고운전자의 표시장은 **10년 이상의 사업용 자동차** 무사고 운전경력이 있는 사람으로서 사업용자동차의 운전에 종사하고 있는 사람에게 수여	
종류	**교통안전장**	운전경력 30년 이상
	교통삼색장	운전경력 25년 이상
	교통질서장	운전경력 20년 이상
	교통발전장	운전경력 15년 이상
	교통성실장	운전경력 10년 이상

4 자동차등 이용 범죄행위시 행정처분기준

행정처분 대상이 되는 범죄행위가 2개이상의 죄	**실체적 경합관계**	각각의 범죄행위의 **법정형 상한을 기준**으로 행정처분 함
	상상적 경합관계	**가장 중한 죄**에서 정한 법정형 상한을 기준으로 행정처분 함
예비·음모 또는 과실	행정처분 X	
미수에 그친 경우	취소처분에 해당하는 처분	벌점 110점 부과
	정지처분에 해당하는 처분	집행일수의 1/2로 감경함

5 운전면허 취소사유

① 다른 사람의 자동차등을 빼앗아 이를 운전한 경우
② 단속하는 경찰공무원 등 시·군·구 공무원을 폭행하여 형사입건 된 때
③ 과거 1회 음주운전 금지규정을 위반한 사람이 재차 음주운전한 경우
④ 과거 다른 사람의 자동차 등을 훔치고 운전하여 면허정지 처분을 받은 사람이 다시 다른 사람의 자동차 등을 훔치고 이를 운전한 경우
※ **과거 동일 전력 없는 사람이 다른 사람의 자동차등을 훔치고 이를 운전한 경우 벌점 100점을 부과한다.** 다른 사람의 자동차 등을 빼앗아 이를 운전한 경우는 **취소**되나 **훔친 경우는 정지처분**을 부과한다. 단 과거 동일한 전력이 있는(빼앗거나 훔쳐 정지나 취소 처분을 받은 경우) 경우에는 **취소처분**을 부과한다.

6 음주운전으로 운전면허 취소처분 또는 정지처분을 받은 경우 감경 등

감경사유	1. 운전이 가족의 생계를 유지할 중요한 수단이 되는 경우 2. 모범운전자로서 처분당시 3년 이상 교통봉사활동에 종사하고 있는 경우 3. 교통사고를 일으키고 도주한 운전자를 검거하여 **경찰서장** 이상의 표창을 받은 사람
감경 제외 사유	1. 혈중알코올농도가 **0.1퍼센트**를 초과하여 운전한 경우 2. **음주**운전 중 **인적피해** 교통사고를 일으킨 경우 3. 경찰관의 음주측정요구에 불응하거나 도주한 때 또는 단속경찰관을 폭행한 경우 4. 과거 5년 이내에 3회 이상의 **인적피해**(물적 x) 교통사고의 전력이 있는 경우 5. 과거 5년 이내에 음주운전의 전력이 있는 경우

7 과태료의 부과기준(도로교통법 시행령 [별표6])

범칙행위	차량 종류별 범칙금액
1. 법 제5조를 위반하여 신호 또는 지시를 따르지 않은 차 또는 노면전차의 고용주등 1의4. 법 제13조 제1항을 위반하여 보도를 침범한 차의 고용주등	• 승합자동차 등: 8만원 • 승용자동차 등: 7만원 • 이륜자동차 등: 5만원
4. 법 제17조 제3항을 위반하여 제한속도를 준수하지 않은 차 또는 노면전차의 고용주등 　가. 60km/h 초과	• 승합자동차 등: 14만원 • 승용자동차 등: 13만원 • 이륜자동차 등: 9만원
9. 법 제50조 제1항을 위반하여 동승자에게 좌석안전띠를 매도록 하지 않은 운전자 　가. 동승자가 13세 미만인 경우 　나. 동승자가 13세 이상인 경우	• 가목: 6만원 • 나목: 3만원

8 범칙행위 및 범칙금액(운전자)(도로교통법 시행령 [별표8])

범칙행위	차량 종류별 범칙금액
1. 속도위반(60km/h 초과) 1의2. 어린이통학버스 운전자의 의무 위반(좌석안전띠를 매도록 하지 않는 경우 제외)	• 승합자동차 등: 13만원 • 승용자동차 등: 12만원 • 이륜자동차 등: 8만원
2. 속도위반(40km/h 초과 60km/h 이하) 3의2. 어린이통학버스 특별보호 위반	• 승합자동차 등: 10만원 • 승용자동차 등: 9만원 • 이륜자동차 등: 6만원
5. 중앙선 침범, 통행구분 위반 5의2 자전거횡단도 앞 일시정지의무 위반 6. 속도위반(20km/h 초과 40km/h 이하) 8. 앞지르기 방법 위반 12의2. 긴급자동차에 대한 양보·일시정지 위반 15. 운전 중 휴대용 전화 사용	• 승합자동차 등: 7만원 • 승용자동차 등: 6만원 • 이륜자동차 등: 4만원 • 자전거등 및 손수레등: 3만원
34. 안전운전의무 위반(난폭운전 포함) 40. 고속도로·자동차전용도로 횡단·유턴·후진 위반 42. 고속도로 진입 위반	• 승합자동차 등: 5만원 • 승용자동차 등: 4만원 • 이륜자동차 등: 3만원 • 자전거등 및 손수레등: 2만원
46. 속도위반(20km/h 이하) 50. 서행의무 위반 58. 어린이통학버스와 비슷한 도색·표지 금지 위반	• 승합자동차 등: 3만원 • 승용자동차 등: 3만원 • 이륜자동차 등: 2만원 • 자전거등 및 손수레등: 1만원
59. 최저속도 위반	• 승합자동차 등: 2만원 • 승용자동차 등: 2만원 • 이륜자동차 등: 1만원 • 자전거등 및 손수레등: 1만원

Chapter **04**

9 정지처분 개별기준(시행규칙 별표28)

위반사항	벌 점
1. 속도위반(100km/h 초과)	100
3. 속도위반(80km/h 초과 100km/h 이하)	80
3의2. 속도위반(60km/h 초과 80km/h 이하)	60
4의2. 공동위험행위로 형사입건된 때 4의3. 난폭운전으로 형사입건된 때 6. 승객의 차내 소란행위 방치운전	40
8. 통행구분위반(**중앙선 침범에 한함**) 9. 속도위반(40km/h 초과 60km/h 이하) 10의3. 어린이통학버스 특별보호 위반 11. 고속도로·자동차전용도로 갓길통행	30
14. 신호·지시위반 15. 속도위반(20km/h 초과 40km/h 이하) 17. 운전 중 휴대용 전화 사용	15

10 통고처분

범칙행위	① 「도로교통법」 제156조 및 제157조 각 항목의 죄에 해당하는 위반행위를 의미함 ② 범칙행위란 **20만원 이하의 벌금이나 구류 또는 과료**에 해당하는 위반행위
범칙자 제외사유	1. 범칙행위 당시 운전면허증 등(운전면허증, 국제운전면허증, 건설기계조종사면허증) 또는 이를 갈음하는 증명서를 제시하지 못하거나 운전자 신원 및 운전면허 확인을 위한 질문에 응하지 아니한 운전자 2. 범칙행위로 교통사고를 일으킨 사람
통고처분 제외자	1. **성명이나 주소가 확실하지 아니한 사람** 2. 달아날 우려가 있는 사람 3. 범칙금 납부통고서를 받기를 거부한 사람

※ 범칙금 납부 방식은 경범죄 통고처분과 동일

TIP 과태료처분 제외사유(도로교통법 §160, 동법 시행규칙 §142)

1. 차 또는 노면전차를 도난당하였거나 그 밖의 부득이한 사유가 있는 경우

2. 운전자가 해당 위반행위로 처벌된 경우

3. 「질서위반행위규제법」 의견 제출 또는 이의제기의 결과 위반행위를 한 운전자가 밝혀진 경우

4. 자동차가 「여객자동차 운수사업법」에 따른 자동차대여사업자 또는 「여신전문금융업법」에 따른 시설대여업자가 대여한 자동차로서 그 자동차만 임대한 것이 명백한 경우

5. 범죄의 예방·진압이나 그 밖에 긴급한 사건·사고의 조사를 위한 경우

6. 도로공사 또는 교통지도단속을 위한 경우

7. 응급환자의 수송 또는 치료를 위한 경우

8. 화재·수해·재해 등의 구난작업을 위한 경우

9. 「장애인 복지법」에 따른 장애인의 승·하차를 돕는 경우

※ 대상자가 이사하여 과태료납부고지서가 반송된 경우는 소재수사 등을 통해 새 주소지를 확인 후 재발송을 하고, 다시 반송된 경우는 압류공고 실시 후 강제압류 조치를 취하게 된다.

판례 통고처분

1. 한국인이 외교관의 지시에 따라 **외교차량을 공무로 운전**하던 중 교통법규를 위반하였다면 주한공관 차량의 **한국인 운전자에 대해서는 관할권 면제가 인정되지 않는다.**

2. 통고처분을 받게 된 범칙행위와 「교통사고처리 특례법」 제3조 제1항 위반죄는 그 행위의 성격 및 내용이나 죄질, 피해법익 등에 현저한 차이가 있어 동일성이 인정되지 않는 별개의 범죄행위라고 보아야 할 것이므로, **통고처분을 받아 범칙금을 납부하였다고 하더라도 업무상과실치상죄로 처벌**하는 것이 **이중처벌에 해당한다고 볼 수 없다**(대판 2006도4322).

11 교통안전교육

① **운전면허를 받으려는 사람**은 대통령령으로 정하는 바에 따라 **시험에 응시하기 전**에 다음 각 호의 사항에 관한 **교통안전교육(1시간)을 받아야 한다.** 다만, 특별교통안전 의무교육을 받은 사람 또는 자동차운전 전문학원에서 학과교육을 수료한 사람은 그러하지 아니하다.

② 다음 각 호의 어느 하나에 해당하는 사람은 대통령령으로 정하는 바에 따라 **특별교통안전 의무교육을 받아야 한다.**

  1. 운전면허 취소처분을 받은 사람(제93조 제1항 제9호 또는 제20호에 해당하여 운전면허 취소처분을 받은 사람은 제외한다)으로서 운전면허를 다시 받으려는 사람

  2. **음주운전, 공동 위험행위, 난폭운전, 교통사고 자동차이용범죄**에 해당하여 운전면허효력 정지처분을 받게 되거나 받은 사람으로서 그 정지기간이 끝나지 아니한 사람

  3. 운전면허 취소처분 또는 운전면허효력 정지처분(운전면허효력 정지처분 대상인 경우로 한정한다)이 면제된 사람으로서 면제된 날부터 1개월이 지나지 아니한 사람

  4. 운전면허효력 정지처분을 받게 되거나 받은 초보운전자로서 그 정지기간이 끝나지 아니한 사람

③ 다음 각 호의 어느 하나에 해당하는 사람이 시·도경찰청장에게 신청하는 경우에는 대통령령으로 정하는 바에 따라 **특별교통안전 권장교육을 받을 수 있다.** 이 경우 권장교육을 받기 전 1년 이내에 해당 교육을 받지 아니한 사람에 한정한다.

  1. 교통법규 위반 등 제2항 제2호 및 제4호에 따른 사유 외의 사유로 인하여 운전면허효력 정지처분을 받게 되거나 받은 사람

  2. 교통법규 위반 등으로 인하여 운전면허효력 정지처분을 받을 가능성이 있는 사람

  3. 특별교통안전 의무교육을 받은 사람

  4. 운전면허를 받은 사람 중 교육을 받으려는 날에 65세 이상인 사람

⑤ 긴급자동차의 운전업무에 종사하는 사람은 **정기적으로** 긴급자동차 안전운전 등에 관한 **교육을 받아야 한다.**

  1. **신규 교통안전교육** : 긴급자동차를 운전하려는 사람을 대상으로 운전을 하기 전에 실시하는 교육, 3시간 이상

  2. **정기 교통안전교육** : 긴급자동차를 운전하는 사람을 대상으로 3년 마다 정기적으로 실시하는 교육, 2시간 이상

보충 **전문학원의 지정신청(시행규칙 §113)**

학원을 설립·운영하는 자가 전문학원의 지정을 받으려는 경우에는 자동차운전전문학원 지정신청서에 서류를 첨부하여 시·도경찰청장에게 제출해야 한다.

THEME 12 교통사고

1 교통사고의 의의

의의	**차의 교통**으로 인하여 사람을 사상하거나 물건을 손괴한 경우를 말함
적용법령	도로교통법, 교통사고처리 특례법, 특정범죄 가중처벌 등에 관한 법률

2 교통사고처리 특례법의 목적

업무상과실 또는 중대한 과실로 교통사고를 일으킨 운전자에 대한 형사처벌의 특례를 정함으로써 **교통사고로 인한 피해의 신속한 회복을 촉진하고 국민생활의 편익을 증진함을 목적**으로 함

3 교통사고 유발시 책임

형사책임	교통사고처리 특례법에 따른 처벌
행정적 책임	도로교통법에 의거 원인행위와 결과를 합산하여 면허정지 또는 취소처분
민사책임	민법 또는 자동차손해배상보장법에 따른 손해배상

4 사고현장 측점

1점의 측점을 필요로 하는 대상	① 사상자의 위치 : 허리를 중심으로 한 점 측점 ② 도로상 고정물체와의 사소한 충돌흔적, 가로수 및 수목 등에 생긴 자국
2점의 측점을 필요로 하는 대상	① 직선으로 나타난 긴 타이어 자국 : 시작점과 끝점을 측점으로 함 ② 길게 비벼지거나 파손된 가드레일
3점 이상의 측점을 필요로 하는 대상	직선으로 길게 나타나다가 마지막 부분에 휘어지거나 변형이 있는 타이어 자국

5 현장도면 작성(교통사고조사규칙 §14)

① 교통조사관은 교통사고 현장도면을 작성할 때에는 사실 인정에 중요하다고 인정되는 부분은 정밀하게, 그렇지 않은 부분은 비교적 간단명료하게 작성한다.

④ 거리를 측정하거나 지점을 확정하는 경우에는 **각각의 지점의 명칭을 붙여** 특정지어야 한다.

⑦ 교통사고의 발생지점과 사고차량의 정차지점을 표시하는 때에는 사고발생 지점을 도면의 중앙에 배치하고 가해차량의 진행방향이 위로 향하도록 하여 **이동지점**을 <u>점선</u>으로 표시하고 **정차지점**은 <u>실선</u>으로 표시한다.
　　　　↳ 실선 X　　　　　　↳ 점선 X

⑧ 현장 도면에는 작성자가 계급, 성명을 기입하고 날인하여야 하며, 현장도면과 조서 사이에는 간인하여야 한다.

6 차륜흔적

스키드마크 (Skid mark)	① **차의 급제동**으로 인하여 **타이어의 회전이 정지된 상태**에서 노면에 미끄러져 생긴 타이어 마모흔적 또는 활주흔적을 말함 ② 좌·우측 타이어의 흔적이 대체로 동등하게 나타나는 것이 특징임
요마크 (Yaw mark)	① **급핸들 등으로 인하여 차의 바퀴가 돌면서** 차축과 평행하게 옆으로 미끄러진 타이어의 마모흔적을 말함 ② 차량이 급격하게 회전할 때 바깥쪽으로 작용하는 원심력과 노면견인력 때문에 나타나며 회전할 때 안쪽바퀴 타이어에 비해 바깥쪽 타이어에 작용하는 원심력과 노면견인력으로 인한 큰 하중으로 안쪽바퀴 타이어에 비해 <u>바깥쪽</u> **타이어에 마찰열이 더 많이 발생** 　↳ 내측 X **하고 안쪽보다 진한 흔적을 남김** ③ 주로 빗살무늬 흔적의 형태를 띠고 있음
가속스커프 (Acceleration Scuffs)	① 정지된 차량에서 기어가 들어가 있는 채로 엔진이 고속으로 회전하다가 클러치 페달을 갑자기 놓아 **급가속이 될 때** 순간적으로 발생함 ② 오직 구동바퀴에서만 발생하는 것이 특징임
노면패인흔적 (Gouge Mark)	① 칩(Chip), 찹(Chop), 그루브(Groove)로 구분되며 차량의 프레임, 콘트롤 암 등 차량부품 중 노면에 가까운 차량하부의 강한 금속부분에 의해 지면이 파인 자국을 말함 ② 칩(Chip) : 마치 **호미로 노면을 판 것 같이 짧고 깊게 팬 가우지 마크**로서 차량 간의 최대접속 시 만들어짐　호미칩
스크래치 (Scratch)	큰 압력 없이 미끄러진 금속물체에 의해 단단한 포장노면에 가볍게 불규칙적으로 좁게 나타나는 긁힌 자국

7 당사자 순위의 결정(교통사고조사규칙 §20의4)

교통조사관은 다음 각 호의 기준에 따라 1건의 교통사고와 관련된 당사자의 순위를 결정한다.
1. 차대차 사고로서 당사자 간의 **과실이 차이**가 있는 경우 **과실이 중한** 당사자를 선순위로 지정
2. 차대차 사고로서 당사자 간의 **과실이 동일**한 경우 **피해가 경한**(중한 X) 당사자를 선순위로 지정
3. 차대사람 사고는 **운전자를 선순위**로 지정
4. 동승자가 있는 차대차 사고는 제1호부터 제3호에 따라 당사자의 순위를 정한 후 선순위의 차에 동승한 자를 다음 순위로, 후 순위의 차에 동승한 자를 그 다음 순위로 지정
5. 제1호부터 제4호 이외의 당사자는 그 다음 순위로 지정

8 안전거리

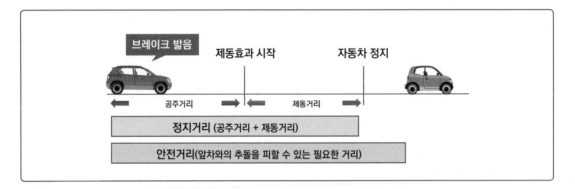

공주거리	실제로 제동페달을 밟아서 제동효과가 나타날 때까지 자동차가 주행하는 거리
제동거리	브레이크가 듣기 시작하여 제동효과가 나타나서 자동차가 현실적으로 정지할 때까지 주행한 거리
정지거리	공주거리 + 제동거리
안전거리	① 모든 차의 운전자는 같은 방향으로 가고 있는 앞차의 뒤를 따르는 경우에는 앞차가 갑자기 정지하게 되는 경우 그 앞차와의 추돌을 피할 수 있는 필요한 거리를 확보하여야 함 ② 따라서 **안전거리는 정지거리보다 긴 거리**임

1. **신호**·지시위반 사고
2. **중앙선**침범, 고속도로·자동차전용도로에서의 횡단, 유턴 후진 위반
3. 과속사고(**20km/h** 초과)
4. **앞지르기** 방법·금지 시기·장소 위반사고 **또는 끼어들기의 금지** → 고속도로에서의 앞지르기 방법을 위반하여 운전한 경우
5. **철길건널목** 통과방법 위반사고
6. **횡단**보도 보행자 보호의무 위반사고 ***인피사고시 적용**
7. **무**면허운전 중 사고
8. **음주**·약물 운전 및 음주측정 거부
9. **보도**침범·보도 횡단방법 위반사고
10. **승객**추락방지 의무 위반사고
11. **어린이**보호구역 주의의무 위반사고 → 어린이에 대한 사고만 해당
12. **적재**화물추락사고 교통사고 처리 관련 법률

무적 어린이 승객 집 앞 횡단 보도 철길건널목 신중2 음주

1 교통사고 처리시스템

도로교통법	제148조	물피 + 도주 경우 적용
특정범죄가중처벌 등에 관한 법률	제5조의3	인피 + 도주 경우 적용
	제5조의11	음주·약물 + 인피 경우 적용(도주 X)
	제5조의 13	자동차 등 + 어린이보호구역 + 13세 미만 + 인피

2 대인사고

치사사고		교통사고처리 특례법 제3조 제1항 적용(형사입건, 기소의견으로 송치)
치상사고	합의 성립시	교통사고처리 특례법 제3조 제2항 적용(공소권 없음, 불기소 의견으로 송치) → 피해자의 처벌불원의사표시는 1심판결 선고 전에 해야만 효력이 있다.
	합의 불성립시	① 교통사고처리 특례법 제3조 제1항 적용 형사입건(공소권 있음) ② 보험 또는 공제에 가입된 경우 교통사고처리 특례법 제4조 제1항 적용(공소권 없음) → 제3조 제2항 단서에 해당하는 경우(도주사고, 음주측정요구 거부, 특례 12개항 위반), 중상해인 경우, 보험계약 또는 공제계약이 무효 또는 해지되거나 보험금 또는 공제금 지급의무가 없게 된 경우는 형사입건(공소권 있음)
	합의 여부와 관계없이 처벌	① 업무상과실치상죄 또는 중과실치상죄를 범하고도 도주한 경우 → 특정범죄가중처벌등에관한법률 제5조의3 적용 형사입건(공소권 있음) ② 같은 죄를 범하고 음주측정 요구에 따르지 아니한 경우와 교통사고처리 특례법상 특례 12개항에 해당하는 행위로 인하여 같은 죄를 범한 경우 → 교통사고처리 특례법 제3조 제1항 적용 형사입건(공소권 있음)
	위험운전 치사상	특정범죄 가중처벌 등에 관한 법률 제5조의11 제1항 적용 형사입건(공소권 있음) → 음주·약물을 복용하고 교통사고를 일으킨 경우

3 대물사고 및 조치 등의 불이행

대물 사고	합의 성립시		교통사고처리 특례법 제3조 제2항을 적용(공소권없음), 원인행위만 도로교통법을 적용 처리함
	합의 불성립시		도로교통법 제151조를 적용하여 형사입건(공소권 있음) 처리(피해액 20만원 미만의 경우 즉심에 회부)
조치등의 불이행	도주한 경우	대인 사고	특정범죄 가중처벌 등에 관한 법률 제5조의3이 적용되어 형사입건(공소권 있음) 처리
		대물 사고	도로교통법 제148조를 적용하여 형사입건(공소권 있음) 처리 단, 주·정차된 차만 손괴한 것이 분명한 경우에는 「도로교통법」 제54조 제1항 제2호 및 「도로교통법」 제156조 제10호에 의하여 범칙금이 부과됨
	신고 안한 경우		도로교통법 제154조 제4호를 적용하여 형사입건(공소권 있음) 처리

THEME 14 ▶ 교통관련 판례

1 도로

1. 아파트 단지 내 통행로가 왕복 4차선의 외부도로와 직접 연결되어 있고, 외부차량의 통행에 제한이 없으며, 별도의 주차관리인이 없다면 「도로교통법」상 **도로에 해당한다**(대판 2010도6579).

2 운전

1. 내리막길에 주차되어 있는 자동차의 핸드 브레이크를 풀어 타력주행을 하는 행위는 **운전에 해당하지 않는다** (대판 98다30834).
2. 화물차를 주차한 상태에서 적재된 상자 일부가 떨어지면서 지나가던 피해자에게 상해를 입힌 경우, **교통 사고로 볼 수 없다**(대판 2009도2390).
3. 약물 등의 영향으로 정상적으로 운전하지 못할 우려가 있는 상태에서 자동차등을 운전하였다고 인정하려면, 약물 등의 영향으로 인하여 '정상적으로 운전하지 못할 우려가 있는 상태'에서 운전을 하면 바로 성립하고, 현실적으로 '정상적으로 운전하지 못할 상태'에 이르러야만 하는 것은 아니다(대판 2010도11272).

3 무면허운전

1. 무면허운전으로 인한 도로교통법위반죄에 있어서는 어느 날에 운전을 시작하여 다음날까지 동일한 기회에 일련의 과정에서 계속 운전을 한 경우 등 특별한 경우를 제외하고는 사회통념상 운전한 날을 기준으로 **운전한 날마다 1개의 운전행위가 있다고 보는 것이 상당하다**(대판 2001도6281).

2. 특정범죄가중처벌등에관한법률위반(도주차량)으로 운전면허취소처분을 받은 자가 자동차를 운전하였다고 하더라도 그 후 피의사실에 대하여 무혐의 처분을 받고 이를 근거로 행정청이 운전면허 취소처분을 철회하였다면, 위 운전행위는 **무면허운전에 해당하지 않는다**(대판 2007도9220).

3. 연습운전면허를 받은 사람이 도로에서 주행연습을 함에 있어서 준수사항을 지키지 않았다고 하더라도 준수사항을 지키지 않은 데에 따른 제재를 가할 수 있음은 별론으로 하고 그 운전을 **무면허운전이라고 할 수는 없다**(대판 2000도5540).

4. 연습운전면허를 받은 사람이 '주행연습 외의 목적으로 운전하여서는 아니된다'는 준수사항을 위반하여 운전한 경우, 운전할 수 있는 차의 종류를 기준으로 운전면허의 범위가 정해지게 되고, 해당 차종을 운전할 수 있는 운전면허를 받지 아니하고 운전한 경우가 무면허운전에 해당하므로 실제 운전의 목적을 기준으로 운전면허의 유효범위나 무면허운전 여부가 결정된다 볼 수는 없다. 그러므로 **연습운전면허에 대한 준수사항위반으로 인한 연습운전면허취소는 변론으로 하고 「도로교통법」 제43조에 규정된 무면허운전에 해당하지 않는다**(대판 2013도15031).

5. 법무부장관이 발급한 사증없이 입국심사를 받지 않고 국내에 입국한 후 1년 이내에 자동차를 운전하였고, 운전을 하기전에 외국에서 국제운전면허증(상호인정외국면허증)을 발급받았다 하더라도, 출입국관리법에 따른 정상적인 입국심사절차를 거치지 아니하고 **불법으로 입국하였다면 국제운전면허증을 소지하고 있다 하더라도 도로교통법 위반(무면허운전)에 해당한다**(대판2017도9230).

6. **음주운전과 달리 무면허운전은** '도로에서 운전'한 경우에만 적용되므로 아파트 주차장의 경우 이곳이 도로인지 여부는 아파트 주민이나 그와 관련된 용건이 있는 사람만 이용할 수 있는지, 경비원 등이 자체적으로 관리하는 지, 아파트 단지와 주차장의 규모와 형태, 차단 시설이 설치되어 있는지, 아파트 단지 주민이 아닌 외부인이 주차장을 이용할 수 있는지, 아파트 단지와 주차장의 진·출입에 관한 구체적인 관리·이용 상황 등을 근거로 **종합적으로 판단하여야 한다**(대판 2017도17762).

7. 도로교통법 위반(무면허운전)죄는 도로교통법 제43조를 위반하여 운전면허를 받지 아니하고 자동차를 운전하는 경우에 성립하는 범죄로, 유효한 운전면허가 없음을 알면서도 자동차를 운전하는 경우에만 성립하는 고의범이다. 교통사고처리 특례법 제3조 제2항 단서 제7호는 도로교통법 위반(무면허운전)죄와 동일하게 도로교통법 제43조를 위반하여 운전면허를 받지 아니하고 자동차를 운전하는 행위를 대상으로 교통사고 처벌 특례를 적용하지 않도록 하고 있다. 따라서 위 단서 제7호에서 말하는 '도로교통법 제43조를 위반'한 행위는 도로교통법 위반(무면허운전)죄와 마찬가지로 유효한 운전면허가 없음을 알면서도 자동차를 운전하는 경우만을 의미한다고 보아야 한다(대판 2021도17733).

4 주의의무

1. 특별한 사정이 없는 한 반대차로를 운행하는 차가 갑**자기 중앙선을 넘어올 것까지 예견하여 감속해야 할 주의의무는 없다**(대판 85다카562).
2. 고속도로를 운행하는 자동차 운전자는 고속도로를 무단횡단하는 보행자가 있을 것을 예견하여 운전할 **주의의무가 없다**(대판 2000도2671).
3. 편도 5차선 도로의 1차로를 신호에 따라 진행하던 자동차 운전자에게 도로의 오른쪽에 연결된 소방도로에서 오토바이가 나와 맞은편 쪽으로 가기 위해 편도 5차선 도로를 대각선 방향으로 가로 질러 진행하는 경우까지 예상하여 진행할 **주의의무는 없다**(대판 2006도9216).
4. 무단횡단하던 보행자가 중앙선 부근에 서 있다가 마주 오던 차에 충격당하여 자신이 운전하던 택시 앞으로 쓰러지는 것을 피하지 못하고 역과시킨 경우 **업무상 과실이 인정된다**(대판 95도715).
5. 앞차가 빗길에 미끄러져 비정상적으로 움직일 때는 진로를 예상할 수 없으므로 뒤따라가는 차량의 운전자는 이러한 사태에 대비하여 속도를 줄이고 안전거리를 확보해야 할 **주의의무가 있다**(대판 89도777).
6. 차에 열쇠를 끼워놓은 채 11세 남짓한 어린이를 조수석에 남겨놓고 차에서 내려온 동안 어린이가 시동을 걸어 차량이 진행하여 사고가 발생한 경우 운전자로서는 열쇠를 빼는 등 사고 예방조치를 취할 **주의의무가 있다**(대판 86도1048).
7. **보행자신호가 적색인 경우** 반대차로 상에서 정지하여 있는 차량의 뒤로 보행자가 횡단보도를 건너올 수 있다는 것까지 예상할 **주의의무는 없다**(대판 92도2077).

5 보행자 보호

1. 피고인이 횡단보도를 걷던 보행자 A를 들이받아 그 충격으로 횡단보도 밖에서 A와 동행하던 B를 밀려 넘어져 상해를 입은 경우, 위 사고는 피고인이 횡단보도 보행자 A에 대하여 도로교통법 제27조 제1항에 따른 주의의무를 위반하여 운전한 업무상 과실로 야기되었고, B의 상해는 이를 직접적인 원인으로 하여 발생하였으므로 피고인의 행위는 교통사고처리 특례법 제3조 제2항 단서 제6호에서 정한 **횡단보도 보행자 보호의무의 위반행위에 해당한다**(대판 2009도12671).

2. 운전자 乙이 보행신호등의 녹색등화 점멸신호 중에 횡단보도를 통행하던 C를 운전차량으로 충격하여 상해를 입게 한 경우(충격 당시 여전히 녹색등화 점멸신호 중이었음) **횡단보도 보행자 보호의무 위반에 해당한다**(대판 2007도9598).

3. 보행신호등의 **녹색등화의 점멸신호 전에 횡단을 시작하였는지 여부를 가리지 아니하고** 보행신호등의 녹색등화가 점멸하고 있는 동안에 횡단보도를 통행하는 모든 보행자는 횡단보도에서의 **보행자 보호의무의 대상이 된다**(대판 2007도9598).

4. 피해자가 보행신호등의 **녹색등화가 점멸**되고 있는 상태에서 횡단보도를 횡단하기 시작하여 횡단을 완료하기 전에 **보행신호등이 적색등화로 변경된 후 차량신호등의 녹색등화에 따라서 직진하던 피고인 운전차량에 충격**된 경우에, 피해자는 신호기가 설치된 횡단보도에서 녹색등화의 점멸신호에 위반하여 횡단보도를 통행하고 있었던 것이어서 횡단보도를 통행중인 보행자라고 보기는 어렵다고 할 것이므로, 피고인에게 운전자로서 사고발생방지에 관한 **업무상 주의의무위반의 과실이 있음은 별론으로 하고** 도로교통법 제24조 제1항[개정법 제27조 제1항] 소정의 보행자보호 의무를 위반한 잘못이 있다고는 할 수 없다(대판 2001도2939).

5. **모든 차의 운전자는** 보행자보다 먼저 횡단보행자용 신호기가 설치되지 않은 횡단보도에 진입한 경우에도, 보행자의 횡단을 방해하지 않거나 통행에 위험을 초래하지 않을 상황이 아니고서는, 차를 일시정지하는 등으로 **보행자의 통행이 방해되지 않도록 할 의무가 있다**(대판 2020도8675).

6. 모든 차의 운전자는 신호기의 지시에 따라 횡단보도를 횡단하는 보행자가 있을 때에는 횡단보도 진입 선후를 불문하고 일시정지하는 등의 조치를 취함으로써 보행자의 통행이 방해되지 아니하도록 하여야 한다. 다만 **자동차가 횡단보도에 먼저 진입한 경우로서 그대로 진행하더라도 보행자의 횡단을 방해하거나 통행에 아무런 위험을 초래하지 아니할 상황이라면 그대로 진행할 수 있다**(대판 2016도17442).

6 도주

1. 사고 운전자가 교통사고 현장에서 **동승자로 하여금 운전자라고 허위신고**하도록 하였다면 이후 사고장소를 이탈하지 아니한 채 보험회사에 사고접수를 하고 **경찰조사 이후 자수한 경우**라도「특정범죄 가중처벌 등에 관한 법률」상 **도주한 때로 볼 수 없다**(대판 2008도8627).
2. 교통사고로 인한 물적 피해가 경미하고, 파편이 도로상에 비산되지도 않았다고 하더라도, 가해차량이 즉시 정차하는 등 필요한 조치를 취하지 아니한 채 그대로 **도주한 경우에는「도로교통법」제54조 제1항 위반죄가 성립한다**(대판 2009도787).
3. 만취 운전자가 교통사고 직후 취중상태에서 사고현장으로 부터 수십 m까지 혼자 걸어가다 수색자에 의해 현장으로 붙잡힌 경우 **도주의사가 있다고 인정된다**(대판 2005도4459).
4. 교통사고 야기자가 피해자를 병원에 후송하기는 하였으나 조사 경찰관에게 사고사실을 부인하고 자신을 목격자라고 하면서 참고인 조사를 받고 귀가한 경우,「특정범죄 가중처벌 등에 관한 법률」제5조의3 제1항 소정의 **'도주'에 해당한다**(대판 2002도5748).
5. 교회 주차장에서 교통사고를 야기하여 사람을 다치게 하고도 구호조치 없이 도주한 경우 **도주차량에 해당된다**(대판 2004도3600).
6. 사고 후 자신의 명함을 주고 택시에게 피해자 이송의뢰를 하였으나 경찰이 도착하기 전에는 병원에 가지 않겠다고 하여 이송을 못하고 있는 사이 현장을 이탈한 경우 **도주차량에 해당된다**(대판 2004도250).
7. 교통사고를 야기한 운전자가 피해자를 병원에 후송한 후 신원을 밝히지 아니한 채 도주한 경우 **도주차량에 해당된다**(대판 97도2475).
8. 사고를 야기한 후 자신의 범행을 은폐하기 위해 목격자라고 경찰에 허위신고한 경우 **도주차량에 해당된다**(대판 96도1997).

7 신고 · 조치의무

1.「도로교통법」제54조 제2항에서 규정한 '신고의무'는 교통사고가 발생한 때에 이를 지체없이 경찰공무원 또는 경찰관서에 알려서 피해자의 구호, 교통질서의 회복 등에 관한 적절한 조치를 취하게 함으로써 도로상의 소통장해를 제거하고 피해의 확대를 방지하여 교통질서의 유지 및 안전을 도모하는데 그 입법취지가 있으므로「도로교통법」제54조 제2항 단서에서 '운행 중인 차만 손괴된 것이 분명하고 도로에서의 위험방지와 원활한 소통을 위하여 필요한 조치를 한 경우에는 그러하지 아니하다'는 규정에 해당되는 **"단순물피교통사고"는 '신고의무'가 없다**(대판 2013도15500).
2. 도로교통법 제54조 제1항, 제2항이 규정한 교통사고 발생시의 구호조치의무 및 신고의무는 교통 사고의 결과가 피해자의 구호 및 교통질서의 회복을 위한 조치가 필요한 상황인 이상 그 의무는 교통사고를 발생시킨 당해 차량의 운전자에게 그 사고발생에 있어서 고의·과실 혹은 유책·위법의 유무에 관계없이 부과된 의무라고 해석함이 타당하고, **당해 사고의 발생에 귀책사유가 없는 경우에도 위 의무가 없다 할 수 없다**(대판 2015도12451).
3. 교통사고 피해자가 2주간의 치료를 요하는 경미한 상해를 입었다는 사정만으로 사고 당시 피해자를 구호할 필요가 없었다고 단정 지을 수 없다(대판 2008도1339).
4.「도로교통법」제54조 제2항(교통사고 신고의무)은 교통상황에 비추어 교통질서의 혼란과 마비를 사전에 방지하기 위하여 피해자의 구호 및 교통질서의 회복을 위한 조치가 필요한 상황에서만 적용되고 **형사책임과 관련되는 사항의 신고에는 적용되지 않는 것으로 해석하는 한「헌법」에 위반되지 않는다**(전원재판부 89헌가118).

8 인과관계

1. 주차금지된 장소가 아닌 곳에서 주차한 화물차를 충격하여 오토바이 운전자가 사망한 사안에 대하여 주차행위와 사고발생과의 인과관계가 없다고 보아 **교통사고처리특례법위반혐의에 대하여 무죄라고 할 수 없다**(대판 96도2030). → 인과관계가 없다고 보아 무죄를 선고한 원심판결을 심리미진 등을 이유로 파기한 사례

2. 앞차를 뒤따라 진행하는 차량의 운전자는 앞차에 의하여 전방의 시야가 가리는 관계상 앞차의 어떠한 돌발적인 운전 또는 사고에 의해 자기 차량에 연쇄적인 사고가 일어나지 않도록 앞차와 충분한 안전거리를 유지하는 등 주의의무가 있으므로, 선행 차량에 이어 후행 피고인 운전차량이 피해자를 연속하여 역과하는 과정에서 피해자가 사망한 경우 **피고인 운전 차량의 역과와 피해자의 사망 사이에는 인과관계가 있다**(대판 2001도5005).

3. 피고인이 운행하던 오토바이로 도로를 횡단하던 피해자를 충격하여 피해자로 하여금 반대차선의 1차 선상에 넘어지게 하여, 피해자가 반대 차선을 운행하던 자동차에 역과되어 사망한 경우 **인과관계가 있다**(대판 90도580).

4. 선행 교통사고와 후행 교통사고 중 어느 쪽이 원인이 되어 피해자가 사망에 이르게 되었는지 밝혀지지 않는 경우 후행 교통사고를 일으킨 사람의 과실과 피해자의 사망 사이에 인과관계가 인정되기 위해서는 후행 교통사고를 일으킨 사람이 주의의무를 게을리하지 않았다면 피해자가 사망에 이르지 않았을 것이라는 사실이 증명되어야 하고, **그 증명책임은 검사에게 있다**(대판 2005도8822).

5. 차량 운행 도중 브레이크 고장시에 사이드브레이크를 조작하지 않거나, 제한속도를 넘어서 운전하였다는 것이 사고의 직접 원인이 되지 아니한 때에는 **사고에 대한 책임이 없다**(대판 89도1174).

9 교통사고

1. 고속도로 2차로를 따라 자동차를 운전하다가 1차로를 진행하던 A의 차량 앞에 급하게 끼어든 후 곧바로 정차하여, A의 차량 및 이를 뒤따르던 차량 두 대는 급정차하였으나, 그 뒤를 따라오던 B의 차량이 앞의 차량들을 연쇄적으로 추돌케 하여 B를 사망에 이르게 하고 나머지 차량 운전자 등 피해자들에게 상해를 입혔다면 **일반교통방해치사상죄로 처벌된다**(대판 2014도6206).

2. 횡단보도 보행자에 대한 운전자의 업무상 주의의무 위반행위와 상해의 결과 사이에 직접적인 원인관계가 존재하는 한 횡단보도 **보행자가 아닌 제3자에게 상해가 발생한 경우라도 「교통사고처리 특례법」상 특례조항에 해당한다**(대판 2009도12671).

3. 동승자가 교통사고 후 운전자와 공모하여 도주행위에 단순하게 가담하였다는 이유만으로는, 특정범죄가 중처벌등에관한법률위반(도주차량)죄의 **공동정범으로 처벌할 수 없다**(대판 2007도2919).

4. 「특정범죄 가중처벌 등에 관한 법률」 제5조의3 도주차량죄의 교통사고는 「도로교통법」이 정하는 **도로에서의 교통사고로 제한되지 않는다**(대판 2004도3600).

5. 자전거를 운전하던 중 전방주시를 게을리한 과실로 보행자를 충격하여 상해를 발생시킨 교통사고에서 자전거는 '**일상생활 중 우연한 사고로 타인의 신체장애 및 재물 손해에 대해 부담하는 법률상 배상책임액을 1억원 한도 내에서 전액배상**'하는 보험에 가입한 경우 「**교통사고처리특례법」 제4조 제1항, 제2항의 '보험'에 해당하지 않는다.** 이 '보험'은 피해자의 교통사고 손해배상금 전액에 대한 권리를 가리키는 것으로 1억원이 초과하는 손해에 대하여 보상받을 수 없으므로 해당하지 않는다(대판 2011도6273).

6. 교차로 직전의 횡단보도에 따로 차량보조등이 설치되어 있지 아니한 경우, 교차로 차량신호등이 적색이고 횡단보도 보행등이 녹색인 상태에서 횡단보도를 지나 우회전하다가 사람을 다치게 한 경우 「**교통사고처리 특례법」상 특례조항인 신호위반에 해당한다**(대판 2009도8222).

7. 자동차 운전자가 고속도로 또는 자동차전용도로가 아닌 일반도로의 중앙선 우측 차로 내에서 후진하는 행위는 「교통사고처리 특례법」 제3조 제2항 단서 제2호의 규정을 **위반한 것으로 볼 수 없다**(대판 2010도3436).

8. 교통사고처리특례법 제4조 제1항 본문은 차의 운전자에 대한 공소제기 조건을 정한 것이고, 교통사고처리특례법 제2조 제2호는 '교통사고'란 차의 교통으로 인하여 사람을 사상하거나 물건을 손괴하는 것을 말한다 규정하고 있는데, 여기서 '**차의 교통'은 차량을 운전하는 행위 및 그와 동일하게 평가할 수 있을 정도로 밀접하게 관련된 행위를 모두 포함하고 있다**(대판 2016도21034).

CHAPTER **05**

정보경찰활동

경찰정보활동의 이해

1 치안정보국 분장사항(경찰청과 그 소속기관 직제 §14 ③)

1. **공공안녕에 대한 위험의 예방과 대응을 위한** 정보업무 기획·지도 및 조정
2. 국민안전과 국가안보를 저해하는 위험 요인에 관한 **정보활동**
3. 국가중요시설 및 주요 인사의 안전·보호에 관한 **정보활동**
4. 집회·시위 등 공공갈등과 다중운집에 따른 질서 및 안전 유지에 관한 **정보활동**
5. **국민의 생명·신체의 안전이나 재산의 보호 등** 생활의 평온과 관련된 정책에 관한 **정보활동**
6. 국가기관·지방자치단체·공공기관의 장이 요청한 신원조사 및 사실확인에 관한 **정보활동**
7. 외사정보의 수집·분석 및 관리 등 **외사정보활동**
8. 그 밖에 **범죄·재난·공공갈등 등** 공공안녕에 대한 위험의 예방과 대응을 위한 정보활동으로서 제2호부터 제7호까지에 준하는 **정보활동**

2 경찰관의 정보수집 및 처리 등에 관한 규정

기본원칙 (§2)	① 정보활동은 국민의 자유와 권리를 보호하는 것을 목적으로 해야 하며, **필요 최소한의 범위에 그쳐야 한다.** ② 경찰관은 정보활동과 관련하여 다음 행위를 해서는 안 된다. 　1. 정치에 관여하기 위해 정보를 수집·작성·배포하는 행위 　2. 법령의 직무 범위를 벗어나 개인의 동향 등을 파악하기 위해 사생활에 관한 정보를 수집·작성·배포하는 행위 　3. 상대방의 명시적 의사에 반해 자료 제출이나 의견 표명을 강요하는 행위 　4. **부당한** 민원이나 청탁을 직무 관련자에게 전달하는 행위 　　↳ 정당한 X 　5. 직무상 알게 된 정보를 누설하거나 개인의 이익을 위해 사용하는 행위 　6. 직무와 무관한 **비공식적** 직함을 사용하는 행위 　　↳ 공식적 X

수집 등 대상 정보의 구체적인 범위 (§3)	경찰관이 「경찰관 직무집행법」 제8조의2 제1항에 따라 수집·작성·배포할 수 있는 정보의 구체적인 범위는 다음과 같다. 1. **범죄의 예방과 대응에 필요한 정보** → 범죄수사에 필요한 정보 X 2. 「형의 집행 및 수용자의 처우에 관한 법률」 또는 「보호관찰 등에 관한 법률」에 따라 통보되는 정보의 대상자인 수형자·가석방자의 재범방지 및 피해자의 보호에 필요한 정보 3. 국가중요시설의 안전 및 주요 인사의 보호에 필요한 정보 4. 방첩·대테러활동 등 국가안전을 위한 활동에 필요한 정보 5. 재난·안전사고 등으로부터 국민안전을 확보하기 위한 정보 6. 집회·시위 등으로 인한 공공갈등과 다중운집에 따른 질서 및 안전 유지에 필요한 정보 7. 국민의 생명·신체·재산의 보호와 공공안녕에 대한 위험의 예방과 대응을 위한 정책에 관한 정보(해당 정책의 입안·집행·평가를 위해 객관적이고 필요한 사항에 관한 정보로 한정하며, 이와 직접적·구체적으로 관련이 없는 사생활·신조 등에 관한 정보는 제외한다) 8. 도로 교통의 위해 방지·제거 및 원활한 소통 확보를 위한 정보 9. 「보안업무규정」에 따라 경찰청장이 위탁받은 신원조사 또는 「공공기관의 정보공개에 관한 법률」에 따른 공공기관의 장이 법령에 근거하여 요청한 사실의 확인을 위한 정보 10. 그 밖에 제1호부터 제9호까지에서 규정한 사항에 준하는 정보
정보의 수집 및 사실의 확인 절차 (§4)	① 경찰관은 법 제8조의2 제1항에 따라 정보를 수집하거나 정보의 수집·작성·배포에 수반되는 사실을 확인하려는 경우에는 상대방에게 자신의 신분을 밝히고 정보 수집 또는 사실 확인의 목적을 설명해야 한다. 이 경우 **강제적인 방법을 사용해서는 안 된다.** ② ①의 전단에도 불구하고 다음 어느 하나에 해당하는 경우에는 같은 항 전단에서 규정한 절차를 **생략할 수 있다.** 1. 국민의 생명·신체의 안전이나 국가안보에 긴박한 위험이 발생할 우려가 있는 경우 2. **범죄의 대응을 위한 정보활동에 현저한 지장을 초래할 우려가 있는 경우**
정보수집등을 위한 출입의 한계 (§5)	경찰관은 다음 각 호의 장소에 상시적으로 출입해서는 안 되며, 정보활동을 위해 **필요한 경우에 한정하여 일시적으로만 출입**해야 한다. 1. **언론·교육·종교·시민사회 단체 등 민간단체**(자치단체 X) 2. **민간기업**(공기업 X) 3. **정당의 사무소**
위법한 지시의 금지 및 거부 (§8)	① 누구든지 정보활동과 관련하여 경찰관에게 이 영과 그 밖의 법령에 반하여 지시해서는 안 된다. ② 경찰관은 **명백히 위법**한 지시라고 판단되는 경우에는 그 집행을 **거부할 수 있다.** ↳ 하여야 한다 X

1 정보가치에 대한 평가요소(정보의 질적 요건)

적실성	① 정보가 **당면한 현안 문제와 얼마나 관련되는가**의 문제(적합성 또는 관련성) ② 정보는 정보사용자의 사용목적과 관련된 것이어야 한다.
정확성	① 정보가 **사실(fact)과 얼마나 일치되는가**의 문제 ② 정확한 정보 = 철저한 사전준비 + 정보의 객관성에 대한 평가(수집경로의 다양화 통한 정확성 확보) 예 칭기즈칸이 전쟁을 하기 전에 모든 계층과 여러 인종 중에서 선발된 간첩을 대상으로 변장시킨 후 주변 각지의 부족에 침투시켜 첩보를 수집하였으며, 공격에 앞서 입수된 첩보를 여러 경로로 확인하였다.
적시성	① 정보는 **사용자**가 필요한 **시기에 제공될 때** 그 가치가 높아짐 ↳ 생산자 X ② 좋은 정보의 제1조건 예 나폴레옹이 1821년 5월 세인트헬레나 유배지에서 죽었는데, 그의 사망 소식이 파리에 전달된 것은 한 달이나 지난 6월이었다. 그동안 정적들은 불안한 가운데 하루하루를 보냈고 프랑스의 국가안보가 위태로웠다.
완전성	① 주제와 관련하여 **모든 사항이 망라(포함)**되어 추가정보가 필요로 하지 않은 상태 ② 최대한 완전한 지식이어야 하나, 절대적 완전성을 뜻하는 것이 아님 ③ 첩보와 정보를 구분하는 기준이 된다. 예 보고서는 세상에서 일어난 사실을 객관적으로 묘사한 글이다. 수상문도 아니고 소설도 아니며 일기, 기행문도 아니다. 또한, 특정한 입장을 주장하는 글도 아니다. 따라서 보고서는 사용자가 궁금한 사항이 없도록 6하 원칙에 의거하여 충실히 작성되어야 한다.
객관성	① 정보는 국익증대와 안보추구라는 차원에서 완전한 객관적 입장을 유지해야 함 ② 생산자나 사용자의 의도에 따라 정보가 **주관적으로 왜곡**되면 선호정책의 합리화 도구로 전락될 수 있음 예 임진왜란 직전 전쟁발발 여부를 탐지하기 위해 일본에 파견되었다가 돌아온 황윤길과 김성일은 전혀 상반된 내용을 보고하였다. 당시 김성일은 전쟁이 일어난다고 보고하면 온 나라가 놀랄 것이라고 예단, 임금에게 전쟁이 일어나지 않을 것이라고 보고하였다.

영국 의회는 '총리실이 이라크 전쟁 방침을 ㉠ **합리화하기 위해** 개전 시 이라크가 45시간 내에 대량살상무기를 사용할 것이라고 정보보고서를 ㉡ **조작하였다.**'고 주장하였다. 총리실은 이에 대해 '대량살상무기는 ㉢ **발견되지 않았으나** 조작은 없었다.'고 밝혔다.	→ ㉠㉡ 객관성 ㉢ 정확성 관련
미국 국무장관을 역임했던 콜린 파월이 자신의 리더십 지침(A Leadership Primer) 중에서 '㉠ **필요한 정보량이 40~70% 안에 들면** ㉡ **일을 지체하지 않고 배짱 있게 추진한다.**'는 원칙을 지켜왔다고 한다.	→ ㉠ 완전성 ㉡ 적시성 관련

2 정보의 효용

구 분	내 용
형식효용	① 정보는 **정보사용자의 요구에 맞는 형식**(형태)에 부합할 때 형식효용이 높음 ② 정보사용자의 수준에 따른 정보 형태가 결정됨 ③ 대통령 등 최고정책결정자에 대한 정보보고서는 '**1면주의**' 원칙이 요구됨
시간효용	① 정보는 정보사용자가 **정보를 필요로 하는 시점에 제공**될 때 시간효용이 높음 ② 정보사용자의 명시적 요구가 없더라도 정보생산자가 스스로 판단하여 정보사용자에게 가장 적절한 시기에 필요한 정보를 제공할 수 있어야 함(적시성 원칙과 관련)
접근효용	① 정보는 정보사용자가 **쉽게 접근**할 수 있어야 하며, 경찰청 **정보기록실** 운영(정보의 분류·기록·관리 등)과 관련성이 높음 ② 정보의 비밀성(통제효용)을 유지해야 할 필요와 충돌할 경우, **통제효용을 저해하지 않는** 범위 내에서 정보자료들의 접근성을 높이는 방향으로 효율적으로 관리
소유효용	① 정보는 상대적으로 많이 소유할수록 집적의 효과를 발휘할 수 있음 ② '**정보는 국력이다**'라는 표현은 정보의 소유효용을 잘 나타내고 있음
통제효용	① 정보는 정보를 필요로 하는 사람들에게 **필요한 만큼 제공**되도록 통제되어야 함 ② 정보의 통제는 국익과 안보를 위해 필요한 경우 정책판단과 정책결정의 비밀성을 유지하기 위한 것임

THEME 03 정보의 분류

1 정보분류의 기준

분류	종류 및 내용		
성질(사용수준)	전략정보(국가정보), 전술정보(부문정보)		
사용목적	적극정보(정책정보), 소극정보(보안정보)		
수집활동	인간정보 (HUMINT)	• HUMINT는 대인접촉을 수단으로 하는 정보수집기법 또는 수집된 정보 그 자체를 말함 • 장점 : 역공작은 휴민트만 가능, 첩보의 기본(**인간이 아니면 수집불가 정보 있음**) • 단점 : 배신, 이중스파이 등	
	기술정보	**원칙적 법원의 통제받는 정보**	
		종류	**영상정보** – 인공위성으로 수집한 정보, 레이더로 수집한 정보 예 걸프전 당시 미국은 정찰위성을 통하여 이라크군의 장비와 지하벙커의 위치를 탐지하였고, 이를 토대로 공격목표를 무력화시켰다.
			신호정보 – 인간의 음성, 모스부호, 전화통신 예 소련이 대한항공기의 격추 사실을 시인한 것은 일본 자위대가 레이다와 전파도청으로 소련요격기와 지상과의 교신기록을 확보하고 있었기 때문이다.
분석형태(기능)	기본정보(과거), 현용정보(현재), 판단정보(미래)		
정보출처	근본·부차적 출처, 정기·우연출처, 비밀·공개출처		
정보요소	정치·경제·사회·군사·과학·산업정보		

2 분석형태에 따른 분류(켄트)

기본정보(과거)	현용정보(현재)	판단정보(미래)
• 과거의 사실이나 사건들에 대한 **정적인 상태**를 기술하여 놓은 정보 • 국가안보와 정책결정에 필요한 모든 정보를 망라하여 놓음으로써 정보사용자가 이를 참고하거나 정보생산자가 정보의 평가나 분석을 위해 활용	• 모든 사물이나 상태의 **동적인 상태**를 현재의 시점에서 기술한 정보 • 대부분의 국가정보기관은 현용 정보를 생산하는데 역점을 둠 • 경찰의 정보상황보고(속보)	• 과거와 현재를 바탕으로 하여 미래의 가능성을 예측한 평가 정보 → **정보생산자의 능력과 재능을 가장 많이 필요로 함** • 정책결정자에게 정책의 결정에 필요한 분석 자료를 제공 • 종합적 분석과 과학적 추론을 필요로 하는 가장 정선된 형태의 정보

3 출처에 따른 분류

구 분	내 용
근본 출처정보 (직접정보)	정보를 수집에 있어서 중간매체가 개입되지 않는 경우의 정보(정보관 직접 체험 정보) → 신빙성과 내용의 신뢰성 면에서 부차적 정보보다 우위
부차적 출처정보 (간접정보)	중간매체가 있는 경우의 정보(TV, 라디오, 신문 등) → 해당 매체의 **주관이나 편견이 개입**될 소지가 있다는 면에서 근본출처정보에 비해 출처의 신빙성과 내용의 신뢰성이 낮게 평가될 여지가 있음
정기출처정보	① 정기적으로 정보를 획득할 수 있는 출처로부터 얻은 정보 ② 공개출처정보 – **정기간행물, 일간신문, 정시뉴스** 비밀출처정보 – 정기적으로 정보를 제공하는 공작원(agent) 또는 협조자 ③ **우연정보에 비해 출처의 신빙성·내용의 신뢰성 우위**
우연출처정보	정보관이 의도한 정보입수의 시점과는 무관하게 **부정기적**으로 얻어지는 정보
비밀출처정보	① 외부로부터 강력히 보호를 받아야 하는 출처의 정보 ② 국가정보기관과 부문정보기관에서 정보의 수집과 생산 등에 종사하는 **정보관이 대표적** ③ **비밀출처라고 해서 반드시 공개출처에 비해 신뢰성이 높거나 그 반대의 경우인 것은 아님** ⑳ 정보관이 비밀리에 관리하는 공작원, 협조자, 귀순자, 외교관, 주재관 등
공개출처정보	① 정보출처에 대한 별도의 조치없이 **상시적으로 정보를 획득할 것이 기대되는 정보** ② 전체 생산 국가정보의 약 75%에서 많게는 90%가 공개출처정보 ③ 미디어(신문, 잡지, TV, 인터넷 정보 등), 공공자료(정부 보고서, 청문회 자료, 국회 회의록 등), 논문과 학술회의 자료 등 다양한 종류와 출처가 있음 ⑳ 미국의 저명한 정보전문가 랜슨(Ranson)은 오늘날 각국 정보기관이 획득하는 정보의 80% 이상이 이 출처로부터 입수되고 있다고 주장했으며, 검거된 고정간첩의 정보 수집이 주로 국내 언론기사의 분석을 통해 이루어졌다고 한다.

4 사용목적(대상)에 따른 분류

구 분	내 용
적극정보	① 국가이익의 증대를 위한 정책의 입안과 계획 수립 및 정책계획의 수행에 있어서 필요한 정보 ② 정치, 경제, 군사, 과학, 기타 각 분야의 국가정책들이 적극정보가 추구하는 정보요소들이며 그 정책과의 연관성을 강조하여 **정책정보**라고 부르기도 함 ③ 주요정책 수행상의 문제점, 정책과 관련된 민심의 동향이나 여론 등
소극정보 (보안정보)	① 국가의 안전을 유지하는 **국가경찰기능의 기초**가 되는 정보 ② 적극정보와 대비되는 개념으로서 **소극정보, 방첩정보** 또는 대(對)정 등의 용어들과 호환가능 ③ 보안정보의 목적은 **국가의 안전보장에 위해가 되는 모든 대내외 세력에 대한 정보활동**과 국가의 보안적 취약성에 대한 분석과 판단에 있음 예 ㉠ 자국민 또는 자국 내 거주하는 외국인의 테러 정보 ㉡ 외국에서 침투하는 간첩, 기타 비밀활동자의 색출을 위한 정보 ㉢ 밀입국자, 밀수업자, 마약거래자의 예방과 적발을 위한 정보

THEME 04 정보의 순환

1 정보의 순환과정 개관

정보요구 단계	① **정보의 사용자**가 필요성의 결정에 따라 첩보의 수집활동을 집중 **지시하는 단계**(정보순환과정 중 **최초의 단계, 정보활동의 기초단계**) ② 소순환과정 : 첩보 기본요소 결정 → 첩보 수집계획서 작성 → 명령·하달 → 수집활동에 대한 조정·감독
첩보수집 단계	① 수집기관이 수집지시 및 수집요구에 의해 첩보를 수집하고 이를 지시 또는 요구한 사용자에게 제공하는 단계(정보순환과정 중 **가장 중요하고 어려운 단계**) ② 소순환과정 : 출처의 개척 → 첩보의 수집 → 첩보의 전달 또는 첩보의 수집계획 → 출처개척 → 획득 → 전달
정보생산 단계	① 수집된 첩보를 기록·평가·조사·분석·결론 도출 과정을 통해 정보로 전환하여 처리하는 단계 ② 소순환과정 : 선택 → 기록 → 평가 → 분석 → 종합 → 해석
정보배포 단계	생산된 정보가 정보를 필요로 하는 정보의 사용권자에게 배포되는 단계

> **TIP** 정보순환과정의 특징
>
> ① 정보의 순환과정은 요구, 수집, 생산, 배포의 4단계를 거침
> ② 각 단계는 각각 소순환과정을 거치며 **전체 순환과정에 연결됨**(전체순환과는 우관 X)
> ③ 정보의 순환은 **연속적 또는 동시**에 이루어질 수도 있음
> ④ 첩보가 정보화되려면 정보의 순환과정을 거쳐야 함

2 정보의 요구

(1) 정보요구 방법(수단)

구 분	내 용
국가정보목표 우선순위 (PNIO)	① 국가안전보장이나 정책에 관련되는 '국가정보목표의 우선순위' ② 정부에서 기획된 연간 기본정책을 수행함에 있어 필요로 하는 자료를 목표로 하여 선정
첩보기본요소 (EEI)	① '각 정보기관별 정보활동을 위한 일반 지침'(우선적으로 수집하여야 할 주요 첩보요소)·**계속적·반복적으로 수집되어야 할 사항들을 요구하는 방법** ② **정보관들은 EEI에 따라 일상적으로 정보활동을 수행** 주의 정보기관(정보사용자들)의 활동은 주로 SRI에 의함
특별첩보요구 (SRI)	정보사용자가 필요 시 '특정 사안에 대해 단기적 필요에 따라 특별히 요구하는 구체적이고 단발적인 첩보 요구'
기타정보요구 (OIR)	① PNIO에 누락된 주요 정보 목표로서 **정보상황의 변화에 따라 불가피하게 수정이 필요하거나 이를 위한 정보가 절실히 요구될 때** PNIO에 우선하여 이를 충족시키기 위한 정보요구 ② 일시적이라는 특징은 SRI와 비슷하지만 SRI에 비해서는 광범위하고 장기적인 정보요구

(2) EEI와 SRI의 비교

EEI(첩보기본요소)	SRI(특별첩보요구)
① 첩보기본요소의 약어	① 특별첩보요구의 약어
② 우선적으로 필요로 하는 가장 기본적인 사항으로 **첩보수집계획서의 핵심**	② **임시적, 돌발적이며 단기적 문제해결**을 위한 첩보요구
③ 일반적인 내용으로 **계속적·반복적으로 수집할 사항**	③ 수시로 단편적 사항에 대하여 요구되는 것이 원칙 　－ 정보사용자들은 필요 시 **수시로 SRI를 활용하여 정보를 요구**
④ **사전에 첩보수집계획서 작성**	④ 비교적 구체성·전문성이 요구
⑤ 광범위한 지역에 걸쳐 수집되어야 할 항시적 요구 사항	⑤ 사전 수집계획서는 **불요**

3 첩보의 수집

(1) 의의 및 방법

의의	① 첩보수집기관이 출처를 개척하고 수요 첩보를 입수하여 이를 정보작성기관에 전달하기까지의 과정을 말함 ② 첩보는 정보를 생산하는 데 있어 기초자료임 ③ 첩보의 수집이 **가장 어려운 과정**
수집방법	① **수집방법**으로는 공개수집, 비밀수집이 있음 ② **수집수단**으로는 인적 수단(인간정보활동), 기술적 수단(**신호·영상정보활동 등**)

(2) 첩보출처 결정 시 고려사항

요구되는 첩보의 종류 결정	최초의 정보요구(need)를 감안하여 결정
신빙성	어떠한 출처가 더 신빙성(reliability)이 있는지를 고려
접근성 또는 개척가능성	주어진 시간 내에 해당 출처를 개척하여 출처로써 활용할 수 있는지 여부를 검토
신속성 및 경제성	• 가장 신속하고 경제적으로 정보를 입수할 수 있는 출처가 어딘지를 선별 • **신빙성 있는 공개출처정보가 존재한다면 비용과 시간이 드는 비밀출처 대신 선택**할 필요성 있음
가외성 (이중성)	• 신빙성, 접근성, 경제성 등을 감안하되 이를 근거로 단 하나의 출처에 집착하는 것은 바람직하지 않음 • 신뢰성을 검토하기 위해서는 **비교대상이 필요함**

> **TIP** 손자(孫子)가 분류한 간첩의 종류

향간(鄕間)	**적국의 시민**을 활용
내간(內間)	적의 **관리를 매수**하여 간자로 기용
반간(反間)	적의 간첩을 매수하여 역으로 첩보원으로 기용한 자(**이중공작원**) 예 소련 KGB는 미국 CIA의 對KGB 비밀요원인 에임즈를 매수하여 십여 년간 CIA의 각종 비밀활동에 관한 정보를 얻어오다가 발각이 되었다.
사간(死間)	적을 교란하기 위해 적지에 파견하여 적에게 붙잡혀 **죽게** 만든 간자
생간(生間)	적국내에 잠입하여 정보활동을 하고 **돌아와 보고**하는 간첩. 현대 국가에서 운용하는 첩보원들이 대부분 이에 해당됨

4 정보의 생산

(1) 의의

① 정보생산 = **정보작성**
② 정보순환과정에서 **가장 중심이** 되며, 학문적 성격이 가장 많이 요구되는 단계임
③ 정보의 생산단계에서 **선택 → 기록 → 평가 → 분석 → 종합 → 해석**의 소순환과정을 통해 생산됨
④ 정보생산의 소순환과정은 항상 순차적으로 이루어지는 것이 아니라 **거의 동시작용으로 이루어 짐**

(2) 정보분석 대상의 분류

<table>
<tr><td rowspan="5">개념적
분류</td><td colspan="2">분석의 대상이 되는 첩보가 다음의 추상적인 개념들 가운데 어느 개념에 가장 부합하느냐에 따른 분류</td></tr>
<tr><td>주지의
사실</td><td>공개출처로부터 수집될 수 있고 원칙적으로 최소한 실제 확실한 것으로 평가될 수 있는 첩보</td></tr>
<tr><td>비밀</td><td>정보를 소유한 주체가 해당 사실이 알려지지 않도록 하는 조치들을 취하고 있는 경우</td></tr>
<tr><td>역정보</td><td>의도적으로 정보분석가를 대상으로 은폐, 기망 또는 오도하기 위한 정보</td></tr>
<tr><td>난제</td><td>① 정보의 분석이나 비밀의 수집을 통해 해결할 수 없는 문제 또는 현안
② 모든 정보를 가지고 있더라도 여전히 최적의 전망을 내놓을 수 없거나, 둘 이상의 예측 또는 전망 가운데 어느 것이 더 가망성이 높은 것인지를 결정할 수 없는 상태일 경우</td></tr>
<tr><td>기능적
분류</td><td colspan="2">국가정보 차원에서 기능적 분류는 정치, 군사, 경제, 사회, 문화, 그리고 과학기술 등의 정보분석의 대상에 따른 분류</td></tr>
<tr><td>지역적
분류</td><td colspan="2">① 정보분석의 대상이 지역에 따라 나누어지는 것
② 경찰의 정보조직이 서울경찰청 공공안녕 정보외사부, 여타 시·도경찰청 공공안녕 정보외사과, 각 경찰서 공공안녕 정보외사과로 지역적으로 설치된 것은 지역별 분류</td></tr>
</table>

TIP 첩보 평가의 기준

<table>
<tr><td>평가의
개념</td><td colspan="2">정보분석 단계 중 하나로 기능(요소), 지역 등 기준에 따라 분류된 첩보에 대해 신뢰성, 가치 등을 **1차적으로 검토하는 단계로 첩보의 내용과 실제 사실과의 차이, 첩보의 정확성, 적합성 등을 검토하는 단계**</td></tr>
<tr><td rowspan="2">평가의
기준</td><td>출처의
신빙성</td><td>① 출처 자체에 대한 신용의 평가
② **첩보를 획득한 인물, 기관 또는 기타의 공개출처나 비밀출처 등을 해당 첩보의 원천으로 믿고 사용할 수 있는 성질**</td></tr>
<tr><td>첩보내용의
신뢰성</td><td>① 획득된 첩보의 내용에 대한 평가
② 획득된 첩보의 내용을 대상으로 하는 개념으로 첩보내용의 신뢰성은 첩보의 내용이 **사실과 일치하는 성질**</td></tr>
</table>

(3) 정보의 분석방법

자료 위주의 분석방법		① 제기된 현안문제에 대해 가능한 모든 첩보를 수집하고 수집된 첩보를 종합하여 현안문제에 대한 결론을 제시하는 분석방법 ② **자료분석보다는 수집에 우선순위를 두는 형태** ③ 자료 위주의 분석방법은 수집가능한 첩보의 양이 부족한 경우 부분적인 첩보에 의존하여 최종적인 결론을 도출해야 하는 단순화의 우려가 있음 ④ 첩보의 양이 부족한 경우 분석을 포기하고 반복하여 첩보의 수집을 요구하게 되는 무한회귀의 오류에 빠질 수도 있음 ⑤ 수집가능한 첩보의 양이 많다고 해서 자료 위주의 분석방법이 반드시 장점을 발휘하는 것은 아님 → 대량으로 유입된 첩보를 분류하고 평가하는 작업에 따른 부담, 또는 수집된 첩보 내용 간의 상충 등으로 인해 분석의 정확성을 해치는 경우가 발생할 수도 있음
개념 위주의 분석 방법 (자료위주 분석의 대안)	상황논리적 분석방법	분석대상이 되는 현안을 중심으로 구성하는 구체적인 사실들과 해당 지역 또는 시간의 특수성들부터 출발하여 그 상황이 논리적으로 어떠한 방향으로 전개될 것인지에 중점을 두고 분석하는 방법**(가장 일반적으로 이용되는 모형)**
	이론 적용	보편적인 이론을 현안에 적용하여 결론을 도출하는 방식
	역사적 상황과의 비교에 의한 분석방법	① 현재의 분석대상을 **과거의 사례들과 비교**하여 결론을 도출하는 방법 ② 상황 논리에 의한 분석에 필요한 충분한 자료가 확보되지 않거나 적용 가능한 보편타당한 이론이 존재하지 않는 경우에 사용되는 방법 ③ **가장 간편하고 용이하며 분석시간을 줄일 수 있는 방법**

5 정보의 배포

(1) 정보배포의 원칙

적시성	정보는 정책결정과정에서 정보사용자가 **사용하고자 하는 시간에 맞추어 배포**되어야 함
보안성	**정보의 누설로 인하여 가치 상실 등의 결과를 예방**하기 위해 보안대책을 강구하여야 함
계속성 ↳ 보충성 X	특정 정보가 필요한 정보사용자에게 배포되었다면, 그 정보의 내용이 변화되었거나 관련 내용이 추가적으로 입수되었거나 할 경우 정보는 **계속적으로 사용자에게 배포**되어야 함

(2) 정보의 배포수단

브리핑	① 정보사용자 또는 다수 인원에 대하여 개인의 정보내용을 요약하여 구두로 설명하는 것 ② 통상 **강연식**이거나 **문답식**으로 진행되며 시간을 절감하는데 이점이 있고 특히 **현용정보의 배포수단으로써 많이 이용됨** ③ 치밀한 사전준비와 구술능력을 요구하며 시각적인 보조자료를 적절히 활용하는 것이 효과적임
메모	① **정보분석관이 가장 많이 활용하는 방법** ② 정기간행물에 포함하는 것이 적절하지 못한 긴급한 정보, 즉 현용정보를 전달하는 데 주로 사용되며 신속성이 중요시됨 ③ 분석된 내용에 대한 요약이나 결론만을 언급하기 때문에 **정확성은 다른 수단에 비하여 낮음**
일일 정보보고서	① **매일 24시간에 걸친** 정치, 경제, 사회, 문화 등 제반 정세의 변화를 중점적으로 망라한 보고서 ② 사전에 고안된 양식에 의해 매일 작성되어 제한된 대상에게 배포되며 대부분 현용정보이므로 신속한 전달이 중요시됨
특별 보고서	① 축적된 정보가 다수의 사람이나 기관에게 **이해관계**가 있거나 가치가 있을 때에 사용하는 정보의 배포수단임 ② 생산이 부정기적이라는 면에서 일일 정보보고서나 정기간행물과 차이가 있음 ③ 형식면에서 통일성이 낮고 정보의 내용, 긴급성, 정보사용자의 필요에 따라 다양함

(3) 정보배포의 원칙 중 보안성의 원칙

정보의 분류조치	주요문서와 같은 정보들을 여러 등급으로 분류하여 각각의 관리방법과 **열람자격 등을 규정함으로써 정보의 유출을 막는 일련의 조치**
인사보안조치	① 민감한 정보를 취급할 가능성이 있는 공무원을 채용하고 관리하는 데 있어서 해당 정보들이 공무원이 될 자 또는 공무원에 의해 유출될 가능성을 차단하는 것 ② 정보의 배포과정에서는 배포 담당 공무원의 채용과 임명 과정에서의 **보안심사 또는 보안서약의 징구, 이들에 대한 보안교육** 등의 조치
물리적 보안조치	① 보호 가치 있는 정보를 보관하는 보호구역을 지정하여 관리하고 그 시설에 대한 보안조치를 실시하는 방안들을 총칭하는 것 ② 일반적으로 정보관리 부서가 속한 건물에 대한 보호구역의 설정과 시설보안의 분야로 분류됨 ③ 정보부서의 소재지 또는 소재 시설물에 대한 보안조치의 성격이 강한 분야로서 배포과정에는 적용될 여지가 낮으나, 정보배포기관 또는 부서, 정보배포를 위한 이동수단 등에 대해서는 적절한 물리적 보안조치가 필요함
통신보안조치	① 종래 전선과 전파를 이용한 통신이 도청당하는 것을 방지하는 일련의 조치들을 의미했으나 정부의 주요한 통신수단으로 컴퓨터 통신이 등장함에 따라 이에 대한 침입을 방지하기 위한 일련의 조치들을 포함하는 개념으로 확장됨 ② 컴퓨터 네트워크에 대한 보안조치는 **오늘날 통신보안의 가장 중요한 분야임** ③ 정보의 배포수단으로 **전선과 전파 또는 컴퓨터 네트워크를 이용할 경우 정보 유출을 방지하기 위한 보안조치는 필수적임**

Chapter 05

1 정보보고서의 종류

견문수집보고서	경찰관이 견문을 통해 수집한 자료를 정리 기술한 보고서
정보 상황보고(서)	① 현용정보의 일종으로 **'상황속보' 또는 '속보'**(제1보, 제2보의 형식) 예 집회시위 ② 상황정보에서 상대적으로 가장 중요시되는 것은 **신속성이기 때문에 보고 형식을 가리지 않지만, 6하원칙에 맞춰 보고하는 것이 원칙** ③ 필요할 경우 경찰 외부에도 전파함
정보 판단(대책)서	타 견문과 자료 종합·분석하여 작성한 보고서로 **지휘관으로 하여금 경력동원 등 상황에 대한 조치를 요하는 보고서** 예 관내 주민들이 인근에 건설예정인 골프장과 관련하여 집회를 계획 중이라는 첩보에 따라 정보과 O경사는 관련 상황 및 예상 문제점과 함께 경력배치가 요망된다는 취지의 보고서를 작성
정책정보보고서	정부정책·치안정책의 시행과정에서 나타나는 문제점과 개선책을 수집·분석한 보고서

2 정보보고서 작성시 판단을 나타내는 용어

판단됨	어떤 징후가 나타나거나 상황이 전개될 것이 **거의 확실**시되는 근거가 있는 경우
예상됨	첩보 등을 분석한 결과 **단기적**으로 어떤 상황이 전개될 것이 **비교적 확실**한 경우
전망됨	과거의 움직임이나 현재의 동향, 미래의 계획 등으로 미루어 **장기적으로 활동의 윤곽이 어떠하리라는 예측**을 할 경우
추정됨	구체적인 근거 없이 현재 나타난 동향의 원인·배경 등을 **다소 막연히 추측**할 경우
우려됨	구체적인 징후는 없으나 전혀 그 가능성을 배제하기 곤란하여 **최소한의 대비**가 필요한 경우

판예전추우

※ '우려 – 추정 – 전망 – 예상 – 판단' 순으로 확률이 높아짐

3 신원조사(보안업무규정 §36, 37)

목적 및 실시	① **국가정보원장**은 제3조 제2호(국가안전보장에 한정된 국가 기밀을 취급하는 인원)에 해당하는 사람의 **충성심·신뢰성** 등을 확인하기 위하여 신원조사를 한다. ② **관계 기관의 장**은 신원조사대상자에 해당하는 사람에 대하여 **국가정보원장에게** 신원조사를 **요청해야 한다.**
대상자	1. **공무원 임용예정자**(국가안전보장에 한정된 국가 기밀을 취급하는 직위에 임용될 예정인 사람으로 **한정**) └→ 모든 임용예정자 X 2. 비밀취급 인가 예정자 3. **국가보안시설·보호장비를 관리하는 기관 등의 장**(해당 국가보안시설 등의 관리 업무를 수행하는 소속 직원을 포함) 4. 그 밖에 다른 법령에서 정하는 사람이나 각급 기관의 장이 국가보안상 필요하다고 인정하는 사람
신원조사 결과처리	① **국가정보원장**은 신원조사 결과 국가안전보장에 해를 끼칠 정보가 있음이 확인된 사람에 대해서는 관계 기관의 장에게 그 사실을 **통보하여야 한다.** ② 통보를 받은 관계 기관의 장은 신원조사 결과에 따라 필요한 보안대책을 마련하여야 한다.

1 용어의 정리(§2)

(1) 집회, 시위

옥외 집회	의의	천장이 **없거나** 사방이 폐쇄되지 않은 장소에서 여는 집회를 말한다.
	신고	① 원칙 : 신고대상 ② 예외 : **학문·예술·체육·종교·의식·친목·오락·관혼상제 및 국경행사**에 관한 옥외집회는 **신고 X** 옥내집회는 원칙적으로 신고대상이 아니지만, 집회 후 행진하는 경우 또는 행진만 하는 경우는 신고하여야 한다.
	판례	1. 「집회 및 시위에 관한 법률」상 집회의 개념에 대해 '특정 또는 불특정 다수인이 공동의 의견을 형성하여 이를 대외적으로 표명할 목적 아래 일시적으로 일정한 장소에 모이는 것'이라고 설시하고 있어 **판례에 의할 때 집회의 개념적 요소는 '다수인', '공동의 목적', '일시적 회합'**이라고 할 수 있다(대판 2008도3014). 2. 집회란 특정 또는 불특정 다수인이 공동의 의견을 형성하여 이를 대외적으로 표명할 목적 아래 일시적으로 일정한 장소에 모이는 것을 말하고, 모이는 장소나 **사람의 다과에 제한이 있을 수 없으므로, 2인이 모인 집회도 집시법의 규제 대상**이 된다(대판 2010도11381, 83도2528).
시위	의의	**여러 사람**이 공동의 목적을 가지고 도로, 광장, 공원 등 일반인이 자유로이 통행할 수 있는 장소를 행진하거나 위력 또는 기세를 보여, 불특정한 여러 사람의 의견에 영향을 주거나 제압을 가하는 행위를 말한다.
	1인 시위	① 현행 집시법상 **1인 시위는 집회·시위 X** ② 인간띠잇기, 혼합 1인 시위 : 집시법 적용을 적극 검토 ③ 릴레이 시위 : 집시법 적용이 곤란
	플래시몹	집회로 인정될 경우에는 미신고 집회로 **처벌 가능**하다.
	판례	1. **집시법상의 시위는 반드시 '일반인이 자유로이 통행할 수 있는 장소'에서 이루어져야 한다거나 '행진' 등 장소 이동을 동반해야만 성립하는 것은 아니다**(헌재 2010헌가2). 2. 헌재는 「집회 및 시위에 관한 법률」 제2조 제2호의 '시위'의 개념에 대해 '공중이 자유로이 통행할 수 있는 장소'라는 **장소적 제한개념은 시위라는 개념의 요소라고 볼 수 없다**.라고 판시한 바 있다(헌재 91헌바14).

1. 외형상 기자회견이라는 형식을 띠었지만, 용산철거를 둘러싸고 철거민의 입장을 옹호하면서 검찰에 수사 기록을 공개하라는 내용의 공동 의견을 형성하여 이를 **대외적으로 표명할 목적 아래 일시적으로 일정한 장소에 모인 것**은「집회 및 시위에 관한 법률」상 **집회에 해당한다**(대판 2011도6301).

2. [1] '공동목적'은 합법적이어야 한다. 따라서 집단행동이 금지된 공무원의 집회 등 집회·시위 자체가 불법 행위에 해당하거나 그 집회·시위가 **불법행위를 목적**으로 하는 경우 등은 비록 집회의 외관을 갖추고 있다 고 하더라도「집회 및 시위에 관한 법률」의 **보호대상이 되지 않는다.**

    [2] 최근 **기자회견 명목**으로 집단의사를 표출하는 사례가 빈발하고 있는데 순수한 기자회견은「집회 및 시위에 관한 법률」상 집회로 보기 어려울 것이나 실질에 있어서 **집회의 형태를 갖추고 있다면**「집회 및 시위에 관한 법률」의 적용 대상이 되는 **집회에 해당**한다(대판 82도1861 참조).

3. 특정 단체의 회원 약 10명과 함께 정당 대표의 자택 앞에서 과거청산에 관한 입법을 촉구하는 구호를 외치고 기자회견문을 배포한 뒤 정당 대표의 차량의 진행을 방해하는 등의 방법으로 **약 25분에 걸쳐 옥외집회를 개최**한 사안에서, 그 집회는 구 집회 및 시위에 관한 법률(2007. 5. 11. 법률 제8424호로 전문 개정되기 전의 것)상 "신고의무의 대상인 **'집회'에 해당한다.**"라고 판시하였다(대판 2007도1649).

4. "적법한 신고 없이 집회를 개최하려던 사회단체 회원 등이 집회 예정 장소가 사전 봉쇄되자 인근 교회에 **잠시 머문 것**은 예정된 집회에 참가하기 위한 준비 단계이므로「집회 및 시위에 관한 법률」상 해산명령의 대상인 **'집회'에 해당하지 않는다.**"라고 판시하였다(대법원 2008. 6.26. 2008도3014).

5. 장례에 관한 옥외집회 도중 노제를 하면서 망인에 대한 **추모 수준을 넘어서는 내용의 현수막과 피켓을 들고** 행진을 한 것은「집회 및 시위에 관한 법률」상 **'시위'에 해당한다**(대판 2011도6294).

6. 인터넷카페 회원 10여 명과 함께 불특정 다수의 시민들이 지나는 명동 한복판에서 퍼포먼스 형태의 **플래시몹(flash mob) 방식**으로 노조설립신고를 노동부가 반려한 데 대한 규탄 모임을 진행한 경우「집회 및 시위에 관한 법률」상 **'옥외집회'에 해당**한다(대판 2011도2393).

7. 비록 '열린음악회' 명칭으로 집회가 진행되었고, 참가자들의 노래자랑 행사 성격이 포함되었다고 하더라도, 당시 제반 정황에 비추어 볼 때 순수한 의미의 음악회 행사였다고 보기 어렵고, **음악회라는 형식을 빌려 미군의 환경파괴행위를 규탄하는 주장을 전달하고자 개최된 집회였다고 봄이 상당**하므로 일몰 후의 옥외집회가 허용되는 예술, 친목, 오락에 관한 집회에 해당하지 않는다(대판 2005도1543).

8. 기자회견을 표방하였다고 하더라도, **사전에 플래카드, 마이크, 스피커 등을 준비하여 불특정 다수인이 보거나 들을 수 있는 상태로 연설을 하거나 구호를 제창하는 등 그 실질에 있어 집회의 형태를 갖추고 있었다면,** 이는 그 행사의 명칭에 불구하고 집시법 소정의 **옥외집회에 해당**한다(서울남부지방법원 2017고정1908).

9. 10인이, 1인은 피켓을 들고 다른 2~4인이 별도로 구호를 외치거나 전단을 배포하는 행위 없이 그 옆에 서 있는 방법으로 돌아가면서 시위를 한 경우, 다수인이 공동목적을 가지고 한 곳에 모여 계획한 역할 분담에 따라 다수의 위력 또는 기세를 피켓에 기재된 주장 내용을 특정·불특정 다수인에게 전달함으로써 그들의 의견에 영향을 미치는 것으로서 **10인 모두 '미신고 옥외시위 주최'의 공모공동정범에 해당한다**(대판 2009도2821).

10. '걷기 대회' 명목의 미신고 집회에서 500명이 **우회로가 없는 도심 도로의 진행방향 3개 차로를 모두 점거한 채** 오후 4시경 4분 동안 **700m를 진행한 경우,** 집회참가자들의 도로 점거로 인해 단시간이나마 일반 차량의 교통이 불가능하거나 현저히 곤란한 상태가 발생하였으므로 **일반교통방해죄가 성립한다**(대판 2015도13782).

11. 일반인의 관공서 청사에의 출입이나 체재가 허용된다고 하더라도 정당한 용무의 범위를 벗어나거나 다른 목적을 위하여 출입하거나 체재하는 것은 청사관리자의 포괄적·묵시적인 승낙의 범위를 넘는 것으로서 관리자의 별도의 승낙이 없는 한 함부로 출입하거나 체재할 수 없고 관리자가 그러한 사람의 **출입이나 체재를 금지하거나 제한할 수 있다**(대판 2011도12440).

12. 퇴거불응죄의 건조물은 건물과 이에 부속된 구조물 및 위요지(건조물에 인접한 주변 토지로서 외부와의 경계에 문과 담 등이 설치되어 그 건조물의 이용을 위해 제공되었다는 것이 명확히 드러나는 토지)를 포함한다(대판 2009도12609).

13. 집회신고를 하지 아니하고 타워크레인을 무단으로 점거한 후 플래카드를 내걸고 부당해고 철회 등을 요구한 경우 **미신고 옥외집회 개최에 해당한다**(대법원 2016. 7.29.2015도4496).

14. 신고한 행진경로를 따라 행진하면서 하위 1개 차로에서 2회에 걸쳐 약 15분 동안 연좌한 경우 **신고한 범위를 뚜렷이 벗어나는 경우에 해당하지 않는다**(대법원 2010. 3.11. 2009도10425).

판례 **집회의 자유**

1. 집회의 자유는 집회를 통하여 형성된 의사를 집단적으로 표현하고 이를 통하여 불특정 다수인의 의사에 영향을 줄 자유를 포함하므로 이를 내용으로 하는 **시위의 자유 또한 집회의 자유를 규정한 헌법 제21조 제1항에 의하여 보호되는 기본권이다**(헌재 2004헌가17).

2. **집회의 자유에 의하여 보호되는 것은 단지 '평화적' 또는 '비폭력적' 집회이다**(헌재 2000헌바67, 83)

3. 집회의 자유를 빙자한 폭력행위나 불법행위 등은 헌법적 보호범위를 벗어난 것인 만큼, 「집회 및 시위에 관한 법률」, 「형법」, 「국가보안법」, 「폭력행위 등 처벌에 관한 법률」, 「도로교통법」 등에 의하여 **형사처벌되거나 민사상의 손해배상책임 등에 의하여 제재될 수 있다**(헌재 2008헌가25).」

4. 서울광장을 경찰버스로 둘러싸면서 일반시민들이 통행할 수 있는 통로를 내지 않았다 하더라도 서울광장 인근에서 일부 시민들이 폭력행위를 저질렀다면 대규모의 불법·폭력 집회나 시위를 막아 시민들의 생명·신체와 재산을 보호한다는 공익은 중요한 것이지만, 당시의 상황에 비추어 볼 때 이러한 공익의 존재 여부나 그 실현 효과는 다소 가상적이고 추상적인 것이라고 볼 여지도 있고, 비교적 덜 제한적인 수단에 의하여도 상당 부분 달성될 수 있었던 것으로 보여 **일반 시민들이 입은 실질적이고 현존하는 불이익에 비하여 결코 크다고 단정하기 어려우므로 법익의 균형성 요건을 충족하였다고 할 수 없다**(헌재 2009헌마406).

5. 서울광장이 청구인들의 생활형성의 중심지인 거주지나 체류지에 해당한다고 할 수 없고, 서울광장에 출입하고 통행하는 행위가 그 장소를 중심으로 생활을 형성해 나가는 행위에 속한다고 볼 수도 없으므로 **청구인들의 거주·이전의 자유가 제한되었다고 할 수 없다**(헌재 2009헌마406).

(2) 주최자 등

주최자	의의	자기 이름으로 자기 책임 아래 집회나 시위를 여는 사람이나 단체를 말한다.
	주관자	**주최자는 주관자를** 따로 두어 집회 또는 시위의 실행을 맡아 관리하도록 위임할 수 있다. 이 경우 **주관자는** 그 위임의 범위 안에서 **주최자로 본다.**
	자격	자격에는 아무 제한이 없다. **범죄 수배자, 외국인 및 법인격 유무 불문하고 모두 신고가능**
질서 유지인		집회 또는 시위의 주최자는 집회 또는 시위의 질서 유지에 관하여 자신을 보좌하도록 18세 이상의 사람을 질서유지인으로 임명할 수 있다(§16).
질서 유지선		관할 경찰서장이나 시·도경찰청장이 적법한 집회 및 시위를 보호하고 질서유지나 원활한 교통 소통을 위하여 집회 또는 시위의 장소나 행진 구간을 일정하게 구획하여 **설정한 띠, 방책, 차선 등의 경계 표지**를 말한다. → 사람의 대열, 버스 등 차량은 사용 불가

판례 **주최자**

> ① 피고인들이 대학교 정문 앞에 모이게 된 다른 사람들과 함께 즉석에서 즉흥적으로 학교당국과 경찰의 제지에 대한 항의의 의미로 시위를 하게 된 것인 만큼, 비록 그 시위에서의 구호나 노래가 피고인들의 선창에 의하여 제창되었다고 하더라도, 그와 같은 사실만으로는 피고인들이 시위의 **주최자라고는 볼 수 없다**(대판 90도2435).
> ② 한미FTA저지범국민운동본부는 300여 개 단체의 5,000여 명이 참석한 가운데 "한미FTA저지 제3차 범국민 총궐기대회"를 개최한 사실, 민주노총의 위원장인 공소외인 등 300여 개 단체의 대표들은 모두 위본부의 공동대표를 겸한 사실, 당시 위 본부의 집행위원장이 수배 중이어서 사회를 볼 사람이 없게 되자 가장 많은 인원이 참가한 민주노총에서 사회를 맡기로 한 사실, 이에 따라 민주노총의 부위원장인 피고인 1이 위 집회의 사회를 본 사실 등을 인정한 뒤, 위 집회의 사회자는 실질적으로 위 집회를 주도하는 지위에 있고, 참가 인원이 가장 많은 민주노총의 간부로서 위 집회를 사회한 **피고인 1은 위 집회 당시 위 본부의 공동대표인 공소외인 등과 공모하여 위 집회를 주최한 것으로 볼 수 있다고 판단**(대판 2007도6188)

2 집회 · 시위 방해금지

방해금지 (§3)	① 누구든지 폭행, 협박, 그 밖의 방법으로 평화적인 집회 또는 시위를 방해하거나 질서를 문란하게 하여서는 아니 된다. ② 누구든지 폭행, 협박, 그 밖의 방법으로 집회 또는 시위의 주최자나 질서유지인의 이 법의 규정에 따른 임무 수행을 방해하여서는 아니 된다. ③ 집회 또는 시위의 주최자는 평화적인 집회 또는 시위가 방해받을 염려가 있다고 인정되면 관할 경찰관서에 그 사실을 알려 보호를 요청할 수 있다. 이 경우 관할 경찰관서의 장은 정당한 사유 없이 보호 요청을 거절하여서는 아니 된다.
처벌 (§22)	① 또는 ②를 위반한 자는 **3년 이하의 징역 또는 300만원 이하의 벌금**에 처한다. 다만, **군인·검사 또는 경찰관**이 ① 또는 ②를 위반한 경우에는 **5년 이하의 징역**에 처한다.

3 특정인 참가 및 출입

참가배제 (§4)	집회 또는 시위의 **주최자 및 질서유지인**은 **특정한 사람이나 단체**(집회의 단순 참가자 X)가 집회나 시위에 참가하는 것을 막을 수 있다. 다만, 언론사의 기자는 출입이 보장되어야 하며, 이 경우 **기자는 신분증을 제시하고 기자임을 표시한 완장을 착용**하여야 한다. → 주최자 또는 질서유지인이 참가를 배제했는데도 그 집회 또는 시위에 참가한 자는 6개월 이하의 징역 또는 50만원 이하의 벌금·구류 또는 과료에 처함(§24 제1호)
경찰관 출입 (§19)	① 경찰관은 집회 또는 시위의 주최자에게 알리고 그 집회 또는 시위의 장소에 **정복**을 입고 출입할 수 있다. 다만, 옥내집회 장소에 출입하는 것은 직무 집행을 위하여 긴급한 경우에만 할 수 있다. ② 집회나 시위의 주최자, 질서유지인 또는 장소관리자는 질서를 유지하기 위한 경찰관의 직무 집행에 협조하여야 한다. → 협조하지 않아도 처벌규정은 없음

4 집회 · 시위 신고 및 처리절차

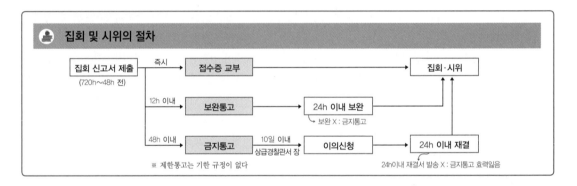

신고 (§6①)	신고서 제출	옥외집회나 시위를 주최하려는 자는 신고서를 옥외집회나 시위를 시작하기 720시간 전부터 48시간 전에 관할 **경찰서장에게 제출**하여야 한다.	
	관할 경합시	**두 곳 이상의 경찰서 관할**	관할 시·도경찰청장에게 제출
		두 곳 이상의 시·도경찰청 관할	**주최지를 관할**하는 시·도경찰청장에게 제출
	신고사항	1. 목적 2. 일시(필요한 시간을 포함한다) 3. 장소 4. 주최자(단체인 경우 그 대표자 포함), 연락책임자, 질서유지인에 관한 사항(주소, 성명, 직업, 연락처) 5. 참가 예정인 단체와 인원 6. 시위의 경우 그 방법(진로와 약도를 포함)	
신고 처리	접수증교부 (§6②)	관할경찰관서장은 신고서를 접수하면 신고자에게 접수 일시를 적은 **접수증을 즉시 내주어야 한다.**	
	보완통고 (§7)	① 관할 경찰관서장은 신고서의 기재 사항에 미비한 점을 발견하면 접수증을 교부한 때부터 12시간 이내에 주최자에게 24시간을 기한으로 그 기재 사항을 보완할 것을 통고할 수 있다. ② ①에 따른 **보완 통고**는 보완할 사항을 분명히 밝혀 **서면**으로 **주최자 또는 연락책임자**에게 송달하여야 한다. ↳ 서면 또는 구두 X	
	금지통고 (§8①)	원칙	금지통고 사유에 해당하는 경우 신고서를 접수한 때부터 48시간 이내에 집회 또는 시위를 금지할 것을 주최자에게 통고할 수 있다. → 관할 경찰관서장은 신고내용을 검토하여 보완(§7) 또는 금지통고(§8)의 사유가 없는 경우에는 별도의 통지를 하지 않는다.
		예외	다만, 집회 또는 시위가 집단적인 **폭행, 협박, 손괴, 방화 등으로 공공의 안녕 질서에 직접적인 위험을 초래한 경우**에는 남은 기간의 해당 집회 또는 시위에 대하여 신고서를 접수한 때부터 48시간이 지난 경우에도 금지 통고를 할 수 있다.
		사유	1. 헌법재판소의 결정에 따라 해산된 정당의 목적을 달성하기 위한 집회 또는 시위, 집회·시위 금지시간 또는 집회·시위 시위금지장소 위반된다고 인정될 때 2. 신고서 기재 사항을 보완하지 아니한 때 3. 교통 소통을 위해 금지할 집회 또는 시위라고 인정될 때
		판례	신고서의 기재사항에 미비한 점이 보완되지 않는 경우 관할 경찰서장이 집회 또는 시위의 금지를 통고할 수 있도록 규정하고 있는데, 이러한 금지통고가 **헌법에서 금하고 있는 사전허가**가 되지 않기 위하여는 경찰서장이 집회의 **실질적 내용에까지 들어가 그 위법 여부를 판단하여 허부를 결정하여서는 안 된다**(서울고등법원 98누11290).

5 이의신청(§9)

이의신청	집회 또는 시위의 주최자는 금지 통고를 받은 날부터 10일 이내에 해당 경찰관서의 **바로 위의 상급 경찰관서의 장**에게 이의를 신청할 수 있다.
재결기한	① 이의 신청을 받은 경찰관서의 장은 접수 일시를 적은 접수증을 이의 신청인에게 즉시 내주고 접수한 때부터 24시간 이내에 재결을 하여야 한다. ② 이 경우 접수한 때부터 24시간 이내에 재결서를 발송하지 아니하면 관할경찰관서장의 **금지 통고는 소급하여 그 효력을 잃는다.**
재결효과	① 이의 신청인은 금지 통고가 위법하거나 부당한 것으로 재결되거나 그 효력을 잃게 된 경우 처음 신고한 대로 집회 또는 시위를 개최할 수 있다. ② 다만, 금지 통고 등으로 시기를 놓친 경우에는 일시를 새로 정하여 집회 또는 시위를 시작하기 24시간 전에 관할경찰관서장에게 신고함으로써 집회 또는 시위를 개최할 수 있다.

6 철회신고 및 중복된 신고처리

중복 신고 (§8)	② 관할경찰관서장은 집회 또는 시위의 시간과 장소가 중복되는 2개 이상의 신고가 있는 경우 그 목적으로 보아 서로 상반되거나 방해가 된다고 인정되면 각 옥외집회 또는 시위 간에 시간을 나누거나 장소를 분할하여 개최하도록 권유하는 등 각 옥외집회 또는 시위가 서로 방해되지 아니하고 평화적으로 개최·진행될 수 있도록 노력하여야 한다. ③ 관할경찰관서장은 ②에 따른 권유가 받아들여지지 아니하면 **뒤에 접수된 옥외집회 또는 시위에 대하여 그 집회 또는 시위의 금지를 통고할 수 있다.** → 상대적 금지 ④ ③에 따라 뒤에 접수된 옥외집회 또는 시위가 금지 통고된 경우 먼저 신고를 접수하여 옥외집회 또는 시위를 개최할 수 있는 자는 집회 시작 1시간 전에 관할경찰관서장에게 집회 개최 사실을 통지하여야 한다. **보충 과태료(§26)** ① 제8조 제4항에 해당하는 먼저 신고된 옥외집회 또는 시위의 주최자가 정당한 사유 없이 제6조 제3항을 위반한 경우에는 100만원 이하의 과태료를 부과한다. ② 제1항에 따른 과태료는 대통령령으로 정하는 바에 따라 **시·도경찰청장 또는 경찰서장**이 부과·징수한다.

철회신고 (§6)	신고	③ 주최자는 신고한 옥외집회 또는 시위를 하지 아니하게 된 경우에는 신고서에 적힌 집회 일시 24시간 전에 그 철회사유 등을 적은 철회신고서를 관할경찰관서장에게 **제출하여야 한다.** └ 제출할 수 있다 X
	통지	④ 철회신고서를 받은 관할경찰관서장은 금지 통고를 한 집회나 시위가 있는 경우에는 그 금지 통고를 받은 **주최자**에게 ③에 따른 사실을 **즉시** 알려야 한다. └ 질서유지인 X └ 24시간 X
	재개최	⑤ ④에 따라 통지를 받은 주최자는 그 금지 통고된 집회 또는 시위를 최초에 신고한 대로 개최할 수 있다. 다만, 금지 통고 등으로 시기를 놓친 경우에는 일시를 새로 정하여 집회 또는 시위를 시작하기 24시간 전에 관할경찰관서장에게 신고서를 제출하고 집회 또는 시위를 개최할 수 있다. → 위반하여도 제재처분 없음

7 집회 · 시위 금지

절대적 집회·시위 금지 (§5)	1. 헌법재판소의 결정에 따라 해산된 정당의 목적을 달성하기 위한 집회 또는 시위 2. 집단적인 폭행, 협박, 손괴, 방화 등으로 공공의 안녕 질서에 직접적인 위협을 끼칠 것이 명백한 집회 또는 시위
상대적 집회·시위 금지 (§8)	⑤ 다음 각 호의 어느 하나에 해당하는 경우로서 그 거주자나 관리자가 시설이나 장소의 보호를 요청하는 경우에는 **집회나 시위의 금지 또는 제한을 통고할 수 있다.** → 제한통고는 시한에 대한 규정이 없음 1. 신고서에 적힌 장소가 다른 사람의 주거지역이나 이와 유사한 장소로서 집회나 시위로 재산 또는 시설에 심각한 피해가 발생하거나 사생활의 평온을 뚜렷하게 해칠 우려가 있는 경우 2. 신고장소가 「초·중등교육법」상 <u>학교의 주변 지역</u>으로서 집회 또는 시위로 학습권을 뚜렷이 침해할 우려가 있는 경우 ^{대학교 X, 상가 밀집지역 X} 3. 신고장소가 「군사기지 및 군사시설 보호법」상 군사시설의 주변 지역으로서 집회 또는 시위로 시설이나 군 작전의 수행에 심각한 피해가 발생할 우려가 있는 경우

금지시간 (§10)		
	옥외 집회	**24시간 언제나 가능** (헌법불합치결정에 따른 개정이 이루어지지 않아 효력을 상실)
	시위	**해가 진 후부터는 같은 날 24시까지만 가능** (현행법상 '24시 이후부터 해가 뜨기 전'까지는 시위를 할 수 없다)

금지장소 (§11)	

누구든지 다음 각 호의 어느 하나에 해당하는 청사 또는 저택의 경계 지점으로부터 100 미터 이내의 장소에서는 옥외집회 또는 시위를 하여서는 아니 된다.

금지장소	예외적 허용
국회의사당	• 국회의 활동을 방해할 우려가 없는 경우 • 대규모 집회 또는 시위로 확산될 우려가 없는 경우
각급 법원, 헌법재판소	• 법관이나 재판관의 직무상 독립이나 구체적 사건의 재판에 영향을 미칠 우려가 없는 경우 • 대규모 집회 또는 시위로 확산될 우려가 없는 경우
국무총리 공관	• 국무총리를 대상으로 하지 아니하는 경우 • 대규모 집회 또는 시위로 확산될 우려가 없는 경우
국내 주재 외국의 외교기관이나 외교사절의 숙소	• 해당 외교기관 또는 외교사절의 숙소를 대상으로 하지 아니하는 경우 • 대규모 집회 또는 시위로 확산될 우려가 없는 경우 • 외교기관의 업무가 없는 휴일에 개최하는 경우
대통령 관저, 대법원장 공관, 국회의장 공관, 헌법재판소장 공관	없음

헌법불합치, 2018헌바48,2019헌가1(병합), 2022.12.22.집회 및 시위에 관한 법률(2020. 6. 9. 법률 제17393호로 개정된 것) 제11조 제3호 중 '대통령 관저(官邸)' 부분 및 제23조 제1호 중 제11조 제3호 가운데 '대통령 관저(官邸)'에 관한 부분은 헌법에 합치되지 아니한다. 위 법률조항은 2024. 5. 31.을 시한 경과로 관련조항 효력 상실함

1. 집회참가자에 대한 검문의 방법으로 시간을 지연시킴으로써 집회장소에 접근하는 것을 방해하거나, 국가가 개인의 집회참가행위를 감시하고 그에 관한 정보를 수집함으로써 집회에 참가하고자 하는 자로 하여금 불이익을 두려워하여 미리 집회참가를 포기하도록 집회참가의사를 약화시키는 것 등 집회의 자유행사에 영향을 미치는 **모든 조치를 금지한다**(헌재 2000헌바67, 83).

2. 집회의 금지와 해산은 원칙적으로 공공의 안녕질서에 대한 직접적인 위협이 **명백하게 존재하는 경우에 한하여 허용될 수 있다**(헌재 2000헌바67, 83).

3. 「집회 및 시위에 관한 법률」 제6조가 옥외집회 및 '움직이는 집회'인 시위에 관하여 사전신고제를 규정한 것은 신고를 받은 관할 경찰서장이 그 신고에 의하여 옥외집회 또는 시위의 성격과 규모 등을 미리 파악함으로써 적법한 옥외집회 또는 시위를 보호하는 한편 그로 인한 공공의 안녕질서에 대한 위험을 미리 예방하는 등 공공의 안녕질서를 함께 유지하기 위한 조치를 마련하고자 함에 그 취지가 있다고 할 것이므로, 이러한 **사전신고제가 옥외집회 또는 시위의 자유에 대한 허가제처럼 운용되는 등 실질적으로 옥외집회 또는 시위의 자유를 침해하는 일이 있어서는 아니될 것이다**(대판 98다20929).

4. 「헌법」이 보장하는 집회의 자유도 스스로 한계가 있어 무제한의 자유가 아닌 것이므로 공공의 안녕과 질서를 유지하기 위하여 집회 및 시위의 주최자로 하여금 미리 일정한 사항을 신고하게 하고 신고를 받은 관할 경찰서장이 제반 사항을 검토하여 일정한 경우 위 집회 및 시위의 금지를 통고할 수 있도록 한 「집회 및 시위에 관한 법률」 제6조, 제8조 및 그 금지통고에 대한 이의신청절차를 규정하고 있는 같은 법 제9조가 「헌법」에 위반된다고 할 수 없다(대판 91도1870).

5. 옥외집회 또는 시위가 그 신고사항에 미비점이 있었다거나 신고의 범위를 일탈하였다고 하더라도 그 신고내용과 **동일성이 유지되어 있는 한** 신고를 하지 아니한 것이라고 볼 수는 없다(대판 98다20929).

6. 근로자 30여 명이 관할 경찰서장에게 신고하지 아니하고 **회사 구내 옥외 주차장**에서 5회에 걸쳐 집회를 개최하였다고 하여 집회 및 시위에 관한 법률 위반으로 기소된 사안에서, 위 집회는 회사 구내에서 업무시간을 피하여 매번 약 40분씩 한정된 시간 동안 개최된 것이고, 집회의 목적도 오로지 노조활동과 관련하여 회사에 대한 요구사항을 주장하기 위한 것이며, **집회 장소가 회사 안마당 주차장 공간으로서 옥외이기는 하지만 외부인의 출입이 통제·차단되어** 그곳에서 위와 같은 목적과 규모 및 방법으로 집회를 개최하더라도 인근 거주자나 일반인의 법익과 충돌하거나 공공의 안녕질서에 해를 끼칠 것으로는 예견되지 아니할 뿐 아니라 일반적인 사회생활질서의 범위 안에 있는 행위로 평가되므로, **피고인들의 행위를 「집회 및 시위에 관한 법률」상 미신고 옥외집회 개최행위로 처벌할 수 없다**(대법원 2013.10.24. 2012도11518).

7. 집회·시위의 주최자가 행사를 진행하는 과정에서 신고범위를 현저히 일탈하는 행위를 했다고 하여 곧바로 미신고 집회·시위를 주최한 행위로 볼 수 있는 것은 아니다(대판 2006도9471).

8. 옥외집회 또는 시위 참가자들이 **교통혼잡**이 야기되었다고 볼 만한 사정은 없으나 이미 신고한 행진 경로를 따라 행진로인 하위 1개 차로에서 약 3시간 30분 동안 이루어진 집회시간 동안 2회에 걸쳐 약 15분 동안 연좌하였다는 사실만으로도 주최행위가 신고한 목적, 일시, 방법 등의 범위를 뚜렷이 **벗어나는 경우에 해당하지 아니한다**(대판 2009도10425).

9. "마을 이장이 신축 중인 사찰의 납골당 설치에 반대할 목적으로 마을 주민들의 옥외집회와 시위를 주최하면서 2004. 4.11.에는 신고하지 아니한 상여, 만장 등을 사용하고, 2007. 4.19.에는 꽃마차를 사용한다고 신고하고서도 상여, 만장 등을 사용하였지만 각 옥외집회 및 시위의 목적, 일시, 장소, 대형, 구호 제창 여부, 진로 등 **나머지 신고사항은 모두 준수되었으며**, 신고되지 아니한 상여 등을 사용함으로 인하여 기존 신고 내용과 비교할 때 더 큰 교통 혼잡을 야기한 것으로 보이지 않는다는 등의 이유로 옥외집회 등 주최 행위가 「집회 및 시위에 관한 법률」에서 정한 신고한 목적·일시·장소·방법 등 **그 범위를 현저히 일탈한 경우에 해당하지 아니한다**."고 판시하였다(대판 2008도3974).

10. 삼보일배 행진이라는 시위방법 자체에 있어서는 그 장소, 태양, 내용, 방법과 결과 등에 비추어 시위의 목적 달성에 필요한 합리적인 범위에서 사회통념상 용인될 수 있는 다소의 피해를 발생시킨 경우에 불과하다고 보이고, 또한 **신고내용에 포함되지 않은 삼보일배 행진을 한 것이** 앞서 본 바와 같은 신고제도의 목적 달성을 심히 곤란하게 하는 정도에 이른다고 볼 수도 없으므로, 결국 피고인들의 위와 같은 행위는 **사회상규에 반하지 아니하는 행위로서 위법성이 조각된다고 볼 것이다**(대판 2009도840).

11. 당초 **옥외집회를 개최하겠다고 신고하였지만** 신고 내용과 달리 아예 옥외집회는 개최하지 아니한 채 신고한 장소와 인접한 건물 등에서 **옥내집회만을 개최한 경우에는**, 그것이 건조물침입죄 등 다른 범죄를 구성함은 별론으로 하고, 신고한 옥외집회를 개최하는 과정에서 그 신고범위를 일탈한 행위를 한 데에 대한 **집회 및 시위에 관한 법률 위반으로 처벌할 수는 없다**(대판 2010도14545).

12. 교통방해를 유발한 집회에 참가한 경우 참가 당시 이미 다른 참가자들에 의해 교통의 흐름이 차단된 상태였더라도 교통방해를 유발한 다른 참가자들과 암묵적·순차적으로 공모하여 **교통방해의 위법상태를 지속시켰다고 평가할 수 있다면 일반교통방해죄가 성립한다**(대판 2017도11408).

8 집회 · 시위 제한

교통 소통을 위한 제한 (§12)	① 관할경찰관서장은 대통령령으로 정하는 주요 도시의 주요 도로에서의 집회 또는 시위에 대하여 교통 소통을 위하여 필요하다고 인정하면 이를 **금지하거나 교통질서 유지를 위한 조건을 붙여 제한할 수 있다.** ② 집회 또는 시위의 주최자가 질서유지인을 두고 도로를 행진하는 경우에는 ①에 따른 금지를 할 수 없다. 다만, 해당 도로와 주변 도로의 교통 소통에 장애를 발생시켜 **심각한 교통 불편을 줄 우려가 있으면** ①에 따른 금지를 할 수 **있다. (없다 X)**

<table>
<tr><td colspan="2" rowspan="2">소음도 구분</td><td rowspan="2">대상지역</td><td colspan="3">대상지역</td></tr>
<tr><td>주간(07:00~해지기 전)</td><td>야간(해진 후~24:00)</td><td>심야(00:00~07:00)</td></tr>
<tr><td rowspan="6">대상소음도</td><td rowspan="3">등가
소음도
(Leq)</td><td>주거지역, 학교, 종합병원</td><td>65dB 이하</td><td>60dB 이하</td><td>55dB 이하</td></tr>
<tr><td>공공도서관</td><td>65dB 이하</td><td colspan="2">60dB 이하</td></tr>
<tr><td>그 밖의 지역</td><td>75dB 이하</td><td colspan="2">65dB 이하</td></tr>
<tr><td rowspan="3">최고
소음도
(Lma X)</td><td>주거지역, 학교, 종합병원</td><td>85dB 이하</td><td>80dB 이하</td><td>75dB 이하</td></tr>
<tr><td>공공도서관</td><td>85dB 이하</td><td colspan="2">80dB 이하</td></tr>
<tr><td>그 밖의 지역</td><td colspan="3">95dB 이하</td></tr>
</table>

확성기 등의 사용제한 (§14)

1. 확성기등의 소음은 관할 경찰서장(현장 경찰공무원)이 측정한다.
2. 소음 측정 장소는 피해자가 위치한 건물의 외벽에서 소음원 방향으로 1 ~ 3.5m 떨어진 지점으로 하되, 소음도가 높을 것으로 예상되는 지점의 지면 위 1.2 ~ 1.5m 높이에서 측정한다. 다만, 주된 건물의 경비 등을 위하여 사용되는 부속 건물, 광장·공원이나 도로상의 영업시설물, 공원의 관리사무소 등은 소음 측정 장소에서 **제외**한다.
3. 제2호의 장소에서 확성기등의 대상소음이 있을 때 측정한 소음도를 측정소음도로 하고, 같은 장소에서 확성기등의 대상소음이 없을 때 **5분간** 측정한 소음도를 배경소음도로 한다.
5. 등가소음도는 10분간(소음 발생 시간이 10분 이내인 경우에는 그 발생 시간 동안) 측정한다. 다만, 다음 각 목에 해당하는 대상 지역의 경우에는 등가소음도를 5분간(소음 발생 시간이 5분 이내인 경우에는 그 발생 시간 동안을 말한다) 측정한다.
   가. 주거지역, 학교, 종합병원   나. 공공도서관
6. 최고소음도는 확성기등의 대상소음에 대해 매 측정 시 발생된 소음도 중 가장 높은 소음도를 측정하며, 동일한 집회·시위에서 측정된 최고소음도가 **1시간 내에 3회 이상** 위 표의 최고소음도 기준을 초과한 경우 소음기준을 위반한 것으로 본다. 다만, 다음 각 목에 해당하는 대상 지역의 경우에는 1시간 내에 **2회 이상** 위 표의 최고소음도 기준을 초과한 경우 소음기준을 위반한 것으로 본다.
   가. 주거지역, 학교, 종합병원   나. 공공도서관
7. 다음 각 목에 해당하는 행사(중앙행정기관이 개최하는 행사만 해당)의 진행에 영향을 미치는 소음에 대해서는 그 행사의 개최시간에 한정하여 위 표의 **주거지역의 소음기준**을 적용한다.
   ↳ 학교, 병원, 도서관 X
   가. 「국경일에 관한 법률」 제2조에 따른 국경일의 행사
   나. 「각종 기념일 등에 관한 규정」 별표에 따른 각종 기념일 중 주관 부처가 국가보훈부인 기념일의 행사

적용의 배제 (§15)	학문, 예술, 체육, 종교, 의식, 친목, 오락, 관혼상제 및 국경행사에 관한 집회에는 제6조부터 제12조까지의 규정을 **적용하지 아니한다.**

적용 X	옥외집회 및 시위의 신고, 시위의 금지시간, 장소, 교통소통을 위한 제한
적용 O	확성기 등의 사용제한, 질서유지선 설정

9 질서유지선

설정 (§13, 시행령 §13 ①)	① 신고를 받은 **관할경찰관서장**은 집회 및 시위의 보호와 공공의 질서 유지를 위하여 필요하다고 인정하면 **최소한의 범위를 정하여** 질서유지선을 설정할 수 있다. → 모든 집회·시위 시에는 반드시 설치 X ↳ 최대한 X 가. 「국경일에 관한 법률」 제2조에 따른 국경일의 행사 ② ①에 따라 경찰관서장이 질서유지선을 설정할 때에는 **주최자 또는 연락책임자**에게 이를 **알려야 한다.** 1. **집회·시위의 장소를 한정**하거나 집회·시위의 참가자와 일반인을 구분할 필요가 있을 경우 2. 집회·시위의 참가자를 일반인이나 차량으로부터 보호할 필요가 있을 경우 3. 일반인의 통행 또는 교통 소통 등을 위하여 필요할 경우 4. 다음 각 목의 어느 하나의 시설 등에 접근하거나 행진하는 것을 금지하거나 제한할 필요가 있을 경우 　가. 법 제11조에 따른 집회 또는 시위가 금지되는 장소 　나. **통신시설 등 중요시설** 　다. 위험물시설 　라. 그 밖에 안전 유지 또는 보호가 필요한 재산·시설 등 5. **집회·시위의 행진로를 확보**하거나 이를 위한 임시횡단보도를 설치할 필요가 있을 경우 6. 그 밖에 집회·시위의 보호와 공공의 질서 유지를 위하여 필요할 경우
고지 (시행령 §13②)	② 질서유지선의 설정 고지는 **서면**으로 하여야 한다. → 주최자 또는 연락책임자(질서유지인 X)에게 이를 알려야 한다. 다만, 집회 또는 시위 장소의 상황에 따라 질서유지선을 **새로 설정하거나 변경하는 경우**에는 집회 또는 시위의 장소에 있는 경찰공무원이 **구두**로 알릴 수 있다.

10 보완 · 금지 통고서 송달(시행령 §3, 7)

신고서를 접수한 관할 경찰관서장은 보완 통고서 및 집회 또는 시위의 금지·제한서를 주최자나 연락책임자의 책임 있는 사유로 주최자나 연락책임자에게 직접 송달할 수 없는 때에는 다음의 방법으로 송달할 수 있다.

주최자가 단체	주최자 또는 연락책임자의 **대리인이나 단체의 사무소에서 근무하는 직원**에게 전달하되, 대리인 또는 사무소에서 근무하는 직원에게 전달할 수 없는 때에는 단체의 사무소가 있는 **건물의 관리인이나 건물 소재지의 통장 또는 반장**에게 전달할 수 있다.
주최자가 개인	주최자 또는 연락책임자의 **세대주나 가족 중 성년자**에게 전달하되, 주최자 또는 연락책임자의 세대주나 가족 중 성년자에게 전달할 수 없는 때에는 주최자 또는 연락책임자가 거주하는 **건물의 관리인이나 건물 소재지의 통장 또는 반장**에게 전달할 수 있다.

11 집시법상 처벌규정

먼저 신고된 옥외집회 또는 시위의 주최자가 정당한 사유 없이 철회신고서 미제출한 경우(중복된 2개 이상의 집회·시위 신고의 경우만 적용)	100만원 이하의 과태료
집회·시위를 방해한 자 (**가중처벌** – 군인·검사·경찰관이 위반한 경우에는 5년 이하의 징역)	3년 이하의 징역 또는 300만원 이하의 벌금
1. **설정한 질서유지선의 효용을 해친 자** 2. **확성기등 사용제한 위반** 3. 주최자 또는 질서유지인이 참가 배제하였지만 그 집회·시위에 참가한 자 4. 해산명령에 불응한 자	6개월 이하의 징역 또는 50만원 이하의 벌금·구류 또는 과료

> **TIP** 집회 도중 상징물을 소훼하려는 경우 경찰의 조치
>
> ① 인공기 소훼를 시도하는 경우 경찰은 「경찰관 직무집행법」 제5조에 근거하여 위험방지를 위해 제지할 수 있음
> ② 인공기를 시위현장에서 소훼한 경우 **「집회 및 시위에 관한 법률」 제16조(주최자의 준수사항) 제4항 및 제17조(질서유지인의 준수사항 등) 제2항에 의하여 처벌할 수 있음.** 또한 「경범죄 처벌법」상 위험한 불씨 사용 행위에 해당할 수 있음 ⌐ 현행법상 처벌규정이 없음 X
> ③ 인공기 소훼는 「형법」상 외국국기모독죄가 성립되지 않는다.
> ④ 「국가보안법」상 이적표현물로 인정하기 위한 요건으로 표현물의 내용뿐만 아니라, 작성의 동기, 표현행위 자체의 태양 및 외부와의 관련사항 등 제반 사정을 종합하여 결정하여야 한다고 판시하였다(대판 2009도9152). – 인공기 이적표현물 X

12 집회 또는 시위 해산(§20)

해산절차	종결선언 요청 → 자진해산 요청 → 해산명령(3회 이상) → 직접해산
해산 대상	1. 제5조 제1항(절대적 집회·시위 금지), 제10조(금지시간) 본문 또는 **제11조(금지장소)**를 위반한 집회 또는 시위 2. 신고를 하지 아니하거나 제8조(금지 또는 제한통고) 또는 제12조(교통소통을 위한 제한)에 따라 금지된 집회 또는 시위 3. 교통 소통 등 질서 유지에 직접적인 위험을 명백하게 초래한 집회 또는 시위 4. **종결 선언을 한 집회 또는 시위** 5. 제16조 제4항(주최자의 준수사항) 각 호의 어느 하나에 해당하는 행위로 질서를 유지할 수 없는 집회 또는 시위 → 확성기 등 사용기준을 초과한 옥외집회는 해산 대상 X
해산 명령	• 관할 경찰관서장은 해산사유에 해당하는 집회·시위에 대하여는 상당한 시간 이내에 자진 해산할 것을 요청하고 이에 따르지 아니하면 해산을 명할 수 있다. → 관할 경찰관서장 또는 관할 경찰관서장으로부터 권한을 부여받은 국가경찰공무원은 집회 또는 시위를 해산시키는 주체가 될 수 있다. • 해산명령은 참가자들이 **충분히 인식할 수 있도록** 적절한 방법으로 적절한 간격을 두고 반드시 3회 이상 고지하여야 한다. • 집회·시위가 해산명령을 받았을 때에는 모든 참가자는 지체없이 해산하여야 한다.

13 해산절차(동법 시행령 §17)

집회 또는 시위를 해산시키려는 때에는 **관할 경찰관서장 또는 관할 경찰관서장으로부터 권한을 부여받은 경찰공무원**은 다음 각 호의 순서에 따라야 한다. 다만, 절대적 집회·시위 금지, 금지시간 또는 금지장소를 위반한 집회 또는 시위, 신고를 하지 아니하거나 금지 또는 제한통고 또는 교통소통을 위한 제한에 따라 금지된 집회 또는 시위, 종결 선언을 한 집회 또는 시위에 해당하는 경우와 주최자·주관자·연락책임자 및 질서유지인이 집회 또는 시위 장소에 없는 경우에는 **종결 선언의 요청을 생략할 수 있다.**

1. 종결 선언의 요청 주최자에게 집회 또는 시위의 종결 선언을 요청하되, 주최자의 소재를 알 수 없는 경우에는 **주관자·연락책임자 또는 질서유지인**을 통하여 종결 선언을 요청할 수 있다.
2. 자진 해산의 요청 종결 선언 요청에 따르지 아니하거나 종결 선언에도 불구하고 집회 또는 시위의 참가자들이 집회 또는 시위를 계속하는 경우에는 **직접 참가자들**에 대하여 자진 해산할 것을 요청한다.
→ 반드시 자진해산 용어 사용 X, 언행 중 취지 포함 O　　ᐧ직접 집회주최자 X
3. 해산명령 및 직접 해산 자진 해산 요청에 따르지 아니하는 경우에는 **세 번 이상** 자진 해산할 것을 명령하고, 참가자들이 해산명령에도 불구하고 해산하지 아니하면 **직접 해산시킬 수 있다.**

판례

1. 「집회 및 시위에 관한 법률」과 「동시행령」이 해산명령을 할 때 그 사유를 구체적으로 고지하도록 명시적으로 규정하고 있지 않지만, 법원은 구체적으로 고지하도록 판시하고 있다(대판 2011도7193).
2. **반드시 '자진해산'이라는 용어를 사용하여 요청할 필요는 없고**, 그 때 해산을 요청하는 언행 중에 **스스로 해산하도록 청하는 취지가 포함**되어 있으면 된다(대판 2000도2172).
3. 타인이 관리하는 건조물에서 **옥내집회를 개최하는 경우에도** 타인의 법익 침해나 기타 공공의 안녕질서에 대하여 **직접적이고 명백한 위험을 초래**하는 때에는 해산명령의 대상이 된다(대판 2010도14545).
4. [1] 「집회 및 시위에 관한 법률」 제24조 제5호, 제20조 제2항, 제1항 제2호, 제6조 제1항의 각 규정에 의하면, 관할 경찰관서장 등은 사전 신고를 하지 아니하고 개최된 옥외집회에 대하여 상당한 시간 이내에 자진 해산할 것을 요청하고 이에 따르지 아니하면 해산을 명할 수 있으며, 위와 같은 해산명령을 받았을 때는 모든 참가자는 지체 없이 해산하여야 한다.
[2] 사전 신고를 하지 아니한 옥외집회 참가자들에게 위와 같은 **해산명령 불응의 죄책을 묻기 위하여는 관할 경찰관서장 등이 직접 참가자들에 대하여 자진 해산할 것을 요청하고, 이에 따르지 아니하는 경우 세 번 이상 자진 해산할 것을 명령하는 등** 「집회 및 시위에 관한 법률 시행령」 제17조에서 정한 **적법한 해산명령의 절차와 방식을 준수하였음이 입증되어야 한다**(대판 2010도15797).
5. 사전 금지 또는 제한된 집회라 하더라도 실제 이루어진 집회가 당초 신고 내용과 달리 타인의 법익이나 공공의 안녕질서에 **직접적이고 명백한 위험을 초래하지 않은 경우**, 사전에 금지통고된 집회라는 이유만으로 해산을 명하고 이에 불응하였다고 **처벌할 수는 없다**. 나아가 집회 금지통고는 관할 경찰서장이 집회신고를 접수한 후 집시법상 집회 사전금지조항에 근거하여 집회 주최자 등에게 해당 집회를 금지한다는 사실을 알리는 행정처분이므로 그 자체를 **헌법에 위배되는 제도라고 볼 수 없다.**(대판 2011.10.13. 2009도13846).

정의 (§2)	1. **"채증"**이란 집회등 현장에서 범죄수사를 목적으로 촬영, 녹화 또는 녹음하는 것을 말한다. 2. **"채증요원"**이란 채증 또는 이와 관련된 업무를 담당하는 경찰공무원(경찰공무원의 지시를 받는 의무경찰을 포함)을 말한다. ⌐ 수사 부서 X 3. **"주관부서"**란 채증요원을 관리·운용하는 **경비 부서**를 말한다. 4. **"채증자료"**란 채증요원이 채증을 하여 수집한 사진, 영상녹화물 또는 녹음물을 말한다. 5. **"채증판독프로그램"**이란 범죄수사를 목적으로 범죄혐의자의 인적사항 확인을 위하여 채증자료를 입력, 열람, 판독하기 위한 전산 프로그램을 말한다.
채증요원 편성(§4)	① 주관부서의 장은 집회등에 대비하기 위해 채증요원을 둔다. ② 채증요원은 사진 촬영담당, 동영상 촬영담당, 신변보호원 등 3명을 1개조로 편성하는 것을 원칙으로 하되, 현장 상황 등을 고려하여 증감 편성할 수 있다.
채증의 범위 (§7)	① 채증은 폭력 등 범죄행위가 행하여지고 있거나 행하여진 직후에 하여야 한다. ② 범죄행위로 인하여 타인의 생명·신체 또는 재산에 대한 위해가 임박한 때에 범죄에 이르게 된 경위나 그 전후 사정에 관하여 **긴급히 증거를 확보하여야 할 필요가 있는 경우에는 범죄행위가 행하여지기 이전이라도 채증을 할 수 있다.**
채증의 제한 (§8)	채증은 범죄혐의에 대한 증거자료를 확보할 필요성이 있는 경우에 한하며, 상당한 방법에 따라 **필요한 최소한도**에 그쳐야 한다.
채증사실 고지 (§9)	① 집회등 현장에서 채증을 할 때에는 사전에 채증 대상자에게 범죄사실의 요지, 채증요원의 소속, 채증 개시사실을 직접 고지하거나 방송 등으로 알려야 한다. ② 20분 이상 채증을 계속하는 경우에는 20분이 경과할 때마다 채증 중임을 고지하거나 알려야 한다.
채증장비(§10)	① 채증장비는 원칙적으로 경찰관서에서 지급한 장비를 사용한다. ② 지급한 장비를 사용할 수 없는 부득이한 경우에는 **주관부서의 장**의 승인을 받아 개인소유 장비를 사용할 수 있다. 다만, **주관부서의 장**의 승인을 받을 시간적 여유가 없는 경우에는 **사후에 지체 없이 승인**을 받아야 한다.
채증자료 송부 (§11)	범죄혐의자의 인적사항이 확인되어 범죄수사의 필요성이 있는 채증자료는 지체 없이 **수사** 부서에 송부하여야 한다. 경비 X ⌐
삭제·폐기(§12)	범죄수사 필요성이 없는 채증자료는 해당 집회등의 상황 종료 후 즉시 삭제·폐기하여야 한다.
채증자료 외의 촬영자료 활용 금지(§13)	채증요원은 다음 각 호의 자료의 촬영이 법률상 허용되는 경우라 하더라도, 그 자료를 **집회등 참가자를 특정하기 위하여 활용하여서는 아니 된다.** 1. 「경찰관 직무집행법」 등 관련 법률에 근거하여 해당 집회등에 대한 대응절차의 기록 또는 향후 적절한 대응절차의 마련을 위한 연구 등 범죄수사 외의 목적으로 촬영한 자료 2. 「개인정보 보호법」 제25조 제1항 제5호에 의해 설치·운영하는 교통정보의 수집·분석 및 제공 목적의 영상정보처리기기에 의해 촬영된 자료

채증자료의 입력 (§15)	① 주관부서의 장은 범죄수사의 필요성이 인정되는 경우 인적사항이 확인되지 않은 범 죄혐의자의 채증자료를 열람·판독할 수 있도록 신속히 프로그램에 입력하여야 한다.
채증자료 열람·판독(§16)	② 주관부서의 장은 채증자료를 열람·판독할 때에는 현장 근무자 등을 참여시킬 수 있다.
채증자료 삭제·폐기 등(§17)	③ 주관부서의 장은 범죄혐의자의 인적사항이 확인되지 않은 채증자료 중 범죄수사를 위 해 보관을 계속할 필요가 있는 경우에는 해당 범죄의 공소시효 완성일까지 보관하고, 공소시효가 완성된 때에는 삭제·폐기하여야 한다. **다만, 공소시효 완성 전이라도 보관의 필요성이 없는 채증자료는 즉시 삭제·폐기하여야 한다.**

15 대화경찰관 제도

목적	집회·시위에 대한 관점을 관리·통제에서 인권존중·소통으로 근본적으로 바꾸기 위해 **스웨덴** 집회· 시위관리 정책을 벤치마킹한 '대화경찰관제'를 도입·시행하고 있다.
역할	① 대화경찰은 인근 주민·상인들의 불만·요구도 청취하여 이들의 기본권과 집회의 자유가 조화를 이루도록 대화를 통한 해결방안을 모색한다. ② 집회시위 참가자들의 이야기를 잘 들어주기만 해도 감정이 어느 정도 해소되는 긍정적인 효과가 있다. ③ 따라서 집회·시위 참가자들에게 집회·시위 상황을 설명해 주는 것도 중요하겠지만 **대화경찰의 역할 은 집회·시위 참가자들의 입장을 충분히 들어주는 것이 중요**하다고 할 수 있다. ④ 대화경찰은 집회 종료 후 해산과정에서 참가자들이 무사히 귀가하도록 안내자 역할을 수행하고, 안전사고 예방활동도 병행한다.

CHAPTER **06**

안보경찰활동

THEME 01 안보경찰의 특색

1 국가안전보장에 대한 위해 형태

국가 안전보장을 위협하는 요소	내부적 위협	인구의 규모, 경제적 여건, 정치적 불안정, 방위하기 어려운 영토적 특성 등 국가 내부적인 위협요소를 말한다.
	외부적 위협	주변 강대국 국가들의 팽창주의, 기후 변화 등 국가를 둘러싼 외부 요인에 의한 위협 요소를 말한다.
국가에 대한 위협	군사적 위협	**전통적으로 국가의 안전보장을 위협하는 가장 큰 위협요소라고 할 수 있다.**
	정치적 위협	① 국가이념 특히 국가적 정체성과 조직 이데올로기 그리고 그것을 실현하는 기관 등이 **정치적 위협**의 대상이 된다. ↳ 군사적 위협 X ② 전통의 다양성에 그 뿌리를 두고 있다. ③ 국가 정체성과 관련되므로 군사적 위협만큼이나 중요하다. ④ 미국이 반공주의, 구 소련이 반제국주의를 표방하는 것과 같이 반대 이데올로기를 만들어내는 것이 하나의 해결책이 된다.
	사회적 위협	프랑스가 미국의 패스트푸드를 요리문화에 대한 위협으로 간주하는 한편, **영어 단어의 유입을 불어에 대한 위협으로 판단하는 경우**와 같은 사회 문화적 위협을 말한다.
	경제적 위협	주요 전략물자를 국외로부터 수입해야 할 경우 보호무역주의·수출입제한으로 인해 공급이 차질이 생기는 경우나, 상대 국가의 급속한 경제발전 등은 **경제적 위협**의 대상이 된다. ↳ 사회적 위협 X
	생태적 위협	**오존층의 파괴나 대기의 온난화 현상 등은** 한 국가의 힘만으로는 해결할 수 없는 문제이기 때문에 그 해결을 위해 전세계가 합동하여 대처해야할 위협 요소이다(**집단안전보장 접근법에 의해 해결되어어 함**).

THEME 02 안보경찰의 임무 및 안보수사국장의 분장사항

1 안보수사국장의 분장사무(경찰청과 그 소속기관 직제 §22 ③)

1. **안보수사**경찰업무에 관한 기획 및 교육
2. **보안관찰** 및 경호안전대책 업무에 관한 사항
3. **북한**이탈주민 신변보호
4. **국가안보**와 국익에 반하는 범죄에 대한 수사의 지휘·감독
5. **안보범죄**정보 및 보안정보의 수집·분석 및 관리
6. 국내외 유관기관과의 **안보범죄**정보 협력에 관한 사항
7. 남북교류와 관련되는 **안보수사**경찰업무
8. **국가안보**와 국익에 반하는 중요 범죄에 대한 **수사**
9. **외사보안**업무의 지도·조정
10. 공항 및 항만의 **안보활동**에 관한 계획 및 지도

2 국가안전보장 기관의 업무

경찰청	국내 정보 수집, 안보사범 수사, 신원조사 업무 등
통일부	**남북대화**, 통일에 관한 국내외 정세 분석 등
외교부	국외정보 수집, **출입국자의 보안** 등
법무부	**공소보류된 자의 신병처리**, 출입국자의 보안 등
국방부	국내·외 정보 수집, 정보사범 수사 등
문화체육관광부	공연물 및 영화의 검열, 조사, 분석 등
해양경찰청	**해양에서의 대간첩 작전**

THEME 03 공산주의 철학이론

변유물사관

의의	공산주의 철학이론은 **유물론, 유물사관, 변증법적 유물론**을 내용으로 한다.
변증법	① 변증법이란 그리스의 Dialogos(대화 또는 회화)라는 말에서 유래된 것으로 토론에서 상대방의 판단 속에 들어 있는 모순을 지적함으로써 이러한 모순을 극복하고 진리에 도달할 수 있는 화술을 뜻했다. ② 이에 비해 헤겔은 변증법을 인식뿐만 아니라 존재에 관한 논리로 봤으며, **정-반-합 3단계**를 거쳐서 전개된다고 생각했다. ③ **정(正)의 단계**란 그 자체에 모순이 포함되어 있지만 이를 인식하지 못하고 있는 단계이며, **반(反)의 단계**란 그 모순이 자각되어 밖으로 나타나는 단계이다. 마지막으로 이와 같은 모순이 충돌함으로써 **합(合)의 단계**로 전개해 나간다. ④ 헤겔이 변증법은 ㉠ **양의** 질화 및 그 역의 법칙, ㉡ **대립물** 통일의 원칙, ㉢ **부정**의 부정 법칙이 있다. **양의대립부정**
유물론 (唯物論)	① 관념론과 대립하는 철학적 입장으로서 **사물이 인간의 의식 밖에서 의식과는 독립적으로 존재한다고 보는 것**이 유물론의 근본적인 특징이다. ② 물질이 1차적이며 정신과 의식은 2차적인 것으로 보기 때문에 정신과 의식은 물질에 기초하여 성립된다고 설명한다.
유물사관 (唯物史觀)	① **변증법적 유물론**을 역사에 적용한 것이 유물사관이다. ② 인간에게 필요한 물질의 생산이 정치·경제·법률·종교·학문 등의 관념을 발달시킨 기초라고 생각한다. ③ 사회의 물질 생산력이 일정한 단계에 이르면 현존하는 생산관계와 모순에 빠져 새로운 시대가 생성된다고 본다. ▶ **마르크스의 역사발전 5단계(원고중근사회 순으로 진행됨)**

구 분	생산력	생산관계	주요계급
사회주의사회 (공산주의사회)	제조업과 공업의 커다란 발전	생산수단의 공유	무계급
근대 자본주의사회	기계시설에 의한 대규모 공업	생산수단만을 사유	자본가, 무산계급
중세 봉건사회	쇠쟁기, 직조기, 수공업 발전	생산수단의 사유 인간의 제한된 사유	봉건영주, 농노
고대 노예사회	목축, 농업, 수공업, 금속기구	생산수단과 인간의 사유	노예소유자, 노예
원시 공동사회	석기, 활, 사냥, 어획	생산수단의 공유	무계급

Chapter 06

노잉자궁제자

노동가치설	① 마르크스는 '노동'을 모든 상품가치의 원인이자, 가치를 형성하는 실질이며 가치를 측정하는 척도라고 설명한다. ② 상품의 가치는 그 상품을 생산한 노동이 형성하고, 가치의 크기는 생산에 필요한 노동시간이 결정한다는 학설이다.
잉여가치설	① 마르크스는 노동자의 임금에 상당하는 가치로 생산한 부분을 '필요노동'이라 부르고 이 필요노동을 초과하는 노동, 즉 노동자에게 지불되지 않는 노동에 의해 생산된 가치를 '잉여가치'로 보았다. ② 자본주의가 노동자의 잉여가치를 착취함으로써 자본을 확대 재생산 하는 성격을 가지고 있다는 것으로, 자본가적 생산의 반도덕성을 주장하고 있다.
자본축적론	① 자본가가 지불한 노동력의 가치 이상으로 생산된 잉여가치가 자본으로 축적된다는 이론이다. ② 자본주의적 생산 초기에는 축적된 자본의 절대량이 적어 자본가가 소비를 억제하지만, 잉여가치의 축적량이 늘어남에 따라 사치와 낭비·정치적 비용·유통비용 등이 증가하게 된다고 본다.
궁핍화이론	① 자본 축적이 진행됨에 따라 **자본가 계급은 부는 늘어나지만, 노동자 계급은 점차 궁핍하게 된다는 주장**이다. ② 특정 시점과 장소에 있어 노동자 계급에게 지불되어야 할 임금의 총액은 일정하므로 노동자 수가 증가함에 따라 1인당 임금은 감소하여 더욱 궁핍하게 된다고 주장한다.
제국주의론	① 제국주의란 자본주의의 독점적 단계로서 과도적인 자본주의 단계이다. ② 산업 자본주의 단계에서는 자유경쟁이 발전의 원동력이 되지만, 제국주의에 이르면 독점이 심화된다는 주장이다. ③ 생산과 소비의 모순으로 인해 자본주의가 정체되고 사회주의로 이행된다고 본다.
자본주의 붕괴론	① 자본주의가 발전하는 과정에서 기본적인 모순에 의해 발전이 정체되다가 결국에는 붕괴된다는 주장이다. ② 「**자본축적의 법칙 → 자본집중의 법칙 → 빈곤증대의 법칙**」을 거쳐 자본주의 사회를 붕괴시키기 위한 혁명이 발생한다. 축적집중증대

THEME 05 공산주의 정치이론

폭프계국

폭력혁명론	① 한 나라를 공산화시키는 것은 폭력이라는 혁명적 수단에 의해서만 가능하고, 평화적·합법적 절차(의회주의에 의한 선거 등)에 의해서는 불가능하다고 주장한다. ② 혁명은 계급투쟁의 불가피한 결과이며, 혁명적 변혁 없이는 새로운 사회의 탄생은 불가능하고 유산 계급은 국가 권력까지 장악하고 있어서 폭력에 의하지 않고는 생산수단의 소유권을 빼앗을 수 없다는 이론이다. ③ 생산력이 생산관계와 보조가 맞지 않게 되었을 때 혁명이 일어나며, **자본주의가 고도로 발전하여 완전히 성숙하기 이전에는 폭력혁명이 일어나지 않는다.**
프롤레타리아 독재론	① 공산주의 사회에 도달하기 위해 **프롤레타리아 계급**은 **부르주아 계급**을 폭력적으로 전복하여 　　　　　　　　　　　　　　└무산계급　　　　　　└유산계급 국가권력을 장악하고, 자기 자신을 지배계급으로 높인 후에는 **부르주아의 부활과 복수 및 그 잔재를 말끔히 근절할 수 있도록 일정한 과도기가 필요하다.** ② 이것이 이른바 프롤레타리아 독재기이며, 이 기간에 세워지는 국가가 프롤레타리아 국가이다.
계급투쟁론	① **사회계급은 유산계급과 무산계급으로 양분되는데, 이 두 계급 간에 끊임없는 투쟁이 계속된다는 이론이다.** ② 양 계급간의 협력과 상부상조의 가능성을 완전히 배제하는 폭력선동론이다(反노사협조주의에 입각한 계급투쟁적 노동조합운동).
국가사멸론	노동자계급이 혁명에 의해 지배계급이 되면 다수자가 소수자를 지배하게 되며, 이것은 궁극적으로 국가도 소멸되게 된다.

TIP 공산주의 이론 정리

철학이론	변증법, 유물론, 유물사관　변유물사관
경제이론	노동가치설, 잉여가치설, 자본축적론, 궁핍화이론, 제국주의론, 자본주의 붕괴론　노잉자궁제자
정치이론	폭력혁명론, 프롤레타리아 독재론, 계급투쟁론, 국가사멸론　폭프계국

Chapter 06

1 전략과 전술

구분	전략	전술
개념	전략전술이란 공산주의 혁명을 성공적으로 이끌기 위한 공산당 세력의 제반 책략체계를 가리키는 실천적인 행동지침으로 공산주의 이론의 핵심임	
차이점	• **역사적단계에 따라 행동하는 정치노선** • 기본목표이자 큰 행동지침 • 거시적이면서 불변의 목적 ※ **북한의 대남전략은 적화통일에 있음**	• 단기간에 적용되는 세부적인 행동지침 • 전략에 종속된 구체적 방법(**전략적 요구에 따** **라 전술 변경 가능**) 　　└▸ 전술적 요구 X • 미시적이고 정세에 따라 수시로 변화

2 전략의 원칙

다양성의 원칙	① 공산혁명 수행에 필요한 모든 전술을 다양하게 준비하였다가 어떠한 역사적 정세에도 적절히 적용할 수 있어야 한다. ② 모든 것은 정권 장악 후에 정당화될 수 있으므로 혁명과정에 필요한 것이라면 합법적이든 비합법적이든, **전술 간 상호모순이 있어도 상관하지 않는다.** 　　　　　　　　　　　　　　　　　　└▸ 있어서는 안 된다 X
배합의 원칙	상호 상반되거나 배타적인 두 개 이상 전술을 동시에 구사하여 상대방의 상황판단을 혼란스럽게 만든다. 예 전쟁과 협상, 공격과 후퇴, 정규전과 비정규전을 동시에 진행
일시적 후퇴와 양보의 원칙	공산화 운동은 상황에 따라 수시로 후퇴하고 적에게 양보할 수 있지만 그것은 반드시 **일시** **적**이어야 한다.
불포기의 원칙	기존 전술이 당장 쓰이지 않더라도 정세가 바뀌면 옛 전술의 활용가치가 다시 생길 수도 있으므로 포기해서는 안 된다.

대남전략전술

혁명기지전략 (혁명적 민주기지론)	① 스탈린의 통치방식에서 유래한 것으로 어떤 지역을 혁명기지로 확보한 후 그 지역을 사회주의 방식에 의해 정치, 경제, 군사적으로 확고히 한 다음 세계혁명을 위한 수출기지로 삼는 것을 말한다. ② 미군의 남한 점령으로 전국적 범위에서 혁명을 추진시킬 수 없는 상황에서 보다 유리한 조건이 형성된 **북한지역에서 먼저 혁명 역량을 강화하고 그 역량을 바탕으로 전 한반도의 사회주의 혁명을 완수한다는 전략**이다.
남조선혁명전략	<u>남한</u> 내 혁명세력이 주체가 되어 계급간 투쟁을 일으키고, 결정적 시기가 도래하면 북한이 ⤷ 북한 X 개입하여 정권을 전복한다는 구상이다.
통일전선전술	① 공산주의의 세력이 약할 때 **비공산 세력과도 연합전선을 형성하여 적화통일을 이루려는 전술**을 말한다. ② 북한이 남북한교류 협력과정에서 이용할 가능성이 가장 높다. ③ 남북 연방제 통일방안, 중국의 국·공 합작, 남부 베트남 민족해방전선
연방제통일전략	남과 북의 사상과 제도를 그대로 인정한 채 각각 지역자치제를 실시하는 연방공화국을 세워 조국을 통일한다는 전략이다.

Chapter
06

노동당	통일
	전선부
		•남북교류와 대남공작 전담, 노동당 산하기구
		  – 해외교포, 국내외 反정부인사 포섭, 대남 심리전, 남북회담 주관
		•산하 기구 : 조평통(우리민족끼리), 반제민전(구국전선), 조국전선, 아태평화위원회,
		  범민련, 범청학련, 조국통일연구원	

	문화 교류국	•공작원 남파, 지하당 구축, 거점 확보, 조총련 지도	
최고 사령관	정찰 총국	•각종 대남·해외 군사 정찰·테러 공작업무 총괄 지휘 ※ 노동당 작전부와 35호실, 인민무력부 산하 정찰국이 통합되어 신설	
		1局(작전국)	– 공작원 교육, 육·해상 침투복귀 호송, 침투루트 개척
		2局(정찰국)	– 무장공비 양성·남파, 요인암살 등 게릴라 활동 – 군사정찰 등 대남 군사정보수집
		3局(기술국)	도청·해킹·암호 제작 등 통신 분야
		5局(해외정보국)	– 대남·해외정보 수집, 해외 공작, 국제·대남 테러공작
		6局(정책국)	대남 군사정책, 군사회담
		7局(후방지원국)	보급 등 후방지원
	보위국	•대내 : 군내 사상·반체제 동향 감시, 김정은 경호, 요인 사찰 및 무관 감시 •대남 : 탈북민 등 공작원 포섭, 우리 국민 납치·테러, 정보 수집	

국방
위원회
	국가
	보위성
		•'73. 5월 김일성 지시에 따라 사회안전부에서 분리
		  – '82년 국가보위부, '93년 국가안전보위부, '16년 국가보위성으로 개칭
		•반당·반혁명 분자 및 간첩 색출, 주민감시, 반체제사범 수사, 정치범 수용소 관리,
		  대간첩(反探)·해외공작, 국경 경비, 요인 사찰 등	

통문정보국

THEME 09 ▶ 국내 안보위해세력

1 안보위해세력의 개념

개념	국가안보위해세력이란 대한민국의 안전보장을 위협하거나 위태롭게 할 우려가 있는 세력을 말한다.	
안보 위해 세력	간첩	**간첩은 조직적 구성 분자로서 기능**하며, 형법 제98조 간첩죄의 간첩행위는 '북한을 위하여 군사상의 기밀뿐만 아니라 정치, 경제, 사회, 문화 등 각 방면에 걸쳐 우리나라의 국방정책상 북한에 알리지 아니하거나 확인되지 아니함이 우리나라의 이익이 되는 모든 기밀사항을 탐지·수집하는 것'을 말한다(대법원 1983. 6.28. 83도1109).
	좌익	18세기 말 프랑스대혁명이 일어나 국민회의가 소집되면서 의장석을 중심으로 좌측에 급격한 개혁을 추구하는 자코뱅파가 앉게 된 데서 유래되었다.
	좌경	광의로 해석하여 좌익과 같은 말로 사용하기도 하나, 1980년대 초반부터 그 이전의 남로당 등 공산주의자들을 지칭해온 "좌익"과 구별하기 위해 사용한 용어라고 할 수 있다.
	용공	공산주의 사상이나 공산주의자들의 활동을 긍정적으로 용인하는 태도나 자세를 말하며 그러한 태도를 언어나 행동으로 외부에 표출하는 것을 일컫는다.
실태	① 일제 하 좌익운동에서 발현된 좌익세력들은 1980년대부터 학원·노동계를 중심으로 세력을 확산하였다. ② 이미 실패한 실험으로 결론지어진 마르크스–레닌주의나 북한의 통치이념에 불과한 주체사상에 여전히 심취되어 있다. ③ 국내 좌익폭력세력들은 소련 및 동구공산권의 몰락이라는 역사적 사실에도 불구하고 '소련은 소련이고 동구는 동구다.'라고 외치며 우리식 사회주의, 국제사회주의 건설의 기치를 들고 **사회주의 혁명** 　　공산주의 허구성 X 을 정당화하고 있다. ④ 국내 안보위해세력의 발호는 자유민주주의에 대한 중대한 도전으로 볼 수 있다.	

2 안보위해사범의 특성

체제부정성	현 대한민국과 국가정체성을 철저히 부정하고 한국사회를 소수의 가진 자가 대다수의 못 가진 자를 억압하고 착취하는 폭압적 자본주의 체제라고 규정한다.
계급폭력성	한국 사회의 정치권력과 자본가 계급을 지배착취계급이자 적(敵)으로 설정하고 이들과의 평화적 타협은 불가능하다고 주장하며 폭력혁명에 의한 지배계급 타도를 주장한다.
친북용공성	한국사회 변혁운동론을 내세우며 체제전복과 사회주의 혁명 달성을 위해 북한의 적화혁명전략에 동조하고 대한민국의 정통성을 부정한다.
사회주의 지향성	자본주의를 근간으로 하는 자유민주주의체제는 한국의 사회모순을 결코 해결할 수 없으며 사회주의의 실현만이 유일한 대안이라고 주장한다.

Chapter
06

3 안보위해세력의 분파 및 기본 전략

NL 주사파	① NL주사파는 기본적으로 **김일성의 주체사상을 신봉하는 세력**으로 북한의 **대남적화혁명 노선을 그대로 수용**하고 있다. ② 이들은 한국 사회를 미국의 간접통치를 받고 있는 **신식민지**이며, 미국의 하청 경제체제로서 <u>**정상적인 자본주의에 진입하지 못한**</u> 半자본주의체제에 머물고 있는 「**신식민지 半자본주의사회**」로 규정한다. ↗ 자본주의가 발전하여 X ③ NL(P)DR(National Liberation (People's) Democracy Revolution)은 '민족해방 (민중)민주주의혁명론'을 말하며, 이것은 북한의 '민족해방 (인민)민주주의혁명전략' 중 '인민'을 '민중'으로 바꾼 것에 불과하다. 이 계열의 단체는 한총련(한국대학총학생회연합), 범청학련(조국통일범청년학생연합) 등이 있다. ④ NL주사파의 민족해방 민중민주주의혁명론에서는 <u>**반미자주화, 반파쇼민주화, 조국통일**</u>을 주장하고 있다. ↗ 반제·반독점 해방화 X [혁명 전략] 1단계로 미국을 축출하고 남한 정권을 타도한 후 민족자주정권을 수립한 후, **2단계로 북한과 고려연방제에 의한 연공통일을 이룩**하여 북한의 지원 하에 사회주의 혁명을 완수한다는 입장이다.

4 좌익폭력세력의 투쟁과정

국내 좌익폭력세력은 **의**식화 → **조**직화 → **투**쟁화의 3단계를 거쳐 혁명전략을 구사한다.   **의조투**

의식화 단계	자본주의를 비판하고 공산주의를 신봉하도록 변화시킨다.
조직화 단계	공산주의 혁명이론을 실천하고 직접 행할 대오를 결성한다.
투쟁화 단계	의식화하고 조직화한 좌익폭력세력을 가동시키는 실천과정이다.

5 북한이 사용하는 '민주주의', '자주'의 개념

① 프롤레타리아 민주주의로서 프롤레타리아에 의한 독재주의를 뜻한다.
② 북한의 민주주의 개념은 다수결에 의한 국민의 의사결정과 자유·평등 등을 기초로 하는 법치국가의 이념과는 **전혀 다른 것이다.**   ↗ 근본을 같이한다 X
③ 대남선전선동에서 민주화 구호를 외치는 것은 민주주의 구호를 앞세워 상대방을 현혹시키기 위한 공산혁명가들의 전술이다.
④ 북한은 '자주 = 반외세'라는 개념으로 간주하여 주한미군철수에 그 초점을 맞추고 있다.

1 개요

의의	방첩이란 **기밀유지·보안유지**라고도 하며, 상대로 하여금 우리 측의 의도를 간파하지 못하게 하고, 또한 **우리 측의 어떤 상황도 상대에게 전파되어서는 안 된다**는 것을 의미함
주요 내용	① **방첩의 대상(간첩, 태업, 전복)**등을 미연에 방지하고 적발하기 위하여 조직된 활동 ② 첩보, 인원, 시설, 물자 등을 보호하기 위한 적극적·소극적 보안 대책에 관계되는 활동

2 방첩의 기본원칙

완전협조의 원칙	전문기관인 방첩기관과 보조기관 및 일반대중과 완전협조가 이루어져야 함
치밀의 원칙	간첩침투는 치밀한 계획 하에 교묘한 방법으로 이루어지므로 이에 대한 방첩활동은 더욱 치밀한 계획과 준비가 필요함
계속접촉의 원칙	간첩 등의 용의자를 발견하더라도 **즉시 검거하지 않고** 조직망 전체가 완전히 파악될 때까지 계속 유·무형의 접촉을 함 ┗ 신속하게 검거 X ※ 계속접촉 유지단계 : **탐**지 → **판**명 → **주**시 → **이**용 → **검**거　**탐판주이검**

3 방첩의 수단

적극적 수단	① 침투되어 있는 적 및 적의 공작망을 분쇄하기 위하여 취하는 **공격적인 수단** ② **첩**보수집, **첩**보공작 분석, **대상**인물 감시, 침투**공작**, 역용**공작**, **간첩**신문 등 **적극첩보대상공작간첩**
소극적 수단	① **우리 측을 보호하기 위해** 자체 보안기능을 작동하는 **방어적 조치수단** ② 정보 및 자재보안의 확립, 인원 및 시설보안의 확립, **보안업무 규정화**, 입법사항 건의 등
기만적 수단	① 비밀이 노출될 가능성이 있는 상황 하에서 **우리 측이 기도한 바를 적이 오인**하도록 하는 방해 조치 ② **허위**정보의 유포, **유언**비어의 유포, **양동간계시위** 등　**기만한 허유양**

4 방첩의 대상(간첩, 태업, 전복)

(1) 간첩 분류

임무에 따른 분류	일반간첩	기밀 탐지·수집 등 가장 전형적인 형태의 간첩
	무장간첩	요인암살, 일반간첩의 호송 등을 주된 임무로 하는 무장한 간첩
	증원간첩	이미 구성된 간첩망의 보강을 위해 파견되는 간첩, 또는 **간첩으로 이용할 양민 등의 납치**, 월북 등을 주된 임무로 하는 간첩
	보급간첩	간첩을 침투시키거나 이미 침투한 간첩에게 필요한 활동자재를 보급·지원하는 간첩
활동방법에 따른 분류 고배공	고정간첩	① 일정 지역 내에서 영구적으로 간첩 임무를 부여받고 활동하는 간첩 ② 일정한 **공작기간이 없고** 합법적으로 보장된 신분이나 보장될 수 있는 조건을 구비함
	배회간첩	① 고정간첩과 비교되는 간첩으로 일정한 주거 없이 **전국을 배회**하면서 임무를 수행함 ② 합법적인 신분을 취득하면 고정간첩으로 변할 수 있음
	공행간첩	타국에 공용의 명목 하에 입국하여 **합법적인 신분을 갖고** 이를 기화로 상대국에 대한 각종 정보를 수집하는 것을 목적으로 하는 간첩

(2) 간첩망의 형태

삼각형 지삼아!	① 간첩이 3명 이내의 공작원을 포섭하여 지휘, 포섭된 공작원 간 **횡적 연락 차단** └ 총격 X **(지하당 구축에 많이 사용)** ② 장점 : 보안유지가 잘되고 일망타진 가능성은 적음 ③ 단점 : 활동범위가 좁고 공작원 검거시 간첩 정체가 쉽게 노출됨
써클형 첩써	① **합법적 신분**을 이용 침투(**첩보전에서 많이 이용**) ② 장점 : 간첩활동이 자유롭고 대중적 조직과 동원이 가능 ③ 단점 : 간첩의 정체 노출 시 외교적 문제가 야기될 수 있음
단일형 대단한데	① 단독활동(종적·횡적으로 개별적인 연락 X), **대남간첩이 가장 많이 사용하고 있는 형태** ② 장점 : 보안유지 및 신속한 활동이 가능 ③ 단점 : 활동범위가 좁고 공작성과가 비교적 낮음
피라미드형	① 간첩이 주공작원 2~3명을 두고 그 밑에 각각 2~3명 행동공작원이 있음 ② 장점 : 일시에 많은 공작을 입체적으로 수행할 수 있고 활동범위가 넓음 ③ 단점 : 행동의 노출이 쉽고 일망타진 가능성이 높으며 조직구성에 많은 시간 소요됨
레포형	**피라미드형** 조직에서 간첩과 주공작원 간, 행동공작원 상호 간에 **연락원**을 두고 종횡으로 연결 └ 삼각형 X ※ 레포 : 연락, 연락원을 뜻하는 공산당 용어로서 현재는 사용하지 않음

TIP 간첩의 포섭방법

직파간첩 김동식(1995년), 부부간첩 최정남(1997년)의 경우 남한 내 지하당 구축을 위하여 포섭 예상자를 선발하고, 그 대상자를 접촉하여 북에서 온 공작원이라는 신분을 밝히고 통일사업에 협력할 것을 요구함으로써 직접적인 포섭 방법을 사용하였다.

TIP 난수표와 A-3방송

난수표	지령이나 보고의 내용을 은닉·보호하기 위하여 약정한 암호문건이다.
고정수수소	고정된 장소나 시설물을 이용한 연락매개장소이다.
A-3방송	북한이 남파간첩에게 지령을 하달하는 수단으로 사용하고 있는 방송이다.

(3) 태업

의의	① 대상국가의 **방위력** 또는 **전쟁수행능력**을 직·간접적으로 손상시키기 위한 일체의 행위를 말한다. ② 노동쟁의의 수단이었으나 공산주의자들이 침략전술로 이용하여 방첩활동의 주요대상이 되고 있다.	
	노동쟁의 수단으로서 태업	보다 좋은 근로조건과 환경의 유지·개선을 목적으로 단결하여 의식적으로 작업능률을 저하시키는 노동쟁의 행위
	방첩에서의 태업	대상국가의 전쟁수행능력, 방위력을 약화시키기 위하여 행하여지는 직접·간접의 모든 손상·파괴행위를 뜻하며 전복과 구별되는 개념
대상	① 가치성(전략·전술적 가치가 있을 것) ② 태업에 필요한 기구를 용이하게 입수할 수 있고 접근이 가능할 것 ③ **일단 파괴되면 수리·대체하기 어렵고 많은 시간이 소요될 것**	
형태	**물리적 태업**	방화·폭파·기계 태업 등
	심리적 태업	유언비어 유포 등의 선전태업, 경제 질서 혼란을 초래하는 경제태업, 정치태업

(4) 전복

의의	폭력수단을 사용하는 위헌적인 방법으로써 **정권을 탈취**하는 행위를 말함	
형태	**국가 전복**	정치권력을 획득하기 위해 **피지배자가 지배자를 타도**하고 정권을 탈취하는 무력 투쟁
	정부 전복	**동일 계급 내**의 일부세력이 권력을 강화하거나 새로운 정권을 획득할 목적으로 타 계급을 기습하는 행위
수단	전위당 조직, 통일전선 구성, 선전·선동, 테러전술, 파업과 폭동, 게릴라 전술 등(정치 태업X)	

5 심리전

(1) 의의

비무력적인 선전, 선동, 모략 등의 수단으로 직접 상대국의 국민·군대에 정신적 자극을 주어 사상혼란과 국론분열을 유발시킴으로써 자국의 의도대로 유도하는 전술을 말한다.

(2) 유형

주체에 따른 분류	공연성 심리전	**사실출처를 명시**하면서 실시하는 심리전 예 공식방송·출처를 명시한 전단·출판물 등
	비공연성 심리전	**출처를 밝히지 않거나 위장·도용**하여 상대국의 시책 등을 모략·비방함으로써 내부 혼란을 조장하는 방법으로 전개하는 심리전
운용에 따른 분류	전략심리전	광범위하고 **장기**적인 목표하에 대상국의 전 국민을 대상으로 실시하는 심리전 예 자유진영국가들이 공산세계 국민들을 대상으로 하는 대공산권방송
	전술심리전	단기적인 목표하에 즉각적인 효과를 기대하고 실시되는 것 예 간첩을 체포했을 때 널리 공개하는 것
목적에 따른 분류	선무심리전 (타협심리전)	① 아측(우리측)의 후방지역에서 사기를 앙양시키는 선전활동 ② 수복지역주민들의 협조를 얻고 **질서를 유지하는 선전활동**
	공격적심리전	적측에 대해 특정의 목적을 달성하기 위해 공격적으로 행하는 심리전
	방어적심리전	적측이 가해오는 공격목적을 와해·축소시키기 위해 방어적으로 실시하는 심리전

(3) 선전

1) 의의

선전	주최측의 일정한 사상·판단·감정·관심 등을 대중에게 일방적으로 표시하여 의식·무의식 간에 그들의 태도에 일정한 경향과 방향을 부여하는 것을 말한다.
선동	대중의 심리를 자극하여 감정을 폭발시킴으로써, 그들의 이성·판단력을 마비시켜 **폭력을 유발하**는 것을 말한다.
모략	자기 측에 불이익한 상대 측의 특정개인·단체에 누명을 씌워 사회적으로 몰락·매장시키거나, 상대국 세력을 약화 또는 단결력을 파괴시키는 심리전의 한 기술을 말한다.

2) 심리전의 유형별 분류

백색선전	① **출처를 밝히면서** 하는 선전 ② 장점 : 주제의 선전과 용어사용에 제한을 받지만 신뢰도가 높음 ③ 단점 : 적국 내에서 실시가 불가능
흑색선전	① **출처를 위장하여** 행하는 선전 ② 장점 : **적국 내에서도 수행가능, 즉각적이고 집중적인 효과를 거둘 수 있음** ③ 단점 : 노출 위험이 있음(상당한 주의 필요)
회색선전	① **출처를 밝히지 않고** 행하는 선전 ② 장점 : 선전이라는 선입견을 주지 않고도 효과를 거둘 수 있음 ③ 단점 : **적이 역선전을 할 경우 대항이 어려움**

3) 기타 드보크 등

드보크	① **러시아어로 참나무를 뜻하는 '두푸'에서 유래**된 공작용어이다. ② **자연지물을 이용한** 비밀함에 의하여 상·하향 문건이나 물건, 공작금, 공작장비, 무기 등을 주고받는 연락수단이다. ③ 대인접선으로 인한 위험성이나 노출을 방지하고 안전하게 연계·연락을 실현하여 보안성이 높은 반면, <u>매몰장소를 식별하기 곤란</u>하다는 단점도 있다. └ 식별이 어렵지 않다 X
아지트	① 공작원이 외부로부터 보호될 수 있는 고도의 차단성을 구비하여야 한다. ② 선동지령본부의 약칭으로 노동쟁의를 지휘하는 지하본부를 말한다. ③ 종류에는 무전아지트, 교육아지트, 비상아지트 등이 있다.
비트	땅을 파고 들어가 은신하는 비합법적 활동의 잠복거점을 말한다.
불온선전물	북한이 직접 민심교란, 사회불안조성을 목적으로 하는 전단·책자·신문 등의 선전물을 말한다.
유언비어	① 국론분열 등을 위해 출처가 불분명한 풍설을 퍼뜨리는 심리전의 방법이다. ② 인위적으로 조작하여 전파시키는 경우와 자연적으로 발생하는 경우가 있다. ③ 방지대책으로 근원지를 추적·색출하는 방법도 사용한다. ④ 정치·경제·사회 등이 불안할 경우에 인간의 기본감정인 불안·공포·희망 등과 맞물려 발생되거나 조작되어 전파된다.

의의	반국가단체의 구성원 또는 그 지령을 받은 자의 소행으로 추정되는 상황으로서 정보수사기관 등의 신속한 조치가 요구되는 경우를 말한다.	
조치요령	현장 출동	① 대공상황 발생 시 112 타격대와 안보분석요원이 **동시** 현장 진출하고, **작전부대 등** ↳ 출동하여 사실확인 후 X **유관기관에 상황을 전파하며**, 목배치로 도주로를 차단하도록 한다. ② 분석요원과 보안책임간부는 통신장비, 분석장비를 휴대하고 현장에 신속히 출동하여 분석판단 및 사건처리에 임한다. ③ 휴대장비는 작전지도, 취약지 분석자료, 채증장비(카메라 · 녹음기 · 족적 및 지문채취도구 등), 손전등, 소형삽, 금속탐지기, 나침반, 분도기, 삼각자, 통신장비, 무기 등이다.
	현장 조치	현장 보존 · 사진 촬영을 실시하고, 작전부대의 긴급조치가 필요한 사항을 우선 파악하고, 신고자와 목격자 상대로 초동 조사를 실시한다. → **일반형사사건과 동일하게 현장조사가 매우 중요하다.**
	상황 판단 및 보고	제반 상황을 분석하여 발생 상황에 대해 판단 후 관련 기관에 보고하고, 대공 용의점이 있을 경우에는 합동신문조를 소집한다. 예 신고가 있어서 현장 상황을 종합해본 결과 **침투시점이 10:00이며 해수욕장에 인파가 많았고, 보름달이 떠 있었으며 파고가 4~5m로 높았고, 어망, 양식장 등 해상장애물이 많은 지점이어서** 간첩의 침투가 아니라는 결론을 내렸다.
유의사항	① 대공상황의 보고와 전파시에는 **적시성, 정확성, 간결성, 보안성** 등이 고려되어야 한다. ② 발생부터 종결까지 상황전개에 따라 시간순서대로 일목요연하게 정리하여 보고한다. ③ 상황이 발생하면 우선 개요를 보고하고, 의문점에 대하여는 2보 · 3보 순서로 연속하여 계속 보고한다. ④ 대간첩 작전과 관련된 사항은 접수 즉시 상황판을 작성하고 상황유지한다. ⑤ 보안 유지 사안은 관련기관 보안조치와 함께 보고서에 보안성 문구를 표기한다. ⑥ 현장확보, 목배치 등 초동조치는 사건처리에 있어서 중요한 관건이다.	
종합판단 위한 구비요건	① 자료는 사실 그대로 수집하고 이를 종합하여야 한다. ② 과대한 표현 방법을 **지양**하여야 한다. ↳ 지향 X ③ 객관적 자료를 예시하고 간명하게 기술하여야 한다. ④ 유관기관과 협조하여 의견을 종합적으로 판단하여야 한다.	
분석과정시 주의사항	① 주어진 상황과 결론은 **일치하여야 한다.** ↳ 일치할 필요는 없다 X ② 여러 출처에서 나온 정보를 활용하는 것이 좋다. ③ 전체적인 관련성을 유지한다. ④ 합리적이며 논리적 분석이 필요하다.	

THEME 11 안보수사

1 안보수사의 개념

안보수사란 정보사범 등을 인지·색출·검거·신문하는 일련의 활동을 의미하는 것으로 정보사범은 정보 및 보안업무기획·조정규정 제2조 제5호에 열거된 사범으로서 국가존립의 기본질서를 해하는 반국가사범이다.

2 정보사범의 의의 및 특성

(1) 의의

① 「정보 및 보안업무기획·조정규정」 제2조에서는 **"정보사범 등"**이라 함은 형법 제2편 제1장 및 제2장의 죄, 군형법 제2편 제1장 및 제2장의 죄, 동법 제80조**(군사기밀 누설)** 및 제81조**(암호 부정사용)**의 죄, 군사기밀보호법 및 국가보안법에 규정된 죄를 범한 자와 그 혐의를 받는 자를 말한다."라고 정의하고 있다.
② 국가존립의 기본질서를 해하는, 즉 국가안전보장과 관련된 **반국가사범**이다.
③ 정보사범을 인지, 색출, 검거, 신문하는 일련의 활동을 **안보수사**라 한다.
④ 정보사범은 **비노출**로 범행을 저지르는 특성을 갖는다.
　　└ 공개적 X

(2) 특성

확신범	자기가 지키는 규범이나 질서를 현행 헌법 상 **국가질서보다 상위의 것으로 평가**하고, 스스로를 애국자·혁명가로서 범행을 수행할 의무가 있다고 확신한다.
보안성	① 안보사범은 범행의 보안을 위해 사전에 특별한 대책을 강구하고 있을 뿐만 아니라, 범행을 수사기관에서 인지하거나 확인하였다고 의심이 되면 즉각 범행을 중지하거나 조직적인 보안대책을 수립하고 행동한다. ② **위장, 변장술 등을 활용하여 자체적인 보안대책을 강구한다.**
비노출적 범행	안보사범은 일반형사범과는 달리 범행의 결과가 **노출되지 않는 경우**가 많다. 　└ 공개적으로 X
조직적 범행	반국가단체 등의 지령을 받고 불법 잠입하였거나 그들에게 포섭된 자들의 범행으로서, 그 활동은 **대부분 지하당과 같이 조직적이고 집단적인 경우**가 많다.
비인도적 범행	안보사범은 많은 경우에 있어 목적달성을 위해 수단·방법을 가리지 않기 때문에 살인, 방화, 폭행, 폭파 등 비인도적 범행을 자행하고도 태연하다.
동족간의 범행	우리나라의 안보사범은 외국과는 달리 역사적·문화적으로 같은 뿌리를 가진 같은 민족 간에 이루어지고 있다는 특성이 있다.

THEME 12 국가보안법

1 국가보안법의 특징

고의범	고의범만을 처벌 (과실범 처벌 X)
예비·음모의 확장	**반**국가단체구성·가입죄, **목**적수행, **자**진지원, **잠**입·탈출, **이**적단체구성, **무**기류 등의 편의제공 **반목자잠이무편**
편의제공죄	**종범이 아니라 별개의 독립된 편의제공죄로 처벌**
범죄의 선동·선전 및 권유	별도의 범죄로 규정하여 처벌 → 반국가단체 가입권유죄(동법 제3조 제2항), 목적수행을 위한 선전·선동행위죄(동법 제4조 제1항 제6호), 국가변란 선전·선동행위죄(동법 제7조)
불고지에 대한 형사책임	국가안보를 위해서 **모든 국민**에게 범죄고지의무 부과 - **반**국가단체구성등의 죄, **목**적수행, **자**진지원 **반목자**
자격정지의 병과 (§14)	유기징역형을 선고할 때에는 그 형의 장기 이하의 자격정지를 **병과할 수 있다.** └ 병과한다 X
재범자의 특수가중	5년이 경과하지 않은 자가 국가보안법상 일정범죄 재범시 - **법정최고형을 사형으로 규정**
몰수·추징 (§15)	이 법의 죄를 범하고 그 보수를 받은 때에는 이를 **몰수한다.** └ 몰수할 수 있다 X
참고인 구인	**참고인으로 출석요구를 받은 자가** 정당한 이유없이 2회 이상 출석요구에 불응할 때에는 관할 법원판사의 구속영장을 받아 **구인 가능**
피의자 구속기간의 연장	① 사법경찰관의 구속기간은 1차 연장 : 최장 **20일** (원칙 10일 + 연장 10일) ② 검사의 구속기간은 2차 연장 : 최장 **30일** (원칙 10일 + 연장 10일 + 연장 10일) ※ **국가보안법상 구속기간 연장이 불가능한 범죄 찬불특무** ③ **찬**양·고무 등(제7조), **불**고지죄(제10조) : 위헌(헌재 90헌마82) ④ **특**수직무유기죄(제11조), **무**고날조죄(제12조) : 연장 규정 없음
공소보류	① 공소제기 없이 2년이 경과시 소추 불가능 ② **공소보류 취소 가능** : 법무부장관이 정한 「감시·보도에 관한 규칙」에 위반시 ③ 공소보류가 취소된 경우에는 **동일한 범죄사실로 재차 구속 가능**
보상금 지급	**상금** (§21)	이 법의 죄를 범한 자를 수사기관 또는 정보기관에 통보하거나 체포한 자에게는 대통령령이 정하는 바에 따라 상금을 **지급한다(필요적 지급)**.
	보로금 (§22)	① 반국가단체나 그 구성원 또는 그 지령을 받은 자로부터 금품을 취득하여 수사기관 또는 정보기관에 제공한 자에게는 그 가액의 2분의 1에 상당하는 범위안에서 보로금을 지급할 수 있다. 반국가단체의 구성원 또는 그 지령을 받은 자가 제공한 때에도 또한 같다. ② 보로금의 청구 및 지급에 관하여 필요한 사항은 **대통령령(법무부령 X)**으로 정한다.

보상금 지급	보상 (§23)	이 법의 죄를 범한 자를 신고 또는 체포하거나 이에 관련하여 상이를 입은 자와 사망한 자의 유족은 대통령령이 정하는 바에 따라 보상할 수 있다.
	국가보안 유공자 심사위원회 (§24)	이 법에 의한 상금과 보로금의 지급 및 제보상대상자를 심의·결정하기 위하여 **법무부장관 소속**하에 국가보안유공자 심사위원회를 둔다.

TIP 국가보안법 주요 내용

주체제한	① 목적수행죄 – **반국가단체의 구성원 또는 그 지령을 받은 자** ② 자진지원죄 – 반국가단체의 구성원 또는 그 지령을 받은 자 **이외의 자** ③ 허위사실날조·유포죄 – 이적단체의 구성원 ④ 특수직무유기죄 – 범죄수사 또는 정보의 직무에 종사하는 공무원 ⑤ (직권남용) 무고·날조죄 – 범죄수사 또는 정보의 직무에 종사하는 공무원이나 이를 보조하는 자 또는 이를 지휘하는 자
목적범	자진지원죄, 특수 잠입·탈출죄, 이적단체 구성·가입죄, 이적표현물 제작 등 죄, 무고·날조죄, 각 죄의 예비·음모에 관한 죄
예비·음모 처벌	반국가단체구성·가입죄(반국가단체가입권유죄 X), 목적수행, 자진지원, 잠입·탈출, 이적단체구성, 무기류 등의 편의제공(단순 편의제공죄 X) → 반국가단체의 가입권유죄는 미수범만 처벌
감면규정	**임의적 감면** : (본범과 친족관계) 장소제공 등 편의제공, 특수직무유기 **필요적 감면 – 불고지죄(본범과 친족관계)** **– 자수 또는 이 법을 범한 타인을 고발하거나 방해한 때(§16)**

2 국가보안법 내용

(1) 반국가단체 구성등(§3)

의의	반국가단체란 **정부(국가 X)**를 참칭하거나 국가를 변란할 것을 목적으로 하는 국내외의 결사 또는 집단으로서 지휘통솔체제를 갖춘 단체
성립 요건	① 정부를 참칭하거나 국가를 변란할 것을 목적으로 할 것 ② **정부참칭** : 합법적인 절차에 의하지 아니하고 임의로 정부를 조직하여 진정한 정부인양 사칭하는 것(동일한 명칭을 사용할 필요는 없음) ③ **국가변란** : 정부를 전복하여 새로운 정부를 조직하는 것으로서 **국헌문란(형법 §91)이 국가변란보다 더 확장된 개념이다** ④ **정부전복** : 정부를 구성하고 있는 자연인의 사임이나 교체만으로는 부족하고 정부 조직이나 제도 자체를 파괴하는 것이다. ④ 정부참칭과 국가변란의 **목적은 반드시 직접적일 것** ⑤ 결사 또는 집단일 것(일정한 공동목적의 수행을 위하여 조직, 계속성 있어야 함) ⑥ 지휘통솔체제를 갖출 것(2인 이상의 특정 다수인 사이에 단체의 내부질서를 유지하고, 그 단체를 주도하기 위하여 일정한 위계 및 분담 등의 체계를 갖춘 결합체)

(2) 목적수행죄(§4)

의의	반국가단체의 구성원이나 그 지령을 받은 자가 그 단체의 목적수행을 위하여 행하는 간첩·인명 살상·시설파괴 등을 함으로 성립하는 범죄	
주체(제한)	**반국가단체의 구성원이나 그 지령을 받은 자** → 반국가단체로부터 직접 지령을 받은 자뿐만 아니라 지령을 받은 자로부터 **다시 받은 자도 포하고, 특정 임무에 종사하지 않는 일반 구성원이라도 본죄의 주체가 될 수 있음**	
목적수행 간첩죄	객체	① 군사상 기밀 → 휴전선 부근의 지리상황, 군사평론과 같은 군사 관련 잡지 ② 일반인에게 널리 알려져 있지 않고, 기밀로서 보호할 실질적 가치가 **있을 것** → 기밀은 정보성, 비공지성과 실질비성을 필요로 함
	적용	목적수행죄 적용을 위해서는 반국가단체의 지령을 받은 자의 경우, 지령의 내용과 간첩 행위간의 연계성이 **어느 정도 합치되어야 함**
간첩방조죄	국가보안법 제4조는 신분범이므로 간첩행위를 방조한 비신분범은 **편의제공죄**(자진지원죄 X)**를 적용**	
간첩죄의 실행행위의 착수 등	① 남파간첩의 경우에 대한민국에 잠입만 해도 실행의 착수가 인정 ② 원칙적으로 기밀에 대한 물색에 착수하였으나, 입수에 이르지 못하였다면 **미수죄**가 성립된다고 볼 수 있음 ③ 지령자와 기밀 수집을 위한 구체적인 계획을 논의하였다면 **예비·음모** [판례] **간첩미수죄는** 국가기밀을 탐지·수집하라는 지령을 받았거나 소위 무인포스트를 설정하는 것만으로는 부족하고 그 지령에 따라 국가기밀을 탐지·수집하는 행위의 실행의 착수가 있어야 성립된다(대법원 1974.11.12. 74도2662).	

(3) 자진지원죄 (§5①)

주체(제한)	반국가단체의 구성원 또는 그 지령을 받은 자 **이외의 자** → **'자진하여'란** 구성원 또는 그 지령을 받은 자의 요구나 권유에 의하지 않고 아무런 의사의 연락 없이 범행함을 의미
목적범	반국가단체나 그 구성원 또는 그 지령을 받은 자를 지원한다는 목적(목적 달성여부 불문)이 있어야 함
처벌	목적수행죄와 동일 처벌

(4) 금품수수죄 (§5②)

의의	국가의 존립·안전이나 자유민주적 기본질서를 위태롭게 한다는 **정을 알면서** 반국가단체의 구성원이나 그 지령을 받은 자로부터 금품을 수수함으로써 성립 → 금품을 받기로 약속하거나, 제공의사 용인만으로는 기수를 인정하기 힘들다.
성립 요건	① **주체제한 X** (반국가단체의 구성원도 가능) ② 금품 − **반드시 환금성이나 경제적 가치가 있어야 하는 것은 아님**(음식물 접대 등 향응 수수도 금품) 판례 수수가액이나 가치는 물론 그 목적도 가리지 아니하고, 그 금품수수가 대한민국을 해할 의도가 있는 경우에 한하는 것도 아니다(대판 95조1624).

(5) 잠입 · 탈출죄(§6)

단순잠입· 탈출죄	국가의 존립·안전이나 자유민주적 기본질서를 위태롭게 한다는 정을 알면서 반국가단체의 **지배하에 있는 지역**으로부터 잠입하거나 **그 지역**으로 탈출함으로써 성립 〈외국인의 경우〉 ① 단순잠입죄 : 반국가단체 지배하의 지역으로부터 대한민국에 들어온 이상 외국인이 어디에 체류하다 왔는지와 상관없이 성립 ② 단순탈출죄 : **국내 거주 외국인 → 북한** : '**탈출**'개념에 해당 O 　　　　　　　**외국 거주 외국인 → 북한** : '**탈출**'개념에 해당 X
특수잠입· 탈출죄	① 반국가단체나 그 구성원의 **지령을 받거나 받기 위하여 또는 목적수행을 협의하거나 협의하기 위하여** 잠입하거나 탈출함으로써 성립 ※ 단순잠입·탈출은 반드시 반국가단체의 지배하에 있는 지역으로부터 잠입하거나 탈출하여야 하나, **특수잠입·탈출**은 반국가단체의 지배하에 있는 지역이 아니라도 무방함 ② 간첩행위를 할 목적으로 대한민국이 지배하는 지역으로 잠입하였다면 잠입 즉시 **특수잠입 죄**의 기수가 되고, **목적수행죄**의 미수죄가 성립되며, 두 범죄는 **상상적경합 관계**에 해당한다.

(6) 찬양·고무 등(§7)

이적동조 등 (제1항)		① 반국가단체나 그 구성원 또는 지령을 받은 자의 활동을 찬양·고무·선전·동조하거나 국가변란을 선전·선동하는 행위 → **찬양·고무·선전 또는 동조 행위는** 국가의 존립·안전이나 자유민주적 기본질서를 위태롭게 한다는 정(利敵知情)을 요함
		② 반국가단체 등의 활동과 동일한 내용의 주장을 하거나 이에 합치되는 행위를 하는 것은 **동조**에 해당
		판례 어떤 행위가 찬양, 고무, 선전, 동조에 해당하는지 여부는 그 행위를 전체적으로 평가하여 판단(대법원 1990. 9.25. 90도1613)
이적단체 구성·가입죄 (제3항)	개념	이적찬양·고무·선전·동조 또는 국가변란 선전·선동의 행위를 목적으로 하는 단체를 구성하거나 이에 가입함으로써 성립
	구성 요건	① **주체 제한 X** ② **이적단체란 별개의 반국가단체 존재를 전제로** 반국가단체 등의 활동을 찬양·고무·선전 또는 이에 동조하거나 국가의 변란(정부참칭 X)을 선전·선동하는 행위를 하는 것을 목적 ③ **이적단체 구성의 시기**는 통솔체제를 갖춘 결합체를 결성한 시기 ④ 기존 이적단체원들이 별도 이적단체를 구성하면 새로 범죄가 성립된다. ⑤ 지휘통솔체제를 구비한 이상 단체명, 회칙, 강령 등이 없어도 무방하다.
	처벌	① **미수처벌, 예비·음모 처벌**(제7조 중에서 유일하게 예비·음모 처벌) ② 법정형이 1년 이상의 유기징역으로 찬양·고무(7년 이하의 징역)보다 중하다. ③ 본죄는 필요적 공범의 일종으로서 행위자의 지위와 역할의 차이에 따른 법정형의 구별 X
허위사실날조· 유포(제4항)		① **주체제한 : 이적단체 구성원에 한정** ② 미수처벌
이적표현물 제작 등 (제5항)	구성 요건	① **주체 제한 X** ② 객체 : 도화, 컴퓨터 디스켓, 문서, 영화·사진의 필름, 음반 등(**명의의 유무를 불문하며 초고, 초안, 사본 등도 해당**) ③ 목적범 : 제7조 제1,3,4항의 이적행위를 할 목적 판례 이적표현물로 인정되기 위해서는 그 표현물의 내용이 대한민국의 존립·안전과 자유민주주의 체제를 위협하는 **적극적이고 공격적인 것이어야 한다**(대법원 2014도10978)
	처벌	① 목적하는 행위의 위험성의 정도에 따라 구별하여 처벌한다. ② 미수범 처벌
제7조의 특징		① 제7조 위반죄의 성립에는 국가의 존립 안전이나 자유민주적 기본질서를 위태롭게 한다는 **정(利敵知情)을 요한다(미필적 인식으로 족함).** └ 목적의식 또는 의욕이 있어야 한다. X ② 제7조는 표현의 자유를 필요 최소한도로 제한하는 것이기 때문에 「헌법」에 위반되지 않는다. ③ **제7조 제1항, 제5항**은 각 그 소정의 행위가 국가의 존립·안전을 위태롭게 하거나 자유민주적 기본질서에 위해를 줄 위험성이 **실질·명백한 경우에 한해서 적용되는 것**이므로 헌법에 위반되지 않는다. ④ **제7조 제5항**이 양심 또는 사상의 자유를 본질적으로 침해하는 것은 아니다.

이적지정 (利敵知情)	의의	대상자가 자신의 행위에 대해 '**국가의 존립·안전이나 자유민주적 기본질서를 위태롭게 한다**'는 사실을 '**스스로 인식**'하고 있는 것을 의미
	세부 내용	① '**국가의 존립·안전을 위태롭게 한다**'의 의미 　대한민국의 독립을 위협·침해하고 영토를 침략하며, 헌법과 법률의 기능 및 헌법 　기관을 파괴·마비시키는 것 ② '**자유민주적 기본질서를 위태롭게 한다**'의 의미 　다수의 의사에 의한 국민 자치와 자유·평등의 기본원칙에 입각한 법치주의적 　통치질서의 유지를 어렵게 만드는 것
	인식의 정도	국가의 존립·안전이나 자유민주적 기본질서를 위태롭게 한다는 점에 대한 인식은 확정적일 필요는 없고, **미필적 인식으로도 충분함** 예 군인이 군사분계선 밖에서 북괴 군인을 만나 회합하였더라도 그들의 선전적 　주장을 공박·봉쇄하고 대한민국의 우위를 역설한 경우에는 **이적지정이 인정되지 　않아 처벌할 수 없다.**
이적성 (利敵性)	의의	표현물 자체에 '**국가의 존립·안전이나 자유민주적 기본질서를 위태롭게 하는 내용**' 또는 '**사회질서의 혼란을 조성할 우려가 있는 사항**' 등이 포함되어 있는지 여부에 대한 판단을 뜻함
	판단 기준	대한민국의 존립·안전과 자유민주주의 체제를 위협하는 **적극적이고 공격적인 표현의 수준에 이르는 경우**가 이에 해당함. 구체적인 판단은 ① 표현물의 전체적인 내용, ② 작성 동기, ③ 표현행위 자체의 태양 및 외부 관련사항, ④ 표현행위 당시의 정황 등을 종합적으로 고려하여 결정
이적목적성 (利敵目的性)	의의	찬양·고무·선전·동조, 국가변란 선전·선동, 이적단체 구성·가입, 허위사실 날조·유표 등 <u>제7조 제1·3·4항에서 정한 각각의 행위를 할 목적</u>을 말함 　└→ 이적지정 X
	판단 기준	① **종전에는** 이적표현물임을 인식하면서 취득·소지 또는 제작·반포하였다면 행위자에게 이적행위를 할 목적이 있는 것으로 추정이 되었으나, **판례가 변경되어** 이적표현물임을 인식하고 행위를 했다고 하더라도 이적목적성이 추정되지 않고, '**이적목적**'은 증거에 의해 증명되어야 한다고 견해(대법원 2010. 7. 23 2010도1189) ② 직접 증거가 없는 경우 표현물의 이적성과 함께 행위자의 경력·지위, 행위 동기, 이적단체 가입여부 등 제반사항을 **종합적으로 고려하여 판단해야 함**

(7) 회합 · 통신죄(§8)

의의	국가의 존립·안전이나 자유민주적 기본질서를 위태롭게 한다는 **정을 알면서** 반국가단체의 구성원 또는 그 지령을 받은 자와 회합·통신, 기타의 방법으로 연락하는 행위
성립요건	① **본죄의 주체는 제한이 없으므로** 반국가단체 구성원 상호간에도 가능 ② **단순한 신년인사나 안부**를 전하는 편지는 본죄 구성 X ③ 판례는 사교적·의례적 행위가 아닌 경우 기본적으로 위험성을 인정하고 있음 ④ 잡지·기자회견 등을 통한 언론보도로 연락하는 것도 제8조를 적용한다.
처벌	미수처벌

(8) 편의제공죄(§9)

구성요건	① 주체 : 제한 X ② 객체 : 국가보안법 **제3조부터 제8조**까지의 범죄 ③ 행위태양 : 제1항 – 총포 등의 무기제공 　　　　　　제2항 – 기타 방법으로 편의제공 ※ '제공'은 **적극적인 행위**만 요하기 때문에 **부작위 같은 소극적인 행위는 해당 X**
처벌	① 제1·2항 미수처벌, 단, 제1항만 예비·음모 처벌 ② 제2항 : 본범과 친족관계있을 시 형을 감면 가능(제1항은 특례규정 X) ③ 종범의 성격을 가지나, 「형법」상 종범과는 달리 **본범의 실행 착수 전 또는 범행종료 후에도 성립**

(9) 불고지죄(§10)

개념	반국가단체를 구성하거나 반국가단체에 가입한 자 또는 그 구성원, 구성원으로부터 지령을 받은 자의 일정한 범죄행위 또는 그들에 대한 자진지원행위를 알면서도 그 사실을 수사기관에 신고하지 아니함으로써 성립함(**불가비호성**)
대상범죄	제3조(**반**국가단체구성등), 제4조(**목**적수행), 제5조 제1항(**자**진지원)·제3항(자진지원 미수범)·제4항(자진지원 예비·음모)
주관적 요건	① 구성요건적 고의외 별도의 동기, 목적을 요하지 않음 ② 고지의무는 본범의 범행사실을 알게 된 때부터 발생
처벌	① 국가보안법 중 유일하게 **벌금형** 규정(5년 이하의 징역 또는 200만원 이하의 **벌금**) ② 본범과 친족관계가 있는 때에는 **필요적 감면**　　　　반목자오이필감

(10) 특수직무유기죄(§11), 무고·날조죄(§12)

특수 직무유기	주체(제한)	범죄수사 또는 정보의 직무에 종사하는 공무원에 국한
	객체	국가보안법의 죄를 범한 자
	감면규정	특수직무유기죄를 범한 자가 본범과 친족관계에 있는 때에는 그 형을 **감경 또는 면제할 수 있다.** (감경 또는 면제한다 X)
무고·날조		① 타인으로 하여금 형사처벌을 받게 할 목적으로 국가보안법에 규정된 죄에 대하여 무고·위증 하거나 증거를 날조·인멸·은닉하는 행위를 처벌하는 규정이다. 예 홍길동은 평소 자신의 돈 100만 원을 빌려간 A가 돈을 갚지 않자 앙심을 품고 경찰서에 'A는 북한에서 온 간첩이다'라고 신고하였다. ② 제2항(직권남용 무고·날조) : 주체제한 O

1 특징

보안성	첨단안보수사도 안보경찰이므로 안보경찰의 기본적 특징, 즉 비공개·비노출 수사가 필요하다.
전문성	① 대상 공간이 사이버공간이므로 IT 분야에 대한 지식과 최신수사기법을 활용해야 하는 사건이 많다. ② 디지털 증거의 증거능력을 부인하거나 증거물의 소유 관계를 부정하는 등 다양한 방식의 변론을 예상할 수 있어 무결점 수준의 수사과정 진행을 요한다.
신속성	① 정보통신기술의 발전과 함께 범죄수법이 진화하고 있고, 사이버 상 삭제 등이 용이하기 때문에 일반 안보사범보다 신속히 수사해야 한다. ② 정보통신기술의 발전과 함께 범죄수법이 진화하여 수사관들이 익숙해지기 전에 신종 수법 범죄가 나타난다.

※ 첨단안보수사의 대상은 사이버공간이므로 <u>**관할 구분이 사실상 무의미**</u>하다.
    └ 관할이 중요하다 X

2 첨단안보수사와 일반사이버 수사 업무 비교

① 일반사이버수사와는 달리 첨단안보수사업무는 북한 체제 선전, 국가 변란 선동 활동에 대한 수사 및 디지털포렌식 분석, 사이버 상 이적표현물 등 차단이 주요 업무이다.
② 첨단안보수사업무는 안보사범의 이적목적성 규명을 위해 국가전복혁명론 및 북한의 대남전략·전술에 대한 전문지식이 필요하다.
③ 안보사범은 북한 대남투쟁 실행 및 자유민주주의 체제 전복을 위한 수단으로 사이버 상 다양한 방법을 공개적으로 광범위하게 동원하여 활동하고 있으므로 첨단안보수사는 <u>**고도의 기밀성**</u>, 신속성, 전문성이 요구된다.
    └ 공개성 X
④ 첨단안보수사의 대상이 되는 안보사범은 자유민주주의체제를 부정하는 확신범이 대부분이며 상호 은밀하게 접촉하고 철저하게 신분을 위장하면서 활동하는 것이 특징이다.

Chapter
06

THEME 14 보안관찰(보안관찰법)

1 보안관찰의 의의 및 특성

의의	① 특정범죄를 범한 자의 재범의 위험성을 예방하고, 건전한 사회복귀를 촉진하는 것을 목적으로 하는 **대인적 보안처분** ② 반국가사범에 대한 관찰, 지도, 경고 등의 조치를 내용으로 함
특성	① 특별 예방적 처분(재범방지, 양심의 자유를 보장한 헌법에 위반된다고 할 수 없음) ② 사회 보호적 처분(**형벌과 병과해도 일사부재리의 원칙에 위배 X**)

2 보안관찰 해당범죄

	해당범죄	제외
형법	① 내란목적살인죄 ② 외환유치죄 ③ 여적죄 ④ 모병이적죄 ⑤ 시설제공이적죄 ⑥ 시설파괴이적죄 ⑦ 물건제공이적죄 ⑧ 간첩죄	**내**란죄, **일반**이적죄, **전시**군수계약불이행죄 내일전시
군형법	① 반란죄 ② 반란목적군용물탈취죄 ③ 군대 및 군용시설제공죄 ④ 군용시설 등 파괴죄 ⑤ 간첩죄 ⑥ **일반이적죄** ⑦ 이적목적반란불보고죄(§9②)	**단순**반란불보고죄(§9①) 단군
국가 보안법	① 목적수행죄 ② 자진지원죄 ③ 금품수수죄 ④ 잠입탈출죄 ⑤ 무기편의제공죄	**반**국가단체 구성·가입·권유죄 **찬**양·고무죄, **회**합·통신죄, **무**고·날조죄 반찬회무

3 보안관찰 처분

청구권자	검사
처분권자	법무부장관
기간	2년
기간 갱신	① **법무부장관**은 검사의 청구가 있는 때에는 보안관찰처분심의위원회의 의결을 거쳐 그 기간을 갱신할 수 있음(§5) ② **갱신횟수에는 제한이 없다.**

대상자(§3)	① 보안관찰해당범죄 또는 이와 경합된 범죄로
	② <u>**금고 이상**</u>의 형의 선고를 받고
	    └ 자격정지 X
	③ 그 형기 합계가 3년 이상인 자로서 형의 전부 또는 일부의 집행을 <u>**받은**</u> 사실이 있는 자
	                                      └ 면제 받은X

재범의 위험성	① 보안관찰처분대상자 중 보안관찰해당범죄를 다시 범할 위험성이 있다고 인정할 충분한 이유가 있어 **재범의 방지를 위한 관찰이 필요**한 자에 대하여는 보안관찰처분을 함 ② 보안관찰처분을 받은 자는 보안관찰법이 정하는 바에 따라 소정의 사항을 주거지 관할 경찰서장에게 신고하고, 재범방지에 필요한 범위 안에서 그 지시에 따라 보안관찰을 받아야 함
보안관찰 (시행령 §4)	피보안관찰자의 주거지를 관할하는 **경찰서장**은 피보안관찰자의 동태를 관찰하고 사회에 복귀 └ 안보 담당과장 X 하도록 선도하여 보안관찰해당범죄를 다시 범하지 아니하도록 예방하여야 한다.

4 보안관찰 처분 절차

사안의 조사	**대상자**	형사법상의 피의자가 아니라 보안관찰법상의 '용의자'로 강제수사는 불가능하고, 대상자의 협조로 사안조사를 진행한다.
	종류 (시행규칙 §2 제1호)	**사안은 보안관찰처분청구, 보안관찰처분취소청구, 보안관찰처분기간갱신청구**, 보안관찰처분**면제결정청구**, 보안관찰처분**면제결정취소청구** 및 보안관찰처분**면제결정신청**(용급구호청구 X)에 관한 사안을 말한다.
	사안인지 절차	사법경찰관의 사안조사 필요 시 **검사**의 사안인지 승인 또는 지휘가 필요하다.
	사안조사 절차	① 용의자 또는 참고인에게 사전에 출석요구서를 발부한다. ② 긴급 시는 전화 또는 구두로 출석을 요구할 수 있으며, 출석요구서에는 일시·장소, 요구의 취지를 명백히 기재해야 한다. ③ 사안을 조사함에 있어 비밀을 유지하고, 관계인의 명예훼손에 유의해야 한다. ④ 조사의 공정성을 잃거나 의심을 받을 염려가 있다고 인정되는 사안에 대하여는 <u>**소속관서장**</u>의 허가를 받아 그 조사를 **회피하여야 한다**(규칙 §14). ┗ 검사 X ⑤ 검사 및 사법경찰관리는 처분 대상자 또는 관계인의 출석을 요구할 수 있고, **공무소 기타 공·사 단체에 자료 제출을 요구**할 수 있다.
사안의 송치 (시행규칙)	**송치 방법** (§27)	사법경찰관리는 조사를 종결한 때에는 지체없이 사안을 관할검사장에게 송치하여야 한다.
	송치 서류 (§28)	③ 형사사건기록과 같은 요령으로 작성하되, 의견서는 사법경찰관 명의로 작성한다. ⑤ 사법경찰관리는 사안송치 후 용의자에 대하여 다른 보안관찰해당범죄경력을 발견한 때에는 즉시 그 사안을 <u>**담당하는 검사**</u>("주임검사")에게 보고하여야 한다. ┗ 소속관서의 장 X
	송치 후의 조사 (§30)	사법경찰관리는 사안송치 후 조사를 계속하고자 하는 때에는 **미리 주임검사의 지휘를 받아야 한다.**
집행 (§17)		① 보안관찰처분의 집행은 **검사**가 지휘한다. ② ①의 지휘는 결정서등본을 첨부한 서면으로 하여야 한다. ③ **검사는 피보안관찰자가 도주하거나 1월 이상 그 소재가 불명한 때**에는 보안관찰처분의 집행중지결정을 할 수 있다. 그 사유가 소멸된 때에는 지체없이 그 결정을 **취소하여야 한다.**
집행중지 (시행령 §23)		③ **검사는** 보안관찰처분의 집행중지결정을 한 때에는 **관할경찰서장**에게 보안관찰처분 집행중지결정의 집행지휘를 하고 지체없이 이를 **법무부장관**에게 보고하여야 한다.
결정 (§14)		① 보안관찰처분에 관한 결정은 위원회의 의결을 거쳐 **법무부장관**이 행한다. ② 법무부장관은 위원회의 의결과 다른 결정을 할 수 없다. 다만, 보안관찰처분대상자에 대하여 위원회의 의결보다 유리한 결정을 하는 때에는 그러하지 아니하다.

취소 및 갱신 (§16)	① 검사는 법무부장관에게 보안관찰처분의 취소 또는 기간의 갱신을 청구할 수 있다. ② 법무부장관은 ①의 청구를 받은 때에는 위원회의 의결을 거쳐 이를 심사·결정하여야 한다.
지도 (§19)	① **검사 및 사법경찰관리**는 피보안관찰자의 재범을 방지하고 건전한 사회복귀를 촉진하기 위하여 다음 각호의 지도를 할 수 있다. 　　1. 피보안관찰자와 긴밀한 접촉을 가지고 항상 그 행동 및 환경등을 관찰하는 것 　　2. **피보안관찰자에 대하여 신고사항을 이행함에 적절한 지시를 하는 것** 　　3. 기타 피보안관찰자가 사회의 선량한 일원이 되는데 필요한 조치를 취하는 것 ② **검사 및 사법경찰관**은 피보안관찰자의 재범방지를 위하여 특히 필요한 경우에는 다음 각 호의 조치를 할 수 있다. 　　1. **보안관찰해당범죄를 범한 자와의 회합·통신을 금지하는 것** 　　2. 집단적인 폭행, 협박, 손괴, 방화등으로 **공공의 안녕질서에 직접적인 위협을 가할 것이** 　　　**명백한 집회 또는 시위장소에의 출입을 금지하는 것** 　　3. 피보안관찰자의 보호 또는 조사를 위하여 특정장소에의 출석을 요구하는 것
면제요건 (§11)	1. 준법정신이 확립되어 있을 것 2. 일정한 주거와 생업이 있을 것 3. 2인 이상의 신원보증인(2인 이상의 신원보증인의 신원보증)의 보증이 있을 것
구제 (§23)	법무부장관의 결정을 받은 자가 그 결정에 이의가 있을 때에는 「**행정소송법**」이 정하는 바에 따라 결정이 집행된 날로부터 60일 이내에 **서울고등법원**에 소를 제기할 수 있다.

5 보안관찰처분심의위원회

설 치	법무부에 설치(심의·의결 기관)
구 성	① 위원회는 위원장 1인 **법무부차관**과 6인의 위원으로 구성 ② 위원은 **법무부장관**의 **제청**으로 대통령이 임명 또는 위촉 　　↳ 법무부차관 X ③ 의결 : 위원장을 포함한 재적위원 과반수의 출석으로 개의 출석위원 과반수의 찬성
심의·의결 사항	① 보안관찰처분결정 또는 보안관찰처분 청구기각 결정 ② 보안관찰처분 면제결정 또는 그 취소결정 ③ 보안관찰처분 취소결정 또는 기간의 갱신 결정

6 신고사항

(1) 보안관찰처분대상자의 신고(§6)

대상자 신고	보안관찰처분대상자는 대통령령이 정하는 바에 따라 그 형의 집행을 받고 있는 교도소 등 출소전에 거주예정지 기타 대통령령으로 정하는 사항을 교도소등의 장을 경유하여 거주예정지 관할경찰서장에게 신고
출소사실 신고(제1항)	출소 후 7일 이내에 그 거주예정지 관할경찰서장에게 출소사실을 신고하여야 한다. → 사생활의 비밀과 자유와 개인정보자기결정권을 침해하지 않음

(2) 피보안관찰자 신고의무(§18)

최초 신고	보안관찰처분결정고지를 받은 날부터 7일 이내에 등록기준지, 성명 등 사항을 주거지를 관할하는 지구대 또는 파출소의 장을 거쳐 관할경찰서장에게 신고하여야 한다.	
정기 신고	피보안관찰자는 보안관찰처분결정고지를 받은 날이 속한 달부터 매3월이 되는 달의 말일까지 3월간의 주요활동사항 등을 지구대·파출소장을 거쳐 관할경찰서장에게 신고하여야 한다.	
수시 신고	**변동사항 신고**	최초 신고사항에 변동이 있을 때에는 7일 이내에 신고하여야 한다.
	주거지 이전·여행 신고	주거지를 이전하거나 국외여행 또는 <u>10일 이상</u> 주거를 이탈하여 여행하고자 └ 7일 이상 X 할 때에는 미리 거주예정지, 여행예정지 기타 대통령령이 정하는 사항을 지구대·파출소장을 거쳐 관할경찰서장에게 신고하여야 한다.

THEME 15 남북교류협력(남북교류협력에 관한 법률)

국가보안법과의 관계	① 통일부장관이 발급한 방문증명서를 소지하고 북한을 왕래한 경우라도 **정당성이 인정되지 않으면** 「국가보안법」이 **적용된다.** ↳ 배제 X ② 방북 및 북한주민 접촉 승인을 받고 북한을 방문하였다면 그 기회에 이루어진 반국가단체 구성원과의 만남은 「국가보안법」으로 처벌할 수 **있다.** ↳ 없다 X ③ 재외국민이 재외공관장에게 단순히 신고하지 않고 북한을 왕래한 경우 국가보안법이 적용되지 않고 **남북교류협력에 관한 법률의 적용**을 받는다. ④ 「남북교류협력에 관한 법률」에 의해 남북을 왕래하면서 승인 없이 금품을 수수한 경우 **정당성이 인정되면** 국가보안법이 적용되지 않는다. ↳ 그 목적이나 동기에 상관없다 X
남북한 방문 (§9)	① 남한의 주민이 북한을 방문하거나 북한의 주민이 남한을 방문하려면 대통령령으로 정하는 바에 따라 **통일부장관**의 **방문승인**을 받아야 하며, 통일부장관이 발급한 증명서를 소지하여야 한다. → 승인 받지않고 북한방문시 3년 이하의 징역 또는 3천만원 이하의 벌금 ② 남한 주민이 북한을 방문하고자 하는 경우 방문 7일 전까지 통일부장관에게 '방문승인신청서'를 제출해야 한다(동법 시행령 §12). ③ 통일부장관은 거짓이나 그 밖의 부정한 방법으로 방문승인을 받은 경우에는 그 승인을 취소하여야 한다. ④ 재외국민이 외국에서 북한을 왕래할 때에는 **통일부장관이나 재외공관의 장**에게 신고하여야 한다.
관련판례	① 남북교류협력에 관한 법률과 국가보안법과의 관계 남북교류협력에관한법률은 남한과 북한과의 왕래 교역협력사업 및 통신역무의 제공 등 남북교류와 협력을 목적으로 하는 행위에 관하여 정당하다고 인정되는 범위 안에서 다른 법률에 우선하여 적용하도록 되어 있으므로 이 요건을 충족하지 아니하는 북한에의 왕래(탈출, 잠입), 회합행위에 대하여는 위 법을 적용할 수 없고, 따라서 이러한 **탈출, 잠입, 회합등 행위에 대하여는 위 법의 시행에도 불구하고 형의 폐지나 변경이 있다고 할 수 없으므로** 형법 제1조 제2항(범죄후 법률의 변경에 의하여 그 행위가 범죄를 구성하지 아니하거나 형이 구법보다 경한 때에는 신법에 의한다)이 적용될 여지가 없다(대판 90도1613). ② 국가보안법의 규범력 상실여부 7·4 남북공동성명이 있었고 남북 사이의 화해와 불가침 및 교류협력에 관한 합의서가 체결 및 발효되었다고 하여도 그로 인해 「국가보안법」이 규범력을 상실한 것으로 볼 수는 없다(대판 99도4027).

TIP 북한으로의 물품 반출·반입 시 법적 절차

북한주민 접촉신고 – 거래를 위한 접촉 및 협의 – 계약체결 및 승인 대상 여부 확인 – 반출·반입 승인신청 – 관련 서류 구비 및 통관 – 교역 보고

북한거래계약반출보고관련

1 용어의 정의(§2)

북한이탈주민	군사분계선 이북지역(북한)에 주소, 직계가족, 배우자, 직장 등을 두고 있는 사람으로서 북한을 벗어난 후 **외국 국적을 취득하지 아니한 사람**(탈북자, 새터민이라고 부르기도 하나 법적 명칭은 아님)
보호대상자	이 법에 따라 보호 및 지원을 **받는**(받을 예정인 X) 북한이탈주민
정착지원시설	보호대상자의 보호 및 정착지원을 위하여 설치·운영하는 시설
보호금품 └ 구호물품 X	이 법에 따라 보호대상자에게 지급하거나 빌려주는 금전 또는 물품

2 북한이탈주민의 개념

구분	북한이탈주민	중국동포(조선족)	북한국적 중국동포(조교)
요건	•북한에 주소·배우자·직계가족·직장 등 실존 •외국 국적 미취득	•중국 국적자 •조선족	•중국 거주 북한 국적자 •해외공민증(북한), **외국인 거류증(중국) 소지** └ 합법적 여권 소지 X
	북한주소, 북한국적	중국주소, 중국국적	중국거류, 북한국적
국내 입국시 처리	•합동정보조사 (북한이탈주민 보호센터)	•밀입국 지역합동조사 (출입국관리사무소 인계)	•관할 지역합동조사 •법무부 국적판정 신청
관련 법령	북한이탈주민의 보호 및 정착지원에 관한 법률	출입국 관리법	국적법

3 주요내용

기본원칙(§4)	① 대한민국은 보호대상자를 <u>**인도주의**</u>에 입각하여 특별히 보호한다. └ 상호주의 X
보호결정 **(§8)**	① **통일부장관**은 **국가정보원장**의 통보를 받으면 북한이탈주민 대책협의회의 심의를 거쳐 보호 여부를 결정한다. 다만, 국가안전보장에 현저한 영향을 줄 우려가 있는 사람에 대하여는 **국가정보원장(국방부장관 X)**이 그 보호 여부를 결정한다.
보호결정의 **기준** **(§9)**	다음에 해당하는 사람은 보호대상자로 결정하지 아니할 수 있다. 1. **항**공기납치, 마약거래, 테러, 집단살해 등 국제형사범죄자 `비위3항` 2. 살인 등 중대한 **비**정치적 범죄자 3. **위**장탈출 혐의자 4. 국내 입국 후 **3년**이 지나서 보호신청한 사람 5. 그 밖에 국가안전보장·질서유지·공공복리에 대한 중대한 위해 발생 우려, 보호신청자의 경제적 능력 및 해외체류 여건 등을 고려하여 보호대상자로 정하는 것이 부적당하거나 보호 필요성이 현저히 부족하다고 대통령령으로 정하는 사람
특별임용 **(§18)**	② 북한의 군인이었던 보호대상자가 국군에 편입되기를 희망하면 북한을 벗어나기 전의 계급, 직책 및 경력 등을 고려하여 국군으로 **특별임용할 수 있다.** └ 특별임용할 수 없다 X
거주지 보호 **(§22)**	**통일부장관**은 보호대상자가 정착지원시설로부터 그의 거주지로 전입한 후 정착하여 스스로 생활하는 데 장애가 되는 사항을 해결하거나 그 밖에 자립·정착에 필요한 보호를 할 수 있다.
거주지에서의 **신변보호** **(§22의2)**	① 통일부장관은 보호대상자가 거주지로 전입한 후 그의 신변안전을 위하여 **국방부장관이나 경찰청장**에게 협조를 요청할 수 있으며, 협조 요청을 받은 국방부장관이나 경찰청장은 이에 협조한다.

Chapter **06**

CHAPTER **07**

외사경찰활동

1 경찰청과 그 소속기관 직제

하부조직(§4)	② 경찰청장 밑에 대변인 및 감사관 각 1명을 두고, 경찰청 차장 밑에 기획조정관·경무인사기획관 및 국제협력관 각 1명을 둔다.
국제협력관(§9)	① 국제협력관은 **경무관**으로 보한다. ② 국제협력관은 다음 사항에 관하여 **경찰청 차장**을 보좌한다. 1. 치안 분야 국제협력 정책의 수립·총괄·조정 2. 외국경찰기관과의 교류·협력 3. 국제형사경찰기구에 관련되는 업무

2 외사경찰활동의 구분

국제협력활동	외국 및 국제경찰관련 기구와의 경찰공조, 상호방문, 교육파견, 국제회의 및 세미나 참석 등을 통하여 외국경찰이나 인터폴 등 국제경찰관련 기구와의 협력관계를 증진하고, 정보를 상호 교환하며, 국제범죄에 효과적으로 대처하기 위한 업무
외사정보활동	대한민국의 안전과 이익, 사회공공의 안녕과 질서유지를 목적으로 주한 외국인, 주한 외교사절, 주한 외국기관, 상사단체, 해외교포 등을 대상으로 외사첩보를 수집하고 판단·분석한 결과를 정책수립 자료로 제공하여 경찰상 또는 국가안보상의 위해요인을 사전 제거하고 그 대책을 마련하는 외사경찰의 활동
외사보안활동	체류외국인 및 외국 관련 기관·단체 등을 대상으로 ① 테러 위험인물 관련 정보를 수집·분석하고 대응하는 대테러 활동 ② 외국 정보요원·연계자 등 외국의 정보활동 및 산업기술 유출 등을 찾아내고 대응하는 방첩 활동 ③ 국제공항·항만의 안보위해 요소를 발견하여 대응하는 등 대한민국의 안전과 사회 공공의 안녕 및 질서를 유지하는 목적을 가진 외사경찰의 활동
외사수사활동	대한민국의 안전과 이익, 사회공공의 안녕과 질서유지를 목적으로 외국인 또는 외국과 관련된 범죄 및 범죄자에 대해 공소를 제기하고 이를 유지하기 위한 준비절차로서 범죄사실을 탐지하고, 범인을 검거·조사하며, 증거를 수집·보전하는 외사경찰의 활동

Chapter
07

1 국제 테러 동향

① 테러가 중동 등 일부지역에 국한되던 과거와 달리 전 세계적으로 확산되고 있다.
② 총기·폭발물 등 전통적 테러수단 외에도 LOW-TECH 테러(흉기, 차량돌진 테러 등), 화학 테러 등 신종 수법이 대두되고 있다.
③ 대량 인명피해를 초래하여 최대 선전효과를 얻을 수 있는 관광지, 종교시설, 행사장 등을 집중 겨냥하고 있다.
④ 코로나19 팬데믹과 장기 불황 등에 따른 분노를 특정 집단에 전이하는 식의 테러 빈발 소지가 **있다.** 아시안인 대상 혐오 범죄 등이 이 범주로 평가된다.
  └ 없다 X
⑤ 코로나19로 국가·지역 간 이동이 제한되면서 테러 발생은 전반적으로 감소했으나, 아프리카에서는 ISIS 연계단체들이 우간다 등으로 활동무대를 **넓혔다.**
  └ 축소되었다 X
⑥ 아프간에서 미군 철수와 함께 탈레반이 집권에 성공하면서 아프간이 9.11 테러 이후 다시 국제테러의 중심무대로 부상하고 있다.
⑦ 미국은 극우 시위대의 의회점거라는 전대미문의 사건이 발생하면서 백인우월주의 등 극우세력에 대한 대응을 본격화하고 있다.

2 외사대테러 정보활동 착안사항

① 외국인에 대한 인권침해 요소가 발생하지 않도록 주의해야 한다.
② 테러위험인물로 의심되는 자를 발견한 경우 경찰청이 조회 권한을 보유 중인 해외 외국인 테러위험인물 데이터베이스를 통해 관련성 여부를 확인할 수 있다.
③ 인터넷에 게시된 <u>UN이 지정한 테러단체</u>와 직접 연관성이 입증되지 않으면 차단할 수 없다.
  └ 모든 테러단체 X
④ 테러위험인물들은 추적을 피하거나 상대방의 신뢰를 얻기 위해 '은어'(slang)로 대화하는 경우가 많아 진의를 파악하기 쉽지 않다.

3 테러단체

KTJ (katibat al-Tawhid wal Jihad)	'22. 3월, UN에서 테러단체로 지정, 시리아 내전 발발('11.3월) 이후 외국인테러전투원 (FTF)이 대거 유입되자 우즈벡계인 「아부 살로흐」가 '14.8월 우즈벡 FTF를 중심으로 결성하였으며, 「Tavhid va Jihod」의 **약칭인 「TvJ」로도 불린다.**
알카에다 (Al-Qaida)	舊소련의 아프가니스탄 침공('79~88년)에 맞서 '빈 라덴'·'알 자와히리'·'압둘라 아잠' 등 당시 무자헤딘 참전자들이 규합하여 결성하였으며, '빈 라덴' 사망 이후 美 공습으로 핵심간부 대부분이 사망하며 쇠락 추세였으나, **신임 수장 임명 및 현지 무장단체와 연계활동을 통해 세력 재건을 노리면서 테러 공격을 지속하고 있다.**
ISIS-K (ISIS-Khorasan Province)	아프간·파키스탄 탈레반 지도부에 불만을 품은 강경 조직원들이 탈레반을 이탈, ISIS에 충성을 맹세하면서 결성('15.1월)되었으며, 호라산은 아프간, 파키스탄, 이란 동부, 중앙아시아 일대를 통칭하는 옛 지명이다.
헤즈볼라 (Hezbollah)	'82.7월 이스라엘의 레바논 침공을 계기로 '83년 창설된 이슬람 과격 무장단체(아랍어로 '신의 정당')로 시아파 종교단체 '이슬라믹 아말'과 정치세력 '다와黨'이 연합해 결성, 美·英은 테러단체로 지정했으며 '00.5월 이스라엘 철군 후 무장정파로 변모하였다.
UN지정 테러단체	① UN지정 테러단체는 UN안보리 결의안 1267·1989·2253호(ISIS/알카에다 제재위원회) 및 1988호(탈레반 제재위원회)에 의거, 각 회원국들이 제출한 알카에다·ISIS·탈레반 등 관련 정보를 바탕으로 지정된다. ② UN지정 테러단체가 아닌 경우에는 「국민보호와 공공안전을 위한 테러방지법」을 적용하여 처벌할 수 없다. ③ UN지정 테러단체에는 KTJ, KIB, HTS 등이 있다.

정의(§2)	1. **"방첩"**이란 국가안보와 국익에 반하는 외국 및 외국인·외국단체·초국가행위자 또는 이와 연계된 내국인("외국등")의 정보활동을 찾아내고 그 정보활동을 확인·견제·차단하기 위하여 하는 정보의 수집·작성 및 배포 등을 포함한 모든 대응활동을 말한다. 2. **"외국등의 정보활동"**이란 외국등의 정보 수집활동과 그 밖의 활동으로서 대한민국의 국가안보와 국익에 영향을 미칠 수 있는 모든 활동을 말한다. 3. **"방첩기관"**이란 방첩에 관한 업무를 수행하는 다음 각 목의 기관을 말한다. 가. 국가정보원 나. 법무부 다. 관세청 라. 경찰청 마. 특허청 바. 해양경찰청 사. 국군방첩사령부　　　　　　　　　　　　정보법관특허해양경찰국군
방첩정보공유센터 (§4의2)	① 방첩기관 간 또는 방첩기관과 관계기관 간 방첩 관련 정보의 원활한 공유와 제3조에 따른 방첩업무의 효율적인 수행을 위하여 **국가정보원장 소속**으로 **방첩정보공유센터**를 둔다. └ 법무부장관 소속 X　　방첩정보지원센터 X ┘
국가방첩업무 지침의 수립 등(§6)	① **국가정보원장**은 국가의 방첩업무를 효율적으로 수행하기 위하여 국가방첩업무 기본지침을 수립하여 **방첩기관등의 장**에게 송부하여야 한다.
외국인 접촉 시 국가기밀등의 보호(§7)	① 방첩기관등의 구성원은 외국을 방문하거나 외국인을 접촉할 때에는 국가기밀, 산업기술 또는 국가안보·국익 관련 중요 정책사항이 유출되지 않도록 유의하여야 한다.
외국인 접촉 시 특이사항의 신고 등(§8)	① 방첩기관등의 구성원(방첩기관등에 소속된 위원회의 **민간위원을 포함**)이 외국인 └ 제외 X (제9조에 따른 외국 정보·수사기관이 정보활동에 이용하는 내국인을 포함)을 접촉한 경우에 그 외국인이 다음 각 호의 어느 하나에 해당한다고 의심할 만한 상당한 이유가 있을 경우에는 지체 없이 그 사실을 소속 방첩기관등의 장에게 신고하여야 한다. 1. 접촉한 외국인이 국가기밀등이나 그 밖의 국가안보 및 국익 관련 정보를 탐지·수집하려고 하는 경우 2. 접촉한 외국인이 방첩기관등의 구성원을 정보활동에 이용하려고 하는 경우 3. 접촉한 외국인이 그 밖의 국가안보 또는 국익을 침해하는 활동을 하는 사람인 경우
외국 정보기관 구성원 접촉절차(§9)	① 방첩기관등의 구성원은 법령에 따른 직무 수행 외의 목적으로 외국 정보·수사기관(특정국가가 다른 국가에서 정보활동·수사를 주된 목적으로 하여 설치한 그 국가의 기관을 말한다. 이하 같다)의 구성원을 접촉하려는 경우 소속 방첩기관등의 장에게 미리 보고해야 하며, 해당 방첩기관등의 장은 그 내용을 **국가정보원장**에게 통보해야 한다.

국가방첩전략회의의 설치 및 운영 등(§10)	① 국가방첩전략의 수립 등 국가 방첩업무에 관한 중요 사항을 심의하기 위하여 국가 정보원장 소속으로 국가방첩전략회의("전략회의")를 둔다. ② 전략회의는 의장 1명을 포함한 25명 이내의 위원으로 구성한다. ④ 전략회의의 의장은 회의를 소집하고 그 회의를 주재한다. ⑤ 전략회의의 회의는 재적위원 **과반수**의 출석과 출석위원 과반수의 찬성으로 의결한다. 　　　　　　　　└ 3분의2 X
지역방첩협의회의 설치 및 운영 등(§12)	① 국가정보원장은 필요한 경우 방첩기관의 장과 협의하여 특별시·광역시·특별자치 시·도 또는 특별자치도별로 방첩업무를 협의하기 위한 지역방첩협의회를 구성·운영 **할 수 있다.** (해야 한다 X)
방첩교육(§13)	① 방첩기관등의 장은 해당 기관의 업무 수행과 관련하여 그 기관 소속 구성원이 외국 등의 정보활동에 효율적으로 대응하기 위하여 필요한 자체 방첩교육에 관한 계획 을 수립하여 시행**해야 한다.** (할 수 있다 X)
외국인 접촉의 부당한 제한 금지(§14)	방첩기관등의 장은 이 영의 목적이 외국등의 정보활동으로부터 대한민국의 국가안보 와 국익을 보호하기 위한 것임을 고려하여 소속 구성원의 외국인과의 접촉을 부당하 게 **제한해서는 안 된다.**
홍보(§15)	방첩기관의 장은 홍보를 통하여 소관 방첩업무에 대한 국민의 이해를 증진시키기 위 하여 노력하여야 한다.

공무국외출장 심사위원회의 설치·구성 (§6)	① 허가권을 보유한 경찰청장 또는 소속기관의 장은 다음 각호의 어느 하나에 해당하는 경우 공무국외출장의 타당성을 심사하기 위하여 공무국외출장 심사위원회를 설치·운영하여야 한다. 〈1., 3., 4. 생략〉 2. 경찰기관이 주관하는 10명 이상의 단체 공무국외출장의 경우 ③ 위원장이 부득이한 사유로 직무를 수행할 수 없는 때에는 「직무대리규정」 및 「경찰청 직무대리 운영규칙」에 따라 위원장 직무를 대행한다.
심사위원회의 운영 (§7)	① 심사위원회는 위원장이 소집하며, **재적위원** 과반수의 찬성으로 의결한다. 　　　　　　　　　　↳ 출석위원 X ③ 심사위원회는 긴급한 국외출장 실시 또는 심사위원회 소집이 어려운 경우에는 **서면으로 심사할 수 있다.**
공무국외출장의 제한 (§8)	③ 다음 각 호의 어느 하나에 해당하는 사람은 공무국외출장을 제한할 수 있다. 1. 금품·향응수수·공금횡령·유용으로 징계처분을 받은 사람 중 처분일로부터 3년이 경과하지 아니한 사람 2. 제1호의 사유 외의 비위사실 등으로 징계처분을 받은 사람 중 처분일로부터 1년이 경과하지 아니한 사람
외국정부 등으로부터의 선물수령 신고 (§13)	공무국외출장 시 그 직무와 관련하여 외국정부 또는 외국인사 및 단체로부터 미화 100달러 또는 10만원 가액 상당 이상의 선물을 받은 때에는 귀국 후 지체 없이 **소속기관 감사부서**에 신고하여야 한다.

출생에 의한 국적 취득(§2)	① 다음 각 호의 어느 하나에 해당하는 자는 출생과 동시에 대한민국 국적을 취득한다. 　1. 출생 당시에 부(父)또는 모(母)가 대한민국의 국민인 자 　2. 출생하기 전에 부가 사망한 경우에는 그 사망 당시에 부가 대한민국의 국민이었던 자 　3. 부모가 모두 분명하지 아니한 경우나 국적이 없는 경우에는 대한민국에서 출생한 자 ② 대한민국에서 발견된 기아(棄兒)는 대한민국에서 출생한 것으로 추정한다.
인지에 의한 국적 취득(§3)	① 대한민국의 국민이 아닌 자(이하 "외국인"이라 한다)로서 대한민국의 국민인 부 또는 모에 의하여 인지된 자가 다음 각 호의 요건을 모두 갖추면 법무부장관에게 신고함으로써 대한 민국 국적을 취득할 수 있다. 　1. 대한민국의 「민법」상 미성년일 것 　2. 출생 당시에 부 또는 모가 대한민국의 국민이었을 것
귀화에 의한 국적 취득(§4)	① 대한민국 국적을 취득한 사실이 **없는** 외국인은 법무부장관의 귀화허가를 받아 대한민국 국적을 취득할 수 있다.
일반귀화 요건 (§5)	1. **5년 이상** 계속하여 대한민국에 주소가 있을 것 1의2. 대한민국에서 영주할 수 있는 체류자격을 가지고 있을 것 2. 대한민국의 **민법**상 성년일 것 3. 법령을 준수하는 등 **법무부령**으로 정하는 품행 단정의 요건을 갖출 것 4. 자신의 자산이나 기능에 의하거나 <u>생계를 같이하는</u> 가족에 의존하여 생계를 유지할 능력이 　　　　　　　　　　　　　　└ 생계를 따로 하는 X 　있을 것 5. 국어능력과 대한민국의 풍습에 대한 이해 등 대한민국 국민으로서의 기본 소양을 갖추 　고 있을 것 6. 귀화를 허가하는 것이 국가안전보장·질서유지 또는 공공복리를 해치지 아니한다고 **법무 부장관**이 인정할 것

Chapter
07

THEME 06 외국인의 입국과 출국(출입국관리법)

1 외국인의 입국

입국(§7)	① 외국인이 입국할 때에는 유효한 여권과 **법무부장관**이 발급한 **사증(査證)**을 가지고 있어야 한다.
무사증 입국사유 (§7)	② 다음 각 호의 어느 하나에 해당하는 외국인은 ①에도 불구하고 사증 없이 입국할 수 있다. 　1. 재입국허가를 받은 사람 또는 재입국허가가 면제된 사람으로서 그 허가 또는 면제받은 **기간이 끝나기 전**에 입국하는 사람 　2. **대한민국과 사증면제협정을 체결**한 국가의 국민으로서 면제대상이 되는 사람 　3. 국제친선, 관광 또는 대한민국의 이익 등을 위하여 입국하는 사람으로서 **대통령령**(법무부령 X)으로 정하는 바에 따라 따로 입국허가를 받은 사람 　4. 난민여행증명서를 발급받고 출국한 후 그 유효기간이 끝나기 전에 입국하는 사람
체류자격 (§10)	입국하려는 외국인은 다음 각 호의 어느 하나에 해당하는 체류자격을 가져야 한다. 1. 일반체류자격: 이 법에 따라 대한민국에 체류할 수 있는 기간이 제한되는 체류자격 2. 영주자격: 대한민국에 영주(永住)할 수 있는 체류자격
입국의 금지 등 (§11)	① **법무부장관**은 다음에 해당하는 외국인에 대하여는 입국을 금지할 **수 있다.** (해야만 한다 X) 　1. 감염병환자, 마약류중독자, 그 밖에 공중위생상 위해를 끼칠 염려가 있다고 인정되는 사람 　2. 「총포·도검·화약류 등의 안전관리에 관한 법률」에서 정하는 총포·도검·화약류 등을 위법하게 가지고 입국하려는 사람 　3. 대한민국의 이익이나 공공의 안전을 해치는 행동을 할 염려가 있다고 인정할 만한 상당한 이유가 있는 사람 　4. 경제질서 또는 사회질서를 해치거나 선량한 풍속을 해치는 행동을 할 염려가 있다고 인정할 만한 상당한 이유가 있는 사람 　5. 사리 분별력이 없고 국내에서 체류활동을 보조할 사람이 없는 정신장애인, 국내체류비용을 부담할 능력이 없는 사람, 그 밖에 구호가 필요한 사람 　6. 강제퇴거명령을 받고 출국한 후 5년이 지나지 아니한 사람 　7. 1910년 8월 29일부터 1945년 8월 15일까지 사이에 일본등의 정부의 지시를 받거나 그 정부와 연계하여 인종, 민족, 종교, 국적, 정치적 견해 등을 이유로 사람을 학살·학대하는 일에 관여한 사람 　8. 1부터 7까지의 규정에 준하는 사람으로서 법무부장관이 그 입국이 적당하지 아니하다고 인정하는 사람 ※ 입국금지자는 즉시퇴거를 원칙으로 하고, 외국인의 입국금지처분은 국가의 주권행사이자 행정처분이므로 **이의신청절차는 없으며**, 입국금지로 인한 손해발생은 대한민국의 귀책사유 및 손해발생의 예견가능성이 없다고 할 것이므로 모든 비용은 **본인 부담**이다.

2 입국 시 생체정보의 제공 등(출입국관리법 §12의2)

정보제공 (원칙)	입국하려는 외국인은 입국심사를 받을 때 **법무부령**으로 정하는 방법으로 생체정보를 제공하고 본인임을 확인하는 절차에 응하여야 한다.	
	정보 미제공시	출입국관리공무원은 입국을 허가하지 아니할 수 있다.
	자료제출의 요청	법무부장관은 관계행정기관이 보유하고 있는 외국인의 지문 및 얼굴에 관한 자료의 제출을 요청할 수 있다.
면제 (예외)	1. **17세 미만**(18세 미만 X)인 사람 2. 외국정부 또는 국제기구의 업무를 수행하기 위하여 입국하는 사람과 그 동반 가족 3. 외국과의 우호 및 문화교류 증진, 경제활동 촉진 또는 대한민국의 이익 등을 고려하여 면제하는 것이 필요하다고 **대통령령**으로 정하는 사람	

3 외국인의 상륙 종류와 기간(출입국관리법 §14~16의2)

종류	허가사유	허가기간	허가권자
승무원상륙	1. **외국인승무원**이 승선 중인 선박 등이 대한민국의 출입국항에 정박하고 있는 동안 **휴양 등의 목적**으로 상륙하고자 하는 때 2. 외국인승무원이 대한민국의 출입국항에 입항할 예정이거나 정박 중인 선박등으로 옮겨 타고자 하는 때	15일	출입국 관리 공무원
관광상륙	**관광을 목적으로** 대한민국과 외국 해상을 국제적으로 순회하여 운항하는 여객운송선박에 승선한 **외국인 승객**이 상륙하고자 하는 때	3일	
긴급상륙	선박등에 타고 있는 외국인(승무원 포함)이 질병이나 그 밖의 사고로 **긴급히 상륙**할 필요가 있다고 인정될 때	30일	
재난상륙	조난을 당한 선박등에 타고 있는 외국인(승무원 포함)을 **긴급히 구조**할 필요가 있다고 인정할 때	30일	지방 출입국· 외국인 관서의 장
난민임시 상륙	선박등에 타고 있는 외국인이 난민법 제2조 제1호에 규정된 이유나 그 밖에 이에 준하는 이유로 그 생명·신체 또는 신체의 자유를 침해받을 공포가 있는 영역에서 도피하여 곧바로 대한민국에 비호를 신청하는 경우 ※ 허가시 법무부장관의 승인을 요함(**법무부장관**은 외교부장관과 협의)	90일	
기간연장	각각 그 허가 기간만큼 연장 가능(동법 시행령 §21)		

승관긴재난

4 외국인의 출국정지(출입국관리법)

원칙	출국의 자유(체류국은 외국인의 출국을 금지할 수 없음)	

출국정지사유
(동법시행령
§36)
	① **법무부장관**은 다음의 경우에 해당하는 외국인에 대하여 출국을 정지할 수 있다.
	  1. **형사재판에 계속 중인 사람**
	  2. **징역형이나 금고형의 집행이 끝나지 아니한 사람**
	  3. **대통령령으로 정하는 금액 이상의 벌금이나 추징금을 내지 아니한 사람**
	  4. 대통령령으로 정하는 금액 이상의 국세·관세 또는 지방세를 정당한 사유 없이 그 납부기한까지 내지 아니한 사람
	  5. 양육비 채무자 중 양육비이행심의위원회의 심의·의결을 거친 사람
	  6. 1부터 5까지의 규정에 준하는 사람으로서 대한민국의 이익이나 공공의 안전 또는 경제질서를 해칠 우려가 있어 그 출국이 적당하지 아니하다고 법무부령으로 정하는 사람
		3개월

	7. 범죄수사를 위하여 출국이 적당하지 아니하다고 인정되는 사람	1개월
긴급출국정지 (§29의2)	**수사기관**은 범죄 피의자인 외국인이 제4조의6 제1항(사형·무기 또는 장기 3년 이상의 징역이나 금고)에 해당하는 경우에는 제29조 제2항에도 불구하고 출국심사를 하는 **출입국관리 공무원에게 출국정지를 요청할 수 있다.**	

※ 강제출국은 형벌이 아닌 행정행위임

5 내국인의 출국금지(출입국관리법)

사유 및 기간 (§4)	1. 형사재판에 계속 중인 사람 2. 징역형이나 금고형의 집행이 끝나지 아니한 사람 3. **대통령령**(법무부령 X)로 정하는 금액 이상의 벌금이나 추징금을 내지 아니한 사람 4. **대통령령**(법무부령 X)으로 정하는 금액 이상의 국세·관세 또는 지방세를 정당한 사유 없이 그 납부기한까지 내지 아니한 사람 5. 양육비 **채무자**(채권자 X) 중 양육비이행심의위원회의 심의·의결을 거친 사람 6. 1부터 5까지의 규정에 준하는 사람으로서 대한민국의 이익이나 공공의 안전 또는 경제질서를 해칠 우려가 있어 그 출국이 적당하지 아니하다고 법무부령으로 정하는 사람	6개월
	7. **범죄수사**를 위하여 출국이 적당하지 아니하다고 인정되는 사람	1개월

	8. 다만, 다음에 해당하는 사람은 다음에 정한 기간으로 함
	  ㉠ 소재를 알 수 없어 기소중지 또는 수사중지(피의자중지로 한정)된 사람 또는 도주 등 특별한 사유가 있어 수사진행이 어려운 사람 : 3개월 이내
	  ㉡ 기소중지 또는 수사중지(피의자중지로 한정)된 경우로서 **체포영장 또는 구속영장이 발부된 사람 : 영장 유효기간 이내**	

1 주요내용

발급권자(§3)	여권은 **외교부장관**이 발급한다.
관용여권의 발급대상자(§4의2)	외교부장관은 다음 각 호의 어느 하나에 해당하는 사람에게 관용여권을 발급할 수 있다. 1. **공무(公務)로 국외에 여행하는 공무원** 2. 「외무공무원법」 제32조에 따라 재외공관에 두는 행정직원 3. 그 밖에 대통령령으로 정하는 사람
여권의 유효기간(§5)	1. 일반여권 : 10년 이내 2. 관용여권 : 5년 이내 3. 외교관여권 : 5년 이내 ② 여권의 종류별 유효기간의 설정 등에 필요한 사항은 대통령령으로 정한다.

여권의 발급 등의
거부·제한
(§12)
	① 외교부장관은 다음 각 호의 어느 하나에 해당하는 사람에 대하여는 여권의 발급
	또는 재발급을 거부할 수 있다.
	  1. 장기 2년 이상의 형(刑)에 해당하는 죄로 인하여 기소(起訴)되어 있는 사람 또는 장
	  기 3년 이상의 형에 해당하는 죄로 인하여 기소중지 또는 수사중지(피의자중지로
	  한정한다)되거나 체포영장·구속영장이 발부된 사람 중 **국외**에 있는 사람
	  2. **제24조부터 제26조까지의 죄를 범하여 실형을 선고받고 그 집행이 끝나거나(집행이 끝
	  난 것으로 보는 경우를 포함한다) 집행이 면제되지 아니한 사람**
	  2의2. 제2호의 죄를 범하여 형의 집행유예를 선고받고 그 유예기간 중에 있는 사람
	  3. **제2호의 죄 외의 죄를 범하여 금고 이상**의 실형을 선고받고 그 집행이 끝나거나(집행이
	          └ 자격정지 이상 X
	  끝난 것으로 보는 경우를 포함한다) 집행이 면제되지 아니한 사람
	  3의2. 제2호의 죄 외의 죄를 범하여 금고 이상의 형의 집행유예를 선고받고 그 유예
	  기간 중에 있는 사람
	  4. 국외에서 대한민국의 안전보장·질서유지나 통일·외교정책에 중대한 침해를 일으
	  킬 우려가 있는 경우로서 다음 각 목의 어느 하나에 해당하는 사람
	    가. 출국할 경우 테러 등으로 **생명이나 신체**의 안전이 침해될 위험이 큰 사람
	                └ 재산 X
	    나. 「보안관찰법」 제4조에 따라 보안관찰처분을 받고 그 기간 중에 있으면서 같은
	    법 제22조에 따라 **경고**를 받은 사람

효력상실 (§13)	① 여권은 다음 각 호의 어느 하나에 해당하는 때에는 그 효력을 잃는다. 　**1. 여권의 명의인이 사망하거나 「국적법」에 따라 대한민국 국적을 상실한 때** 　1의2. 여권의 유효기간이 끝난 때 　1의3. 관용여권 및 외교관여권의 명의인이 제4조의2 및 제4조의3에 따른 발급대상 　　　자에 해당하지 아니하게 된 때. 다만, 관용여권 및 외교관여권의 명의인이 국외 　　　에 체류하고 있을 때에는 외교부령으로 정하는 귀국에 필요한 기간 동안은 그러 　　　하지 아니하다. 　2. 여권이 발급된 날부터 **6개월**(3개월 X)이 지날 때까지 신청인이 그 여권을 받아가지 　　아니한 때 　3. 여권을 잃어버려 그 명의인이 대통령령으로 정하는 바에 따라 분실을 신고한 때 　4. 여권의 발급 또는 재발급을 신청하기 위하여 반납된 여권의 경우에는 신청한 여권 　　이 발급되거나 재발급된 때 　5. 발급된 여권이 변조된 때 　**6. 여권이 다른 사람에게 양도되거나 대여되어 행사된 때** 　7. 제19조에 따라 여권의 반납명령을 받고도 지정한 반납기간 내에 정당한 사유 없이 　　여권을 반납하지 아니한 때 　**8. 단수여권의 경우에는 여권의 명의인이 해당 단수여권을 발급한 국가(재외공관의 장이 단** 　　**수여권을 발급한 경우에는 그 재외공관이 설치된 국가)로 복귀한 때**
여행증명서의 발급대상자 (시행령 §16)	1. 출국하는 무국적자 2. 해외 입양자 3. 「남북교류협력에 관한 법률」 제10조에 따라 여행증명서를 소지하여야 하는 사람으로 　서 여행증명서를 발급할 필요가 있다고 **외교부장관**이 인정하는 사람 　↳ 법무부장관 X 4. 국외에 체류하거나 거주하고 있는 사람으로서 여권의 발급·재발급이 거부 또는 제한 　되었거나제 외국에서 강제 퇴거된 경우에 귀국을 위하여 여행증명서의 발급이 필요 　한 사람 5. 「출입국관리법」 제46조에 따라 대한민국 밖으로 강제퇴거되는 외국인으로서 그가 　국적을 가지는 국가의 여권 또는 여권을 갈음하는 증명서를 발급받을 수 없는 사람 6. 그 밖에 제1호, 제2호, 제3호, 제4호 및 제5호에 준하는 사람으로서 긴급하게 여행증 　명서를 발급할 필요가 있다고 외교부장관이 인정하는 사람

2 「출입국관리법」상 여권등 휴대 및 제시

여권등의 휴대 및 제시 (§27)	① 대한민국에 체류하는 외국인은 항상 여권·선원신분증명서·외국인입국허가서·외국인등록 증·모바일외국인등록증 또는 상륙허가서(이하 "여권등"이라 한다)를 지니고 있어야 한다. 다만, 17세 미만인 외국인의 경우에는 그러하지 아니하다. ② ①의 본문의 외국인은 출입국관리공무원이나 권한 있는 공무원이 그 직무수행과 관련하여 여권등의 제시를 요구하면 여권등을 제시하여야 한다.
벌칙 (§98)	여권 등의 휴대 또는 제시의무를 위반한 사람은 **100만원 이하**의 벌금에 처한다. 　　　　　　　　　　　　　　　　　　　↳ 200만원 이하 X

3 「출입국관리법 및 동 규칙」상 사증(Visa)

사증 (출입국관리법 §8)	② **법무부장관**은 사증발급에 관한 권한을 대통령령으로 정하는 바에 따라 **재외공관의 장**에게 위임할 수 있다.
사증의 유효기간등 (동법 시행규칙 §12)	① 단수사증의 유효기간은 발급일부터 3개월로 한다.
관광등을 위한 입국허가 (동법 시행규칙 §15)	② **관광통과(B-2)**의 체류자격을 가진 자는 30일의 범위 내에서 체류기간을 부여받아 사증 없이 입국할 수 있다.

4 여행경보제도

(1) 여행경보 단계별 안전대책(여행경보제도 운영지침 §3, 5)   남황적흑 유자권금

	여행경보단계	해외체류자	해외여행 예정자
1단계	남색경보(여행유의)	신변안전 위험 요인 숙지·대비	
2단계	황색경보(여행자제)	신변안전 특별유의	불필요한 여행 자제
3단계	적색경보(출국권고)	긴급용무가 아닌한 출국	여행취소·연기
4단계	흑색경보(여행금지)	즉시 대피·철수	여행금지 준수

(2) 특별여행주의보(동지침 §3, 5, 6)

① 특별한 주의가 요구되는 위험 또는 그 징후가 나타난 경우로서, 단기적으로 긴급한 위험에 대하여 발령
② 여행예정자 또는 체류자의 행동요령은 **황색경보(여행자제) 이상 적색경보(출국권고) 이하**에 준하는 효과 발생
③ 특별여행주의보는 발령일로부터 90일을 초과하지 않는 범위 내에서 자동 해제 일자를 설정하여야 한다.

5 사증(출입국관리법 §8, 시행령 §10)

의의	외국에 여행하고자하는 자에게 **목적지 국가에서 발급**하는 **입국추천(허가)서** ↳ 출국허가서 X	
발급권자	**법무부장관**(재외공관의 장에게 위임할 수 있다.)	
발급형식	사증은 통상 사증인을 찍거나 사증을 붙이는 등의 방법으로 여권에 표시함	
종류	단수사증	1회에 한하여 입국가능, 유효기간은 발급일부터 3개월
	복수사증	2회 이상 입국가능

※ 여권을 대신할 수 있는 증명서로는 국제연합이 그 직원들에게 발급하는 **UN여권(국제연합통행증)**과 무국적자 등에게 발급해 주는 **여행증명서**가 있다.

1 개설

체류	① 외국인은 그 체류자격과 체류기간의 범위에서 대한민국에 체류할 수 있다(§17). ② 대한민국에 체류하는 외국인이 그 체류자격에 해당하는 활동과 함께 다른 체류자격에 해당하는 활동을 하려면 대통령령으로 정하는 바에 따라 미리 **법무부장관**의 **체류자격 외 활동허가**를 받아야 한다(§20).
활동범위의 제한 (§22)	법무부장관은 공공의 안녕질서나 대한민국의 중요한 이익을 위하여 필요하다고 인정하면 대한민국에 체류하는 외국인에 대하여 거소(居所) 또는 활동의 범위를 제한하거나 그 밖에 필요한 준수사항을 정할 수 있다.
체류자격 부여 (§23)	다음의 어느 하나에 해당하는 외국인이 제10조에 따른 체류자격을 가지지 못하고 대한민국에 체류하게 되는 경우에는 다음의 구분에 따른 기간 이내에 대통령령으로 정하는 바에 따라 체류자격을 받아야 한다.

1. 대한민국에서 출생한 외국인	출생한 날부터 90일
2. 대한민국에서 체류 중 대한민국의 국적을 상실하거나 이탈하는 등 그 밖의 사유가 발생한 외국인	그 사유가 발생한 날부터 60일

2 외국인의 장기체류 자격(출입국관리법 시행령 별표 1의2)

A-2 (공무)	대한민국정부가 승인한 외국정부 또는 국제기구의 공무를 수행하는 사람과 그 가족
D-2 (유학)	전문대학 이상의 교육기관 또는 학술연구기관에서 정규과정의 교육을 받거나 특정 연구를 하려는 사람
E-2 (회화지도)	법무부장관이 정하는 자격요건을 갖춘 외국인으로서 외국어 전문학원, 초등학교 이상의 교육기관 및 부설어학연구소, 방송사 및 기업체 부설 어학연수원, 그 밖에 이에 준하는 기관 또는 단체에서 외국어 회화지도에 종사하려는 사람
E-6 (예술흥행)	수익이 따르는 음악, 미술, 문학 등의 예술활동과 수익을 목적으로 하는 연예, 연주, 연극, 운동경기, 광고·패션모델, 그 밖에 이에 준하는 활동을 하려는 사람
E-8 (계절근로)	법무부장관이 관계 중앙행정기관의 장과 협의하여 정하는 농작물 재배·수확(재배·수확과 연계된 원시가공 분야를 포함한다) 및 수산물 원시가공 분야에서 취업 활동을 하려는 사람으로서 법무부장관이 인정하는 사람
E-9 (비전문취업)	「외국인근로자의 고용 등에 관한 법률」에 따른 국내 취업요건을 갖춘 사람(일정 자격이나 경력 등이 필요한 전문 직종에 종사하려는 사람은 제외)
F-6 (결혼이민)	1. 국민의 배우자 2. 국민과 혼인관계(사실혼 포함)에서 출생한 자녀를 양육하고 있는 부 또는 모로서 법무부장관이 인정하는 사람 3. 국민인 배우자와 혼인한 상태로 국내에 체류하던 중 그 배우자의 사망이나 실종, 그 밖에 자신에게 책임이 없는 사유로 정상적인 혼인관계를 유지할 수 없는 사람으로서 법무부장관이 인정하는 사람

3 외국인 등록(출입국관리법)

등록 대상 (§31)	외국인이 입국한 날부터 90일을 초과하여 대한민국에 체류하려면 대통령령으로 정하는 바에 따라 입국한 날부터 90일 이내에 그의 체류지를 관할하는 지방출입국·외국인관서의 장에게 외국인등록을 하여야 한다.
제외 대상 (§31)	1. 주한외국공관(대사관과 영사관을 포함한다)과 국제기구의 직원 및 그의 가족 2. 대한민국정부와의 협정에 따라 외교관 또는 영사와 유사한 특권 및 면제를 누리는 사람과 그의 가족 3. 대한민국정부가 초청한 사람 등으로서 **법무부령**으로 정하는 사람

4 외국인의 신원확인

외국인의 신원확인	① 폴리폰으로 장기체류 외국인은 등록번호, 단기체류 외국인은 영문성명(3글자 이상), 생년월일(1개월 간격), 성별을 입력하여 성명·체류기간 등 외국인 체류정보 및 수배여부 등을 조회할 수 있다. ② 경찰관서 내부망 PC를 이용, KICS '법무부 정보검색'을 통해 성명·체류기간 등 외국인 체류정보를 조회할 수 있다. ③ 외국인의 신원을 정확하게 확인하기 위해 신분증 제출 요구 및 외국인 체류정보 조회 결과를 비교하여 동일인 여부 등을 확인해야 한다.
국내 체류 외국인 구분	**장기체류 외국인** **90일**(30일 X) **초과** 국내 체류, 관할 출입국관리사무소에 외국인 등록하여 외국인 등록 번호 부여 예 취업비자를 받은 근로자, 재외동포, 대학교 유학생 등 **단기체류 외국인** **90일**(30일 X) **이하** 국내 체류, 입국심사 외 별도 등록절차를 거치지 않음 예 관광객, 국제행사 참석자 등 단기방문객

5 불법체류 외국인

불법체류 외국인 관련 업무처리	① '단순 불법체류자가 있다'는 전화 신고·접수에 대해서는 법무부 외국인종합안내센터, 관할 출입국사무소 또는 정부민원안내콜센터로 신고토록 안내하고, 신고를 접수한 경찰관은 관할 출입국관서에 신고내용을 통보(비출동종결) 한다. ② 불법체류자는 체류자격 외 활동 등 모든 출입국사범을 포함한다. 다만 신고 내용에 폭행·주거침입 등 형법 위반의 여지가 있는 경우, 신고접수 경찰관은 출동하여 사실관계를 확인해야 한다. ③ 폭행 등 별건 형사사건이 경합된 불법체류자를 지역경찰이 검거한 경우 경찰서 주무부서에 불법체류자 신병과 KICS 사건을 인계하고, 경찰서 주무부서는 형사소송법에 의거 출입국관리법 위반에 대한 범죄인지서를 작성하고, 별건 형사사건에 대해 조사 후 구속수사 및 기소여부 판단 후 조치한다. ④ 경찰관이 불심검문 등을 통해 불법체류자임을 우연히 확인한 경우 경찰관 직무집행법 제3조에 의거 우선 임의동행하여 처리하고, 임의동행에 응하지 않을 경우 불법체류 및 여권등의 휴대 또는 제시의무를 위반한 사유로 현행범인 **체포할 수 있다**(출입국관리법 §27, §98). └ 체포하여서는 안 된다 X
불법체류자의 통보의무 면제제도	① 범죄피해를 입은 불법체류 외국인의 신고기피를 해결하기 위해 '**범죄피해 불법체류자 통보의무 면제제도**'를 시행하고 있고, **경찰(해양경찰 포함)과 검찰 등**이 통보의무 면제공무원에 해당한다. ② 형법상 살인죄, 상해·폭행죄, 과실치사상죄, 유기와 학대의 죄, 체포와 감금의 죄 등이 통보의무 면제대상 범죄에 해당한다. ③ 출입국관리법 제84조(통보의무), 동법 시행령 제92조의2(통보의무면제), 동법 시행규칙 제70조의2(통보의무면제 해당 업무)가 법적 근거가 된다. ④ 특별법상 폭력행위 등 처벌에 관한 법률, 성폭력범죄의 처벌 등에 관한 특례법, 교통사고 처리 특례법 등이 통보의무 면제대상 범죄에 해당된다.

6 외국인의 강제퇴거(출입국관리법)

의의	체류국 정부가 체류 중인 외국인에게 체류국 영역 밖으로 퇴거를 명하는 **행정행위**
대상자 (§46)	1. 유효한 여권과 사증 없이 입국하는 사람 2. 허위초청 등의 금지 규정을 위반한 외국인 또는 허위초청 등의 행위로 입국한 외국인 3. 입국금지 해당사유가 입국 후에 발견되거나 발생한 사람 4. 입국심사 또는 선박 등의 제공 금지 규정을 위반한 사람 5. 지방출입국·외국인관서의 장이 붙인 조건부 입국 허가조건을 위반한 사람 6. 상륙허가를 받지 아니하고 상륙한 사람 7. 지방출입국·외국인관서의 장 또는 출입국관리공무원이 붙인 상륙 허가조건을 위반한 사람 8. 체류 및 활동범위, 외국인 고용제한, 체류자격 외 활동, 체류자격 부여, 체류자격 변경허가, 체류기간 연장허가 규정을 위반한 사람 9. 허가를 받지 아니하고 근무처를 변경·추가하거나 허가를 받지 아니한 외국인을 고용·알선한 사람 10. 거소 또는 활동범위의 제한이나 그 밖의 준수사항을 위반한 사람 10의2. 허위서류 제출 등의 금지규정을 위반한 외국인 11. 출국심사 규정을 위반하여 출국하려고 한 사람 12. 외국인등록 의무를 위반한 사람 12의2. 외국인등록증 등의 채무이행 확보수단 제공 등의 금지규정을 위반한 외국인 13. **금고 이상의 형**을 선고받고 **석방된 사람** 14. 자살 또는 자해행위를 하려는 경우, 다른 사람에게 위해를 가하거나 가하려는 경우, 출입국관리공무원의 직무집행을 정당한 사유 없이 거부 또는 기피하거나 방해하는 경우, 앞의 나열한 경우 외에 시설 및 다른 사람의 안전과 질서를 현저히 해치는 행위를 하거나 하려는 경우 15. 그 밖에 제1호부터 제10호까지, 제10호의2, 제11호, 제12호, 제12호의2, 제13호 또는 제14호에 준하는 사람으로서 **법무부령**으로 정하는 사람 〈동조 제2항〉 1. **영주자격**을 가진 사람으로 형법상 내란의 죄 또는 외환의 죄를 범한 사람 2. **영주자격**을 가진 사람으로 **5년 이상**의 징역 또는 금고의 형을 선고받고 석방된 사람 중 법무부령으로 정하는 사람 3. **영주자격**을 가진 사람으로 선박 등의 제공 금지 규정을 위반하거나 교사 또는 방조한 사람
조사(§47)	출입국관리공무원은 제46조 제1항 각 호의 어느 하나에 해당된다고 의심되는 외국인(이하 "용의자"라 한다)에 대하여는 그 사실을 **조사할 수 있다.**
보호(§51)	① 출입국관리공무원은 외국인이 제46조 제1항 각 호의 어느 하나에 해당된다고 의심할 만한 상당한 이유가 있고 도주하거나 도주할 염려가 있으면 지방출입국·외국인관서의 장으로부터 보호명령서를 발급받아 그 외국인을 **보호할 수 있다.**

심사 후의 절차 (§59)	② 지방출입국·외국인관서의 장은 심사 결과 용의자가 제46조 제1항 각 호의 어느 하나에 해당한다고 인정되면 강제퇴거명령을 할 수 있다. ③ 지방출입국·외국인관서의 장은 ②에 따라 강제퇴거명령을 하는 때에는 강제퇴거명령서를 용의자에게 발급하여야 한다.
강제퇴거명령서의 집행(§62)	① 강제퇴거명령서는 **출입국관리공무원이 집행**한다. ② 지방출입국·외국인관서의 장은 사법경찰관리에게 강제퇴거명령서의 집행을 의뢰할 수 있다.
강제퇴거명령을 받은 사람의 보호 및 보호해제(§63)	① 지방출입국·외국인관서의 장은 강제퇴거명령을 받은 사람을 여권 미소지 또는 교통편 미확보 등의 사유로 즉시 대한민국 밖으로 송환할 수 없으면 송환할 수 있을 때까지 그를 보호시설에 보호할 수 있다. ② 지방출입국·외국인관서의 장은 제1항에 따라 보호할 때 그 기간이 3개월(1개월 X)을 넘는 경우에는 3개월마다 **미리 법무부장관의 승인**을 받아야 한다.

7 밀항단속법

정의(§2)	1. **"밀항"**이란 관계 기관에서 발행한 여권, 선원수첩, 그 밖에 출국에 필요한 유효한 증명 없이 대한민국 외의 지역으로 도항하거나 국경을 넘는 것을 말한다. 2. **"이선·이기"**란 대한민국 외의 지역에서 승선한 선박이나 탑승한 항공기로부터 무단이탈하거나 선장 또는 기장, 그 밖의 책임자가 지정한 시간 내에 귀환하지 아니하는 것을 말한다.
형의 감면 등 (§6)	① 밀항 또는 이선·이기한 사람으로서 재외공관에 자수 또는 귀환하였거나 밀항 또는 이선·이기에 착수하였다가 관계 수사기관이나 해당 선장 또는 기장, 그 밖의 책임자에게 자수한 사람은 형을 경감하거나 **면제할 수 있다.** └ 면제해야 한다 X
사건 통보 등 (§7)	① 사법경찰관리가 이 법을 위반한 사건을 수사하였을 때에는 지체 없이 그 사실을 관할 지방출입국·외국인관서의 장에게 통보하여야 한다.

8 「항공보안법」상 항공기 탑승거절 대상자(§23 ⑦)

⑦ 항공운송사업자는 다음 각 호의 어느 하나에 해당하는 사람에 대하여 탑승을 거절할 수 있다.
　1. 제15조 또는 제17조에 따른 보안검색을 거부하는 사람
　1의2. 제15조의2 제2항을 위반하여 본인 일치 여부 확인을 거부하는 사람
　2. 음주로 인하여 소란행위를 하거나 할 우려가 있는 사람
　3. 항공보안에 관한 업무를 담당하는 국내외 국가기관 또는 국제기구 등으로부터 항공기 안전운항을 해칠 우려가 있어 탑승을 거절할 것을 요청받거나 통보받은 사람
　4. 그 밖에 항공기 안전운항을 해칠 우려가 있어 **국토교통부령**으로 정하는 사람
　　└ 법무부령 X

THEME 09 외국인 등 관련범죄에 관한 특칙(범죄수사규칙)

1 주요 내용

국제법의 준수 (§207)	경찰관은 외국인 등 관련범죄의 수사를 함에 있어서는 **국제법과 국제조약**에 위배되는 일이 없도록 유의하여야 한다.
외국인 등 관련범죄 **수사의 착수** (§208)	경찰관은 외국인 등 관련 범죄 중 중요한 범죄에 관하여는 **미리 국가수사본부장**에게 보고하여 그 지시를 받아 수사에 착수하여야 한다. 다만, **급속을 요하는 경우**에는 필요한 처분을 한 후 신속히 **국가수사본부장**의 지시를 받아야 한다.
대·공사 등에 관한 **특칙**(§209)	① 경찰관은 외국인 등 관련범죄를 수사함에 있어서는 다음 각 호의 어느 하나에 해당하는 사람의 **외교 특권**을 침해하는 일이 없도록 주의하여야 한다. 　1. 외교관 또는 외교관의 가족 　2. 그 밖의 외교의 특권을 가진 사람 ③ 경찰관은 피의자가 외교 특권을 가진 사람인지 여부가 의심스러운 경우에는 신속히 **국가수사본부장**에게 보고하여 그 지시를 받아야 한다. (받을 수 있다 X)
대·공사관 등에의 **출입**(§210)	① 경찰관은 대·공사관과 대·공사나 대·공사관원의 사택 별장 혹은 그 숙박하는 장소에 관하여는 해당 대·공사나 대·공사관원의 **청구가 있을 경우 이외**에는 출입해서는 아니 된다. 다만, 중대한 범죄를 범한 자를 추적 중 그 사람이 위 장소에 들어간 경우에 지체할 수 없을 때에는 대·공사, 대·공사관원 또는 이를 대리할 권한을 가진 사람의 사전 동의를 얻어 수색하여야 한다.
외국군함에의 출입 (§211)	① **경찰관은** 외국군함에 관하여는 해당 군함의 함장의 **청구가 있는 경우 외**에는 이에 출입해서는 아니 된다. ② 경찰관은 중대한 범죄를 범한 사람이 도주하여 대한민국의 영해에 있는 외국군함으로 들어갔을 때에는 신속히 **국가수사본부장**에게 보고하여 그 지시를 받아야 한다. 다만, **급속을 요할 때**에는 해당 군함의 함장에게 범죄자의 **임의의 인도를 요구할 수 있다.** _{신분을 밝히고 출입할 수 있다 X ↙} 예 소매치기범이 범행 중 경찰관에게 적발되어 도주하던 중 대한민국 영해에 있는 항구에 정박 중인 미군군함으로 들어간 경우 **경찰관은 급속을 요할 때에는 당해 군함의 함장에게 범죄자의 임의의 인도를 요구할 수 있다.**
외국군함의 승무원에 **대한 특칙** (§212)	**경찰관은** 외국군함에 속하는 군인이나 군속이 그 군함을 떠나 대한민국의 영해 또는 영토 내에서 죄를 범한 경우에는 신속히 **국가수사본부장**에게 보고하여 그 지시를 받아야 한다. 다만, 현행범 그 밖의 급속을 요하는 때에는 체포 그 밖의 수사상 필요한 조치를 한 후 신속히 **국가수사본부장**에게 보고하여 그 지시를 받아야 한다.

영사 등에 관한 특칙 (§213)	① 경찰관은 임명국의 국적을 가진 대한민국 주재의 총영사, 영사 또는 부영사에 대한 사건에 관하여 구속 또는 조사할 필요가 있다고 인정될 때에는 미리 **국가수사본부 장**에게 보고하여 그 지시를 받아야 한다. ② 경찰관은 총영사, 영사 또는 부영사의 사무소는 해당 영사의 청구나 동의가 있는 경우 외에는 이에 출입해서는 아니 된다. ③ 경찰관은 총영사, 영사 또는 부영사의 사택이나 명예영사의 사무소 혹은 사택에서 수사할 필요가 있다고 인정될 때에는 미리 **국가수사본부장**에게 보고하여 그 지시를 ↳ 경찰청장 X 받아야 한다. ④ 경찰관은 총영사, 영사 또는 부영사나 명예영사의 사무소 안에 있는 기록문서에 관하여는 이를 열람하거나 압수하여서는 아니 된다.
외국 선박 내의 범죄(§214)	경찰관은 대한민국의 영해에 있는 외국 선박내에서 발생한 범죄로서 다음 각호의 어느 하나에 해당하는 경우에는 **수사를 하여야 한다.** 1. 대한민국 육상이나 항내의 안전을 해할 때 2. **승무원 이외의 사람**이나 대한민국의 국민에 관계가 있을 때 ↳ 승무원이나 X 3. 중대한 범죄가 행하여졌을 때
외국인 피의자에 대한 조사사항(§216)	경찰관은 피의자가 외국인인 경우에는 제71조에 열거한 사항 외에 다음 각 호의 사항에 유의하여 피의자신문조서를 작성하여야 한다. 1. 국적, 출생지와 본국에 있어서의 주거 2. 여권 또는 외국인등록 증명서 그 밖의 신분을 증명할 수 있는 증서의 유무 3. 외국에 있어서의 전과의 유무 4. 대한민국에 입국한 시기 체류기간 체류자격과 목적 5. 국내 입·출국 경력 6. 가족의 유무와 그 주거
통역인의 참여 (§217)	① 경찰관은 외국인인 피의자 및 그 밖의 관계자가 한국어에 능통하지 않는 경우에는 통역인으로 하여금 통역하게 하여 **한국어**로 피의자신문조서나 진술조서를 작성하여야 하며 특히 필요한 때에는 **외국어**의 진술서를 작성하게 하거나 **외국어**의 진술서를 제출하게 하여야 한다. ② 경찰관은 외국인이 구술로써 고소·고발이나 자수를 하려 하는 경우에 한국어에 능통하지 않을 때의 고소·고발 또는 자수인 진술조서는 ①의 규정에 준하여 작성하여야 한다.
번역문의 첨부 (§218)	경찰관은 다음 각 호의 경우 번역문을 **첨부하여야 한다.** 1. 외국인에 대하여 구속영장 그 밖의 영장을 집행하는 경우 2. 외국인으로부터 압수한 물건에 관하여 압수목록교부서를 교부하는 경우

② 외국인에 대한 조사(경찰수사규칙 제91조)

① 사법경찰관리는 외국인을 조사하는 경우에는 조사를 받는 외국인이 이해할 수 있는 언어로 통역해 주어야 한다.

② 사법경찰관리는 외국인을 체포·구속하는 경우 국내 법령을 위반하지 않는 범위에서 영사관원과 자유롭게 접견·교통할 수 있고, 체포·구속된 사실을 영사기관에 통보해 줄 것을 요청할 수 있다는 사실을 알려야 한다.

③ 사법경찰관리는 체포·구속된 외국인이 제2항에 따른 통보를 요청하는 경우에는 영사기관 체포·구속 통보서를 작성하여 **지체 없이** 해당 영사기관에 체포·구속 사실을 **통보해야 한다.**

④ 사법경찰관리는 외국인 변사사건이 발생한 경우에는 영사기관 사망 통보서를 작성하여 **지체 없이** 해당 **영사기관**에 통보해야 한다.
└ 검사 X

③ 외국인에 대한 조사 시 유의사항(경찰 수사에 관한 인권보호 규칙 제48조)

① 경찰관은 외국인을 조사하거나 체포·구속하는 경우 언어, 문화의 특성을 고려하고, 외국인이 이해할 수 있는 언어로 통역해 주어야 한다.

② 경찰관은 외국인을 조사하는 경우 조사를 시작하기 전에 신뢰관계인을 조사에 동석시킬 수 있음을 고지하고, 동석 희망 여부를 미리 확인해야 한다.

③ 경찰관은 외국인이 신뢰관계인의 동석을 희망하는 경우 수사에 특별한 지장이 없는 한 이를 최대한 보장해야 한다.

④ 경찰관은 외국인 피의자를 체포·구속할 때에는 영사관원과 자유롭게 접견·교통할 수 있고, 체포·구속된 사실을 영사기관에 통보해 줄 것을 요청할 수 있음을 고지해야 한다.

⑤ 경찰관은 외국인 피의자가 영사기관 통보 및 접견을 요청한 경우 해당 영사기관에 **지체 없이** 통보해야 한다. 다만, ④에도 불구하고 외국과의 별도 조약에 따라 피의자 의사와 관계없이 해당 영사기관에 통보하게 되어 있는 경우에는 반드시 이를 통보해야 한다.

주한미군지위협정(SOFA)

1 주한미군지위협정(SOFA)의 개념

SOFA(Status of Forces Agreement)란 한 국가의 군대가 다른 국가의 영토 내에 주둔하는 경우 발생하는 제반 문제의 처리를 위하여 파견국과 접수국간에 체결하는 조약을 말함. 공식명칭은 「대한민국과 아메리카 합중국간의 상호 방위조약 제4조에 의한 시설과 구역 및 대한민국에서의 합중국군대의 지위에 관한 협정」이며, 「주한미군지위협정」(SOFA)로 약칭, SOFA는 1966. 7. 9. 체결되었으며, **국회의 비준을 거친 조약으로 국내법과 동일한 효력을 가진다.**

※ 주한미군지위협정(SOFA)은 협정, 합의의사록, 합의의사록에 관한 양해사항 등으로 구성됨

2 인적 적용 범위

대상자	**미군의 구성원**	미국의 육·해·공군에 속하는 인원으로서 현역에 복무하고 있는 자. 다만, 합중국 대사관에 부속된 합중국 군대의 인원과 개정된 1950년 1월 26일자 군사고문협정에 그 신분이 규정된 인원은 제외
	군속	미국의 국적을 가진 민간인으로서 대한민국에 있는 미군에 고용되거나 동군대에 근무하거나 또는 동반하는 자를 말하나, 통상적으로 대한민국에 거주하는 자, 또는 제15조 제1항(초청계약자)에 규정된 자는 제외
	가족	미군의 구성원 또는 군속의 가족 중 – 배우자 및 21세 미만의 자녀 – 부모 및 21세 이상의 자녀 또는 기타 친척으로서 그 생계비의 **반액 이상**(3분의 1이상 X)을 미군의 구성원 또는 군속에 의존하는 자
	초청 계약자	미국의 법률에 따라 조직된 법인, 통상 미국에 거주하는 동 법인의 고용원 및 그들의 가족으로서 미국 정부에 의해 초청계약자로 지정된 자
제외자		① 미8군에 근무하는 한국인 근로자 ② NATO에 근무 중 공무상 한국을 여행 중인 미군 ③ 주한 미군사고문단 ④ 주한 미대사관에 근무하는 미군사병 ⑤ 카투사 ⑥ 이중국적 가족 ⑦ 주한미대사관에 근무하는 무관 ⑧ 경제적으로 독립한 주한미군의 21세의 아들

3 형사재판권 분장

재판관할권	영토주권의 원칙과 일반 국제법상의 원칙에 입각하여 대한민국과 미군 당국이 재판권행사의 주체라는 '**재판권 분장의 원칙**'을 선언하고 있음(협정 제22조 제1항)	
전속적재판권	① 대한민국과 미군당국 중 다른 일방 국가의 법령에 의해서는 처벌할 수 없는 경우에 **처벌이 가능한 국가만이 배타적으로 형사재판권을 행사하는 것** ② 주한미군지위협정(SOFA)은 다른 주둔군 지위협정과 마찬가지로 영토주권의 원칙에 의하여 '**접수국 법령 존중의 원칙**'을 규정하고 있다. ③ 대한민국이 전속적 재판권을 보유하는 범죄는 대한민국 법령으로만 처벌할 수 있는 범죄(대한민국 안전에 관한 범죄 포함)를 말한다. ④ 미군은 미국법령에 의하여서는 처벌할 수 있으나 대한민국 법령에 의하여서는 처벌할 수 없는 범죄(미국의 안전에 관한 범죄를 포함한다)에 관하여 **전속적 재판권**을 행사할 권리를 가진다(주한미군지위협정 제22조 제1항 (나)). └ 1차적 재판권 X	
경합적 재판권	원칙	대한민국 당국이 **제1차적 재판권**을 보유 ※ 공무집행여부는 **미군**이 발행하는 공무증명서로 판단 ※ 공무증명서는 법무참모의 조언에 따라서만 발급되어야 하며, **장성급**(영관급X) 장교만이 공무증명서를 발급할 권한이 있음
	예외	미군 당국의 **제1차적 재판권**을 보유하는 경우 − 오직 미국의 재산·안전에 관한 범죄 − 오직 미군 구성원, 군속 또는 그들 가족 간의 신체나 재산에 관한 범죄 − **공무집행** 중의 작위 또는 부작위에 의한 범죄의 경우 └ 공무집행으로 인한 범죄뿐만 아니라 공무집행에 부수하여 발생하는 범죄 포함
재판권의 포기	대한민국 당국은 미군 당국의 요청이 있으면 대한민국 당국이 재판권을 행사함이 특히 중요하다고 결정하는 경우를 **제외**하고는 재판권을 행사할 제1차적 권리를 포기함	
구속여부	① 주한미군지위협정(SOFA)에 따라 미군에 신병이 있는 경우에도 사안이 중대하고 구속의 필요성이 있는 경우에는 미군에 신병인도를 요구하고 미군이 이를 호의적 고려를 할 경우 피의자를 기소 전 **신병구속 할 수 있다.** └ 구속할 방법이 없다 X	

4 주한미군지위협정(SOFA)에 따른 미군 수사

피의자신문 조서의 작성	① 현행범체포의 경우 SOFA 규정에 따라, **미정부대표**는 출석요구를 받은 때로부터 1시간 내로 출석, **미정부대표**가 출석할 때까지 형사소송법상 48시간 이내 유치장 입감이 가능하다. ② **미정부대표**가 참여하지 아니한 경우 피의자 또는 피고인이 한 진술은 유죄의 증거로 채택되지 않는다. ③ 조서는 반드시 **미정부대표**의 임명장 접수 및 입회하에 작성하고, 조사 후 **미정부대표**의 서명 또는 기명날인을 받는다. ④ 피의자가 서명을 거부한 경우는 「형사소송법」에 따라 그 사유를 조서에 기재하고 의사에 반해 서명을 강요하지 않도록 유의한다. 단, 피의자가 서명을 거부하였더라도 그 사유를 조서에 기재하고 수사관의 서명과 **미정부대표**의 서명이 있는 한 조서의 일반적 <u>효력은 유효하다.</u> ↳ 효력이 인정되지 않는다 X
SOFA 대상자를 복귀 전 현행범인 체포한 경우 처리절차	① 경찰서로 동행한 피의자에 대해 신분증과 대조하여 주한미군지위협정(SOFA) 대상자 여부를 재차 확인한 후 기초사실조사서를 작성한다. ② 미 헌병의 신병인도요청이 있더라도 미국 정부대표가 출석하여 1차 조사가 완료될 때까지 「형사소송법」상 체포 가능시한 내에서 경찰이 신병을 구금한다. ③ 피의자가 변호인을 선임하고 변호인의 참여를 원하는 경우에는 변호인의 출석 없이는 피의자신문이 불가능하다. ④ 현장에서 또는 피의자 조사 시 SOFA 대상자가 대한민국에 재판권이 없음을 항변하기 위해 공무 중인 사건임을 주장하는 경우가 있으나 **재판권의 귀속여부에 대한 판단은 검찰에서 하는 것임을 설득시키고 일반 SOFA 사건과 동일하게 처리한다.**

5 한미행정 협정사건 통보

한미행정 협정사건 통보	① 시·도경찰청은 SOFA 범죄가 중대 사안인 경우 본청 마약조직범죄수사과 및 소관 기능에 보고한다. ② 피의자를 상대로 SOFA 대상자 여부를 재확인, 소속·계급·성명·생년월일·범죄사실 등 범죄기초 조사서를 작성한다. ③ 미군 당국(인접 또는 소속 부대 헌병대)에 체포 또는 피고소·고발 사실을 즉시 통보하고 **미정부대표** 출석을 요구한다. ④ 112신고를 접하고 현장에 출동했는데 외국인이라고 보이는 남성이 자신이 SOFA 대상자임을 주장하는 경우에는 관할 미헌병대로 연락하여 대상자 이름, 나이 소속 등을 알림으로써 SOFA대상자인지 여부를 확인한다.
한미행정협정 사건의 통보 (경찰수사규칙 §92)	① 사법경찰관은 주한 미합중국 군대의 구성원·외국인군무원 및 그 가족이나 초청계약자의 범죄 관련 사건을 인지하거나 고소·고발 등을 수리한 때에는 **7일 이내**에 별지 제95호서식의 한미행정협정사건 통보서를 **검사**(미군 당국 X)에게 통보해야 한다. ② 사법경찰관은 주한 미합중국 군당국으로부터 **공무증명서**를 제출받은 경우 지체 없이 공무증명서의 사본을 검사에게 송부해야 한다. ③ 사법경찰관은 검사로부터 주한 미합중국 군당국의 재판권포기 요청 사실을 통보받은 날부터 **14일 이내**에 검사에게 사건을 송치 또는 송부해야 한다. 다만, 검사의 동의를 받아 그 기간을 연장할 수 있다.

6 배상책임(공무 중 사건의 경우)

전적으로 미군측 책임	미군 75%, 한국정부 25% 부담
책임한계가 불분명한 경우	미군 50%, 한국정부 50% 부담
미군과 한국정부의 공동책임	미군 50%, 한국정부 50% 부담

※ 배상신청 기한은 피해행위가 있던 날로부터 **5년 이내**이다(국가재정법 제96조).

THEME 11 외교사절

1 외교특권

개념		외교사절은 일반 외국인과 달리 특권적 지위를 향유하는데, 이러한 외교사절의 특권과 면제를 **외교특권**이라고 한다.
불가침권	**신체의 불가침**	① 외교관의 신체는 불가침으로, 어떠한 형태의 체포 또는 구금도 당하지 않는다. ② 접수국은 상당한 경의를 가지고 외교관을 대우해야 하며 그 신체의 자유 및 존엄성에 대한 침해를 방지하기 위하여 적절한 조치를 취하여야 한다. ③ 대한민국에 파견된 외국사절에 대한 폭행이나 협박 등의 죄에 대하여 일반범죄보다 가중하여 처벌하는 규정을 두고 있다(형법 §108).
	관사의 불가침	① **공관뿐만 아니라 외교관의 개인 주택도 불가침이며, 소유 또는 임차를 불문하고 관사는 본 건물뿐만 아니라 부속건물, 정원, 차고 등을 포함한다.** ② 외교사절의 요구나 동의가 없는 한 접수국의 관헌은 직무수행을 위해서도 여기에 들어갈 수 없는 것이 원칙이다. 예 체포영장이 발부된 한국인 S가 주한 영국대사의 관저에 들어가 신변보호를 요청한 경우 외교관의 관사는 불가침이지만 범죄인의 비호권은 원칙적으로 인정되지 않는다.
	문서의 불가침	① 외교공관의 문서와 서류는 언제, 어디서나 불가침이며, 수색·검열·압수되지 않는다. **외교가 단절될 경우에도 접수국은 문서의 불가침권을 존중하고 보호해야 한다.** ② 관사의 문서가 간첩행위의 서증이 되는 경우에는 **불가침성을 상실**한다. ③ 대사관에서 대화의 도청이나 녹취를 위한 기술적 도구의 투입은 불허한다.
치외법권		① 사법권으로부터의 면제 : 외교관은 어떠한 경우에도 체포·구금·소추 또는 처벌되지 않으며, 공무수행 중의 행위뿐만 아니라 개인자격으로 행한 행위에 대해서도 그러하다. ② 민사재판권의 면제 : 외교사절에 대한 민사소송을 접수국의 재판소에 제기할 수 없고, 접수국의 재판소는 이를 수리할 수 없다. ③ 증언의무로부터의 면제 : 외교사절은 접수국 내에서 형사·민사 또는 행정재판과 관련하여 재판정에 출석하여 증언할 의무가 없다. ④ 경찰권의 면제 : 외교사절은 접수국의 경찰권으로부터 면제됨. 다만, 직무수행을 방해하지 않는 경찰상의 명령이나 규칙으로서 사회의 안전과 질서유지에 필요한 것은 자진해서 준수할 것이 기대된다. ⑤ 과세권의 면제 : 외교사절은 원칙적으로 접수국의 과세권으로부터 면제되므로 인적, 물적 또는 국세, 지방세를 불문하고 조세로부터 면제된다.

2 외교사절의 파견접수와 직무

외교사절의 파견과 접수	아그레망의 요청	외교사절의 파견을 희망하는 국가가 파견에 앞서서 접수국에게 특정인의 임명 및 파견에 관해 이의의 유무를 문의하는 것
	아그레망의 수여	아그레망의 요청에 대하여 이의가 없다는 의사표시
외교사절의 직무	① 외교사절의 직무 개시 시기는 신임장의 정본 제출 시부터라는 것이 일반적인 관행이다. ② 외교사절의 특권은 외교사절이 **주재국에 입국 시부터 인정**된다.	

3 주한 외국공관원

주한 외국공관원	① 주한 외국공관원이란 국내 외국공관에 근무하는 외교관, 영사관원, 행정·기능직원 및 그 가족, 노무·사무직원을 포함한다. ② 요리사는 노무직원으로 **공무 중** 행위에 한하여 **형사재판권이 면제**된다. ③ 외교관은 공관장과 외교직원으로서 비엔나 협약의 모든 특권을 향유한다. ④ 행정보조, 비서 등 행정·기능직원의 경우 **공·사무 불문** **형사재판권이 면제**된다. 　　　　　　　　　　　　　└→ 공무중 행위만 X
주한 외국공관원 범죄 처리	① 주한 외국공관원 범죄란 국내 공공기관에 근무하는 외교관, 영사관원, 행정·기능직원 및 그 가족, 노무·사무직원에 의한 범죄를 말한다. ② 일반적으로 외교관 등 주한 외국공관원은 신체·주거의 불가침, 형사 재판관할권 면제 등 다양한 특권과 면제를 향유한다. ③ 주한 외국공관원의 특권과 면제에 대한 근거로는 외교관계에 의한 비엔나협약 제29조, 영사관계에 의한 비엔나협약 제41조가 있다. ④ 주한 외국공권원 범죄를 수사할 경우 국가 간 외교문제로 비화될 수 있음을 감안, 특권·면제를 존중하고 대외 보안에 유의한다.

4 주한 외국공관원 특권·면제의 인정범위(경찰청 가이드라인)

대상	세부 대상	신체 불가침	재판관할권 면제			관련 근거
			형사	행정	민사	
외교관	• 공관장(대사) • 외교직원(공사, 참사관, 서기관, 주재관)	공·사무 불문				외교관계 비엔나협약
행정·기능직원	외교사절의 사무 및 기능직무 종사 → 행정보조원, 비서, 통역원 등	공·사무 불문		공무		
노무직원	공관의 관내역무에 종사하는 자 → 운전원, 청소부, 경비원, 요리사 등	공무				
영사관원	영사기관장, 영사관원	공·사무 불문 (중대범죄 예외)		공무		영사관계 비엔나협약
사무직원	영사기관 행정·기술업무 종사자	不인정		공무		

※ 다만, 외교관의 행정 및 민사재판관할권의 경우 외교관 개인부동산 관한 소송, 개인의 상속에 관한 소송, 개인 자격의 상업적 활동의 경우에는 면제가 인정되지 않음(외교관계 비엔나협약 제31조)

5 비엔나협약

외교관계에 관한 비엔나협약 (§27)	2. 공관의 공용통신문은 불가침이다. 공용 통신문이라 함은 공관 및 그 직무에 관련된 모든 통신문을 의미한다. 3. 외교행낭은 개봉되거나 유치되지 않는다. 4. 외교행낭을 구성하는 포장물은 그 특성을 외부에서 식별할 수 있는 표지를 **달아야 하며**, 공용을 목적으로 한 **외교문서나 물품만을 넣을 수 있다.** 달 수 있으며 X 5. 외교신서사는 신체의 불가침을 향유하며 어떠한 형태의 체포나 구금도 당하지 않는다.
영사관계에 관한 비엔나협약 (§36)	(a) 영사관원은 파견국의 국민과 자유로이 통신할 수 있으며 또한 접촉할 수 있다. (b) 파견국의 영사관할구역내에서 파견국의 국민이, 체포되는 경우, 또는 재판에 회부되기 전에 구금 또는 유치되는 경우, 또는 기타의 방법으로 구속되는 경우에 그 국민이 파견국의 영사기관에 통보할 것을 요청하면, 접수국의 권한있는 당국은 지체없이 통보하여야 한다. (c) 영사관원은 구금, 유치 또는 구속되어 있는 파견국의 국민을 방문하여 또한 동 국민과 면담하고 교신하며 또한 그의 법적대리를 주선하는 권리를 가진다.

6 외국인 관련 사건처리 요령

① 경찰관은 피의자가 외교 특권을 가진 사람인지 여부가 의심스러운 경우에는 신속히 국가수사본부장에게 보고하여 그 지시를 받아야 한다(범죄수사규칙 §209 ③).

② 외국인을 체포·구속한 때에는 해당국 대사관(영사기관)에 영사기관 통보요청을 할 수 있음을 고지하여야 한다.

③ 「대한민국과 러시아 연방간의 영사협약」에 따라 한국에서 러시아인이 체포·구속된 경우 **피의자 요청 불문하고** 지체 없이 러시아의 영사기관에 통보해야 한다. ~~본인이 희망하는 경우에 한하여 X~~

④ 한·중 영사협정에 따라 중국인 피의자 체포·구속 시 본인의 의사와 관계 없이 그 사실을 4일 이내에 중국 영사기관에 통보하여야 한다.

구분 (발효일)	영사관계에 관한 비엔나 협약('77.4.6.)	대한민국과 러시아 연방 간의 영사협약('92.7.29.)	대한민국과 중화인민 공화국간의 영사협정('15.4.12.)
대상국	일반국가 (중국·러시아 제외)	러시아	중국 (대만 제외)
체포· 구속 통보	피의자 요청 시 지체 없이 영사기관 통보	피의자 의사 불문, 지체 없이 의무적 통보	피의자 의사 불문, 4일 內 의무적 통보 ※ 체포·구속 통보서에 이름, 체포일시·장소, 접촉 가능장소 등 기재
영사 관원 접견	영사관원의 유치· 구속 등 파견국 국민 방문 권리	영사관원의 파견국 국민 방문 권리 (가능한 한 빨리 허용)	영사관원 요청 시 4일 內 의무적 접견
사망 통보	파견국 국민 사망 시 **지체 없이** 영사기관 통보	파견국 국민 사망 시 **가능한 빨리** 영사기관 통고	파견국 국민 사망 시 **지체 없이** 영사기관 통지

Chapter
07

7 「한 · 중 영사협정」에 따른 중국인 피의자 체포 · 구속 시 조치사항

「한·중 영사협정」에 따른 중국인 피의자 체포· 구속 시 조치사항	① 한·중 영사협정에 따라 중국인 피의자 체포·구속 시 피의자에게 영사관원 접견 등 권리를 의무적으로 통지하여야 한다. ② 체포·구속된 피의자의 요청이 없는 경우에도 **4일 이내**(7일 이내 X)에 해당사실을 영사기관에 통보하여야 한다. ③ 체포·구속된 피의자와 영사관원 간 문서 수·발신의 권리가 보장된다. ④ 한·중 영사협정에 따른 권리통지를 형사사법정보시스템(KICS) 서식으로 활용할 수 있도록 개선되었다.
「대한민국과 중화인민 공화국간의 영사협정」에 따른 피의자 권리 통지 내용	① 체포·구속된 피의자의 요청이 없는 경우에도 4일 이내에 해당사실을 영사기관에 통보 ② 영사관원의 요청 시 수사기관은 체포·구속된 피의자와 영사관원 간 접견 주선 ③ 체포·구속된 피의자와 영사관원 간 문서 수·발신의 권리 보장

THEME 12 국제형사경찰기구(ICPO - INTERPOL)

1 목적 및 내용

목적	인터폴은 각 국의 현행 법률의 범위 내에서, '세계인권선언'의 정신에 입각하여 모든 형사경찰 당국 간에 최대한의 협조를 보장하고 증진함을 목적으로 한다.
법적근거	국제형사사법공조법 제38조(국제형사경찰기구와의 협력), 경찰관 직무집행법 제2조 (직무의 범위) 제6호, 제8조의3(국제협력) 등
내용	① 인터폴(국제형사경찰기구)의 196개 회원국은 인터폴 헌장과 자국법이 허용하는 한도 내에서 국제 범죄에 관한 각종 정보를 서로 교환하고 범죄자의 체포 및 인도를 위해 상호 협력하고 있다. 　→ 인터폴은 범죄수사권을 가진 '국제경찰'을 의미하는 것은 아니다. ② 인터폴은 정치적·군사적·종교적·인종적 성격을 띤 어떠한 개입이나 활동을 금지한다. ③ 1914년 **최초로** 모나코에서 국제형사경찰회의가 개최되었다. ④ **한국은 1964년(제33차 총회, 베네주엘라)에 가입**하였다.

2 인터폴의 조직

총회(General Assembly)	전 회원국이 참여하는 **최고 의결기관**
집행위원회(Executive Committee)	총회의 결정에 따라 사무총국의 업무 감독
사무총국 (General Secretariat)	국제범죄 예방과 진압을 위해 각 회원국 등과 긴밀한 협조관계를 유지하는 **총 본부이자 추진체**
국가중앙사무국 (NCB: National Central Bureau)	인터폴 사무총국 및 회원국들과의 신속한 협력을 위해 **각 국가 중앙경찰 산하에 설치되어 있는 상설기구** ※ 인터폴 대한민국 국가중앙사무국은 **경찰청 국제협력관 국제공조담당관**에 설치되어 있다. 〔국가수사본부 X〕

3 다자간 국제경찰협력기구

인터폴	국제범죄의 예방과 진압을 위해 인터폴헌장과 각 회원국의 국내법이 허용하는 한도 내에서 국제 범죄에 관한 정보를 교환하고 범죄자 체포 및 인도에 대하여 상호 협력하는 정부 간 국제기구인 국제형사경찰기구(International Criminal Organization, ICPO-INTERPOL)를 말한다.
유로폴	유럽연합조약에 근거하여 네덜란드 헤이그에 본부를 둔 유럽경찰사무소(European Police Office)로 회원국 간 국경을 넘어서 일어나는 범죄, 특히 마약류 범죄에 관한 범죄정보를 교환·조정하는 중앙기구를 말한다.
아세아나폴	1981년부터 경찰협력 증진 및 공조수사 강화를 위해 아세안 회원국의 경찰기관장 간 연례회의를 개최하여 상호 우호 증진 및 치안협력 네트워크를 구축하는 회의적·협의체적 성격의 기구를 말한다.
기타	트레비그룹(Group TREVI), K-4 위원회(Comite K-4), 솅겐조약에 의한 경찰협력, 대마약진압 유럽위원회(CELAD), 임시 이민그룹(ad hoc immigration group), 상호협조그룹(Mutual Assistance Group), 조정그룹(Coordinators Group), Berne 클럽(Berne Club), Pompidou 그룹(Pompidou Group) 등이다.

4 인터폴 수배서(Notice)

(1) 의의

① 각 인터폴 국가중앙사무국의 요청에 따라 **사무총국에서 발부**한다.
② 수배대상인 인적·물적 사항에 관한 자료를 각국에 통보한다.
③ 인터폴은 각 회원국에 **중요 범죄 관련 정보를 공유하고 국제적 협조요청이나 위험경고**를 하기 위한 목적으로 '인터폴 수배(통지)서(Notice)'를 발부하고 있다. 　└ 기구내 자체 수사관 X
④ 발부 목적에 따라 8가지 종류의 인터폴 수배서를 발부하고 있다.

(2) 국제수배서의 종류(경찰청 국제공조수사 매뉴얼)

종류	목적	요건(인터폴 사무총국 규정)
적색수배서 (Red Notice)	수배자 체포 및 범죄인 인도	**우리나라의 적색수배서 발부요건** 장기 2년 이상 징역이나 금고에 해당하는 죄를 범하여 체포영장·구속영장 또는 형집행장이 발부된 자 중 ① 범죄단체 조직·가입·활동 ② 살인·상해·강도 등 강력범죄 ③ 강간·강제추행 등 성범죄 ④ 마약류 제조, 수출·입, 유통행위(단, 마약류 단순 구매·소지·투약 　제외) ⑤ 전화금융사기 또는 범죄금액 5억원 이상 경제범죄 ⑥ 범죄금액 100억원 이상 사이버도박 운영 ⑦ 산업기술 유출 등 지식재산 범죄 ⑧ 그 밖에 사안의 중대성 등을 고려, 적색수배가 특별히 필요하다고 　인정되는 자
청색수배서 (Blue Notice)	범죄관련인 소재확인	•유죄판결을 받은 자, 수배자, 피의자, 참고인 등 **범죄 관련자**일 것 •**소재확인**을 위한 범죄사실 특정 등 충분한 자료가 제공될 것
녹색수배서 (Green Notice)	우범자 정보제공	•법집행기관에 의해 공공안전에 위협이 되는 인물로 평가될 것 •**우범자 판단**에 전과 등 충분한 자료가 뒷받침될 것
황색수배서 (Yellow Notice)	실종자 소재확인	•경찰에 신고되었을 것 •성인의 경우 사생활 보호 관련 법률 위반 없을 것 •충분한 자료가 제공되었을 것
흑색수배서 (Black Notice)	변사자 신원확인	•경찰에 의해 변사체 발견이 확인되었을 것 •충분한 정보가 제공될 것 예 부산경찰청 해운대경찰서 형사계에 근무하는 O 경위는 해운대 부근 에서 국적불명의 외국인 여자 1명의 변사체를 발견하고 그 소지품 등 을 조사하였으나, 신분증이 없어 신원을 확인할 수 없었다.
오렌지색수배서 (Orange Notice)	위험물질 경고	법집행기관에 의해 공공안전에 급박한 위험이라고 평가될 것
보라색수배서 (Purple Notice)	범죄수법 정보 제공	•수법·대상등이 회원국 들의 관심을 끌 수 있는 범죄일 것 •충분한 자료가 제공될 것
UN특별수배서	UN 안보리 제재 대상 정보 제공	인터폴과 UN안보리의 협의사항에 따라 발부

Chapter **07**

5 회원국 간 협조의 기본원칙

주권의 존중	협력은 각 회원국 경찰기관이 자국의 영토 내에서 자국법에 의해 취할 수 있는 조치들에 기초함
일반형법의 집행	인터폴의 활동범위는 일반범죄와 관련된 범죄의 예방과 진압에 국한됨
보편성	모든 회원국은 타 회원국과 협력할 수 있으며, 그러한 협력은 **지리적 또는 언어적 요소**에 의해 방해받아서는 안됨
평등성	모든 회원국은 **재정** 분담금의 규모와 관계없이 동일한 혜택과 지원을 받을 수 있음 재정평등
타 기관과의 협력	각국 국가중앙사무국(N.C.B)을 통한 협력은 일반범죄의 예방과 진압에 관계되는 모든 정부기관에 확대됨
협력방법의 융통성 (유연성)	업무방법은 비록 정형성과 연속성을 확보하기 위한 위의 원칙들에 의해 기속되지만, 각국의 다양한 경찰 조직구조와 상황을 충분히 고려하여 유연하게 행해져야 함

6 국외도피사범 국제공조에 대한 인터폴 활용방법

① 수사관서에서 국제공조 요청서류를 작성하여(시·도경찰청 경유) 경찰청(인터폴국제공조과)으로 요청하면 경찰청에서 피요청국 인터폴에 공조요청한다.
② 경찰청에서는 피의자 도주 예상국 인터폴에 피의자의 소재수사 및 강제추방을 요청한다.
③ 해외경찰주재관을 통한 주재국 관련 당국과의 협조조치를 한다.
④ 국제공조요청은 경찰서·시도경찰청 등 수사관서를 경유함이 원칙이며, 경찰청(인터폴국제공조과)에서는 개인 또는 민간기업 등 비수사관서로부터의 직접 공조요청 접수는 **불가하다.**
  └ 가능하다 X
⑤ 해외 도주 지명수배자를 수사함에 있어 도주국이 불분명한 중요 수배자에 대하여는 인터폴 사무총국에 인터폴 적색수배요청을 한다.

7 코리안데스크 담당관 운영에 관한 규칙

선발심사위원회의 설치 및 구성(§5)	① 담당관 선발심사 사무를 수행하기 위하여 경찰청에 선발심사위원회를 둔다.
담당관의 직무(§13)	담당관은 주재국 내 한국인 관련 강력사건(살인·납치·강도 등) 수사 공조한다.
담당관 근무기간 등 (§14)	① 담당관의 근무기간은 **2년**을 원칙으로 하되, 1년의 범위 내에서 연장할 수 있다. └ 1년 X
담당관의 비밀유지 의무(§22)	담당관은 코리안데스크 직무 수행 중 알게 된 내용을 누설하거나 그 정보를 이용하여 본인 및 타인에게 이익 또는 불이익을 주는 행위를 하여서는 아니 된다.

기본원칙	상호주의 (§4)	공조조약이 체결되어 있지 아니한 경우에도 동일하거나 유사한 사항에 관하여 대한민국의 공조요청에 따른다는 요청국의 보증이 있는 경우에는 이 법을 적용한다는 원칙
	쌍방 가벌성 원칙	형사사법공조의 대상범죄는 **피요청국과 요청국 모두에서 처벌** 가능한 범죄이어야 한다는 원칙
	특정성 원칙	요청국이 공조에 따라 취득한 증거를 공조요청의 대상이 된 **범죄 이외의** 수사나 재판에 사용하여서는 안 된다는 원칙
공조조약과 관계(§3)		공조에 관하여 공조조약에 이 법과 다른 규정이 있는 경우에는 그 규정에 따른다. → **공조조약이 우선 적용**
공조 제한 (임의적) (§6)		다음의 어느 하나에 해당하는 경우에는 공조를 하지 아니할 수 있다. 1. 대한민국의 주권, 국가안전보장, 안녕질서 또는 미풍양속을 해칠 우려가 있는 경우 2. 인종, 국적, 성별, 종교, 사회적 신분 또는 특정 사회단체에 속한다는 사실이나 정치적 견해를 달리한다는 이유로 처벌되거나 형사상 불리한 처분을 받을 우려가 있다고 인정되는 경우 3. 공조범죄가 정치적 성격을 지닌 범죄이거나, 공조요청이 정치적 성격을 지닌 다른 범죄에 대한 수사 또는 재판을 할 목적으로 한 것이라고 인정되는 경우 4. 공조범죄가 <u>대한민국의 법률에 의하여</u>는 범죄를 구성하지 아니하거나 공소를 제기할 수 없는 범죄인 경우 └▸ 요청국의 법률에 의하여 X 5. 이 법에 요청국이 보증하도록 규정되어 있음에도 불구하고 요청국의 보증이 없는 경우
공조 연기 (§7)		대한민국에서 **수사가 진행 중이거나 재판에 계속된 범죄**에 대하여 외국의 공조요청이 있는 경우에는 그 수사 또는 재판 절차가 끝날 때까지 **공조를 연기할 수 있다.**
공조요청의 접수 및 공조 자료의 송부(§11)		공조요청 접수 및 요청국에 대한 공조 자료의 송부는 외교부장관이 한다. 다만, 긴급한 조치가 필요한 경우나 특별한 사정이 있는 경우에는 법무부장관이 외교부장관의 동의를 받아 이를 할 수 있다.
검사 등의 처분 (§17)		③ 검사는 요청국에 인도하여야 할 증거물 등이 법원에 제출되어 있는 경우에는 **법원의** 인도허가 결정을 받아야 한다. └▸ 법무부장관 X

THEME 14 범죄인 인도법

1 정의

4. "범죄인"이란 인도범죄에 관하여 청구국에서 수사나 재판을 받고 있는 사람 또는 유죄의 재판을 받은 사람을 말한다.

2 범죄인 인도의 원칙

상호주의 (§4)	**인도조약이 체결되어 있지 아니한 경우에도** 범죄인의 인도를 청구하는 국가가 같은 종류 또는 유사한 인도범죄에 대한 범죄인 인도청구에 응한다는 **보증을 하는 경우에** 이 법을 적용
쌍방가벌성의 원칙(§6)	청구국과 피청구국 쌍방의 법률에 따라 **범죄를 구성하지 않는 경우**에는 범죄인을 인도하지 않는다는 원칙
특정성의 원칙(§10)	인도된 범죄인이 **인도가 허용된 범죄 외의 범죄**로 처벌받지 않는다는 원칙
자국민불인도의 원칙 (§9)	① 자국민은 인도하지 않는다는 원칙 (한국은 **임의적 거절사유**) ② 대륙법(속인주의) 채택, 영미법(속지주의) 채택 않음
정치범 불인도의 원칙 (§8)	① 정치적 성격을 지닌 범죄는 인도하지 않는다는 원칙 → 우리나라 **명문규정 O** ② 정치범죄는 국제법상 불확정한 개념이기 때문에 정치범죄의 해당여부는 전적으로 **피청구국의 판단**에 의존함 → 우리나라는 정치범에 대하여 개념정의를 하지 않고 있음(열거적 규정 X) ③ 정치범에 해당하는 범죄의 경우라도 1) 국가원수암살범 2) 항공기 불법납치 3) 집단학살 4) 전쟁범죄 5) 야만·약탈행위는 정치범죄의 예외가 되어 일반적으로 **인도의 대상이 됨**
군사범 불인도의 원칙	① 군사범죄(탈영, 항명 등)자는 인도하지 않는다는 원칙 ② 우리나라는 **명문규정 X**
최소한 중요성의 원칙(§6)	어느 정도 중요성을 띤 범죄만 인도한다는 원칙 ※ 우리나라는 사형, 무기, 장기 **1년** 이상의 범죄로 규정 └ 3년 X
유용성의 원칙 (§7)	**실제로 처벌하기 위해 필요한 범죄자만**(어느 정도 중요성을 띤 범죄만 X) **인도**한다는 원칙 → 시효완성, 사면 등의 대상자는 인도대상에서 제외

3 「범죄인 인도법」상 인도거절사유

절대적 인도거절 사유 (§7)	다음의 어느 하나에 해당하는 경우에는 범죄인을 **인도하여서는 아니 된다.** 1. 대한민국 또는 청구국의 법률에 따라 인도범죄에 관한 공소**시효** 또는 형의 시효가 완성된 경우 2. 인도범죄에 관하여 대한민국 법원에서 재판이 **계속 중**이거나 재판이 확정된 경우 3. 범죄인이 인도범죄를 범하였다고 의심할 만한 **상당한** 이유가 없는 경우(단, 인도범죄에 관하여 청구국에서 유죄의 재판이 있는 경우는 제외) 4. 범죄인이 인종, 종교, 국적, 성별, 정치적 신념 또는 특정 사회단체에 속한 것 등을 이유로 처벌되거나 그 밖의 **불리한 처분**을 받을 염려가 있다고 인정되는 경우 **시효 계속중 상당한 불리한 처분**
임의적 인도거절 사유 (§9)	다음의 어느 하나에 해당하는 경우에는 범죄인을 **인도하지 아니할 수 있다.** 1. 범죄인이 대한민국 국민인 경우 2. 인도범죄의 전부 또는 일부가 대한민국 영역에서 범한 것인 경우 3. 범죄인의 인도범죄 **외의** 범죄에 관하여 대한민국 법원에 재판이 계속 중인 경우 또는 범죄인이 형을 선고받고 그 집행이 끝나지 아니하거나 면제되지 아니한 경우 4. 범죄인이 인도범죄에 관하여 제3국(청구국이 아닌 외국을 말함)에서 재판을 받고 처벌되었거나 처벌받지 아니하기로 확정된 경우 5. 인도범죄의 성격과 범죄인이 처한 환경 등에 비추어 범죄인을 인도하는 것이 비인도적이라고 인정되는 경우

4 범죄인 인도의 절차

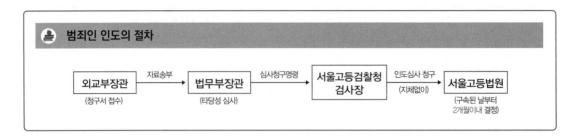

범죄인 인도사건의 전속관할(§3)	이 법에 규정된 범죄인의 인도심사 및 그 청구와 관련된 사건은 **서울고등법원**과 **서울고등 검찰청**의 전속관할로 한다.
인도조약과의 관계 (§3의2)	범죄인 인도에 관하여 인도조약에 이 법과 다른 규정이 있는 경우에는 **그 규정에 따른다.** 본법에 따른다 X
외교부장관의 조치 (§11)	① **외교부장관**은 청구국으로부터 범죄인의 인도청구를 받았을 때에는 인도청구서와 관련 자료를 **법무부장관**에게 송부하여야 한다. ※ 송부 전에 **범죄인 인도조약의 존재 여부**, 상호보증 유무, 인도대상범죄 여부 등을 확인
인도심사청구명령 (§12)	① **법무부장관**은 **외교부장관**으로부터 인도청구서 등을 받았을 때에는 이를 **서울고등검찰 청 검사장**에게 송부하고 그 소속 검사로 하여금 **서울고등법원**에 범죄인의 인도허가 여 부에 관한 심사를 청구하도록 명하여야 한다. 다만, 인도조약 또는 이 법(범죄인 인도 법)에 따라 범죄인을 인도할 수 없거나 인도하지 아니하는 것이 **타당하다고 인정**되는 경우에는 그러하지 아니하다.
법원의 인도심사 (§14)	② 법원은 범죄인이 인도구속영장에 의하여 구속 중인 경우에는 구속된 날부터 2개월 이내 에 인도심사에 관한 결정을 하여야 한다.
인도구속영장의 발부(§19)	① 검사는 법무부장관의 인도심사청구명령이 있을 때에는 인도구속영장에 의하여 범죄 인을 구속하여야 한다.
인도구속영장의 집행(§20)	① 인도구속영장은 검사의 지휘에 따라 사법경찰관리가 집행한다.
인도구속의 적부심사(§22)	① 인도구속영장에 의하여 구속된 범죄인 또는 그 변호인, 법정대리인, 배우자, 직계친 족, 형제자매, 가족이나 동거인 또는 고용주는 법원에 구속의 적부심사(適否審査)를 청구할 수 있다.
긴급인도구속의 청구를 받은 외교 부장관의 조치(§24)	**외교부장관**은 청구국으로부터 범죄인의 긴급인도구속을 청구받았을 때에는 긴급인도구 속 청구서와 관련 자료를 **법무부장관**에게 송부하여야 한다.

MEMO

저자 **김재규**

약력

- 동국대학교 대학원 경찰행정학과 경찰학박사
- 현, 해커스 경찰학 · 실무종합 강사
- 현, 한국경찰학회 부회장
- 현, 원광디지털대학교 경찰학과 겸임교수
- 현, 올라에듀 공무원학원(구, 김재규경찰학원)원장
- 중앙경찰학교 외래교수
- 경찰공제회 경찰승진 실무종합 편찬 및 감수총괄
- 경찰수사연수원 외래교수
- 동국대학교 경찰행정학과 겸임교수
- 연세대학교 행정대학원 외래교수

네이버 김재규경찰학 카페(https://cafe.naver.com/ollaedu)
카카오톡 오픈채팅 김재규 경찰학(https://open.kakao.com/o/gYB88Ehe)

논문

- 뺑소니교통사고의 실태분석과 개선방안에 관한 연구, 2000.
- 불심검문의 요건과 한계에 관한 연구, 2009.
- 불심검문의 실태 및 개선방안에 관한 연구, 2009.

저서

- 행정실무 I · II (경무 · 방범 · 교통 · 경비편), 형사실무 I · II (수사 · 정보 · 보안 · 외사편), 1997.
- 경찰학개론(경찰시험 최초의 수험서), 수사 I · II (경찰시험 최초의 수험서), 2000.
- 객관식 경찰학개론(경찰시험 최초의 수험서), 객관식 수사 I · II (경찰시험 최초의 수험서), 2001.
- 경찰경무론 · 방범론 · 교통론 · 경비론 · 정보론 · 보안론 · 외사론, 2001.
- 경찰TOTAL기출문제, 2002.
- 경찰실무종합, 경찰실무 I · II · III, 2005.
- 경찰학개론(전정판) · 수사 I (전정판), 2006.
- 객관식 경찰학개론(전정판) · 수사 I (전정판), 2006.
- 경찰학개론(신정판) · 수사(신정판), 2009.
- 객관식 경찰학개론(신정판) · 수사(신정판), 2009.
- 경찰학개론 서브노트, 2012.
- 경찰학개론 암기노트, 2014.
- 수사(신정판), 2018.
- 경찰법령집 2019.
- 객관식 경찰학개론(전정판) · 수사(전정판), 2019.
- 경찰실무종합 핵심정리, 2021.
- 경찰실무종합 효자손, 2021.
- 김재규 경찰학, 2021
- 김재규 경찰학 핵심 서브노트, 2024
- 김재규 경찰학 21개년 총알 기출 OX, 2024
- 김재규 경찰학 PLUS 1000제, 2024

자기계발서

- 얌마! 너만 공부하냐, 2013.

2025 대비 최신판

해커스경찰

김재규 실무종합 효자손 이론서

초판 1쇄 발행 2024년 6월 26일

지은이	김재규 편저
펴낸곳	해커스패스
펴낸이	해커스경찰 출판팀

주소	서울특별시 강남구 강남대로 428 해커스경찰
고객센터	1588-4055
교재 관련 문의	gosi@hackerspass.com
	해커스경찰 사이트(police.Hackers.com) 교재 Q&A 게시판
	카카오톡 플러스 친구 [해커스경찰]
학원 강의 및 동영상강의	police.Hackers.com

ISBN	979-11-7244-165-4 (13350)
Serial Number	01-01-01

경찰공무원 1위,
해커스경찰 police.Hackers.com

해커스 경찰

· 해커스 스타강사의 **실무종합 무료 특강**
· **해커스경찰 학원 및 인강**(교재 내 인강 할인쿠폰 수록)